성경핵심 이해하고 기도하기

이 책은 이렇게 읽으면 좋습니다.

1 성경과 함께 읽으면 좋습니다. 이 책은 성경 이해를 돕기 위한 것입니다.

2 각 설명에 언급된 성경구절을 일일이 찾아 읽으면 더 깊이, 더 많이 이해할 수 있어 좋습니다.

3 성경의 각 권을 파악하려면 해당 성경책의 핵심구절 전후 전체를 읽으면 좋습니다.

4 매일 성경을 읽을 때 참고하면 좋습니다.

5 매일 정한 분량의 성경과 함께 읽으면 1년에 성경 1독을 할 수 있어 좋습니다.

6 '한 마디 기도'를 활용하면 말씀에 반응하는 기도를 하게 되어 좋습니다.

7 가정예배 때 온 가족이 사용하면 함께 영적인 식사를 할 수 있어 좋습니다.

성경핵심 이해하고 기도하기

초판 1쇄 발행 | 2017년 11월 13일
초판 2쇄 발행 | 2022년 10월 24일

지은이 | 유상섭
펴낸이 | 이한민
펴낸곳 | 아르카

등록번호 | 제307-2017-18호
등록일자 | 2017년 3월 22일
주   소 | 서울 성북구 숭인로2길 61 길음동부센트레빌 106-1805
전   화 | 010-9510-7383
이메일 | arca_pub@naver.com

홈페이지 | www.arca.kr
블로그 | arca_pub.blog.me
페이스북 | fb.me/ARCApulishing

책   값 | 뒤표지에 있습니다
I S B N | 979-11-9611-705-4 03230

아르카ARCA는 기독출판사이며 방주ARK의 라틴어입니다(창 6:15).
네가 만들 방주는 이러하니 … 새가 그 종류대로, 가축이 그 종류대로,
땅에 기는 모든 것이 그 종류대로 각기 둘씩 네게로 나아오리니 그 생명을 보존하게 하라 _창 6:15,20

BIBLE ESSENCE

1년 365일 날마다 핵심구절 설명을 보고
성경 전체를 관통하는 신개념 성경 참고서

성경핵심
이해하고
기도하기

HOLY BIBLE

유상섭 지음

창신교회 담임목사
전 총신대 교수

 아르카

《성경핵심 이해하고 기도하기》를 만들며

이 책의 출발점은 필자가 총신대학교에서 교목실장으로 재직하고 있을 때 만든 《총신인의 성경묵상 365일》소책자이다. 그때 성경 66권 전체에서 613개의 핵심구절을 뽑았다. 숫자 613은 1년의 숫자 365일과 몸의 지체의 숫자 248을 합친 것이다. 이 소책자는 하나님의 백성이 성경말씀을 편식하지 않고, 골고루 묵상하고 외우고 기도하기 위한 것이었다. 그 후 2만여 권 이상을 인쇄하여 필요한 성도들에게 공급했다. 최근에는 모바일 기기(스마트폰)에서 사용할 수 있도록 〈모두의 묵상〉앱을 만들어 제공하고 있기도 하다.

성경에서 핵심구절을 선택한 기준은 크게 두 가지다. 첫째, 장 수가 많은 성경에서는 많은 구절을 택했고 장 수가 적은 성경에서는 적게 선택했다. 둘째, 각 성경의 핵심주제를 반영하는 구절을 선택했다.

그런데, 성경 66권에서 한 권의 책도 제외하지 않고, 각 권의 핵심구절을 뽑아 묵상하고 외우고 기도하는 것만으로 충분하지 않았다. 핵심구절에 대한 설명 없이 성경구절만 적어주었기 때문이다. 따라서 그 소책자를 사용하고자 하는 성도들에게 아쉬움이 많았다. 이러한 필요를 충족시키고자, 성경 66권의 핵심구절에 대한 간단한 설명('핵심 이해하기')을 쓰고 몇 줄의 기도문('한 마디 기도')을 더하였다. 이 과정에서 선택된 핵심구절을 문맥 속에서 바르게 이해할 수 있도록 돕기 위해 더 많은 구절을 추가했다. 그 결과 구약은 대략 498절, 신약은 213절, 모두 711절이 되었다. 이것을 1년 365일, 매일 하나씩 묵상하도록 구성한 결과 이 책이 나왔다.

선택된 핵심구절에 대한 설명은 그 성경의 내용을 이해하는 데 도움을 줄 뿐 아니라, 해당 구절이 어떻게 예수 그리스도 안에서 성취되었는지 보여준다. 그 결과 구약성경을 구약성경으로만 읽는 것이 아니라, 구약의 모든 약속을 성취한 예수 그리스도의 시각에서 읽을 수 있다.

이 책은 기본적으로, 성경의 핵심구절 설명을 통해 성경 각권과 성경 전체를 쉽게 이해하는 '성경통독과 성경공부 입문서' 역할을 한다. 또한 각각의 핵심구절과 관련된 '한 마디 기도'를 통해 간단한 '말씀기도 안내서' 역할도 한다.

필자는 여러 해 공들여 1년 365일 매일 1장씩, 핵심구절을 읽고 묵상하고 기도하도록 내용을 꾸몄다. 아무쪼록 이 책이 하나님을 사랑하는 많은 분들에게, 하나님의 말씀인 성경 66권의 핵심내용을 이해하고 이에 근거하여 기도하는 데 도움이 되기를 소원한다.

2부

신약핵심 이해하고 기도하기

1부

구약핵심
이해하고
기도하기

창세기 핵심구절
이해하고 기도하기

GENESIS
01/01

만물의 창조자 하나님

태초에 하나님이 천지를 창조하시니라 땅이 혼돈하고 공허하며 흑암이 깊음 위에 있고 하나님의 영은 수면 위에 운행하시니라 _창 1:1-2

✝ 핵심 이해하기

성경 66권의 첫 번째 말씀은 태초에 하나님께서 천지를 창조하셨다는 선언이다. 첫째, '태초'(히: 레쉬트)는 모든 피조물의 시작을 뜻한다. 하나님은 그의 창조로 말미암아 온 세상에 알려지기 시작했다. 그런 의미에서 태초는 피조물의 시작이며, 동시에 하나님의 계시의 시작이다.

둘째, 성경은 하나님께서 모든 것을 창조했다고 선언하지, 증명하지 않는다. 성경은 어디에서도 하나님의 존재를 증명하지 않는다. 그 대신 처음부터 끝까지 창조자 하나님을 전제한다. 하나님께서는 영원부터 영원까지 시간과 공간을 초월하는 분이시다(시 90:2). 그의 만물 창조로 말미암아 그분은 창조자 하나님으로 알려지기 시작했다(행 17:26-28; 롬 1:19-20; 렘 23:23-24).

셋째, 동사 '창조하다'는 성경에서 인간의 활동에는 사용되지 않고 무(無)에서 유(有)를 창조하시는 하나님의 유일한 활동에만 사용된다. 이와 같이 하실 수 있는 분은 하나님밖에 없기 때문이다.

넷째, '천지'란 말은 히브리어의 '하늘과 땅'을 줄여서 번역한 것이다. '천지'란 말은 하나님께서 창조하신 하늘에 있는 것의 전부와 땅에 있는 것의 전부를 대표한다. 천지를 창조했다는 말은 하늘과 땅에 있는 모든 것을 창조했다는 말이다. 이것은 하나님께서 하늘과 땅에 있는 모든 것들, 보이는 것들과 보이지 않는 것들, 큰 것들과 작은 것들, 가까이 있는 것들과 멀리 있는 것들, 이 모든 것을 창조하셨음을 선언한다(느 9:6; 사 42:5; 45:18; 렘 10:12; 요 1:1-3; 행 17:24; 롬 11:36; 고전 8:6; 골 1:15-17; 계 4:11).

그러므로 모든 것을 창조하신 하나님과 그가 창조하신 모든 존재 사이에는 분명하고 엄격한 구분과 구별이 있다. 창조주 하나님은 시간과 공간 안에 계실 수도 있고 이것들을 초월하시나, 모든 피조물은 시간과 공간을 결코 초월할 수 없고, 시간과 공간 안에만 그 존재의 양식을 유지한다. 창조자 하나님께서는 만물을 창조하시기 전에도 영원부터 영원까지 계시는 존재이므로 그가 만든 모든 것들을 필요로 하지 않고 의존하지도 않으신다. 그러나 모든 피조물은 창조주 하나님을 매순간 필요로 하고, 그들의 존재와 활동을 위해서 그에게 의존해야 한다.

일부 학자들은 2절의 '땅이 혼돈하고 공허하다'는 표현을, 하나님께서 창조한 땅이 일부 천사들의 반역으로 큰 혼란에 빠진 것을 가리킨다고 해석한다. 그러나 이 표현은 그런 뜻보다 3절부터 구체적으로 기록된 창조의 구체적인 내용을 준비하고 예고한다. 하늘과 땅의 창조를 큰 집의 건축으로 본다면, 그 안에 있는 모든 것들의 창조는 새 집에 들어가는 가구와 같다.

하나님의 창조 순서는 하늘과 땅이란 큰 집의 창조에서 그 안에 들어가는 나머지 모든 피조물의 창조로 진행되었다. 처음에는 무에서 유로, 그 다음에는 큰 틀(집)에서 그 안에 있는 각종 피조물로 아주 질서 있게 진행되었다. 바로 그런 의미에서 하나님께서 창조하신 땅이 처음에는 혼돈하고(질서가 잡혀 있지 않음) 공허(비어

있음)했던 것이다.

흑암을 언급한 것은 빛의 필요성을 보여주고 빛의 창조를 예고한다. 흑암과 하나님의 영, 깊음 위와 수면 위가 각각 대조된다. 이러한 대조는 흑암과 깊음이 통제 불능의 상태에 있지 않고 하나님의 성령의 통제와 지배하에 있음을 분명하게 보여준다. 나중에 흑암과 깊음은 은유적 또는 상징적으로 무지와 재앙(사 42:7; 45:7; 59:9; 60:2; 렘 13:16; 겔 32:8; 욜 2:2, 10; 3:15; 암 5:18, 20; 미 3:6; 나훔 2:10; 슥 14:6; 요 1:5), 죄와 사망과 사탄의 세계를 가리키는 데 사용되었다(사 9:1-2; 마 4:16; 눅 1:79; 22:53; 요 12:35; 13:30; 행 26:18; 롬 13:12; 고후 4:6; 6:14-15; 엡 5:8, 11; 골 1:13).

인간은 스스로의 지혜와 능력으로 이러한 상태에서 결코 벗어날 수 없으나, 하나님의 성령은 이러한 불행에서 인간을 건져내 빛과 생명과 하나님의 세계로 들어가게 하신다. 하나님의 첫 창조가 어둠을 극복했듯이, 복음의 진리를 통한 성령 하나님의 재창조는 하나님의 영광으로 찬란하게 빛나는 예수님의 얼굴빛을 보게 한다(고후 4:6).

☙ 한 마디 기도

날마다 질서와 충만함을 가져오는 성령의 능력으로 창조주 하나님을 인정하고 의지하며 살게 하소서.

선악과와 하나님의 형상

여호와 하나님이 그 사람에게 명하여 이르시되 동산 각종 나무의 열매는 네가 임의로 먹되(히: 먹고 또 먹어라=즐겨라) 선악을 알게 하는 나무의 열매는 먹지 말라(히: 선과 악을 구별하는 지식의 나무로부터 너는 먹지 말라, 그것으로부터) 네가 먹는 날에는 반드시 죽으리라(히: 죽고 또 죽으리라) 하시니라 _창 2:16-17

✚ 핵심 이해하기

하나님께서는 아담을 자신의 형상으로 지어, 땅의 모든 짐승과 공중의 새와 바다의 고기들을 자신을 대신해 지배하도록 하셨다(1:26-28). 하나님께서는 에덴동산 밖에서 먼저 아담을 흙으로 빚어 만드시고 에덴동산으로 인도하여, 그곳에서 자신을 대신해서 통치권을 행사하게 하셨다(8, 15절).

16-17절은 9절에 간단하게 소개된 보기에 아름답고 먹기에 좋은 나무와 생명의 나무, 그리고 선악을 알게 하는 나무에 대한 상세한 설명이다. 다만 여기에는 9절에 소개된 생명나무에 대한 언급은 생략되었다. 여기서 우리가 주목해야 할 중요한 내용들에 대해 생각해보자.

첫째, 하나님께서 먹고 누리라고 허락하신 모든 과실수와 유일하게 금하신 한 나무, 곧 선악과가 대조된다. 하나님께서는 아담과 하와를 만드신 여섯 째 날로부터 3일 전에 그들의 식량으로 각종 채소와 각종 과실수를 만드셨다(1:11-12). 이어서 하나님께서는 그의 형상으로 창조된 인류의 첫 조상에게 이것들을 먹거리로 주셨다(1:29). 2장은 이러한 먹거리 중에 모든 과실수만 언급한다. 하나님께서는 이 모든 과실수의 열매를 먹고 또 먹고 누리라고 명령하셨다(2:16). 그러나 2장에 처음 소개된 선악을 분별하게 하는 지식의 나무 열매는 결코 먹지 말라고 하셨다. 이 나무는 1장에 전혀 소개되지

않았을 뿐 아니라, 하나님께서 허락하신 먹거리 중에 포함되지 않았다. 9절에 생명나무와 함께 처음 소개된 선악을 알게 하는 나무는 다른 과실수같이 평범한 나무이다. 그러나 하나님께서는 이 두 나무에는 아주 중요한 상징적 의미와 의의를 부여하셨다. 생명나무 자체가 신비적으로 생명을 주거나, 선악을 알게 하는 나무 자체가 선악을 분간하는 지식을 제공하는 것은 결코 아니다. 이 두 나무의 상반된 기능은, 아담에게 모든 것을 선물로 주실 뿐 아니라 그를 모든 피조물 중에서 가장 존귀한 존재로 만드신 창조주 하나님께서 친히 부여하신 것이다.

둘째, 하나님께서 한 나무를 선악을 알게 하는 나무로 지정하신 것은, 하늘과 땅과 바다의 모든 피조물을 다스리게 하기 위해 아담을 자신의 영광스러운 형상으로 만든 사실과 긴밀한 관계가 있다. 인간은 하나님의 형상이므로 인간의 모든 활동은 하나님의 생각과 뜻을 반영해야 한다. 하나님의 형상으로서 인류의 조상 아담이 해야 할 바른 활동은 모든 것의 기준이 되시는 창조주 하나님의 생각과 뜻과 말씀에 따르는 것이다. 아담이 이렇게 하는 것이 하나님의 형상으로서 제대로 기능하는 것이다.

선악을 알게 하는 나무는 하나님이 창조자이시며 아담은 그의 피조물이라는 엄격한 구분과, 그는 모든 피조물 중에서 유일하게 하나님

의 형상이라는 사실을 일정 기간 동안 가시적으로 보여준다. 선악과의 기능과 역할은 아담이 하나님의 형상이니 하나님의 모든 말씀에 따라 만물을 통치해야 한다는 것을 보여주는 것이다. 아담은 자신이 하나님의 형상인 것을 의식하면, 그가 창조주 하나님의 뜻에 따라 살아야 한다는 것을 본능적으로 알게 되어 있다. 선악과의 나무는 이 지식과 인식을 잠시 동안 더욱 강화시킨다. 왜냐하면 하나님께서는 일반적인 나무를 특별히 선악을 알게 하는 나무로 지정하시고, 그의 특별한 계시로 이 나무의 열매를 절대 먹지 말라고 하셨기 때문이다. 그러나 아담이 이 나무의 열매를 따 먹는 것은 자기 자신의 본성(그는 하나님의 형상이니까) 속에 있는 하나님의 계시와 그의 특별계시의 말씀(선악과를 절대 먹지 말라는 명령)을 거역하는 것이다.

셋째, "네가 먹는 날에는 반드시 죽으리라"는 말씀에서 "반드시 죽으리라"는 것은 히브리어의 "죽고 또 죽으리라"를 번역한 것이다. 하나님께서는 이와 같이 죽으리라고 하셨는데, 뱀은 하와를 유혹할 때 "결코 죽지 아니하리라"고 정반대로 말했다(3:4). 여기서 '죽는다'란 말은 창조주 하나님과 피조물 아담 사이에 바른 관계가 무너진다는 것을 뜻한다. 다시 말해 하나님과의 복된 관계가 단절되는 영적인 죽음을 말한다. 그러나 사탄의 도구로 사용된 뱀이 "결코 죽지 아니하리라"고 말한 것은 이와 다른 의미를 가진다. 선악을 알게 하는 나무의 열매를 먹으면 창조주 하나님으로부터 독립하여 하나님과 같이 모든 것의 기준이 된다는 뜻이다(3:5). 그러므로 하와가 뱀의 말을 듣고 선악과를 따 먹고 아담에게도 그 열매를 준 것은 그들이 하나님의 형상으로 사는 것을 포기하고 자기들이 하나님과 같은 독립적 존재가 되기로 결정하였음을 보여준다. 그 결과 아담과 그의 모든 후손은 하나님과의 바르고 복된 관계가 단절되고 영적으로 죽어 죄와 사탄의 종으로 전락하고 말았다.

타락 후에도 인간의 존재 자체는 여전히 하나님의 형상이다(창 5:1-3; 9:6; 약 3:9). 그러나 그 형상의 영적이고 도덕적인 기능은 완전히 마비되어 자기 자신과 죄와 사탄을 섬기는 자가 되고 말았다(롬 5:17, 21; 6:17-19; 엡 2:1-5). 아담의 모든 후손은 이러한 영적인 죽음과 영과 육체의 분리를 가져오는 육체적인 죽음과 몸의 부활 이후에 영원한 불 못에 던져지는 둘째 사망, 곧 영원한 사망을 피할 수 없는 비참하고 가련한 존재가 되었다(계 20:13-14). 그래서 하나님의 아들이 사람이 되어, 즉 둘째 아담과 마지막 아담이 되어 아담과 그의 후손들의 죄와 정죄와 사망의 문제를 해결하고, 그 대신에 의와 칭의와 생명을 주셔야 했던 것이다(롬 5:12-21). 하나님께서 선악과의 열매를 먹은 아담이 생명나무의 열매를 먹지 못하게 하신 것은 아담과 그의 모든 후손의 영원한 불행과 멸망을 막고, 영생의 길을 열어 주시기 위한 것이었다(3:22-24).

∝ 한 마디 기도

하나님께서 허락한 것을 풍성하게 누리고 감사함으로써, 주님께서 금지하신 것을 누리려는 어리석음과 유혹을 물리치게 하소서.

하나님의 최초 복음의 약속

내가 너로 여자와 원수가 되게 하고 네 후손도 여자의 후손과 원수가 되게 하리니 여자의 후손은 네 머리를 상하게 할 것이요 너는 그의 발꿈치를 상하게 할 것이니라 _창 3:15

✝ 핵심 이해하기

이 말씀은 하나님께서, 하와를 유혹하고 미혹하여 선악과를 따먹고 그 열매를 아담에게 먹게 한 뱀에게 하신 것이다. 이 말씀은 궁극적으로 뱀을 교묘하게 이용하여 하와와 아담을 타락하게 만든 죄와 반역의 장본인 사탄에게 하신 말씀이다. 또한 이것은 하나님께서 아담과 그의 후손에게 처음으로 약속하신 구원의 말씀이다. 그래서 이 말씀은 최초의 복음 또는 원시복음이라고 불린다.

하나님께서 뱀에게 하신 말씀은 세 가지 중요한 교훈을 담고 있다. 첫째, 하나님께서는 사탄과 여인, 곧 아담의 모든 후손 사이에 형성된 화친의 관계를 적대적인 관계로 바꾸시겠다고 약속하셨다. 하나님께서는 그와는 원수가 되고, 사탄과 하나가 되어 그의 종으로 전락한 여인과 그의 후손들의 마음속에 사탄에 대한 증오심과 적대감을 넣어 주시겠다고 약속하신 것이다. 이것은 암시적으로 하나님과의 단절된 관계를 회복시키겠다는 은혜로운 약속이다.

둘째, 하나님께서 약속하신 구원은 당장이 아니라, 훗날에 여인의 마지막 후손이 올 때 성취될 것이다. 하와는 첫 아들 가인을 낳았을 때 그가 하나님께서 약속하신 구원을 가져올 자로 기대했으나, 이와는 정반대로 그는 사탄과 하나가 된 아들, 다시 말해서 영적으로 사탄의 자식이었다(4:1; 요일 3:12). 큰 죄악에 빠져 사는 가인

과 그의 후손들은 죄와 사망과 사탄의 지배 아래 있는 사람들의 대표가 되었다.

셋째, 뱀의 후손과 여인의 후손 사이에 시작된 영적인 전쟁은 마지막 날 여인의 후손의 결정적인 승리로 끝날 것이다. "뱀의 머리를 상하게 한다"는 것은 사탄과 그 세력이 치명적인 패배와 멸망을 당할 것을, "그의 발꿈치를 상하게 한다"는 것은 여인의 후손이 마지막 전투의 과정에서 회복이 가능한 고난을 당할 것을 각각 예고한다.

하나님께서 말씀하신 여인의 후손은 하와가 낳은 모든 자식들을 포함하지는 않는다. 여인의 자녀들 중에 하나님께서 자기 백성으로 택하신 자들만이 여인의 후손이다. 가인과 아벨 모두 여인에게서 났으나, 가인은 뱀의 후손인 반면 아벨은 여인의 후손이었다. 이렇게 여인의 후손은 아벨로 시작하여, 살해된 아벨 대신에 하나님께서 주신 셋(4:25), 여호와의 이름을 부르기 시작한 에노스(4:26), 그리고 노아와 그의 아들 셈으로 이어진다(5:32). 또한 셈족 아브라함으로 이어져 맨 마지막에는 생물학적인 아버지 없이 처녀 마리아의 몸에서 태어난 예수 그리스도로 절정에 도달한다.

하나님께서 여인과 그의 후손에게 구원을 약속하심으로 시작된 사탄과의 영적인 전쟁은 예수님의 십자가에서 사탄의 결정적인 패배와 예

수님의 승리로 절정에 도달한다. 예수님께서는 사탄에게 패배를 당한 자처럼 무기력하게 십자가 위에서 죽으셨으나, 예수님의 부활은 그의 십자가의 죽음이 패배로 위장된 승리였음을 온 세상에 선포했다(마 28:18; 요 12:31; 16:11; 골 2:14-15; 딤전 3:16).

한 마디 기도

여전히 죄와 사망의 상태에서 사탄의 종으로 사는 가련한 인생들을 구원하여 주소서(딤후 2:26 참고).

GENESIS

01 / 04

가인에게 주신 하나님의 권고

네가 선을 행하면 어찌 낯을 들지 못하겠느냐 선을 행하지 아니하면 죄가 문에 엎드려 있느니라 죄가 너를 원하나 너는 죄를 다스릴지니라 _창 4:7

✝ **핵심 이해하기**

하와는 큰 아들 가인이 태어났을 때 큰 기대와 소망으로 가득 찼다. 사실 하와는 하나님께서 자신이 약속하신 구원을 가인을 통하여 가져다 주실 것으로 기대했다. "내가 여호와로 말미암아 아들을 얻었다"는 하와의 고백은 바로 이 기대를 표현한 것이다. '가인'은 이 뜻과 의미를 담은 이름이다(4:1). 이 기대는 머지않아 실망과 절망으로 바뀌었다. 그는 구원을 가져올 여인의 후손이 아니라, 죄와 사망과 사탄의 지배를 더욱 심화시킬 뱀, 곧 사탄의 자식이었다. 하와는 둘째 아들의 이름을 '허무함' 또는 '공허함'을 뜻하는 아벨(히: 헤벨)로 지었다. 이것은 가인에 대한 절망을 암시한다. 아벨은 전도서에서 '헛되다'란 뜻으로 30번 사용된 단어와 동일하다(전 1:2, 14).

가인과 아벨은 성장하여, 아벨은 목양을 하는 자가 되었고, 가인은 농사꾼이 되었다. 그들은 각자 자신들의 결실에 따라 하나님께 감사의 제물을 드렸다. 하나님께서는 아벨과 그의 제물은 받으셨고, 가인과 그의 제물은 거절하셨다. 7절은 그 결과 가인이 분노하고 있을 때 하나님께서 나타나셔서 하신 말씀이다.

하나님께서는 먼저 가인에게 그가 왜 분노하는지를 물으셨다(4:6). 하나님께서 제시하신 해결책이 바로 7절의 말씀이다. 오랫동안 사람들은 하나님께서 가인의 제물을 받지 않은 것은 제물 자체에 문제가 있어서라고 생각해 왔다. 다시 말해서 가인도 아벨과 같이 피의 제사를 드려야 했는데, 피 흘림이 없는 제사를 드렸기 때문에 하나님께서 받지 않으셨다는 것이다. 그러나 이것은 문제의 핵심에 대한 바른 이해가 아니다. 첫째, 가인과 아벨은 각기 직업에 따라 드렸다. 둘째, 각기 하나님께 드린 제물은 희생 제물이 아니라 감사의 제물이었다. 셋째, 아직 희생 제사의 제도가 확립되지 않았다. 넷째, 아벨과 그의 제물, 가인과 그의 제물이란 표현은 제물을 드리는 사람에 우선적인 초점을 둔 것이다. 다섯째, 하나님께서는 가인의 제물이 아니라, 그가 선을 행하지 않는 것을 문제 삼으셨다. 가인의 인격과 삶을 문제 삼으신 것이다.

하나님께서 제시한 해결책은 가인이 다른 제물을 가져오는 것이 아니라, 그가 죄를 지배하여 하나님께서 기뻐하시는 선을 행하는 것이다. 이 말씀은, 아벨이 하나님 앞에서 그분이 기뻐하시는 선을 행했다는 것을 전제한다. 아벨이 선을 행할 수 있었던 것은 물론 그가 전적으로 하나님을 믿고 의지했기 때문이다(히 11:4). 죄의 지배를 받아 악을 행하는 가인의 삶은, 믿음으로 선을 행하는 아벨의 삶과 정반대였다. 가인이 하나님께서 주신 권고를 무시하고 아벨을 들판에서 살해한 것은 그가 죄의 지배를 받는 종으로 살았음을 결정적으로 보여준다.

이 기록은 애굽에서 나와 광야 생활을 하는 가운데 각종 희생 제사 제도를 소개받은 이스라엘 백성에게 하나님께서 원하시는 것이 무엇인지 너무나 분명하게 보여준다. 제물의 가치는 제물 자체에 의하여 결정되는 것이 아니라, 그것을 하나님께 드리는 사람의 인격과 구별된 삶에 의하여 결정된다. 물론 하나님께서 기뻐하시는 바른 인격과 삶은 오직 믿음으로만 가능하다. 이스라엘 백성이 하나님께서 주신 이 교훈을 제대로 이해했다면, 희생 제사 제도를 남용하고 온갖 죄 가운데 빠져 사는 불행을 피할 수 있었을 것이다. 하지만 애석하게도 구약 이스라엘 백성은 각종 제물을 넘치게 드렸음에도 불구하고, 불의와 죄 가운데에서 떠나지 않았다(사 1:11-15; 66:2-3; 렘 7:9-11; 미 6:6-8; 말 1:10).

 **한 마디 기도**

우리가 믿음으로 하나님께서 기뻐하시는 거룩한 삶을 살면서 하나님을 경배하게 하소서.

GENESIS 01/05 아브람을 부르신 하나님의 목적

내가 너로 큰 민족을 이루고 네게 복을 주어 네 이름을 창대하게 하리니 너는 복이 될지라 너를 축복하는 자에게는 내가 복을 내리고 너를 저주하는 자에게는 내가 저주하리니 땅의 모든 족속이 너로 말미암아 복을 얻을 것이라 하신지라 _창 12:2-3

✝ 핵심 이해하기

이 말씀은 75세인 아브라함을 하나님께서 불러 그가 보여주실 땅으로 가라고 하시면서 주신 놀라운 약속이다. 이 약속의 내용은 (1)그로 큰 민족이 되게 할 것, (2)그에게 복을 주어 복이 되게 할 것, (3)땅의 모든 족속이 그로 말미암아 복을 받을 것이다. 여기서 가장 많이 반복된 표현은 '복'이란 단어다. 동사 '복을 주다'가 4번, 명사 '복'이 1번 나온다. 이 놀라운 약속을 이해하려면 몇 가지 중요한 내용을 주목할 필요가 있다. 첫째, 하나님께서 아브라함에게 약속한 복의 최종 목적은 땅의 모든 족속들이 복을 받는 것이다. 2절의 '큰 민족'(히: 고이 까돌)에서 '민족'은 이스라엘 백성을 넘어서 그들 가운데 포함될 땅의 족속들까지를 가리킨다. 아브라함이 큰 민족을 이루게 되는 것은, 이스라엘 백성만이 아니라 이방 나라의 백성들도 하나님의 백성이 될 것임을 의미한다.

1-11장은 하나님께서 아브라함을 부르신 사건의 의미를 이해하는 중요한 열쇠이다. 인간이 타락했고, 타락의 결과는 더 깊이 죄에 빠지게 했다. 노아시대의 홍수도 세상에 계속해서 퍼지는 죄악의 문제를 근본적으로 해결하지 못했다. 노아 홍수 이후의 세대는 결국 바벨탑을 건축함으로 하나님의 창조 목적과 의도에 역행하는 죄에 빠진다. 그 결과 하나님께서는 인류 구원의 길을 열어놓기 위하여 그들의 언어를 혼잡하게 하셨다. 사람들은 뿔뿔이 흩어져 동일한 언어를 사용하는 사람들끼리 뭉쳐 살아가게 되었다. 하나님께서는 이렇게 사람들을 온 땅에 흩어져 살게 하시고, 셈족 가운데 아브라함을 불러내신 것이다. 12-50장은 하나님께서 아브라함과 이삭과 야곱과 요셉을 통해 그의 백성을 형성하시는 것을 보여준다. 하나님의 목적은 열방은 버리고 오직 족장들의 후손만으로 하나님의 백성으로 만드시는 것이 아니라, 바로 그들을 통하여 열방에게 구원의 복을 주시는 것이었다.

둘째, 아브라함이 복의 출처와 통로가 되는 것은 하나님께서 그에게 복을 주어 그의 이름을 창대하게 하시는 결과다. 2절의 '큰 민족'에서 '크다'와 '창대하게 하다'는 동일한 단어이다. 하나는 형용사이고, 다른 하나는 동사이다. 하나님께서 아브라함에게 복을 주어 그의 이름이 크게 된 결과 그가 복이 되는 것이다. 시날 평지에서 바벨탑을 건축했던 사람들은 하나님의 창조 명령을 어기고 자기들의 이름을 온 세상에 알리려고 했다(11:4). 하나님께서는 이를 막으시고 친히 아브라함의 이름을 크게 하시겠다고 말씀하신 것이다. 이것은 아브라함이 열방을 대신하여 복을 받는 사람임을 암시한다. 그러나 그가 하나님께 복을 받아서 복이 되는 것은 하나님의 복이 그와 그의 후손에게만 머물러 있기 위함이 아니다. 그에게 임하는 하나님의 복은 그를 통하여 땅의 모든 족속에게도 나누어져야 한다.

셋째, 땅의 모든 족속 가운데 아브라함의 복을 받을 사람은 누구인가? 이들은 3절에 언급된 아브라함을 축복하는 자들이다. 아브라함을 축복한다는 것은 그가 믿는 여호와 하나님을 인정하고 그와 같은 믿음에 동참하는 것을 의미한다. 이들이 아브라함을 통해서 하나님의 복을 받지만, 실제적으로 그들에게 복을 주시는 분은 하나님 자신이다. 하나님께서 "너를 축복하는 자에게는 내가 복을 내릴 것"이라고 말씀하시기 때문이다.

하나님께서 아브라함에게 하신 약속은 그가 고향과 친척과 부친의 집을 떠나 가나안 땅에 들어와 살 때 그에게 계속해서 주신 약속 가운데 그 뜻이 더욱 분명해졌다. 그의 후손이 하늘의 별과 같이 바다의 모래같이 많아지고, 그에게 많은 민족들이 나오며, 그의 후손은 마침내 큰 민족이 되어 가나안 땅을 기업으로 받게 된다는 것이다(12:7, 15-17; 15:5, 8; 17:5-8). 하나님께서는 이 약속을 언약의 상속자 이삭에게 반복하셨고(26:3-4), 마침내 그의 상속자 야곱에게 주셨다(28:3-4). 신약 성경에서 하나님께서 약속하신 복은 칭의와 성령을 선물로 받는 복으로 구체화되었다(롬 4:23-25; 갈 3:5-9). 예수 그리스도는 아브라함보다 위대한 아브라함의 최종적인 후손이므로 그를 믿는 이방인은 아브라함의 자녀들이 된다(갈 3:16).

GENESIS
01 06
믿음으로 의롭다 함 받은 아브람

아브람이 여호와를 믿으니 여호와께서 이(히: 3인칭 여성단수)를 그의 의로 여기시고(롬 4:9, 22-23; 갈 3:6; 약 2:23에 인용됨) _창 15:6

✝ 핵심 이해하기

이 말씀은 신약 성경의 이신칭의 교리와 관련하여 핵심적으로 인용되는 중요한 구절이다. 사도 바울은 로마서 4장에서 이 구절을 상세하게 다루었고(롬 4:9, 22-23), 갈라디아서 3장에도 예수님을 믿는 이방인들이 얻는 의와 관련하여 언급했다(갈 3:5-9). 야고보서의 저자는 하나님께서 믿는 자들에게 요구하시는 사랑의 실천이 있는 믿음과 관련하여 아브라함의 믿음의 예를 들기 위해서 이 구절을 인용했다(약 2:21-24). 이 말씀은 아브라함만이 아니라, 모든 시대의 모든 신자를 위해 하나님께서 주신 것이다. 그러므로 이 말씀의 뜻을 바로 이해하는 것은 아주 중요하다. 먼저 이 말씀의 배경을 이해해야 한다. 하나님께서 나타나신 시기는 아브라함이 포로로 잡혀갔던 조카 롯을 시날 왕 그돌라오멜의 연합군에서 구출해온 이후이다(14:14-16). 아브라함은 탈취한 전리품을 사병들의 식량과 그들의 분깃을 제하고 모두 소돔 왕에게 돌려주었다

(14:21-24). 바로 이 무렵에 하나님께서 아브라함에게 나타나셔서 두려워하지 말라고 하시면서, 그분이 친히 아브라함의 방패요 그의 지극히 큰 상급이라고 하셨다(15:1). 이때 아브라함은 하나님께서 그의 큰 상급이라는 말씀에 반응하여, 자신은 자식이 없어서 자기 종 엘리에셀을 상속자로 삼았는데 무엇을 주시겠냐고 물었다(15:3). 하나님께서는 그의 몸에서 날 자가 상속자가 되게 할 것이라고 말씀하셨다(15:4). 하나님께서는 이어서 하늘의 별을 세어보라고 하시면서 그의 자손이 별들과 같이 많아지게 할 것이라고 약속하셨다. 아브라함은 이러한 놀라운 약속을 하신 여호와 하나님을 믿은 것이다. 하나님께서는 이에 반응하여 이를(이것을) 그의 의로 여기신 것이다.

하나님께서 아브라함의 의로 간주하신 '이'는('이것'은) 무엇을 의미하는가? 만일 이것이 아브라함이 여호와를 믿는 것 자체를 가리키

는 것이라면 아브라함의 믿음이 그의 의로 여겨졌다는 뜻이 된다. "아브라함에게는 그 믿음이 의로 여겨졌다"라는 바울의 진술도 이러한 해석을 지지하는 것같이 보인다(롬 4:9). 그러나 문맥을 자세히 보면 믿음을 통해서 의가 주어진다는 의미로 바울이 이해한 것이 분명하다(롬 4:11, 13). 사실 사도 바울에게 믿음은 언제나 하나님의 의를 얻는 수단이고, 의의 근거는 죽었다가 다시 살아나신 예수 그리스도이다(롬 4:24-25; 갈 2:16; 3:13-14; 빌 3:9). 그러므로 믿음은 반드시 있어야 하는 중요한 것이지만, 그것보다 더 중요한 것은 믿음의 대상이다.

아브라함이 믿은 것은 자기 몸에서 상속자가 날 것과 그의 자손이 하늘의 별과 같이 많아질 것을 약속하신 언약의 주님이다. 먼 훗날에 아브라함에게 의를 가져다주실 분은 그의 마지막 자손, 하나님의 아들 예수 그리스도이시다

(갈 3:14-16). 하나님께서 아브라함에게 허락하신 첫째 상속자 이삭과 그의 마지막 상속자 예수 그리스도 사이에 공통점은 둘 다 성령의 역사로 탄생했다는 것이다. 이러한 사실을 종합해 볼 때 아브라함은 그의 최종적인 상속자로 오실 메시아를 믿음으로 의롭다 함을 받은 것이다. 아브라함은 오실 메시아를 믿었고, 오늘 신약의 성도들은 구약의 모든 구원 약속을 성취한 메시아를 믿는다. 그러므로 아브라함의 믿음과 신약 성도들의 믿음 사이에는 근본적인 차이점은 전혀 없다. 모두 동일하게 믿음으로 의롭다 함을 받는 것이다.

∝ 한 마디 기도

믿음의 유일한 대상과 의의 근거가 되시는 하나님의 아들 예수님을 아브라함과 같이 믿고 살아가게 하소서.

GENESIS

01 / 07

언약의 표시인 할례의 특권과 의무

아브람이 구십구 세 때에 여호와께서 아브람에게 나타나서 그에게 이르시되 나는 전능한 하나님이라 너는 내 앞에서 행하여 완전하라 _창 17:1

✝ 핵심 이해하기

이 말씀은 아브라함의 그릇된 행위에 대한 책망이며 동시에 그의 오해를 교정한다. 하나님께서는 종 엘리에셀을 상속자로 생각하고 있던 아브라함에게 그의 몸에서 상속자가 태어날 것이라고 약속하셨다(15:2-4). 하나님께서는 또한 그의 자손이 하늘의 별과 같이 많게 될 것과 가나

안 땅을 기업으로 얻을 것도 약속하셨다. 아브라함은 하나님께서 어떻게 이 약속을 성취하실 것인가에 대한 확증을 요구했다. 이때 하나님께서는 그 확증의 표시로 아브라함과 언약을 맺으셨다. 당시 언약을 맺는 일반적인 의식은 언약의 두 당사자가 쪼갠 고기 사이로 같이 지나가

면서 서약하는 것이었다. 이런 일반적인 관습에 따라 아브라함은 하나님 자신과 자기가 동시에 쪼갠 고기 사이로 지나가면서 피 흘림의 죽음을 걸고 엄숙한 맹세를 할 것을 기대했을 것이다. 그러나 놀랍게도 아브라함은 하나님의 임재를 상징하는 타는 횃불이 쪼개진 고기 사이로 지나는 것을 보았다(17절). 이것은 하나님께서는 자신이 친히 저주를 받아 피를 흘려 죽더라도 아브라함에게 하신 약속을 반드시 지키겠다고 맹세하신 것을 보여준다. 아브라함은 이 사건을 확대해석하여 자신이 어떻게 살든지 상관없이 하나님께서 그의 약속을 반드시 성취할 것이라고 오해하게 되었다.

아들을 기다리다 지친 아브라함은 아내의 말을 듣고 하갈을 취하여 자식을 낳게 되었다. 이때 그의 나이는 86세였다(16:16). 그가 하나님의 부르심을 받고 하란을 떠나 가나안 땅에 들어온 지 이미 11년이 지났다(12:4-75세). 하나님께서는 그가 가나안 땅 세겜에 도착하자마자 그 땅을 그의 자손에게 주시겠다고 약속하셨다(12:7). 조카 롯과 헤어진 후에 하나님께서는 또다시 그의 자손이 땅의 티끌 같이 많아질 것이라고 말씀하셨다(13:16). 그리고 세 번째로 그의 몸에서 상속자가 나올 것이라고 약속하셨다(15:4).

하나님께서 그의 반복적인 약속에도 불구하고 자식을 주시지 않자 그가 아내의 요구에 따라 이 세상의 방식으로 자식을 얻기 위해 하갈을 아내로 취했다. 임신한 여종 하갈이 그의 아내 사래의 학대를 견디지 못하고 광야로 도망을 갈 때 여호와의 사자가 나타나 그의 씨가 크게 번성하고 셀 수 없이 많아지게 할 것이라고 약

속했다(16:10). 그는 그녀가 아들을 낳을 것이라고 말씀하면서 아기의 이름을 이스마엘이라고 지어 주었다(16:11).

다시 돌아온 하갈은 아들을 낳았고 아브라함은 아들의 이름을 이스마엘이라고 지었다(16:15). 아브라함은 이스마엘이 태어나자 하나님께서 그에게 약속한 상속자를 마침내 주셨다고 착각하게 되었다. 두 번이나 아브라함의 씨가 셀 수 없을 정도로 많게 하신다고 약속하신 하나님께서는 동일한 약속을 하갈에게도 하셨다(16:10). 게다가 '이스마엘'의 뜻이 "하나님께서 들으셨다"이다(16:11). 그래서 아브라함은 착각하고 하나님께서 그의 기도에 응답하셨다고 생각한 것이다. 그는 분명 아들 이스마엘을 부를 때마다 하나님께서 상속자를 자기에게 주셨다고 확신했을 것이다.

아브라함이 이런 착각에 빠져 13년을 살고 있을 때 하나님께서 그에게 나타나 책망하신 것이다. 그가 여종 하갈을 통해 애를 낳은 것은 그가 전능한 하나님이심을 믿지 못한 결과였다. 그의 행동은 하나님 앞에서 온전하지 못했다. 그래서 하나님께서는 그 앞에서 온전하라고 명령하신 것이다. 하나님께서 명령하신 할례의 의식은 그가 온전해야 하는 의무의 구체적인 내용을 보여준다.

하나님께서는 더 이상 아들을 기대하지 않는 아브라함에게 내년 이맘때에 이삭을 주시겠다고 했다(17:18-21). 태어날 이삭이 그의 상속자가 될 것이라는 하나님의 말씀은 이스마엘이 상속자라는 아브라함의 13년간의 착각을 단번에 무너뜨렸다. 하나님께서는 나중에 이스라엘 백성에게 그 앞에서 온전하라고 명령하셨다

(신 18:13). 이 온전함은 그들이 하나님께서 선지자를 통하여 주시는 그의 말씀에 순종하여 살 때 가능하다(신 18:18-19). 예수께서는 산상수훈의 핵심결론으로 하늘에 계신 아버지께서 온전하신 것과 같이 온전하라고 말씀하셨다(마 5:48). 이것은 예수님의 탁월한 가르침에 근거하여 그들의 생각과 인격과 행위를 바르게 할 때 이루어진다.

한 마디 기도

하나님께서 하신 약속은 반드시 이루어지는 줄 확신하고 끝까지 믿음으로 기다리게 하소서.

GENESIS
01/08

아브라함에 대한 하나님의 큰 기대

아브라함은 강대한 나라가 되고 천하 만민은 그로 말미암아 복을 받게 될 것이 아니냐 내가 그로 그 자식과 권속에게 명하여 여호와의 도를 지켜 의와 공도를 행하게 하려고 그를 택하였나니 이는 나 여호와가 아브라함에게 대하여 말한 일을 이루려 함이니라 _창 18:18-19

✛ 핵심 이해하기

천사 셋이 사람의 모습으로 아브라함을 방문했다. 그중 한 분은 여호와 하나님과 동일시되는 여호와의 사자였다. 그래서 본문은 그분을 여호와라고 부른 것이다(18:17, 20, 22). 18-19절은 이 셋이 아브라함의 배웅을 받고 소돔으로 떠나려고 할 때에 여호와께서 속으로 하신 독백이다. 17절에 언급된 하나님께서 하시려는 일은 곧 그가 친히 행하실 소돔과 고모라의 멸망이다. 하나님께서 아브라함에게 이 사실을 숨기겠느냐고 고민하신 후에 이것을 아브라함에게 알리셨다(18:20-21). 이것은 하나님께서 아브라함을 자신의 친구처럼 대하셨음을 보여준다(사 41:8; 약 2:23; 요 15:15 참고). 아브라함이 강대한 나라가 되고 그를 통해서 천하민족들이 복을 받게 될 것이 아니냐는 말씀은 하나님께서 아브라함을 갈대아 우르에서 불러낼 때 그에게 하신 약속을 반영한다(창 12:2-3).

하나님께서 아브라함을 택하신 목적은 그가 자식들과 그의 가문을 명령하여 의와 공도(판단)를 행하기 위해서 여호와의 도를 지키게 하는 것이다. 이 말씀은 하나님께서 아브라함에게 온전하라고 권고하시면서 모든 남자의 할례를 요구하실 때에 그에게 주신 교훈이다(17:1, 9-14). 할례가 가리키는 언약의 의무는 하나님의 법도를 따라서 의와 공의를 행하는 것을 포함한다. 19절의 "이는 나 여호와가 아브라함에게 대하여 말한 일을 이루려 함이니라"는 말씀은 아브라함과 그의 자손들이 언약의 법도를 지켜 행할 때에 그가 강대국이 되고, 그의 후손이 가나안 땅을 상속하며, 그들의 후손을 통하여 땅의 모든 종족이 복을 받게 되리라는 그의 약속을 가리킨다. 하나님께서 아브라함과 언약을 맺은 것은 전적으로 하나님의 순전한 은혜이다. 하나님께서는 이 언약에 근거하여 아브라함에게 약속하신 것을 성취하실 때 아브라함과 그의 후손들이 그의 말씀에 순종하여 살 것을 요구하신다. 하나님의 주권적인 은혜와 순종은 원인과 결과로 늘 함께 한다. 아브라함은 이 사실을 깊이 깨달아야 했다.

GENESIS
01/09 경건을 인정받은 아브라함

사자가 이르시되 그 아이에게 네 손을 대지 말라 그에게 아무 일도 하지 말라 네가 네 아들 네 독자까지도 내게 아끼지 아니하였으니 내가 이제야 네가 하나님을 경외하는 줄을 아노라 _창 22:12

✝ 핵심 이해하기

이 말씀을 하신 분은 평범한 천사가 아니라, 여호와 하나님과 동일시되는 특별한 천사, 곧 여호와의 사자였다(22:11, 15). 아브라함은 하나님의 특별한 지시에 따라 3일 걸려 모리아 산으로 가서 나무로 쌓은 제단 위에 이삭을 결박하여 올려놓고, 칼을 빼어 번제물로 잡아 드리려고 했다(22:9-10). 이 순간 여호와의 사자는 다급하게 아브라함의 이름을 두 번 반복해서 부르면서 이삭을 번제로 드리는 것을 중단시켰다.

사실 하나님의 숨은 의도는 아브라함의 전적인 순종을 시험하는 것이었다(22:1). 아브라함에게 이삭은 이제 그에게 하나밖에 없는 유일한 아들이었다. 2절은 "네 아들 네 사랑하는 독자 이삭"으로 소개한다. 아브라함이 오랫동안 자식이 없을 때에 자신의 상속자로 생각했던 이스마엘은 모친 하갈과 함께 떠나, 그에게 더 이상 없었다(21:10-14). 이러한 상황에서 이삭은 아브라함의 전부요, 생명과 미래였다. 이삭

이 없어지면 그의 미래가 사라지는 것이고, 그의 가문은 끝나는 것이었다. 하나님께서는 이삭을 언약의 후사로 세울 것이라고 여러 번 약속하셨다. 심지어 이스마엘을 내보낼 때에도 이삭에게서 그의 후손이 나올 것이라고 약속하셨다(21:12). 이런 사실에 비추어 볼 때 하나님께서 이삭을 번제물로 드리라는 것은 자신의 생명과 미래를 파괴하는 것과 같은 중대한 시련이었다.

이때 아브라함은 지체 없이 순종하여 아침에 일어나자마자 이삭을 데리고 하나님께서 지시한 곳으로 갔다. 제3일이 되어 모리아 산이 자신의 시야에 들어오자 아브라함은 종들이 지고 왔던 번제에 쓸 나무를 아들에게 지우고 단 둘이 그 산으로 향했다(22:5). 아브라함은 두 종이 지켜보는 가운데서 이삭을 번제로 하나님께 드리는 것은 불가능하다고 판단했기 때문에 이와 같이 조치한 것이다.

아브라함이 두 종에게 "내가 아이와 함께 저

기 가서 예배하고 우리가 너희에게로 돌아오리라"고 말한 것은 그의 부활신앙을 암시한다(22:5). 이 말은 히브리서 기자가 말한 대로 아브라함이 "하나님이 능히 이삭을 죽은 자 가운데서 다시 살리실 줄로 생각했다"는 구체적인 증거다(히 11:19).

하나님께서는 아브라함의 믿음과 순종을 실망시키지 않았다. 그가 이삭을 번제로 드리는 것을 중단시키고 "내가 이제야 네가 하나님을 경외하는 줄 안다"고 말씀하셨다. 이어서 하나님께서는 아브라함이 독자 이삭을 아끼지 않고 순종하였으니 그의 자손을 크게 번성하게 하고 그의 후손이 원수의 성문을 차지하며 천하 만민이 그의 씨로 말미암아 복을 받으리라고 엄숙한 맹세로 약속하셨다(16-18절). 아브라함이 독자 이삭을 아끼지 않고 하나님께 드리려고 한 것은 하나님께서 그의 사랑하는 아들 예수 그리스도를 아끼지 않고 그의 백성의 구원을 위해 내주실 것을 예고했다(롬 8:32). 아브라함의 순종 때문에 그의 후손과 열방이 복을 받게 될 것이라는 말씀은 아브라함의 마지막 후손인 예수 그리스도의 희생과 순종으로 말미암아 마침내 최종적으로 성취되었다(갈 3:13-16).

⟋ 한 마디 기도

하나님께서 요구하시는 믿음의 순종 시험에 합격하여 하나님을 참으로 경외하는 사람으로 인정받게 하소서.

GENESIS 01/10 이삭에게 하신 하나님의 명령과 언약의 복 약속

이 땅에 거류하면 내가 너와 함께 있어 네게 복을 주고 내가 이 모든 땅을 너와 네 자손에게 주리라 내가 네 아버지 아브라함에게 맹세한 것을 이루어 네 자손을 하늘의 별과 같이 번성하게 하며 이 모든 땅을 네 자손에게 주리니 네 자손으로 말미암아 천하 만민이 복을 받으리라 이는 아브라함이 내 말을 순종하고 내 명령과 내 계명과 내 율례와 내 법도를 지켰음이라 하시니라 _창 26:3-5

✝ 핵심 이해하기

이 말씀은 가나안 땅에 흉년이 들어 이삭이 부친 아브라함과 함께 애굽으로 내려가려고 그랄로 이동할 때 하나님께서 그에게 주신 것이다(26:1). 이삭은 당시 블레셋 왕 아비멜렉과 함께 그랄에 임시로 거주하고 있었다. 하나님께서는 이때 이삭에게 애굽으로 내려가지 말고 하나님 자신이 지시하시는 땅에 거주하라고 말씀하시면서, 이삭이 이에 순종할 경우 아브라함의 복을 그에게 주겠다고 약속하셨다.

하나님께서 이삭에게 약속하신 것은, 그에게 복을 주심과, 이 모든(가나안) 땅을 그와 그의 자손에게 주심과, 부친 아브라함에게 주겠다고 맹세하신 약속을 성취하여 그의 자손이 하늘의 별과 같이 번성하게 하고 그의 자손으로 말미암아 열방이 복을 받는 것 등이었다. 이것들은 하나님께서 이미 아브라함에게 주신 약속이었다(창

12:2-3; 13:15; 15:5). 따라서 같은 약속을 이삭에게도 주시는 것은, 그가 아브라함의 언약 상속자임을 의미한다. 하나님께서는 이삭이 태어나기 전에 이미 그가 언약의 상속자가 될 것이라고 아브라함에게 약속하셨다(17:19-20).

하나님께서는 자신이 이삭에게 이와 같이 약속하시는 이유가, 아브라함이 하나님의 말씀을 듣고 순종하여 그의 명령과 계명과 율례와 법도를 지켰기 때문이라고 밝히셨다(26:5). 하나님께서는 아브라함이 순종한 결과로 이삭에게 이 약속을 주는 것임을 밝히시면서, 이제는 그가 하나님의 말씀에 대한 순종을 보여야 할 때임을 강조하신 것이다. 물론 이삭은 애굽으로

가려던 자신의 계획을 취소하고 그랄에 거했다. 그는 그랄에 계속해서 머무는 동안에 많은 시련과 갈등을 겪었지만, 하나님께서 친히 간섭하심으로 인해 그곳에서 하나님의 큰 복을 경험했다(26:12-13). 그 결과 그랄 왕 아비멜렉은 이삭에게 몸소 찾아와 "당신은 여호와께 복을 받은 사람"이라고 인정하였다(26:29).

∝ 한 마디 기도

믿음의 부모들이 하나님으로부터 받은 언약의 풍성한 복을 순종의 삶을 통해 몸소 체험하고 누리게 하소서.

GENESIS

01/11 야곱에게 약속된 언약 상속자의 복

또 본즉 여호와께서 그 위에 서서 이르시되 나는 여호와니 너의 조부 아브라함의 하나님이요 이삭의 하나님이라 네가 누워 있는 땅을 내가 너와 네 자손에게 주리니 네 자손이 땅의 티끌 같이 되어 네가 서쪽과 동쪽과 북쪽과 남쪽으로 퍼져 나갈지며 땅의 모든 족속이 너와 네 자손으로 말미암아 복을 받으리라 내가 너와 함께 있어 네가 어디로 가든지 너를 지키며 너를 이끌어 이 땅으로 돌아오게 할지라 내가 네게 허락한 것을 다 이루기까지 너를 떠나지 아니하리라 _창 28:13-15

✝ 핵심 이해하기

약 77세의 야곱은 모친 리브가의 지시에 따라, 자신을 에서라고 말하며 부친을 속이고 장자의 축복 기도를 받았다. 그러나 에서가 사냥을 마치고 돌아와서 부친께 사냥한 고기를 드리자, 야곱의 사기극은 탄로가 났다. 에서는 야곱을 적절한 때에 죽이고야 말겠다는 증오의 마음을 품었다. 모친은 이 사실을 눈치채고 야곱을 외삼촌 라반의 집에 보내기로 결정했다. 이때 부친 이삭은 자신을 속인 야곱을 위해 빌었던 축

복을 취소하지 않았다. 오히려 이삭은 야곱이 집을 떠나가기 전에 그를 불러, 언약의 복을 재확인하는 축복 기도를 해 주었다(28:3-4). 이 축복 기도는 하나님께서 기뻐하시는 믿음의 기도였다.

야곱은 이렇게 집을 떠나 한 달 정도 걸리는 먼 곳 밧단아람으로 가는 중에, 벧엘에서 하룻밤을 보냈다. 본문은 바로 이때 하나님께서 평생 처음으로 야곱에게 나타나셔서 하신 말씀이

다. 하나님께서 마치 인생의 해가 지는 것과 같은 처량한 처지에 놓인 야곱에게 친히 나타나신 것과 그분께서 주신 놀라운 약속은, 야곱의 인생의 수레바퀴를 180도 돌려놓았다. 야곱은 더 이상 에서와의 경쟁에서 패배한 낙오자가 아니라, 하나님의 뜻을 이루는 적극적이고 열정적인 사람이 되었다. 그래서 밧단아람으로 가는 그의 발걸음은 가볍고 소망이 넘쳤던 것이다(29:1-2). 1절의 '길을 떠나'는 히브리어의 표현 "발을 높이 들다"를 번역한 것이다. 여기에는 "눈을 높이 들다"라는 표현에 사용되는 동사(히: 나사아)가 쓰였다. 그의 발이 지치고 늘어진 발이 아닌 이유는, 하나님께서 주신 놀라운 약속 때문에 그에게 생기와 의욕이 넘쳤기 때문이다.

이 약속의 핵심은 아브라함의 하나님과 이삭의 하나님이신 바로 그분이 야곱의 하나님도 되시겠다는 것이다. 야곱은 하나님께서 아브라함과 이삭에게 각각 약속하신 언약의 상속자다. 하나님께서는 아브라함과 이삭에게 약속하신 가나안 땅을 바로 야곱에게 주겠다고 말씀하셨다. 하나님의 이 약속은 그가 집을 떠나기 직전에 부친 이삭이 그를 위해 빈 언약의 축복과 일치한다(28:3-4). 이것은 야곱이 에서의 이름으로 받았던 축복 기도의 내용과도 같다(27:27-29).

하지만 야곱이 곧바로 가나안 땅을 물려받지는 못했다. 언약의 상속자가 되기까지 그에게는 연단과 훈련이 절대적으로 필요했다. 외삼촌 밑에서 야곱이 보낸 20년의 세월은, 하나님께서 그의 모난 인격과 행위를 다듬어 그분이 친히 기뻐하시는 경건한 사람으로 빚으시는 시기였다. 하나님께서는 야곱을 향한 자신의 목적이 이루어지기까지 그를 떠나지 않고 함께하겠다고 약속하셨다(28:15).

야곱은 20년 만에 외삼촌 라반을 떠나 고향으로 향했지만, 중간에 숙곳과 세겜에서 대략 10년을 지냄으로써 약 30년 만에야 하나님께서 그에게 나타나셨던 벧엘로 돌아올 수 있었다(창 35:9-15). 이 30년은 언약의 상속자로 지정된 야곱이 마침내 언약의 상속자의 자격을 구비하는 데 절대적으로 필요했던 훈련과 연단의 기간이었다.

한 마디 기도

하나님께서 행하신 약속의 성취는 훈련과 연단 끝에 오는 줄 알고, 믿음으로 훈련과 연단을 받게 하소서.

요셉의 형통과 그의 큰 경건

이 집에는 나보다 큰 이가 없으며 주인이 아무것도 내게 금하지 아니하였어도 금한 것은 당신뿐이니 당신은 그의 아내임이라 그런즉 내가 어찌 이 큰 악을 행하여 하나님께 죄를 지으리이까 여인이 날마다 요셉에게 청하였으나 요셉이 듣지 아니하여 동침하지 아니할 뿐더러 함께 있지도 아니하니라

_창 39:9-10

✝ 핵심 이해하기

요셉은 형들에게 미움을 받아 종으로 팔려 애굽으로 내려와, 마침내 바로의 친위대장(오늘의 대통령 경호실장)의 종이 되었다. 이것은 우연이 아니고 요셉과 동행하신 하나님의 세밀한 섭리의 결과였다(37:36; 39:2). 처음에 주인 보디발에게 요셉의 존재는 많은 종들 가운데 하나에 불과했다. 그러나 요셉은 마침내 보디발에게 인정을 받아 그의 가정 총무가 되었다(39:4). 요셉은 가정 총무로서의 실력과 성실함을 인정받아, 한 걸음 더 나가서 주인의 모든 재산을 관리하는 최고 책임자가 되었다.

탁월한 종이었던 요셉은, 모친 라헬이 부친 야곱의 마음을 단번에 사로잡은 미녀였던 것과 마찬가지로(29:17), 모든 여인들이 흠모할 만한 미남이었다(39:6). 여주인은 이러한 요셉을 가만두지 않았다. 여주인은 날마다 유혹하며 사랑을 나누자고 요구했다. 본문은 바로 이때 요셉이 여주인에게 한 말이다.

그는 가장 비천한 자리에서 시작하여 종의 신분으로 올라갈 수 있는 가장 높은 자리까지 올라갔으나, 한결같은 마음으로 하나님을 경외했고 주인을 섬겼다. 요셉은 자신에게 가장 높은 지위를 준 주인이 그에게 모든 것을 허락했지만, 여주인은 주인의 아내이므로 예외임을 분명하게 밝혔다. 요셉의 말은 여기서 끝나지 않

았다. 그는 자신의 이러한 자세가 결코 주인에 대한 충성에서 나온 것만이 아니며, 하나님을 경외하는 데서 비롯된 것이라고 말했다.

요셉의 "내가 어찌 이 큰 악을 행하여 하나님께 죄를 지으리이까"란 말은 38장에 기록된 유다의 기록에서는 전혀 찾아볼 수 없는 큰 경건의 고백이다. 유다의 두 아들은 하나님 앞에서 악을 행하여서 죽었다(38:7-10). 유다는 양털을 깎는 축제 시기에 자신의 정욕을 따라 여인을 찾아간 바 있다(38:12-16). 또한 요셉의 이같은 경건은 각각 자기 아내를 누이라고 속인 이삭과 아브라함에게도 없는 것이었다(12:11-13; 20:1-2; 26:7-10). 요셉의 말은 그랄 왕 아비멜렉이 아브라함을 책망하며 "내가 무슨 죄를 네게 범하였기에 네가 나와 내 나라가 큰 죄에 빠질 뻔하게 하였느냐"고 했던 것과 거의 같다(20:9). 아브라함의 변명은 "이곳에서는 하나님을 두려워함이 없어서"였다.(20:11) 하지만 하나님을 두려워하지 않은 사람은 이 말을 한 아브라함 자신이었다.

요셉의 경건은 애굽 최고의 교육, 궁중 교육을 40년간 배운 모세에게도 없던 것이다. 모세는 위에서 모든 것을 보시는 보이지 않는 하나님을 의식하지 못하고, 사람만 의식하여 살인죄를 범했다(출 2:11-12). 만일 다윗에게 요셉의

경건이 있었다면 그는 충신 우리아의 아내 밧세바를 욕보이지 않았을 것이다(삼하 11:2-4). 다윗 왕은 나단 선지자의 호된 책망과 질책을 받은 다음에 비로소 "내가 주께만 범죄하여 주의 목전에 악을 행하였습니다"라고 고백했다(시 51:4).

요셉은 늘 동행하시는 보이지 않는 하나님을 의식하고 큰 죄를 피한 것이다. 그는 여주인의 유혹에 빠져 큰 죄를 범하는 일을 피하기 위해, 여주인이 아무리 매일 간청해도 그 말을 듣지도 않았다. 요셉은 그녀와 함께 있는 것도 의도적으로 피했다. 요셉은 죄악을 피하기 위해서 "악

인들의 꾀를 따르지 아니하며 죄인들의 길에 서지 아니하며 오만한 자들의 자리에 앉지도 아니했던 것"이다(시 1:1). 그는, 잠언에서 경건한 아버지가 자식에게 음녀의 꿀 같은 말을 듣지 말고 유혹에 빠지지 말라고 한 교훈을 직접 실천한, 좋은 본보기였다(잠 2:16-17; 7:5-23; 22:14; 23:27).

한 마디 기도

큰 인정과 형통의 절정에도 각종 유혹에 빠지지 않고, 악하고 죄악 된 세상에서 경건한 신앙의 참맛을 보여주게 하소서.

메시아가 나올 유다 지파

GENESIS 01/13

규가 유다를 떠나지 아니하며 통치자의 지팡이가 그 발 사이에서 떠나지 아니하기를 실로가 오시기까지 이르리니 그에게 모든 백성이 복종하리로다 _창 49:10

✝ 핵심 이해하기

147세의 야곱은 임종하기 직전에 열두 아들들을 불러 놓고 그들을 위해 유언적인 축복 기도를 했다. 야곱의 기도는 이스라엘 12지파가 미래에 받을 복에 대한 예언이기도 했다. 이 예언적인 축복 기도는 동시에 하나님 앞에서 각자의 분량에 따른 축복이었다(49:28).

열두 아들에 대한 축복 기도에서 가장 많은 분량을 차지하는 두 아들은 유다(49:8-12)와 요셉(49:22-26)이다. 유다 지파가 받게 될 복은 적과의 전쟁에서 승리(49:8), 야곱의 다른 아들들이 그 앞에 절하는 것(8절), 누구도 맞서서 대

적할 수 없는 사자와 같은 능력(49:9), 규(왕권)가 실로, 곧 메시아가 오시기까지 유다 지파를 떠나지 않는 것(49:10), 열방의 모든 백성이 그에게 복종하는 것(49:10), 그리고 번영의 시대를 상징하는 포도나무의 풍성한 결실과 열매(49:11-12)이다. 이 복의 내용을 요약하면 유다 지파에서 이스라엘 백성의 왕이 일어날 것이란 약속이다. 하나님께서는 이미 아브라함과 야곱에게 그들의 후손 가운데 왕들이 나올 것을 약속하셨다(17:6, 16; 35:11). 아브라함의 후손들은 에서가 세운 에돔을 왕들이 대를 이어 통치

하고 있을 때에 이러한 기대를 가지고 있었다 (36:31).

하나님께서 약속하신 대로 아브라함의 후손 가운데 왕이 나올 것은 분명하다. 그러나 야곱의 아들들은 열둘이므로 어느 아들에게서 왕이 나올 것인지는 지금까지 불분명했다. 야곱의 축복 기도는 왕이 유다 지파에서 나올 것임을 아주 분명하게 보여주었다. 이 예언은 마침내 유다 지파 소속인 이새의 아들 다윗이 왕이 됨으로써 구약적인 차원에서 부분적으로 성취되었다. 하나님께서는 다윗과 맺은 언약에 근거하여 다윗 왕조가 영원할 것을 약속하셨다(삼하 7:12-16; 대상 17:11-14; 시 89:3-4). 하지만 왕들과 백성들의 죄 때문에 남 왕국 유다는 망했고, 다윗 왕조는 단절되었으며, 백성들은 바벨론 제국에 포로로 잡혀갔다. 하나님께서는 선지자들을 통하여, 구원자 메시아를 다윗 가문에 보냄으로써 다윗에게 하신 약속을 지키시겠다고 계속 약속하셨다(사 9:6-7; 11:1; 32:1; 렘 23:5; 30:9; 겔 34:23-24; 37:24-25; 단 7:13-14; 미 5:1-2). 이 예언의 실현으로 다윗보다 큰 그의 마지막 후손 예수 그리스도께서 오셨고(마 2:5-6; 눅 1:32-33), 그의 십자가 죽으심과 부활, 승천으로 최종적으로 성취되었다(행 2:32-36). 다시 오실 예수님은 유다 지파의 사자요 다윗의 뿌리(근원)이시다(계 5:5). 그는 지금 하나님의 보좌 우편에서 천상의 왕으로 다스리신다(행 2:36; 5:31-32; 빌 2:9-11).

∝ 한 마디 기도

유다 지파에 약속한 왕을 마침내 보내 주셔서 약속을 성취하신 주 하나님을 찬양합니다.

EXODUS

출애굽기 핵심구절
이해하고 기도하기

EXODUS

01 / 14

창대하게 된 이스라엘 자손

이스라엘 자손은 생육하고 불어나 번성하고 매우 강하여 온 땅에 가득하게 되었더라 _출 1:7

✝ **핵심 이해하기**

7절은 요셉과 당대의 사람들이 모두 죽은 후에 이스라엘 자손이 폭발적으로 성장했음을 보여 준다. 성장을 묘사하는 다섯 동사(생육하다, 불어 나다, 번성하다, 강해지다, 가득하다)가 한 문장에 사용되어, 이스라엘 백성의 생육과 번성이 얼마 나 큰지가 극적으로 강조된다. 그 결과 애굽 사 람들은 이렇게 막강하게 된 이스라엘 백성에 대 한 두려움을 가지게 되었다(1:9-10). 애굽의 왕 은 이를 막고자 엄한 감독들을 세워 이스라엘 백성에게 고된 부역을 시켰다. 하지만 이것으로 그들이 더 크게 번성하는 것을 막을 수는 없었 다(1:12). 심지어 애굽의 왕은 산파들을 불러 이 스라엘의 남자 신생아를 은밀하게 죽이라고 명

령했다. 그러나 이것도 실패하여, 이스라엘 백 성이 번성하여 매우 강해지는 것을 막지 못했다 (1:20). 이 모든 것은 하나님께서 족장들에게 그 들의 후손이 크게 번성하리라고 하신 약속의 성 취다(창 15:5; 22:17; 26:4).

특별히 세 동사(생육하다, 번성하다, 가득하다) 는 하나님께서 첫 인류에게 주신 명령인 동시에 복이었다(창 1:28). 이 셋은 나중에 대홍수가 끝 나고 방주에서 나온 새로운 인류 노아와 그의 세 아들들에게 주신 말씀에도 나온다(창 9:1). 그러나 하나님께서 아담과 하와에게 주신 명령 과 복도, 노아와 그 아들들에게 주신 명령과 복 도 죄로 인하여 실현되지 못했다. 하지만 하나

님께서는 인류의 번성과 충만함을 위한 자신의 놀라운 계획을 포기하지 않으셨다. 하나님께서는 이 계획을 실현하시고자, 더 깊은 죄악에 빠져 가는 인류를 열방으로 흩으시고 아브라함을 불러 그와 그의 후손을 통하여 열방에게 복을 주시겠다고 약속하셨다(창 12:2-3). 이제 이 약속은 그의 후손 이스라엘 백성이 애굽에서 생육하고 번성하고 많아짐으로써 성취의 문턱에 도달하게 되었다. 이제 이스라엘 백성은 하나님께서 정하신 때가 되면 애굽에서 나와 가나안 땅을 기업으로 얻는 큰 민족이 될 것이다.

∝ 한 마디 기도

심지어 역경과 고난을 통해서도 이스라엘 백성을 향한 놀라운 계획을 이루어 가시는 주님을 찬양합니다.

EXODUS

01 / 15 언약을 성취하시는 여호와

하나님이 모세에게 이르시되 나는 스스로 있는 자이니라 또 이르시되 너는 이스라엘 자손에게 이같이 이르기를 스스로 있는 자가 나를 너희에게 보내셨다 하라 _출 3:14

✝ 핵심 이해하기

"나는 스스로 있는 자니라(I AM Who I Am)"라는 본문의 말씀은, 이스라엘 백성에게 소개할, 조상의 하나님의 이름이 무엇이냐고 모세가 물은 것에 대한 하나님의 답변이다. 이 말씀은 6장 3-4절의 "내가 아브라함과 이삭과 야곱에게 전능의 하나님으로 나타났으나 나의 이름을 여호와로는 그들에게 알리지 아니하였고"와 긴밀하게 연결된다.

아브라함과 이삭과 야곱이 체험한 하나님은 전능하신 하나님이다(창 17:1; 28:3; 35:11; 43:14; 48:3). 전능하신 하나님께서는 족장들과 언약을 맺으시고 가나안 땅을 그들의 자손에게 주시겠다고 약속하셨다. 하지만 그들은 자기들의 시대에 이 모든 약속이 성취되는 것을 체험하지 못했다.

하나님께서는 3대 족장들과 맺은 언약을 이제 완전히 성취하는 것을 보여주겠다고 말씀하신다. 이것을 구체적으로 보여주는 이름이 바로 언약의 주님을 칭하는 '여호와'이다.

6장 3절의 "나의 이름을 여호와로는 그들에게 알리지 아니하였다"는 말씀은 본문의 "나는 스스로 있는 자니라"라는 하나님의 자기소개와 같은 의미를 가진다. 이 말씀은, 하나님께서는 영원히 스스로 계신 분으로써 그분이 만드신 모든 피조물로부터 구별되실 뿐만 아니라, 그 모든 것을 지배하고 다스리는 분이심을 전제한다. 이 말씀은, 창조와 섭리의 하나님께서 이제 조상들과 맺은 언약을 마침내 성취하심으로써, 그분이 얼마나 신실하고 인자한 언약의 하나님인지를 나타내시겠다는 뜻을 가진다.

하나님은 창세기 1장에서는 '하나님'이라고 만 언급되시다가, 2장 4절부터 본격적으로 반복해서 '여호와 하나님'으로 지칭되신다. 이것은 모든 만물을 창조하신 하나님께서, 자신의 인자함과 신실함의 표현으로써 아담과 언약을 맺으셨음을 보여준다. 아담과 언약을 맺으신 하나님은 모든 것을 만드신 후에 아담을 피조물들의 대표 관리자로 세우신 은혜로운 창조자였다. 이와 같이 이제 모세를 애굽에 보내어 이스라엘 백성을 바로와 애굽의 속박에서 건져 내실 하나님은, 자신이 친히 그들의 하나님이 되시고 그들을 자기 백성으로 삼으실 언약의 주가 되실 것임을, 이 이름을 통해서 예고하신 것이다.

하나님께서 모세를 통해 애굽에 행하신 각종 재앙은, 그가 여호와이심을 애굽 사람들과 온 세상 사람들에게 선포하는 것이었다. '나는 스스로 있는 자니라'의 준말인 "내가 그니라" (I AM)는 열방의 모든 신들과 구별되는 유일하신 여호와 하나님을 소개할 때 이사야서에 반복적으로 나온다(사 41:4; 43:10-11; 44:6; 45:5-6; 48:12). 마침내 예수님께서는 요한복음에서 이 호칭을 집중적으로 사용하여 자기 자신을 알리셨다(요 6:20-내니 두려워 말라; 8:58; 13:19; 18:5-6, 8). 예수님께서는 이 호칭을 사용하여 자기 자신이 구약의 여호와 하나님과 동등한 분임을 암시하셨다.

⨯ 한 마디 기도

전능하신 하나님께서 모든 약속을 성취하시는 신실한 언약의 주님이심을 알고 체험하고 누리게 하소서.

EXODUS

01/16

하나님께서 바로를 세우신 목적

내가 너(=바로)를 세웠음은 나의 능력을 네게 보이고 내 이름이 온 천하에 전파되게 하려 하였음이니라(롬 9:17에 인용됨) _출 9:16

✝ 핵심 이해하기

이 말씀은 하나님께서 애굽이 세워진 이래 지금까지 한 번도 없었던 엄청난 규모의 우박 재앙을 내리겠다고 말씀하시기 직전에 주신 것이다. 하나님께서는 단 한 번의 재앙으로 바로와 애굽 백성 전체를 멸망시킬 수 있는 능력을 가지고 계셨다(9:15). 그러나 하나님께서는 그렇게 하지 않으셨다. 하나님께서는 오히려 바로의 반복적인 완고함과 완악함을 통해 자신을 온 세상의 유일하신 하나님으로 나타내기 원하셨기 때문이다. 모세가 여호와 하나님의 이름으로 요구하는 이스라엘 백성의 자유와 해방을 바로가 거부하면 거부할수록, 여호와 하나님의 능력과 이름을 드러내는 재앙은 점점 더 큰 규모로 나타났다. 그 결과 이스라엘의 하나님이 온 세상 가운데 유일하신 참 하나님이심이 드러나게 되었다(9:14).

출애굽기에 반복적으로 등장하는 "내가 여호와인 줄 알리라"는 말씀은 애굽에 내려진 열 재앙을 통해서 구체적으로 확증되었다(7:5, 17; 10:2; 14:18). 바로의 완고함 때문에 반복된 재앙을 통해서 여호와 하나님의 능력은 더욱 분명하게 드러났다. 이 열 재앙은 당시 고대 세계의 최강대국인 애굽의 모든 신들을 심판하는 사건이었다(12:12). 특히 마지막에 일어난 장자 재앙은, 애굽의 모든 신들은 무능하나 이스라엘의 하나님은 유일한 참 하나님이심을 온 세상에 알린 사건이다.

하나님께서 자연 현상과 각종 피조물을 동원하여 애굽에 내리신 재앙은 자신이 온 세상을 창조하고 주권적으로 다스리는 하나님이심을 알리시는 동시에, 친히 이스라엘 백성의 하나님이 되심도 알리기 위한 것이었다.

이제 이스라엘 백성과 함께 애굽 백성과 온 세상 나라도 이러한 유일하신 하나님을 인정해야 했다. 애굽의 바로가 하나님의 뜻을 완고하게 거역했음에도 불구하고 그분의 놀라운 이름과 능력이 분명하게 나타난 것은 그분의 지혜와 능력이 무한함을 보여준다. 이것은 하나님의 뜻이 인간의 완고한 저항을 만나도 결코 좌절되지 않음을 보여준다.

하나님의 명령에 순종하든 불순종하든 상관없이 그의 주권적인 뜻은 이루어진다. 하나님의 뜻을 좌절시키기 위해 사람이 할 수 있는 일은 아무것도 없다. 이 엄청난 사실을 인식할 때 사람으로서 택할 수 있는 유일하게 지혜로운 길은 기쁘게 자원하는 마음으로 하나님의 뜻에 순종하며 사는 것이다. 바로는 하나님의 뜻을 거역함으로써 하나님의 능력과 이름을 온 세상에 드러냈으나, 바로 자신은 완고한 죄악으로 인해 하나님의 심판을 피할 수 없었다.

∝ 한 마디 기도

결코 좌절될 수 없는 하나님의 주권적인 뜻을, 기쁜 마음으로 받아들이고 순종하며 살게 하소서.

EXODUS
01
17

유월절 어린양의 피

내가 애굽 땅을 칠 때에 그 피가 너희가 사는 집에 있어서 너희를 위하여 표적이 될지라 내가 (그) 피를 볼 때에 너희를 넘어가리니 재앙이 너희에게 내려 멸하지 아니하리라(23절 참고) _출 12:13

✝ 핵심 이해하기

이스라엘의 하나님께서 애굽에 내린 마지막 재앙은 멸망시키는 천사를 통해서 애굽의 모든 장자를 죽인 사건이었다. 하나님께서는 지금까지 애굽에 내린 일부 재앙에서 이스라엘 백성과 애굽 백성을 구분하셨다(파리 떼 재앙, 가축 재앙, 우박 재앙, 흑암의 재앙). 곧 임할 장자 재앙은 그의 마지막 결정에 따른 것이었다. 애굽의 바로가 하나님의 장자인 이스라엘 백성을 풀어 주지 않았기 때문에, 하나님께서는 그 결과로 바로와 애굽 백성의 모든 장자를 죽이셨다(4:22-23; 12:29-30).

하나님께서는 이때 이스라엘 백성의 모든 장자를 죽음에서 구원하기 위하여, 유월절 어린양을 잡아 그 피를 집의 좌우 문설주(기둥)와 인방(상인방)에 바르라고 지시하셨다. 하나님의 명령대로 유월절 어린양의 피를 대문의 두 기둥과 위에 있는 인방에 바르고 그 집안에 있었던 이스라엘 모든 백성의 장자들은 모두 다 죽음을 피할 수 있었다. 이 사건을 기념하는 것이 유월절과 일주일간 지속되는 무교절이다.

유월절 어린양의 피와 불에 구운 어린양의 고기는, 앞으로 하나님의 어린양 예수 그리스도께서 자신의 대속적인 죽음을 통해서 자기 백성을 죄에서 구원하실 것을 예고한 사건이었다. 예수님의 증인 요한은, 예수님께서 친히 세상의 죄를 제거하기 위해 자기 목숨을 제거당할 하나님의 어린양으로 오신 것임을 증언했다

(요 1:29). 예수님께서는 유월절 희생양을 잡는 바로 그 시간에 유대인 지도자들에 의해 빌라도에게 넘겨졌다(요 19:14-16). 십자가에서 예수님의 죽음은 어린양의 죽음이었다. 로마 병사가 이미 죽은 예수님의 다리를 꺾지 않는 것도 유월절 어린양의 예언을 성취하기 위함이었다(출 12:46=요 19:36). 하나님께서는 이스라엘 백성이 매년 유월절을 기념하고 유월절 어린양의 다리를 꺾지 않고 잡아 불에 구워 먹을 때마다, 자기 백성인 그들이 애굽의 종살이보다 무섭고 두려운 죄와 사망에서 자신들을 구원하실 하나님의 어린양 메시아를 기대하길 원하셨다. 신약 성도는 하나님의 어린양 예수님께서 이 모든 것을 성취한 결과로 얻게 된 구원을 누리며 거룩한 삶을 살기 위해, 지금도 영적인 유월절을 지킨다(고전 5:7-8).

∞ 한 마디 기도

하나님의 어린양 예수님의 죽으심으로 인해, 죄와 사망에서 벗어나 하나님 앞에서 진정한 자유를 누리는 새로운 삶을 살게 해주신 주님께 감사드립니다.

EXODUS
01
18

기적의 만나를 통한 교훈

모세가 이르되 여호와께서 이같이 명령하시기를 이것(=만나)을 오멜에 채워서 너희의 대대 후손을 위하여 간수하라 이는 내가 너희를 애굽 땅에서 인도하여 낼 때에 광야에서 너희에게 먹인 양식을 그들에게 보이기 위함이니라 하셨다 하고 또 모세가 아론에게 이르되 항아리를 가져다가 그 속에 만나 한 오멜을 담아 여호와 앞에 두어 너희 대대로 간수하라 _출 16:32-33

✝ 핵심 이해하기

이스라엘 백성은 애굽에서 나와 홍해를 건넌 후   40년간의 광야 생활을 시작하면서부터 가나안

땅 길갈에서 그 땅의 소산물을 먹은 날까지 만나를 먹었다(16:35; 수 5:12). 하나님께서는 기적적인 만나 공급을 통하여 하나님의 백성이 지켜야 할 법도와 율례를 교훈하셨다(16:4, 28). 하나님께서 만나를 주신 날은 일요일부터 금요일까지였다. 금요일에는 안식일에 먹을 만나까지 포함하여 평일에 거두던 것의 두 배 분량의 만나를 주셨다.

안식일에는 하나님께서 만나를 내려 주시지 않았다(16:27). 평일에는 만나의 유효기간이 하루밖에 되지 않았으나(16:19-20), 금요일에는 안식일까지 먹을 이틀 치의 만나를 주셨을 뿐 아니라 유효기간도 이틀이었다(16:23-24). 하나님의 지시에 따라 항아리에 보관된 만나는 상당 기간 썩지 않고 보존되었다. 이것은 하나님의 말씀에 따라 만나의 유효기간이 결정되었음을 보여준다.

하나님께서는 만나의 공급과 규정을 통해서 이스라엘 백성들에게 신앙생활의 두 가지 핵심 교훈을 주셨다. 첫째 교훈은 하나님께서는 그의 백성에게 날마다 필요한 양식을 주신다는 것이다(16:17-18). 예수님께서 가르쳐 주신 주기도에서 "날마다 우리에게 일용할 양식을 주옵소서"라는 간구는 바로 이 진리를 반영한다.

둘째 교훈은 하나님께서는 그분이 정하신 날에만 만나를 내려 주셨다는 것이다. 이것은 하나님께서는 자신의 백성들이 그분의 말씀을 따라 살 때 그들의 필요를 채워 주심을 교훈한다. "사람이 떡으로만 사는 것이 아니라 하나님의 입에서 나오는 모든 말씀으로 산다"는 말씀은 광야 생활 40년의 핵심 교훈이다. 이 말씀은 바로 이 진리의 요약이다(신 8:3).

40년간 기적의 만나를 먹은 이스라엘 백성들은 이 두 가지 교훈을 배우는 데 실패했다. 하지만 하나님의 아들 예수 그리스도는 광야에서 40일 금식 중에 이 교훈들을 깨닫고 평생 말씀에 순종하는 삶을 사셨다(마 4:4). 그 결과 신약 백성은 이스라엘 백성이 40년 동안 먹었던 만나보다 크신, 영원한 영적 만나이신 예수님을 믿음으로 먹고 마심으로써 그분이 주시는 새 생명을 풍성하게 누릴 수 있게 되었다(요 6:56-57). 지혜로운 신자는 생명의 양식이신 예수님을 날마다 먹고 마심으로 생명에서 더 큰 생명으로 나간다.

한 마디 기도

살 가치가 있는 복된 삶은, 이 세상의 것들이 아니라 오직 생명의 빵 예수님으로만 가능함을 모든 사람이 알게 하소서.

모세의 일을 분담한 지도자들

너는 또 온 백성 가운데서 능력 있는 사람들 곧 하나님을 두려워하며 진실하며 불의한 이익을 미워하는 자를 살펴서 백성 위에 세워 천부장과 백부장과 오십부장과 십부장을 삼아 그들이 때를 따라 백성을 재판하게 하라 큰 일은 모두 네게 가져 갈 것이요 작은 일은 모두 그들이 스스로 재판할 것이니 그리하면 그들이 너와 함께 담당할 것인즉 일이 네게 쉬우리라 _출 18:21~22

✝ 핵심 이해하기

이스라엘 백성은 애굽에서 애굽 사람들의 삶의 방식에 따라 살았기 때문에, 자신들 사이에서 문제가 일어났을 때 애굽의 규정과 관습으로 각종 문제를 해결해 왔다. 그러나 그들은 이제 바로와 애굽 사람들의 손에서 완전히 벗어났으므로, 더 이상 애굽의 방식으로 살거나 이웃과의 문제를 애굽의 방식으로 해결할 수 없었다. 이스라엘 백성은 자신들이 하나님께 속한 백성이므로 그의 백성답게 모든 문제를 해결해야 한다는 것을 거의 본능적으로 알았다. 그래서 그들은 이웃 사이에서 다툼과 분쟁이 일어났을 때 모세에게 문의를 하고 해결책을 받았다.

이때 모세를 방문한 장인 이드로는, 백성들이 각종 문제를 해결하고자 모세에게 나와 하루 종일 순서를 기다리는 것을 보았다. 본문은 이때 이드로가 모세에게 제안한 것이다. 그는 능력 있는 사람들을 택하고 그들에게 율례와 법도를 가르쳐서 마땅히 갈 길과 할 일을 알게 하여, 그들이 문제를 해결하게 하라고 모세에게 제안

했다. 이드로가 능력 있는 사람의 자격 기준으로 제시한 것은, 한마디로 말하면 하나님을 두려워(경외)하는 사람이었다. 하나님을 경외하는 사람은 그분에 대한 두려움 때문에 진리의 편에 서고 불의한 이익을 미워한다.

모세는 장인의 제안을 그대로 수용하였다. 그는 십부장으로부터 천부장까지 자격 있는 사람들을 세워서 작은 분쟁은 그들이 해결하고, 그들이 처리하기 어려운 문제는 자기에게 가지고 오게 하였다. 모세가 이와 같이 업무를 분담한 덕분에, 하나님의 백성 모두가 그의 동일한 말씀과 교훈에 따라 각종 문제와 시비를 효율적으로 해결하게 되었다.

∝ 한 마디 기도

각 가정과 교회와 사회와 국가의 지도자들이 하나님의 교훈을 바로 이해하고 삶의 각 영역에 바르게 적용하여 모든 문제를 지혜롭게 해결하게 하소서.

EXODUS

01 / 20

이스라엘은 제사장 나라

세계가 다 내게 속하였나니 너희가 내 말을 잘 듣고 내 언약을 지키면 너희는 모든 민족 중에서 내 소유가 되겠고 너희가 내게 대하여 제사장 나라가 되며 거룩한 백성이 되리라 너는 이 말을 이스라엘 자손에게 전할지니라 _출 19:5-6

✝ 핵심 이해하기

하나님께서는 시내산에서 불 가운데 나타나셔서 그의 백성에게 십계명을 선포하시기 전에, 산에 올라온 모세에게 이 말씀을 주셨다. 이때는 이스라엘 백성이 애굽에서 나온 지 3개월이 지난 시점이었다. 모세는 이 말씀을 산 아래 있는 이스라엘 백성에게 전해야 했다(19:3). 이 말씀은 이스라엘 백성의 신분과 사명에 관한 중대한 교훈을 담고 있다. 이것은 하나님과 온 세계와의 관계, 그리고 하나님과 이스라엘 백성과의 관계를 배경으로 한다. 히브리어 본문에서 문장의 맨 끝에 나오는 "세계가 다 내게 속하였나니"는 하나님께서 이스라엘 백성에게 언약의 의무와 큰 약속을 하신 근거로서 제시된 것이다. 하나님께서는 온 세계(히: 땅)의 주인이시기 때문에 이와 같이 말씀하셨다.

하나님의 궁극적인 관심은 이스라엘 백성뿐만 아니라 그가 만드신 온 땅에 사는 모든 민족(종족)에게 있었다. 이스라엘 백성이 하나님 앞에서 제사장의 나라와 거룩한 백성이 되는 것은 땅의 모든 민족을 위한 것이다. 하나님께서 세우신 제사장이 그의 백성을 하나님께로 인도하는 것과 같이, 이스라엘 백성은 온 세상의 모든 민족(종족)을 하나님께로 인도하는 제사장 나라의 사명을 감당해야 한다.

이스라엘 백성들이 이 사명을 감당하려면, 하나님께서 시내 산에서 자신들과 맺을 언약을 충실하게 이행하며 살아야 한다. 5절의 "내 말을 잘 듣는 것"과 "내 언약을 지키는 것"은 서로 연결된 동일한 표현이다. 하나님의 말씀에 순종하는 것은 그의 언약을 지키는 것이고, 그의 언약을 지키는 것은 그의 말씀에 순종하는 것을 통해서 표현된다. 하나님께서 이스라엘 백성을 애굽에서 인도하여 내시고 그들과 시내 산에 언약을 맺으시는 것은 하나님께서 족장들에게 맺은 언약의 성취다. 족장들 덕분에 이제 하나님의 복되고 거룩한 백성이 된 이스라엘은 그의 언약 백성으로서 그의 말씀에 순종하며 살아야 할 의무가 있다. 이렇게 언약 백성의 의무를 성실하게 감당할 때, 하나님께서는 땅의 모든 종족 중에서 그들을 자신의 특별한 소유로 삼겠다고 약속하셨다.

5절에 사용된 '소유'(히: 세굴라)는 일반적인 소유물이 아니라, 특별히 사랑하고 아끼는 보물과 같은 소유물을 뜻한다. 온 세상의 모든 민족이 하나님의 소유이나, 이스라엘 백성이 언약의 말씀에 순종하며 살면 세상과 구별된 특별한 소유로 삼아 주시겠다는 것이다. 보화 또는 보배란 의미를 가진 이 단어(히: 세굴라)는 구약 성경에 8번 나온다. 그런데 놀랍게도 그중 6번이 이스라엘 백성과 관련되어 있다(19:5 내 소유; 신 7:6 자기 기업; 14:2 자기 기업; 26:18 그의 보배로운 백성; 시 135:4 자기의 특별한 소유; 말 3:17 나의 특별한 소유).

애석하게도 이스라엘 백성은 하나님의 언약 백성으로, 그의 거룩한 백성으로, 제사장의 나라로 사는 데 전적으로 실패했다. 그 결과 하나님께서 그들에게 주시고자 했던 언약의 풍성한 복을 누리지 못했고, 언약의 복을 온 세상의 종족들에게 나누는 데 실패하고 말았다. 결국 이스라엘 백성은 언약의 주 하나님께서 내리신 저주를 받아 가나안 땅에서 추방되어 바벨론 제국의 포로가 되었다. 그러나 감사하게도 하나님의 아들 예수님께서는 친히 순종하는 아들과 참 이스라엘로 세상에 오셔서, 자신의 몸으로 언약의 모든 저주를 감당하시고 언약의 모든 말씀에 순종하셨다. 그러므로 그를 믿는 모든 사람은 인종과 관계없이 예수님의 희생과 순종 때문에 "택하신 족속이요 왕 같은 제사장들이요 거룩한 나라요 그의 소유가 된 백성"이 되었다(벧전 2:9).

하나님께서 예비하신 언약의 모든 복을 먼저 체험하고, 주변의 모든 사람들과 나눌 수 있도록 날마다 성령의 인도를 받아 말씀 순종의 길로 가게 하소서.

EXODUS 01/21

애굽에서 인도하여 내신 유일한 하나님

나는 너를 애굽 땅, 종 되었던 집에서 인도하여 낸 너의 하나님 여호와로라 너는 나 외에는(히: 내 앞에서 또는 내가 보는 가운데) 다른 신들을 네게 두지 말라 _출 20:2-3

✝ 핵심 이해하기

많은 사람들은 구원의 하나님을 선포하는 2절을 제외하고 1-10계명만 외우는 경향이 있다. 십계명을 정확하게 외우는 것은 필요하고 좋은 일이다. 그러나 더 중요한 것은 십계명의 토대를 알고 바로 보는 안목을 갖추는 것이다. 바로 이 토대와 안목을 제공하는 것은 2절의 "나는 너를 애굽 땅, 종 되었던 집에서 인도하여 낸 너의 하나님 여호와라"라는 선언이다. 십계명을 주시는 하나님은 이스라엘 백성을 애굽에서 인도하여 내신 구원의 하나님이시다. 이 사실은 십계명을 제대로 이해하는 중요한 초석이다. 하나님께서 이스라엘 백성을 애굽에서 인도하여 내신 것은 그가 아브라함과 이삭과 야곱과 맺으신 언약의 1차적인 성취다.

하나님께서는 애굽에 내린 10가지 재앙으로 바로의 모든 신들을 무력화시키고 그들이 무능한 신들임을 폭로하셨다. 재앙을 내릴 때에 애굽 백성과 이스라엘 백성을 구분하신 하나님께서는, 재앙의 결과로 이스라엘 백성과 애굽인들이 여호와 하나님만이 유일하신 하나님임을 알기 원하셨다(출 9:14-16; 15:2-3, 11). 이스라엘 백성은 마침내 애굽에서 나와 갈라진 홍해를 마른 땅과 같이 건넜고, 광야 길을 거쳐서 애굽을 떠난 지 3개월 만에 시내 산기슭에 도착했다(19:1). 하나님께서는 시내 산에 영광과 위엄 중에 나타나셔서 이스라엘 백성을 자신의 거룩한 백성으로 삼으시고, 그들과 언약을 맺으셨다.

하나님께서 친히 선포하신 십계명은 그의 거룩한 백성이 친히 지켜야 할 언약의 율례와 법도였다. 신명기 5장은 십계명의 언약적인 배경을 강조한다(20:1-3). 하나님께서 이스라엘 백성에게 십계명을 주신 것은, 그들을 이미 애굽의 지배와 종속으로부터 구원하여 내셨고 친히 그들의 하나님이 되셨으며, 그들을 자신의 거룩한 언약 백성으로 삼으셨기 때문이다. 하나님께서 이스라엘 백성에게 이미 베풀어 주신 구원의 은혜와 그의 백성의 새 신분은, 그들이 하나님의 은혜에 감사의 반응을 하여 살 것을 요구한다. 십계명은 이러한 요구를 구체화한 것이다. 그러므로 십계명은 이스라엘 백성이 구원을 얻는 방법이 아니라, 하나님의 전적인 은혜로 출애굽의 구원을 경험한 그들이 그분의 거룩한 백성으로 살아가야 할 삶에 대하여 교훈한다.

3절의 '나 외에'는 히브리어 표현으로는 '내 앞에서' 또는 '내가 보는 가운데'란 뜻을 가진다. 이 문구는 이스라엘 백성이 다른 신들을 섬기는지 안 섬기는지 하나님께서는 친히 보고 계신다는 의미를 가진다.

하나님께서 다른 신들을 허용하지 않으니 이스라엘 백성은 어떤 경우에도 다른 신들을 섬기지 말아야 한다. 이스라엘 백성이 오직 여호와 하나님 한 분만을 인정하고 섬겨야 하는 것은, 그분만이 자신들을 애굽에서 인도하여 낸 유일한 하나님이시기 때문이다. 하나님께서는 이 사실을 애굽에 내린 각종 재앙을 통하여 온 세상에 분명하게 드러내셨다. 그러므로 이스라엘이 유일하신 구원의 하나님 한 분만을 섬기는 것은 당연하다. 이와 같이 십계명의 서문과 제1계명은 애굽에서 인도하여 내신 구원의 하나님 한 분만을 섬길 것을 명확하게 한다.

한 마디 기도

모든 것을 꿰뚫어 보시는 구원의 하나님만을 섬기며 살게 하소서.

EXODUS
01/22

백성에게 뿌린 언약의 피

언약서를 가져다가 백성에게 낭독하여 듣게 하니 그들이 이르되 여호와의 모든 말씀을 우리가 준행하리이다 모세가 그 피를 가지고 백성에게 뿌리며 이르되 이는 여호와께서 이 모든 말씀에 대하여 너희와 세우신 언약의 피니라(히 9:19-20에 상세하게 언급됨) _출 24:7-8

✝ 핵심 이해하기

7절의 언약서는 하나님께서 모세를 통하여 이스라엘 백성에게 하신 모든 말씀과 모든 율례를 기록한 책이다(24:3-4). 이 책의 구체적인 내용은 하나님께서 친히 선포하신 십계명과, 모세가 하나님의 명령에 따라 흑암 속으로 들어가서 하나님으로부터 직접 받은 율법의 각종 규정들이다(20:22-23:33). 모세가 백성에게로 돌아와서 하나님께서 자신에게 주신 모든 말씀을 선포하자 그들은 "여호와께서 말씀하신 모든 것을 우리가 준행하겠습니다"라고 반응했다(24:2). 그러자 모세는 그가 백성에게 전한 이 모든 말씀을 기록했다(24:4). 모세는 다음날 아침 일찍 일어나 제단을 쌓고 이스라엘의 열두 지파를 따라 열두 기둥을 세우고, 청년들을 세워 소를 잡아 여호와 하나님께 번제와 화목제로 드리게 했다(24:5). 모세는 희생 제물로 드려진 소의 피의 반은 먼저 제단에 뿌리고, 나머지 반은 순종하겠다고 반응한 백성에게 뿌렸다. 물론 이 피는 하나님께서 이스라엘 백성과 맺은 언약의 피다.

언약의 피를 각각 반씩 제단과 하나님의 백성에게 뿌린 것은 하나님과 열두 지파로 구성된 이스라엘 백성이 언약의 두 당사자임을 보여준다. 희생된 소는 이스라엘 백성을 위해서 이미 하나님께 번제와 화목제로 제단에 드려졌다. 이스라엘 백성은 희생 짐승의 피 흘림을 통해서 하나님 앞에서 죄 용서와 그의 거룩한 백성의 신분을 받았다. 그러므로 이스라엘 백성은 하나님과의 화평(관계 회복)의 복만이 아니라, 그의 백성들 사이에도 이 복을 누리고 유지해야 한

다. 이것은 이스라엘 백성이 하나님 앞에서 서약한 언약 책의 말씀에 순종할 때 가능하다. 모세가 순종하겠다는 백성에게 언약의 피를 뿌린 것은, 그들이 하나님께서 요구하는 순종을 행하는 것도 오직 피 흘림의 은혜로만 가능함을 보여준다. 또한 지금은 희생 짐승의 피가 흘려졌지만, 마침내 하나님의 어린양 예수 그리스도의 피 흘림으로만 그들의 죄 용서뿐 아니라 그들의 순종도 가능해질 것을 예고한다.

예수님께서 이 땅에 오셔서 새 언약의 피를 흘리심으로써 죄 용서의 은혜가 주어졌고, 성령의 역사를 통해서 하나님의 말씀이 신자의 마음 판에 기록되었으며, 마음 중심으로 그의 말씀에 순종할 수 있게 되었다(마 26:27-28; 히 8:10-13; 10:16-18). 이스라엘 백성은 하나님의 모든 말씀에 순종하겠다고 했지만, 순종하지 못했다. 하지만 오늘 예수 그리스도를 믿는 신약 백성은 성령의 능력을 힘입어 마음 중심으로 하나님의 말씀에 순종하는 백성이 되었다(행 5:32; 롬 8:4; 벧전 1:14-15).

ᐰ 한 마디 기도

죄의 용서와 순종의 능력도 예수님의 피 공로를 통해서만 가능함을, 우리 모두가 알고 체험하게 하소서.

하나님의 이름을 위한 모세의 기도

모세가 그의 하나님 여호와께 구하여 이르되 여호와여 어찌하여 그 큰 권능과 강한 손으로 애굽 땅에서 인도하여 내신 주의 백성에게 진노하시나이까 어찌하여 애굽 사람들이 이르기를 여호와가 자기의 백성을 산에서 죽이고 지면에서 진멸하려는 악한 의도로 인도해 내었다고 말하게 하시려 하나이까 주의 맹렬한 노를 그치시고 뜻을 돌이키사 주의 백성에게 이 화를 내리지 마옵소서 주의 종 아브라함과 이삭과 이스라엘을 기억하소서 주께서 그들을 위하여 주를 가리켜 맹세하여 이르시기를 내가 너희의 자손을 하늘의 별처럼 많게 하고 내가 허락한 이 온 땅을 너희의 자손에게 주어 영원한 기업이 되게 하리라 하셨나이다 _출 32:11-13

✝ 핵심 이해하기

모세는 목이 뻣뻣한 이스라엘 백성을 진멸하고 그들을 대신하여 자신을 큰 나라로 삼겠다는 하나님의 말씀에 반응하여 기도했다. 하나님께서 이와 같이 진노하여 멸하시겠다고 한 것은, 모세가 시내 산에서 내려오지 않자 그들이 금송아지의 형상을 만들어 그것이 자신들을 애굽에서 인도하여 내신 하나님이라고 선포했기 때문이다. 이스라엘 백성이 400년간 살았던 애굽의 종교는 그들의 모든 신들을 각종 피조물의 형상으로 표현했다. 신들의 형상들을 섬기는 것은 각종 형상으로 표현된 신을 섬기는 정당하고 합당한 예배의 행위였다.

하지만 이스라엘 백성을 애굽에서 인도하여 내신 하나님은 애굽의 신들과 비교될 수 없는 유일한 창조자요 세상 만물의 유일한 주권자시다. 구원의 하나님은 애굽의 신들과 근본적으로 다르기 때문에, 어떤 형상도 유일하신 창조자요 구원자이신 하나님을 대신하거나 표현할 수 없다. 그래서 하나님께서는 시내 산에서 큰 위엄과 영광 가운데 나타나실 때 자신의 모습을 전혀 보여주지 않으셨다(신 4:12, 15). 하나님께서는 이 명백한 사실에 근거하여 자신의 모습을 어떤 피조물의 형상으로도 만들어 섬기지 말라

고 엄히 명령하셨다(신 4:15-18). 제2계명은 이 사실을 더욱 명백하게 했다(출 20:4-5; 신 5:8-9). 하나님께서 이러한 제2계명을 주신 지 40여 일밖에 지나지 않았다. 그러나 이스라엘 백성은 애굽 종교의 방식으로 여호와 하나님을 섬기기로 하였다. 그들은 금송아지 형상을 만들어, 이스라엘을 애굽에서 인도하여 내신 신을 그것으로 표현하여 섬겼다. 그래서 하나님께서는 그들을 완전히 멸하고 그 대신 모세를 통해 큰 나라를 세우겠고 말씀하셨다. 본문은 모세가 이 말씀에 반응하여 기도한 것이다.

모세는 애굽에 나타난 하나님의 명성(32:11-12)과 아브라함과 이삭과 야곱에게 하신 그의 약속(32:13)에 근거하여 기도했다. 첫째, 모세는 만일 하나님께서 큰 권능과 강한 손으로 인도하여 내신 이스라엘 백성을 멸하시면 애굽 백성들이 하나님의 의도를 오해할 수 있으므로 그들을 멸망시키면 안 된다고 주장했다. 둘째, 모세는 하나님께서 아브라함과 이삭과 야곱에게 그들의 후손이 크게 번성할 것과 가나안 땅을 그들의 기업으로 주시겠다고 약속하셨으므로 그들을 멸하시면 안 된다고 했다. 그는 그 대신에 하나님께서는 아브라함과 이삭과 야곱을 기

억하여 그들에게 한 약속을 지켜야 한다고 했다. 놀랍게도 모세의 기도는 하나님의 이름과 그의 말씀에 근거한 기도다. 모세가 개인적인 욕심과 야망에 사로잡혔다면 그는 하나님의 제안을 수용하고 감사했을 것이다(32:10). 하나님께서는 모세의 지혜로운 간청을 듣고 이스라엘 백성에게 진노하지 않겠다고 응답하셨다. 하나님께서는 이러한 기도에 응답하길 기뻐하신다.

한 마디 기도

모세와 같이 하나님의 이름과 그의 큰 언약에 근거하여 기도하게 하소서.

EXODUS 01/24 여호와 하나님께서 선포하신 이름

여호와께서 그의 앞으로 지나시며 선포하시되 여호와라 여호와라 자비롭고 은혜롭고 노하기를 더디하고 인자와 진실이 많은 하나님이라 인자를 천대까지 베풀며 악과 과실과 죄를 용서하리라 그러나 벌을 면제하지는 아니하고 아버지의 악행을 자손 삼사 대까지 보응하리라 _출 34:6-7

✝ 핵심 이해하기

이 말씀은 주님의 영광을 보여 달라는 모세의 요청에 따라 하나님께서 선포하신 그의 이름이다(33:18). 하나님께서는 그의 모든 선하심을 모세 앞에 지나가게 하고 그의 이름을 선포하시겠다고 약속하셨다(33:19). 하나님께서는 구름 가운데 임하셔서 그의 이름을 선포하심으로 이 약속을 지키셨다(34:5). 6-7절은 여호와의 이름의 구체적인 내용이다. 여기서 반드시 기억해야 하는 것은 여호와의 영광과 그의 모든 선하심과 그의 이름은 모두 동일하다는 것이다. 여호와의 영광이 그의 모든 선하심이며, 그의 이름이다. 하나님의 모든 선하심이 지나가는 것(33:19)은 그의 영광이 지나가는 것이고(33:22), 이것은 여호와께서 지나가는 것이다(34:6).

언약의 하나님 여호와께서 선포하신 그의 이름은 "여호와 여호와 자비롭고 은혜롭고 노하기를 더디 하며 인자와 진실이 많으신 하나님"이다. '인자'(히: 헤쎄드)란 말은 앞에 언급된 "자비롭고 은혜롭다"는 말을 요약하는 언약적인 사랑, 다시 말해서 그의 영원한 사랑을 가리킨다. '진실'(히: 에메트)은 하나님의 신실하심을 뜻한다. 하나님의 신실하심이란 언약의 주 하나님께서 언약을 충실하게 지키신다는 의미를 가진다.

하나님께서는 이와 같이 인자(영원한 사랑)와 신실함이 많으신 분이시므로, 그의 언약적인 사랑을 천대까지 베푸시고 그의 백성의 악과 과실과 죄를 용서하신다(34:7). '악'과 '악행'이란 말은 모두 동일한 단어(히: 야온)를 번역한 것이다. '아버지의 악행'은 '아버지의 악과 과실과 죄'를 간단하게 표현한 것이다. 그러면 언약의 주께서는 왜 어떤 사람의 죄악은 용서하시고, 어떤 사람의 죄악은 자손 삼사 대까지 보응하시는가?

이것은 죄악 자체의 차이 때문이 아니고, 죄악을 범한 후에 진심으로 회개하느냐 회개하지 않느냐의 차이 때문이다. 하나님께서는 회개의 충분한 기회를 주셨는데도 이를 무시하고 완고하게 죄악 가운데 거하면, 그때에 비로소 죄악에 대한 형벌을 내리신다(롬 2:4-5). 따라서 인자를 천대까지 베푸시는 하나님께서 아버지의 죄악은 삼사 대까지 보응하신다는 것은, 하나님의 인자하심이 회개하지 않는 죄악에 대한 징벌에 비해서 엄청나게 큼을 보여준다. 수치상으로 볼 때 천대는 삼 대의 333배이고, 사 대의 250배다.

하나님께서는 징벌하시기 전에 회개하기를 기다리고 또 기다리는 분이시다(사 30:18; 롬 3:25; 벧후 3:9, 15). 하나님께서는 놀라울 정도로 노하기에 더딘 분이시다. 이와 같이 하나님께서는 그의 백성이 무서워서 죄에서 돌이켜 회개하기보다는 그의 무한한 인자하심과 사랑에 감격하여 기쁘게 회개하기를 원하신다. 사실 구약의 모든 기도는 자비롭고 은혜롭고 노하기를 더디 하며 언약적인 사랑과 신실함이 충만하신 하나님의 이름에 대한 반응이다(민 14:18; 시 86:15; 103:8; 111:4; 116:5; 145:8; 느 9:17; 욜 2:13; 욘 4:2). 하나님께서 이와 같은 여호와이신 것을 아는 백성은 기도하지 않을 수 없다. 그래서 시편 기자는 하나님의 이름을 아는 자는 하나님께 기도할 것이라고 고백했다(시 91:14-15). 기도할 때 먼저 무섭고 두려운 하나님의 모습만을 떠올리는 사람은, 분명히 그의 풍성한 인자하심과 신실하심을 제대로 맛보지 못한 사람일 것이다.

모세를 반석 사이의 틈에 두고 지나가시면서 자기의 이름을 선포하신 여호와 하나님께서는, 먼 훗날에 낙담과 절망에 빠져 삶의 의욕을 완전히 상실한 엘리야를 호렙 산의 동굴 밖에 세우시고 그 앞을 지나가셨다(왕상 19:11). 사실 하나님께서는 동일한 시내 산(=호렙 산)에서 자신의 놀라운 이름을 모세에게 선포하셨던 것을 엘리야가 기억하도록 하신 것이다. 엘리야는 하나님께서 아합의 왕조를 당장에 심판하여 끝내기를 원했지만, 그분은 자비롭고 은혜롭고 인자와 진실함이 많으시고 노하기를 더디 하시며 인자를 천대까지 베풀고 악과 과실과 죄를 용서하시는 하나님이기 때문에, 엘리야가 원하는 심판을 지금 당장 아합의 왕조에 내리지 않으셨던 것이다. 하나님께서는 바로 이 사실을 동일한 시내 산에서 엘리야에게 깨우쳐 주셨다.

∝ 한 마디 기도

우리가 여호와 하나님 아버지의 이름을 제대로 알고 부르고 누리게 하소서.

성막에 임한 영광의 구름

구름이 회막에 덮이고 여호와의 영광이 성막에 충만하매 모세가 회막에 들어갈 수 없었으니 이는 구름이 회막 위에 덮이고 여호와의 영광이 성막에 충만함이었으며 _출 40:34-35

✝ 핵심 이해하기

하나님께서는 모세에게, 애굽에서 나온 지 둘째 해 1월 1일에 성막을 세우라고 지시하셨다(40:1, 17). 모세는 하나님의 지시대로 정확하게 성막의 각종 기구들과 성막 자체를 세웠다. 40장에서 "여호와께서 모세에게 명하신 대로 되었다"는 말이 총 7번 등장한다(40:19, 21, 23, 25, 27, 29, 32). 이것은 여호와께서 명하신 대로 모세가 다 행하였기 때문이다(40:16). 39장에서는 기술자들이 제사장의 옷과 에봇도(40:5, 7), 정교하게 짠 흉배도(40:21), 제사장의 다른 옷들도(40:29), 그리고 '여호와께 성결'이라 쓴 패도(40:31) 모두 여호와께서 모세에게 명령한 대로 만들었음을 밝힌다. 39장에서도 모세가 여호와께서 자신에게 명하신 대로 하였다고 두 번 언급한다(40:32, 43). 첫 번째 언급은 여호와께서 모세에게 명하신 대로 하였다는 진술과 관련되어 있고(40:32), 두 번째 언급은 모세가 여호와께서 명하신 대로 모든 것이 만들어진 것을 보고 기술자들을 축복한 것과 관련하여 등장한다(40:43).

이렇게 여호와께서 명령하신 대로 되었다는 것을 반복해서 강조하는 것은 성막의 제작과 세움이 하나님의 천지창조와 긴밀하게 연결되었음을 보여주기 위함이다. 6일간의 천지창조가 모두 하나님의 말씀대로 된 것과 같이 성막도 모두 하나님의 말씀대로 되었다. 창세기 1장

에서 "하나님이 보시기에 좋았더라"는 말이 7번 반복되었다. 하나님의 창조의 명령대로 각종 피조물들이 만들어졌기 때문이다. 성막의 모든 기구의 제작과 성막의 세워짐도 하나님의 명령대로 되었다고 7번 반복되었다. 창세기와 출애굽기의 동일한 저자 모세가 이와 같이 기록한 것은 하나님의 창조와 성막의 제작을 연결하기 위한 것이다. 그러므로 성막의 제작은 하나님의 천지창조를 모방하는 소우주의 창조라고 할 수 있다. 성막 안에 그룹 천사와 정교하게 짜인 각종 색채들은 하늘과 땅의 아름다움을 반영한다. 이렇게 온 세상의 창조를 본따서 성막을 소우주로 만드신 하나님께서 성막을 자신의 특별한 거처로 삼아 그의 백성 가운데 사신 것이다.

하나님의 지시대로 만들어진 모든 것들은, 역시 하나님의 지시에 따라 입혀지고 설치되었다. 옷은 제사장에게 입혀지고, 성막의 각 기구들은 지정된 장소에 설치되었으며, 완성된 성막 자체도 세워지게 되었다. 이때 하나님의 구름, 곧 영광의 구름이 성막에 충만하게 임했다. 성막 위와 안에 임한 여호와의 영광의 구름은 지난 1년 동안 이스라엘 백성의 광야 여정에 함께 했다. 하나님의 임재는 낮에는 구름 기둥으로, 밤에는 불 기둥으로 나타났다(40:38). 이것은 이스라엘 백성이 애굽에서 떠나 광야의 여정을 시작할 때부터 나타나 그들과 함께했다(13:21-22). 이것

은 애굽의 군대가 홍해 앞에 멈추어 서 있는 이스라엘 백성을 추격할 때, 애굽의 군사들에게는 큰 위협이 되었고 이스라엘 백성에게는 큰 보호와 위안이 되었다(14:19-20). 성막에 임한 여호와의 영광의 구름은 언제나 이스라엘 백성의 행진과 머무름의 중심에 있었다. 영광의 구름이 이동할 때 온 백성이 이동하였고, 그것이 멈추는 곳에 온 백성이 머물렀다(40:36-39; 민 9:15-23). 이스라엘 백성은 자기들 마음대로 멈추고 마음대로 이동할 수 없었다. 오직 하나님의 임재의 영광스런 구름을 따라 지정된 장소에 진을 치고 머물거나 다른 곳으로 이동했다. 이렇게 할 때 하나님의 완전한 보호와 승리와 평안이 있었다.

이 성막에 임한 영광의 구름은 이스라엘 백성이 돌이킬 수 없는 큰 죄에 빠질 때 실로의 성막에서 떠났다(삼상 4:3, 21-23). 그 결과 하나님의 영광은 오랫동안 이스라엘 백성 가운데 없었다. 먼 훗날에 솔로몬이 성전을 건축하고 하나님께 봉헌할 때 오랫동안 떠났던 영광의 구름이 다시 충만하게 임했다(왕상 8:10-11; 대하 5:13-14; 7:2). 솔로몬의 성전이 파괴되기 전에 성전을 떠난 하나님의 영광의 구름은, 바벨론에서 돌아와서 재건축한 스룹바벨의 성전에는 임하지 않았다(스 6:16-18; 학 2:3, 9).

신약 성경에서 성령은 구약 성경의 영광의 구름을 영원히 대신한다. 영광의 구름 자체는 하나님의 임재를 상징할 수 있으나 하나님 자신은 아니다. 하지만 성령은 하나님의 임재와 능력을 나타낼 뿐만 아니라, 그도 친히 하나님이기 때문이다. 하나님의 아들 예수님께서는 하나님의 성막과 성전으로 이 땅에 오셨다(요 1:14, 51; 2:21). 성전 되신 예수님께서는 늘 성령으로 충만하셨다(요 3:34). 신약 성도들은 성전 예수님의 십자가와 부활 사건으로 하나님의 성전이 되었다. 따라서 신자 성전에도, 예수님 안에 충만하게 계셨던 성령이 임하여 영원히 내주하신다. 구약 백성이 영광의 구름의 인도를 받았듯이, 신약 백성은 매일 성령 충만해야 하고 성령의 인도를 받으며 살아야 한다(롬 8:4-6, 13-14; 엡 5:18; 갈 5:16-18).

∽ 한 마디 기도

구약의 백성이 영광의 구름의 인도를 받으며 살았듯이, 신약의 성전인 신자 안에 거하시는 성령의 인도를 받으며 날마다 살게 하소서.

레위기 핵심구절
이해하고 기도하기

LEVITICUS

01 / 26

하나님과의 관계를 회복하는 희생 제사

여호와께서 회막에서 모세를 부르시고 그에게 말씀하여 이르시되 이스라엘 자손에게 말하여 이르라
너희 중에 누구든지 여호와께 예물을 드리려거든 가축 중에서 소나 양으로 예물을 드릴지니라
_레 1:1-2

✝ 핵심 이해하기

하나님께서 모세를 부르신 회막(만남의 장막)은 모세가 세운 성막을 가리킨다. 회막은 성막의 기능을 반영한다. 이것은 성막이 하나님과 그의 백성의 '만남의 장소'임을 강조한다. 하나님께서는 영광의 구름 형태로 성막 위와 그 안에 임재하기 시작하셨다. 본문은 하나님께서 성막에 임하신 이후 처음으로 하신 말씀이다. 하나님께서는 지금까지는 모세가 백성들의 진에서 멀리 떨어진 곳에 세운 임시 회막에서 그에게 나타나 말씀하셨다(출 33:7-11). 그러나 이제부터 하나님께서는 모세가 세운 성막을 그의 특별한 거처로 삼으셨으므로 성막에서 말씀하기 시작하셨다(출 40:34-35).

레위기 전체는 성막이 세워진 출애굽 둘째 해 1월 1일과 2월 1일 사이, 즉 한 달 만에 하나님께서 주신 말씀이다. 레위기는 하나님께서 각종 희생 제사와 정결과 관련된 규정들에 대하여 하신 말씀이다(출 40:1; 민 1:1). 1-7장까지는 5대 희생제도와 관련된 규정이다. 8-10장은 제사장의 임직과 관련된 내용이다. 나머지 다양한 내용들은 정결에 관한 규정(11-15장), 속죄일의 의식(16장), 피의 기능과 의미(17장), 백성의 정결법(18-22장), 각종 절기(23-25장), 언약의 축복과 저주(26장), 그리고 서원에 관한 절차(27장) 등이다.

5대 희생 제사 중 1장에서 가장 먼저 등장하

는 것은 번제에 관한 규정이다. 물론 번제에 대한 추가적인 내용이 6장 8-13절에도 나온다. 5대 희생제도의 근본정신과 목적은, 하나님과의 관계 또는 백성들 사이의 관계가 죄악이나 부정함으로 어그러질 때 하나님께서 정하신 회복의 규정에 따라 어그러진 관계를 정상으로 복원되게 하는 것이다. 하나님께서는 자기 백성 이스라엘이 그와 바른 관계 속에서 언약의 복을 누리며 살기를 원하시고, 그의 백성들 사이에도 동일한 관계가 유지되기를 원하신다. 희생 제사는 근본적으로 하나님 백성의 거룩한 삶을 회복하기 위한 것이다. 희생 제사는 거룩하고 의로운 삶을 대체하기 위한 것은 결코 아니었다. 이러한 목적 때문에 고의로 죄를 범한 자를 위한 희생 제사 제도가 없었던 것이다(민 15:30-31).

번제물로 드리는 희생 짐승은, 소나 양이나 염소는 모두 흠이 없는 수컷이어야 했다(1:2, 10). 산비둘기나 집비둘기를 번제물로 드릴 경우 성별과 관계없이 그 새끼를 드려야 했다(1:14). 하나님께서 비둘기를 번제의 희생 제물로 허락하신 것은 가난한 자들을 위한 배려였다(5:7; 12:8; 14:21). 번제물 규정에는 피 흘림과 향기로운 냄새가 언급되었는데, 특히 희생물 전체를 다 태워 주께 드려야 한다는 점이 강조되었다. 그 결과 제사장의 몫으로 돌려지는 고기가 하나도 없었다.

본문에 번제의 의미가 정확하게 기록되어 있지는 않지만, 희생 짐승의 대속적이고 완전한 죽음으로써 속죄를 받게 된 자들이 그 은혜에 감사하여 자신의 전부를 하나님께 드리는 헌신과 항복의 다짐이 번제에 담겨 있음은 분명하다. 번제는 희생 짐승의 완전한 죽음과 피 흘림과 하나님께 향기로운 냄새로 태워진 결과(1:9, 13, 17), 속죄함을 받아 용서 받은 사람이 하나님께 완전히 바쳐지는 헌신과 복종의 삶을 살겠다는 의미로 드리는 것이다. 번제의 최종 완성자는 자기 자신을 하나님께 제물로 드린 예수 그리스도시다. 구약과 신약의 모든 성도는 오직 그의 십자가의 죽으심과 부활의 결과로써 죄 용서를 받아 하나님 앞에서 새로운 헌신과 복종의 삶을 살게 되었다(롬 12:1-2).

⚓ 한 마디 기도

나 대신 완전한 번제로 드려지신 예수 그리스도 때문에 죄 용서를 받고 하나님의 자녀가 되었으니, 날마다 주님께 온 몸을 드리며 살게 하소서.

온 백성의 죄와 동등한 제사장의 죄

만일 기름 부음을 받은 제사장이 범죄하여 백성의 허물이 되었으면 그가 범한 죄로 말미암아 흠 없는 수송아지로 속죄제물을 삼아 여호와께 드릴지니 … 만일 이스라엘 온 회중이 여호와의 계명 중 하나라도 부지중에 범하여 허물이 있으나 스스로 깨닫지 못하다가 그 범한 죄를 깨달으면 회중은 수송아지를 속죄제로 드릴지니 그것을 회막 앞으로 끌어다가 _레 4:3,13~14

✝ 핵심 이해하기

이 세 구절은 모두 하나님께 드리는 속죄제의 규정과 관련된다. 3절은 제사장이 하나님의 계명 중 하나라도 실수로 위반하여 백성의 허물이 되었을 경우 드려야 할 속죄 제물을 다룬다. 13-14절은 이스라엘 온 백성이 계명 가운데 하나를 모르는 가운데 위반했다가 나중에 깨달았을 때, 하나님께 드려야 할 속죄 제물의 규정을 다룬다. 여기서 주목해야 할 놀라운 사실은, 하나님께서는 제사장 한 사람의 범죄와 이스라엘 온 백성의 죄를 동일하게 취급하신다는 것이다. 이것은 세 가지 면에서 그렇다.

첫째, 속죄 제물로 드리는 짐승이 동일하게 흠 없는 수송아지 한 마리이다(4:3, 14). 둘째, 속죄의 제물을 드리는 절차가 동일하다.(4:4-21) 셋째, 희생 제물의 피를 회막 안으로 가지고 들어가서 지성소와 성소를 구분하는 휘장 앞에서 그 피를 찍어 7번 뿌리는 것(4:6, 17), 분향단의 네 뿔에 그 피를 바르는 것(4:7, 18), 그리고 남은 피를 모두 번제단 밑에 쏟는 것(4:7, 18)이다.

반면 족장의 죄와 일반 백성의 죄를 속할 때에는 이 세 가지 공통점 중에서 피를 번제단 밑에 쏟는 것만 동일하다(4:25, 30). 족장과 일반 백성의 경우는 희생 짐승도 다르나(족장은 흠 없는 숫염소, 일반 백성은 흠 없는 암염소), 희생 짐승의 피는 동일하게 번제단의 뿔들에 바른다

(4:25, 30). 족장 하나와 개인이 범하는 죄는 회막의 뜰에 있는 번제단까지만 더럽히지만, 제사장 하나와 백성 전체의 죄는 지성소 앞에 있는 분향단까지 더럽힌다.

하나님의 백성 전체의 죄와 제사장 한 사람의 죄가 동일하게 취급된 것은 제사장의 죄가 얼마나 무겁고 심각한 것인지를 보여준다. 제사장은 하나님의 백성 전체를 대신해서 하나님 앞에 나가 성소에서 섬기는 자이므로, 동일한 죄라도 더 무겁게 취급되는 것이다.

어느 공동체든지 지도자가 바르게 서 있다면 그 공동체는 결국 바른 방향으로 가게 될 것이다. 이스라엘의 전 역사는 백성의 지도자들(왕, 제사장, 선지자)이 잘못을 저질렀을 때 온 백성들 또한 잘못을 저지르게 되었음을 분명하게 보여준다. 오늘날 교회와 국가의 경우도 마찬가지다. 예수님께서는 이 원리를 반영하여 "많이 받은 자에게는 많이 요구할 것이요 많이 맡은 자에게는 많이 달라 할 것이니라"고 하셨다(눅 12:48).

∝ 한 마디 기도

목회자들과 국가의 지도자들이 죄를 무서워하게 하시고, 거룩하고 의로운 길로 가게 하소서.

제사장과 백성을 위한 속죄

모세가 또 아론에게 이르되 너는 제단에 나아가 네 속죄제와 네 번제를 드려서 너를 위하여, 백성을 위하여 속죄하고 또 백성의 예물을 드려서 그들을 위하여 속죄하되 여호와의 명령대로 하라(히 5:1-3; 7:27; 9:7에 반영됨) _레 9:7

✝ 핵심 이해하기

모세는 하나님의 지시에 따라 아론과 그의 아들들의 제사장 위임식을 7일 동안 거행했다(8장). 모세는 제8일에 제사장으로 위임 받은 아론과 그의 아들들과 장로들을 소집했다(9:1). 1절에 언급된 여덟째 날은 위임식이 끝난 다음날이다. 모세는 제사장들에게 그들을 위한 속죄제와 번제를 드릴 희생 짐승을 준비할 것(9:1-2)을, 장로들에게 백성을 위한 속죄제, 번제, 화목제와 소제물을 준비할 것(9:3-4)을 각각 지시했다. 그들은 지시대로 준비하여 회막 앞으로 가져왔고, 온 백성이 하나님 앞에 서게 되었다(9:5). 6-7절은 이때 모세가 아론에게 말한 것이다.

먼저 모세는 하나님께서 명령하신 각종 희생 제사를 드리면 여호와의 영광이 나타날 것이라고 말했다(9:6). 그런 다음 희생 제사의 순서를 언급하면서 여호와께서 명하신 대로 하라고 지시했다(9:7). 그 내용은 아론이 먼저 자신을 위해 속죄제와 번제를 드리고, 그 다음에 백성을 위하여 지정된 희생 제물을 드리라는 것이었다. 모세는 아론에게 하나님께서 명하신 대로 행하라고 지시했다. 아론은 모세가 지시한 대로 먼저 자신을 위해 속죄제와 번제를 드렸다(9:8-14). 이어서 하나님의 백성을 위한 속죄제, 번제, 소제와 화목제를 순서대로 드렸다(9:15-21). 자신을 위한 희생과 백성을 위한 희생 모두 하나님의 명령대로 되었다(9:10, 21). 아론이 자

신의 손을 들어 백성을 향하여 축복하는 것으로 이 모든 의식을 마칠 때, 하나님께서는 약속하신 대로 자신의 영광을 나타내셨다(9:4, 6, 23).

이 희생 제사 의식은 아론이 제사장으로 위임받은 이후에 처음 행한 것이었다. 아론과 그의 아들 제사장들은 언제나 이러한 순서로 성막에서 희생 제사 의식을 행해야 했다. 먼저 제사장 자신이 자기의 죄를 위해서 속죄 제물을 드리고 그 후에 백성의 죄를 위해 속죄 제물을 드리는 것은, 희생 제사의 제도가 있는 동안 영원히 지켜야 할 하나님의 규정이었다. 히브리서 기자는 제사장이 이 규정대로 언제나 자신을 위하여 제사 의식을 행한 다음에 백성을 위해서 희생 제사 의식을 거행했다고 기록했다(히 5:1-3; 7:27; 9:7). 모든 제사장이 반드시 이와 같이 행해야 했던 것은 일반 백성이 죄를 용서받아야 하는 것처럼 제사장도 죄를 용서받아야 했기 때문이었다(히 5:1-2). 그러나 예수님께서는 용서를 받아야 할 죄가 전혀 없었으므로 자신을 위해서 어떠한 희생 제사도 드릴 필요가 없었다(히 7:26-27). 그 대신에 그는 우리의 죄를 해결하고자 자기 자신을 희생제물로 하나님께 드렸다.

∝ 한 마디 기도

언제나 내가 먼저 하나님의 은혜로 용서를 받고 깨끗하게 된 후에 사람들을 섬길 수 있게 하소서.

48

제사장 둘을 죽인 다른 불

아론의 아들 나답과 아비후가 각기 향로를 가져다가 여호와께서 명령하시지 아니하신 다른 불을 담아 여호와 앞에 분향하였더니 불이 여호와 앞에서 나와 그들을 삼키매 그들이 여호와 앞에서 죽은지라 _레 10:1-2

✝ 핵심 이해하기

이 내용은 9장의 내용과 자연스럽게 연결된다. 아론과 함께 그의 두 아들 나답과 아비후는 제사장으로 위임을 받았다(8장). 제사장으로 위임을 받은 다음날 아론은 하나님께서 모세를 통하여 주신 명령대로 먼저는 자신을 위해서 지정된 희생 제사를 드리고, 그 후에 백성을 위해서 희생 제사를 드렸다(9장). 이 모든 희생 제사는 하나님께서 명하신 대로 되었다. 아론이 하나님께서 명하신 대로 행할 때에 하나님께서 약속하신 영광이 온 백성에게 나타났다(9:23). 이뿐만 아니라, 여호와 앞으로부터 불이 나와서 번제단 위에 있는 번제물과 기름을 불살랐다(9:24).

이제 10장에 와서는 부친 아론과 제사장이 된 두 아들 나답과 아비후가 함께 분향 의식을 행했다. 향료에 불을 담아서 성소에 있는 분향단에서 향을 피운 것 자체는 잘못이 아니다. 문제는 그들이 하나님께서 명하지 않은 불을 사용하여 향을 피운 것이었다. 그들이 사용한 불은 하나님께서 사용하라고 허락하신 불이 아니었다. 하나님께서 분향할 때 사용하라고 하신 불은 번제단의 불이었다(레 16:12-13; 민 16:46). 번제단 위의 불은 언제든지 희생 제사를 위해 사용할 수 있도록, 항상 꺼지지 않고 피워져 있어야 했다(레 6:9, 13). 그들은 하나님께서 명하신 번제단 위의 불을 향료에 담아서 성소의 분향단에서 분향해야 했다. 그들은 이 규정을 어기고 다른 불을 향료에 담아서 분향했다. 그 결과 심판의 불이 여호와 하나님 앞에서 나와 그들을 태워 죽인 것이었다.

하나님의 명령에 따라 희생 제사 의식을 행할 때는 하나님께서 희생 제사를 받으시는 불이 나와 번제물과 기름을 살랐으나, 그의 명령을 어기고 다른 불을 사용했을 때는 축복의 불이 아닌, 저주와 심판의 불이 하나님께로부터 나와 두 제사장을 사른 것이다. 이 사건은 결코 가볍게 볼 일이 아니다. 아론의 두 아들 제사장이 다른 불로 드리다가 하나님의 진노로 죽었다는 사실은 나중에 두 번 더 언급된다(민 3:4; 26:61). 이 사건은, 하나님께서는 자신이 명하신 방식대로 섬길 때는 복을 주시지만, 그렇지 않을 때는 피할 길 없는 심판을 주심을 보여준다. 예배는 하나님의 뜻과 교훈대로 드려야 한다. 이것은 십계명 중 1-3계명의 원리를 반영한다.

✂ 한 마디 기도

내 마음대로가 아니라, 하나님께서 정하신 방법대로 예배하고 섬기게 하소서.

속죄일의 두 숫염소

아론은 여호와를 위하여 제비 뽑은 염소를 속죄제로 드리고 아사셀을 위하여 제비 뽑은 염소는 산 채로 여호와 앞에 두었다가 그것으로 속죄하고 아사셀을 위하여 광야로 보낼지니라 _레 16:9-10

✝ 핵심 이해하기

16장의 모든 내용은 속죄일의 희생과 관련된 제반 규정들과 관련된다. 매년 7월 10일에 있는 속죄일은 이스라엘 백성에게 가장 중요한 의미가 있는 회개와 속죄의 날이다. 제사장은 이날에만, 평상시에 입던 제사장의 의복을 벗고 세마포 옷을 입고 의식을 행한다(16:4). 제사장은 1년 중 이날에만 지성소에 들어갈 수 있다. 제사장은 또한 이날에만 지성소와 회막과 번제단을 속죄하는 의식을 행한다(16:14-15, 18-19, 33). 아사셀 의식도 이날에만 행하는 독특한 의식이다(16:8, 10, 21-22). 속죄일에 제사장은 속죄일의 의복인 세마포를 입고, 평상시와 같이 먼저 자신과 자신의 집안을 위해 속죄제의 수송아지를 드린다(16:6). 이어서 제사장은 두 숫염소 중에서 여호와를 위해서 제비 뽑힌 염소를 백성을 위해서 속죄제로 드린다(16:9). 제사장은 먼저 자신과 가족을 위한 모든 속죄 의식을 행한 후에(16:11-14), 백성을 위한 모든 속죄 의식을 마친다(16:15-20). 제사장은 이 모든 의식을 마친 후에 아사셀 의식을 마지막으로 진행한다(16:21-22).

제사장 아론은 아사셀을 위해 제비 뽑힌 숫염소의 머리에 두 손으로 안수한다(16:21). 이때 제사장은 백성의 모든 불의와 죄악을 고백하고, 이 모든 죄를 염소에게 전가한다. 이 의식이 마치면 지정된 사람은 이 염소를 사람들이 접근

할 수 없는 광야로 데리고 가서 풀어준다. 이 염소는 백성의 모든 죄를 위해서 대신 죽는 희생 제물이 아니다. 바로 이 점 때문에, 아사셀 염소는 성막에서 희생 제물로 드려지는 각종 희생 짐승과 전혀 다르다. 아사셀을 위한 염소는 희생 짐승들과는 다르게, 죽임을 당하지 않고 산 채로 험한 광야에서 풀려지기 때문이다.

여기서 중요한 것은 "여호와를 위하여"와 대비되는 "아사셀을 위하여"가 무엇을 뜻하는가를 이해하는 것이다. 세 번은 "아사셀을 위하여"(16:8, 10-2번), 한 번은 "아사셀에게"(16:26)란 표현이 나온다. '아사셀'이 험한 광야와 같은 장소를 가리키는 것인지, 아니면 이런 광야와 연관된 초자연적인 악의 세력을 가리키는 것인지에 대해서는 논란이 있다. 하지만 하나님 백성의 모든 죄악을 지고 험악한 광야에서 풀려진 염소는 상징적으로 아사셀에게 보내진다는 사실이 아주 중요하다. 이 사실은 아사셀이 단지 광야의 어떤 장소가 아니라, 광야와 관련된 초자연적으로 악한 존재를 가리킨다는 점을 암시한다. 구약에서 아직 정체가 밝혀지지 않았던 아사셀은 신약 성경에서 마침내 사탄으로 밝혀졌다.

모든 사람은 자신이 범한 죄에 대하여 도덕적인 책임을 진다. 하지만 죄의 기원은 사람 자신에게 있지 않고, 하와를 미혹하여 선악과를

따서 먹게 하고 아담에게도 주어서 먹게 한 뱀, 곧 뒤에서 은밀하게 역사한 사탄에게 있다. 더욱이 광야는 타락의 참혹한 결과를 가장 잘 보여주는 곳이다. 따라서 죄의 기원과 죄의 조성자 사탄과, 험한 광야의 연결은 아주 자연스럽다. 하나님의 백성은 매년 한 번 있는 아사셀 염소 의식을 통해서, 하나님께서 용서하시는 그들의 죄가 아직 정체불명의 초자연적인 악의 세력에서 온 것임을 확인했을 것이다.

속죄일의 의식을 주신 하나님께서는 마침내 예수 그리스도를 세상에 보내시어 속죄일의 구속을 완전히 성취하셨다. 속죄일의 완정한 성취는 염소와 수송아지의 피가 아니라, 의롭고 거룩하여 죄 없는 예수 그리스도 자신의 피로 되었다(히 9:7-8, 12-14).

한 마디 기도

모든 죄의 우두머리인 사탄을 십자가 위에서 패배시키신 주 예수의 정결한 피로 날마다 죄의 오염과 능력으로부터 자유를 얻게 하소서.

LEVITICUS

01/31

버려야 할, 애굽과 가나안의 풍속들

너희는 너희가 거주하던 애굽 땅의 풍속을 따르지 말며 내가 너희를 인도할 가나안 땅의 풍속과 규례도 행하지 말고 너희는 내 법도를 따르며 내 규례를 지켜 그대로 행하라 나는 너희의 하나님 여호와이니라 _레 18:3-4

✝ 핵심 이해하기

언약의 주 하나님께서는 이스라엘 백성을 애굽에서 인도하여 내셨다. 그러므로 그들은 더 이상 애굽의 바로와 그 세력에 종속된 노예가 아니다. 그들은 이제 하나님을 위해서 그에게 구별된 거룩한 백성이다. 그들은 애굽의 노예가 아니므로 더 이상 애굽의 종교관, 문화관, 세계관과 각종 관습을 따라야 할 이유가 없다.

시내 산에 십계명의 두 돌판을 받으러 올라간 모세가 40여 일이 지나도록 내려오지 않자 백성은 더 이상 그를 기다리지 못하고 금송아지 우상을 만들었다(출 32장). 이것은 그들이 애굽의 종교 관습으로부터 영향을 받은 결과다. 그들은 애굽 종교의 우상적인 습관에서 아직 벗어

나지 못했다. 이 습관들은 선지자 에스겔이 이후에 말한 '애굽의 우상들'이다(겔 20:7-8).

이스라엘 백성이 가나안 땅에 들어가면 자연스럽게 가나안의 풍속들과 관습들을 접하게 될 것이다. 구체적으로 언급된 가나안의 관습들은 하나님 앞에서 부정하고 가증스러운 성행위와 관련되어 있다(18:6-23). 이들 관습 중에는 서구 사회에서 점차적으로 허용되고 법으로 보호까지 받는 동성애(18:22)와, 고대 사회에 빈번했던 짐승과의 성행위도 포함된다(18:23). 이 모든 관습들은 가나안 땅에 살고 있는 이방 민족들이 행하던 가증한 풍속들이다(18:24, 26-27, 29-30). 가나안 땅은 이러한 가증한 행위들

때문에 더러워졌다. 그 결과 하나님께서는 그들을 가나안 땅에서 몰아내고 자신의 백성에게 그들의 땅을 주어 살게 하신다. 이스라엘 백성은 하나님의 거룩한 백성이므로, 이러한 가증한 행위로 자신을 더럽히는 것은 그들의 거룩한 신분에 맞지 않는다.

하나님의 거룩한 백성은 애굽의 풍습들과 곧 그들이 기업으로 얻는 가나안 땅의 관습도 모두 배척해야 했다. 그 대신에 그들이 따라야 하는 것은 하나님의 율례와 법도다(18:4). 그들은 하나님의 법도를 따르고 그의 규례를 지켜 행해야 했다. 하나님께서는 이 명령을 반복적으로 내리셨는데, 그때마다 강조하신 중요한 사실이 있다. 그분 자신이 바로 그들의 하나님 여호와라는 것이다. 이 사실을 18장에서 6번(18:2, 4, 5, 6, 21, 30), 19장에서 그들을 거룩하게 하는 구체적인 명령들을 주실 때도 15번 반복해서 강조하셨다(19:3, 4, 10, 12, 14, 16, 18, 25, 28, 30, 31, 32, 34, 36, 37). "나는 너희의 하나님 여호와라"는 진술은 거의 모든 계명의 끝에 나온다.

이스라엘 백성의 하나님 여호와께서는 그들을 만민 중에서 거룩한 백성으로 구별하셨다(20:24-26). 그러므로 하나님의 거룩한 백성은 자신들의 거룩한 정체성을 유지하기 위해서, 애굽의 풍속도 가나안의 풍속도 버리고 오직 하나님의 율례와 법도와 계명의 길로만 가야 했다. 이 명령은 신약 백성에게도 그대로 적용된다. 그렇기 때문에 사도 바울은 로마 교인들을 향해서 "너희는 이 세대를 본받지 말라"고 권고했던 것이다(롬 12:2). 사도 베드로 역시, 하나님께서 이방인 신자들을 그들의 조상들의 망령된 행실에서 구원하셨다고 말했다(벧전 1:18).

∝ 한 마디 기도

세상의 죄악 된 풍속의 길로 가지 않고, 오직 하나님의 말씀과 계명의 길로만 가게 하소서.

LEVITICUS
02/01 거룩해야 하는 하나님 백성

너희는 나에게 거룩할지어다 이는 나 여호와가 거룩하고 내가 또 너희를 나의 소유로 삼으려고 너희를 만민 중에서 구별하였음이니라 _레 20:26

✝ 핵심 이해하기

레위기 18-20장은 하나님 백성의 거룩한 삶과 관련된 구체적인 교훈과 명령을 집중적으로 다룬다. 18장의 핵심은 하나님의 백성이 애굽 사람과 가나안 사람의 풍습들을 구체적으로 어떻게 배척해야 하는지와 관련된다. 19장은 하나님의 백성이 하나님의 구체적인 계명들과 명령들을 적극적으로 따라 행하기 위해서 어떻게 해야 하는지에 관한 것이다. 이 중에 이웃 사랑의 구체적인 실천과 관련된 내용이 많은 분량을 차지한다. 20장에서는 18장과 비슷하게 가나안의 가증하고 죄악 된 풍습들을 구체적으로 열거하면서 하나님의 백성이 이러한 가증한 관습과 풍습을 배척해야 한다고 교훈한다.

20장에는 18장에서 큰 비중을 차지한 성 윤리와 관련된 교훈이 많이 나온다(20:10-21). 가나안 땅의 가증한 종교적인 관습이 어그러지고 삐뚤어진 성 관습을 앞뒤에서 둘러싼다(20:2-6, 27). 이것은 잘못된 종교 관습에서 잘못된 성 습관이 나옴을 분명하게 한다. 26절은 20장의 결론에 해당된다.

26절은 두 가지 중대한 사실에 근거하여, 이스라엘 백성에게 하나님 앞에서 거룩해야 할 것을 촉구한다. 첫 번째 중대한 사실은 여호와께서 거룩하시다는 것이다. '나 여호와가 거룩하다'는 말이 히브리어에서는 '거룩하다, 나 여호와가'로 되어 있다. 거룩함이 문장의 앞에 위치하여 강조된다. 그런데 이 '나 여호와'가 '이스라엘 백성의 하나님'이시다. 18-19장에서 계속해서 반복된 "나는 너희의 하나님 여호와이니라"는 선언은 이 사실을 분명하게 한다. 이 두 내용을 합치면 "나 너희의 하나님 여호와는 거룩하다"가 된다. "너희는 거룩하라 이는 나 여호와 너희 하나님이 거룩함이니라"는 진술이 이미 앞에 나왔다(19:2). 여기서 또한 기억해야 할 것이 있다. 이스라엘 백성에게 거룩하라고 명령하시는 거룩하신 하나님께서는, 그들을 거룩하게 하시는 여호와라는 것이다(20:8).

두 번째 중대한 사실은 여호와께서 이스라엘 백성을 그의 특별한 소유(히: 보화)로 삼으려고 그들을 만민 중에서 구별하여 내셨다는 것이다. 하나님께서는 이미 "나는 너희를 만민 중에서 구별한 너희의 하나님 여호와이니라"고 말씀하

셨다(20:24). 하나님께서 이스라엘 백성을 열방 가운데 구별하여 내신 것을 그의 백성은 누구나 알고 있다. 출애굽의 구원 사건은 누구도 부인할 수 없도록 이 진리를 분명하게 한다. 더욱이 하나님께서 시내 산에서 그들과 맺은 언약은 이 점을 더욱더 명백하게 부각시킨다(출 19:5-6; 신 7:6-7; 26:19).

그러므로 두 가지 엄청난 사실, 즉 그들의 하나님 여호와께서 거룩하시다는 것과 그들의 하나님께서 그들을 많은 민족들 가운데서 구별하여 내셨다는 것은, 이스라엘 백성으로 하여금 하나님 앞에서 거룩해야 할 것을 촉구한다. "내가 거룩하니 너희도 거룩하라"는 하나님의 명령은 이 사실을 요약한다(레 11:44-45; 19:2). 하나님께서 자신의 백성에게 주시는 모든 계명과 율례와 법도는 하나님 앞에서 그들의 거룩함을 구체적으로 표현하는 방편이다.

신약 백성도 동일하게 모든 삶과 행실에 있어서 거룩해야 하는 의무를 가진다. 사도 베드로는 구약 성경을 인용하면서 "오직 너희를 부르신 거룩한 이처럼 너희도 모든 행실에 거룩한 자가 되라"고 권고했다(벧전 1:15-16). 신약 성경은 한결같이 하나님 백성의 거룩함을 강조한다(마 5:8; 롬 6:19, 22; 고전 1:30; 3:17; 엡 1:4; 살전 4:3; 살후 2:13; 히 12:14).

 한 마디 기도

우리를 구원하여 거룩하게 하시는 하나님 아버지 앞에서 거룩하게 살게 하소서.

민수기 핵심구절
이해하고 기도하기

NUMBERS 02/02

하나님 백성의 군사 603,550명(2차: 601,730명)

이같이 이스라엘 자손이 그 조상의 가문을 따라 이십 세 이상으로 싸움에 나갈 만한 이스라엘 자손이 다 계수되었으니 계수된 자의 총계는 육십만 삼천 오백오십 명이었더라 _민 1:45-46

✚ 핵심 이해하기

이스라엘 백성은 하나님 앞에서 모두가 군대다. 하나님께서는 모세에게 자신의 군대인 이스라엘 백성을 애굽에서 인도하여 내라고 말씀하셨다(출 7:4). 애굽에서 나온 이스라엘 백성은 여호와의 군대였다(출 12:41). 하지만 이스라엘 백성은 지금까지 오랫동안 애굽에서 노예로 살았고, 한 번도 군사로 조직되어 훈련을 받아 본 적이 없었다. 이제 이스라엘 백성이 애굽에서 나온 지 1년 1개월이 지났다(1:1). 모세가 성막을 세운 지 1달이 지난 시점이었다(출 40:17). 하나님께서는 바로 이 시기에 모세에게, 20세 이상으로 전쟁에 나가 싸울 수 있는 남자의 수를 각 지파와 각 종족의 가문별로 계산하라고 지시하

셨다(1:1). 모세는 각 지파를 대표하는 12지도자를 세워 각 지파의 해당되는 남자의 수를 계산했다(44절). 레위 지파는 하나님의 지시에 따라 그 계수의 대상에서 제외되었다(47-49절). 이는 레위 지파 중에서 제사장이 나오고 성막 봉사자들이 세움 받기 때문이었다. 요셉의 두 아들, 곧 에브라임과 므낫세가 각각 한 지파씩 계산되어 모두 12지파가 되었다. 이것은 요셉이 장자의 분깃을 얻고, 그의 두 아들이 야곱의 아들로 간주된 결과였다(창 48:5; 대상 5:1-2).

20세 이상으로 전쟁에 나가 싸울 수 있는 남자의 숫자는 모두 603,550명이었다(1:46). 이 숫자는 26장에 기록된 2차 조사(601,730명)보

다 1,820명이 더 많다(26:51). 12지파 중 군인의 숫자가 가장 많은 지파는 유다 지파(74,600명), 가장 적은 지파는 므낫세 지파였다(32,200명). 군인의 총수 603,500명은 애굽에서 나온 이스라엘 백성의 총수를 계산할 때 지렛대 역할을 한다. 이 총수의 3배를 곱하면 1,810,650명이 된다. 이에 근거하여 애굽에서 나온 백성의 총수를 대략 2백만 명으로 잡는 것이다.

하나님께서는 군대의 숫자를 계산하게 함으로써 이제 그의 백성에게 광야 여정을 시작할 준비를 시키신 것이다. 이들은 애굽에서 나온

지 얼마 되지 않았을 때 아말렉과 싸운 전력이 있는 자들이었을 것이다(출 17장). 애석하게도 그들 중 두 사람을 제외한 전부는 죄로 인해 가나안 땅에 들어가지 못하고 광야에서 죽고 말았다. 이들은 불신과 욕심과 불순종과 싸워 이기지 못했다. 사실 불신과 욕심과 불순종은 적보다 무서웠던 것이다.

⌀ 한 마디 기도

영적인 전쟁을 하는 영적인 군대로서, 나 자신과 죄와 싸워 이기게 하소서.

NUMBERS
02
03

이스라엘의 장남을 대신한 레위인들

보라 내가 이스라엘 자손 중에서 레위인을 택하여 이스라엘 자손 중에 태를 열어 태어난 모든 자를 대신하게 하였은즉 레위인은 내 것이라 처음 태어난 자는 다 내 것임은 내가 애굽 땅에서 그 처음 태어난 자를 다 죽이던 날에 이스라엘의 처음 태어난 자는 사람이나 짐승을 다 거룩하게 구별하였음이니 그들은 내 것이 될 것임이니라 나는 여호와이니라 _민 3:12-13

✝ 핵심 이해하기

하나님께서는 모세에게 "이스라엘은 내 아들 내 장자"라고 바로에게 전하라고 말씀하셨다(출 4:22). 그러므로 바로가 하나님의 장자를 보내지 않으면 그의 아들 그의 장자를 죽일 것이라고 전하라고 하셨다(출 4:23). 이 말씀은, 바로가 완강하게 저항하면서 이스라엘 백성을 보내지 않았을 때, 하나님께서 마침내 애굽의 모든 장자들을 죽이심으로써 이루어졌다. 애굽의 장자들이 모두 죽임을 당하던 때, 하나님께서는 유월절 어린양의 피를 집의 설주와 인방에 바르고 집안에 머물러 있게 하며 이스라엘 백성의

장자는 한 명도 죽지 않게 하셨다(출 12:23). 하나님께서는 바로 이 사건에 근거하여 그의 백성이든 그들의 짐승이든 처음 난 것은 다 자신의 것이라고 하셨다(출 13:12-15). 13절은 이 말씀을 반영한다. 짐승의 처음 난 수컷은 모두 다 구별하여 하나님께 돌리고, 나귀의 첫 새끼는 어린양으로 대신하게 했다(출 13:12). 그리고 이스라엘 백성의 모든 장남은 대속하게 할 것이라고 말씀하셨다(출 13:13, 15). 하나님께서는 이 말씀의 구체적인 실현으로 레위인들이 이스라엘 백성의 모든 장남을 대신하게 하신 것이다

(3:12). 모든 장자는 온 백성의 대표다. 장자의 죽음은 모든 자녀의 죽음이다. 장자를 살림으로 모든 자녀를 살린 것이다. 오직 어린양의 죽음으로 장자가 살아났다. 하나님께서 유일하신 아들 예수님을 어린양으로 죽게 하심으로 그의 모든 백성이 살아났다. 가장이 아니라 장남을 죽인 것은, 하나님 아버지가 아니라 아들의 대속적인 죽음을 예고하는 데 적합했기 때문이다.

이스라엘의 모든 장남들을 대신해서 레위인들을 하나님의 소유로 삼기 위해 행한 구체적인 조치는 남자 레위인들의 인구 조사와 모든 장남의 인구 조사다(3:15-43). 그 결과 1개월 이상의 남자 레위인은 22,000명(3:39), 동일하게 1개월 이상의 모든 장남은 22,273명이었다(3:43). 남자 레위인의 숫자보다 장남의 수가 273명이 많았다. 그래서 이들에게서 한 사람당 다섯 세겔을 징수하여 그 속전이 1,365(=273x5)세겔이 되었다(3:50). 레위인들

은 모든 장남을 대신했으므로 이 돈은 아론과 그의 아들들에게 주어졌다(3:51). 그래서 이스라엘의 모든 장남을 대신하여 하나님께 드려진 레위인들은, 그의 온 백성을 위해서 섬기는 제사장들과 성막에서 각종 사역을 감당하는 자들이 되었다. 하나님께서는 이와 같이 이스라엘의 장자들을 애굽의 장자 재앙에서 구원하실 때에 앞으로 자신이 백성 가운데 세울 제사장의 제도를 염두에 두셨던 것이다. 하나님께서는 이 계획을 구체적으로 실현하기 위해서 레위인으로 모든 장자를 대신하게 하셨다. 모든 장자가 하나님의 것이듯 그들을 대신하여 하나님께 드려진 레위인은 모두 하나님의 것이다.

∝ 한 마디 기도

마땅히 죽어야 했던 나를 주께서 어린양 예수님의 피로 구원하셨으니, 하나님의 것으로 구별된 삶을 살게 하소서.

회막에서 섬길 레위인 8,580명

NUMBERS
02
04

삼십 세부터 오십 세까지 회막 봉사와 메는 일에 참여하여 일할 만한 모든 자 곧 그 계수된 자는 팔천오백팔십 명이라 _민 4:47-48

✝ 핵심 이해하기

4장은 레위 자손의 3개 종족이 각각 성막에서 맡은 임무를 구체적으로 설명한다. 2-20절은 고핫 자손의 계수 지시와 임무의 내용을 설명한다. 21-28절은 게르손 자손의 계수 지시와 임무의 내용을 보여준다. 29-33절은 므라리 자손

의 계수 지시와 임무의 내용을 설명한다. 각 내용은 동일한 구조를 가지고 있으며 고핫 자손, 게르손 자손, 그리고 므라리 자손의 순서로 언급된다. 내용의 구체적인 순서는 해당 자손/연령 30-50세 사이에 계수된 자/성막에서 일할

수 있는 자/그들의 직무 내용이다. 고핫 자손의 임무는 주로 회막 안에 있는 지성소와 성소에 있는 각종 성물의 운반과 관련되어 있다(4:4-14). 게르손 자손의 핵심 임무는 성막의 휘장들과 회막과 각종 덮개와 뜰의 휘장과 성막과 제단 사방에 있는 뜰의 휘장 문과 그 줄들과 거기에 사용되는 기구들을 운반하는 일이다(4:24-26). 므라리 자손의 임무는 장막의 널판들과 그 띠들, 기둥들과 그 받침들, 뜰 둘레의 기둥들과 그 받침들, 그 말뚝들과 그 줄들과 이와 관련된 모든 기구들을 운반하는 일이다(4:31-32). 세 종족의 구체적인 임무는 다르나, 그들 모두의 공통점은 그들이 각각 제사장의 감독을 받는다는 것이다(4:19, 28, 33). 지성물과 관련된 운반 임무를 맡은 고핫 자손은 성물에 손을 대면 하나님의 진노로 죽을 수도 있으므로, 제사장들이 먼저 각종 성물을 덮은 다음에 비로소 그들의 임무를 시작해야 했다(4:15, 18-20). 또한 운반할 짐이 가장 많은 므라리 자손에게는 수레 넷과 소 여덟 마리가 주어졌다(7:8). 게르손 자손에게는 수레 둘과 소 네 마리가 제공되었다(7:7). 그러나 성물을 어깨로 메는 임무를 맡은 고핫 자손에게는 수레와 소가 주어지지 않았다(7:9). 하나님께서는 이와 같이 성막의 기구들을 운반하는 일과 관련된 모든 일이 제사장의 지도와 감독하에 질서 있게 체계적으로 진행되게 하셨다. 하나님께서는 이뿐만 아니라, 각 종족의 업무량에 따라 필요한 만큼의 수레와 소를 제공하셨다.

계산된 레위인의 총수는 22,000명(1개월에서 50세 사이)이었으나, 실제적으로 성막에서 임무를 맡은 자들은 30세부터 50세까지 8,580명이었다. 그러나 성막에서 일할 수 있는 자의 규정 자체는 25세부터 50세까지였다(8:24-26). 성막의 기구들을 운반하는 일이 많은 힘을 요구하는 노동이었으므로, 하나님께서 레위인들의 연령을 고려하신 결과다. 이것은 하나님께서는 질서의 하나님이시고, 혼란과 무질서의 하나님이 아니심을 보여준다(고전 14:33, 40).

한 마디 기도

하나님께서 맡기신 일을 하나님의 정한 질서에 따라 잘 감당하게 하소서.

NUMBERS
02
05

제사장의 축복 기도

여호와는 네게 복을 주시고 너를 지키시기를 원하며 여호와는 그 얼굴로 네게 비취사 은혜 베푸시기를 원하며 여호와는 그 얼굴을 네게로 향하여 드사 평강 주시기를 원하노라 할지니라 하라 _민 6:24-26

✝ **핵심 이해하기**

제사장의 축복 기도는 하나님께서 모세를 통해 제사장들에게 주신 말씀이다. 이것은 제사장들이 성막에서 각종 희생 제사 의식을 마친 후에 이스라엘 자손을 축복하라고 주신 기도의 내용이다. 아론은 제사장 위임식이 끝난 그 다음날 처음으로 하나님께 희생 제사를 드리고 이스라엘 백성을 축복하였다(레 9:22). 모세도 아론과 함께 백성을 축복했다(레 9:23).

오늘 본문은 앞에서 소개되지 않은 축복 기도의 내용을 처음 소개한다. 희생 제사 제도의 핵심 목적은 하나님과, 또는 사람들과 어그러진 관계를 회복하여 하나님의 언약 백성으로 바르게 살게 하는 데 있다. 하나님께서는, 자신의 백성이 희생 제사를 드려 죄 용서를 받았으니 이제부터 어떻게 살든지 상관없이 언약의 복을 주시는 분이 아니다. 그것은 희생 제사 제도를 세우신 하나님의 목적에 어긋나고, 또한 주께서는 언약을 어기고 불순종의 삶을 살아가는 자들에게 복을 베풀지 않으시기 때문이다. 꼭 기억할 것은 제사장이 축복 기도를 하지만 복을 주시는 분은 여호와 하나님이시라는 점이다(6:24, 27).

언약의 주 여호와께서 주시는 복의 구체적인 내용은 셋이다. '하나님의 보호'와 '은혜'와 '평강의 복'이 그것이다. 시편의 많은 기도들은 하나님께서 자신의 백성을 지키신다는 사실을 보여준다(시 16:5; 17:8; 27:5; 41:2; 91:11; 116:6). 시편 121편의 주제는 이스라엘을 지키시는 하나님이다. 하나님께서 그의 얼굴을 비추는 것은 언약의 복이다. 그의 얼굴을 비추는 것은 하나님께서 그의 자비롭고 인자한 얼굴을 비추는 것을 뜻한다. 하나님께서 그의 얼굴을 비추는 것은 시내 산에서 모세에게 그의 이름을 선포하신 대로 그의 무한한 인자(히: 헤세드)와 진실(언약적인 충성)을 베풀기 위함이다. 그래서 이스라엘

백성은 하나님의 얼굴을 자신들에게 비추어 달라고 자주 기도했다(시 31:16; 67:1; 80:3, 7, 19; 119:135). 하나님께서 그의 얼굴을 자기 백성에게 향하는 것은 그들에 대한 언약적인 사랑과 복 주심을 구체적으로 표현한다. 따라서 하나님께서 자신의 백성을 향해 얼굴을 들고 그들에게 비출 때 그의 백성은 은혜와 평강(샬롬)을 받는다. 그러나 하나님의 진노하는 얼굴은 악인들을 향한다(시 34:16; 렘 44:11).

예수 그리스도는 제사장이 빈 하나님의 복을 최종적으로 성취하신 분이다. 그는 자기 백성을 완벽하게 지키고 보호하신다. 어느 누구도 예수님의 능한 손에서 그의 양떼를 빼앗아 갈 수 없다(요 10:28-29). 은혜와 평강은 바울의 모든 서신 인사말에서 핵심 내용이다. 예수님께서는 하나님의 형상이고(골 1:15), 그의 영광의 광채요 본체의 형상이다(히 1:3). 이것은 예수님께서 친히 하나님이시고, 하나님의 영광이 그의 얼굴에 찬란하게 빛난다는 것을 뜻한다. 복음을 전파하는 것은 예수 그리스도의 얼굴에서 빛나는 하나님의 영광을 선포하는 것이다(고후 4:5-6). 그러므로 오늘날 예수 그리스도를 믿는 사람들은, 제사장이 수천 년 동안 하나님의 백성을 위해 축복한 하나님의 모든 복을 예수님 안에서 누리는 것이다.

○ 한 마디 기도

예수 그리스도께서 제사장의 축복 기도를 최종적으로 성취하셔서 오늘 우리가 누리게 하시니 감사합니다.

모든 백성이 선지자 되기 원한 모세

모세가 그(=여호수아)에게 이르되 네가 나를 두고 시기하느냐 여호와께서 그의 영을 그의 모든 백성에게 주사 다 선지자가 되게 하시기를 원하노라 _민 11:29

✝ 핵심 이해하기

하나님께서는 모세의 무거운 짐을 덜어 주기 위해서, 그에게 임한 성령을 장로 70인에게도 임하게 하셨다. 그중 68명은 성령을 받기 위해서 하나님의 장막에 모였으나, 두 사람은 그들의 진영에 여전히 머물고 있었다. 이때 하나님께서는 지체 없이 68명의 장로에게 성령을 임하게 하셨다. 이때 여전히 장막에 머물러 있던 두 사람, 엘닷과 메닷에게도 성령이 임하게 하셨다. 한 장소에서 성령을 받은 장로 68명과 다른 곳에서 성령 받은 두 사람은 일시적으로 예언을 했다(11:25-26). 어떤 사람이 두 사람도 성령 받고 예언한 사실을 목격하고 달려와 모세에게 보고했다(11:27). 이때 모세를 섬기는 여호수아는 그들의 예언 행위를 중단시켜 달라고 모세에게 당부했다(11:28).

이때 모세는 하나님께서 그의 백성 모두에게 성령을 주셔서 그들 모두가 선지자 되기를 원한다고 말했다. 이것은 단지 모세의 희망 사항이 아니라, 모세의 간절한 기도이며 동시에 그의 예언이었다. 이것은 모세가, 70명의 장로가 성령을 받아 예언한 사실에 근거하여 예언을 성령의 활동으로 이해한 결과다. 70인의 장로는 하나님의 모든 백성의 대표이므로, 모세는 하나님의 백성 모두가 결국 성령을 받게 되면 그들 모두가 선지자가 될 영광스러운 미래를 내다본 것이다.

이후에 사람들은 모세의 예언적인 영감의 기도를 잊었다. 그러나 요엘 선지자는 모세의 이 예언이 말세에 성취될 것을 최종적으로 예언하였다(요엘 2:28). 이 예언은 오순절 성령 강림의 사건으로 최종적으로 성취되었다(행 2:1-4). 이제 신약 시대에 하나님의 백성은 한 사람도 예외 없이 성령을 받는다. 신약 성도 모두가 성령을 받는 것은 그들 모두가 일반적인 의미에서 하나님의 선지자가 되었음을 보여준다(고전 12:13).

∞ 한 마디 기도

하나님께서 모세의 예언적인 기도를 성취하셔서 자신의 백성 모두에게 성령을 부어주셨으니, 성령의 인도를 받아 진리를 깨닫고 삶의 각 현장에서 선지자의 삶을 살게 하소서.

하나님의 엄중한 맹세

여분네의 아들 갈렙과 눈의 아들 여호수아 외에는 내가 맹세하여 너희로 살게 하리라 한 땅에 결단코
들어가지 못하리라_민 14:30

✝ 핵심 이해하기

이 말씀은 하나님께서 모세와 아론에게 하신 것이다(14:26-35). 하나님께서는 갈렙과 여호수아 두 사람 외에 나머지 사람들은 약속의 땅에 들어가지 못하게 하겠다고 엄중한 진노의 맹세를 하셨다. 40일간 가나안 땅을 정탐하고 돌아온 각 지파의 12대표들은, 갈렙과 여호수아를 제외하고는 가나안 땅에 대하여 악평을 하여 온 백성으로 하여금 밤새 통곡하게 만들었다(13:32-14:1). 온 백성은 불신의 말로 원망하고 불평하면서 새로운 지도자를 세워 애굽으로 돌아가자고 했다(14:2-3). 이때 여호수아와 갈렙은 믿음의 말로 온 백성을 권면하면서 하나님께서 함께 하시면 가나안 땅에 들어갈 수 있다고 권면했다(14:6-9). 백성들이 이 둘을 돌로 쳐서 죽이려고 할 때에 하나님의 영광이 회막에서 온 백성에게 나타나셨다(14:10). 하나님께서는 자신을 멸시하는 백성을 멸하고 모세를 크고 강한 나라로 만들겠다고 하셨다(14:11-12).

모세는, 하나님의 능력으로 애굽 사람들 속에서 구원해내신 이스라엘 백성을 지금 멸망시키면 이방 나라들이 하나님을 무능한 신으로 오해할 가능성이 많으니, 이들을 용서해 달라고 하나님께 간구했다(14:13-19). 이때 하나님께서는 모세의 기도대로 용서하겠다고 하시면서, 그를 온전히 따른 갈렙만 제외하고 그를 거역한 사람들은 하나도 가나안 땅을 보지 못할 것이라고 하셨다(14:20, 23-24). 하나님께서는 이 말씀을 모세와 아론에게 좀 더 상세하게 설명하셨다. 가나안 땅에 들어가지 못할 사람은 인구 조사에 포함된 20세 이상의 사람 중에 하나님을 원망한 사람들 전부다(14:29). 갈렙과 여호수아만 제외된 것이다(14:30). 이렇게 많은 사람들이 불평하고 원망한 결과로 가나안 땅을 눈앞에 두고도 들어가지 못하는 비극이 초래됐다. 이후 이스라엘 백성은 40년 간 광야에서 방황하게 되는데, 결국 두 사람을 제외한 603,548명 모두가 광야에서 죽게 된다(14:32-34). 하나님께서는 이 사건을 통하여 그의 말을 믿지 않고 원망한 결과가 얼마나 비참한 운명을 가져오는지 알게 했던 것이다(14:34). 하나님께서는 그들이 불신 가운데 하는 원망을 듣고 그들이 원망한 그대로 되게 하겠다고 말씀하셨다(14:28). 하나님께서는 불신의 참혹한 결과를 통해서, 그의 백성이 그와 그의 말씀을 온전히 믿고 따르기를 원하셨던 것이다. 히브리서의 저자는 이 사건을 상기시키면서, 그의 독자들은 불신과 원망으로 인해 광야에서 죽은 이스라엘 백성들과 같이 되지 말라고 간곡하게 권면했다(히 3-4장).

∝ 한 마디 기도

하나님께서 불신과 원망을 얼마나 싫어하시는 줄 알고 믿음과 감사의 말만 하게 하소서.

증거궤 앞에 둔 아론의 지팡이

여호와께서 또 모세에게 이르시되 아론의 지팡이는 증거궤 앞으로 도로 가져다가 거기 간직하여 반역한 자에 대한 표징이 되게 하여 그들로 내게 대한 원망을 그치고 죽지 않게 할지니라 _민 17:10

✝ 핵심 이해하기

이 말씀은 레위 자손 고라와 르우벤 지파의 다단과 아비람 등이 명성 있는 지도자 250명과 함께 모세와 아론을 대적하다가 하나님의 진노로 불살라 죽임을 당한 사건을 배경으로 한다(16장). 그들의 반역의 핵심은 하나님의 모든 백성이 거룩한데 왜 모세와 아론만 제사장의 직무를 하느냐는 것이었다(17:3).

하나님께서는 땅을 갈라지게 하셔서 반역자들의 가족과 모든 재물까지 산 채로 그곳에 떨어져 죽게 하셨다(16:27, 32-33). 분향하던 250명은 여호와 하나님으로부터 나온 불에 살라져 죽었다(16:35). 이에 온 백성이 모세와 아론을 원망하고 대적할 때 염병이 백성 가운데 시작되어 14,700명이 추가적으로 죽었다(16:41, 48-49, 도합 14,950명).

하나님께서는 이런 불행이 반복되어 백성들이 죽게 되는 것을 막으시려고, 열두 지파의 각 지휘관들의 이름이 쓰인 지팡이들과 아론의 지팡이를 증거궤 앞에 두게 하셨다(17:2-6). 하나님께서는 "내가 택한 자의 지팡이에는 싹이 나리라"고 말씀하셨다(17:5). 놀랍게도 이 13개의 지팡이 중에 오직 아론의 지팡이에서만 움이 돋고 순이 나고 꽃이 피어 살구 열매가 열렸다(17:8).

아론의 지팡이에서 싹만 나왔어도 하나님께서 아론을 제사장으로 택하여 세우신 것이 분명해 보였을 것이다. 하지만 하나님께서는 어느 누구도 이의를 제기할 수 없도록, 아론의 지팡이에서 하루 사이에 싹이 나고 꽃이 피어 살구 열매까지 맺게 하신 것이다. 모세는 아론의 지팡이와 나머지 12 지팡이를 증거의 장막 앞에서 꺼내어 온 백성에게 보여주었다. 각각의 지팡이에는 각 지파를 대표하는 이름이 기록되었으므로 조작의 시비가 일어날 수 없었다.

이 사건은 하나님께서 아론의 자손만을 제사장으로 삼으신 것을 분명히 보여주었다. 하나님께서는, 백성들이 아론과 그의 자손에게만 제사장의 직분을 주신 것에 대해 원망하고 불평하다가 멸망당하는 것을 더 이상 원하지 않으셨다. 모든 백성들은 아론의 지팡이에서만 싹이 난 것을 확인하고 자신들이 다 망하게 되었다고 고백했다(17:12).

하나님께서는 자신이 아론과 그의 자손을 제사장으로 삼은 것에 대해 백성들로 하여금 영원히 기억하여 원망하지 않게 하시려고, 이 지팡이를 증거궤 앞에 영구적으로 두게 하셨다. 예수님께서도 자신이 세리들과 죄인들과 함께 식탁 교제를 하는 것에 대해 바리새인들이 원망하고 불평할 때, 그들의 불평을 막으시려고 세 가지 비유, 즉 잃었다 찾은 양의 비유, 드라크마의 비유, 두 탕자의 비유를 말씀하셨다(눅 15장).

하나님의 자녀들은 언제나 어디서나 원망의

말을 하지 않아야 한다(고전 10:10; 유 1:16). 또한 교회는 원망과 시비가 일어나지 않도록 일을 공정하고 지혜롭게 처리해야 한다(빌 2:14).

한 마디 기도

원망을 멈추게 하시는 주여, 어떤 경우에도 원망하지 않게 하소서.

제사장의 기업과 분깃

여호와께서 또 아론에게 이르시되 너는 이스라엘 자손의 땅에 기업도 없겠고 그들 중에 아무 분깃도 없을 것이나 내가 이스라엘 자손 중에 네 분깃이요 네 기업이니라 _민 18:20

✛ 핵심 이해하기

18장의 내용은 제사장의 직무와 제사장을 돕는 레위인들의 직무(18:1-7), 하나님께서 제사장들의 몫으로 주시는 각종 제물과 첫 열매와 성물들(18:8-20), 레위인들의 몫으로 주신 백성의 십일조(18:21-24)와 제사장의 몫으로 주어진 레위인의 십일조(18:25-32)에 관한 것이다. 아론과 그의 자손에게 주신 말씀, 곧 이스라엘 백성의 땅인 가나안에서 받을 기업과 분깃이 없다는 말씀은, 제사장에게만이 아니라 모든 레위인들에게 해당된다(18:20, 24). 이스라엘 백성은 하나님으로부터 지파대로 가나안 땅을 기업으로 받았다. 분깃은 각 지파가 기업으로 얻는 몫을 가리킨다. 하나님께서는 이때 레위 지파에게는 기업과 분깃을 전혀 주지 아니하셨다. 각 지파는 하나님의 지시에 따라 그들의 분깃 중에서 목초지가 있는 성읍 48개를 레위인들을 위해서 내놓았다(민 35:1-8; 수 21:41-42).

기업과 분깃이 없는 제사장과 그들을 보좌하는 레위인들에게는 하나님 자신이 그들의 기업

과 분깃이 되셨다. 하나님께서 친히 그들의 기업과 분깃이 되신다는 것은, 그들이 가나안 땅에 들어갈 때 각 지파는 땅을 그들의 기업으로 받으나 제사장과 레위인은 땅을 기업으로 받지 않는다는 뜻이다. 그 대신에 그들의 기업 되신 하나님께서는, 이스라엘 각 지파가 그들에게 48개의 성읍을 주라고 말씀하셨다. 이뿐만 아니라, 하나님께서는 18장이 상세하게 묘사하는 것과 같이 성막에서 하나님께 드려지는 각종 성물 중에서 각종 음식을 그들에게 기업으로 주셨다. 하나님께 희생 제사로 불태워 드려지고 남은 것들은 무엇이든지 제사장에게 주어졌다(18:9). 이스라엘 자손이 하나님께 드리는 각 소산의 첫 열매(18:12-13), 가축의 첫 새끼 중 하나님께 드리고 남은 것, 장남을 대신하여 드린 속전(18:15-19)도 제사장에게 주어졌다. 이것은 아론과 그의 후손과 맺은 영원한 소금 언약이라 불린다(18:19). 온 백성이 하나님께 드리는 각종 십일조도 레위인들의 기업과 분깃으로

주셨다(18:21). 이러한 십일조의 십일조는 제사장에게 주어졌다(18:25-28). 이와 같이 하나님께서는 각 지파가 얻은 땅을 제사장과 레위 사람들에게는 주시지 않았지만, 그것들을 대체하여 다른 것을 주신 공정하고 공평한 하나님이시다. 그런 의미에서 하나님께서 친히 제사장들과

레위인들의 기업과 분깃이시다.

NUMBERS
02/10

장대 위에 달린 놋뱀

여호와께서 모세에게 이르시되 불뱀을 만들어 장대 위에 매달아라 물린 자마다 그것을 보면 살리라 모세가 놋뱀을 만들어 장대 위에 다니 뱀에게 물린 자가 놋뱀을 쳐다본즉 모두 살더라(요 3:14에 인용되고, 고전 10:9-10에 언급됨) _민 21:8-9

✝ 핵심 이해하기

이스라엘 백성은 40년간의 광야 생활을 마치고 가나안 땅으로 들어갈 준비를 하게 되었다. 40년째 되는 해는 이스라엘 백성 모두에게 어둡고 암울한 해였다. 미리암은 그해 첫 달에 죽었다. 그해 5월 1일에 아론도 123세의 나이로 죽었다(민 33:38-39). 같은 해에 120세의 모세도 마지막으로 죽는다.

민수기 20장은 미리암과 아론의 죽음을, 신명기 34장은 모세의 죽음을 각각 나누어 기록함으로써, 마치 모세의 죽음이 상당한 세월이 지난 다음에 있었던 것 같이 보여준다.

미리암이 죽은 후에 백성들은 물이 없음으로 인해 가데스에서 모세와 아론을 대적하였다(20:1-3). 하나님께서는, 백성을 반석 앞에 모으고 지팡이로 반석에게 명령하여 물을 내라고 모세와 아론에게 지시하셨다(20:8). 그러나 모세는 분노를 참지 못하고 백성에게 "우리가 너희

를 위해 이 반석에서 물을 내랴?"고 외치고 지팡이로 반석을 두 번 내리쳤다(20:11). 하나님께서 기적적으로 풍성한 물을 공급하셨으나 모세와 아론이 백성 앞에서 하나님에 대한 불신을 표출했다. 이 죄악으로 인해 모세와 아론도 가나안 땅에 들어가지 못하게 하겠다고 하나님께서 말씀하셨다(20:12-13). 이 일 후에 에돔 왕은 이스라엘 백성이 자신들의 국경을 통과하는 것을 허락하지 않았기 때문에, 그들은 먼 길을 돌아가야 했다(20:14-21). 그들은 호르산에 도착하였으나 바로 그곳에서 아론이 죽어 30일간 애곡했다(20:22-29).

이스라엘 백성은 호르 산에서 홍해 길을 따라서 에돔 땅을 돌아 남동쪽 방향으로 가야 했다(21:4). 미리암과 아론이 이미 죽은 상황에서 그들은 물 없는 험한 광야 길 때문에 마음이 상하여 분노와 원망이 폭발했다. 그들은 하나님과

모세를 대적하면서 왜 하나님께서 그들을 애굽에서 인도하여 내어 광야에서 죽게 하는가를 따지며 음식과 물 문제로 불평하고, 심지어 기적의 만나에 대해 "이 하찮은 음식을 싫어한다"고 말했다(21:4-5). 그러자 갑자기 불뱀들이 나타나 많은 백성들을 물어 죽였다(21:6). 백성들은 그들의 잘못을 즉시 고백하면서 불뱀들이 떠나게 해달라고 모세에게 기도를 부탁했다(21:7). 하나님께서는 모세가 기도한 것 이상으로 큰 응답을 주셨다. 그것은 독뱀에 물려 죽어가는 자들에게 살 길을 열어 주신 것이다. 하나님께서는 불뱀을 놋(=구리)으로 만들어 장대에 매달라고 하시면서 그것을 보는 자는 누구든지 살리라고 약속하셨다(21:8). 하나님께서 말씀하신 대로 모세가 만들어 장대 위에 단 놋뱀을 본 자마다 모두 살았다(21:9).

이 기적은 두 가지 중요한 교훈을 준다. 하나는 놋뱀을 본 사람만 살았다는 사실이다. 이것은 놋뱀을 보지 않은 사람은 다 죽었다는 것을 의미한다. 장대에 달린 놋뱀을 보지 않은 사람들은 자기들의 이성과 상식에 근거하여 하나님의 말씀을 믿지 않았다. 또 하나는 놋뱀 자체는 그것을 보는 자들을 살릴 능력이 없었다는 것이다. 하나님께서는 불평하는 백성들을 물어 죽이는 독뱀을 보내셨다(21:6). 독뱀을 보내신 하나님께서는, 또한 이 뱀을 놋으로 제작하여 치유의 도구로 제시하셨다. 치유자는 놋뱀에 대하여 말씀하신 하나님이었고, 그의 치유 방법은 하나님의 지시대로 만들어 장대 위에 매달은 놋뱀을 보는 것이었다.

하나님의 지시도 없는데 모세가 놋뱀을 만들어 장대에 매달았다면, 그것을 본 자들이 살아나는 기적은 없었을 것이다. 그가 말씀하신 대로 모세와 백성이 순종할 때 하나님께서 그들의 순종하는 믿음을 통하여, 놋뱀을 보는 자마다 낫게 하신 것이다. 그러나 애석하게도 어떤 백성은 놋뱀 자체가 치유하는 신비한 능력이 있는 줄로 착각하였다. 그래서 사람들은 히스기야 왕 때까지 약 700년 동안 이것을 우상으로 섬겼다. 히스기야는 이것을 부수고 놋조각이란 뜻으로 느후스단이라 불렀다(왕하 18:4).

놋뱀을 보는 것을 통한 구원의 사건은 십자가 위에서 높이 들리신 예수 그리스도를 믿는 자들이 멸망을 받지 않고 영생을 얻게 될 것을 예고한다(요 3:14). 예수 그리스도는 하나님의 영원한 말씀이며 동시에 육신을 입은 말씀이다(요 1:1, 14). 그러므로 하나님의 말씀을 전하시는 예수님을 믿는 자는 멸망을 받지 않고 영생을 얻는 것이다.

놋뱀은 일시적으로 한 번만 하나님의 말씀으로 유효했다. 그러나 예수님은 하나님의 영원하고, 또한 육신을 입은 말씀으로 영원히 유효하다. 그는 영원히 불변하는 무한한 구원자다.

∝ 한 마디 기도

모세가 세운 놋뱀과 비교할 수 없을 정도로 위대하신 하나님, 곧 말씀 하나님이신 예수 그리스도를 믿고 영생을 누리게 하소서.

야곱에게서 나올 한 별 메시아

내가 그를 보아도 이 때의 일이 아니며 내가 그를 바라보아도 가까운 일이 아니로다 한 별이 야곱에게서 나오며 한 규가 이스라엘에게서 일어나서 모압을 이쪽에서 저쪽까지 쳐서 무찌르고 또 셋의 자식들을 다 멸하리로다(마 2:2—동방 박사들에게 나타난 별) _민 24:17

✝ 핵심 이해하기

민수기 22-24장은 모압의 왕 발락이 유브라데 강 브돌 지역의 발람을 초대하여 이스라엘 백성을 저주하려고 했다가 하나님의 강력한 간섭으로 이스라엘 백성을 축복한 사건을 다룬다. 22장은 모압 왕이 모압 평지에 진을 친 이스라엘 백성 때문에 큰 위협을 느낀 나머지 이스라엘 백성을 저주하려고 브올의 아들 발락을 초대한 것과, 하나님께서 이를 막고자 나귀를 통해 간섭하심을 보여준다. 23-24장은 발락이 이스라엘 백성을 저주하는 대신에 그들을 네 번이나 축복한 것을 기록한다. 발람의 첫 번째 축복 예언은 23장 5-10절, 두 번째 축복 예언은 23장 18-24절, 세 번째 축복 예언은 24장 3-9절, 그리고 마지막으로 네 번째 예언적인 축복은 24장 15-24절에 각각 상세하게 나온다. 24장 17절은 발람의 마지막 예언적인 축복에 속한다.

발람의 마지막 예언은 그의 막연한 희망이나 소망을 노래한 것이 아니다. 그는 하나님의 성령의 강력한 간섭으로 이 예언적인 축복 기도를 했다. 그는 이 예언을 하는 자기 자신을 가리켜 "하나님의 말씀을 듣는 자, 곧 지극히 높으신 자의 지식을 아는 자, 전능자의 환상을 보는 자, 엎드려서 눈을 뜬 자"라고 말했다(24:16). 세 번째 예언적인 축복에서는 이와 비슷하게 자기 자신을 "눈을 감았던 자, 곧 하나님의 말씀을 듣는 자, 전능자의 환상을 보는 자, 엎드려서 눈을 뜬

자"라고 말했다(24:3-4). 이것은 그의 예언적인 축복의 출처가 자기 자신이 아니라, 그가 이스라엘 백성을 축복하는 말만 하도록 강하게 간섭하신 이스라엘의 하나님이심을 보여준다.

이 축복의 예언은 야곱에게서 왕이 나와서 에돔과 아말렉 등이 멸망하게 될 것을 말한다. 먼저, 야곱에게서 '한 별이 나오는 것'과 이스라엘에게서 '한 규가 일어나는 것'은 같은 뜻이다(24:17). 이 표현은 야곱에게서 나올 '주권자'(24:19)를 가리킨다. 이것은 결국 앞에서 언급된 이스라엘 백성 가운데 일어날 왕을 다르게 표현한 것이다(24:7). 9절의 "꿇어앉고 누움이 수사자와 암사자와도 같은 이스라엘"은 "엎드리고 웅크림이 수사자 같고 암사자 같은" 유다 지파를 상기시킨다(창 49:9). 더욱이 유다 지파와 관련해서 사용된 동일한 단어 '규'가 나온다(창 49:10).

하나님께서는 족장들에게 이미 그들의 후손 가운데서 왕들이 나올 것이라고 말씀하셨다(창 17:6, 16; 35:11). 하나님께서 이미 족장들과 유다 지파에게 약속하신 왕이 마침내 올 것을, 400여 년 후에 이방 사람 발람을 통하여 다시 말씀하신 것이다. 이방인 발람이 이 놀라운 예언을 마음에 두고 기억했다면 모압 왕 발락의 유혹에 굴복하여 이스라엘 백성을 큰 죄에 빠지게 하는 계책을 베풀지 아니했을 것이다(민

25:1-2; 31:16).

약속된 왕은 가까운 시일에 오지 않을 것이다(24:17). 발람은 "내가 그를 보아도 이때의 일이 아니며 내가 그를 바라보아도 가까운 일이 아니라"고 말했다(24:17). 이 예언의 일차적인 실현은 유다 지파에서 다윗 왕이 나올 때 있었다. 발람의 예언과 같이 다윗 왕은 모압을 정복하였고(24:17; 삼하 8:2), 아말렉 족속을 멸망시켰다(24:20; 삼상 27:8; 30:1). 그러나 그 최종적인 성취는 다윗의 자손 예수 그리스도께서 베들레헴에서 탄생할 때 있었다. 17절에 언급된 별이 실제로 나타난 것은 예수 그리스도께서 탄생하실 때였다. 동방의 박사들은 메시아의 탄생을 알리는 별을 보고 그를 경배하러 예루살렘으로 왔다(마 2:1-2).

◯ 한 마디 기도

하나님께서, 심지어 믿지 않은 사람들을 통해서도 말씀하시는 것을 알게 하소서.

NUMBERS 02/12 눈에 가시와 옆구리를 찌르는 것

너희가 만일 그 땅의 원주민을 너희 앞에서 몰아내지 아니하면 너희가 남겨둔 자들이 너희의 눈에 가시와 너희의 옆구리에 찌르는 것이 되어 너희가 거주하는 땅에서 너희를 괴롭게 할 것이요 _민 33:55

✝ 핵심 이해하기

이 경고는 이스라엘 백성이 가나안 땅에 들어가서 가장 우선적으로 할 일과 각 지파가 기업을 분배 받는 방법에 대한 말씀을 배경으로 한다(33:50-54). 이스라엘 백성이 하나님께서 그들에게 기업으로 주시는 가나안 땅에 들어가서 가장 우선해서 할 일은, 그 땅의 원주민을 다 몰아내고 그들의 모든 신상들과 제단과 산당을 완전히 파괴하는 것이다(33:52). '그 땅의 원주민'은 가나안 땅의 핵심 이방 족속들을 말한다. 이들 원주민을 구체적으로 말하면 아모리 사람과 가나안 사람과 헷 사람과 브리스 사람과 히위 사람과 여부스 사람이다(출 34:11). 신명기에서는 여기에 기르가스 족속을 추가하여 7족속을 언급한다(7:1). 하나님께서는 이스라엘 백성이 반드시 이 원주민들을 추방하고 그들의 신상과 우상과 산당을 완전히 파괴해야 한다고 엄히 명하셨다(출 34:11 "너는 내가 오늘 네게 명령하는 것을 삼가 지키라"). 이스라엘 백성이 이들 이방 족속들을 완전히 몰아내야 하는 것은 하나님께서 친히 그들을 몰아낼 것이라고 약속하셨기 때문이다(출 34:11 "내가 네 앞에서 아모리 사람과 가나안 사람과 헷 사람과 브리스 사람과 히위 사람과 여부스 사람을 쫓아내리니"; 신 7:1 "힘이 센 일곱 족속을 쫓아내실 때에").

이스라엘 백성이 이들 원주민을 추방시키지 아니할 경우 그들은 이스라엘 백성의 눈에 가시가 되고 옆구리에 찌르는 것이 될 것이다 (33:55). 눈에 가시가 들어가고 옆구리를 찔리면 고통스럽다는 것은 누구나 안다. 바로 이들 가나안 땅의 원주민들이 가시와 찌르는 것이 되어 이스라엘 백성을 괴롭힐 것이다. 여호수아는 죽기 전에 이스라엘 모든 백성을 세겜에 모아 놓고 이 경고를 상기시키며, "그들이 너희에게 올무가 되며 덫이 되며 너희의 옆구리에 채찍이 되며 너희의 눈에 가시가 되어서 너희가 마침내 너희의 하나님 여호와께서 너희에게 주신 이 아름다운 땅에서 멸하리라"고 경고했다(수 23:13).

그러나 가나안 땅에 들어간 이스라엘 백성은 이러한 엄중한 경고를 무시하고 가나안 땅의 원주민들을 몰아내는 일에 실패했다. 사사기는 이스라엘 백성이 처음에는 이방인들을 자신들 가운데 살게 하면서 각종 부역을 시켰다가, 나중에는 이스라엘 백성이 오히려 그들 가운데 살아 이방인들과 같이 되었음을 보여준다(삿 1장). 그 결과 하나님께서 경고하셨던 고통과 괴로움은 이스라엘 백성이 피할 수 없는 운명이 되었다. 여호와의 사자가 길갈에서 올라와 이 말씀을 상기시키며 마지막으로 경고했으나, 사사 시대의 하나님의 백성은 이 말씀을 완전히 무시하고 살았다(삿 2:2-3; 3:5-6). 그 결과는 하나님께서는 그들이 어디로 가든지 그들에게 언약의 저주를 부으셨고, 그들의 고통은 극심했다(삿 2:15, 17-18; 10:9; 11:7). 사사 시대의 400여 년은, 하나님의 경고를 무시한 결과가 얼마나 참혹한 것인지를 잘 보여준다.

한 마디 기도

하나님께서 하시는 엄중한 경고의 말씀을 무시하여 고통을 당하지 않게 하소서.

신명기 핵심구절
이해하고 기도하기

기도할 때 가까이 하시는 하나님

우리 하나님 여호와께서 우리가 그에게 기도할 때마다 우리에게 가까이 하심과 같이 그 신이 가까이 함을 얻은 큰 나라가 어디 있느냐 _신 4:7

✝ 핵심 이해하기

6, 7, 8절은 모두 동일한 문구 '큰 나라'를 언급 한다. 6절은 하나님의 백성 이스라엘이 그가 명 령하신 대로 규례와 법도를 지켜 행하면 열방 앞에서 큰 나라 백성으로 인정받는다고 진술한 다. 하나님의 백성이 그분의 말씀에 순종하며 살아갈 때 열방이 그들을 지혜와 지식이 있는 큰 나라로 인정하게 될 것이다. 7절은 이스라엘 백성이 기도할 때마다 그들에게 가까이 하는 그 런 신을 가진 큰 나라가 세상에 어디 또 있느냐 고 묻는다. 이에 대한 답변은 기도할 때마다 가 까이 하시는 신을 가진 큰 나라는 이스라엘 백 성밖에 없다는 것이다. 8절도 하나님께서 이스 라엘 백성에게 선포하시는 율법과 같이 의로운

규례와 법도를 가진 큰 나라가 세상에 어디에 있느냐고 묻는다. 이 질문에 대한 대답 역시 하 나님께서 그의 백성에게 선포하시는 율법과 같 이 의로운 규례와 법도를 가진 큰 나라는 이스 라엘밖에 없다는 것이다. 따라서 6절의 지혜와 지식이 있는 큰 나라, 7절의 기도할 때마다 여호 와 하나님께서 가까이 하시는 큰 나라, 그리고 8 절의 하나님의 율법과 같이 의로운 규례와 법도 를 가진 큰 나라는 모두 하나님의 백성 이스라 엘을 가리킨다.

이 세 절은 아주 밀접하게 연결된다. 이 셋의 논리적인 순서는 8절(위대한 율례와 법도), 7절 (기도와 하나님의 응답), 6절(순종)이다. 6절은 탁

월한 지혜와 지식을 가져오는 순종을 강조한다. 이것을 맨 앞에 놓은 것은, 1-5절에 나오는 하나님의 규례와 법도에 순종해야 함을 강조하기 위함이다. 1절은 "규례와 법도를 듣고 준행하라"고, 2절은 "너희 하나님 여호와의 명령을 지키라"고, 3-4절은 "바알브올의 반역 사건으로 불순종한 자들은 멸망했으나 하나님께 성실하게 매달린 자들은 지금까지 살아있다"고, 5절은 "하나님의 규례와 법도를 그들에게 가르친 목적은 가나안 땅에서 행하게 하기 위함이라"고 말한다. 이 모든 것은 6절과 같이 순종을 강조한다. 7절은 이러한 순종을 가능하게 하는 기도와 하나님께서 가까이 하심을 말한다.

하나님께 순종하라는 명령을 받는 백성은 순종을 위해서 기도해야 한다. 계속적인 기도의 열매는 바로 순종하는 삶이다(4:6). 그러므로 기

도할 때마다 하나님께서 가까이 하시는 것을 강조하는 것(4:7)은 순종을 위한 기초와 토대다. 이스라엘 백성이 소유한 탁월한 규례와 법도(4:8)는 해야 할 기도의 내용이다. 하나님의 백성은 이렇게 놀라울 정도로 의로운 규례와 법도를 소유하고 있으므로 이러한 규례와 법도에 순종하기 위해서 기도해야 한다. 그들이 이렇게 기도할 때 하나님께서는 하나님의 율례와 법도에 순종하도록 도와주신다. 그들이 이렇게 순종할 때에 이방 사람들은 하나님의 백성의 탁월한 지혜와 지식을 인정하게 된다.

한 마디 기도

하나님의 율례와 법도에 반응하여 계속 기도하며 하나님의 응답을 받아 계속 순종함으로써, 성경이 나의 지혜와 지식이 됨을 보여주게 하소서.

DEUTERONOMY
02/14

토라 교육의 대헌장

이스라엘아 들으라 우리 하나님 여호와는 오직 유일한 여호와이시니 너는 마음을 다하고 뜻을 다하고 힘을 다하여 네 하나님 여호와를 사랑하라(막 12:29-30에 인용됨) _신 6:4-5

✝ 핵심 이해하기

히브리어 본문에서 "들으라 이스라엘아"로 시작되는 이 명령은, 구약의 이스라엘 백성과 모든 시대의 유대인에게 신앙고백과 신앙 교육의 핵심이다. 이스라엘 백성은 2천여 년 동안 신명기 6장 4-9절과 11장 13-21절과 민수기 15장 37-41절을 쉐마(Shema)의 구체적인 내용으로 삼아, 매일 아침과 저녁에 그들의 핵심적인

신앙고백으로 낭독해 왔다. 4-5절의 핵심 내용은 이스라엘의 하나님 여호와께서는 누구와도 비교될 수 없는 유일하신 하나님이시라는 것과, 이스라엘 백성은 유일하신 하나님을 전인격적으로 사랑해야 한다는 것이다. 다시 말해서 하나님의 유일하신 존재와 그에 대한 전인격적인 사랑의 의무와 책임에 관한 것이다. 이 둘은 이

스라엘 백성이 들어야 할 근본적인 내용이다.

하나님께서 이스라엘 백성에게 듣고 행하라고 명령할 때에 호칭으로서의 '이스라엘'은 문장의 맨 앞에 등장한다(4:1; 5:1; 6:3-4; 9:1; 10:12; 27:9). 이미 선포된 십계명의 서문과 제1계명은 이스라엘의 하나님 여호와께서 유일한 하나님이 되심을 밝혔다(5:6-7). 이스라엘 백성을 애굽의 종살이에서 구원하여 내신 하나님은, 모세를 통해서 행하신 열 가지 재앙을 통해서 그가 유일하신 하나님이심을 이스라엘 백성과 애굽 백성, 그리고 온 세상에게 선포하셨다. 애굽에 내린 열 가지 재앙은 한편으로는 애굽의 모든 신들이 얼마나 무능한지를 보여주었다(출 12:12). 이것은 다른 한편으로는 이스라엘의 하나님 여호와께서는 세상의 어떤 신과도 비교될 수 없는 유일한 하나님이심을 결정적으로 보여주었다(출 8:10; 9:14-16; 15:11). 하나님께서는 그의 백성 이스라엘이 이 엄청난 진리를 영구적으로 기억하도록 그들에게 각인시키기 위해서, 시내 산에서 불 가운데 자신의 어떤 형상도 보이지 않는 상황에서, 큰 위엄과 영광 가운데 말씀하셨다(신 4:33-36).

이 신앙고백은 이스라엘 백성의 신앙이 건전할 때는 살아 있었다. 그러나 자신들의 신앙이 병들고 시들어졌을 때 그들은 하나님을 열방의 신들과 전혀 다를 바 없는 신으로 간주했다. 이스라엘 백성이 가나안 정복 시기에서부터 바벨론 포로 시기에 이르기까지, 주변 나라들과 똑같이 하나님을 형상화하여 섬기든지 주변의 이방신들도 섬긴 것은, 자신들의 하나님을 이방인들의 신들과 다르지 않은 분으로 간주했음을 결정적으로 보여준다. 그렇지만 하나님의

경건한 사람들은 하나님의 유일하심을 늘 고백하고 외쳤다(삼상 2:2; 삼하 7:22; 왕상 8:23; 왕하 19:15, 18-19; 대하 20:6; 시 71:19; 86:8-9; 89:6; 렘 10:6-7). 특별히 선지자 이사야가 선포한 메시지의 중심은 누구와도 비교될 수 없는 유일하신 하나님이었다(사 43:11-12; 44:6-8; 45:5, 18, 21-22; 46:9).

이스라엘 백성을 애굽의 속박에서 건져내신 여호와 하나님은 이와 같이 유일한 하나님이시므로 그에 대한 유일한 반응은 그를 전인격적으로 사랑하는 것이다. 마음과 뜻과 힘을 다하는 것은 지성과 의지와 실천과 행동의 능력인 힘을 다해 하나님을 사랑하는 것을 뜻한다. 이것은 자신을 구원하시는 언약적인 사랑에 대한 반응이다. 하나님을 전인격적으로 사랑하는 것은 그분의 모든 계명과 율례와 법도를 지켜 행하는 것으로 구체적으로 표현된다. 물론 이러한 차원에서 여호와 하나님의 사랑을 가장 먼저 실천해야 할 자는 부모들이다. 마음의 중심으로 자원해서 이 일을 행하기 위해서 하나님의 명령을 마음 판에 기록하고(6:6), 자신의 몸에 표시하고(6:8), 집의 문기둥과 대문에서 표시해야 했다(6:9). 그리고 부모는 자녀에게, 자녀는 그들의 자녀에게 그들의 하나님 여호와께서는 유일하신 분이며 그분을 전인격적으로 사랑해야 한다는 것을 반복해서 가르쳐야 했다. 이것은 언제나 어디서나 교훈되고 실천돼야 하는 신앙의 핵심이다. 이와 같이 3세대의 신앙 교훈, 곧 자녀를 제자로 삼는 것은 신앙생활의 근본이었다.

한 마디 기도

신앙의 본을 보이 자녀들을 제자로 삼게 하소서.

성민으로 택함 받은 미약한 이스라엘

너는 여호와 네 하나님의 성민이라 네 하나님 여호와께서 지상 만민 중에서 너를 자기 기업의 백성으로 택하셨나니 여호와께서 너희를 기뻐하시고 너희를 택하심은 너희가 다른 민족보다 수효가 많기 때문이 아니니라 너희는 오히려 모든 민족 중에 가장 적으니라 _신 7:6-7

✝ 핵심 이해하기

본문 6-7절은 하나님께서 1-5절에서 주신 명령에 대한 근거를 제시한다. 1-5절의 명령은 하나님께서 이스라엘 백성보다 강한 가나안 7족속을 추방하실 때, 그들을 완전히 멸하고 그들과 언약을 맺지 말라는 것이다. 그들과 교류하여 연혼을 하면 결국 자녀들이 여호와 하나님을 섬기는 데서 떠나 그들의 신들을 섬길 것이고, 하나님의 진노로 그들과 함께 멸망할 위험에 놓이게 될 것이다. 그래서 이스라엘 백성은 이들 7족속을 완전히 멸망시키고 그들의 각종 우상들과 제단들을 완전히 제거하라는 명령을 받았다. 6절은 왜 이스라엘 백성이 하나님께서 위에서 명하신 대로 해야 하는지에 대하여 설명한다. 그 이유는 이스라엘 백성은 여호와 그들의 하나님을 위한 성민이기 때문이다.

6절이 강조하는 것은 문장의 앞에 배치된 '거룩한 백성'이다. 히브리어 문장의 순서를 따라 번역하면, "왜냐하면 거룩한 백성이다, 너희가, 여호와 너희 하나님을 위해서"가 된다. 6절의 나머지 부분은 이스라엘이 여호와 하나님을 위한 거룩한 백성이란 뜻을 더욱 부각시킨다. 이스라엘이 거룩한 백성이라는 것은 하나님께서 이스라엘을 지상 만민 중에서 자기 기업의 백성으로 삼기 위해서 택하셨기 때문이다. '자기 기업의 백성'이란 말은 '그 자신의 특별한 소유(또는 보화)의 백성'이란 뜻이다. 문장 구조로 볼 때

'거룩한 백성'(히: 암 카도쉬)과 '특별한 소유 또는 보화의 백성'(히: 암 세굴라아)는 같은 뜻이다. 여호와 하나님을 위한 거룩한 백성이란 말을 다르게 표현한 것이 '그의 특별한 소유의 백성'이란 표현이다. 하나님께서 이스라엘을 이방 나라들로부터 구별하여 자기를 위한 거룩한 백성 또는 자기의 특별한 소유(보배)의 백성을 삼으신 구체적인 증거는, 출애굽의 구원 사건과 그들과 시내 산에서 맺으신 언약이다. 이스라엘은 이와 같이 여호와 하나님을 위한 특별한 백성이므로 그의 명령대로 행해야 했다. 이스라엘의 순종은 하나님께서 그들을 거룩한 백성으로 삼으신 신분에 합당한 반응이다.

7절은 여호와 하나님께서 왜 이스라엘 백성을 그의 특별한 보배 또는 소유로 기뻐하고 택하셨는지에 대하여 설명한다. 하나님께서 이스라엘을 기뻐하여 택하신 것은 그들의 숫자가 열방보다 많아서가 아니다. 오히려 이스라엘 백성은 열방과 비교해 볼 때 그 수가 가장 적다. 8절은 하나님께서 그들을 기뻐하고 택하신 이유가, 그분이 그들을 사랑하시고 또한 그들의 조상들에게 한 맹세를 지키기 때문이라고 밝힌다. 9절은 이스라엘을 자기의 거룩한 백성으로 삼으신 하나님께서, 그들을 사랑하고 언약을 천대까지 지키시는 신실한 하나님임을 알아야 한다고 밝힌다. 그러므로 이스라엘 백성은 가나안 땅에

들어갈 때 그가 명하는 명령과 규례와 법도를 지켜 행해야 했던 것이다(11절). 하나님께서 그들에게 베풀어 주신 선택의 사랑과 출애굽 구원의 은혜로 말미암아 거룩한 백성, 그의 특별한 소유(보배 또는 보화)의 백성이 되었으므로 그의 모든 명령에 순종하며 살아야 했던 것이다.

∝ 한 마디 기도

그리스도 예수 안에서 베풀어 주신 하나님의 사랑에 대한 반응은, 그의 말씀에 순종하며 사는 것임을 알게 하소서.

행복을 위해 주어진 하나님의 명령

이스라엘아 네 하나님 여호와께서 네게 요구하시는 것이 무엇이냐 곧 네 하나님 여호와를 경외하여 그의 모든 도를 행하고 그를 사랑하며 마음을 다하고 뜻을 다하여 네 하나님 여호와를 섬기고 내가 오늘 네 행복을 위하여 네게 명하는 여호와의 명령과 규례를 지킬 것이 아니냐 _신 10:12-13

✛ 핵심 이해하기

12절은 여호와 하나님께서 그의 백성에게 요구하시는 것이 무엇인지를 요약한다. 그 핵심은 하나님 여호와를 경외하는 것이다. 12절에 사용된 여섯 동사는 '요구하다', '경외하다', '행하다', '사랑하다', '섬기다', 그리고 '지키다'이다. 첫째 동사 '요구하다'는 주동사이다. 나머지 다섯 동사는 모두 동일한 전치사 '위하여'(히: 라메드)와 함께 사용된다. 이 다섯 중 첫째 '경외하다'의 구체적인 의미를 표하는 것이 네 동사(행하다, 사랑하다, 섬기다, 지키다)이다. 하나님께서 그의 언약 백성에게 요구하는 '여호와 하나님을 경외하는 것'은 구체적으로 그의 모든 도(히: 떼레크=길) 가운데서 행하고, 그를 사랑하며, 전인격적으로 그를 섬기며, 그의 명령과 규례를 지키는 것으로 표현된다. 비슷한 의미를 가진 이 넷은 서로 긴밀하게 연결되어 있다.

한편으로 그의 모든 도(길) 가운데 행하는 것과 그의 명령과 규례를 지키는 것은 같은 뜻이다. 반면 하나님을 사랑하는 것과 마음과 뜻을 다해 섬기는 것은 서로 긴밀하게 연결된다. 전인격적으로 여호와 하나님을 사랑하는 것(6:5)이 12절에서는 전인격으로 여호와를 섬기는 것으로 표현된다. 논리적인 순서로 볼 때 하나님을 전인격적으로 사랑하는 것이 원인이고, 그를 전인격적으로 섬기는 것은 그 결과 또는 열매이다. 전인격적으로 순종하는 것도 하나님을 사랑하는 것의 표현과 열매다(신 26:16; 30:2).

이러한 사실은 하나님께서 인정하는 참된 경건은 단순한 예배 행위에 국한되지 않고 삶의 모든 영역과 깊이 관련되어 있음을 보여준다. 다시 말해서 삶의 각 현장에서 순종의 행동으로 표현되지 않는 경건은 참 경건이 아니다.

신명기는 구약 성경에서 시편 다음으로 동사 '경외하다'(히=야라)를 많이 사용한다. 이것은 경건이 삶의 구체적인 활동과 밀접하게 관련되어 있음을 잘 보여준다(4:10; 5:29; 6:2, 13, 24; 7:21; 8:6; 10:20; 13:4; 14:23; 17:19; 25:18; 28:58; 31:12-13).

13절의 문구 "네 행복을 위하여"는 문장의 맨 끝에 위치한다. 이것은 여호와 하나님을 경외하는 것이, 곧 그를 경외하는 것을 구체적인 행위(그의 모든 길 가운데 행하는 것, 그를 사랑하는 것, 그를 섬기는 것, 그의 명령과 규례를 지키는 것)로 표현하는 것은 이스라엘 백성의 행복을 위한 것이라는 분명하게 한다. 주목할 것은 "네 행복을 위하여"의 히브리어 문구는 "너희에게 좋은 것을 위해서"(히: 레토브 라크)이다. 이것과 비슷한 문구는 4장 40절에서는 "너와 네 후손이 복을 받아"(히: 너와 네 후손에게 좋게 되기 위해서), 6장 24절에서는 "복을 누리게 하기 위하여"(히: 우리에게 좋은 것을 위하여)로 각각 다르게 번역되었다. 이 단어(히: 토브=좋다 또는 좋은 것)는 하나님의 창조에 대하여 만족스러운 평가를 내린 것을 상기시킨다. 이 단어는 창세기 1장에 일곱 번 반복된 '하나님께서 보시기에 좋았더라'에 사용된 단어이다. 하나님께서 창조명령을 내린 그대로 각 피조물이 만들어질 때 하나님께서 보실 때 좋았다. 이제 구원의 은혜로 하나님의 백성이 된 이스라엘이 그의 명령대로 행할 때 하나님께서 좋아하실 뿐만 아니라, 좋은 것을 주신다. 하나님의 백성이 그의 창조적인 이상을 실현하는 길은 그의 말씀대로 사는 것이다.

⬿ 한 마디 기도

하나님을 경외하는 것을 삶의 구석구석에서 순종의 삶을 통해 나타나게 하소서.

진리의 기준이 될 수 없는 기적

DEUTERONOMY 02/17

> 너는 그 선지자나 꿈 꾸는 자의 말을 청종하지 말라 이는 너희 하나님 여호와께서 너희가 마음을 다하고 뜻을 다하여 너희의 하나님 여호와를 사랑하는 여부를 알려 하사 너희를 시험하심이니라 _신 13:3

✝ 핵심 이해하기

3절의 '그 선지자나 꿈꾸는 자'는 이적과 기사를 예언하고 그것의 성취를 보여주는 자를 가리킨다(13:1-2). 사람들 앞에서 이적과 기사의 성취를 보여주는 선지자가 주장하는 말은 '우리가 전에 알지 못했던 다른 신들을 섬기자'는 것이다(13:2). 어떤 선지자가 누구도 부인할 수 없는 기적이나 이적을 행하고 이와 같은 말을 할 때, 그의 말을 따르지 않아야 한다. 그 이유는 무엇인가? 기적은 어떤 경우에도 진리의 기준이 아니기 때문이다. 어떤 경우에도 기적은 그 기적을 행하는 자의 가르침과 행위가 옳음을 입증하는 역할을 하지 못한다. 2절의 "우리가 다른 신들을 섬기자"는 주장은 하나님께서 주신 기록된 말씀과 정면으로 배치된다. 제1계명은 하나님 앞에서 다른 신들을 섬기는 것을 금지한다. 하나님의 기록된 말씀이 기준이므로 기적은 진리의 새로운 기준을 만들어 내거나 이전의 기준을 바꾸지 못한다(12:32).

기적이냐 진리냐의 양자택일에서 항상 택해야 할 것은 진리다. 진리는 하나님의 기록된 말씀이다. 기적이 기적을 해석하는 것이 아니라, 하나님의 불변하는 말씀이 기적을 해석한다. 누구든지 기적에 근거하여 하나님의 기록된 말씀과 배치되는 주장을 하면 그것은 배도의 길로 가는 것이다. 진리의 말씀은 하나님의 백성을 바르게 인도하고 자유하게 하지만, 하나님의 말씀의 빛을 받지 않는 기적은 사람들을 잘

못된 길로 인도할 위험이 있다. 주 예수의 재림이 가까우면 가까울수록 사람들은 기적이나 이적에 미혹되어 진리의 말씀에서 떠나는 일이 더 많이 더 자주 발생한다(마 24:24; 살후 2:9-10; 계 13:14). 하나님을 전인격적으로 사랑하는 사람들은 이러한 때 하나님께서 그들을 시험하시는 줄로 알고, 기적을 행한 선지자들의 잘못된 주장을 배격하고 하나님의 기록된 말씀과 명령을 따를 것이다.

한 마디 기도

어떤 기적에도 미혹되지 말고, 하나님의 말씀을 진리의 기준을 삼아 살아가게 하소서.

율법을 읽고 힘써 지켜야 할 왕

그가 왕위에 오르거든 이 율법서의 등사본을 레위 사람 제사장 앞에서 책에 기록하여 평생에 자기 옆에 두고 읽어 그의 하나님 여호와 경외하기를 배우며 이 율법의 모든 말과 이 규례를 지켜 행할 것이라 그리하면 그의 마음이 그의 형제 위에 교만하지 아니하고 이 명령에서 떠나 좌로나 우로나 치우치지 아니하리니 이스라엘 중에서 그와 그의 자손이 왕위에 있는 날이 장구하리라 _신 17:18-20

✝ 핵심 이해하기

17장 14-20절은 하나님의 백성이 가나안 땅에서 살 때, 그들 위에 왕을 세워야 할 경우 반드시 따라야 할 왕의 자격과 의무에 대한 규정을 제시한다. 하나님께서 세우시는 왕의 첫째 자격은 형제 가운데 한 사람을 왕으로 세운다는 것이다. 타국인은 왕이 될 수 없다(17:15). 이렇게 형제 중에서 한 사람이 왕이 되었을 때, 그 왕에게 금지된 세 가지는 병거와 말을 많이 가지는 것(17:16), 많은 아내를 거느리는 것(17:17), 그리

고 은과 금을 많이 축적하는 것이다(17:17).

그 대신에 왕이 힘써 행해야 할 것은 제사장이 소유하고 있는 율법책의 등사본을 얻어서 그것을 읽고 여호와 하나님 경외하는 것을 배우며, 율법의 모든 말씀과 규례를 지켜 행하는 것이다(17:19). 여기에 사용된 다섯 동사는 '읽다', '배우다', '경외하다', '지키다', 그리고 '행하다'다. 이 다섯 동사는 하나님의 율례와 법도에 대한 모든 백성의 의무를 묘사하는 단어들이다.

이것은 왕은 백성보다 먼저 하나님의 율법에 대한 의무를 행해야 함을 보여준다. 왕은 먼저 율법책을 자기 옆에 두고 평생 읽어야 한다. 왕이 율법책을 읽는 목적은 여호와 하나님을 경외하는 것을 배우기 위함이다. 여호와를 경외하는 것은 율법의 모든 말씀과 규례들을 지키는 것으로 표현된다. 율법의 모든 말씀과 규례들을 지키는 목적은 이 모든 것들을 지속적으로 행하는 데 있다. 왕이 이와 같이 행할 때 하나님의 백성을 순종의 길로 인도할 수 있다.

20절은 왕이 이와 같이 행할 때 하나님께서 그에게 주실 세 가지 유익을 설명한다. 첫 번째 유익은 왕의 마음이 백성들 위에 교만해지지 않는 것이다. 왕은 백성 가운데서 뽑혀 백성 위에 세움을 받았으므로, 백성 위에 군림하여 다스리는 것은 모든 왕의 본능에 가깝다. 하지만 하나님께서 세우시는 왕은 백성 위에 군림할 것이 아니라, 백성 중의 하나가 되어 하나님의 모든 말씀에 순종하는 일에 앞장서 모든 백성에게 본이 되어야 했다. 이방의 왕들은 법을 만들어 자기 백성으로 지키게 하지만, 왕 자신은 법 위에 있다. 하지만 하나님께서 세우시는 왕은 하나님의 백성과 동일하게 하나님의 법의 지배와 다스림을 받아야 한다. 이것을 계속 잘하기 위해 평생 율법책을 열심히 읽고 경건을 배워 실천해야 하는 의무가 왕에게 있는 것이다. 둘째 유익은 하나님의 명령에서 떠나 좌로나 우로나 치우치지 않고 바른 통치를 하는 것이다. 셋째 유익은 그의 왕조가 자손대로 이어지는 것이다.

마침내 다윗이 온 이스라엘의 왕으로 세움을 받았을 때 하나님께서는 그와 언약을 맺으며 동일한 요구를 하셨다(삼하 7:12-15; 대상 17:11-14). 다윗은 그의 왕위 계승자 솔로몬에게 하나님의 율법의 길에서 떠나지 말 것을 간곡하게 당부했다(왕상 2:3; 대상 22:12-13). 하지만 애석하게도 다윗 왕조의 역사는 솔로몬 때부터 하나님의 율법에서 떠나 이방 나라들의 죄악 된 길로 간 역사였다. 솔로몬 왕은 하나님께서 그에게 주신 탁월한 지혜로 하나님께서 왕에게 금하신 세 가지를 가장 열심히 행했다(왕상 4:26; 9:28; 10:21-22, 26-29; 11:1-3).

한 마디 기도

일평생 하나님의 말씀을 가까이 하여 하나님 경외하기를 배워 삶 속에서 실천하게 하소서.

하나님께서 세울 모세와 같은 선지자

네가 쫓아낼 이 민족들은 길흉을 말하는 자나 점쟁이의 말을 듣거니와 네게는 네 하나님 여호와께서 이런 일을 용납하지 아니하시느니라 네 하나님 여호와께서 너희 가운데 네 형제 중에서 너를 위하여 나와 같은 선지자 하나를 일으키시리니 너희는 그의 말을 들을지니라(행 3:22에 인용됨) _신 18:14-15

✝ 핵심 이해하기

하나님께서는 그의 백성이 가나안 땅에서 살 때 가나안 사람들의 가증한 종교적인 관습들과 행위를 본받지 말라고 하셨다. 그들의 가증한 종교적인 관습과 행위들은 하나님 앞에서 가증하기 때문에, 하나님께서는 가나안 핵심 족속들을 모두 멸하고 그들의 제단들과 신상들을 제거하라고 하신 것이다(출 34:11-13; 신 7:1-3). 그들과 언약을 맺고 서로 교류하며 상호 결혼하는 것은 결국 이스라엘 백성의 멸망을 가져오는 것이므로, 하나님께서는 이를 엄하게 금하셨다. 본문 9-14절은 가나안 족속들이 행하는 가증한 행위들을 구체적으로 언급한다. 이것들 중에는 자녀를 불 가운데로 지나가게 하는 것(18:10)과 각종 주술적인 행위들이 있다(18:10, 14). 하나님께서는 각종 주술을 행하는 자와 죽은 자들을 불러내는 자들을 용납하시지 않는다. 하나님께서 가나안 땅에서 가나안 족속들을 추방하신 것은 그들이 이와 같은 일을 행했기 때문이다. 그러므로 하나님의 백성은 결코 이러한 가증한 행위들을 본받아서는 안 된다.

하나님께서 이에 대한 대안으로 주신 것이 선지자 제도다(18:15). 하나님께서는 앞으로 형제들 가운데서 모세와 같은 선지자를 세울 것이라고 약속하셨다. 하나님께서는 자기 백성이 그 선지자의 말을 듣고 순종하기를 원하신다. 모세와 같은 선지자를 그들 가운데 세우겠다는 하나님의 약속은, 하나님께서 시내 산에서 나타나 불 가운데서 십계명을 선포하실 때 이스라엘 백성이 그분께 드린 요구다(18:16). 이때부터 하나님의 백성은 선지자가 일어날 때마다 그가 모세와 같은 선지자이기를 바랐다. 이러한 기대는 모세가 죽은 후에 더 심화되었다(34:10). 선지자 사무엘로부터 본격적으로 시작된 선지자의 시대는 세례 요한까지 계속되었다. 이 전 기간 동안 하나님의 백성은 이들 선지자들 중에 하나님께서 마침내 보내실 모세와 같은 선지자가 있기를 기대하고 또 기대했다(마 11:13; 행 3:24; 벧전 1:10-12).

예수님께서는 모세가 앞으로 오실 자기와 같은 선지자에 대하여 누구보다도 많이 말했다고 하셨다(요 5:46-47). 하나님께서는, 변화 산에서 예수님께서 기도하실 때에 세 제자들에게 자신의 아들 예수가 모세와 같은 선지자임을 알려 주셨다(마 17:5-내 사랑하는 아들이요 내 기뻐하는 자니 너희는 그의 말을 들으라). 예수님께서는 하나님의 영원한 아들이시므로 모세와 같은 선지자며, 동시에 그를 능가하는 아들 선지자다. 모세는 하나님의 종이었으나 예수님은 하나님의 아들이기 때문이다. 변화 산에서 하나님의 음성을 들었던 사도 베드로는 오순절 성령 강림의 의미를 설명하면서, 예수님께서는 하나님께서 보내겠다고 약속하신 모세와 같은 선지자라고 선포했다(행 3:22). 사람들의 운명은 하나님께서 보내신 아들 선지자 예수 그리스도를 믿고 그의 말을 듣느냐, 믿지 않고 듣지 않느냐에 따라 달라진다. 이제 중요한 것은 유대인이냐 아니냐가 아니라, 예수 그리스도를 믿느냐 믿지 않느냐다.

큰 돌 위에 기록한 율법

너희가 요단을 건너 네 하나님 여호와께서 네게 주시는 땅에 들어가는 날에 큰 돌들을 세우고 석회를 바르라 요단을 건넌 후에 이 율법의 모든 말씀을 그 위에 기록하라 그리하면 네 하나님 여호와께서 네게 주시는 땅 곧 젖과 꿀이 흐르는 땅에 네가 들어가기를 네 조상들의 하나님 여호와께서 네게 말씀하신 대로 하리라(수 8:30-35에 성취됨) _신 27:2-3

✝ 핵심 이해하기

이 말씀은 모세와 이스라엘 장로들이 백성에게 한 명령이다(27:1). 명령의 내용은 크게 두 가지다. 하나는 큰 돌들을 세우고 그것들 위에 석회를 바르고 그 위에 율법의 모든 말씀을 기록하는 것이다. 율법의 모든 말씀을 돌들 위에 기록할 때는 아주 분명하고 정확하게 해야 했다(27:8). 또 하나는 쇠 연장으로 전혀 다듬지 않은 자연석을 사용하여 제단을 쌓고 그 위에 번제와 화목제를 드리는 것이다(27:5-6). 물론 율법의 모든 말씀을 기록할 큰 돌들을 세울 곳도 자연석으로 돌단을 쌓을 곳도 동일하게 에발 산이다(27:4).

이스라엘 백성이 요단을 건너 가나안 땅에 들어가자마자 에발 산으로 가서 큰 돌들 위에 율법의 모든 말씀을 정확하게 기록하는 것은, 하나님께서 그들에게 주신 가나안 땅을 그분의 언약이 준수되는 하나님의 땅으로 선포하는 의미를 가진다. 이스라엘 백성은 하나님의 언약 백성이고, 그들이 들어가게 될 가나안 땅은 언약의 주 하나님의 언약이 선포되고 준수되는 땅이다. 율법의 모든 말씀은 하나님과 이스라엘 백성이 맺은 언약의 규정이다. 하나님의 언약 백성이 언약의 땅에 언약의 돌들을 세워 율법의 모든 말씀을 기록하는 것은, 이제 그들이 하나님의 언약 백성으로 하나님께서 주신 젖과 꿀이 흐르는 언약의 땅에서 언약의 말씀대로 살겠다는 선포다. 자연석으로 돌단을 쌓아 그 위에 번제물을 드리는 것은, 하나님께서 그들의 모든 죄를 용서하시고 그들을 친히 자기의 백성으로 삼아 주심을 감사하고 그분의 언약 백성으로 신실하게 헌신하며 살겠다는 고백이다. 그들이 화목 제물을 드리는 것은, 이제 죄 용서함을 받아 하나님과 화목하게 되었으니 그와 화목한 백성들 사이에 바른 관계를 맺고 기쁘고 즐겁게 살겠다는 다짐이다.

여호수아와 이스라엘 백성은 아이 성을 완전히 정복하자마자 에발 산으로 가서 모세가 명령한 대로 모든 것을 이행한다(수 8:30-35). 여호수아는 아간이 하나님의 명령을 어김으로 인하여 재앙이 이스라엘 온 백성에게 미친 것과 같은 일이 또 다시 반복되기를 원하지 않았다. 그래서 그는 가나안 정복을 잠시 중단하고 온 백성과 함께 에발 산으로 올라가 모세가 명한 모든 것을 행한 것이다.

순종을 위해 주어진 말씀

감추어진 일은 우리 하나님 여호와께 속하였거니와 나타난 일은 영원히 우리와 우리 자손에게 속하였나니 이는 우리에게 이 율법의 모든 말씀을 행하게 하심이니라 _신 29:29

✚ 핵심 이해하기

29장은 하나님께서 이스라엘 백성과 모압 평지에서 맺은 언약 갱신의 내용을 요약한다(29:1). 언약의 갱신은 하나님께서 시내 산에서 이스라엘 백성과 맺은 언약을 계승한다. 이 언약의 갱신에 참여하는 자들은 가나안 땅에 들어갈 새로운 세대다. 여기에는 여인들과 유아들과 객(거류민)과 그들 가운데 허드렛일 하는 자들도 다 포함된다(29:10-11). 당시 현장에 있는 자들만이 아니라, 현장에 없는, 다시 말해서 아직 태어나지 않은 미래 세대도 원칙적으로 언약의 갱신에 참여한다(29:14-15).

과거 40년의 광야 생활 가운데 백성들에게 깨닫는 마음과 보는 눈과 듣는 귀가 없었다(29:4). 그 결과 하나님의 백성은 하나님께서 계속적으로 행하신 이적과 기사를 제대로 이해하지 못했다. 하나님께서는 요단 동편의 강력한 두 나라, 곧 헤스본 왕 시혼과 바산 왕 옥의 나라들을 패배시키고 두 지파 반에게 주셨다(29:7-9). 그러므로 하나님의 백성에게 요구되는 것은 그들이 지금 참여하는 언약의 말씀을 지켜 행하는 것이다. 그러면 그들이 하는 모든 일이 형통할 것이라고 하나님께서 약속하셨다(29:9).

여호와 하나님께서는 일부 백성이 그분을 섬기는 데서 떠나 다른 민족들의 신을 섬겨 그 영향력이 독초와 쑥의 뿌리와 같이 삽시간에 온 백성에게 퍼지는 것을 염려하셨다(29:18-19). 독초와 쑥의 뿌리와 같은 자들은 마음이 완악하게 되어 하나님이 없어도 자신에게 평안이 있을 것이라 확신하는 자들이다(29:19). 하나님께서는 이런 자들을 용서하지 않으시고 완전히 멸하실 것이다(29:20-21). 그런 사람 때문에 온 땅은 유황과 소금과 같이 못쓸 땅이 되어 소돔과 고모라와 같이 되고 말 것이다(29:23). 이것을 보는 외국인들이 왜 이렇게 되었냐고 물으면, 백성의 무리들이 조상의 하나님과 맺은 언약을 버리고 다른 신들을 따라가서 섬긴 결과 여호와께서 진노하셔서 언약의 모든 저주가 그들에게 임했다고 대답하라고 말씀하셨다(29:24-28). 이 말씀에 비추어 보면 언약의 불순종을 고집하는 사람뿐만 아니라, 그의 백성 전체의 미래가 너무나 암울하다.

하나님께서는 자신의 백성들로 하여금 이러한 암울한 미래를 피하고 번영과 형통의 밝은 미래를 얻도록 하기 위해서 율법의 모든 말씀을 주셨다(29:29). 29절의 '감추어진 일'들은 하나님 백성의 미래와 관련된 일들이다. 이것들은 여호와 하나님의 주권에 달려 있다. 그러므로 하나님 백성의 관심은 그들의 미래가 어떻게 될 것인가를 깊이 탐구하는 것이 아니다. '감추어진 일들'과 반대되는 '나타난 일들'은 하나님께서 자기 백성의 행복과 번영을 위해서 주신 모든 율법과 계명과 율례와 법도를 가리킨다. 하나님께서 율법의 모든 말씀에 순종하게 하시려고 이것들을 자기 백성에게 주셨다. 그러므로

모든 백성의 관심은 하나님께서 계시한 모든 말씀에 있어야 하고, 그들이 어떻게 하면 그분의 모든 말씀을 지키고 순종할지에 있어야 한다.

하나님께서 아무리 언약의 저주로 경고해도 그분의 백성에게 깨닫는 마음과 보는 눈과 듣는 귀가 없으면, 그들은 하나님께서 요구하시는 순종을 결코 행할 수 없다. 오늘날도 마음의 영적인 할례를 받지 않는 사람도 순종할 수 없다. 조상들의 광야 40년 경험은 이 사실을 분명하게 보여주었다. 지금 언약의 갱신에 참여하는 모든 백성은 그들의 모든 관심을 하나님의 모든 말씀에 순종하고 복종하는 데 쏟아야 한다. 이러한 순종을 가능하게 하는 것은 하나님만이 주실 수 있는 마음의 할례이다(30:6). 하나님께서 백성에게 요구도 하시고 약속도 하신 마음의 할례는 구약에서는 성취되지 않는 약속으로 오랫동안 남아 있었다. 마침내 예수 그리스도께서 오셔서 구원의 모든 약속을 성취하심으로써 마음의 할례는 새 언약의 모든 백성에게 선물로 주어진다(롬 2:29; 빌 3:3; 골 2:11).

한 마디 기도

성령의 능력과 지혜로 내 모든 관심과 집중이 하나님의 말씀을 깨닫고 행하는 데 있게 하소서.

하나님의 명령에 순종하는 비결

내가 오늘 네게 명한 이 명령은 네게 어려운 것도 아니요 먼 것도 아니라 하늘에 있는 것이 아니니 네가 이르기를 누가 우리를 위하여 하늘에 올라가 그의 명령을 우리에게로 가지고 와서 우리에게 들려 행하게 하랴 할 것이 아니요 이것이 바다 밖에 있는 것이 아니니 네가 이르기를 누가 우리를 위하여 바다를 건너가서 그의 명령을 우리에게로 가지고 와서 우리에게 들려 행하게 하랴 할 것도 아니라 오직 그 말씀이 네게 매우 가까워서 네 입에 있으며 네 마음에 있은즉 네가 이를 행할 수 있느니라(롬 10:8에 인용됨) _신 30:11~14

✝ 핵심 이해하기

본문은 하나님의 말씀에 순종하는 비결을 제시한다. 30장의 내용은 언약의 모든 저주를 받아 각 나라에 쫓겨 가서 살지라도 진심으로 회개하고 돌아오면 복을 주시겠다는 약속(30:1-10)과 이스라엘 백성 앞에 놓인 생명과 복, 사망과 재앙 중에 생명과 복을 가져다주는 순종과 복종의 삶을 택하라는 권면으로 이루어졌다(30:15-20). 이스라엘 백성을 사랑하시는 하나님께서는 친히 그들의 생명과 장수이므로 그의 명령과 규례와 법도를 지키는 것은 당연하다(30:20). 의도적으로 두 부분의 중간에 놓인 11-14절은 하나님께서 명령하신 모든 말씀에 순종하는 구체적인 방법을 교훈한다. 11절은 하나님의 명령이 어려운 것도 먼 데 있는 것도 아니라는 일반적인 진술이다. 12-13절은 이 진술에 대한 더욱 구체적인 설명이다. 마지막 14절은 그 결론으로 하나님의 말씀을 단계적으로 가까이하여 그의 말씀에 순종할 수 있는 비결을 구체적으로 제시한다.

구체적인 예에 대하여 생각해 보자. 첫째, 하나님의 명령이 어려운 것이 아니라는 예는 그것이 하늘에 있는 것이 아니므로 누군가 하늘로 올라가서 그것을 가지고 와서 우리에게 들려 주어야 할 필요가 없다는 것이다(30:12). 이것은 29장 29절의 "나타난 일은 영원히 우리와 우리 자녀에게 속하였다"는 말씀을 반영한다. 하늘의 하나님께서는 친히 하늘에서 영광 중에 시내 산에 내려와 자신의 백성에게 모든 말씀을 선포하셨다. 따라서 그의 명령을 행하기 위해서 누군가 하늘에 올라가 그것을 가져다가 백성에게 들려 줄 필요가 없다. 이러한 의미에서 하나님의 명령은 어려운 것이 아니다.

둘째, 하나님의 명령이 먼 곳에 있는 것이 아니라는 증거는 그것이 바다 밖에 있지 않기 때문에 누군가 배를 타고 먼 바다에 건너가서 그것을 하나님의 백성에게로 가지고 와서 들려 행하게 할 필요가 없다는 것이다. 이 두 가지 예를 든 것은 하나님께서 주신 말씀은 객관적으로 어렵고 먼 데 있는 것이 아님을 분명하게 한다. 만일 하나님의 말씀이 어렵고 먼 데 있다면 사람들이 개인적으로 또 주관적으로 그의 말씀과 잘못된 관계를 맺게 되기 때문이다.

14절은 하나님의 계명에 순종하는 구체적인 네 단계를 제시한다. 이 넷은 논리적인 순서로 언급된 것이다. 첫 단계는 하나님의 말씀을 점점 더 가까이 하는 것이다. 둘째는 하나님의 말씀이 입에 있게 하는 것이다. 셋째는 하나님의 말씀이 마음에 있게 하는 것이다. 넷째는 생활

속에서 하나님의 말씀을 실천하는 것이다.

하나님께서 요구하는 순종은 마음 중심으로부터 나오는 순종이다. 순종하려고 열심히 노력하면 순종이 되는 것이 아니다. 하나님의 말씀이 마음속에 기록되어 있어야 마음 중심으로부터 순종이 가능하다. 그러므로 순종과 실천의 넷째 단계가 있으려면 셋째 단계, 곧 하나님의 말씀을 마음에 머물게 하는 변화가 필요하다. 더 나아가서 하나님의 말씀이 마음속에 기록되게 하려면 하나님의 말씀을 소리 내어 읽어야 한다. 이뿐만 아니라, 그의 말씀을 외우고 묵상하며, 그 말씀에 근거하여 의식적으로 기도해야 한다. 이와 같이 반복적으로 하는 것이 하나님의 말씀이 입에 있게 하는 둘째 단계다. 이 둘째 단계는 또한 하나님의 말씀을 계속적으로 가까이 하는 첫째 단계가 있어야 가능하다.

이러한 네 단계를 모두 소중히 여기고 실천할 때 하나님의 명령은 어려운 것도 먼 곳에 있는 것도 아님을 체험하게 될 것이다. 물론 성령 하나님의 역사가 이 모든 과정에 있어야 하는 것은 당연하다. 이러한 순종이 구약에서는 불가능했으나 신약에서 가능해진 것은, 예수님의 십자가와 부활의 구속 사건의 결과로 성령이 하나님의 모든 백성에게 주어졌기 때문이다. 그래서 바울은 이 말씀을 인용하면서 이것이 믿음의 말씀이라고 말한 것이다(롬 10:8).

한 마디 기도

매일 하나님의 말씀을 가까이하며 소리 내어 읽고 외우고 묵상하고 기도할 때, 성령께서 그 말씀을 마음 판에 기록하셔서 마음 중심으로 순종할 수 있게 하소서.

여호수아 핵심구절
이해하고 기도하기

말씀의 순종과 형통

오직 강하고 극히 담대하여 나의 종 모세가 네게 명령한 율법을 다 지켜 행하고 우로나 좌로나 치우치지 말라 그리하면 어디로 가든지 형통하리니 이 율법책을 네 입에서 떠나지 말게 하며 주야로 그것을 묵상하여 그 안에 기록된 대로 다 지켜 행하라 그리하면 네 길이 평탄하게 될 것이며 네가 형통하리라 _수 1:7-8

✝ 핵심 이해하기

하나님께서는 모세가 죽은 후에 여호수아를 격려하며 처음으로 이 말씀을 주셨다. 하나님께서는 지금까지 그에게 한 번도 직접 말씀하신 적이 없었다. 하지만 여호수아는 하나님께서 언제나 모세에게 말씀하시는 것을 가장 많이, 가장 가까이에서 경험했다. 그런 그가 모세의 계승자가 되자 처음으로 하나님의 말씀을 직접 받은 것이다. 그 첫 번째 말씀이 1장 2-9절이다. 2-4절은 백성들과 요단을 건너 하나님께서 그들에게 주시는 땅으로 들어가라는 명령과 함께 가나안 땅에서의 형통에 관련된 내용이다. 5절은 하나님께서 모세와 함께 계셨던 것처럼 그와도 함께 있어 떠나지도 않고 버리지도 않을 것이므

로, 어떤 적도 여호수아를 대적하지 못하게 할 것이라는 그분의 놀라운 약속이다.

6-9절은 이 놀라운 약속에 근거하여 하나님께서 여호수아에게 하시는 명령이다. 물론 이 명령 속에도 하나님의 약속이 들어 있다. 다시 말해서 여호수아가 이 명령에 순종할 때 하나님께서 경험하게 할 형통에 관한 약속이다. 7절의 "강하고 담대하라"는 명령은 6절과 9절에도 반복된다. 이 명령은 모세가 이스라엘의 온 백성 앞에서 여호수아에게 권고한 내용을 반영한다 (신 31:7-8).

여호수아가 강하고 담대해야 하는 이유는 다음과 같다. 첫째, 여호수아는 하나님께서 조상

들에게 맹세하셨던 땅을 자신이 이끄는 백성으로 하여금 차지하게 해야 할 막중한 사명(1:6)을 가졌기 때문이다. 둘째, 어디로 가든지 하나님께서 여호수아와 함께 있겠다고 약속하셨기 때문이다(1:9). 여호수아는 강하고 담대하게 되어 하나님께서 모세를 통해서 주신 그의 모든 명령을 다 지켜 행해야 한다. 그는 순종에 있어서 우로나 좌로나 치우침이 없어야 한다(1:7a). 이때 하나님께서는 그가 어디로 가든지 형통하게 하실 것이다(1:7b).

8절은 7절의 내용에 대한 구체적인 설명이다. 여호수아가 모든 율법을 다 지켜 행하려면 우선적으로 두 가지를 해야 한다. 필요한 두 가지는 율법책을 입에서 떠나지 않게 하는 것과 그것을 주야로 묵상하는 것이다. 율법책을 입에서 떠나지 않게 하는 것은 신명기 30장에 이미 언급된 것과 같이, 하나님의 말씀이 매우 가까이 있게 하며 그것이 입에 있게 하는 필수적인 활동이다(신 30:14a). 율법을 주야로 묵상하는 것은 율법의 말씀을 입에 머물게 하기 위해서 필요한 심화된 활동이다.

계속된 말씀 묵상이 진지한 기도로 넘어갈 때 그 말씀이 성령의 역사로 마음 판에 기록되는 기적이 일어난다. 말씀 읽기와 깨달음은 말씀 묵상으로 이루어진다. 말씀의 반복적인 묵상과 기도를 통해 성령께서는 마음 판에 하나님의 말씀을 기록하신다. 이것은 새 언약의 은혜다(고후 3:2-3; 히 8:10; 10:16). 그 결과 마음의 변화가 일어나 하나님께서 요구하시는 순종과 실천이 가능하게 된다. 이러한 과정을 거쳐서 계속 순종할 때 하나님께서는 그 길을 평탄하고 형통하게 하실 것이라고 약속하셨다(1:8).

실천과 순종을 지속적으로 가능하게 하는 반복적인 말씀 읽기와 깨달은 말씀에 대한 계속된 묵상이 없다는 것은, 결국 그 사람에게는 하나님의 말씀에 순종할 의지가 없다는 것을 의미한다. 앞으로 온 백성과 함께 가나안을 정복해야 하는 막중한 사명을 맡은 여호수아에게, 하나님께서 이와 같이 말씀하신 것은 중요한 의미를 가진다. 이 말씀은 여호수아 전체를 들여다보는 창문 또는 전망대와 같다. 여호수아와 이스라엘 백성이 하나님의 말씀 순종의 길로 갈 때는 가나안의 어떤 세력도 그들이 가는 길을 막지 못했다. 그들에게는 전쟁에서의 승리와 하나님께서 약속하신 기업을 차지하는 복이 있었다. 그러나 아간이 하나님의 말씀을 거슬러 행동했을 때 이스라엘 전체에게 전쟁에서의 패배와 큰 손실이 있었다(수 7:1-11).

여호수아서는 하나님께서 말씀하신 대로 이스라엘 백성이 행할 때 전쟁에서 승리하고 그가 약속하신 형통과 번영을 많이 누리는 것을 보여준다. 반면 사사기는 이스라엘 백성이 하나님의 말씀에서 떠나 그가 보시기에 악한 것을 반복적으로 행하여 이방 나라들의 손에 넘겨져 계속 고난을 당했던 것을 보여준다. 결국 이 두 권의 성경은 말씀 불순종의 길에서 떠나 말씀 순종의 길로 갈 것을 아주 선명하게 가르친다.

 한 마디 기도

매일 하나님의 말씀이 내 입에서 떠나지 않게 하시고, 깨달은 말씀을 계속 묵상하여 순종의 길로 가게 하소서.

기생 라합의 신앙고백

말하되 여호와께서 이 땅을 너희에게 주신 줄을 내가 아노라 우리가 너희를 심히 두려워하고 이 땅 주민들이 다 너희 앞에서 간담이 녹나니 이는 너희가 애굽에서 나올 때에 여호와께서 너희 앞에서 홍해 물을 마르게 하신 일과 너희가 요단 저쪽에 있는 아모리 사람의 두 왕 시혼과 옥에게 행한 일 곧 그들을 전멸시킨 일을 우리가 들었음이니라 우리가 듣자 곧 마음이 녹았고 너희로 말미암아 사람이 정신을 잃었나니 너희의 하나님 여호와는 위로는 하늘에서도 아래로는 땅에서도 하나님이시니라
_수 2:9-11

✝ 핵심 이해하기

기생 라합은 여호수아가 여리고 정탐을 위해 보낸 두 사람을 자기 지붕 위에 숨겨, 그들이 발각되어 여리고 왕에게 잡혀가지 않게 보호했다. 그녀는 탐색을 왔던 사람들이 자신의 집을 떠난 후에 지붕에 숨어 있던 두 정탐꾼에게 찾아가 자신의 신앙을 보여주는 놀라운 말을 했다. 이 여인이 두 정탐꾼을 보호해 주지 않았다면 이스라엘은 또 다시 요단강을 건너기 직전에 큰 곤경을 당했을 것이다.

하나님께서는 이 여인을 40년 전부터 준비해 놓으셨다. 이 여인의 신앙은 40년 전에 하나님께서 홍해를 갈라 이스라엘 백성을 건너게 하실 때부터 시작되어, 최근에 요단 동편에 있는 아모리 사람들의 두 강국을 멸망시키실 때까지 계속되었다(2:10). 이와 같은 기적을 행한 이스라엘의 하나님은 가나안을 그들의 기업으로 주실 것이다.

이스라엘 백성의 하나님 여호와는 세상의 어떤 신과도 비교될 수 없는 유일한 하나님이다. 이 진리는 10가지 재앙의 목적과 결과이다. 11절의 "위로는 하늘에서도 아래로는 땅에서도 하나님이시니라"는 여인의 말은 놀라운 신앙고백이다. 이 여인이 자신의 신들과 나라를 버리고 이스라엘 백성의 하나님을 택한 것은 이러한 신앙고백의 결과다. 하늘과 땅의 유일하신 하나님께서 이스라엘 백성에게 가나안 땅을 주실 것이니 이제 살 길은 도시 국가 여리고에 더 이상 있지 않았다. 그래서 여리고 왕의 명령을 두려워하지 않고 거짓말까지 하며 두 정탐꾼을 자신의 집 지붕에 숨기고 보호했던 것이다.

이 여인은 두 정탐꾼에게 자신과 그의 가족을 살려 달라고 당부했다(2:12-13). 두 정탐꾼에게 여호와 하나님의 이름으로 맹세하게 하고 그 증표까지 요구한 것은 이 여인의 신앙이 진실하고 간절했음을 보여준다. 두 정탐꾼은 자신들에 대하여 완전히 비밀을 지켜줄 것을 요구했고, 자신들이 그녀의 집 창문을 타고 내려올 때 사용한 붉은 줄을 매어 놓으라는 증표를 주었다(2:15, 17-18). 여인은 그들의 요구대로 행하였고, 마침내 여리고 성이 하나님의 진노로 무너질 때 그녀와 온 가족은 모두 구원을 받았다(6:22-25).

나중에 이 여인은 유다 지파의 살몬과 결혼하여 보아스를 낳아 메시아의 조상이 되었다(마 1:5; 룻 4:21). 이 여인은 이스라엘 백성의 조상들의 신앙 열전에 포함되는 영광까지 얻었다(히 11:31). 그녀는 믿음의 조상 아브라함과 함께, 당당하게 행동하는 살아있는 믿음의 본보기로 유대인 신자들에게 제시되었다(약 2:21-25). 이 여인은 믿음으로 말하고 행동한, 참 믿음의 사람이었다.

누구와도 비교될 수 없는 유일한 하나님께서 기생 라합에게 믿음과 믿음의 행동을 주셨듯이, 나에게도 믿음과 믿음의 행동을 주소서.

α **한 마디 기도**

JOSHUA
**02
25**

한 사람의 죄가 온 이스라엘의 죄

이스라엘이 범죄하여 내가 그들에게 명령한 나의 언약을 어겼으며 또한 그들이 온전히 바친 물건을 가져가고 도둑질하며 속이고 그것을 그들의 물건들 가운데에 두었느니라 그러므로 이스라엘 자손들이 그들의 원수 앞에 능히 맞서지 못하고 그 앞에서 돌아섰나니 이는 그들도 온전히 바친 것이 됨이라 그 온전히 바친 물건을 너희 중에서 멸하지 아니하면 내가 다시는 너희와 함께 있지 아니하리라
_수 7:11-12

✝ **핵심 이해하기**

이스라엘 백성은 여리고 성에서 거둔 대승에 도취되어 아이 성을 대수롭지 않게 생각했다. 여호수아는 정탐꾼의 보고에 따라 대략 3천 명의 군사를 보내 아이 성을 공략했다. 그러나 그들의 기습공격을 받아 36명 정도가 살해되었고 나머지는 추격을 당하여, 온 백성이 크게 낙심하게 되었다(3-5절).

참담한 패배의 소식을 들은 여호수아는 옷을 찢고 땅에 엎드려 있었다. 그는 장로들과 함께 여호와 하나님의 언약궤 앞에서 땅에 엎드려 티끌을 머리에 뒤집어쓰고 저녁까지 있었다. 여호수아는 하루 종일 탄식하며 왜 이 일이 백성에게 일어났으며, 이와 같은 일이 지속되면 여호와 하나님의 크신 이름을 어떻게 하실 것인지 염려하며 기도했다(7:8-9).

11-12절은 여호수아의 기도에 대한 하나님의 응답이다. 하나님께서는 여리고 성에서 그분이 금하신 물건에 이스라엘 백성이 손을 대어 자기 것으로 취한 죄악 때문에, 결국 그들이 원수들 앞에 패하였다고 말씀하셨다. 만일 여호수아가 이 죄악을 백성 가운데서 제거하지 않으면 다시는 그들과 함께하시지 않겠다고 하나님께서 경고하셨다. 하나님께서 금하신 물건은 여리고 성의 모든 전리품이었다. 이 모든 전리품은 하나님의 것이므로 누구도 손대지 못하게 명하신 것이었다(6:17-19).

여기서 주목할 것은, 이스라엘 백성 하나가 죄를 지었는데 그 결과는 온 백성에게 미쳤다는 것이다. 1절의 "이스라엘 자손들이 온전히 바친 물건으로 말미암아 범죄하였다"는 언급은 한 사람 아간의 죄를 두고 한 말이다. 이 한 사람의 죄는 하나님 앞에서는 이스라엘 자손들의 죄로 간주되었다. 여호수아와 백성은 누가, 또 얼마나 많은 사람이 하나님께 온전히 바쳐진 물건을 도적질했는지 구체적으로 알지 못했다. 하나님의 지시에 따라 나중에 밝혀진, 범죄한 사람이 단 한 사람 아간이었다는 사실이 드러났을 때, 그 충격은 대단했을 것이다. 하나님께서는 아간 한 사람의 죄를 모든 백성의 죄로 간주하셨고, 그 한 사람의 죄 때문에 이스라엘 백성 약 36명이 아이 성 전투에서 죽게 하신 것이다. 그 결과 온 백성은 가나안 정복 초기에 크게 낙담하게 되었다. 하나님께서는 여호수아에게 그의 평생에 그를 대적할 자가 없다고 약속하셨는데 이와 같은 일이 일어난 것이다(1:5).

하나님께서는 아간 한 사람의 범죄 때문에 이스라엘 백성이 1차 아이 성 전투에서 패배하게 하셨다. 하나님께서는 이 사건을 통하여 그분의 백성이 불순종할 때 적에게 패하게 하실 것임을 분명하게 보여주셨다. 온 이스라엘 백성은 죄를 범한 아간을 색출해내고 그와 온 가족과 가축을 아골 골짜기로 끌고 가서 돌로 쳐 죽

이고 불에 태움으로 심판을 행했다. 그 후에 하나님께서는 2차 아이 성 전투에서 이스라엘 백성이 승리하게 하셨다(7:24-26). 이것은 하나님께서는 여호수아에게 말씀하신 그대로 언약의 말씀에 순종할 때는 승리와 형통을, 그의 말씀을 거역하고 불순종할 때는 패배와 고통을 주심을 보여준다(1:7-9). 여호수아 당대의 사람들은 아간의 죄악과 아골 골짜기의 돌무더기를 볼 때마다, 언약의 말씀에 대한 순종의 길로 가지 않을 때는 어떤 일이 일어나는지 분명하게 기억했을 것이다. 이 사건에서 귀중한 교훈을 얻은 여호수아와 당대의 장로들은 언약의 말씀에 충실하게 순종하며 살았다(24:31).

∞ 한 마디 기도

나 하나의 죄로 온 가정과 교회에 하나님의 진노가 임할 수 있다는 사실을 깊이 깨닫고 죄를 물리치고 피하게 하소서.

JOSHUA 02/26 태양과 달이 멈춘 기적

태양이 머물고 달이 멈추기를 백성이 그 대적에게 원수를 갚기까지 하였느니라 야살의 책에 태양이 중천에 머물러서 거의 종일토록 속히 내려가지 아니하였다고 기록되지 아니하였느냐 여호와께서 사람의 목소리를 들으신 이같은 날은 전에도 없었고 후에도 없었나니 이는 여호와께서 이스라엘을 위하여 싸우셨음이니라 _수 10:13-14

✝ 핵심 이해하기

이스라엘 백성이 원수들을 모두 멸하기까지 거의 온종일 태양과 달이 각각의 자전을 멈춘 기적은 하나님께서 여호수아의 기도에 응답하신 결과다. 이 기적은 전쟁의 승리와 관련된 내

용을 기록하는 야살의 책에 기록되었다(삼하 1:18). 야살은 히브리말로 '정직하다' 또는 '바르다'는 뜻이다. 명사로 사용될 때는 '정직한 자'란 뜻이다. 하나님께서는 누구와도 비교될 수 없는

정직하고 바른 분이시므로 야살은 정직하신 하나님을 가리킨다고 볼 수 있다(사 26:7; 신 32:4; 시 33:4; 119:137).

애석하게도 이 책이 성경을 가리키는지 다른 책을 가리키는지는 알 수 없다. 다행히도 여호수아서는 이 책의 내용을 여기서 반영한다. 태양과 달이 동시에 멈춘 이 날이 특별한 것은 단지 이 천제가 멈추었다는 사실 때문이 아니라, 여호와 하나님께서 이스라엘을 위해 이스라엘과 함께 싸우셨다는 점 때문이다(10:14).

여호수아의 기도는 아무나 쉽게 본받아 할 수 있는 평범한 기도가 아니었다. 오늘 누군가 태양과 달을 향해 멈추라고 명령한다면 이것들이 멈추지 않을 것이 분명하다. 여호수아가 이렇게 기도할 수밖에 없는 특수한 상황을 이해할 필요가 있다. 그래야 여호수아의 독특한 기도와 하나님의 유래 없는 특별한 응답을 이해할 수 있다.

여호수아는 먼저 태양과 달에게 말하지 아니했다. 12절은 여호수아가 이스라엘 백성이 보는 가운데서 여호와께 아뢰었다고 분명하게 언급한다. 더욱이 여호수아가 여호와 하나님께 말한 시점은 여호와께서 아모리 사람을 이스라엘 자손에게 넘겨주시는 날이다.

가나안 땅의 중부와 남부 지역에 살고 있던 다섯 왕은 기브온 족속이 이스라엘 백성에게 투항하여 이스라엘과 화친하자 그들을 공격하려고 올라왔다(10:1-5). 여호수아의 군대는 기브온 사람들로부터 급한 소식을 듣고 길갈에서부터 밤새도록 행진하여 다섯 왕의 연합군을 기습 공격했다. 하나님께서는 여호수아에게 약속하신 대로 연합군을 패배시키셨고, 심지어 그

들이 도망할 때에 하늘에서 큰 우박을 내리셨다. 그 결과 벧호론의 비탈에서부터 아세가에 이르기까지 많은 적군이 이 우박으로 죽임을 당했다(10:10-11a). 우박으로 죽은 연합군의 숫자는 이스라엘 군대가 죽인 숫자보다 많았다(10:11b). 여호수아는 바로 이러한 상황에서 온 백성이 보는 가운데서 아마도 성령의 감동을 받아 여호와 하나님께 기도한 것으로 보인다.

그의 기도는 일종의 명령형이다. 여호수아는 태양과 달에게 여호와 하나님의 이름으로 자전을 멈추라고 명령한 것이다(10:12). 하나님께서는 여호수아의 간청에 즉각적으로 응답하여 여호수아의 군대가 예루살렘 왕 아도니세덱을 중심으로 한 연합군을 완전히 패배시키셨다. 다섯 도시 국가의 연합군을 멸망시키려는 하나님의 주권적인 뜻(하나님의 전승 약속과 큰 우박사건)과 여호수아의 전례 없는 기도가 놀랍게 만나, 태양과 달이 각각의 자전을 멈추어 낮 시간이 연장되어 연합군이 완전히 패하는 기적이 일어난 것이다. 여기서 불변하는 진리는 하나님께서는 그의 주권적인 뜻에 반응하는 기도를 할 때 응답하기를 기뻐하신다는 것이다.

☞ 한 마디 기도

하나님의 주권적인 뜻에 민감하게 반응하는 믿음의 기도로 삶의 현장에서 기적을 체험하게 하소서.

85세 갈렙의 패기에 찬 간청

그 날에 여호와께서 말씀하신 이 산지를 지금 내게 주소서 당신도 그 날에 들으셨거니와 그 곳에는 아낙 사람이 있고 그 성읍들은 크고 견고할지라도 여호와께서 나와 함께 하시면 내가 여호와께서 말씀하신 대로 그들을 쫓아내리이다 하니 _수 14:12

✝ 핵심 이해하기

6-15절은 유다 지파의 갈렙이 헤브론 지역을 기업으로 얻게 된 상세한 배경을 기록한다. 6-12절은 갈렙이 여호수아에게 한 고백과 간청이다. 13-15절은 갈렙이 여호수아의 축복 기도를 받고 헤브론을 기업으로 받아 아낙 사람을 몰아냈다는 기록이다. 갈렙은 먼저 자신이 가나안 정탐보고를 성실하게 한 것과 하나님께서 가데스 바네아에서 그와 그의 자손에게 그가 밟는 땅을 기업으로 주겠다고 하신 약속을 상기시켰다(14:6-9; 민 14:24). 그는 지금 85세인 자신은 45년이 지난 지금도 40대 때와 같이 여전히 건강하여 전쟁에서 능히 싸울 수 있다고 확신했다(14:10-11).

놀라운 것은 갈렙이 이스라엘 백성들이 가장 두려워했던 아낙 사람들의 땅 헤브론을 기업으로 달라고 한 이다. 그렇게 하면 하나님께서 말씀하신 대로 그들을 몰아내겠다고 했다(14:12). 갈렙은 약속한 대로 헤브론을 그의 기업으로 받자마자 그곳에서 아낙 자손들을 몰아내고 그곳에 정착했다(수 15:13-19; 삿 1:10-15).

이스라엘 백성 모두가 45년 전에 갈렙이 가졌던 믿음과 확신을 가졌다면 지난 40년간과 같이 광야에서 방황하는 일은 없었을 것이다. 그는 12명의 정탐꾼 중에 여호수아와 함께 소수자 보고를 한 대표자였다(민 13:30; 14:6-9). 그때 이스라엘 백성이 가장 두려워했던 거인족

은 아낙 자손이었다(민 13:33). 그런데 지금 갈렙은 아낙 사람들이 사는 크고 견고한 성읍들의 수도나 다름이 없는 헤브론을 기업으로 달라고 하는 것이다. 이것은 하나님의 약속에 근거하여 최악의 땅을 달라고 요구한 것이었다. 그는 무섭고 두려워 어느 지파도 원하지 않았던 거인족 아낙 사람들의 성읍을 진심으로 간절하게 원했다. 이것은 그의 살아있는 믿음이 아니면 불가능했다.

갈렙은 지금까지 건강하게 패기와 열정이 넘치는 믿음의 사람으로 살았다. 그가 이렇게 살 수 있었던 것은 하나님의 약속이 그의 가슴 속에 생생하게 살아있었기 때문이다(14:10). 갈렙은 아무리 나이가 많아져도 지금까지 하나님의 약속을 붙잡고 살았기에 믿음으로 담대하게 말하는 영원한 청춘이었던 것이다. 그는 끝까지 하나님의 말씀을 붙잡고 살았다. 그러나 유다 지파와 경쟁 관계에 있었던 에브라임 지파는 자신들의 기업에서 가나안 족속을 추방하지 못하면서도 므낫세 지파와 함께 더 큰 땅을 달라고 요구했다(16:10; 17:14-18). 그들은 욕심만 많았지 갈렙의 믿음은 없었다.

∝ 한 마디 기도

갈렙이 보여준 것과 같이 믿음으로 하나님의 약속을 끝까지 붙잡게 하소서.

조상들에게 한 약속을 다 성취하신 하나님

여호와께서 그들의 주위에 안식을 주셨으되 그 조상들에게 맹세하신 대로 하셨으므로 그들의 모든 원수들 중에 그들과 맞선 자가 하나도 없었으니 이는 여호와께서 그들의 모든 원수들을 그들의 손에 넘겨 주셨음이니라 여호와께서 이스라엘 족속에게 말씀하신 선한 말씀이 하나도 남음이 없이 다 응하였더라 _수 21:44-45

✝ 핵심 이해하기

하나님께서는 조상들에게 주겠다고 약속하신 땅을 이스라엘 자손에게 다 주어 거하게 하셨다 (21:43). 이스라엘 백성이 가나안 땅에 거하게 된 것은 하나님께서 그 땅을 그들에게 주셨기 때문이다. 이것은 13-20장에 언급된 각 지파에 따른 가나안 땅의 분배에 대한 요약이다. 44절은 43절에 대한 추가적인 설명이다. 하나님께서 모든 원수들을 이스라엘 백성의 손에 넘겨주신 결과 누구도 그들과 싸워 이길 수 없었다. 이것은 하나님께서 조상들에게 하신 맹세를 모두 성취한 결과다. 그러므로 이스라엘 백성은 주변 사방으로부터 하나님께서 그들에게 주신 안식을 누리게 되었다.

이 모든 내용을 순서대로 정리하면 (1)하나님께서 조상들에게 가나안 땅을 주겠다고 약속하심, (2)하나님께서 모든 원수를 이스라엘 백성의 손에 넘겨주심, (3)하나님께서 어떤 원수도 이스라엘 백성과 맞서지 못하게 하심, (4)하나님께서 이스라엘 백성에게 가나안 땅을 기업으로 주심, 그리고 (5)하나님께서 이스라엘 백성이 가나안 땅에서 안식을 누리게 하심이다. (1)은 하나님께서 조상들에게 하신 약속이고, 나머지 (2)에서 (5)는 모두 하나님께서 조상들에게 하신 약속의 성취다.

45절은 이미 앞에서 강조된 것과 같이 하나님께서 이스라엘 백성에게 약속하신 말씀 그대로 모든 선한 말씀을 성취하셨음을 마지막으로 강조한다. 여기서 주목할 것은 그 선한 모든 말씀 가운데 한 말씀도 땅에 떨어지지 아니했다는 표현이다. '선한 말씀'이란 문구는 여호수아에 3번(21:45; 23:14-15)과 다른 곳(렘 33:14)에 한 번 나온다. '선하다'(히: 토브)는 말은 "그는 선하시며 그의 인자하심이 영원하도다"는 구절에 나오는 단어다. 언약의 하나님은 선하신 하나님이시므로 그의 말씀도 모두 선하다. 그의 모든 말씀은 선하기 때문에 그가 정한 때가 되면 반드시 성취된다. 하나님께서는 그가 창조의 말씀(명령)을 하신 대로 각 피조물이 창조된 것을 보고 '좋았다'(히=토브=선하다)고 하셨다(창 1장).

하나님의 말씀대로 천지창조가 되었듯이, 하나님께서 조상에게 말씀하신 대로 이스라엘 백성들은 기업으로 가나안 땅을 얻어 안식을 누리게 되었다. 천지창조 후에 하나님의 안식이 있었듯이 하나님 백성에게도 그의 모든 말씀의 성취로 안식이 주어졌다. 이제 하나님의 백성은 이 안식을 지속적으로 누리기 위해서 그의 말씀에 순종하며 살아야 했다. 여호수아는 마지막 유언으로 이 교훈을 이스라엘 백성에게 남겼다(23:6-16).

선한 약속을 꼭 성취하시는 하나님의 선한 말씀을 따라 매일 선을 행하며 살게 하소서.

JOSHUA

03/01 여호와만 섬기겠다는 선언

그러므로 이제는 여호와를 경외하며 온전함과 진실함으로 그를 섬기라 너희의 조상들이 강 저쪽과 애굽에서 섬기던 신들을 치워 버리고 여호와만 섬기라 만일 여호와를 섬기는 것이 너희에게 좋지 않게 보이거든 너희 조상들이 강 저쪽에서 섬기던 신들이든지 또는 너희가 거주하는 땅에 있는 아모리 족속의 신들이든지 너희가 섬길 자를 오늘 택하라 오직 나와 내 집은 여호와를 섬기겠노라 하니
_수 24:14-15

✝ 핵심 이해하기

여호수아는 죽기 직전에 지도자들과 백성을 모두 세겜에 불러 모아놓고 그들과 언약을 새롭게 맺었다(24:1-2). 2-13절은 하나님께서 지금까지 이스라엘 백성에게 베풀어 주신 은혜를 회고하는 내용이다. 하나님의 은혜는 갈대아 우르에서 다른 신들을 섬기던 아브라함을 불러내신 것을 시작으로(24:2-3), 출애굽과 홍해의 갈라짐과 광야 40년의 인도하심의 은혜(24:4-7), 발람의 저주를 축복으로 바꾸신 사건과 가나안 7족속의 땅을 주어 그 땅을 기업으로 얻게 하신 은혜(24:8-13)를 모두 포함한다. 14절의 '그러므로'(히: 아타)는 아브라함 때부터 시작되어 그들의 가나안 땅 정복과 정착에서 절정에 도달한 하나님의 은혜에 대한 마땅한 반응이다. 하나님의 은혜에 합당한 반응은 여호와 하나님만 온전히 진실하게 섬기고 조상들이 섬겼던 신들과 애굽에서 섬겼던 신들을 버리는 것이다.

14절의 구조는 ABA'로 되어 있다. A는 여호와를 경외하고 섬기는 것(24:14a), B는 조상들이 강 저편에서 섬겼던 신들과 애굽에서 섬겼던

신들을 버리는 것(24:14b), A'는 여호와를 섬기는 것(24:14c)이다. 여호와를 경외하는 것은 그를 온전히 그리고 진실하게 섬기는 것으로 표현된다. 여호와를 온전히 진실하게 섬기는 것은 다른 신들을 버리는 것을 요구한다. 이렇게 조상들의 신들을 버릴 때에 이스라엘 백성은 여호와 하나님을 제대로 섬길 수 있다. 결국 여호수아의 권면은 십계명의 서문과 제1계명대로 그들을 애굽에서 인도하여 내신 여호와 하나님 한 분만 신실하게 섬기라는 것이다(출 20:1-2; 신 5:6-7).

여호수아는 이스라엘 온 백성에게 결단을 촉구하면서 자신과 자신의 온 집은 여호와 하나님만을 섬기겠다고 선언했다(24:15). 만일 온 백성이 그들을 구원하시고 가나안 땅을 기업으로 주어 누리게 하신 여호와 하나님을 섬기는 것이 좋지 않게 보이면, 그들에게 주어진 길은 둘 중 하나밖에 없다. 그들의 조상들이 유브라데 강 건너편에서 섬겼던 신들을 섬기는 것과, 현재 그들이 거주하고 있는 아모리 족속들의 신들을

섬기는 것이다. 그들은 애굽에서 나왔기 때문에 애굽의 신들은 원칙적으로 섬김의 대상이 될 수 없다. 그럼에도 여호와 하나님을 섬기는 것이 그들의 마음에 들지 않으면 이 둘 중에 하나를 선택하라고 촉구한 것이다.

여호수아는 그들의 선택을 돕기 위해서 자신과 자신의 가정은 여호와 하나님만 섬기겠다고 선언하였다. 그러자 온 백성은 하나같이 다른 신들을 섬기기 위해서 여호와 하나님을 버리는 일은 결코 하지 않겠다고 대답했다(24:16). 그 이유는 여호와 하나님만이 그들을 애굽에서 인도하여 내시고 광야 길에서 그들을 보호하셨으며 아모리 족속들을 몰아내어 그들의 땅을 이스라엘 백성에게 주신 그들의 하나님이시기 때문이었다(24:17-18). 여호수아는 그의 엄중한 경고 이후에도 여전히 백성이 여호와 하나님만 섬기겠다고 확실하게 선언하자, 시내산에서 했던 것과 같이, 그들 가운데 있는 이방신들을 버리고 마음을 여호와 하나님께로 향하라고 마지막으로 촉구한다(24:22-23). 백성은 마지막으로 "우리 하나님 여호와를 우리가 섬기고 그의 목소리를 우리가 청종하겠습니다"라고 대답했다(24:24).

이렇게 여호수아는 이스라엘 백성과 세겜에서 언약을 맺었다. 그는 큰 돌을 언약의 증거로 삼아 여호와의 임시 성소 옆에 있는 상수리나무 아래에 세웠다(24:25-27). 그 결과 여호수아가 죽은 후에도 그와 함께 섬겼던 장로들 세대의 백성들은 여호와 하나님을 잘 섬겼다(24:31).

⨍ 한 마디 기도

구원하시고 인도하시는, 유일하신 하나님만 자손 대대로 인정하고 섬기게 하소서.

사사기 룻기 핵심구절
이해하고 기도하기

전쟁에서 앞장선 유다 지파

여호수아가 죽은 후에 이스라엘 자손이 여호와께 여쭈어 이르되 우리 가운데 누가 먼저 올라가서 가나안 족속과 싸우리이까 여호와께서 이르시되 유다가 올라갈지니라 보라 내가 이 땅을 그의 손에 넘겨 주었노라 하시니라 _삿 1:1-2

✝ **핵심 이해하기**

이스라엘의 각 지파는 그들에게 주어진 기업에 살았다(수 24:28). 여호수아는 오직 여호와 하나님만 온전하고 신실하게 섬기기로 온 백성과 세겜에서 언약을 맺고 난 후에 110세의 나이로 죽었다(수 24:29). 이제 각 지파는 모든 백성을 이끄는 여호수아와 같은 강력한 지도자가 없이 살아야 했다. 여호수아는 모세의 리더십을 계승했지만, 여호수아의 리더십을 계승한 지도자는 없었다. 이러한 상황에서 각 지파는 하나님께서 주신 율법과 법도에 따라, 아직도 완성되지 못한 가나안 정복의 사명을 감당해야 했다.

1장 1-7절은 유다 지파와 시므온 지파가 가나안 족속을 그들의 기업에서 몰아내는 전쟁에 관한 내용이다. 이제 이 두 지파가 연합하여 치러야 할 전쟁에서 누가 선두에 서야 하는지는 가위 바위 보로 결정할 간단한 문제가 아니었다. 그래서 이스라엘 백성은 여호와 하나님의 인도를 받기 위해 기도한 것이다(1:1). 하나님께서는 이 기도에 응답하셔서 유다가 선두에 나가 싸워야 한다고 말씀하셨다. 하나님께서는 이 응답과 함께 가나안 족속의 땅을 이미 유다의 손에 넘겨주었다고 말씀하셨다(1:2). 하나님께서 이 전쟁에서 승리가 유다 지파에게 있음을 예언하신 것이다. 그러자 유다 지파는 제비를 뽑아 얻은 기업의 땅에서 가나안 족속을 몰아낼 때 시므온 지파가 함께한다면, 나중에 시므온이 기업으로 얻은 땅에서 가나안 족속을 몰아내야 할 때 자신들도 도와줄 것이라고 제안했다(1:3). 그래서 시므온 지파는 유다 지파와 함께 전투에 참여한 것이다.

두 지파가 협력하여 기업의 땅을 얻기 위해 가나안 족속과 싸우는 모습은 너무나 아름답고 멋지다. 그러나 이러한 모습은 처음이자 마지막이었다. 사사기 20-21장은 이스라엘 11지파가 모두 협력하여 베냐민 지파를 대적하여 내전을 치른, 비참한 결과를 기록한다. 베냐민 사람들의 비행에 대한 보고를 받고 모두 한 사람같이 벧엘로 올라온 이스라엘 자손들은, 오늘 본문에서와 같이 "우리 중에 누가 먼저 올라가서 베냐민 자손과 싸우리이까"라고 물었다(20:18). 하나님께서는 이때도 유다가 먼저 올라가야 한다고 응답하셨다. 유다 지파는 전쟁에 있어서 늘

앞장서야 했다. 이것은 그들이 이스라엘 백성이 광야 40년을 보내는 동안 늘 선두에서 행진했던 것과 관련되어 있다. 이것은 또한 하나님께서는 야곱의 유언을 통해서 유다 지파에서 메시아가 나올 것을 약속하신 것과도 관련된다(창 49:10).

사사기는 400여 년의 대혼란의 시대가 끝나고 하나님의 백성 전체가 하나 되어 유다 지파 출신의 다윗이 온 이스라엘의 왕이 되었을 때 쓰인 책이다. 하나님께서는 다윗 왕이 사사 시대의 혼란과 불행과 고통을 해결할 그분의 복된 선물임을 보여주고자 사사기를 주신 것이다.

 **한 마디 기도**

하나님께서 앞에 세우는 지도자를 인정하고 따르게 하소서.

JUDGES

03/03

여호와의 사자가 백성에게 한 책망

너희는 이 땅의 주민과 언약을 맺지 말며 그들의 제단들을 헐라 하였거늘 너희가 내 목소리를 듣지 아니하였으니 어찌하여 그리하였느냐 그러므로 내가 또 말하기를 내가 그들을 너희 앞에서 쫓아내지 아니하리니 그들이 너희 옆구리에 가시가 될 것이며 그들의 신들이 너희에게 올무가 되리라 하였노라 _삿 2:2-3

✝ 핵심 이해하기

여호와의 사자는 길갈에서 올라와 이스라엘 백성에게 책망의 말을 했다. 이 사자는 자신을 여호와 하나님과 동일시하는 특별한 천사였다. 1인칭 단수 '내가'와 '나의'가 1-3절에 반복적으로 등장하는 것은 이러한 사실을 잘 보여준다. 여호와의 사자는 먼저 이스라엘의 하나님께서

자신의 백성을 위해서 행하신 구원의 사건(출애굽의 기적과 조상들에게 맹세한 가나안 땅에 들어가 살게 함)과 그들과 맺은 언약을 영원히 지키겠다고 하신 약속을 언급했다(2:1). 이어서 사자는 이스라엘 자손이 하나님의 이러한 은혜에 반응하여 순종의 삶을 살아야 하는데 그의 목소리를

청종하지 아니했다고 지적했다(2:2). 하나님의 은혜에 반응하는 순종의 구체적인 삶은, 가나안 땅의 주민과 언약을 맺지 말고 그들의 제단을 헐어 버리라는 명령을 실행하는 것이었다.

그러나 이스라엘 백성이 하나님의 목소리를 듣고 순종하지 아니했다는 것은 1장 21-33절에 8번 반복된 "쫓아내지 아니했다"는 히브리어 표현에 잘 나타난다. 그러므로 여호와의 사자는 이전에 모세를 통하여 경고한 것과 같이, 가나안 땅의 주민들을 쫓아내지 아니하면 그들이 이스라엘 백성의 눈에 가시와 옆구리에 채찍이 되며 올무와 덫이 될 것이라고 경고했다(민 33:55; 수 23:13). 여호와의 사자의 책망과 경고를 들은 백성은 소리를 높여 회개의 눈물을 흘렸다(2:4).

이스라엘 백성은 이 사건을 기념하여 그 장소를 보김(히: 우는 자들)으로 명명하고 여호와께 제사까지 드렸다(2:5). 그러나 애석하게도 그들의 회개는 순종의 열매가 없는 일시적인 회개에 지나지 않았다. 이스라엘 백성이 이 책망과 경고를 마음 깊이 간직하고 살았다면 사사 시대의 엄청난 혼란과 고통은 없었거나 최소화되었을 것이다.

∝ 한 마디 기도

하나님의 말씀을 한 번 듣고 회개하는 척하지 말고, 실제적으로 순종의 삶을 살게 하는 회개를 하게 하소서(고후 7:10-11 참고).

JUDGES 03/04 여호와도 그의 구원도 알지 못한 다른 세대

그 세대의 사람도 다 그 조상들에게로 돌아갔고 그 후에 일어난 다른 세대는 여호와를 알지 못하며 여호와께서 이스라엘을 위하여 행하신 일도 알지 못하였더라 _삿 2:10

✝ 핵심 이해하기

10절의 "그 세대의 사람도 다"는 히브리어 "이 모든 세대도"를 번역한 것이다. 이 모든 세대는 7절에 언급된 여호수아 생존 당시의 세대와 그의 사후에 장로들의 세대를 가리킨다. 여호수아의 생존과 사후로 나눠지는 이 세대의 특징은, 여호와께서 그의 백성 이스라엘을 위해서 하신 큰 구원의 모든 역사를 목격하고 하나님을 잘 섬겼다는 것이다. 이들은 세겜에서 여호수아와 언약을 맺을 때에, 오직 여호와 하나님만을 섬

길 이유로 하나님께서 행하신 출애굽의 구원 사건과, 광야 40년 동안 그들을 인도하고 보호하신 사건과, 가나안 땅의 아모리 족속들을 몰아내신 사건을 언급했다(수 24:16-18). 이러한 큰 구원의 사건들이 바로 7절에 언급된 "여호와께서 이스라엘을 위하여 행하신 모든 큰 일"이다.

여호수아 당대의 세대와 그의 사후 세대는 가나안 땅에서 태어난 새 세대의 신앙 교육에 실패했다. 하나님께서 이스라엘 백성에게 주신

유월절 제도(출 12-13장), 셰마 교육의 명령(신 6장, 11장), 길갈에 세운 열두 돌 기념비(수 4:20-24), 에발 산에서 모든 율법을 기록한 큰 돌을 세움과 율법 낭독(수 8:30-35), 요단 동편 두 지파 반이 요단 강변에 세운 여호와 하나님의 모형 제단(수 22:22-29), 그리고 세겜에서 모든 백성이 여호수아와 맺은 언약의 갱신(수 24장), 이 모든 것들은 여호와 하나님의 신앙은 한 세대로 끝날 것이 아니고 다음 세대로 계속해서 이어져야 할 것임을 보여주었다. 이를 위해서 부모 세대는 자녀와 손자의 세대를 여호와 하나님의 제자로 만드는 신앙 교육과 경건 훈련을 성실하게 이행해야 했다. 하지만 가나안 정복과 정착의 세대는 1장이 보여주듯이, 여호수아가 죽은 후에 가나안 족속들과 싸우다 지친 나머지 그들과 조금씩 타협하게 되었다. 그 결과 그들의 다음 세대는 여호와 하나님께서 어떤 하나님이시며 그분이 이스라엘을 위해 무엇을 하셨는지 알지도 못하고 체험하지도 못한 다른 세대, 곧 신앙이 다른 세대가 되고 말았다. 바로 이것이 사사기가 보여주는, 신앙이 다른 세대의 비극과 불행이다(11-15절).

신앙이 다른 세대가 아니라 신앙의 다음 세대가 되도록, 자녀들을 제자로 삼아 양육하고 훈련시키게 하소서.

JUDGES
03
05

하나님께서 기뻐하시는 회개

이스라엘 자손이 여호와께 여쭈되 우리가 범죄하였사오니 주께서 보시기에 좋은 대로 우리에게 행하시려니와 오직 주께 구하옵나니 오늘 우리를 건져내옵소서 하고 자기 가운데에서 이방 신들을 제하여 버리고 여호와를 섬기매 여호와께서 이스라엘의 곤고로 말미암아 마음에 근심하시니라
_삿 10:15-16

✝ 핵심 이해하기

이스라엘 자손은 길르앗 사람 사사 야일이 죽은 후에 주변 나라들의 각종 신들을 섬기고 여호와 하나님을 버렸다(10:5-6). 진노하신 하나님께서는 그의 백성을 블레셋 사람들의 손과 암몬 자손의 손에 팔아 18년 동안 고통과 억압을 당하게 하셨다(10:7-8). 길르앗 지역에 있는 이스라엘 자손은 고통 중에 하나님께 부르짖으며, 여호와 하나님을 버리고 다른 신들을 섬긴 것을 회개하였다(10:9-10). 이때 하나님께서는 그들의 기도에 응답하여 구원하시기를 거절하셨다(10:13). 그 이유는 하나님께서 지금까지 그들을 주변 원수들의 손에서 구원하셨음에도 불구하고, 그들이 하나님을 버리고 다른 신들을 섬겼기 때문이었다(10:11-12). 하나님께서는 이스라엘 자손이 택하여 섬기고 있는 신들에게 가서 그들에게 구원해달라고 기도하라는 냉소적

인 말씀을 하셨다(10:14). 이것이 15-16절의 배경이다.

하나님께서 그들의 기도를 배척하신 것은 그들이 주변 나라의 신들을 버리지 않으면서 위기와 고통을 당할 때 말로만 회개하기 때문이다. 이스라엘 백성이 주변 나라 원수들의 손에서 억압과 고통을 당하게 된 것은, 그들이 언약의 하나님 여호와를 버리고 다른 신들을 섬긴 결과다. 언약의 주님께서는 자기 백성을 사랑하시기 때문에, 그의 언약의 말씀으로 돌아오게 하시려고 언약의 규정에 맞춰 충실하게 행하셔서 그들에게 고통과 억압을 내리신 것이다. 이때 고난과 고통 중에 있는 이스라엘 백성은 하나님께서 그들과 맺은 언약을 자신들이 위반했다는 사실을 깊이 깨닫고, 자신들이 섬기는 이방신들을 버리고 언약의 주 하나님께로 돌아와야 했다. 그러나 이스라엘 자손은 이방신들을 버리고 언약의 주님께 돌아올 생각은 전혀 하지 않고, 오직 암몬 족속들의 억압에서 해방되기만을 원했다. 그들은 억압과 고통을 당하는 원인이 하나님을 버리고 다른 신들을 섬긴 데 있음을 깊이 깨닫지 못한 것이다. 암몬 족속의 억압적인 통치는 이스라엘 백성의 죄에 대한 하나님의 진노와 징벌이었다. 따라서 하나님께서는 그들로 하여금 자신들의 죄악의 실상을 깊이 인식하게 하시려고, 그들의 간구를 거절하신 것이다.

드디어 이스라엘 백성들은 문제의 심각성을 깨닫고 자신들의 죄악을 고백하며 구원해달라고 진지하게 기도했다. 그리고 그들은 이 기도의 정신과 일치되게, 자신들이 섬기던 신들을 제거하고 여호와 하나님만을 섬기기 시작했다(10:16). 언약의 주님께서는 진심으로 회개하는 이스라엘 백성이 고통당하는 것을 보시고 근심하셨다. 하나님께서 근심하셨다는 것은, 이제 하나님께서 그들에게 언약의 저주 대신에 언약의 복을 내려 주실 것이라는 일종의 암시다.

암몬 자손이 길르앗에 진을 치고 쳐들어오자, 안타깝게도 이스라엘 자손은 하나님을 기다리며 끝까지 참지 못했다. 그들은 그 대신에 자기들이 몸소 그들의 구원자로서 사사 입다를 세웠다. 입다는 그들을 암몬 자손의 손에서 건져 일시적인 해방과 구원을 가져다주었지만, 그가 가져다준 고통은 더 컸다. 입다는 유일한 자녀인 딸을 하나님께서 인정한 적이 없는 번제물로 드렸고(11:39), 시비를 걸어온 에브라임 사람들을 요단 강 나루턱에서 4만 2천 명이나 죽였다(12:6). 그의 통치 6년 동안에 평안은 없었다(12:7). 이 논평은 사사들이 통치할 때 고통의 기간보다는 평화의 기간이 많았다는 사실에 비추어 볼 때 이례적이다.

✝ 한 마디 기도

죄에서 참으로 돌이키는 회개를 하게 하시고 하나님의 응답을 끝까지 기다리게 하소서.

자신의 정체를 밝힌 어리석은 삼손

날마다 그 말로 그를 재촉하여 조르매 삼손의 마음이 번뇌하여 죽을 지경이라 삼손이 진심을 드러내어 그에게 이르되 내 머리 위에는 삭도를 대지 아니하였나니 이는 내가 모태에서부터 하나님의 나실인이 되었음이라 만일 내 머리가 밀리면 내 힘이 내게서 떠나고 나는 약해져서 다른 사람과 같으리라 하니라 _삿 16:16-17

✝ 핵심 이해하기

사사기 13-16장은 사사 삼손에 관한 기사다. 사사들 가운데 특별한 탄생부터 죽음에 이르기까지 상세하게 기록된 인물은, 삼손이 유일하다. 단 지파 소속의 마노아의 아내는 평생 아이를 낳지 못했다(13:2-3). 하나님의 사자는 그녀에게 나타나 아이를 주실 것을 약속하면서, 그가 평생 하나님께 바쳐진 나실인이 될 것이니 머리털을 결코 밀지 말며 포도주와 독주를 마시지 말고 부정한 어떤 것도 만지지 말라고 명령했다(13:5, 7). 하나님의 사자는 남편 마노아의 간청에 따라 다시 나타났을 때에도 동일한 명령을 주었다(13:13-14).

그러나 안타깝게도, 성장한 삼손이 평생 가장 열심히 한 일은 나실인의 규정을 위반하는 것이었다. 그가 이방 여인들(딤나의 블레셋 여인, 가사의 한 기생, 소렉 골짜기의 들릴라)을 사랑한 것, 자신이 때려죽인 사자의 몸에서 꿀을 취하여 먹은 것(14:6-9), 7일 동안 계속된 결혼 잔치에서 아마도 포도주와 독주를 마신 것(14:12- 17), 이 모든 것은 나실인의 규정에 어긋나는 행동들이었다. 삼손은 하나님의 사자가 두 번이나 피하라고 했던 부정한 행동들을 이와 같이 행했다.

하나님께 평생 바쳐진 나실인 삼손의 이와 같은 삶은, 하나님의 거룩한 백성으로 구별된 이스라엘 역시 그들의 거룩한 신분을 유지하지 못하고 주변의 이방인들과 같은 모습으로 살았음을 보여준다. 삼손이 부모의 극심한 반대를 무시하고 이방 여인을 택하여 결혼을 강행한 것은, 그 여인이 자신의 눈에 좋았기 때문이었다(14:3, 7). 3절의 "내가 그 여자를 좋아하오니"와 7절의 "그 여자가 삼손의 눈에 들었더라"는 히브리어로 "사람마다 자기 소견에 옳은 대로 행하였더라"는 표현과 거의 동일하다(17:6; 21:25). 다시 말해서 이 본문은 삼손의 행동을 통해, 자기 소견에 옳은 대로 행한 이스라엘 자손의 모습을 보여주는 것이다. 사실 삼손은 자기 소견에 옳은 대로 행한 가장 대표적인 인물이었다. 그러한 자가 사사였다는 사실이 놀랍기만 하다.

나실인의 규정을 어기며 지금까지 살아온 삼손은, 사랑하는 여인 들릴라의 품에서 나실인 규정의 마지막 보루인 "머리에 삭도를 대지 말라"는 명령을 어기고 말았다. 삼손은 자신의 힘의 근원에 관한 들릴라의 집요한 비밀 캐기 4단계 작전에 조금씩 휘말려 들어갔다. 1단계는 자신의 몸을 새 활줄 일곱으로 결박하는 것으로 시작했다(16:7-8). 2단계는 새 밧줄로 그를 결박하는 것이었다(16:11-12). 3단계는 그의 머리털 일곱 가닥을 베틀의 날실에 섞어 짜는 것으로 비밀에 더 가깝게 나갔다(16:13-14). 4단계에서 삼손은 어리석게도 자신의 비밀을 털어놓고 말았다. 들릴라가 날마다 재촉하니 삼손은 마음이 번뇌하여 죽을 지경이 되었고, 마침내 나실인의 마지막 비밀을 털어놓고 말았던 것이다. 들릴라는 삼손이 드디어 진실을 고백했음을 확인하고 그의 머리털을 밀었고, 결국 하나님께서는 그를 떠나시고 말았다(16:19-20).

블레셋 사람들은 삼손을 포박하여 그의 눈을 뽑고 감옥에서 맷돌을 돌리게 했다(16:21). 이것은 삼손이 하나님의 시각을 따라 살지 않은 것, 즉 하나님께서 자신을 평생 나실인으로 삼으셨으니 나실인답게 나실인의 규정대로 살아야 했으나 자기 눈에 보기 좋은 대로 산 것에 대한 결과였다. 그의 눈이 뽑힌 것은 하나님의 심판이었지만, 동시에 하나님의 은혜이기도 했다. 그의 두 눈이 뽑히고 그의 머리털이 다시 자라기 시작하면서 삼손은 하나님의 눈으로 자신을 제대로 보게 되었으니 말이다. 그래서 그는 자신의 죽음으로써, 살았을 때보다 더 많은 블레셋 사람을 죽였던 것이다(16:30).

∝ 한 마디 기도

하나님의 거룩한 백성과 사랑받는 자녀의 신분에 걸맞게 살게 하소서.

JUDGES

03
07

각자 소견에 옳은 대로 행한 시대

그 때에는 이스라엘에 왕이 없으므로 사람마다 자기 소견에 옳은 대로 행하였더라(21:25에도 나옴)
_삿 17:6

✝ 핵심 이해하기

사사 시대는 왕이 없어서 각자 소견에 옳은 대로 행한 시대였다. 하나님께서는 이스라엘 자손을 가나안 땅으로 인도하여 그의 언약의 규정과 법도대로 살게 하셨다. 하나님께서는 애굽에서 나온 이스라엘 백성을 당장 가나안 땅으로 인도하지 않으시고 시내 산으로 인도하셨다. 이것은 시내 산에서 이스라엘 백성과 언약을 맺기 위함이었다. 하나님께서는 시내 산에서, 창조와 구원의 하나님이신 자신이 이스라엘 백성의 하나님이며, 그들은 하나님의 특별한 백성이 됨을 선포하셨다. 이렇게 선포된 언약은 하나님 자신도 언약의 법대로 이스라엘에게 행하고, 이스라엘 백성도 언약의 법도대로 하나님 앞에서 행할 것을 요구한다.

그러므로 모든 것의 기준은 하나님의 언약의 명령과 법도와 규정이다. 이것이 옳고 그름의 기준이었다. 바로 이것이 하나님께서 보실 때에 옳은 것과 그릇된 것의 기준이었다. 하나님의 법도와 일치가 되는 것은 하나님께서 보실 때 옳은 것이나, 그의 법도와 어긋나는 것은 하나님께서 보실 때 잘못된 것이었다. 하나님께서 기업으로 주신 가나안 땅은 언약의 땅, 언약의 법도가 준수되는 땅이 되어야 했다. 그래서 여호수아는 가나안 땅의 중심에 위치한 에발 산의 큰 돌에 율법의 모든 말씀을 기록했다. 바로 그곳에서 이스라엘 온 백성은 여섯 지파씩 나뉘어서 율법의 모든 말씀을 낭독했던 것이다(수 8:33-35). 따라서 각자가 자신의 눈에 옳은 것을 행한 일은 언약의 법도에 어긋날 뿐만 아니라, 하나님 앞에서 크게 잘못된 것이었다.

사실 각자는 자기 소견에 잘못된 것이 아닌, 옳은 것을 행했으므로 그것이 잘못되었다고 생각하지 않았을 것이다. 하나님의 백성이 최선을 다해서 각자가 옳다고 믿는 바를 행하였던 것이다. 그런데도 이것은 하나님께서 보실 때는 악한 것, 잘못된 것이었다. 이 사실은 아주 중요한 의미를 지닌다. 사람의 생각은 어떤 경우에도 선과 악의 절대적인 기준이 아니다. 하나님과 그의 말씀만이 모든 것의 절대적인 기준이다. 사람이 최선을 다해 옳은 것을 택했다고 할지라도, 그것이 하나님의 언약적인 기준에 맞지 않으면 옳은 것이 아니다.

사사기 전체는 이러한 내용으로 가득 차 있다. 특별히 17-21장은 각자가 옳다고 생각하고 행했는데도 하나님께서 보실 때에 실상은 잘못된 것이었음을 구체적으로 보여준다. 17장은 에브라임 산지에 있는 한 가정이 자기 소견에 옳은 대로 행한 것을 보여준다. 18장은 단 지파가 소견에 옳은 대로 행한 것을 보여준다. 20-21장은 이스라엘 백성의 지도자 전체가 소견에 옳은 대로 행한 것을 보여준다.

그러나 하나님의 시각, 곧 신명기의 안경으로 17-21장의 핵심 내용을 상세하게 보면, 이 모든 행위들은 하나님께서 인정하지 않는 악한 행

위들이었음이 명백하게 드러난다. 미가가 옳다고 생각하여 행한 일들은, 신상을 부어 만들어 하나님께 거룩하게 구별하여 드린 것(17:3), 에봇과 드라빔을 만들어 가정 신당에 둔 것(17:4), 아들 중에 하나를 제사장으로 삼은 것(17:5), 그리고 나중에는 거주지를 찾아 이동하던 레위인을 가정 제사장으로 삼은 것(17:7-12) 등이다. 단 지파가 자신들의 기업을 버리고 다른 곳으로 가서 기업을 얻은 것(18:7-9), 한 레위인을 단 지파의 제사장으로 삼은 것(18:17-19, 30-31), 평화롭게 살던 이방 백성을 몰살한 것(18:27-29) 등이 단 지파의 소견에 옳은 대로 행한 일들이다. 20-21장에서는 베냐민 지파와 전쟁한 것(20:18), 총회의 소집에 응하지 않은 사람들을 죽이기로 한 것(21:5-11), 그리고 남은 베냐민 군사들에게 딸을 주지 않기로 맹세한 것(21:7, 22) 등이 그들의 소견에 옳은 대로 행한 것들이다. 그러나 하나님께서 보실 때 이 모든 일들은 잘못된 것들, 곧 악한 것들이었다.

∞ 한 마디 기도

각자 자기 소견에 옳은 대로 행하는 것이 옳지 않을 수 있음을 깊이 깨닫고, 하나님의 말씀을 판단의 기준으로 삼게 하소서.

룻의 결단과 신앙고백

룻이 이르되 내게 어머니를 떠나며 어머니를 따르지 말고 돌아가라 강권하지 마옵소서 어머니께서 가시는 곳에 나도 가고 어머니께서 머무시는 곳에서 나도 머물겠나이다 어머니의 백성이 나의 백성이 되고 어머니의 하나님이 나의 하나님이 되시리니 어머니께서 죽으시는 곳에서 나도 죽어 거기 묻힐 것이라 만일 내가 죽는 일 외에 어머니를 떠나면 여호와께서 내게 벌을 내리시고 더 내리시기를 원하나이다 하는지라 _룻 1:16-17

✝ 핵심 이해하기

룻기는 사사기와 단짝을 이루는 책이다. 본래 히브리어 성경에는 사사기와 룻기가 한 권의 책이다. 룻기의 내용은 사사 시대를 배경으로 한다(1:1). 사사기는 사사 시대의 어둡고 암울한 면을 집중적으로 부각하나, 룻기는 동일한 시대의 밝은 면을 집중적으로 조명한다. 특별히 룻기의 마지막 부분은 사사 시대의 어두움이 끝나고 새 시대의 광명이 밝아오고 있음을 암시한다(4:17-22). 다윗까지 언급하는 베레스의 계보는, 죄의 온실과 같은 역할을 한 왕이 없는 사사 시대가 끝나고 하나님께서 보아스의 가문에서 왕을 준비하고 계심을 보여주기 때문이다.

사사 시대의 악순환은 죄가 중대한 문제기도 하지만, 하나님의 백성을 그분의 말씀으로 다스리는 왕의 부재가 죄보다 더 심각한 문제였다는 데 있다. 사사가 죽은 후에 이스라엘 백성이 죄에 더 깊이 빠졌다는 반복적인 언급은, 왕이 하나님의 말씀에 근거하여 백성을 다스리면 죄의 문제가 상당히 억제되고 해결될 것이라는 기대를 가지게 한다. 룻기는 하나님께서 죄의 문제를 해결할 왕적(王的)인 인물을 준비하고 계셨음을 알려준다. 이 점에서 룻기의 주인공 룻은 하나님께서 세울 왕의 조상이라는 점에서 중요한 의미를 가진다.

이스라엘 땅에 기근이 들자 유다 지파 소속의 베들레헴의 엘리멜렉(뜻: 나의 하나님은 왕이시다)은 아내와 두 아들과 함께 모압 땅으로 갔다. 이것은 가정을 위한 최선이었다. 그러나 기근의 불행을 피해 행복을 찾아간 그의 가정에는 기근보다 무서운 불행이 연달아 찾아왔다. 먼저 남편이 죽었고, 그 다음은 모압 여인과 결혼한 두 아들이 죽었다. 이 모든 일은 10년 사이에 일어났다(1:3-5). 세 여자가 모두 과부가 되는 불행 중의 불행이 일어난 것이었다.

나오미는 하나님께서 마침내 그의 백성을 돌아보아 양식을 주셨다는 소식을 듣고 고향으로 돌아갈 준비를 했다(1:6-7). 세 여인이 돌아오기 시작하다가 나오미는 두 며느리에게 집으로 돌아가라고 권면하면서, 지금까지 그들이 사별한 아들들과 자신에게 선대한 것을 감사했다(1:8). 나오미는 하나님께서 그들에게 좋은 남편을 주셔서 그들이 행복하게 살기를 원했다(1:9절. 두 며느리는 모두 나오미를 따라가겠다고 했지만, 그가 거듭 만류하자 첫 며느리 오르바는 돌아갔다(1:14). 하지만 룻이 시어머니의 강한 만류에도 불구하고 끝까지 따라가겠고 하면서 한 말이 본문이다.

룻의 말은 단지 시어머니에 대한 애정과 사랑의 표현만이 아니다. 이것은 시어머니의 하나님을 자신의 하나님으로 고백하는 신앙의 표현과 헌신의 결정이다. 사실 그가 이제 시어머니에게서 기대할 것은 아무것도 없다. 그가 시어머니 나오미와 함께 끝까지 가기로 한 것은 나오미의 하나님을 자신의 하나님으로, 나오미의 백성을 자신의 백성으로 선택한 결과다. 그래서 그는 자신이 죽는 일 외에 시어머니를 떠난다면 하나님께서 자신에게 징벌을 내리시기 원한다고 선언한 것이다(1:16-17). 이러한 확고한 결심과 고백 때문에 시어머니는 룻을 만류하는 것을 포기한다. 하나님께서는 이 모압 여인을 잊지 아니하셨다. 룻은 하나님의 놀라운 섭리로 유다 지파의 사람 보아스와 결혼하여, 다윗과 그의 마지막 자손 메시아의 조상이 되었다(4:21-22; 마 1:5-6). 그는 자신의 이름이 성경의 책의 이름이 되는 영광도 얻었다. 룻의 신앙과 결단은 예수님을 따르는 모든 자들에게 신앙의 귀감이 된다.

한 마디 기도

룻이 나오미에게 한 고백으로, 주 예수님께 날마다 고백하게 하소서.

여인들의 축복 기도

여인들이 나오미에게 이르되 찬송할지로다 여호와께서 오늘 네게 기업 무를 자가 없게 하지 아니하셨도다 이 아이의 이름이 이스라엘 중에 유명하게 되기를 원하노라 _룻 4:14

✝ 핵심 이해하기

하나님께서 극적으로 보아스와 결혼하게 한 룻이 아들 오벳을 낳았다. 이때 여인들은 하나님을 찬양하면서 나오미에게 축복의 말을 했다(4:13-14). 베들레헴의 여인들이 나오미에게 이러한 축복을 한 것은, 보아스와 결혼한 룻이 아들을 낳음으로 말미암아 거의 끊어질 위기에 놓였던 남편과 자식의 가문이 이제 계승될 수 있었기 때문이었다. 보아스는 룻과 결혼할 때 나오미의 남편이 모압으로 이주하면서 팔았던 기업의 땅을 되찾아 샀다.

이제 그들의 계획은 그들 사이에 태어나는 장남이 나오미의 남편과 자식의 대를 잇는 것이었다(4:9-10). 보아스와 룻은 나오미의 치밀한 전략과 하나님의 은밀한 섭리로 결혼하게 되었다. 이때 성문에 있던 모든 백성과 장로들은 친족 구원자의 역할을 자원한 보아스와 여호와 하나님을 자신의 하나님으로 택하여 베들레헴으로 온 이방 여인 룻을 축복했다. 이 멋진 결혼의 증인이 되었던 백성과 장로들은, 하나님께서 룻이 이스라엘의 집을 세운 라헬과 레아와 같이 되게 하시고, 보아스는 베들레헴의 에브랏에서 유력하고 유명하게 만드시기를 원한다고 했다(4:11). 그들은 이 축복 기도와 함께 하나님께서 그들에게 상속자를 주셔서 보아스의 집이 다

말이 유다에게 낳아준 베레스의 집과 같이 되게 하시기를 원한다고 기도했다(4:12).

베들레헴 사람들의 결혼 축복 기도는 하나님의 역사하심으로 놀랍게 이루어졌다. 하나님께서는 보아스와 룻에게 아들 오벳을 주셨다. 이 아들은 한편으로는 나오미의 남편의 가문을 잇는 자가 되었다(4:17). 다른 편으로는 모든 사람들의 예상을 뛰어넘어 다윗의 할아버지가 되었다(4:17). 이 한 아들 오벳이 나오미 남편의 가문을 이을 뿐만 아니라, 다윗의 조상과 메시아의 조상이 된 것이다. 이로써 이방 여인 룻은, 다말과 기생 라합에 이어 여성으로서 메시아의 조상의 대열에 참여한 세 번째 인물이 되었다.

사실 보아스는 부친 살몬과 모친 기생 라합 사이에서 태어났다(4:21). 하나님께서는 유다 지파의 평범한 한 가정의 가문을 세우고자 결혼한 보아스와 룻에게 복을 주시어, 그 가문만이 아니라 메시아의 조상 가문을 세우신 것이다. 보아스는 결국 다윗의 조상이 되었으니 여인들의 축복과 같이 그의 아들 오벳은 유명하게 된 것이다(4:11). 오벳은 이새를 낳았고, 이새는 다윗을 낳았고, 먼 훗날에 다윗의 후손과 그의 주가 되시는 메시아가 그의 가문에서 태어났다. 그러므로 베들레헴 여인들의 축복 기도를 넘어설 정도로 룻은 유명하게 되었다. 이 모든 것은 하나님께서 은밀하게 섭리하신 결과다.

한 마디 기도

우리가 사람들을 축복하며 기도할 때, 그 이상으로 복을 주시는 주 하나님을 찬양합니다.

사무엘상하 핵심구절
이해하고 기도하기

1 SAMUEL

03/10

낮은 자를 높이시는 하나님

여호와는 가난하게도 하시고 부하게도 하시며 낮추기도 하시고 높이기도 하시는도다 가난한 자를 진토에서 일으키시며 빈궁한 자를 거름더미에서 올리사 귀족들과 함께 앉게 하시며 영광의 자리를 차지하게 하시는도다 (히: 키=왜냐하면) 땅의 기둥들은 여호와의 것이라 여호와께서 세계를 그것들 위에 세우셨도다(히: 세우셨기 때문이다) _삼상 2:7-8

✝ 핵심 이해하기

아들을 낳지 못해 고통과 괴로움이 심했던 한나에게, 하나님께서는 마침내 그의 태를 열어 아들을 주셨다. 한나는 하나님의 기도 응답에 감사하여 아들의 이름을 사무엘(뜻: 하나님께서 들으셨다)이라 지었다. 한나는 아들을 주시면 그를 평생 나실인으로 하나님께 드리겠다고 서원했다(1:11). 한나는 이 서원을 지키기 위해서 매년 온 가족이 함께 올라가던 매년제와 서원제에 올라가지 않았고, 아들이 젖을 뗄 때까지 기다렸다(1:21-24). 사무엘은 마침내 3살 정도가 되어 젖을 떼게 되었다. 한나는 이후에 하나님의 성막이 있는 실로로 올라가 하나님께 서약한 대로

아들을 드렸다(1:26-28).

2장 1-10절의 내용은 한나가 아들 사무엘을 하나님께 드리고 나서 큰 감동과 기쁨으로 하나님께 드린 기도다. 한나의 기쁨은 아들 하나를 얻은 개인적인 기쁨을 넘어선 국가적인 기쁨이었다(2:1-2). 그는, 이스라엘 백성이 애굽에서 나와 갈라진 홍해를 건널 때 누구와도 비교될 수 없는 유일한 분이신 하나님을 찬양했던 것과 같이, 주님을 찬양했다(2:2). 그는 모든 상황을 반전시키시는 구원의 하나님을 찬양하면서, 창조자 하나님의 절대적인 주권과 능력을 찬양했다(2:5-8). 그는 가난한 자, 곧 빈궁한 자를 진

토와 거름더미에서 일으켜 귀족들과 함께 영광의 자리에 앉히시는 주 하나님을 찬양했다(2:8절). 한나의 마지막 찬양은, 하나님께서 여호와를 대적하는 자들을 심판하시고 왕에게 힘을 주시며 그의 기름 부음을 받은 자의 뿔을 높이실 것이라는 놀라운 예언이었다(2:10). 아직 왕이 없던 시대에 평범한 여인 한나가 하나님께서 마침내 왕을 주실 것임을 내다보았던 것이다. 이 예언은 아들 사무엘이 다윗을 왕으로 기름 부을 때에 성취되었다. 한나의 찬양은 먼 훗날에 성령으로 아기 예수를 잉태한 처녀 마리아의 찬양 속에 그대로 반영된다(눅 1:46-55).

∝ 한 마디 기도

상상을 초월하여 기도에 응답하시는, 창조자시며 주권자이신 하나님을 찬양합니다.

1 SAMUEL 03/11 여호와의 선지자로 인정받은 사무엘

사무엘이 자라매 여호와께서 그와 함께 계셔서 그의 말이 하나도 땅에 떨어지지 않게 하시니 단에서부터 브엘세바까지의 온 이스라엘이 사무엘은 여호와의 선지자로 세우심을 입은 줄을 알았더라
_삼상 3:19-20

✝ 핵심 이해하기

어린 사무엘은 3살쯤 되었을 때부터 실로의 성막에서, 제사장 엘리의 지도와 교훈 아래 하나님을 섬기기 시작했다. 3장은 하나님께서 어린 사무엘에게 처음으로 나타나셔서, 큰 죄악에 빠진 엘리 제사장의 가문에 대한 엄중한 심판 메시지를 주신 일을 기록한다. 모친 한나는 그 사이에 다섯 자녀를 더 낳았으니, 하나님의 계시를 처음으로 받았을 때 사무엘의 나이는 12-13세였을 것으로 보인다(2:21).

사무엘은 이때 하나님의 말씀을 처음 받았고, 이후로 계속해서 하나님의 동행하심 가운데 선지자로 성장해 갔다(3:19). 하나님께서 말씀으로 나타나심은 그가 성장하는 동안 계속되었다(3:21). 19절의 "그의 말이 하나도 땅에 떨어지지 않았다"는 기록은, 하나님께서 사무엘에게 주신 말씀을 그가 백성에게 선포하였고 그가 선포한 하나님의 말씀은 다 성취되었다는 의미다. 선포의 구체적인 내용은 언급되지 않아 알 수 없다. 그가 처음 실로 성막에서 받은 엘리 제사장 가문의 심판에 관한 말씀은, 이스라엘과 블레셋과의 전쟁에서 발생한 엘리의 두 아들의 죽음과 이 비보를 들은 제사장 엘리의 죽음으로 실현되었다(4:11, 16-18).

단부터 브엘세바까지 온 이스라엘 백성은 사무엘이 여호와의 선지자로 세움 받은 것을 인정했다(3:20). 4장 1절은 사무엘의 말이 온 이스라엘에 전파되었다고 밝힌다. 그런데 참으로 이상한 것은, 블레셋과의 전투에서 약 4천 명의 이스라엘 병사가 죽임을 당했을 때 이스라엘의 장로들이 선지자 사무엘과 전혀 상의하지 않았다는

것이다. 만일 그와 상의하고 그의 말을 들었더라면 전쟁에서 패하고 법궤를 블레셋에게 빼앗기는 일은 발생하지 않았을 것이다. 그러나 온 이스라엘 백성이 사무엘의 말에 본격적으로 귀를 기울이게 된 것은, 법궤를 빼앗기고 실로의 성막이 파괴되어 폐허가 된 지 20여 년 후의 일이다(7:2-3). 온 백성이 인정한 어린 선지자 사무엘을 온 백성의 지도자인 장로들이 결정적이고 중요한 순간에 인정하지 않은 결과, 이와 같은 불행이 온 이스라엘에 일어난 것이다. 바울

이 디모데에게 그의 어린 나이로 인하여 그의 리더십이 무시를 받지 않게 하라고 권면한 것은, 어린 사무엘 때나 오늘이나 동일하게 유효하다(딤전 4:12).

한 마디 기도

하나님께서 세우신 말씀 사역자들이 어리다고 무시하지 않고 그들을 통해 주시는 주의 말씀을 경청하게 하소서.

---

1 SAMUEL 03/12 하나님의 왕권을 거역한 이스라엘 백성

여호와께서 사무엘에게 이르시되 백성이 네게 한 말을 다 들으라 이는 그들이 너를 버림이 아니요 나를 버려 자기들의 왕이 되지 못하게 함이니라 내가 그들을 애굽에서 인도하여 낸 날부터 오늘까지 그들이 모든 행사로 나를 버리고 다른 신들을 섬김 같이 네게도 그리하는도다 _삼상 8:7-8

✝ 핵심 이해하기

미스바 대각성의 금식 대회는 이스라엘 백성이 지금까지 섬겨왔던 이방 신들을 모두 버리는 결단의 대회였다. 이제부터 그들은 오직 여호와 하나님만 섬기겠다고 결심했다. 그 결과 기도와 말씀의 사람 사무엘이 사는 날 동안 하나님께서는 블레셋의 침략을 막아 주셨을 뿐만 아니라, 그들에게 빼앗겼던 영토도 되찾아 주셨다(7:13-14). 선지자 겸 사사의 역할을 한 사무엘은 벧엘과 길갈과 미스바를 순회하며 이스라엘을 다스렸다(7:16). 사무엘이 늙자 그의 두 아들 요엘과 아비야가 브엘세바에서 사사가 되어 다스리게 되었다(8:1-2). 문제는 그의 두 아들이 이익에 눈이 멀어 뇌물을 받고 왜곡된 판결을

하여 백성의 원성을 산 것이다(8:3).

이스라엘의 모든 장로들은 라마에 있는 사무엘에게 찾아와 그의 두 아들의 비행을 언급하면서, 이방 나라들과 같이 그들을 다스리는 왕을 세워 달라고 요구했다(8:5). 사무엘은 그들이 왕을 세워 달라고 자신에게 요구한 것을 기뻐하지 않았다(8:6). 그가 어떻게 해야 할지를 놓고 기도할 때 하나님께서는 7-8절의 말씀을 주셨다.

백성이 사무엘에게 왕을 요구한 것, 그 자체는 잘못된 것이 아니었다. 하나님께서는 모세를 통해 그의 백성 가운데 왕을 세워 주시겠다고 약속하셨고, 왕을 세울 때 어떻게 해야 하는지에 대하여도 교훈하셨기 때문이다(신 17:14-

20). 문제는 그들이 요구한 왕의 종류에 있었다. 하나님께서 약속하신 왕은 그의 말씀을 읽고 묵상하여 그 말씀대로 백성을 다스리고 인도하는 경건한 왕이었다. 그러나 이스라엘 백성이 사무엘에게 요구한 왕은 이방 나라들의 왕과 같은 종류의 왕이었다. 이방 나라의 왕들은 왕 자신이 법이므로, 모든 면에 있어서 하나님의 언약의 법에 근거하여 다스려야 하는 이스라엘의 왕과는 근본적으로 달랐다. 하나님께서는 이스라엘 백성 가운데 그의 왕권에 순종하고 복종하여 그의 말씀에 따라 다스리는 왕을 세우길 원하셨다. 그래서 하나님께서는 마음이 불쾌한 가운데 기도하는 사무엘에게, 백성이 그를 배척한 것이 아니고 여호와 하나님을 버려 왕이 되지 못하게 했다고 말씀하셨다(8:7).

그들이 하나님의 왕 되심을 거역하고 불순종한 것은 출애굽부터 이때까지 계속되고 있었다. 사무엘은 사울을 왕으로 뽑아 세울 때도

(10:19), 그의 고별사에서도, 이스라엘 백성이 왕을 요구한 것은 하나님께서 그들의 왕 되심을 부인한 것이라고 분명하게 말했다(12:12-17). 그래도 하나님께서는 백성들의 요구를 들어주라고 말씀하셨다. 그 이유는 하나님께서 이미 그들 가운데 왕을 세워 주실 것을 약속하셨고, 비록 그들의 동기가 잘못되었어도 그들은 이 경험을 통해서 어떤 왕이 하나님께서 기뻐하시는 왕인지 알게 될 것이기 때문이었다. 결국 이스라엘 백성은 초대 왕 사울의 40년 통치를 통해서, 하나님께서 기뻐하시지 않는 왕이 자신들을 다스릴 때 얼마나 큰 고통과 아픔을 겪게 되는지 뼈저리게 깨닫게 되었다(8:18의 예언).

한 마디 기도

세상 사람들과 같이 되려고 세상의 것들을 하나님께 간구하지 않게 하소서.

1 SAMUEL
03 / 13

겸손할 때 세움 받은 사울

사울이 대답하여 이르되 나는 이스라엘 지파의 가장 작은 지파 베냐민 사람이 아니니이까 또 나의 가족은 베냐민 지파 모든 가족 중에 가장 미약하지 아니하니이까 당신이 어찌하여 내게 이같이 말씀하시나이까 하니 _삼상 9:21

✝ 핵심 이해하기

하나님께서는 사울이란 사람이 사무엘에게 찾아올 것이라고 하루 전에 말씀하셨다(9:16). 그는 부친의 암나귀들을 열심히 찾다가 찾는 데 실패하고, 마지막으로 선지자 사무엘에게 물

으러 가던 중에 성문 안에서 그를 만나게 되었다(9:4, 13-14, 18). 하나님께서는 바로 그때에 사무엘에게 "보라 이는 내게 네게 말한 사람이니 이가 내 백성을 다스리리라"고 말씀하셨다

(9:17). 사무엘은 사울에게 잃었던 암나귀들을 찾았다고 알려주면서 "온 이스라엘이 사모하는 자가 누구냐 너와 네 아버지의 온 집이 아니냐"고 했다(9:20).

21절은 이때 사울이 사무엘의 이 말에 반응하여 한 말이다. 하나님께서 그를 이스라엘의 통치자로 세우려고 하실 때에 사울은 겸손하게 자신과 자신의 가문을 가장 낮추었던 것이다. 베냐민 지파는 이스라엘의 12지파 중에서 가장 미약한 지파이고 자신의 가문은 그 가장 미약한 지파 중에서도 가장 미약한데, 선지자가 어찌하여 이러한 엄청난 말씀을 하느냐고 반문한 것이었다. 사울은 원래 겸손한 사람이었다. 사울이 숙부에게 돌아가 선지자 사무엘을 찾아갔었다고 말하자, 숙부는 선지자가 그에게 무슨 말을 했냐고 물었다(10:14-15). 사울은 사무엘이 자신의 머리에 기름을 부은 사실과 왕이 되는 것과 관련된 일련의 징조들에 대하여 한 말이 모두 이루어졌음을 이때 전혀 말하지 않았다(10:16b). 사울은 오직 한 가지 사실, 곧 암나귀들을 찾았다는 것만 언급했다(10:16a). 이 모든 것은 그의 겸손함을 보여준다.

사무엘이 온 백성을 미스바에 소집하고 지파별로 제비를 뽑아 왕을 세우려고 할 때, 마침내 베냐민 지파의 마드리의 가족 중 기스의 아들 사울이 뽑혔다(9:21). 그러나 사울은 짐 보따리 사이에 숨어 있었다(9:22). 하나님께서 사울이 숨어 있는 곳을 가르쳐 주셔서 그를 찾자, 사무엘은 온 백성에게 "너희는 여호와께서 택하신 자를 보느냐 모든 백성 중에서 짝할 이가 없느니라"고 외쳤다(9:24). 그러나 그중에 일부 불량배는 그가 왕이 되는 것을 달갑게 생각하지 아니하여 예물을 바치지 아니했다. 사울은 이때에도 잠잠했다(9:27). 사울은 위기에 처했던 길르앗 야베스 주민을 암몬 자손들의 손에서 구원하였다. 그를 지지했던 백성들은 이때, 사울이 왕 되는 것을 반대했던 불량배들을 끌어내어 죽여야 한다고 사무엘에게 요구했다. 사울은 이때도 여호와께서 구원을 베푸신 좋은 날 사람을 죽일 수 없다고 하면서 관용을 베풀었다(11:12-13). 그러나 애석하게도 사울의 겸손은 끝까지 지속되지 않았다.

한 마디 기도

겸손한 자에게 은혜를 베푸시는 하나님 앞에서 끝까지 겸손하게 하소서.

중단 없는 기도와 가르침

나는 너희를 위하여 기도하기를 쉬는 죄를 여호와 앞에 결단코 범하지 아니하고 선하고 의로운 길을
너희에게 가르칠 것인즉 너희는 여호와께서 너희를 위하여 행하신 그 큰 일을 생각하여 오직 그를 경
외하며 너희의 마음을 다하여 진실히 섬기라 _삼상 12:23-24

✝ 핵심 이해하기

사무엘상 12장은 사무엘 선지자가 온 이스라엘 백성에게 한 마지막 연설이다. 이중에서 가장 큰 비중을 차지하는 것은, 하나님께서 지금까지 자신의 백성을 출애굽의 사건으로부터 위기 때마다 적의 손에서 건져 주셨는데 그들이 하나님을 의지할 생각은 하지 않고, 암몬 자손의 왕 나하스가 이스라엘을 치러올 때 그들이 다급한 나머지 잘못된 생각으로 이방 나라들과 같은 왕을 세워달라고 요구했다는 것이다(12:6-16).

일반적으로 밀 수확기에는 비가 내리지 않는다. 사무엘은 바로 이 시기에 여호와 하나님께 우레와 비를 보내 달라고 기도하며, 그들이 왕을 구한 일이 얼마나 큰 죄악이었는지 보여주겠다고 했다(12:17). 하나님께서는 사무엘의 기도에 우레와 비로 즉각적인 응답을 하셨다(12:18). 그 결과 온 백성은 자신들이 죽지 않게 기도해 달라고 부탁하며, 왕을 세워 달라고 고집한 죄악을 고백했다(12:19). 그러자 사무엘은 두려워하지 말라고 위로하고, 오직 마음을 다하여 여호와를 섬기고 아무런 유익도 주지 못하는 헛된 신들을 따르지 말라고 권면했다(12:20-21). 그는, 하나님께서 그들을 자기의 백성으로 삼은 것을 기뻐하셨으므로 그들을 버리지 않을 것이라고 말했다(12:22).

사무엘은 이어서 그들을 위해 쉬지 않고 기도하며 선하고 의로운 길을 그들에게 가르칠 것이라고 선언했다. 사무엘은 백성을 위해 쉬지 않고 기도하는 것과 하나님의 선하고 의로운 길로 그들을 가르치는 것을 연결했다. 사무엘에게는 기도하지 않고 가르치는 것도, 가르치지 않고 기도만 하는 것도 지도자의 바른 자세가 아니었다. 사무엘에게 기도와 가르침은 양자택일의 문제가 아니었다. 이 둘은 동전의 양면과 같이, 반드시 둘 다 있어야 한다.

예수님께서는 사무엘이 보여준 중단 없는 기도와 말씀 사역의 자세를 일평생 유지하셨다(눅 5:15-17; 21:37-38). 예수님에게서 기도와 말씀 사역을 배운 제자들 역시 기도와 말씀 사역 사이의 균형을 유지했다(행 2:42; 6:4). 백성을 위한 기도를 쉬는 것을 큰 죄악으로 간주한 사무엘은 죽는 날까지 기도의 자리를 떠나지 아니했다. 그가 죽자마자, 사울에게 추격을 당해 이리저리 피해 다니던 다윗이 큰 위기에 빠진 것은, 다윗을 위한 그의 기도가 얼마나 큰 역할을 했는지 보여준다(삼상 25-28장).

∝ 한 마디 기도

주의 백성을 위해 기도하는 일과 주의 선한 말씀으로 양육하는 일을 모든 목회자와 부모들이 병행하게 하소서.

사람의 중심을 보시는 여호와

여호와께서 사무엘에게 이르시되 그의 용모와 키를 보지 말라 내가 이미 그를 버렸노라 내가 보는 것은 사람과 같지 아니하니 사람은 외모를 보거니와 나 여호와는 중심을 보느니라 하시더라 _삼상 16:7

✝ 핵심 이해하기

사무엘은 이새의 장남 엘리압을 보는 순간, 여호와 하나님께서 왕으로 기름을 부을 자가 바로 이 사람이라고 생각했다(16:6). 하나님께서는 바로 이때 사무엘에게 7절의 말씀을 하신 것이다. 사실 사무엘은 엘리압의 용모와 키를 보고 하나님께서 왕으로 기름 부을 자라고 마음에 확신한 것이었다. 그래서 하나님께서는 자신이 이미 엘리압을 버렸으니(그를 왕으로 삼기를 원하지 아니했다는 뜻) 그의 용모와 신장을 보지 말라고 하신 것이다. 엘리압은 이 점에서, 하나님께서 이미 배척한 사울과 같다. 사울은 키가 아주 컸고(10:23), 그의 용모 또한 흠잡을 데가 없었다(10:24 "모든 백성 중에 짝할 이가 없느니라").

"내가 보는 것은 사람과 같지 않다"는 말씀은 히브리어 본문에서는 "그것은 사람이 보는 것이 아니다"라는 말이다. 이 말은, 사람의 진정한 모습은 사람이 보는 것과 다르다는 뜻이다. 사람은 사람들의 내모(內貌), 곧 참 모습을 보지 못하기 때문에, 외모(外貌)에 근거하여 사람을 판단한다. 그러므로 외모에 근거한 판단은 그 사람에 대한 정확한 평가가 아니다. 사람은 외모를 중심으로 판단하므로 정확한 판단을 하지 못할 가능성이 너무나 많다. 그 대표적인 예가, 사무엘이 엘리압의 용모와 신장을 보고 그를 하나님께서 왕으로 택하신 자로 생각한 것이다.

"사람은 외모를 보나 여호와는 중심(히: 마음)을 본다"는 말씀은 앞의 진술에 대한 근거와 이유를 제시한다. 사람의 참 모습은 외모가 아니라, 내모에 있다. 그런데 사람들은 외모에 근거하여 사람을 보기 때문에 사람을 잘못 볼 수 있다. 그러나 하나님께서는 사람의 마음을 보시므로 사람에 대하여 잘못된 평가를 하지 않으신다. 사람은 사람의 마음을 읽을 수 없으므로, 바른 판단을 위해서는 중심을 보시는 하나님의 시각이 필요하다. 하나님께서는 사람의 마음을 꿰뚫어 보시므로 그분의 사람에 대한 판단은 정확하다. 사람의 마음을 파악하는 것은, 스올과 아바돈도 밝히 보시는 하나님 앞에서 너무나 쉽고 간단한 일이다(잠 15:11). 하나님께서는 사람의 마음을 정확하게 감찰하시고(잠 21:2), 저울질하신다(잠 24:12). 그러므로 우리는 마음을 꿰뚫어 보시는 하나님의 시각으로 사람을 보려고 부단히 노력해야 한다. 속담처럼, 천 길 물속은 알아도 한 길 사람의 속은 모르기 때문에 더욱더 하나님의 정확한 시각이 필요하다.

사무엘은 하나님께서 이 말씀을 하시자, 엘리압에 대한 자신의 생각을 즉시 버렸다. 사무엘은 그때부터 이새의 나머지 모든 아들을 하나님의 시각으로 보기 시작했다. 그 결과 하나님께서는 둘째 아비나답, 셋째 삼마뿐만 아니라, 그곳에 소집된 모든 아들들을 택하지 아니했다고 사무엘이 선언하게 된 것이다(16:8-10). 사무엘이 아들이 더 있냐고 묻자 이새는 양을 지키는 막내가 있다고 대답했다. 마침내 막내가 왔는데, 그의 빛이 붉고 눈이 빼어나고 그의 얼굴은 아름다웠다(16:12). 사무엘은 그의 외모를 보고 실수를 하지 않으려고 아무 말 없이 가만히 있었다. 이것은 장남 엘리압을 보았을 때와 다른 점이다. 하나님께서는 그분의 시각으로 다윗을 보려는 사무엘에게, 다윗이 왕으로 기름 부음을 받을 자라고 말씀하셨다. 그래서 사무엘은 다윗

을 왕으로 기름을 부은 것이다. 이것은 선지자 사무엘과 이새와 그의 형들의 기대와는 전혀 다른 결과였다. 백성의 요구에 따라 왕으로 세울 때는 그의 외모가 결정적인 영향을 미쳤으나, 다윗의 경우는 전혀 그렇지 않았다.

◁ 한 마디 기도

하나님의 정확한 시각으로 사람들을 바로 보게 도와주소서.

여호와의 이름으로 무장한 다윗

다윗이 블레셋 사람에게 이르되 너는 칼과 창과 단창으로 내게 나아 오거니와 나는 만군의 여호와의 이름 곧 네가 모욕하는 이스라엘 군대의 하나님의 이름으로 네게 나아가노라 _삼상 17:45

✝ 핵심 이해하기

다윗이 형들을 모두 제치고 왕으로 기름 부음을 받은 것은, 선지자 자신과 부친과 형들의 기대와 예상을 모두 빗나간 일이었다. 그가 기름 부음을 받자 사울에게 임했던 하나님의 영이 그에게도 임했다(16:13). 한편 어떤 사람은 악한 영에게 시달리는 사울 왕에게, 이새의 아들 다윗을 소개했다. 이것은 하나님께서 다윗을 사울에게 알리기 위한 은밀한 섭리였다(16:16-23). 다윗은 수금을 잘 타는 사람으로 소개를 받아 사울 앞에서 섬기게 되었다. 다윗은 용기와 무용과 구변이 있는 순수한 사람이었고, 하나님께서 함께하시는 사람으로 인정받았다. 그 결과 다윗은 왕의 신임을 받아 사울의 무기를 운반하는 자로 임명되었다(16:21). 다윗은 수금을 켜서

사울에게서 악령이 떠나가게 했다(16:16, 23).

그 사이에 블레셋과 이스라엘 사이에서 전쟁이 일어났다. 다윗은 집으로 돌아와 부친의 양을 치게 되었으나, 세 형은 전투에 참여했다(17:13). 이새는 세 자식들의 안전이 염려되어 다윗을 전쟁터로 심부름 보냈다. 블레셋 군대와 이스라엘 군대의 대치는 40일간 계속되었다. 이 기간 중 거인족인 아낙 자손의 후예 장수 골리앗은 아침과 저녁에 한 번씩 나와, 자신과 대결하기를 도전했다(17:16). 그는 이스라엘의 대표가 자신과 싸워 이기면 이스라엘이 이기는 것이고, 자신이 이기면 블레셋이 이기는 것으로 하자고 제안했다(17:8-9). 그러나 누구도 이 40일 동안 그의 도전을 받아들이지 못했다. 사울

왕은 그와 싸워 이기는 자에게 많은 재물을 주고, 자신의 딸을 주며, 각종 세금의 면제 혜택을 약속했다(17:25). 그래도 누구 하나 나서지 못했다. 바로 이때 다윗이 아버지의 심부름으로 대치 현장에 도착했다.

모든 군인이 두려워 떨고 숨기에 바빴을 때, 다윗은 그들과는 전혀 다른 시각을 가지고 골리앗이 도전하는 소리를 들었다(17:23). 그는 하나님의 시각으로, 골리앗의 말을 살아계신 하나님의 군대를 모독하는 것으로 이해했다. 다윗은 큰형 엘리압의 분노와 책망도 무시하고 나섰다(17:28-30). 그 결과 다윗은 사울 왕 앞에 서게 되었으나, 왕도 어린 다윗이 어려서부터 용사인 골리앗과 싸울 수 없다고 말했다(17:33).

다윗은 자신이 양떼들을 지키기 위해서 사자와 곰과 싸워 이긴 경험을 언급하면서, 하나님의 군대를 모욕한 골리앗을 자신이 죽인 짐승과 같이 되게 하겠다고 고집했다(17:34-37). 사울은 다윗에게 자신의 군복과 놋 투구와 갑옷을 입게 했다(17:38). 다윗은 사울의 장비를 입고 시험해 보다가 익숙하지 않아 벗었다(17:38-39). 그 대신 다윗은 평상시 목자의 도구로 무장하고 골리앗과 대결하기 위해 나갔다(17:40). 골리앗은 다윗이 막대기를 가지고 나오는 것을 보고 자기 신들의 이름으로 그를 저주하며, 그의 살을 공중의 새들과 땅의 짐승들에게 주겠다고 외쳤다(17:43-44).

47절은 다윗이 골리앗의 조롱에 반응하여 한 말이다. 이 말의 핵심은 세 가지다. 첫째, 그는 골리앗이 무시하고 모욕하는 여호와의 이름으로 나갔다(17:45). 이것은 여호와 하나님의 이름이 다윗의 무기였음을 분명하게 한다. 둘째,

다윗은 여호와 하나님께서 자신에게 넘겨주시는 골리앗을 죽여 공중의 새와 짐승의 밥으로 줌으로써, 온 세상이 이스라엘에게 하나님이 계신 줄 알게 하겠다고 선언했다(17:46). 셋째, 다윗은 전쟁이 여호와 하나님께 속한 것이므로 여호와의 구원이 칼과 창에 의존하지 않는 것임을 입증하겠다고 했다(17:47). 이 말은 다윗이 목자의 도구로 골리앗을 죽여도, 자신의 무기가 아니라 여호와 하나님께서 그를 죽인 것임을 분명하게 한다. 결국 승리는 다윗에게 있었다.

50절은 다윗이 물매와 돌로 블레셋 사람을 이기고 그를 쳐 죽였으나 그의 손에는 칼이 없다고 밝힌다. 결국 다윗의 승리는 여호와 하나님의 이름의 승리였다. "내가 여호와의 이름으로 원수를 이기리라"는 시편 118편의 노래는 다윗의 승리를 잘 반영한다(시 118:6-16).

한 마디 기도

여호와 하나님의 이름으로 무장하여, 영적인 전투에서 골리앗과 같은 거대한 죄악과 싸워 이기게 하소서.

사울을 죽이지 않는 다윗

오늘 여호와께서 굴에서 왕을 내 손에 넘기신 것을 왕이 아셨을 것이니이다 어떤 사람이 나를 권하여 왕을 죽이라 하였으나 내가 왕을 아껴 말하기를 나는 내 손을 들어 내 주를 해하지 아니하리니 그는 여호와의 기름 부음을 받은 자이기 때문이라 하였나이다 _삼상 24:10

✝ 핵심 이해하기

삼상 24장 8-15절은 사울이 굴에서 볼일을 보고 있을 때에 다윗이 은밀하게 그의 겉옷 자락을 베고 굴 밖으로 나와 있다가, 사울이 떠나갈 때 그 뒤에서 다윗이 외친 말이다. 이때 다윗의 사람들은 하나님께서 사울을 그의 손에 넘겨주신 것이므로 죽이자고 제안했다(24:4). 그러나 다윗은 여호와 하나님의 기름 부음을 받은 자를 치는 것은 하나님께서 금하시는 일이라고 했다(24:6).

다윗의 말은 몇 가지 중요한 내용을 담고 있다. 첫째, 다윗은, 사울 왕은 어찌하여 자신이 왕을 죽이려고 한다는 음해를 경청하느냐고 말했다(24:9). 둘째, 오늘 하나님께서 왕을 자신의 손에 넘겨주셨고 자기 사람들이 그를 죽이라고 권고했으나, 그가 여호와의 기름 부음을 받으신 자이므로 죽이지 않았다고 하였다(24:10). 셋째, 그는 자신이 왕을 죽이지 않고 왕의 겉옷 자락을 베었다고 하면서, 그것을 보여주며 자신은 죄가 없다고 주장했다(24:11). 왕은 그를 해하려고 했지만 다윗 자신은 왕을 해하지 않았다고 말했다. 넷째, 다윗은 여호와 하나님께서 자기를 위해 왕에게 보복하실 것이므로 자신은 몸소 왕을 해하지 않겠다고 말했다(24:12-13). 다섯째, 재판장 여호와께서 자신의 억울한 사정을 풀어 주시고 왕의 손에서 자신을 건져 주시길 원한다고 말했다(24:15). 다윗은 나중에 한 번

더 사울을 죽일 기회가 있었으나, 그때에도 그의 머리 곁에서 창과 물병만 가지고 나왔을 뿐이었다(26:8-11).

사울 왕은 다윗의 말에 깊은 감동을 받아 "내 아들 다윗아"라고 하며 소리 높여 울었다(24:16). 자신은 다윗을 학대하였으나 그는 자신을 선대하여 죽이지 아니했으니, 하나님께서 그에게 선한 것으로 갚아 주시기를 원한다고 말했다(24:17-18). 사울 왕은 심지어 다윗이 반드시 왕이 되어 그의 손에서 이스라엘 나라가 견고하게 될 것을 확신한다고 했다(24:20). 그러므로 자신의 후손을 끊어 없애지 않겠다고 여호와의 이름으로 맹세하라고 했다(24:21). 다윗이 기쁘게 맹세하자 사울은 집으로 돌아갔고 다윗은 자기 사람들과 함께 엔게디 요새로 올라갔다(24:22).

다윗은 원수 갚는 것을 철저하게 하나님의 손에 맡겼다. 하나님께서는 원수를 갚지 말고 자신에게 맡기라고 말씀하셨다(신 32:35; 시 94:1; 롬 12:19; 히 10:30). 다윗은 이 교훈을 평생 실천했다. 다윗은 구약 시대에, 원수를 사랑하라는 주 예수의 말씀을 지켰던 것이다(마 5:44).

∝ 한 마디 기도

원수 갚는 것을 주께 맡기고 원수를 사랑하게 하소서.

다윗의 참전을 거부한 블레셋 방백들

블레셋 사람의 방백들이 그에게 노한지라 블레셋 방백들이 그에게 이르되 이 사람을 돌려보내어 왕
이 그에게 정하신 그 처소로 가게 하소서 그는 우리와 함께 싸움에 내려가지 못하리니 그가 전장에서
우리의 대적이 될까 하나이다 그가 무엇으로 그 주와 다시 화합하리이까 이 사람들의 머리로 하지 아
니하겠나이까 _삼상 29:4

✝ 핵심 이해하기

다윗과 그의 사람들이 이스라엘과 블레셋의 전
투에 참여하게 된 것은 다윗의 잘못된 선택의
결과였다. 다윗은 사울에게 계속 쫓기다 지친
나머지, 유다 땅에서 머물며 고난을 이기라는
하나님의 말씀을 버리고 블레셋의 가드 왕 아기
스에게로 피신을 갔다(22:4; 27:1). 다윗은 아기
스 밑에서 1년 4개월을 지내면서, 하나님을 의
지하며 기도로 사는 경건한 삶에서 점점 더 멀
어졌다.

블레셋의 시글락에서 살도록 허락을 받은 다
윗은, 아기스의 신임을 더 얻고 그를 안심시키
기 위해서 거짓된 보고도 서슴지 않았다. 그 대
표적인 것이 유다 남쪽에 있는 이방 사람들(그
술, 기르스, 아말렉)을 공격하여 다 죽이고는 아
기스가 물을 때 유다 백성을 침략하여 죽였다고
거짓된 보고를 한 것이다(27:8-11). 그 결과 아
기스는 다윗을 자신의 영원한 부하로 신뢰하고
확신하게 되었다(27:12; 29:3, 6, 9).

블레셋과 이스라엘이 싸우고 군대를 모집하
자 아기스 왕은 다윗에게 참전을 요구했다. 이
때 다윗은 위선적으로 자신의 군대가 당연히 참
여할 것이라는 뜻을 밝혔다(28:1-2). 그래서 다
윗과 그의 사람들이 참전하여 아기스 왕 뒤에
나가게 된 것이다(29:2).

이때 블레셋의 방백들은 아기스와 함께 있는
다윗과 그의 사람들을 보고 이스라엘 왕 사울
의 신하 다윗이 왜 그와 함께 있느냐고 물었다
(29:3). 아기스 왕은 다윗이 자기에게 망명해 온
날부터 지금까지 허물이 전혀 없는 신뢰할 수
있는 사람이라고 했다. 그래도 그들은 다윗의
참전을 완강하게 거부했다. 그 이유는 다윗이
자신들과 함께 전쟁터에 나가면, 갑자기 자기들
의 적으로 돌변하여 그의 주군 사울과 화합할
가능성이 있기 때문이었다(29:4). 그들이 제시
한 이에 대한 증거는 "사울이 죽인 자는 천천이
요 다윗은 만만이로다"는 노랫말이었다(29:5).

그러자 아기스는 다윗을 조용히 불러, 자신은
그와 함께 싸움에 나가는 것이 좋지만 블레셋
방백들이 그를 좋아하지 않으니, 방백들을 거스
르는 것으로 보이게 하지 말고 평안히 돌아가라
고 말했다(29:6-7). 다윗은 또 다시 위선적으로,
어찌하여 자신이 주군 아기스 왕의 원수와 싸우
는 것을 막느냐고 말했다(29:8). 아기스 왕은 블
레셋 방백들이 그의 참전을 반대하니 돌아가라
고 했다(29:9). 다윗은 결국 전쟁에 참여하지 못
하고 그의 거주지 시글락으로 돌아오게 되었다.

다윗이 만일 이 전투에 참여하여 자기 백성
이스라엘과 대적하여 싸웠다면 그는 이스라엘
백성의 왕이 될 수 없었을 것이다. 사실은 하나
님께서 블레셋 방백들의 마음을 움직여 다윗의

참전을 막으신 것이다. 다윗이 아기스와 함께 참전한 것은, 그가 아기스를 속여 완전한 신임을 얻은 결과였다. 하지만 이 결과는 다윗으로 하여금 자신의 인생을 완전히 망칠 수 있는 위험에 놓이게 만들었다.

다윗이 최선의 대안이라고 생각했던 것이 결국 자신을 망하게 하는 최악의 선택이 될 수 있었다. 그러나 신실하신 하나님께서는 다윗을 이 위기 가운데서 건져내셨다. 하나님께서는 다윗을 죄에서 돌이키게 하기 위해서, 한 걸음 더 나아가 아말렉 족속의 침략으로 그의 거주지 시글

락이 완전히 불에 타고 자녀들과 아내들이 모두 인질로 잡혀가게 하셨다(30:1-3). 다윗이 회개하고 돌이키자, 하나님께서는 놀랍게 인질로 잡혀갔던 모든 가족들을 되찾게 하셨고(30:6-20) 많은 전리품도 취하게 하셔서, 유다 지파의 장로들에게 선물을 보내어 전화위복을 맞게 되는 큰 은혜를 베풀어 주셨다(26-31절).

한 마디 기도

기도에서 떠나 자신의 지혜와 전략을 믿고 살지 않게 하소서.

2 SAMUEL 03/19 다윗의 슬픈 노래

오호라 두 용사가 전쟁 중에 엎드러졌도다 요나단이 네 산 위에서 죽임을 당하였도다 내 형 요나단이여 내가 그대를 애통함은 그대는 내게 심히 아름다움이라 그대가 나를 사랑함이 기이하여 여인의 사랑보다 더하였도다 _삼하 1:25-26

✝ 핵심 이해하기

다윗이 사울과 요나단이 죽었다는 소식을 듣고 큰 슬픔 가운데 보인 반응은 너무나 감동적이다. 19-27절은 그가 사울과 요나단을 애도하면서 지은 슬픔의 노래다. 다윗은 이 노래를 만들어 유다 족속에게 가르치게 하였다(1:18). 다윗은 자신을 죽이려고 평생 추격한 사울을 죽일 기회가 여러 번 있었다. 그러나 그는 원수 갚는 것을 하나님께 맡기고 사울을 죽이지 아니했다. 그 결과는 사울 왕을 계속해서 피해 다녀야만 하는 삶을 사는 것이었다. 이러한 상황에 사울의 죽음은 분명 그에게 큰 기쁨의 소식이었을 것이다. 그러나 다윗은 정반대로 기쁨은 전혀

표현하지 않고 큰 슬픔을 표현하며 애가를 지은 것이다. 그는 믿음의 사람이었기 때문에 이와 같이 할 수 있었던 것이다.

어떤 아말렉 사람이 사울의 왕관을 가지고 다윗에게 와서 자신이 사울을 죽였다고 보고했다(1:15). 이때 다윗은 여호와께서 기름 부은 사람을 죽인 죄를 물어서 즉시 그 사람을 죽였다(1:16). 다윗은 자신과 함께 한 모든 사람들과 함께 애도의 표시로 옷을 잡아 찢고 저녁까지 슬퍼하여 울며 금식했다(1:11-12).

요나단과 다윗의 관계를 생각해 볼 때, 다윗이 요나단의 죽음을 슬퍼하고 애도하는 것은

누구나 예상할 수 있는 일이다. 하지만 이 애도에 사울을 포함시킨 것은 놀라운 일이다. 다윗은 사울과 요나단의 죽음을 '두 용사의 죽음'으로 애도한다. 다윗은 "두 용사가 엎드러졌다"고 3번 반복하며 애도했다(1:19, 25, 27). 그들의 죽음은 다윗에게 이스라엘의 두 영광이 산에서 살해를 당하는 사건이었다(1:19). 그는 이들의 전사 소식을 블레셋의 어느 도성에도, 어느 사람에게도 알리지 말라고 노래했다(1:20). 다윗은 이어서, 사울과 요나단의 용맹함이 평생 콤비를 이루었음을 노래하였다(1:22-23). 다윗은 특별히 자신을 향한 요나단의 사랑이 특별하고 아름다웠고 고백하며 애도하였다(1:26).

다윗이 이와 같이 자신의 평생 원수 사울의 죽음을 애도한 것은 그의 신앙이 참으로 성숙했음을 보여준다. 다윗은 어떤 두 사람이 사울의 군대장관 넬의 아들 아브넬이 사울 대신 이스라엘의 왕으로 세운 이스보셋을 침상에 누워 있는 채로 죽이고 목을 베어 그에게 가지고 왔을 때도 그들을 죽이도록 지시했다(4:7-12). 다윗은 나중에 요나단과 맺은 언약을 기억하여 그의 아들 므비보셋을 극진히 대했다(9장).

한 마디 기도

원수까지도 진심으로 사랑하고 축복하게 하소서.

2 SAMUEL
03/20

점점 더 강성하게 된 다윗

만군의 하나님 여호와께서 함께 계시니 다윗이 점점 강성하여 가니라 _삼하 5:10

✝ 핵심 이해하기

다윗은 사울 왕이 죽었을 때 곧바로 온 이스라엘 백성의 왕이 되지 아니했다. 그가 이스라엘 전체의 왕이 되는 데는 무려 7년 6개월이 걸렸다. 다윗은 기도의 삶에서 떠나 자신의 꾀를 따라 산 죄로 인해, 하나님 백성의 왕이 되는 것이 완전히 물거품이 될 뻔했다. 그러나 다윗은 시글락 사건을 통해 회복되어 철저히 하나님을 의지하는 사람이 되었다. 그는 하나님의 응답을 받고 헤브론으로 올라가 거기서 유다 지파를 중심으로 통치하기 시작했다(2:1). 한편 사울의 아들 이스보셋은 사울의 군 최고사령관 아브넬의 적극적인 도움에 따라 마하나임에서 온 이스라엘의 왕이 되었다(2:8-10). 그러나 시간이 지나면서 아브넬은 사울의 집에서 점점 더 큰 실권을 가졌다. 사울의 집과 다윗의 집 사이에는 전쟁이 계속되었고, 그 결과 다윗은 더욱더 강해지고 있었다.

이러한 중에 아브넬이 사울의 첩 리스바를 자신의 첩으로 취하는 사건이 일어났다. 이 사건으로 이스보셋과 아브넬은 결국 갈라서게 되었다. 아브넬은 조건 없이 사울의 집의 왕권을 다윗에게 넘기려고 그를 찾아왔다가, 돌아가는 길에 다윗의 뜻과 전혀 상관없이 요압의 음모로 살해되었다(3:27-30). 다윗은 아브넬의 죽음을 인하여 크게 슬퍼하고 그를 애도했다(3:31-37). 그 결과 온 이스라엘은 그의 죽음이 다윗과 전혀 관계가 없는 일임을 알게 되었다. 다윗은 심지어 이스보셋의 목을 베어 자신에게 가져온 자를 처형하기도 했다(4:7-8, 12). 마침내 다윗은 헤브론에서 유다 지파 가운데 왕이 되어 다스린 지 7년 6개월 만에, 유다와 이스라엘의 왕이 된다(5:1-5).

다윗은 유다와 이스라엘 백성의 왕이 되어, 예루살렘 성을 여부스 족속에게서 탈취하였다. 예루살렘 성의 정복과 탈취는 여부스 사람의 입장에서 볼 때 불가능한 일이었다. 그러므로 예루살렘 성의 정복은 하나님께서 온 백성의 왕이 된 다윗에게 주신 선물이나 마찬가지였다. 다윗은 이곳을 자신의 이름을 따서 '다윗 성'이라 부르고 이스라엘의 온 백성 12지파의 수도로 삼았다(5:7-9). 다윗 성으로 명명된 예루살렘 성

은 여호수아의 가나안 정복부터 지금까지 이스라엘 어느 지파에게도 속하지 아니했으므로, 다윗이 이 성을 수도로 삼은 것은 이스라엘의 모든 지파가 인정할 수밖에 없는 지혜로운 선택이었다. 이 모든 것은 만군의 여호와 하나님께서 다윗과 함께하셔서 그를 점점 더 강하게 하신 결과였다. 하나님께서 계속해서 다윗의 왕권을 강하게 하신 것은, 다윗이 블레셋의 1, 2차 침략을 하나님의 지혜와 전략으로 크게 무찌른 사건에서 잘 나타난다(5:17-25). 이것은 "여호와께서 주위의 모든 원수를 무찌르사"라는 말로 잘 요약된다(7:1). 다윗은 마침내 여호와 하나님의 법궤를 다윗 성의 준비된 장막 가운데 안치함으로써 여호와 하나님께서 온 이스라엘 백성의 왕이심을 분명하게 했다(6장). 하나님께서는 이러한 다윗과 언약을 맺으시고 그의 왕조를 영원히 견고하게 하겠다고 약속하셨다(7장).

한 마디 기도

주께서 함께하심으로 영적인 전투에서 날마다 승리하게 하소서.

2 SAMUEL
03/21 다윗과 맺은 언약

나는 그에게 아버지가 되고 그는 내게 아들이 되리니 그가 만일 죄를 범하면 내가 사람의 매와 인생의 채찍으로 징계하려니와 내가 네 앞에서 물러나게 한 사울에게서 내 은총을 빼앗은 것처럼 그에게서 빼앗지는 아니하리라 _삼하 7:14-15

✝ 핵심 이해하기

다윗은 여호와의 법궤를 다윗 성의 준비된 장막에 안치했다. 하나님께서는 이후에 그에게 주변

의 모든 원수들을 물리치게 하는 은총을 베푸셨다. 그 결과 다윗 왕궁에서 평안을 누리게 되었

다(7:1). 이 무렵에 다윗 왕은 나단 선지자를 불러, 자신은 백향목 왕궁에 사는데 하나님의 궤는 아직도 장막의 휘장 가운데 있다고 하면서 안타까워했다(7:2). 다윗은 이 말을 통하여, 여호와 하나님을 위한 성전을 지을 계획을 선지자에게 밝혔다. 선지자 나단은 이에 동의하여, 왕께서 하시고자 하는 모든 것을 행하시라고 답했다(7:3).

나단이 집으로 돌아온 후에, 하나님께서는 그 날 밤중에 그에게 나타나 다윗 왕에게 전할 말씀을 주셨다. 5-16절의 내용은 하나님께서 나단에게, 다윗에게 전하라고 주신 말씀이다. 이 말씀은 역대상 17장 1-15절에도 나온다. 이 말씀은 다윗 왕조의 영구성을 보장하시는 하나님의 언약과 언약에 대한 다윗 왕조의 책임을 밝힌다.

하나님께서는 먼저, 이스라엘 백성을 애굽에서 인도하여 내던 날부터 지금까지 집에 거하지 아니하시고 그의 백성과 함께 장막과 성막 안에서 이동하신 사실을 지적하시면서, 다윗이 여호와를 위한 성전을 건축할 수 없음을 분명하게 하셨다(대상 17:5-7). 그 대신에 양 치던 다윗을 이스라엘의 주권자로 삼아 언제나 동행하시고 그 앞에서 모든 원수를 패하게 하신 주께서, 그의 이름을 크게 하겠다고 약속하셨다(대상 17:8-9). 더 나아가, 이제는 자기 백성 이스라엘이 이곳저곳으로 옮겨 다니지 아니하고 한곳에 정착하여 모든 원수들로부터 안식과 평안함을 누리게 하겠다고 약속하셨다(대상 17:11). 하나님께서는 다윗을 통하여 사사 시대의 불안을 끝내고 그의 백성을 위해 평화와 안식의 시대를 이루겠다고 말씀하신 것이었다. 이것은 여호수아 때에 시작된 가나안 정복이 다윗을 통하여 그 완성에 도달하게 하시겠다는 의미를 가진다.

하나님께서는 이 약속과 함께 그가 친히 다윗의 집, 곧 그의 왕조를 확고하게 세우겠다고 하셨다. 그 내용은, 하나님께서 다윗의 후손을 그의 보좌에 세워 그의 나라와 왕조를 견고하게 하시겠다는 것이었다(대상 17:11-12). 다윗의 왕위를 계승할 자가 여호와 하나님의 이름을 위한 집을 건축할 것이고 하나님께서는 친히 그의 나라의 왕위를 영원히 견고하게 하시겠다는 것이다(대상 17:13). 그 결과 다윗 집(왕조)과 나라가 하나님 앞에서 영원히 보존되고 그의 왕위가 대를 이어 영원히 견고하게 될 것이다(대상 17:16).

하나님께서는 다윗의 왕위를 이어받는 왕에게 베푸는 특권과 그의 의무에 대하여 말씀하셨다(7:14-15). 하나님께서 왕에게 베푸시는 특권은, 그가 친히 왕의 아버지가 되시고 왕을 하나님의 아들로 삼으신다는 것이다. 이것은 이스라엘 온 백성이 하나님의 자식이고, 하나님은 온 백성의 하나님이신 것과 같다. 이것은 왕이 하나님의 백성 전체를 대표하는 자로 세워지는 것을 뜻한다. 다윗의 왕위를 계승하는 모든 왕에게 이러한 특권이 주어진다. 이런 특권을 받은 다윗 왕조의 왕들이 만약 죄에 빠져 돌이키지 않으면 하나님께서는 친히 매와 채찍으로 징벌을 하실 것이다. 이것은 왕들이 하나님 앞에서 가진 특권에 대한 책임을 말한다.

왕은 조상 다윗의 왕조를 확고하게 만드시는 하나님 앞에서 온 백성의 대표자로 여호와 하나님의 법도에 따라 행하고 통치해야 할 언약의 책임이 있다. 이것은 모세 언약에서 이미 밝혀진 왕의 의무였다(신 17:14-20).

하나님께서는 왕이 언약의 의무를 성실하게 이행하지 않고 죄의 길에 빠질 때 매와 채찍으로 징계하실 것이다. 하지만 사울에게서 왕조의 은총을 빼앗은 것과 같게 하지는 않겠다고 하셨다. 이것은 사울에게 없었던 불변하는 은총이 다윗의 왕조에 있을 것을 전제한다. 그 결과 다윗 왕조와 그의 나라가 영원히 견고하게 되는 것이다(7:16). 마침내 다윗의 마지막 후손 예수 그리스도가 오셔서 그의 백성을 죄에서 구원하여 내시고 다윗의 천상 보좌에 좌정하신 것도, 하나님께서 다윗과 맺은 언약의 최종적인 성취다(눅 1:32-33; 행 2:36; 5:31-32; 15:16-18). 다윗은 이 놀라운 말씀을 나단 선지자로부터 전해 듣고 깊이 감동하여 감사와 간청의 기도를 올렸다(7:18-29).

 **한 마디 기도**

하나님의 놀라운 은혜와 약속에 감격하여 기도하게 하소서.

2 SAMUEL 03/22 다윗의 죄로 인한 하나님의 징계

여호와께서 또 이와 같이 이르시기를 보라 내가 너와 네 집에 재앙을 일으키고 내가 네 눈 앞에서 네 아내를 빼앗아 네 이웃들에게 주리니 그 사람들이 네 아내들과 더불어 백주에 동침하리라 너는 은밀히 행하였으나 나는 온 이스라엘 앞에서 백주에 이 일을 행하리라 하셨나이다 하니 _삼하 12:11-12

✝ 핵심 이해하기

11장은 다윗 왕이 거룩한 전쟁의 직무를 저버리고 충신의 아내 밧세바를 취하여 동침한 죄악과 이 죄를 은폐하기 위해 그가 행한 우리아의 휴가 포상과 살인 교사의 사건까지 낱낱이 기록한다. 다윗이 동침하여 임신하게 한 밧세바는 충신 집안의 여인이었다. 이 여인은 다윗의 가장 탁월한 전략가 아히도벨의 손녀였다(16:23). 아히도벨의 아들 엘리암은 다윗의 충성된 장수 30인 중에 하나였다(23:34-38). 헷 사람 우리아 역시 이스라엘 백성으로 귀화한 충신이었다. 이방 나라와 성전(聖戰)이 진행되는 동안에는 왕과 모든 군인은 부부 간의 관계도 절제를 해야 했다. 하지만 왕은 당연히 해야 할 출전을 하지 않았을 뿐만 아니라, 충신 집안의 아내를 은밀하게 취하여 이와 같은 일을 저질렀다. 이것은 누가 보아도 정말로 치욕스러운 일이었다. 다윗은 이것도 부족해서 자신의 은밀한 지시로 우리아가 적의 손에 의하여 죽임을 당하자, 그의 장례 절차가 끝나자마자 여인 밧세바를 왕궁으로 데려와 아내로 삼았다(11:27).

하나님께서는 다윗을 죄악에서 돌이키기 위해서 선지자 나단을 그에게 보내셨다. 나단은 한 성에 사는 두 사람의 비유를 들어 그에게 말했다. 한 가난한 사람에게는 자기 가족과 같이 소중히 여기는 작은 암양 새끼 한 마리밖에 없었으나, 한 부자에게는 양과 소가 아주 많았다.

그런데 이 부자는 어떤 손님이 자기 집에 오자 이 가난한 사람의 양 새끼를 빼앗아 손님을 대접하였다(12:1-4). 다윗 왕은 이 비유를 듣자마자 분노하여 그 부자는 죽어야 마땅하고, 가난한 자의 양 새끼를 네 배로 보상해야 한다고 말했다(12:5-6). 나단 선지자는 죽어 마땅한 그 부자가 바로 다윗 왕 자신이라고 지적했다(12:7).

하나님께서는 다윗 왕이 은혜를 망각하고 이와 같이 죄악을 범하였으므로 그와 맺은 언약에 근거하여 그를 징계하겠다고 말씀하셨다. 10-12절은 다윗의 죄에 대한 징계의 구체적인 내용이다. 징계의 내용들은 (1) 다윗의 집에서 칼이 떠나지 않을 것과 (2) 다윗과 그의 왕조에 재앙이 일어나게 할 것인데, 그것은 구체적으로 그의 아내들을 빼앗아 그의 이웃들에게 주어 사람들이 보는 가운데 동침하게 하는 것이다. 다윗은 은밀하게 죄를 자행했지만 하나님께서는 온 백성이 보는 가운데 이와 같은 재앙이 일어나게 하실 것이다(12절). 하나님께서 다윗과 맺은 언약의 조항에는, 왕이 죄에 빠질 때 하나님께서 사람의 매와 인생의 채찍으로 징계하신다는 내용이 있다. 하나님께서는 이 조항대로 행하시겠다고 나단을 통해 밝히신 것이다.

하나님께서는 회개한 다윗의 죄를 용서하셨지만, 징계를 거두지는 아니하셨다. 첫 번째 징계는 다윗과 밧세바 사이에서 난 아들의 죽음이다(12:13, 18). 13-20장의 전체는 하나님께서 다윗의 집에 내린 구체적인 징계 사건들의 기록이다. 다윗의 아들 암논이 배다른 여동생 다말을 욕보인 사건(13장), 이에 대한 보복으로 압살롬이 암논을 살해한 사건(13장), 압살롬이 다윗을 모반하여 그의 왕위를 찬탈한 사건과 왕의 첩들을 왕궁 옥상에서 욕보인 사건(14-17장), 베냐민 사람 시므이가 피신 중인 다윗을 저주한 사건(17장), 압살롬의 죽음(18장), 다윗의 편파적인 처신으로 유다 지파와 나머지 지파 사이에 갈등 고조(19장), 그리고 세바의 반역 사건(20장) 등, 이 모든 사건들은 하나님의 징계가 얼마나 심각했는지 보여준다. 물론 혹독한 징계 가운데에서도 하나님의 은혜는 여전히 다윗에게 있었다. 하나님께서는 이 징계를 통하여 다윗 왕으로 하여금 죄가 얼마나 심각한 결과를 가져오는지 몸소 체험하게 하셨다. 그 결과 다윗은 거룩함이 얼마나 중요한지 배우게 되었다.

⤫ 한 마디 기도

하나님께서 사랑하는 자녀를 징계하시는 것을 알고 거룩함을 배우게 하소서(히 12:9-10).

백성의 마음을 훔친 압살롬

사람이 가까이 와서 그에게 절하려 하면 압살롬이 손을 펴서 그 사람을 붙들고 그에게 입을 맞추니 이 스라엘 무리 중에 왕께 재판을 청하러 오는 자들마다 압살롬의 행함이 이와 같아서 이스라엘 사람의 마음을 압살롬이 훔치니라 _삼하 15:5-6

✝ 핵심 이해하기

압살롬은 암논이 자기 누이 다말을 욕보인 일 때문에 암논을 보복하기 위해 2년간 치밀하게 준비했다. 압살롬은 2년의 준비 후에 기회를 잡아 자기 종들을 통해서 암논을 살해했다(13:23-29). 그리고 압살롬은 왕의 진노를 피하여 그술 왕에게로 피신하여 그곳에서 3년간 살았다(13:37-39). 요압은 왕의 마음이 어느 정도 정리된 것을 확인하고 지혜로운 드고아 여인을 동원하여 압살롬을 예루살렘으로 돌아오게 하는 일에 성공했다(14:4-24). 돌아온 압살롬은 2년 만에 부왕 다윗을 만났다(14:28-33).

압살롬은 부왕의 왕위를 찬탈하는 모반을 2년 동안 치밀하게 준비했다. 그는 병과 말들을 준비하고 호위병 50명을 세워 성문 길 곁에 일찍이 나가, 송사를 해결하기 위해 왕의 재판을 받고자 찾아오는 사람들에게 다정다감하게 대하면서 한편으로는 왕에 대한 불만을 고조시켰고, 다른 한편으로는 자신이 왕이 되면 모든 송사와 재판이 백성을 위해 잘 진행될 것이라고 백성들에게 말했다(15:2-4). 압살롬은 이렇게 4년 동안 백성들의 마음이 다윗 왕에게서 떠나 자기를 향하도록, 그들의 마음을 도적질했다(15:5-6).

압살롬의 마음 도적질은 다윗 왕에게로 향하는 백성들의 마음을 모두 자기를 향하게 한 것이다. 압살롬은 이렇게 4년 동안 모반을 완벽하게 준비하고, 부왕 다윗을 만나 자신이 아람 땅 그술에 있을 때 예루살렘으로 돌아가게 하시면 여호와 하나님을 섬기겠다고 한 서약을 지키겠다고 상기시키며, 자신이 헤브론에 가서 그 서원을 지키게 해달라고 다윗을 속였다(15:7-8). 사실 그는 다윗이 헤브론에서 처음 왕이 되었던 것과 같이, 그곳에서 왕이 되고자 했던 것이다.

압살롬의 마음 도적질은 성공하여, 짧은 시간 동안 이스라엘 백성으로 하여금 자신을 왕으로 삼고 따르게 했지만, 그 결과로 자신의 멸망과 백성의 큰 고통을 낳고 말았다. 이웃의 재물을 도적질하는 것을 금하는 제8계명의 근본정신은, 창조자며 구원자이신 하나님에게 향하는 마음을 자신에게 향하게 하는 것도, 합당하게 다른 사람에게로 향하는 마음을 자신에게 향하게 하는 마음 도적질도 금지한다.

◁ 한 마디 기도

사람들의 마음 도적질로 하나님께서 세운 질서를 파괴하지 않게 하소서.

아히도벨의 좋은 계략을 폐하신 하나님

압살롬과 온 이스라엘 사람들이 이르되 아렉 사람 후새의 계략은 아히도벨의 계략보다 낫다 하니 이는 여호와께서 압살롬에게 화를 내리려 하사 아히도벨의 좋은 계략을 물리치라고 명령하셨음이더라
_삼하 17:14

✚ 핵심 이해하기

압살롬은 헤브론에서 부왕을 모반하고 왕으로 선포되자마자 제1순위로 부왕 다윗의 위대한 모사와 전략가인 아히도벨을 영입했다(15:12; 16:23). 그 결과 더 많은 백성이 압살롬에게로 돌아왔다. 다윗은 급히 왕궁을 떠나 도망하면서 후궁 열 명을 뒤에 남겨두어 왕궁을 지키게 했다(15:16). 다윗은 기드론 시내를 건너 도망가는 중에도 법궤를 가지고 나온 제사장에게 예루살렘으로 가지고 돌아가라고 했다(15:24-29). 다윗은 하나님께서 그에게 은혜를 베푸시면 그가 다시 예루살렘으로 돌아가게 될 것이라고 믿었기 때문이다.

다윗은 울면서 맨발로 감람산을 올라갈 때에 압살롬과 함께한 모반한 자들 중에 아히도벨이 있다는 소식을 들었다(15:30-31). 큰 충격을 받는 다윗은 그 소식을 듣자마자 "여호와여 원하옵건대 아히도벨의 모략을 어리석게 하옵소서"라고 기도했다(15:31). 다윗은 기도한 후에 아히도벨의 모략을 패하게 하기 위한 전략을 세웠다. 이 전략은 물론 하나님께서 그의 기도에 대한 응답으로 주신 것이었다.

다윗의 전략은 아렉 사람 후새를 압살롬에게로 돌려보내 그의 종으로 위장시키는 것이었다(15:34-35). 후새는 다윗 왕의 간청대로 예루살렘으로 돌아와 압살롬에게 위장 전향했다(16:15-19). 압살롬은 그의 요청과 아히도벨이

베푼 전략에 따라 왕궁 옥상에서 그를 따르는 모든 백성이 보는 가운데 왕의 첩들과 동침했다(16:20-22). 물론 이것은 하나님께서 다윗에게 하신 말씀의 성취이다(12:12).

압살롬은 그의 두 전략가 아히도벨과 후새를 따로따로 불러 부왕 다윗을 체포하는 전략을 요청한다. 먼저 아히도벨의 전략은 자신에게 백성 1만 2천 명을 주면 그날 밤에 다윗을 기습 공격하여, 왕만 죽이고 나머지 백성은 모두 압살롬에게 돌아오게 하겠다는 것이었다(17:1-3). 만일 압살롬이 그의 탁월한 전략을 채택했다면, 다윗은 아히도벨의 손에 죽임을 당하고 압살롬은 왕위 찬탈에 성공했을 것이다. 압살롬과 장로들은 아히도벨의 전략을 듣고 모두 타당하게 생각했다(17:4).

압살롬은 후새를 불러 아히도벨의 전략을 그에게 설명하고 그가 아히도벨의 전략를 따라야 할지에 대하여 조언을 부탁했다(17:5-6). 그러자 후새는 아히도벨의 이번 전략은 좋지 않다고 결론부터 말하고 그 구체적인 주장을 말했다(17:8-10). 후새의 핵심 주장은 다윗도 그의 추종자들도 탁월한 용사이기에 백성과 함께 있지 않고 굴이나 다른 곳에 숨어 있을 것이므로, 그를 기습 공격했다가 일부 백성이 전사하게 되면 사기가 땅에 떨어질 것이 염려된다는 내용이었다. 왕의 아버지와 그의 추종자들이 용사인 것

은 모든 무리가 알고 있으므로, 아히도벨의 기습 공격의 전략은 좋지 않다는 것이었다.

압살롬의 치명적인 실수는 그가 후새를 100% 신뢰하고 아히도벨의 전략을 구체적으로 말한 것이었다. 이것은 하나님의 전적인 개입의 결과였다.

이어서 후새는 자신의 전략을 제시했다(17:11-13). 후새의 전략은 근본적으로 다윗과 그의 일행이 피신하기에 충분한 시간을 벌어 주기 위한 것이었다. 그러나 이것은 후새만이 아는 것이었다. 그의 구체적인 전략은 단에서부터 브엘세바까지 온 이스라엘 백성을 소집하여 한번에 전쟁에 나가, 다윗이 숨어 있을 만한 곳을 찾아 기습 공격하자는 것이었다(17:12-13). 그렇게 하면 결국 다윗을 잡을 수 있다는 것이었다. 압살롬과 온 이스라엘 사람들은 후새의 전략을 듣자, 그동안 선호했던 아히도벨의 전략을 버리고 후새의 전략을 채택하게 되었다. 이것은 하나님께서 다윗의 기도에 응답하셔서 아히도벨의 좋은 전략을 물리치게 하신 결과였다.

하나님께서는 다윗이 위기 중에 기도할 때 전략을 주셨고, 그 전략을 실행할 사람 후새를 압살롬에게 보내어 아히도벨의 탁월한 전략을 폐하게 하신 것이다. 아히도벨은 자신의 전략이 실행되지 않자 이에 크게 실망하여 고향으로 돌아가 목매어 자살했다(17:23). 백성들의 마음을 도적질하여 다윗의 왕위를 찬탈할 압살롬은 하나님의 진노를 받기 시작한 것이다.

∝ 한 마디 기도

기도할 때 지혜로운 전략을 주시어 문제를 해결하게 하시는 하나님을 찬양합니다.

2 SAMUEL 03/25 다윗의 회개와 간청

다윗이 백성을 치는 천사를 보고 곧 여호와께 아뢰어 이르되 나는 범죄하였고 악을 행하였거니와 이 양 무리는 무엇을 행하였나이까 청하건대 주의 손으로 나와 내 아버지의 집을 치소서 하니라
_삼하 24:17

✝ 핵심 이해하기

다윗은 군사령관 요압의 강한 반대를 물리치고 이스라엘과 유다의 백성을 계산하게 했다(24:1-2). 9개월 20일 만에 완성된 백성의 숫자는, 이스라엘 중에서 칼을 빼는 자가 80만 명, 유다 지파의 사람들이 50만 명이다(24:8-9). 다윗은 이 일로 인하여 양심의 가책을 느끼고 하나님 앞에 죄를 고백하며 용서를 구했다(24:10절. 하나님께서는 다음 날 아침에 선지자 갓을 다윗에게 보내 세 가지 재앙 중에 하나를 택하라고 요구하셨다. 이 셋은 7년간의 기근과 3개월간 왕이 원수에게 쫓겨 도망하는 것과 3일간 전염병이 발발하는 것이었다(24:12-13). 다윗은 큰 고민 중에 여호와 하나님께서는 긍휼하심이 크시니, 사람의 손이 아니라 하나님의 손에 빠지기를 원한다

고 답했다(24:14). 이에 따라 온 이스라엘에는 3일 동안 전염병이 내려, 왕이 인구조사를 한 단에서부터 브엘세바까지 백성 7만 명이 죽었다(24:15). 하나님께서는 멸하는 천사가 진노의 손을 들어 예루살렘 백성을 치려는 것을 보고, 지금까지 내린 재앙으로 족하니 손을 거두라고 하셨다(24:16). 이때 멸하는 천사는 여부스 사람 아라우나의 타작마당 곁에 있었다.

다윗 왕은 백성을 치는 천사를 보고, 자신이 범죄하고 죄악을 행하였는데 어찌하여 죄 없는 백성을 치시냐며 자신과 자신의 아버지의 집을 쳐달라며 회개했다(24:17). 다윗의 회개 기도는 더 이상 재앙을 백성 가운데 내리지 않으시려는 여호와 하나님의 뜻과 일치했다. 하나님께서는 전염병의 재앙을 중단시킬 때 다윗의 회개와 간청을 사용하길 기뻐하셨다. 물론 다윗은 하나님께서 멸하는 천사에게 재앙의 손을 거두라고 말씀하신 것을 알지 못했다. 다윗의 회개 기도는 분명 재앙이 여전히 진행되고 있을 때 일어난 것이다.

하나님께서는 다윗의 회개 기도를 듣고 응답하셔서 선지자 갓을 그에게 보내 여부스 사람 아라우나의 타작마당에서 여호와께 제단을 쌓으라고 명하셨다(24:18). 다윗 왕은 이 명령에 즉시 순종하여 아라우나의 타작마당에 올라가 주인 아라우나에게 그의 타작마당을 사서, 여호와 하나님께 제단을 쌓아 재앙을 그치게 하려 했다(24:21). 주인 아라우나는 타작마당과 땔감과 희생 짐승까지 기꺼이 공짜로 제공하겠다고 했지만, 다윗은 정당한 값을 지불하지 않고는 하나님 여호와께 번제를 드리지 않겠다고 하며 그의 제안을 완강하게 거절했다(24:22-24). 다윗은 은 50세겔로 타작마당과 소를 사서 하나님께 번제와 화목제를 드렸다(24:24). 하나님께서는 다윗의 기도에 응답하시고 마침내 백성에게 내리는 재앙을 멈추셨다(24:25). 다윗은 이때부터 이 타작마당에서 하나님께 희생 제사를 드렸고(대상 21:28-30), 이곳은 훗날에 솔로몬의 성전터가 되었다(대하 3:1).

다윗은 이스라엘의 모든 왕들의 평가 기준이요 잣대였다. 하지만 그런 다윗 왕도 하나님 앞에서 완전한 자가 아니었다. 그는 백성에게 복을 가져다주기도 했지만, 그의 죄로 인하여 3일 동안 백성 7만 명이 전염병으로 죽는 대불행도 있었다. 그러나 다윗보다 위대한 후손이며 동시에 다윗의 주가 되시는 예수 그리스도께서는, 하나님께서 친히 제공하신 엄청나게 비싼 희생 제물이 되어 그의 백성을 죄와 사망에서 건져 의와 영생에 이르게 하셨다. 다윗이 정당한 대가를 지불하고 하나님께 번제와 화목 제물을 드린 것은, 먼 훗날에 그의 후손인 하나님의 아들 예수 그리스도께서 오셔서 자신의 몸을 희생 제물로 드릴 것을 예고한 것이다.

다윗이 자신의 죄를 고백하고 값을 주고 타작마당과 희생 짐승을 사서 하나님께 번제와 희생을 드릴 때, 하나님께서는 그의 백성에게 내리시던 진노의 전염병을 거두셨다. 그런 하나님께서, 죄 없고 거룩하고 의로우신 아들 예수 그리스도께서 자기 백성의 죄를 짊어지시고 자신의 거룩한 몸을 친히 희생 제물로 드리셨으니, 당연히 자기 백성을 죄와 사망에서 건져 영원한 화해와 영생에 이르도록 하지 않으시겠는가! 다윗은 자신의 죄악으로 양 무리에게 죽음을 가져다주었지만, 예수 그리스도께서는 죄악에 빠진 양 무리를 위해 자신의 목숨을 대속적인 희생 제물로 내어 주심으로 죄 용서와 생명과 영생을 가져다주셨다.

한 마디 기도

다윗보다 위대한 구원자 예수 그리스도의 자기희생과 순종을 통해 죄인들을 구원하시는 하나님을 찬양합니다.

열왕기상하 핵심구절
이해하고 기도하기

1 KINGS 03/26

다윗의 유언적인 명령

내가 이제 세상 모든 사람이 가는 길로 가게 되었노니 너는 힘써 대장부가 되고 네 하나님 여호와의 명령을 지켜 그 길로 행하여 그 법률과 계명과 율례와 증거를 모세의 율법에 기록된 대로 지키라 그리하면 네가 무엇을 하든지 어디로 가든지 형통할지라 _왕상 2:2-3

✝ 핵심 이해하기

다윗 왕은 죽음이 임박함을 의식하고 그의 왕위를 이어받은 솔로몬에게 유언적인 명령을 하였다. 그 내용은 2장 2-9절에 기록되어 있다. 유언의 명령은 여호와의 율법을 지켜 행하라는 것(2:2-4)과, 정적 요압(2:5-6)과 베냐민 사람 시므이의 제거(2:7-9)와, 바르실래의 아들들에게 은혜를 갚으라는 것(2:7)이었다. 다윗이 죽음을 눈앞에 두고 아들 솔로몬에게 내린 명령은, 하나님께서 모세를 이어서 세움을 받은 여호수아에게 주신 명령과 일맥상통한다(수 1:7-8).

다윗 왕은 40년 동안 통치하면서 하나님의 율법와 법도의 길로 갔을 때에 하나님께서 형통하게 하시고 모든 대적들과 싸워 이기게 하신 경험을 하였다. 그러나 다윗이 언약의 법도를 어기고 불순종의 길로 갔을 때에는 하나님의 징계로 많은 고통과 어려움을 겪었다. 사실 사무엘하 11-20장과 24장의 내용은 모두 이러한 고통스러운 경험이다. 다윗 왕이 솔로몬에게 유언하는 명령은 그가 친히 40년 동안 경험한 것을 반영한다는 점에서, 아직 경험이 부족한 솔로몬이 마음 깊이 새겨들어야 할 말씀이다. 다윗 왕이 솔로몬에게 권고한 것은 하나님께서 모세를 통해 주신 왕의 언약적인 사명과도 일치한다(신 17:18-20).

다윗의 유언에서 또한 주목할 점은 하나님께서 다윗과 맺은 언약과 그 언약의 성취가 언약의 법도에 대한 순종과 연결되었다는 점이다.

4절은 하나님께서 다윗과 맺은 언약의 핵심 내용을 상기시킨다. 하나님께서는 다윗의 왕조가 대를 이어서 지속될 것을 약속하셨다(삼하 7:12-13). 그런데 4절에서 다윗은 하나님께서 그의 왕조의 영구적인 보전에 대하여 하신 말씀의 성취 여부가 다윗 왕조의 지속적인 순종에 달려 있음을 밝힌 것이다. 하나님께서 다윗과 맺은 언약은 취소될 수 없는 무조건적인 은혜의 언약이었다. 다윗은 새로운 왕 솔로몬에게, 이것을 남용하지 말고 하나님의 언약의 법도인 모세의 율법대로 행할 것을 힘써 강조한 것이다.

하나님께서는 솔로몬의 꿈에서도 솔로몬이 부왕 다윗과 같이 그의 길로 행하여 그의 법도

와 명령을 지키면 그의 날이 길 것이라고 하셨다(3:14). 하나님께서는 또한 솔로몬의 성전 건축이 진행될 때에도 그의 율례와 법도와 계명을 지켜 행하면 다윗에게 약속하신 말씀을 확실히 지키실 것이라고 말씀했다(6:12-13). 하나님께서는 마지막으로 솔로몬이 성전을 봉헌한 후에 그에게 나타나셔서 동일한 말씀으로 권고하셨다(9:4-5). 그러나 애석하게도 솔로몬은 다윗 왕의 길로 가지 아니했다.

∝ 한 마디 기도

어떤 지위와 영광보다, 하나님의 율례와 법도와 계명의 길로 가는 것이 가장 복되고 형통하는 길임을 알고 체험하고 누리게 하소서.

이방인을 위한 기도

주는 계신 곳 하늘에서 들으시고 무릇 이방인이 주께 부르짖는 대로 이루사 땅의 만민으로 주의 이름을 알고 주의 백성 이스라엘처럼 경외하게 하시오며 또 내가 건축한 이 전을 주의 이름으로 일컫는 줄을 알게 하옵소서 _왕상 8:43

✝ 핵심 이해하기

8장 22-53절은 솔로몬이 여호와의 제단 앞에 모인 이스라엘 백성을 마주서서, 하늘을 향해 손을 펼치고 한 성전 봉헌 기도다. 이중에서 특별히 41-43절은 이방인을 위한 기도다. 아직 이스라엘 백성으로 개종하지 아니한 이방인이 여호와 하나님의 명성을 듣고 이 성전에 와서 기도할 때, 그들의 기도를 응답하여 주심으로 말미암아 땅의 만민이 여호와의 이름을 인정하고 이스라엘 백성과 같이 하나님을 경외하며

이 성전이 여호와의 이름으로 일컬어지는 것을 알게 하여 달라는 기도다. 이방인을 위한 솔로몬의 기도는 성전이 이방인과 관련하여 어떤 기능을 하는지 잘 보여준다. 사실 하나님께서 이스라엘 백성을 열방이 둘러싸고 있는 가나안 땅에 두신 것은, 그들을 통하여 열방에게 복을 주시기 위함이었다(출 19:5-6; 겔 5:5). 열방이 예루살렘의 성전에 오는 것은 이스라엘 백성 가운데 나타난 하나님의 크신 이름과 능력 때문이다

(8:42). 이방인들이 주의 이름을 아는 것과, 그들이 솔로몬이 건축한 성전이 주의 이름으로 불리는 것을 인정하는 것은, 그들이 성전에서 하는 기도와 솔로몬의 이 기도에 대한 하나님의 응답이다.

성전은 하나님의 이름을 위한 특별한 거처다(8:16-20). 하나님께서는 성전에 그의 이름을 두실 것이라고 말씀하셨다(8:29). 기도는 여호와 하나님의 이름을 인정하고 그의 이름을 부르는 행위다. 그러므로 여호와 하나님의 이름으로 불리는 성전에서 기도하거나 성전을 향하여 기도하는 것은 당연한 것이다. 이방인들이 여호와의 크신 이름과 그의 기적을 듣고 성전에 와서 기도하는 것은 여호와의 이름을 인정하는 행위다. 그러므로 하나님께서 그들의 기도를 들으실

때, 그들은 솔로몬의 성전이 여호와의 이름으로 불리는 것을 인정하게 될 것이다. 그 결과 그들은 이스라엘 백성이 성전을 중심으로 여호와 하나님을 경외하듯이 하나님을 경외하게 될 것이다. 그러나 안타깝게도 성전은 이방인들이 와서 기도하는 집으로서의 기능을 전혀 하지 못했다. 선지자 이사야는 성전이 만민을 위한 기도의 집으로 기능할 것이라고 예고했다(사 56:7). 하지만 왕과 백성의 죄로 인하여, 예루살렘 성전은 바벨론 군대에 의해 짓밟히고 불타고 말았다.

한 마디 기도

오늘날 하나님의 성전인 교회가 하나님의 이름을 높이고 영화롭게 하여 많은 사람들이 주께 돌아오게 하소서.

엘리야의 기근 선포

03/28

1 KINGS

길르앗에 우거하는 자 중에 디셉 사람 엘리야가 아합에게 말하되 내가 섬기는 이스라엘의 하나님 여호와께서 살아 계심을 두고 맹세하노니 내 말이 없으면 수 년 동안 비도 이슬도 있지 아니하리라 하니라(약 5:17에 언급됨) _왕상 17:1

✝ **핵심 이해하기**

요단 동편 길르앗 지역에 위치한 무명 마을 디셉은 기도의 사람 엘리야 때문에 후대에 알려지게 되었다. 그가 디셉 사람 엘리야로 불리지 않았다면 누구도 디셉이란 동네가 있는지조차 알 수 없었을 것이다(21:17, 28; 왕하 1:3, 8; 9:36).

엘리야의 이름의 뜻은 "나의 하나님은 여호와이시다"이다. 알려지지 않은 그의 부모는, 그에게 엘리야란 이름을 지어 주고 그를 여호와

하나님의 신앙으로 양육한 것으로 보인다. 당시 북 왕국의 절대다수의 백성은 여호와 하나님의 신앙에서 떠나 바알을 자기들의 하나님으로 섬기고 있었다. 이러한 배도의 시대에 그가 여호와 하나님의 신앙을 고백하고 사는 일은 결코 쉽지 않았을 것이다. 더욱이 여로보암 때부터 우상화된 여호와 하나님의 신앙은 북 왕국 백성 가운데 신앙의 대세였다. 오므리 왕조는 북 왕

국 초기의 정치적인 혼란과 불안을 완전히 극복하고, 정치, 사회, 경제를 안정시킴으로써 백성들에게 인정을 받고 있었다(16:23-24). 12년간 통치한 오므리의 왕위를 계승한 아합은 바알 신앙을 북 왕국의 국교로 자리 잡게 했다(16:29-33).

이러한 배도의 시대에 엘리야는 "나의 하나님은 여호와이시다"는 자기 이름에 걸맞게 살았다. 엘리야는 갑자기 아합에게 나타나 여호와 하나님의 이름으로 맹세하면서 수년간 기근이 있을 것이란 선언했다. 이 선언은 그가 하나님께 기도한 후에 응답을 받고 한 말이다. 엘리야의 선언은 바알의 능력에 대한 도전이었다. 당시 바알은 천둥과 번개를 다스리는 비와 풍요의 신으로 유명했다.

엘리야가 아합에게 이와 같이 선언할 수 있었던 것은 그가 하나님의 언약에 근거하여 기도했기 때문이다. 야고보는 엘리야가 비가 오지 않기를 간절히 기도했다고 언급한다(약 5:17). 이것은 엘리야가 아합에게 기근을 선언하기 전에 간절히 기도했음을 암시한다.

비가 오지 않을 때는 누구나 비를 구하는 기도를 할 수 있다. 하지만 기근과 흉년이 있게 해 달라는 간구는 누구나 할 수 있는 기도가 아니다. 엘리야는 하나님께서 그의 백성과 맺은 시내 산 언약을 너무나 잘 알고 있었다. 이 언약에 따르면 하나님의 백성이 언약의 의무를 이행하며 율례와 법도의 길로 가면 하나님께서는 풍족한 비를 내려 풍요를 누리게 하시나(레 26:4; 신 11:13-15; 28:12), 마음이 완악하여 불순종의 길로 계속 가면 하늘을 닫아 기근을 내리신다(신 11:16-17; 28:20-24).

솔로몬 왕의 성전 봉헌 기도에는 백성이 죄에서 돌이켜 비를 구할 때 비를 땅에 내려 달라는 간구가 있다(왕상 8:35-36). 따라서 적절한 비와 풍년은 하나님께서 허락하신 언약적인 복의 표시였다. 반면 비가 내리지 아니함으로 인한 기근과 흉년은 언약적인 저주와 진노의 표현이었다.

엘리야는 언약의 이와 같은 규정에 근거하여, 오므리 왕조의 아합의 통치 아래에서 극한 배도의 길로 가고 있는 북 왕국으로부터 언약의 복을 제거하고 언약의 저주를 부어 달라고 간구했던 것이다. 그의 구체적인 기도는 하나님께서 그의 백성을 사랑하시면 그의 언약 규정에 따라 비를 멈추고 기근과 흉년을 주셔야 한다는 것이었다. 하나님께서는 언약의 규정에 충실한 엘리야의 기도에 응답하신 것이다. 그래서 엘리야는 아합에게 나타나 여호와 하나님의 이름으로 맹세하며 기근을 선언한 것이다. 물론 엘리야는 이 선언을 한 후에 하나님의 지시대로 도피 생활을 하면서 그가 선언한 대로 기근이 있게 해 달라고 기도했을 것이다. 하나님께서는 그의 기도와 선언대로 아합 왕과 백성의 죄를 깨우치게 하시고자 3년 6개월간 이스라엘 모든 땅에 비와 이슬을 중단시키셨다.

한 마디 기도

주의 말씀에 근거하여 언약의 규정에 충실한 기도를 하게 하소서.

엘리야의 기도

저녁 소제 드릴 때에 이르러 선지자 엘리야가 나아가서 말하되 아브라함과 이삭과 이스라엘의 하나님 여호와여 주께서 이스라엘 중에서 하나님이신 것과 내가 주의 종인 것과 내가 주의 말씀대로 이 모든 일을 행하는 것을 오늘 알게 하옵소서 _왕상 18:36

✚ 핵심 이해하기

하나님께서는 선지자 엘리야에게 "너는 가서 아합에게 보이라 내가 비를 지면에 내리리라"고 명령하셨다(18:1). 선지자는 이 말씀을 아합과 대결하라는 뜻으로 이해했다. 그래서 엘리야는 아합을 만나자, 바알의 선지자들과 아세라의 선지자들을 갈멜 산에 소집하여 자신에게 나아오게 하라고 말한 것이었다(18:19).

그가 대결의 장소로 택한 갈멜 산은, 바알의 능력을 가장 잘 보여주는 신성한 산으로 백성에게 알려져 있었다. 엘리야는 의도적으로 바알의 성지에서 바알의 무능함을 폭로하고자 했던 것이다. 그는 아합이 소집한 바알 선지자 450명에게 온 백성이 보는 가운데 대결의 도전장을 내밀었다. 도전의 내용은 불로 응답하는 신이 하나님이라는 것이었다(18:24). 사실 바알은 불의 신으로 유명했다. 온 백성이 이 내용에 동의하자 엘리야는 450명의 바알 선지자들에게 먼저 기회를 주었다. 그들은 아침부터 정오까지 바알의 이름을 부르며 그의 응답을 간청했으나 아무런 반응이 없었다. 그들은 심지어 제단 주위를 미친 듯이 돌면서 칼과 창으로 자신들의 몸을 해하기까지 했다. 그러나 저녁 소제를 드릴 시간(오후 3시경)이 되어도 바알은 전혀 반응하지 못했다(18:28-29).

바알 선지자들이 실패하자 엘리야는 비로소 자신의 순서를 시작했다. 그는 먼저 이스라엘의 12지파의 수를 따라서 무너진 돌 제단을 쌓고 그 주위에 도랑을 만들었다. 엘리야는 이어서 누가 보아도 어리석은 행동을 했다. 그것은 제단 위에 송아지 각을 떠 나무 위에 올려놓고, 네 통의 물을 3번에 걸쳐 길어다가 번제물과 나무 위에 붓게 한 것이었다(18:33-34). 그 결과 제단과 제물과 장작에 물이 흘렀고, 도랑에는 물이 가득 차게 되었다(18:35). 이 모든 것은 제단에 불이 붙는 것을 어렵게 하는 행동들이었다. 하지만 그는 여호와 하나님께서 불을 내리실 것을 확신했기 때문에 이와 같이 행했다.

엘리야는 이와 같이 준비하고 아브라함과 이삭과 야곱의 하나님께 아주 분명한 기도를 드렸다. 36-37절은 엘리야가 드린 기도의 내용이다. 바알 선지자 450명은 아침부터 저녁 소제를 드릴 시간 직전까지, 오전 9시경부터 오후 3시 이전까지 약 6시간 정도 바알에게 부르짖고 광적인 행동까지 했지만, 그들의 기도와 의식은 허망하게 끝났다. 그들의 기도는 "바알이여 우리에게 응답하소서"란 내용이 전부였다. 하지만 엘리야의 기도는 너무나 분명했다. 엘리야의 하나님은 아브라함과 이삭과 이스라엘의 하나님이었다. 그는 이와 같은 조상의 하나님께서 이스라엘 백성 가운데 하나님이신 것을 알게 해달라고 기도했다. 그리고 자신이 하는 모든 일이 주 여호와의 말씀대로 하는 것임을 알게 해달라고 기도했다. 그는 마지막으로 여호와 하나님의 응답을 촉구하면서 이스라엘 백성에게 그가 여호와 하나님이신 것과 그가 친히 그들의 마음을 돌이키시는 분임을 알게 하여 달라고 간구했다(18:37).

하나님께서는 엘리야의 기도에 즉시 응답하셨다. 여호와 하나님의 불이 내려와 물에 젖어 있는 번제물과 장작과 돌과 땅을 태우고 도랑의 물이 다 사라지게 했다(18:38). 모든 백성은 이 장면을 목격하였고, 엘리야가 기도한 그대로 여호와를 참 하나님으로 인정했다(18:39). 엘리야의 명령을 받은 모든 백성은 바알의 선지자 450명을 잡아 기손 시내로 끌고 가서 모두 죽였다

(18:40). 이로써 갈멜 산 대결에서 바알은 허상이며, 조상의 하나님 여호와만이 참 하나님이심이 드러나게 되었다. 엘리야는 이것으로 만족하지 않고 하나님께서 그에게 약속하신 비를 달라고 절박하게 간구했다(18:41-44). 하나님께서는 즉각 응답하셔서 3년 6개월 동안 중단시켰던 비를 내리셨다(18:45).

∝ 한 마디 기도

하나님의 백성 모두가 예수 그리스도의 아버지이신 하나님만이 우리가 섬겨야 할 참되고 유일한 하나님이심을 알고 체험하게 하소서.

여호와의 세미한 소리

1 KINGS 03/30

여호와께서 이르시되 너는 나가서 여호와 앞에서 산에 서라 하시더니 여호와께서 지나가시는데 여호와 앞에 크고 강한 바람이 산을 가르고 바위를 부수나 바람 가운데에 여호와께서 계시지 아니하며 바람 후에 지진이 있으나 지진 가운데에도 여호와께서 계시지 아니하며 또 지진 후에 불이 있으나 불 가운데에도 여호와께서 계시지 아니하더니 불 후에 세미한 소리가 있는지라 _왕상 19:11-12

✝ 핵심 이해하기

엘리야는 갈멜산 대결에서 자신이 승리하면 외로운 영적 전쟁이 끝나고, 온 이스라엘 백성이 하나님께로 돌아와 하나님을 잘 섬길 것으로 기대했을 것이다. 그러나 현실은 전혀 달랐다. 하나님께서는 아합의 왕조를 심판하지 아니하셨다. 아합도 돌이키지 아니했고, 아합이 아내 이세벨에게 모든 이야기를 전해 주었을 때 이세벨은 극도로 분노하여 엘리야에 의하여 죽임을 당한 바알 선지자들과 같이 엘리야 역시 죽임을

당할 것이라고 공언했다(19:1-2). 엘리야는 공포와 두려움에 사로잡혀 목숨 걸고 도망쳐 유다의 남쪽 경계 브엘세바까지 내려왔다. 그리고는 그것도 불안하여 종을 그곳에 남겨두고, 하룻길쯤 광야로 들어가 로뎀나무에 앉아서 자신의 생명을 거두어 달라고 했다(19:3-4).

이세벨이 죽인다고 하니 무서워 이 멀리까지 도망한 엘리야가, 이제 자신의 생명을 거두어 달라고 기도했다. 그는 정말 죽고 싶어서 이렇

게 기도한 것이 아니었다. 사실 이 기도는, 나중에 선지자 요나가 그랬던 것과 같이 하나님께서 하시는 일에 대한 불만의 표시였다(욘 4:8). 하나님께서는 천사를 두 번에 걸쳐서 엘리야에게 보내 먹을 것과 물을 제공하여, 그 힘으로 40일 만에 하나님의 산 호렙으로 인도하셨다(19:6-8). 하나님께서는 모세에게 자신의 이름을 선포한 바로 그 산에서, 자신이 어떤 하나님이신지를 분명하게 하고자 하셨던 것이다.

엘리야가 그곳 굴에 있을 때에 하나님의 말씀이 그에게 임했다. 하나님께서는 엘리야를 굴 밖으로 불러내어 산에 서라고 하셨다(19:11). 그리고는 여호와 하나님께서 친히 엘리야 앞을 지나가셨다. 하나님께서는 오래 전에 모세를 갈라진 바위틈에 두고 지나가셨던 것과 같이 하신 것이었다(출 33:19, 22; 34:6-7).

이 말씀이 끝나자마자 엘리야가 굴에서 나오기 전에 세 가지 놀라운 자연현상이 있었다(19:13). 이 셋은 산을 가르고 바위를 부수는 크고 강력한 바람과 지진과 불의 순서로 나타났다(19:11-12). 하나님께서 이 세 가지 강력한 현상을 일으키신 것이지만, 그분은 친히 이것들 속에 계시지 아니했다. 사실 강력한 바람과 지진과 불은 엘리야가 하나님으로부터 기대했던, 아합과 그의 왕조에 대한 진노와 심판을 시사한다. 만일 엘리야가 굴 밖에 나온 후에 이러한 현상들이 있었다면 가장 먼저 그가 죽임을 당하고 말았을 것이다. 하나님께서는 엘리야의 기대와는 전혀 다르게, 즉각적인 심판을 행하시는 하나님이 아니었다.

맨 마지막에 엘리야에게 들려온 세미한(작고 잔잔한) 소리는, 하나님에 대한 엘리야의 인식을 바꾸어 놓았다. 하나님께서는 작고 잔잔한 소리로, 엘리야에게 다음 세대를 위한 자신의 사명과 사역을 일깨워 주셨다. 엘리야는 아합 왕조가 하나님의 심판을 받아 당대에 끝나기를 원했지만, 하나님께서는 시내 산에서 모세에게 자신의 이름을 선포한 것과 같이 자비롭고 은혜롭고 인자와 진실하심이 많으신 하나님이시므로, 노하기를 더디 하시면서 아합에게도 회개의 기회를 주는 분이셨다.

엘리야에게 주신 세 가지 임무(하사엘에게 기름을 부어 왕으로 세우는 일, 사밧의 아들 엘리사를 그를 대신하여 선지자로 세우는 일, 하나님께서 남기실 바알에게 무릎을 꿇지도 입 맞추지도 아니하는 7천 명을 준비하기 위한 제자를 훈련하는 일)는, 하나님의 시간 계획표보다 너무 빨리 앞서갔던 엘리야를 그 자신이 서야 했던 원래의 자리로 돌아오게 했다.

엘리야의 실망과 탈진은 그가 하나님의 일을 열심히 한 자연스러운 결과가 아니었다. 오히려 그가 하나님의 일을 자신의 시간 계획표에 따라 하나님의 즉각적인 심판으로 속전속결하려고 했기 때문에 빚어진 사고였다. 하나님께서는 그런 엘리야를 작고 미미하고 잔잔한 소리로 회복시키셔서, 하나님의 마음을 가지고 다음 세대를 위해 사역할 수 있게 하셨다.

한 마디 기도

내 방식과 시간표가 아니라, 하나님의 방식과 시간표에 따라 하나님의 일을 인내로 행하게 하소서.

엘리사의 성령의 두 배 역사 간청

건너매 엘리야가 엘리사에게 이르되 나를 네게서 데려감을 당하기 전에 내가 네게 어떻게 할지를 구하라 엘리사가 이르되 당신의 성령이 하시는 역사가 갑절이나 내게 있게 하소서 하는지라 _왕하 2:9

✚ 핵심 이해하기

엘리야는 하나님의 명령에 따라 그의 후계자로 엘리사를 세웠다(왕상 19:16). 엘리야가 소 열두 겨리로 밭을 갈고 있던 사밧의 아들 엘리사를 부르자 그는 즉각적으로 부름에 응답했다(왕상 19:21). 엘리야의 변변치 않은 부모와 다르게, 엘리사의 아버지 사밧은 누구나 인정하는 부호였다(왕상 19:16, 19; 왕하 3:11; 6:31). 세상의 기준으로 볼 때, 부유한 가문 출신의 엘리사가 엘리야의 제자가 될 이유는 하나도 없었다. 그러나 엘리사는 엘리야를 따라가서 지금까지 성실하게 섬겼고(왕상 19:21) 나중에 "엘리야의 손에 물을 붓던 자"로 알려지게 되었다(왕하 3:11). 엘리사는 엘리야의 모든 제자 중에 유일하게 끝까지 그를 따랐다.

엘리야는 그의 승천 직전에 세 곳의 선지 학교를 고별 방문했다. 이중 벧엘과 여리고의 선지 생도들은 그가 하늘로 데려감을 당할 것을 잘 알고 있었다(2:3, 5). 여리고의 선지생도들 50명은 멀리 서서 엘리야와 엘리사가 요단강으로 가는 것을 배웅하기도 했다(2:7). 하지만 어떤 생도도 엘리사와 같이 끈질기게 끝까지 엘리야를 따르지는 아니했다. 그러나 엘리사는 엘리야의 세 차례 만류도 뿌리치고 살아계신 하나님과 스승의 이름을 맹세까지 하면서 집요하게 그를 따라갔다(2:2, 4, 6).

엘리야는 요단강을 마른 땅과 같이 건넌 후에 엘리야의 소원이 무엇이냐고 물었다. 이때 엘리사는 서슴없이 "당신의 성령이 하시는 역사가 갑절이나 내게 있게 하소서"라고 간청했다(2:9). 엘리사의 간청은, 자신이 스승의 영적인 장자가 되어 영적인 상속을 다른 제자들과 달리 두 배나 받는 것을 전제한다(신 21:17). 엘리야는 이것이 하나님의 주권의 문제이므로 "네가 어려운 일을 구한다"고 대답했다(2:10). 그래도 자신이 그로부터 취하여지는 것으로 보면 간청이 이루어질 것이라고 말했다.

하나님께서는 엘리사의 간청을 들어주셨다. 엘리사는 마른 땅을 걷는 것과 같이 요단강을 두 번이나 건넜다. 한 번은 엘리사와 함께, 다른 한 번은 혼자서 건넜다(2:8, 14). 그는 자신의 옷을 둘로 찢고 엘리야의 몸에서 떨어진 옷으로 물을 치며 요단강을 갈랐다. 엘리야의 하나님은 엘리야와 함께 떠나신 것이 아니라, 더 크고 더 강하게 성령으로 엘리사에게 임하여 큰 사명을 감당하게 하신 것이다(2:15). 사실 엘리사가 엘리야보다 두 배 더 기적을 행한 것은 그에게 갑절의 성령의 역사가 임했음을 보여준다.

✑ 한 마디 기도

제자의 훈련을 끝까지 열정적으로 헌신적으로 잘 받고 더욱더 강력한 성령충만을 받아 주께서 맡기신 시대적인 사명을 감당하게 하소서

수넴 여인의 죽은 아들이 살아난 기적

들어가서는 문을 닫으니 두 사람 뿐이라 엘리사가 여호와께 기도하고 아이 위에 올라 엎드려 자기 입을 그의 입에, 자기 눈을 그의 눈에, 자기 손을 그의 손에 대고 그의 몸에 엎드리니 아이의 살이 차차 따뜻하더라(히 11:35에 언급됨) _왕하 4:33-34

✝ 핵심 이해하기

수넴 여인은 기적으로 태어난 아들이 죽었을 때부터, 그가 다시 살아나기까지 민첩한 믿음의 행동을 했다. 여인은 이 문제를 해결할 열쇠가 아들의 기적적인 탄생을 예언했던 엘리사에게 있다고 믿었다. 그래서 제일 먼저 죽은 아들을 엘리사의 침상 위에 놓았다. 그는 남편이 제공한 나귀에 몸소 안장을 얹고 하나님의 사람이 있는 갈멜산으로 지체 없이 달려갔다(4:24). 여인은 엘리사의 발을 꽉 잡고 자신이 아들을 달라고 한 적이 없다고 말하며 애원했다(4:27-28). 엘리사가 자신의 지팡이를 게하시의 손에 들려 아이를 살리려고 보낼 때에도, 이 여인은 엘리사를 결코 떠나지 않겠다고 맹세했다(4:30=2:2, 4와 비교). 그래서 엘리사는 일어나 여인과 함께 수넴으로 온 것이었다.

엘리사는 자기 지팡이를 이용해 아이를 살리려고 했으나 살리지 못했다. 이것은 여인이 생각한 대로였다. 엘리사는 도착하여 죽은 아이가 자신의 침상에 눕혀 있는 것을 보았다. 그 방에는 엘리사와 아이만 있었다(4:33). 엘리사는, 선지자 엘리야가 사르밧 과부의 아들을 살릴 때 그의 위에 몸을 펴고 엎드려서 기도한 것과 같이 기도했다(왕상 17:21-22). 엘리사는 기도 후에 아이 위에 올라가 입에 입, 눈에 눈, 손에 손을 맞대었다. 그러자 죽은 아이의 몸에 온기가 돌면서 따뜻해졌다(4:34). 엘리사는 아이가 완

전히 살아나기까지 포기하지 않았다. 집 아래로 내려와 이리저리 다니다가 다시 올라가 아이 위에 엎드리자, 아이가 일곱 번 재채기하고 눈을 떴다(4:35). 그는 수넴 여인을 불러 살아난 아이를 데리고 나가게 했다(4:36). 죽은 아이를 선지자의 방으로 안고 들어온 수넴 여인은 믿음대로 살아난 아들을 데리고 나갔다.

약속대로 태어나 죽었다가 다시 살아난 수넴 여인의 아들은, 거의 죽은 자의 몸에서 기적으로 태어난 이삭과 같다(롬 4:19). 수넴 여인의 아들은 또한 예수님의 대속적인 죽음과 부활의 결과로, 그의 부활 생명으로 살아나는 모든 신자를 예비적으로 보여준다. 예수님께서 나인 성 과부의 아들을 살린 기적과 엘리사가 수넴 여인의 아들을 살린 기적은, 인접한 지역에서 일어난 사건으로 연결되기도 했다(눅 7:12-16).

∝ 한 마디 기도

영적으로 죽은 자들을 살리고자 하는 열망과 절박함을 결코 포기하지 않게 하소서.

말씀대로 깨끗하게 된 나아만

나아만이 이에 내려가서 하나님의 사람의 말대로 요단 강에 일곱 번 몸을 잠그니 그의 살이 어린 아이
의 살 같이 회복되어 깨끗하게 되었더라(눅 4:27에 언급됨) _왕하 5:14

✛ 핵심 이해하기

나아만 장군은 포로로 잡아온 여종으로부터 자신의 나병을 치료할 선지자가 사마리아에 있다는 것을 듣게 되었다. 하지만 그는 왕의 서신과 많은 선물을 가지고 이스라엘 왕에게 왔다. 그는 자신의 나병을 고쳐 달라는 왕의 서신을 이스라엘 왕에게 전달했다. 엘리사는 이 소식을 듣고 그 사람을 자기에게로 보내라고 했다. 그 결과 나아만 장군이 그 앞에 오게 되었다. 하지만 선지자 엘리사는 그를 직접 만나 주지도 않았다. 그 대신에 요단강에서 7번 씻으면 깨끗하게 될 것이라고만 말했다(5:9-10). 그는 선지자가 자신을 크게 환영하여 영접하고, 주술적인 방법으로 나병을 깨끗케 할 것이라고 생각했다(5:11). 그는 또한 요단강에서 씻는 것보다 차라리 다메섹의 더 좋은 두 강에서 씻는 것이 낫다고 하면서, 엘리사에게서 떠나 발길을 돌렸다. 그때 그의 종들은 선지자의 말대로 순종하라고, 그를 지혜롭게 설득했다. 하나님께서는 나아만이 선지자의 말대로 행할 때, 그를 나병으로부터 깨끗하게 하셨다(5:10, 13-14).

사람들은 하나님께서 자신의 기대와 요구에 맞추어 행하실 것이라고 착각한다. 하지만 하나님께서 사람들에게 요구하시는 것은 위대한 업적을 세우는 것이 아니라, 순수하게 그의 말씀을 믿고 순종하는 것이다. 그의 종들은 선지자가 그에게 큰 업적을 세우라고 말했으면 이를 기꺼이 하셨을 주인이, 요단강에서 몸을 씻어 깨끗케 하라는 쉬운 명령에 순종하지 못할 이유가 없다고 지혜롭게 말했다.

나아만은 선지자의 말대로 요단강으로 내려가서 몸을 7번 씻었다. 바로 그때 하나님께서 그의 살을 어린 소년의 피부와 같이 깨끗하게 하셨다(5:2와 5:14 비교). 하나님의 말씀을 그대로 믿고 순종하는 것은 아주 큰 능력이다. 오늘날 안타깝게도 신자들이 이러한 능력이 부족하여 하나님의 풍성한 기적을 경험하지 못하고 있다.

∝ 한 마디 기도

말씀대로 순종하신 예수님의 큰 능력을 주옵소서. 순종이 큰 능력임을 알게 하소서.

하나님의 말씀을 믿지 않아 죽은 어떤 장관

왕이 그의 손에 의지하였던 그의 장관을 세워 성문을 지키게 하였더니 백성이 성문에서 그를 밟으매
하나님의 사람의 말대로 죽었으니 곧 왕이 내려왔을 때에 그가 말한 대로라 _왕하 7:17

✝ 핵심 이해하기

아람 군대가 사마리아 성을 장기간 포위하자 성 안의 삶은 최악의 상황이었다. 물가는 천문학적으로 고공 행진했다(6:25). 이러한 최악의 상황에서 여인들은 자녀를 이웃과 함께 잡아먹는 일까지 했다(6:28-29). 이때 선지자 엘리사는 여호와 하나님의 이름으로, 내일 이맘때에 밀가루와 보리의 가격이 평상시보다 두 배 정도 높은 가격으로 거래될 것이라는, 누구도 믿기 어려운 예언을 했다(7:1-2). 그러자 왕의 전적인 신뢰를 받은 한 장관은 여호와께서 하늘에 창을 내신다고 해도 이러한 일은 있을 수 없다고 선지자의 예언을 반박했다(7:2). 선지자 엘리사는 자신의 예언이 성취되는 것을 보는 날에 그가 죽을 것이라고 했다(7:20).

엘리사의 예언은 하루 만에 이루어졌다. 그의 예언대로 밀가루 한 스아(6갑=6×1.2=7.2L)와 보리 두 스아(14.4L)가 각각 한 세겔이 되었다(7:1, 16, 18). 이 예언을 조롱한 장관은, 기적의 음식을 구하려 성문 밖으로 나가는 백성들에 의하여 밟혀 죽었다. 이 역시 선지자의 심판 예언의 성취였다. "네가 네 눈으로 보리라 그러나 그것을 먹지는 못하리라"는 예언이 성취된 것이었다(7:2). 17절의 "백성이 성문에서 그를 밟으매 하나님의 사람의 말대로 죽었으니 곧 왕이 내려왔을 때에 그가 말한 대로라"는 그 성취를 보여준다.

18-19절은 그의 죽음이 선지자의 예언의 성취임을 또 다시 강조한다. 19-20절은 2절의 "네가 네 눈으로 보리라 그러나 그것을 먹지는 못하리라"를 다시 인용하며 "네가 네 눈으로 보리라 그러나 그것을 먹지는 못하리라 하였더니 그의 장관에게 그대로 이루어졌으니 곧 백성이 성문에서 그를 밟으매 죽었더라"고 밝힌다.

✂ 한 마디 기도

말씀에 순종하여 언약의 복만 누리게 하소서. 말씀에 순종함이 없으면 복다운 복이 없음을 알게 하소서.

말씀대로 된 이세벨의 심판

돌아와서 전하니 예후가 이르되 이는 여호와께서 그 종 디셉 사람 엘리야를 통하여 말씀하신 바라 이르시기를 이스르엘 토지에서 개들이 이세벨의 살을 먹을지라(이 예언은 왕상 21:23에 나옴) _왕하 9:3

✝ 핵심 이해하기

하나님께서는 죄악에 빠진 아합의 왕조를 단계적으로 정리하셨다. 첫 번째 단계는 나봇의 포도원을 강탈한 아합이, 아람과 길르앗 라못 전투에서 적군이 우연히 당긴 화살에 갑옷 이음새 부분이 맞아 그날 저녁에 죽은 것이다(왕상 22:34-36). 두 번째 단계는 하나님의 명령에 따라 왕으로 기름 부음을 받은 군대장관 예후가 아합의 아들 요람 왕을 살해한 것이다(9:21-24). 물론 그 과정에 요람을 방문했던 유다의 왕 아하시야까지 예후에게 살해되었다(9:27). 세 번째 단계는 아합의 아내 이세벨이 죽임을 당한 것이다. 화장을 하다가 예후를 맞은 이세벨은 창문 위에서 "주인을 죽인 너 시므리여 평안하냐"고 조롱의 인사를 했다(9:31). 이 말은 엘라 왕을 죽이고 왕위에 올라 단지 7일밖에 통치하지 못하고 아합의 부친 오므리에게 살해당한 시므리를 가리킨다(왕상 16:10-18). 그러나 이세벨은 시므리가 바아사 왕조를 끝낸 것과 같이, 예후가 오므리 왕조를 끝내는 하나님의 심판 도구인 것을 알지 못하고 이 말을 한 것이었다. 그녀를 창밖으로 내려던지라는 예후의 명령에 따라, 내시들은 그를 밖으로 던졌다. 그 결과 그의 피가 담장과 말에 튀었고, 예후는 그의 시신을 밟았다(9:33).

예후는 연회 후에 저주 받은 여인 이세벨을 찾아 장사하라고 명령했다. 장사하려고 시신을 수습할 때 놀랍게도 두개골과 손발 이외의 나머지 지체들은 모두 없어졌다(9:35). 예후는 이 보고를 받고, 이것은 하나님께서 선지자 엘리야를 통하여 예언하신 말씀이 성취된 것이라고 말했다. 그 내용이 바로 36-37절이다. 여기에 인용된 예언은 "이스르엘 토지에서 개들이 이세벨의 살을 먹을지라 그 시체가 이스르엘 토지에서 거름같이 밭에 있으리니 이것이 이세벨이라고 가리켜 말하지 못하게 되리라"이다. 이 말씀은 여호와 하나님께서 이세벨에 대하여 "개들이 이스르엘 성읍 곁에서 이세벨을 먹을지라"는 예언을 반영한다(왕상 21:23).

예후의 말은, 이세벨의 시신이 훼손되어 두개골과 손발만 남은 것은 개들이 나머지 시신을 먹어 치웠기 때문임을 암시한다. 남편 아합 왕을 유혹하여 여호와 하나님을 떠나게 하고, 바알 숭배를 이스라엘의 국교로 삼게 한 왕후 이세벨은 이와 같이 하나님의 참혹한 심판으로 끝난 것이다. 이세벨의 처참한 죽음은, 하나님께서는 자비롭고 은혜로우시고 노하기를 더디 하시지만, 죄에서 돌이키지 않으면 그 마지막에는 참혹한 심판을 내리심을 보여준다.

∽ 한 마디 기도

마음의 완고함과 회개치 아니함으로 하나님의 진노를 자초하지 않게 하소서.

이스라엘과 유다가 멸망한 이유

여호와께서 이스라엘에게 심히 노하사 그들을 그의 앞에서 제거하시니 오직 유다 지파 외에는 남은 자가 없으니라 유다도 그들의 하나님 여호와의 명령을 지키지 아니하고 이스라엘 사람들이 만든 관습을 행하였으므로 여호와께서 이스라엘의 온 족속을 버리사 괴롭게 하시며 노략꾼의 손에 넘기시고 마침내 그의 앞에서 쫓아내시니라 _왕하 17:18-20

✝ 핵심 이해하기

17장 7-23절은 이스라엘이 멸망한 이유를 설명한다. 이를 더 상세하게 보면, 7-18절은 이스라엘이 멸망한 이유를 상세하게 설명한다. 19-20절은 유다 지파도 이스라엘과 함께 멸망한 이유에 대한 설명이다. 21-23절은 또 다시 이스라엘이 멸망하여 앗수르에 포로로 사로잡혀 가게 된 이유에 대한 설명이다. 이스라엘 백성도 유다 백성도 결국 망하게 된 것은, 그들을 애굽에서 인도하여 내신 조상들의 하나님, 구원의 하나님을 버리고, 하나님께서 섬기지 말라고 한 다른 신들을 섬겼기 때문이었다.

하나님께서는 그의 종 선지자들을 보내어 계속해서 경고하고 죄에서 돌이키라고 말씀하셨다(17:13, 23). 그러나 이스라엘 백성도 유다 백성도 끝까지 듣지 않고 여호와 하나님을 격노하시게 했다(17:13-18). 남 왕국 유다의 죄는 그들의 하나님 여호와의 명령을 따르는 대신에 북 왕국 이스라엘 백성들이 만들어낸 관습을 따라 행한 것이었다(17:19). 물론 이 죄의 중심에는 북 왕국의 초대 왕 여로보암이 단과 벧엘에 세운 금송아지 우상이 있었다(왕상 13장). 이것은 그들이 여호와 하나님을 다른 신으로 대체한 것이 아니었고, 여호와 하나님을 열방의 신들과 같이, 볼 수 있는 구체적인 형태로 형상화한 것이었다. 북 왕국의 모든 왕과 백성은 이 죄에서 떠나지 못했다(17:21-22). 이것은 제2계명을 근본적으로 위반한 죄악이었다.

이스라엘은 먼저 주전 722년에 앗수르에게 망하여 앗수르의 각 마을로 사로잡혀갔다. 이때 유다 백성은 아직 망하지 않은 상태였다(17:23). 남 왕국 유다는 이스라엘이 멸망한 것을 보고 큰 교훈을 받아 죄에서 돌이킬 기회가 충분히 있었다. 하나님께서는 사실 이들에게 주전 586년에 바벨론에 의해 멸망하기까지 135여 년 동안 회개의 기회를 주셨다. 그러나 완고한 유다 백성은 죄에서 돌이키지 않았고 가나안 땅에서 추방되었다.

열왕기의 주요 저술 목적은 왜 이스라엘 백성과 유다 백성이 망하게 되었는지를 설명하는 것이었다. 이스라엘 백성의 경우는 왜 그들의 나라가 앗수르에게 망하여 그들이 앗수르의 각 고을에 포로로 잡혀 갔는지, 유다 백성의 경우는 왜 다윗 왕조가 망하고 그들이 바벨론에 포로로 잡혀 왔는지를 각각 설명하는 것이 열왕기의 저술 목적이었다.

∞ 한 마디 기도

구원의 하나님께서 주신 언약의 율례와 법도에서 떠나지 않게 하소서.

남 왕국 유다의 멸망

바벨론 왕 느부갓네살의 열아홉째 해 오월 칠일에 바벨론 왕의 신복 시위대장 느부사라단이 예루살렘에 이르러 여호와의 성전과 왕궁을 불사르고 예루살렘의 모든 집을 귀인의 집까지 불살랐으며
_왕하 25:8-9

✝ 핵심 이해하기

요시야 왕은 마음과 뜻을 다해 하나님을 잘 섬긴 경건한 왕으로 인정받았다. 그러나 애석하게도 그가 므깃도 전투에서 죽자, 유다 왕조에는 정치적으로 큰 혼란이 생겼다(23:29). 백성들은 그의 아들 여호아하스를 왕으로 삼았으나 애굽 왕 바로 느고는 3개월 만에 그를 폐위시켜 애굽으로 끌고 갔다(23:30-34). 애굽 왕은 그 대신에 요시야의 다른 아들 엘리아김을 왕으로 세우고 그의 이름을 여호야김으로 개명했다(23:34). 그는 바로 느고가 부과한 벌금을 백성으로부터 징수하여 애굽에 바쳤다. 여호야김은 바벨론의 왕 느부갓네살이 패권을 장악하고 올라오자 그를 3년간 섬기다가 배반했다(24:1). 이에 대한 보복으로 바벨론 왕은 여호야김을 이어 왕위에 오른 지 3개월 밖에 되지 않는 여호야긴을 포로로 잡아가고, 그 대신에 요시야의 또 다른 아들 맛다니야를 왕으로 세우고 시드기야라고 불렀다(24:16-17). 이때 많은 백성과 지도자들과 용사들과 장인들과 대장장이들이 포로로 잡혀갔다(24:14절). 그 땅에 남은 자들은 가난한 자들뿐이었다.

주전 605년에 애굽은 갈그미스 전투에서 바벨론에게 대패하여 유브라데 강 일대에 대한 패권을 완전히 상실했다. 그러나 시드기야는 이러한 국제적인 상황을 바로 인식하지 못하고 여전히 애굽이 자신을 도와줄 것이라고 믿고 바벨론 왕을 배반했다(24:7, 20; 렘 37:7-10). 바벨론의 왕 느부갓네살은 이를 보복하기 위해서 유다로 올라와 예루살렘을 포위했다. 바벨론의 군대는 예루살렘을 포위한 지 약 1년 6개월 만에 함락시켰다. 이때 시드기야는 여리고 방향으로 도망가다가 체포되어 립나에 있는 바벨론 왕 앞에 끌려갔다(25:1-6). 그의 아들들은 그 앞에서 살해되었다. 그는 두 눈이 빼어진 상태로 바벨론으로 끌려갔다(25:7). 예루살렘 성벽이 무너진 지 1개월 후에, 바벨론 왕의 시위대장 느부사라단의 군대는 예루살렘 성전과 왕궁과 모든 귀족의 집까지 불에 태워 버렸다(25:8-9). 예루살렘 성에 남아 있던 백성과 항복한 자들과 남은 자들은 모두 포로로 잡혀갔다(25:11).

성전의 성물들은 모두 바벨론으로 옮겨졌다(25:13-16). 대제사장과 부제사장과 성전 문지기 3명, 내시 1명, 왕의 시종 5명, 백성의 징집을 담당하는 장관의 서기관 1명, 그리고 백성 60명은 하맛 땅 립나로 끌려가 바벨론 왕 앞에서 죽임을 당했다(25:18-21). 이 모든 것은 남 왕국 유다의 왕과 백성이 하나님의 법도를 어기고 다른 신들을 섬긴 결과였다(23:32; 24:9, 19). 유다 왕과 백성이 북 왕국 이스라엘의 멸망을 보고도 전혀 깨닫지 못하고 130여 년간 죄악에서 떠나지 않은 결과였다.

이스라엘 백성도, 유다 백성도 이와 같이 언

약의 하나님 여호와를 배반하고 버림으로써, 하나님께서 선지자들을 통하여 수없이 경고하셨던 언약의 진노와 저주가 마침내 두 왕국에 임했다. 북 왕국은 앗수르에 의하여 주전 722년에 망했고, 약 135년 후 주전 586년에 유다의 다윗 왕조와 왕국도 망하여 바벨론에 포로로 잡혀 갔다. 땅도, 나라도, 성전도, 백성도 모두 하나님의 진노를 피할 수 없었다.

그러나 하나님의 언약적인 신실하심과 인자하심은 그의 백성을 멸망시키는 것으로 끝나지 않았다. 열왕기의 마지막 기사는 바벨론의 왕 에윌므로닥이 포로로 잡혀간 지 37년 된 유다의 왕 여호야긴을 석방하고 그의 지위를 모든 다른 왕보다 높이고 평생 그와 함께 식사를 했다는 것이다. 이것은 하나님께서 그의 백성을 영원히 버리지 아니했음을 암시한다(25:27-30). 열왕기서가 쓰였을 때에 유다 백성은 바벨론에서 포로 생활을 하고 있었다. 유다 백성은 여호야긴이 석방된 지 23년 후, 곧 주전 538년에 바벨론에서 돌아오게 되었다. 유다 백성의 귀환은 자비롭고 은혜롭고 인자와 진실함이 많으신 하나님의 순전한 은혜를 보여준다.

한 마디 기도

사랑과 인내로 경고하시는 하나님의 권면을 경청하고, 죄에서 돌이키게 하소서.

CHRONICLES

역대상하 핵심구절
이해하고 기도하기

하나님께서 응답하신 야베스의 기도

야베스가 이스라엘 하나님께 아뢰어 이르되 주께서 내게 복을 주시려거든 나의 지역을 넓히시고 주의 손으로 나를 도우사 나로 환난을 벗어나 내게 근심이 없게 하옵소서 하였더니 하나님이 그가 구하는 것을 허락하셨더라 _대상 4:10

✝ 핵심 이해하기

역대상 1-9장은 인류의 조상 아담부터 바벨론 포로로 잡혀갔다가 돌아온 백성들의 명단까지를 포함하는 거대한 족보다. 포로 생활에서 돌아온 백성은, 한편으로는 이스라엘을 새롭게 회복할 남은 자였다. 다른 한편으로 그들은 인류의 새 역사를 시작할 남은 자들이었다.

저자는 과거의 역사를 회고하면서, 바벨론에서 돌아온 약 5만 명의 백성에게 새로운 이스라엘과 새 인류가 회복되는 길이 무엇인지를 보여준다. 열왕기는 왜 하나님의 백성이 하나님께서 조상들에게 주신 가나안 땅을 빼앗기고 망하게 되었는지를 설명한다. 구체적으로 말하면, 왜 북 왕국 백성은 앗수르의 각 지방으로, 또한 왜

유다 백성은 다윗 왕조가 멸망하고 성전이 파괴되어 바벨론으로 잡혀 갔는지를 각각 설명한다. 열왕기의 핵심 교훈은 하나님께서 그의 종 선지자들을 통하여 죄에서 돌이켜 공의와 선을 행하라고 계속 권면했으나 그들이 듣지 않고 완고함과 죄 가운데 산 결과로, 죄가 쌓이고 쌓여서 마침내 하나님의 진노를 받아 왕조와 백성이 망하게 되었다는 것이다.

반면 역대기의 핵심 교훈은 바벨론에서 돌아온 약 5만 명의 백성에게 새로운 이스라엘의 공동체와 새 인류의 공동체를 회복시키는 방법이 무엇인지를, 지난 역사의 회고를 통하여 보여주는 것이다. 그 구체적인 방법은 죄에 대한 개인

적인 책임을 깊이 인식하고 즉각적으로 죄를 피할 뿐만 아니라, 하나님께서 기뻐하시는 순종의 삶을 통하여 언약의 주 하나님께서 주시는 평안과 번영과 풍성함을 누리는 것이다. 이것과 긴밀하게 연결된 중요한 사상은, 열왕기에서 전혀 강조되지 않았던 즉각적인 보응의 신학이다. 역대기가 강조하는 즉각적인 보응의 신학은, 하나님께서는 순종과 불순종을 즉각적으로 보응하시어 현재 살아 있을 때에 불순종에 대한 징벌도, 순종과 의에 대한 넘치는 복도, 지체 없이 주신다는 것이다.

이러한 목적을 가진 역대기 저자가, 1-9장에 집중적으로 나오는 족보의 중심 부분에 야베스의 기도와 하나님의 응답을 기록하는 것은 아주 중요한 의미를 가진다. 먼저 주목할 점은 9절의 "야베스는 그의 형제보다 귀중한 자라"는 언급인데, 이것은 그가 태어날 때부터 구별된 존귀한 존재라는 뜻이 아니다. 이것은 그가 하나님께 기도하고 응답을 받은 결과로 인해 형제들보다 존귀한 자가 되었다는 의미다.

그의 모친이 그를 낳을 때 말로 표현하기 어려운 고통(히: 요체브), 곧 해산의 고통이 있었다. 그래서 모친은 이 극한 고통을 반영하기 위해서 고통과 고난이란 뜻을 가진 야베스(히: 야베츠)라고 그의 이름을 지은 것이다. 이것은 야곱의 사랑하는 아내 라헬이 막내를 낳을 때, 죽기 직전에 너무나 고통스러워 슬픔의 아들이란 뜻으로 '베노니'라고 이름 지은 것과 같다(창 35:18). 야곱은 베노니란 이름의 뜻이 좋지 않아, 오른팔의 아들이란 뜻으로 베냐민으로 그의 이름을 바꾸었다. 그러나 야베스는 이런 좋지 않은 이름을 그대로 가지고 살았다. 그의 기도 속에 등장하는 '환난'(히: 라아)과 '근심'(히: 동사 야차브) 두 단어는 그의 나쁜 이름을 반영한다.

야베스의 기도의 내용은 세 가지였다. 이 셋은 (1)자신의 지경을 넓혀 달라는 간구와 (2)주의 손이 자신과 함께 해달라는 간구와 (3)환난(또는 죄악)에서 벗어나 근심이 없게 해달라는 간구다. 첫 번째 기도는 긍정적이고, 세 번째 기도는 부정적이며, 두 번째 기도는 첫째와 셋째 기도와 모두 관련된다.

주의 손이 함께하는 것은 하나님께서 그의 백성에게 베푸는 언약적인 복의 표현이다. 반면 하나님의 손이 그의 백성을 대적하는 것은 그의 언약의 진노가 시행되는 것을 뜻한다. 그러므로 하나님의 선한 손길이 계속 그와 함께할 때 언약의 복은 지속적으로 확대되어 그의 지경이 넓혀질 것이다(첫 기도의 성취). 물론 지경이 넓혀지는 것은 하나님께서 주신 기업이 확대되는 것을 뜻한다. 그러나 하나님께서 죄로 인하여 진노의 손을 들어 치실 때 셋째 기도와는 정반대로 고통과 근심이 임한다.

환난에서 벗어나 근심이 없게 해달라는 세 번째 간구는 어떤 환난도 근심도 없게 해달라는 기도가 아니다. 환난으로 번역된 히브리어는 '죄악'을 뜻하는 '라아'다. 이러한 뜻에 비추어 그의 기도를 이해할 때, 이것은 죄악에서 벗어나 근심이 없게 해달라는 것이다. 야베스는 죄의 지배와 다스림에서 벗어남으로써 근심과 걱정이 없게 해 달라고 기도한 것이다. 역대기는 왕이든 백성이든 그들이 죄악에서 떠나지 않을 때에, 이로 인하여 고통과 근심에 빠진 것을 분명하게 보여준다. 바벨론에서 돌아온 약 5만 명의 백성은 새로운 이스라엘과 새로운 인류를 이루기 위하여 야베스와 같은 정신으로 기도하는 것이 필요했다. 그의 기도는 오늘 우리에게도 필요하다.

야베스의 기도로 기도하며 하나님의 존귀한 자녀답게 살게 하소서.

1 CHRONICLES 04/08

포로 생활에서 돌아온 사람들

온 이스라엘이 그 계보대로 계수되어 그들은 이스라엘 왕조실록에 기록되니라 유다가 범죄함으로 말미암아 바벨론으로 사로잡혀 갔더니 그들의 땅 안에 있는 성읍에 처음으로 거주한 이스라엘 사람들은 제사장들과 레위 사람들과 느디님 사람들이라 _대상 9:1-2

✝ 핵심 이해하기

9장은 포로 생활에서 돌아온 사람들에 대한 계보를 소개한다. 물론 이들 중에 가장 큰 세력은 성전과 관련된 사람들이었다. 이들은 제사장들(9:10-13), 레위인들(9:14-16, 28-34), 그리고 성전의 문지기들(9:17-27)이었다. 1-2절은 중요한 사실 세 가지를 소개한다. 첫째는 유다 백성이 범죄 때문에 바벨론에 포로로 사로잡혀갔다는 사실이다. 둘째는 포로 생활에서 돌아오는 백성이 온 이스라엘을 대표한다는 것이다(9:1 "온 이스라엘"). 셋째는 고국으로 돌아온 사람들은 주로 성전과 관련되었다는 것이다. 이들은 제사장들과 레위 사람들과 느디님 사람들로 소개된다. 이들은 성전에서 각종 허드렛일을 맡아서 하던 종들이었다. 그래서 일부 영역본은 그들을 성전에서 섬기는 종들(temple servants)로 번역했다.

성전과 관련된 자들만 돌아온 것이 아니었다. 유다 지파와 베냐민 지파와 에브라임과 므낫세 지파 중에도 돌아와 예루살렘에 거주한 자들이 1,646명이나 됐다(9:3-9). 예루살렘에 정착한 제사장들은 1,760명이다(9:10-13). 예루살렘에 정착한 회막 성전 문지기들은 212명에 이른다(9:17-27). 성소에 사용되는 기구나 향 또는 전병을 만드는 일을 하는 레위인들도 돌아왔다(9:28-32). 성전에서 찬양을 맡아서 하는 레위인들도 돌아왔다(9:33-34). 저자가 이와 같이 성전의 각종 사역과 관련된 다양한 사람들의 귀환을 언급한 것은 성전 예배의 회복이 새 이스라엘의 형성에 얼마나 중요한지를 보여준다. 예배의 회복이 없이는 진정한 의미에서 하나님 백성의 회복과 안정을 상상할 수 없다. 이러한 관점에서 볼 때, 열왕기에는 생략된 성전 예배에 대하여 역대기 저자가 지대한 관심을 가진 것은 당연하다(대상 24-26장, 28-29장).

∝ 한 마디 기도

예배의 회복에 하나님의 백성의 새로운 회복과 미래가 있음을 알게 하소서.

사울이 죽임을 당한 이유

사울이 죽은 것은 여호와께 범죄하였기 때문이라 그가 여호와의 말씀을 지키지 아니하고 또 신접한
자에게 가르치기를 청하고 여호와께 묻지 아니하였으므로 여호와께서 그를 죽이시고 그 나라를 이새
의 아들 다윗에게 넘겨 주셨더라(관련 구절: 삼상 13:13, 14; 15:23, 삼상 28:7) _대상 10:13-14

✝ 핵심 이해하기

10장은 사울과 그의 세 아들이 이스라엘과 블
레셋의 전투에서 죽었다는 언급으로 시작한다
(10:1-2). 저자는 이어서 사울과 그의 아들들이
어떻게 죽었는지 구체적으로 밝힌다(10:3-6).
7-12절은 그들이 죽은 후에 무슨 일이 일어났
는지에 대하여 다룬다. 그들이 죽자 일어난 세
사건을 순서대로 말하면 다음과 같다.

첫째 날에는 골짜기에 있는 모든 이스라엘
사람들이 성읍을 버리고 도망가자 블레셋 사람
들이 와서 그 성읍을 차지했다(10:7).

둘째 날에는 블레셋 사람들이 길보아 산에서
엎드러져 죽은 사울과 그의 아들들을 보고, 사
울의 갑옷을 벗기고 머리를 베어 블레셋 땅에
보냈고, 그와 아들들의 시신은 벧산 성벽에 매
달았다(10:8-9; 삼상 31:9-12).

세 번째로, 길르앗야베스 용사들이 밤새도록
달려와서 사울과 아들들의 시신을 수습하여, 야
베스로 가지고 가서 화장하고 그곳에 매장했다
(10:11-12; 삼하 31:12-13). 마지막 내용(10:13-
14)은 사울의 죽음에 초점을 맞추어 사울이 왜
죽게 되었는지를 상세하게 설명한다. 13절은
사울의 죽음을, 14절은 여호와께서 그를 죽이
셨음을 각각 언급한다. 사울의 죽음에 대한 두
언급은 사울이 사람들의 손에 의하여 죽었으나
(10:13), 그의 죽임이 하나님의 심판에 의한 죽
임이었음을 분명하게 한다(10:14).

사울의 구체적인 죄는 그가 여호와 하나님의
말씀을 지키지 아니한 것(삼상 15장에 기록된 아
말렉 족속을 완전히 멸하지 않는 죄)과 신접한 여
인에게 가르침을 청한 것(삼상 28장의 내용)과
여호와 하나님께 묻지 아니한 것이다(10:13-
14).

사울이 여호와께 묻지 아니했다는 언급은 설
명이 필요하다. 사울은 블레셋과의 임박한 전투
를 앞두고 여호와 하나님의 뜻을 구했으나 하나
님께서 일체 응답하지 아니하셨다. 삼상 28장
6절은 "사울이 여호와께 묻자오되 여호와께서
꿈으로도, 우림으로도, 선지자로도 그에게 대답
하지 아니하셨다"고 분명하게 말한다. 이 언급
은 사울이 여호와 하나님의 뜻을 세 가지 방도
로 물었음을 분명하게 한다. 그 셋은 꿈과, 제사
장의 에봇에 들어있는 우림과, 선지자다. 그러
나 하나님께서는 그의 기도에 전혀 응답하지 않
으셨다(10:6 "그에게 대답하지 아니하시므로"). 그
결과 사울은 자신이 전에 죽였던 신접한 자와
박수들 중에 생존한 엔돌의 신접한 여인을 찾은
것이었다. 그러므로 14절의 사울이 여호와께
묻지 않았다는 것은 삼상 28장 6절에 언급된 사
실을 부인하는 것이 아니다.

그러면 14절이 말하고자 하는 것은 무엇인
가? 14절은 하나님께서 사울의 기도에 응답하
지 아니하셨을 때, 사울이 당연히 여호와 하나

님께서 응답하실 때까지 회개하며 끝까지 기도했어야 했다는 의미를 가진다. 하나님께서 사울의 간청에 응답하지 않으신 것은 그의 반복적인 죄에 대한 심판적인 침묵과 경고였다. 사울은 하나님께서 이렇게 경고하실 때에 회개하며 기도하는 가운데 하나님의 응답을 끝까지 기다려야 했다. 사울 왕의 치명적인 약점은 끝까지 기다리지 못하는 것이었다. 사울은 처음에 왕이 되었을 때, 사무엘이 그에게 자신이 올 때까지 길갈에서 기다리라고 했으나 불안한 나머지 직접 하나님께 제사를 드리는 죄를 범했다(삼상 10:8; 13:8-10). 그가 엔돌의 신접한 여인을 찾아간 것도 하나님의 응답을 끝까지 기다리며 그분의 뜻을 구하지 못한 결과였다. 그 결과 하나님께서 이스라엘 백성에게 엄히 금하신 것을 행하고 말았던 것이다(신 18:10-14).

1-8장의 족보 중간에 언급된 야베스의 응답받은 기도와, 응답받지 못하고 신접한 자를 찾아 멸망을 당한 사울의 기도는 큰 대조를 보여준다. 야베스의 출발은 비참했으나 하나님께서 응답하실 때까지 기도함으로, 그는 결국 형제들 가운데 존귀한 자가 되었다(4:9-10). 그러나 사울은 야베스와 정반대였다. 사울의 출발은 영광스러웠다. 사울과 관련된 족보가 8장 29-38절과 9장 35-44절에 두 번 나오는 것은 사울이 기브온의 조상 여이엘의 자랑스러운 후손임을 보여주기에 충분하다. 사무엘서에 기록된 내용도 이와 일치한다. 이와 같이 사울의 유력한 가문 출신 배경은 야베스의 초라한 출발과 비교되지 않는다. 그러나 사울의 끝은, 야베스와는 정반대로 비참한 죽음이었다. 야베스에게 있었던 기도가 사울에게 있었다면, 사울은 죄에 빠져

하나님의 심판으로 그토록 비참하게 죽지 않았을 것이다.

부친과 형제들에게까지 무시를 받았던 다윗도, 사울과는 정반대 모습을 보여주었다. 다윗 왕은 하나님의 법궤를 예루살렘의 준비된 장소에 옮기려고 제사장과 레위인들을 소집했다. 이때 다윗은 "우리가 우리 하나님의 궤를 우리에게로 옮겨오자. 사울 때에는 우리가 궤 앞에서 묻지 아니하였다"고 말했다(13:3). 다윗은 블레셋 군대가 르바임 골짜기로 두 번 침략해 올 때, 두 번 모두 하나님께 물어 응답을 받고 전투에 나가 승리하였다(14:8-17).

역대기는 하나님께서 자신에게 끝까지 구하는 자는 결코 버리지 않으시고 그에게 복을 주시는 것을 보여준다(대상 16:11; 22:19; 28:8-9; 대하 14:7; 15:2; 17:3-4; 19:3; 20:3, 20; 26:5). 역대기는 동시에 하나님께서 끝까지 구하지 않은 왕들을 버리신 것도 보여준다(대하 16:12-13; 26:16-17). 하나님께서 기도에 응답하지 않으시는 것은 기도를 중단하라는 뜻이 아니다. 진정으로 죄를 회개하고 돌이키라는 인자하신 하나님의 침묵이다. 이 사실을 깨닫는 신자는 자기 자신을 돌아보고 하나님께서 응답하실 때까지 끝까지 기도하며 기다릴 것이다.

∽ 한 마디 기도

하나님께서 응답하실 때까지 하나님 아버지의 얼굴을 계속 구하게 하소서.

하나님의 궤를 옮길 다윗의 준비

그들에게 이르되 너희는 레위 사람의 지도자이니 너희와 너희 형제는 몸을 성결하게 하고 내가 마련한 곳으로 이스라엘의 하나님 여호와의 궤를 메어 올리라 전에는 너희가 메지 아니하였으므로 우리하나님 여호와께서 우리를 찢으셨으니 이는 우리가 규례대로 그에게 구하지 아니하였음이라
_대상 15:12-13

✝ 핵심 이해하기

다윗은 군의 지휘관들과 상의하고 모든 백성이 환호하는 가운데 여호와의 법궤를 예루살렘의 준비된 장소로 옮기려고 했다(13:1-5). 이때 다윗은 블레셋 사람들이 법궤를 이스라엘로 돌려보낼 때 사용한 방법을 사용했다. 블레셋 사람들은 소들이 끄는 새 수레에 법궤를 실어 이스라엘로 보냈다(삼상 7:6, 10; 대상 13:7-9). 이때 제사장이 아닌 일반인이 소들을 몰았다. 온 백성의 축제와 각종 악기소리에 맞추어 법궤를 실은 마차를 끌고 가던 소들이, 기손의 타작마당에서 그만 놀라 뛰게 되었다. 이때 웃사는 법궤가 흔들려 떨어지는 것을 막으려고 법궤에 손을 댔다. 그 결과로 그는 하나님의 진노를 받아 즉사했다(13:10-11).

다윗은 법궤를 예루살렘 성으로 옮기는 것을 중단하고 가드 사람 오벳에돔의 집에 두게 했다(13:13). 법궤가 그의 집에 있었던 3개월 동안 여호와 하나님께서는 그의 집과 소유에 복을 내리셨다(13:14). 하나님께서는 동시에 다윗에게도 복을 주시어 왕궁을 건축하게 하셨다(14:1-2). 하나님께서는 또한 다윗과 함께하셔서 블레셋과의 두 차례 전투에서 승리하게 하셨다(14:8-16). 그 결과 다윗의 명성은 온 세상에 퍼졌고, 모든 이방 민족들이 그를 두려워하게 되었다(14:17). 다윗은 이 무렵에 하나님의 궤를

둘 곳을 마련하고 법궤를 옮길 준비를 했다.

다윗은 그 사이에 지난번에 법궤를 옮긴 방법이 잘못되었음을 깨닫게 되었다(15:13). 다윗은 오직 레위 사람만이 하나님의 법궤를 메게 되어 있다고 분명하게 선포한다(15:2; 민 4:2, 15 신 10:8). 다윗은 아론 자손과 레위 사람들의 지도자와 그들의 형제들까지 무려 862명과 제사장 사독과 아비아달을 소집했다(15:4-11). 다윗은 그들로 하여금 몸을 씻어 성결하게 하고 법궤를 옮길 준비를 하도록 지시했다(15:12).

13절은 그때 다윗이 소집된 제사장과 레위인들에게 한 말이다. 이 말은 다윗이 웃사의 죽음을 단지 개인의 불행이 아니라, 자신과 온 백성에 대한 하나님의 경고로 이해했음을 보여준다. 다윗은 지난번에는 하나님의 규례대로 하지 않아서 그가 우리를 찢으셨으니 이제는 그의 규례대로 하겠다고 선포한 것이다(15:13). 다윗의 말을 들은 제사장들과 레위인들은 몸을 성결하게 하였다. 15절은 "모세가 여호와의 말씀에 따라 명령한 대로 레위 자손이 채에 하나님의 궤를 꿰어 어깨에 메었다"고 밝힌다. 그 결과 법궤는 안전하게, 큰 축제와 기쁨 가운데 다윗 성의 준비된 장막에 옮겨졌다.

이와 같이 다윗은 잘못을 깨닫고 시정할 줄 아는 지혜로운 왕이었다. 다윗의 잘못은 하나님

의 말씀을 알지 못했던 데서 비롯되었으나, 그분의 말씀을 바로 알게 되었을 때 다윗은 잘못을 깨닫고 시정했다. 이것이 사울과 다윗의 근본적인 차이였다. 사울은 하나님께서 응답하지 않으시면, 잘못을 깨닫고 돌이킬 생각은 하지 않고 자기의 방식을 고집하였다. 반면 다윗은 하나님께서 막으실 때 그 원인을 그의 말씀에 비추어 찾고 자신의 잘못을 교정하였다. 이러한 자세는 하나님의 얼굴과 뜻을 구하는 모든 신자들에게 필요하다.

한 마디 기도

하나님의 말씀에 비추어 잘못을 깨닫고 교정하게 하소서.

다윗의 왕조에 대한 하나님의 약속

그는 나를 위하여 집을 건축할 것이요 나는 그의 왕위를 영원히 견고하게 하리라 나는 그의 아버지가 되고 그는 나의 아들이 되리니 나의 인자를 그에게서 빼앗지 아니하기를 내가 네 전에 있던 자에게서 빼앗음과 같이 하지 아니할 것이며 _대상 17:12-13

✝ 핵심 이해하기

본문 12-13절의 내용은 사무엘하 7장 14-15절에 나온다. 두 본문을 비교해 보면, 역대기에서는 주목할 만한 중요한 내용이 생략되었음을 알 수 있다. 생략된 것은 13절의 "그는 나의 아들이 되리니"와 "나의 인자를 그에게서 빼앗지 아니하기를" 사이에 들어가는 내용이다. 그 내용은 "그가 만일 죄를 범하면 내가 사람의 매와 인생의 채찍으로 징계하려니와"다. 하나님께서 자신의 아들로 인정하는 왕이 범죄를 할 때, 하나님께서 징계하시겠다는 것이다.

역대기가 기록된 시대는 다윗 왕조의 왕들이 그들의 죄로 인하여 징계를 받고 그 백성은 바벨론 포로로 잡혀갔다가 고국으로 돌아온 이후이므로, 징계와 관련된 중요한 내용이 역대기 본문에서 생략된 것은 당연하다. 이것은 또한 사무엘하 12-20장에 집중적으로 기록된 다윗의 간음 사건과 이에 대한 하나님의 계속된 징계가 역대기에서 생략된 것과 맥을 같이 한다.

저자는 징계에 관한 내용을 생략함으로써, 하나님께서 친히 다윗 왕조의 영원한 보존과 존속에 대하여 약속하셨던 것을 성취하실 것임을 강조한다. 백성은 바벨론에서 돌아왔지만 유다 자체가 아직도 페르시아의 속국이었고, 그들 가운데 다스리는 다윗 왕조가 없었다. 그러므로 바벨론에서 돌아온 백성은 역대기의 이 말씀을 읽을 때에, 하나님께서 다윗 왕조의 영원한 존속에 대하여 하셨던 약속을 반드시 성취해 주실 것이라고 믿고 기대했을 것이다. 일부 시편들은 이러한 기대를 반영한다(시 89:26-29, 35-41; 132:11-12).

신실한 하나님께서 주신 언약의 약속이 반드시 이루어질 것을 확신하고, 인내로 기다리게 하소서.

다윗 왕의 인구 조사

사탄이 일어나 이스라엘을 대적하고 다윗을 충동하여 이스라엘을 계수하게 하니라(관련된 기록은 삼하 24:1 참고) _대상 21:1

✝ 핵심 이해하기

역대상 20-21장과 사무엘하 11-24장을 비교해 보면, 다윗이 범한 큰 죄에 대한 징계와 관련된 기사들(삼하 12-20장)이 역대기에서는 모두 생략된 것을 쉽게 알 수 있다. 사실 다윗의 랍바 성 함락 사건(20:1-3)은 다윗의 간음 사건과 그가 적의 손으로 충신 우리아를 살해한 사건이 일어난 해에 있었다(삼하 11:1; 12:26-27). 역대기 저자는 다윗의 이러한 죄악을 생략했으므로 이 죄악에 대한 일련의 징계 기사들도 기록할 필요가 없었다(삼하 12-20장의 내용). 따라서 역대기의 저자는 랍바 성의 함락 사건 기사 다음에, 블레셋과의 두 차례 전투 기사를 언급하고(삼하 21:4-8), 곧바로 다윗의 인구(=군인) 조사의 기사(삼하 24장)로 넘어가게 되었다.

역대기 저자가 다윗의 인구 조사 기사를 기록한 목적은 무엇인가? 앞에 언급된 사실에 비추어 볼 때, 다윗의 죄악을 보여주기 위한 것은 분명 아니다. 그 목적은 "이는 여호와 하나님의 성전이요 이는 이스라엘의 번제단이라"(22:1)는 다윗의 고백에 암시된다. 이 고백은 사무엘하 24장의 병행기사에는 없다. 저자는 솔로몬 왕이 바로 이곳에 여호와 하나님의 성전을 지었다고 밝힌다(대하 3:1). 저자는 바로 이곳이 "여부스 사람 오르난의 타작 마당에 다윗이 정한 곳"이라고 분명하게 설명한다. 이로써 다윗의 군인 조사 사건의 기록은, 역대기 저자가 성전의 터를 준비하게 된 역사적인 배경을 보여주기 위한 목적으로 쓴 것임을 알 수 있다. 바로 이러한 관점에서 21장 1절의 "사탄이 일어나 이스라엘을 대적하고 다윗을 충동하여"를 이해할 필요가 있다. 이것은 사무엘하 24장 1절의 "여호와께서 다시 이스라엘을 향하여 진노하사 그들을 치시려고 다윗을 격동시키사"와 대조된다. 여호와 하나님 대신에 사탄이 언급되었기 때문이다.

사무엘하는 다윗의 가정에 임한 여호와 하나님의 징계들을 기록하는 과정에서 다윗의 인구 조사 사건을 기록했다. 그러므로 저자가 다윗의 인구 조사 배후에 하나님의 진노가 있음을 보여주는 것은 아주 자연스럽다. 하지만 역대기 저자에게는 이러한 관점이 전혀 없다. 그러므로 저자가 다윗의 인구 조사를 하나님의 진노의 관점에서 기록하는 것은 적절하지 않다. 그래서 저자는 다윗의 죄의 궁극적인 원인으로, 다윗의 배후에 역사한 사탄의 활동을 언급한 것이다. 저자는 다윗의 장수들이 블레셋의 거인 장수들을 죽인 사건을 기록한 다음에, 인구 조사의 사건을 언급했다(20:4-8). 이것은 다윗이 그의 장수들을 통한 큰 성공 이후에 큰 교만의 덫에 빠졌음을 암시한다. 이것은 역대기에서 등장하는 중요한 주제이기도 하다.

죄의 배후에 사탄이 교묘하게 역사하는 것을 보게 하소서.

다윗이 솔로몬에게 한 당부

이제 내 아들아 여호와께서 너와 함께 계시기를 원하며 네가 형통하여 여호와께서 네게 대하여 말씀하신 대로 네 하나님 여호와의 성전을 건축하며 여호와께서 네게 지혜와 총명을 주사 네게 이스라엘을 다스리게 하시고 네 하나님 여호와의 율법을 지키게 하시기를 더욱 원하노라 그 때에 네가 만일 여호와께서 모세를 통하여 이스라엘에게 명령하신 모든 규례와 법도를 삼가 행하면 형통하리니 강하고 담대하여 두려워하지 말고 놀라지 말지어다 _대상 22:11-13

✝ 핵심 이해하기

22장의 내용은 성전 건축을 위한 다윗의 많은 준비(22:1-5), 성전 건축과 관련하여 다윗이 솔로몬에 한 당부(22:6-16)와 성전 건축과 관련하여 다윗이 지도자에게 한 당부(22:17-19)로 이루어졌다. 다윗이 솔로몬에게 한 당부의 분량이 가장 많다. 다윗의 당부는 성전 건축과 관련된 하나님의 말씀에 대한 언급(22:8-10)과 이 언급에 근거한 다윗의 권고(22:11-16)로 이루어졌다. 다윗은 하나님의 성전을 건축하려고 마음을 먹었지만, 하나님께서는 그가 전쟁을 하여 피를 많이 흘렸으므로 성전을 건축할 수 없다고 말씀하시며 막으셨다. 그 대신에 하나님께서는 다윗에게서 한 아들, 곧 안식(히: 놀라드)의 아들, 솔로몬(뜻: 평화)이 태어나게 하실 것인데, 하나님께서 친히 그에게 주변의 모든 원수에게서 평온(히: 누아흐=안식을 주다)을 주실 때 그가 성전을 건축하게 될 것이라고 약속하셨다(22:8-10).

여기에 다윗과 솔로몬의 대조가 분명하게 드러난다. 다윗은 전쟁의 사람이나, 솔로몬은 안식과 평안의 사람이다. 솔로몬과 이스라엘이 누리게 될 평화(샬롬)와 안일함(히: 쉐케트=고요함)은 하나님께서 친히 주시는 것이다. 이러한 대조는 두 가지 중요한 사실을 드러낸다. 하나는 다윗의 시대에 아직 가나안의 정복 전쟁이 완성되지 아니했다는 것이다. 다른 하나는 하나님께서 솔로몬의 시대에 가나안의 정복 전쟁을 완성시킬 것이라는 약속이다. 그때에 비로소 평화와 안정의 시대가 임하여 하나님의 성전을 건축할 수 있는 것이다. 성전은 아직도 가나안 정복의 전쟁 중인 다윗의 시대에는 지어질 수 없다.

그래서 하나님께서 다윗에게 성전 건축을 허락하지 않으신 것이다. 그러나 샬롬(Shalom)이란 뜻의 이름을 가진 솔로몬의 시대에, 하나님께서 가나안 정복 전쟁을 완성하실 때, 비로소 평화와 안정의 시대가 임할 것이다. 바로 이때 솔로몬이 하나님의 성전을 건축하게 될 것이다.

다윗은 하나님의 이 말씀을 상기시키면서 솔로몬에게 성전을 건축하라고 권고한 것이다. 다윗은 아들 솔로몬에게 성전 건축만을 권고한 것이 아니었다. 이 권고 이상으로 중요한 것은 솔로몬이 하나님의 율례와 법도를 지키는 것이다(22:12-13). 하나님께서 그에게 하신 약속의 성취로 솔로몬이 성전을 건축한 뒤에, 그는 하나님으로부터 지혜와 총명을 수여받아 하나님께서 모세를 통하여 주셨던 율례와 법도를 지켜 행해야만 형통할 것이다. 그러므로 솔로몬은 강하고 담대하여 두려워하지 말고 놀라지 말아야 했던 것이다(22:13). 다윗은 마지막으로 자신이 성전 건축을 위하여 많은 것을 준비했음을 언급한 후에 "일어나 일하라"(곧, 성전을 건축하라)고 명령하고 "하나님께서 함께하실 것"이라고 말한다(22:14-16). 성전의 건축이 완성되면 성전 건축의 사명은 끝나지만, 하나님께서 모세를 통하여 명령하신 율례와 법도를 따라 순종해야 하는 사명은 그때부터 본격적으로 시작된다. 다윗은 나중에 솔로몬에게 동일한 권고를 또 다시 했다(28:9-10). 하나님께서는 솔로몬의 성전 봉헌 기도를 듣고 나타나셨다. 이때 하나님께서는 솔로몬 왕이 그분의 율례와 명령을 힘써 지켜 행하지 않으면, 다윗 왕조와 성전이 버림받을 것이라고 경고하셨다(대하 9:17-22).

한 마디 기도

하나님의 말씀에 순종하는 사명에는 끝이 없음을 알게 하소서.

다윗의 감사기도

여호와여 위대하심과 권능과 영광과 승리와 위엄이 다 주께 속하였사오니 천지에 있는 것이 다 주의 것이로소이다 여호와여 주권도 주께 속하였사오니 주는 높으사 만물의 머리이심이니이다 부와 귀가 주께로 말미암고 또 주는 만물의 주재가 되사 손에 권세와 능력이 있사오니 모든 사람을 크게 하심과 강하게 하심이 주의 손에 있나이다 _대상 29:11-12

✝ 핵심 이해하기

다윗 왕은 온 백성의 지도자들과 백성이 성전 건축을 위해서 기쁘고 즐거운 마음으로 하나님께 드리는 것을 보고 크게 기뻐했다. 다윗은 이 기쁨을 온 회중 앞에서 하나님께 드리는 감사 기도로 표현했다. 다윗의 감사기도는 온 백성이 하나님께 기쁘게 드림으로 인한 감사와 감격(29:10-17)과 하나님의 백성과 솔로몬을 위한 기도(29:18-19)로 구성된다.

다윗의 감사와 감격의 핵심 내용은 모든 것에 대한 여호와 하나님의 주권을 인정하는 것과 관련되어 있다. 하나님의 주권이라는 관점에서 볼 때, 자신과 그의 백성이 하나님께 드리는 모든 것은 하나님께서 친히 그들에게 주신 것이다. 구체적으로 언급된 위대하심과 권능과 영광과 승리와 위엄, 이 모든 것도 여호와 하나님께 속한다(29:11). "여호와여 주권(나라, 또는 왕권)도 주께 속하였으니 주는 높으사 만물의 머리이심이니이다"는 고백은 이 사실을 요약한다. 여호와 하나님께서는 만물의 머리로 높아지신 하나님이시므로 그의 왕권의 표현과 관련된 모든 것들, 곧 위대하심과 권능과 영광과 승리와 위엄이 절대적인 주권자 여호와 하나님께 속한 것은 당연하다. 여호와 하나님께서 이러한 하나님이신 것은 하늘과 땅에 있는 모든 것이 그에게 속하기 때문이다(29:11).

이렇게 위대하신 주권자 하나님께서는 부와 귀와 사람을 크게 하심과 강하게 하심을 사람에게 베푸신다(29:12). 그는 위대하시니 사람들을 크게 하시고, 그는 능력을 가지고 계시니 사람들을 강하게 하신다. 그러므로 다윗과 그의 백성이 성전 건축을 위하여 하나님께 드린 것은 주님으로부터 받을 것을 주께 드린 것에 불과하다(29:14).

다윗은 이 사실을 14절과 16절에서 두 번이나 강조했다. 다윗은 "모든 것이 주께로 말미암았사오니 우리가 주의 손에서 받은 것으로 주께 드렸을 뿐"이라고 하였다(29:14). 다윗은 이어서 "성전 건축을 위해 비축한 이 모든 물품이 다 주의 손에서 왔사오니 다 주의 것"이라고 고백했다(29:16). 그래서 다윗의 기쁨이 너무나 컸던 것이다(29:17). 다윗의 감사기도는, 만물에 대한 하나님의 절대적인 주권을 인정하면 하나님께 드리면서도 그의 주권을 높이게 됨을 보여 준다. 그의 기도는 또한, 하나님의 주권을 인정하면 인정할수록 기쁨과 감사가 크게 됨을 보여 준다. 이와 같이 하나님의 주권에 대한 인정과 감사의 표현(드림)과 기쁨은 삼위일체로 연결된다.

∝ 한 마디 기도

하늘과 땅에 있는 모든 것에 대한 주 하나님의 주권을 인정하며 감사와 기쁨으로 주를 섬기게 하소서.

솔로몬 왕의 지혜 간구

여호와 하나님이여 원하건대 주는 내 아버지 다윗에게 허락하신 것을 이제 굳게 하옵소서 주께서 나를 땅의 티끌 같이 많은 백성의 왕으로 삼으셨사오니 주는 이제 내게 지혜와 지식을 주사 이 백성 앞에서 출입하게 하옵소서 이렇게 많은 주의 백성을 누가 능히 재판하리이까(관련된 왕상 3:1~15 참고)
_대하 1:9-10

✝ 핵심 이해하기

솔로몬 왕은 기브온 산당에 있는 놋 제단에서 하나님께 1천 번제를 드렸다. 그곳에 모세가 광야에서 지은 회막과 법궤가 있었다(1:3-4). 하나님께서는 밤에 환상 중에 그에게 나타나 원하는 것이 무엇인지를 물으셨다. 이때 솔로몬은 하나님께 지혜를 구했다. 솔로몬의 기도는 8-10절에, 하나님의 응답은 11-12절에 각각 나온다. 관련된 병행기사는 왕상 3장 1-15절에 나온다.

본문의 솔로몬 기도에서 새로운 내용은, 하나님께서 부친 다윗을 대신하여 그가 왕이 되게 하셨으니 부친 다윗에게 허락하신 것을 이제 굳게 하여달라는 것이다(1:9a). 이 내용은 왕상 3장에 기록된 솔로몬의 기도에는 없다. 물론 솔로몬이 하나님께 구한 것은 주님의 수많은 백성을 바로 재판하기 위한 지혜와 지식이다(1:10). 하나님께서는 그가 구한 지혜와 지식을 주셨고, 또한 추가적으로 전에도 없었고 후에도 없는 부와 재물과 영광을 주시겠다고 약속하셨다(1:11-12).

역대기의 저자가 가장 먼저 기록한 것은 솔로몬 왕이 하나님으로부터 받은 지혜와 지식을 그의 백성을 바르게 판단하는 데 사용했다는 것이 아니다(왕상 3:16-28의 기사 참고). 오히려 그 지혜와 지식을 이용하여 병거와 마병과 은금을 많이 축적하며, 병거와 말들을 애굽에서 수입하여 다른 곳에 수출하여 큰 이익을 보았다는 것이다(1:14-17). 역대기 저자는 하나님께서 솔로몬에게 주신 지혜가 성전 건축을 위해서도 사용되었음을 어느 정도 인정한다(2:1-12). 하지만 저자는 하나님으로부터 지혜와 지식을 수여받은 솔로몬이, 그 지혜를 사용하여 하나님께서 왕에게 금하신 말과 은금을 축적한 사실을 먼저 보여주었다(신 17:16-17). 이것은 솔로몬 왕이 하나님께서 자신에게 주신 지혜를 크게 남용하였음을 암시한다. 이것은 하나님께서 솔로몬에게 주신 지혜가, 그가 친히 왕에게 금하신 일들을 하는데 사용됐음을 보여준다.

지혜와 지식은 하나님의 백성을 바르게 재판하기 위해 주신 것이나, 솔로몬은 하나님께서 그에게 주시겠다고 약속한 부와 재물과 영광을 축적하는 데 사용한 것이었다. 참으로 애석한 일이 아닐 수 없다. 오늘도 하나님께서 주신 지혜와 능력을 하나님과 그의 백성을 섬기는 일이 아니라, 죄짓는 데 사용하는 자들이 적지 않음을 인정하지 않을 수 없다.

∝ 한 마디 기도

하나님께서 주신 지혜와 지식을 남용하지 않고 하나님의 뜻을 따라 사용하게 하소서.

성전의 목적과 기능

내가 건축하고자 하는 성전은 크니 우리 하나님은 모든 신들보다 크심이라 누가 능히 하나님을 위하여 성전을 건축하리요 하늘과 하늘들의 하늘이라도 주를 용납하지 못하겠거든 내가 누구이기에 어찌 능히 그를 위하여 성전을 건축하리요 그 앞에 분향하려 할 따름이니이다 _대하 2:5-6

✝ 핵심 이해하기

이 내용은 솔로몬 왕이 여호와 하나님의 이름을 위한 성전과 자신의 궁궐을 건축하기로 결심하고, 두로와 후람에게 사신을 보내어 전달한 공문의 일부 내용이다. 4-10절은 공문의 전체 내용이다. 그 가운데 4-6절은 열왕기상의 병행기사에는 없는 내용이다(왕상 5:1-11).

4-6절은 ABA'의 구조로 되어 있다. 4절(A)은 성전 건축의 목적과 기능을 말하고, 5절(B)은 왜 솔로몬이 큰 성전을 건축하려고 하는지를 밝힌다. 6절(A')은 또 다시 성전 건축의 목적과 기능을 밝힌다. 4절과 6절이 밝히는 성전 건축과 목적과 기능은, 여호와 하나님께서 정하신 절기에 따라 아침과 저녁으로 번제를 드리는 것(A)과 여호와 하나님 앞에 분향하는 것이다(A').

서로 긴밀하게 연결된 4절과 6절은 성전이 여호와 하나님의 이름과 관련되어 있으나(A), 하늘과 하늘들의 하늘도 감당하지 못하는(가두어 둘 수 없는) 하나님을 그곳에 가두어 둘 수 없음을 분명하게 한다(6:18; 왕상 8:27에도 언급됨). 구조적으로 중앙에 위치한 5절은 이스라엘의 여호와께서 모든 신들보다 위대하시기 때문에 솔로몬이 큰(웅장한) 성전을 건축하려고 하는 것이라고 밝힌다(2:9 "내가 건축하려 하는 성전은 크고 화려할 것이니이다").

하나님께서는 자신을 낮추어 그의 이름이 솔로몬이 건축한 성전에 특별하게 거하게 하셨지만, 이 성전에 결코 갇혀 계시지 않는다(6:6, 20). 그는 우주 만물을 초월하는 하나님이시다. 솔로몬의 봉헌 기도에서 반복적으로 등장하는 "주께서 계신 곳 하늘에서 들으시고"(6:21, 30, 33, 39), "하늘에서 들으시고"(6:23, 25, 27, 35; 7:14)는 이 사실을 분명하게 보여준다. 이스라엘 백성이 이 사실을 깊이 깨닫고 언제나 어디에서나 하나님의 임재를 의식하고 살았다면, 그들은 성전을 우상화하는 죄를 피할 수 있었을 것이다. 그러나 하나님의 백성은 성전을 우상화한 결과, 성전의 심판과 멸망을 자초하고 말았다(렘 7:4-11).

신약의 성도는 예수님의 십자가와 부활의 구속 사건으로, 성전이 되었으며 동시에 성전으로 지어지고 있다(고전 3:16; 엡 2:21-22; 벧전 2:5). 그러므로 신약의 성도들이 성전에 대한 바른 인식을 가지고 이에 합당하게 사는 것은 아주 중요하다(고전 3:17; 6:19-20).

∝ 한 마디 기도

성전에 대한 그릇된 인식으로 삶이 잘못되지 않게 하소서.

성전에 가득 찬 하나님 영광의 구름

나팔 부는 자와 노래하는 자들이 일제히 소리를 내어 여호와를 찬송하며 감사하는데 나팔 불고 제금 치고 모든 악기를 울리며 소리를 높여 여호와를 찬송하여 이르되 선하시도다 그의 자비하심이 영원 히 있도다 하매 그 때에 여호와의 전에 구름이 가득한지라 제사장들이 그 구름으로 말미암아 능히 서 서 섬기지 못하였으니 이는 여호와의 영광이 하나님의 전에 가득함이었더라 _대하 5:13-14

✚ 핵심 이해하기

솔로몬은 성전의 공사를 모두 마치고, 그동안 다윗 성에 안치되어 있던 여호와의 언약궤를 지성소로 옮겼다. 성전의 건물 자체와 성전에서 사용되는 모든 성물이 새롭게 만들어졌다. 그러나 언약궤는 새로 만들지 아니했다. 모세가 광야에서 하나님의 지시에 따라 만든 언약궤를 그대로 사용했다(5:2, 10). 제사장들이 언약궤를 메어다가 안치한 장소는 성전의 지성소 두 그룹들의 날개 아래였다(5:7-9).

나팔을 부는 제사장 120명과 레위인 전문 찬양단이 각종 악기의 소리를 따라 여호와 하나님을 찬양했는데, 바로 그때 솔로몬이 봉헌한 여호와 하나님의 성전에 구름이 가득 찼다. 레위 찬양단이 찬양한 내용은 "선하시도다 그의 자비하심이 영원히 있도다"였다. 그들이 이렇게 찬양할 때 영광의 구름이 임했다는 언급은 열왕기에는 전혀 나오지 않는다(왕상 8:10-11). 이 구름은 여호와 하나님의 영광의 임재를 가시적으로 보여주는 것이었다. "여호와의 영광이 하나님의 전에 가득했다"(5:14)는 말은 "여호와의 전에 구름이 가득했다"(5:13)는 말을 다시 설명한 것이다. 이 설명은 성전에 임한 구름은 자연현상으로 인한 것이 아님을 분명하게 한다.

영광의 구름이 성전에 가득 차게 임할 때에 제사장들은 구름으로 인해서 더 이상 섬길 수 없었다. 이렇게 솔로몬의 성전에 임한 하나님의 영광의 구름은, 실로의 성막에도 머물렀던 것이다. 이스라엘 백성의 죄로 하나님의 영광의 구름이 실로의 성막에서 떠난 이후로, 임시로 마련된 장막에 안치된 언약궤에는 이 영광의 구름이 오랫동안 나타나지 않았다(삼상 4:21-22; 렘 7:12-14; 26:6, 9). 처음에 모세가 광야에서 세운 회막에 임하였고, 실로의 회막이 망하기 직전까지 머물러 있던 영광의 구름(출 40:35)이, 이제 솔로몬의 성전에 임했다. 이것은 솔로몬의 성전이 모세의 성막을 대신하는 하나님의 성전이 되었음을 보여준다. 모세의 회막과 솔로몬의 성전을 연결하는 두 가지 핵심 요소는, 언약궤와 각각에 동일하게 임한 영광의 구름이다. 이로써 이동 장막의 시대는 끝이 나고 한 장소에 고정된 성전의 시대가 시작된 것이다.

⌒ 한 마디 기도

영광의 구름이 없는 성전이 진정한 의미에서 하나님의 집이 될 수 없듯이, 성령의 임재와 충만함이 없는 성전과 같은 신자가 되지 않게 하소서.

2 CHRONICLES 04/18

하나님의 죄 용서와 땅의 치유 약속

내 이름으로 일컫는 내 백성이 그들의 악한 길에서 떠나 스스로 낮추고 기도하여 내 얼굴을 찾으면 내가 하늘에서 듣고 그들의 죄를 사하고 그들의 땅을 고칠지라 _대하 7:14

✛ 핵심 이해하기

솔로몬 성전의 낙성식은 7일 동안 성대하게 치러졌다(7:8-10). 솔로몬 왕이 성전 봉헌 기도를 마칠 때 하늘에서 내려온 불이 번제물과 제물을 살랐다(7:1). 이스라엘 자손들은 불이 제물에 내리는 것과 성전에 주의 영광의 구름이 가득 찬 것을 보고 여호와 하나님께 감사했다(7:3). 솔로몬은 이 모든 행사를 마치고 백성을 집으로 돌려보냈다.

그날 밤에 하나님께서는 솔로몬에게 나타나셔서 오늘 본문의 말씀을 주셨다. 12-22절은 하나님께서 솔로몬에게 주신 말씀의 전체 내용이다. 그 첫 번째 내용은 기근이나 메뚜기가 토산물을 해치는 재앙이나 전염병이 유행할 때 그의 백성이 죄에서 돌이켜 그의 얼굴을 구하면, 하나님께서 그들의 죄를 용서하시고 땅을 회복시킨다는 것이다(7:13-14). 두 번째 내용은 솔로몬의 성전에 그의 이름을 영원히 있게 하였으니, 성전에서 하는 기도를 눈여겨보시고 그 기도에 귀를 기울이시겠다는 약속이다(7:15-16).

세 번째 내용은 왕이 하나님의 율례와 법도를 다윗이 행한 것과 같이 행하면, 다윗과 맺은 언약에 따라서 그의 나라를 견고하게 하고 그의 왕위에 앉아서 다스릴 자가 끊어지지 않게 하겠다는 약속이다(7:17-18). 마지막 내용은 왕과 백성이 그의 율례와 명령을 버리고 다른 신들을 섬기면, 하나님께서 성전을 버려 이방 나라들 가운데 비웃음거리가 되게 하시겠다는 경고다(7:19-22). 물론 이 경고에는 버려진 성전에 대한 사람들의 질문과 그에 대한 모범 답안까지 들어 있다(7:21-22). 하나님께서 솔로몬에게 주신 이 말씀은, 다윗이 성전 건축과 관련하여 회집된 백성과 솔로몬에게 한 지시의 강조점(순종)과 일치한다(대상 28:2-10).

⸏ 한 마디 기도

하나님의 집인 성전의 영광은, 하나님께서 주신 언약의 법도에 대한 우리의 지속적인 순종 여부에 따라 머물거나 떠나는 것임을 알게 하소서.

스바 여왕이 한 감탄의 말

복되도다 당신의 사람들이여, 복되도다 당신의 이 신하들이여, 항상 당신의 앞에 서서 당신의 지혜를 들음이로다(눅 11:31에 반영됨) _대하 9:7=왕상 10:8

✝ 핵심 이해하기

스바 여왕은 솔로몬의 명성을 듣고 그의 지혜를 시험하고자 치밀하게 준비하고, 많은 시종들과 함께 많은 보물을 가지고 예루살렘에 왔다(9:1). 여왕은 자신의 나라에서 어떤 사람도 풀지 못했던 난해한 질문들에 대해 솔로몬이 대답하는 것을 보고 엄청나게 놀랐다. 그때 스바 여왕은 이제야 자신이 들었던 솔로몬의 지혜에 대한 소문보다, 실제로 그가 더욱 지혜롭다는 것을 믿게 되었다고 말했다. 이때 여왕은 그의 지혜를 항상 듣는 솔로몬의 신하들이야말로 복되다고 두 번이나 말했다(9:7).

사실 솔로몬의 통치 당시에 그의 지혜를 들으려고 솔로몬을 찾아 방문한 사람은 스바의 여왕만이 아니었다. 전 세계의 왕들이 많은 보물을 가지고 솔로몬을 찾아왔다(9:22-24). 그러나 예수님께서는 특별히 스바 여왕이 솔로몬을 방문했던 사실을 상기시키시면서, 남방 여왕은 솔로몬의 지혜를 들으려고 땅 끝에서 왔지만 자신을 가리켜 솔로몬보다 더 큰 이가 여기 있다고 하셨다(눅 11:31).

열방의 왕들이 솔로몬의 지혜를 들으려면 많은 시간과 재물을 투자해야 했다. 바로 그런 이유 때문에 그들은 솔로몬을 항상 만날 수는 없었다. 하지만 솔로몬보다 더 크신 예수 그리스도는 하나님의 지혜이시다. 그러므로 그의 말씀을 듣고 지키는 자가 복이 있는 것이다. 스바의 여왕이 감탄하여 말한 것과 같이 솔로몬의 신하들이 항상 그의 지혜를 듣기 때문에 복되다고 할지라도, 그의 신하들이 솔로몬의 지혜로 인해 구원을 받는 것은 아니었다. 하지만 솔로몬보다 크신 예수 그리스도의 말을 듣고 지키는 자는 하나님 나라를 선물로 받은 하나님의 영원히 복된 자들이다(눅 11:28).

∝ 한 마디 기도

솔로몬보다 비교할 수 없을 정도로 놀랍게 크신 예수 그리스도의 말씀을 듣고 지키며 살게 하소서.

르호보암 왕의 어리석은 선택과 그 이유

왕이 포학한 말로 대답할새 르호보암이 원로들의 가르침을 버리고 젊은 신하들의 가르침을 따라 그들에게 말하여 이르되 내 아버지는 너희의 멍에를 무겁게 하였으나 나는 더 무겁게 할지라 내 아버지는 가죽 채찍으로 너희를 치셨으나 나는 전갈 채찍으로 치리라 하니라 왕이 이같이 백성의 말을 듣지 아니하였으니 이 일은 하나님께로 말미암아 난 것이라 여호와께서 전에 실로 사람 아히야로 하여금 느밧의 아들 여로보암에게 이르신 말씀을 응하게 하심이더라 _대하 10:13-15=왕상 12:13-15

✝ 핵심 이해하기

본문의 기록과 열왕기의 병행기록은 거의 비슷하다. 한 가지 차이점은 여기에 언급된 '젊은 신하들'이 열왕기에서는 '왕과 함께 자란 어린 사람들'로 나온다는 것이다(왕상 12:8, 10). 저자의 이러한 언급은, 왕이 원로 신하들의 권고를 물리쳤던 것이 얼마나 어리석은 일이었는지를 강조한다. 하나님께서 실로 사람 아히야를 통해서 하신 말씀(10:15)의 내용은 열왕기상 11장 29-39절에 나온다. 역대기에 생략된 이 내용은, 솔로몬의 죄로 인해 남 왕국 유다와 북 왕국 이스라엘이 분리되었으며, 따라서 그에게 이에 대한 책임이 있음을 보여준다. 그 구체적인 내용은, 남과 북이 갈라져 두 나라가 되는데, 이스라엘 백성들의 간절한 요청을 거절한 왕의 죄가 그 원인이 되었음을 분명하게 한다.

이스라엘 사람들이 부왕 솔로몬이 자신들에게 지워준 멍에를 가볍게 해달라는 요청을 했다는 것은, 솔로몬의 통치가 특별히 유다 지파 이외의 나머지 지파들에게 상당한 부담을 가져다 주었음을 분명하게 한다. 솔로몬은 이스라엘을 40년간 통치하면서 효율적인 통치를 위해 이스라엘 12지파를 12행정구역으로 재편했는데, 유다 지파에게는 부담을 거의 지우지 않고 나머지 지파들에게만 큰 부담을 지워 주었다(왕상 4:7-19). 그래서 유다 지파는 잠잠한 가운데, 다른 10지파들만이 왕에게 무거운 멍에를 가볍게 해달라고 요청한 것이다. 르호보암이 원로 신하들의 권고를 귀담아듣고 실행했다면 나라가 둘로 쪼개지는 일은 당분간 없었을 것이다. 그러나 왕이 원로 신하들의 권고를 무시함으로써, 하나님의 심판 경고는 성취되고 말았다.

⚘ 한 마디 기도

누구의 말을 들어야 하는지 지혜롭게 분별하게 하소서.

왕과 백성에게 한 선지자 아사랴의 권면

그가 나가서 아사를 맞아 이르되 아사와 및 유다와 베냐민의 무리들아 내 말을 들으라 너희가 여호와와 함께 하면 여호와께서 너희와 함께 하실지라 너희가 만일 그를 찾으면 그가 너희와 만나게 되시려니와 너희가 만일 그를 버리면 그도 너희를 버리시리라 _대하 15:2

✝ 핵심 이해하기

아사 왕은 하나님의 큰 도움으로 구스의 백만 대군을 물리치고 많은 전리품을 가지고 예루살렘으로 돌아왔다. 본문은 이때 오뎃의 아들 아사랴가 성령의 감동을 받아 아사 왕에게 전해 준 말이다. 이 말씀은 역대기의 즉각적인 보응의 신학을 잘 보여준다. 2-7절의 전체는 그가 아사 왕에게 한 권고의 내용이다. 2절은 권고의 시작이고, 7절은 권고의 결론이다. 그 사이의 3-6절은 권고와 관련된 구체적인 사례다. 권고의 핵심은 계속해서 하나님을 의지하고 찾으라는 것이다. 유다와 베냐민의 백성들이 하나님과 함께하면 하나님께서도 그들과 함께하실 것이고 그분을 찾으면 그들을 만나주실 것이나, 그분을 버리면 하나님께서도 그들을 버릴 것이다(15:2). 이는 이미 하나님을 의지하고 있는 왕과 유다 나라의 백성에게 이 길로 계속 가라고 권면한 것이다.

이스라엘은 사사시대에 하나님을 떠나 제사장도 하나님의 율법도 없는 상황에 놓이게 되자 환란을 당했으나, 그들이 하나님께로 돌아와서 그를 찾을 때에 하나님께서는 만나 주셨다(15:3-4). 그들이 하나님께로 돌아오기 전에는 이 나라 저 나라에 의해 당하는 고통과 괴로움이 이만저만이 아니었다(15:5-6). 3-6절의 내용은 약 400여 년간 지속된 사사 시대의 혼란을 반영한다. 오뎃의 아들 아사랴는 과거의 이러한 쓰라린 경험에 비추어, 유다의 아사 왕과 그의 백성은 그들의 마음을 강하게 하여 여호와 하나님을 계속해서 의지하며 살라고 권고한 것이다(15:7).

아사 왕은 이 말씀을 듣자 큰 용기를 얻었다. 그는 남 왕국에서만이 아니라, 심지어 에브라임 산지에서 빼앗은 성읍들에서까지 각종 가증한 우상들을 제거하였다(15:8-9). 아사 왕은 전리품 중에서 소 7백 마리와 양 7천 마리를 여호와 하나님께 제물로 드렸고, 온 백성과 함께 여호와 하나님만 찾기로 언약을 맺었다(15:9-14). 그 결과 하나님께서는 선지자를 통하여 말씀하신 대로 그들을 만나 주시고 유다 사방에 평안을 주셨다(15:15). 아사 왕은 이때 모친이 아세라의 목상을 만들자 태후의 자리를 폐하고 그 우상을 찍고 불살라 버렸다(15:16). 하나님께서는 이때부터(그의 통치 15년부터 35년까지) 20년간 평화의 시대를 주셨다(15:19). 그러나 애석하게도 아사 왕은 그의 즉위 36년부터 선견자 하나니의 말씀을 듣지 않고 거역하여, 즉위 41년에 병으로 죽기까지 하나님을 찾지 않았다(15:7-10).

∝ 한 마디 기도

여호와 하나님을 찾을 때 만나 주시고 평안 주심을 삶 속에서 체험하게 하소서.

선지자 신뢰와 형통

이에 백성들이 아침에 일찍이 일어나서 드고아 들로 나가니라 나갈 때에 여호사밧이 서서 이르되 유다와 예루살렘 주민들아 내 말을 들을지어다 너희는 너희 하나님 여호와를 신뢰하라 그리하면 견고히 서리라 그의 선지자들을 신뢰하라 그리하면 형통하리라 하고 _대하 20:20

✝ 핵심 이해하기

여호사밧 왕은 모압 자손과 암몬 자손과 마온 사람들의 세 나라가 연합하여 유다를 침략하려고 엔게디에 있다는 소식을 듣고 온 백성에게 금식을 선포했다. 그러자 온 백성은 예루살렘에 모여 기도하게 되었다. 이때 여호사밧 왕은 회집된 백성 앞에서 절박하게 기도했다(20:6-12). 왕이 한 기도의 핵심은 하나님께서는 온 이방 나라를 다스리시는 하나님이시므로 그와 맞설 사람이 없다는 것과, 자신에게는 3국의 연합군을 물리칠 능력이 없으니 하나님께서 도와 주셔야 한다는 것이었다(20:6, 12). 이때 기도회에 모인 백성들 중 레위 사람 야하시엘에게 하나님의 성령께서 임하여 두려워하지 말고 놀라지 말라고 하시면서, 전쟁에서 이길 구체적인 전략을 주시며 승리를 약속하셨다(20:15-17). 여호사밧 왕은 하나님께서 이 응답을 주심을 인하여 온 백성과 함께 여호와를 경배했다(20:18).

하나님께서 주신 전략에 따라 백성이 그 다음날 일찍 드고아 들판으로 나아갈 때, 여호사밧 왕은 그들을 격려하는 말을 했다. 20절은 여호사밧 왕이 백성들에게 한 격려와 권고다. 이 권고에서 여호와 하나님을 신뢰하는 것과 그의 선지자들을 신뢰하는 것이 견고히 서는 것과 형통하는 것이 각각 짝을 이룬다. 하나님께서 세운 선지자들의 말을 신뢰하는 것은 하나님을 신뢰하는 것이다.

본문의 경우 왕과 온 백성이 하나님의 도우심을 절박하게 구할 때에 하나님께서는 레위인 야하시엘을 통하여 전승의 전략을 주셨다. 하나님께서 선지자를 통하여 주신 말씀을 왕과 백성이 그대로 믿고 행하는 것은 여호와 하나님을 신뢰하고 행하는 것이다. 이렇게 행할 때에 하나님께서 승리를 주시겠다고 약속하셨다. 하나님의 선지자들을 신뢰하면 견고히 서고 형통한다는 말씀은 역대기의 즉각적인 보응의 신학과 연결되어 있다. 즉각적인 보응의 신학은 바벨론에서 돌아와 하나님 백성의 새로운 공동체를 세우고자 하는 약 5만 명의 백성들에게 아주 중요한 것이었다. 그들의 조상들은 하나님께서 세우신 선지자들을 신뢰하지 않고 선지자들의 말을 배척한 결과 바벨론에 끌려가게 되었다. 그러므로 하나님께서 세우신 선지자들의 말을 듣고 순종하는 것은 하나님의 백성이 견고하게 되고 형통함을 경험하게 되는 유일한 길이다.

하나님께서는 왕과 그의 백성이 하나님과 그의 선지자들을 신뢰하고 순종했을 때 전쟁에서 엄청난 승리를 거두게 하셨다(20:22-26). 이러한 대승의 결과, 여호사밧 왕이 기도한 것과 같이 이방 모든 나라는 여호와 하나님께서 이스라엘의 적군을 치셨다는 소식을 듣고 여호와 하나님을 두려워하여 유다를 침략할 엄두를 내지 못했다(20:29-30). 그 결과 여호사밧의 유다 왕국에는 큰 평화가 있었다.

∞ 한 마디 기도

하나님께서 세우신 말씀의 종들을 통하여 주신 말씀을 믿고 실천하여 삶 속에서 하나님께서 함께하심을 경험하게 하소서.

2 CHRONICLES
04/23

여호와를 찾을 때 누리는 형통함

웃시야가 그의 아버지 아마샤의 모든 행위대로 여호와 보시기에 정직하게 행하며 하나님의 묵시를 밝히 아는 스가랴가 사는 날에 하나님을 찾았고 그가 여호와를 찾을 동안에는 하나님이 형통하게 하셨더라 _대하 26:4-5

✝ 핵심 이해하기

웃시야 왕은 16살에 즉위하여 52년간 통치했다. 웃시야는 열왕기에서는 아사랴로 불린다(왕하 14:21-22). 그에 대한 열왕기의 기록은 아주 간단하다. 그가 부친 아마샤의 모든 행위대로 정직히 행했다는 것과, 산당을 제거하지 아니했다는 것과, 하나님께서 징벌하셔서 죽는 날까지 나병환자가 되었다는 것이 기록의 전부다(왕하 15:3-5). 역대기 본문(대하 26:5-15)의 내용이 열왕기에는 없다. 이 새로운 내용은 여호와 하나님의 묵시를 잘 아는 스가랴가 살아있을 때에 왕이 여호와 하나님을 찾아 형통함을 경험했다는 일반적인 진술(26:5)과, 이를 입증하는 구체적인 사실로 이루어져 있다(26:6-15).

저자는 먼저 웃시야 왕이 하나님의 사람 스가랴의 지도를 받을 때에는 여호와 하나님을 찾아 형통함을 경험했다고 언급한다. 이것은 스가랴가 죽은 후에는 왕이 하나님을 찾지 않았고 그 결과 하나님께서 주시는 형통함이 없었다는 것을 암시한다.

웃시야 왕이 여호와 하나님을 찾을 때에 하나님께서 그에게 주신 형통함은, 주변 나라와의 전쟁에서 승리하게 하심(26:6-8), 예루살렘 성을 견고하게 함(26:9), 광야의 망대 건축과 고원과 평지에 가축을 많이 기름과 포도 농사를 장려함(26:10), 막강한 군사력의 증가(26:11-14)와 새로운 무기 개발(26:15) 등에 나타났다. 저자는 이것들을 언급한 후에 "그의 이름이 멀리 퍼짐은 기이한 도우심을 얻어 강성하여짐이었더라"고 논평했다(26:15).

그러나 그는 애석하게도 너무나 강성하고 형통하자 마음이 교만하게 되었다(26:16). 그의 교만함의 극치는 제사장만이 성전에서 할 수 있는 분향을 성전에 들어가 자신이 하려고 했던 행동에서 나타났다. 용감한 제사장 80명이 말려도 왕은 분향하려고 하다가, 하나님의 진노를 받아 나병환자가 되었다(26:16-19). 그는 결국 나병으로 죽을 때까지도 하나님께로 돌아오지 않았다. 웃시야 왕은 제사장 여호야다가 살아있을 때는 여호와 하나님이 보시기에 정직하게 행하다가, 그가 죽은 후에 유다 지도자들의 말을 들고 다른 신들을 섬겼던 유다 왕 요아스의 전철을 밟았던 것이다(24:2, 17-18).

형통을 넘어 형통을 잘 관리할 수 있게 하소서. 형통이 아니라 형통하게 하시는 하나님을 붙잡고 살게 하소서.

◇ 한 마디 기도

환란을 통해 여호와 하나님을 안 므낫세

그가 환란을 당하여 그의 하나님 여호와께 간구하고 그의 조상들의 하나님 앞에 크게 겸손하여 기도하였으므로 하나님이 그의 기도를 받으시며 그의 간구를 들으시사 그가 예루살렘에 돌아와서 다시 왕위에 앉게 하시매 므낫세가 그제서야 여호와께서 하나님이신 줄을 알았더라 _대하 33:12-13

✝ 핵심 이해하기

유다 왕 므낫세는 12살 때 왕위에 올라 55년 동안 다스렸다. 그의 부친 히스기야 왕은 하나님의 기도 응답으로 수명을 15년간 연장 받았다. 므낫세는 히스기야 왕이 수명을 연장 받은 지 3년째 되었을 때 얻은 아들이었다. 하지만 그는 아버지 히스기야 왕과는 정반대로 행한 최악의 왕이었다(33:3-7). 역대기 저자는 그의 죄악을 가리켜 "유다와 예루살렘 주민이 므낫세의 꾀임을 받고 악을 행한 것이 여호와께서 이스라엘 자손 앞에서 멸하신 모든 나라보다 더욱 심하였다"고 평가했다(33:9). 하나님께서 유다 백성을 그들의 조상에게 주시겠다고 약속한 가나안 땅에서 바벨론으로 옮긴 것은, 결정적으로 므낫세의 죄악 때문이었다(왕하 23:26-27; 24:3 "여호와의 말씀대로 그들을 자기 앞에서 물리치고자 하심이니 이는 므낫세의 지은 모든 죄 때문이며").

본문 10-13절은 열왕기의 기록에는 없는 내용이다. 하나님께서는 므낫세와 유다 백성이 그의 말씀을 듣지 않자, 앗수르 왕의 군대 지휘관들을 보내 그들을 사로잡고 쇠사슬로 결박하여 바벨론으로 끌고 가게 하셨다(33:11). 므낫세 왕은 이렇게 큰 환란을 당하고서야 여호와 하나님을 찾았다(33:12). 하나님께서는 그가 조상들의 하나님, 곧 언약의 하나님 앞에서 크게 겸손하여 죄를 회개하고 그의 도우심을 간청할 때 그의 간구를 응답하셨다(33:13). 하나님께서는 솔로몬에게 말씀하신 대로 므낫세 왕이 스스로 자기 자신을 낮추고 하나님을 찾을 때에 그의 죄를 용서하셨다(7:14). 하나님의 응답은 그의 죄를 용서하는 것으로 끝나지 않았다. 하나님께서는 그가 예루살렘으로 돌아와 다시 왕위에 앉게 하셨다. 그 결과 므낫세는 비로소 여호와께서 하나님이신 줄을 개인적으로 체험했다(33:13).

므낫세는 예루살렘으로 돌아와 왕위에 다시 앉은 후에는, 자신이 바벨론에서 하나님께 회개한 대로 자신의 죄악을 구체적으로 정리했다. 그는 먼저 이방 신들과 여호와의 전에 세운 우상과 성전에 건축된 산과 예루살렘 인근에 쌓은 모든 이방 제단들을 제거했다. 그는 그리고 여호와 하나님의 제단을 복구하고 유다 백성으로 하여금 이스라엘 하나님 여호와만 섬기게 하였다(33:15-17). 이것은 므낫세가 바벨론에서 한 기도가 진정한 회개의 기도였음을 보여준다.

역대기 저자는 므낫세가 환란과 고난 중에 자기 자신을 낮추고 하나님을 찾는 회개의 기도를 드린 것을 강조한다. 저자는 "그가 하나님께 한 기도"란 언급(33:18)과 "그의 기도와 그의 기도를 들으신 것과 그의 모든 죄와 허물과 겸손하기 전에"란 표현(33:19)을 통해서, 큰 죄에 빠졌던 므낫세 왕이 회개하고 죄에서 돌이킨 것과 하나님의 응답을 또 다시 강조한다.

저자는 므낫세 왕의 자기 자신을 낮추는 회개기도를 겸손의 모델로 제시한다(33:23). 그래서 저자는 그의 아들 아몬이, 그의 아버지 므낫세가 스스로 겸손함 같이 여호와 앞에서 스스로 겸손하지 아니하고 더욱 범죄하였다고 말한 것이다.

역대기를 읽는 자들이 꼭 기억할 것은 므낫세의 회개기도와 하나님의 즉각적인 응답이 보여주는 것과 같이, 죄의 결과와 징벌로 고통을 당하는 중에도 하나님께 진심으로 돌이키고 회개할 때 하나님께서는 외면하지 않는다는 것이다. 바벨론에서 돌아온 백성들만이 아니라, 모든 시대의 하나님 백성은 하나님께서는 자신의 죄를 깨닫고 죄에서 돌이키는 회개를 얼마나 기뻐하시는지를 알아야 한다. 하나님께서 에스겔 선지자를 통하여 반복적으로 말씀하신 것과 같이, 그분은 악인이 죄로 인하여 죽는 것을 기뻐하지 않으신다. 하나님께서는 오히려 죄에서 돌이켜 사는 것을 기뻐하신다(겔 18:23, 32; 33:11; 딤전 2:4; 벧후 3:9 "주께서는 너희를 대하여 오래 참으사 아무도 멸망하지 아니하고 다 회개하기에 이르기를 원하시느니라").

∝ 한 마디 기도

단지 죄 때문이 아니라 죄에서 돌이키지 않음으로 인해 망한다는 것을 알고, 죄에서 돌이키는 회개를 허락하소서.

에스라 느헤미야 에스더 핵심구절
이해하고 기도하기

EZRA-ESTHER

EZRA
04
25

바사 왕 고레스의 칙령

바사 왕 고레스는 말하노니 하늘의 하나님 여호와께서 세상 모든 나라를 내게 주셨고 나에게 명령하사 유다 예루살렘에 성전을 건축하라 하셨나니 이스라엘의 하나님은 참 신이시라 너희 중에 그의 백성 된 자는 다 유다 예루살렘으로 올라가서 이스라엘의 하나님 여호와의 성전을 건축하라 그는 예루살렘에 계신 하나님이시라(관련 구절 대하 36:22-23) _스 1:2-3

✝ **핵심 이해하기**

바사 왕 고레스는 주전 539년에 바벨론 제국을 멸망시키고 바벨론의 모든 영토를 페르시아 제국의 영토로 편입시켰다. 그 결과 유다 땅도 자연스럽게 페르시아 제국의 영토가 되었다. 선지자 이사야는 오래 전에, 하나님께서 열국을 고레스 앞에 항복하게 하실 것이라고 예언했다(사 45:1). 또한 이사야는 고레스가 예루살렘과 예루살렘 성전의 중건을 허락할 것이라고 예언했다(사 44:28). 2절의 "하늘의 하나님 여호와께서 세상 모든 나라를 내게 주셨다"는 말과 "성전을 건축하라"고 명령하셨다는 말은 이사야의 예언을 상기시킨다.

1절은 하나님께서 바사 왕 고레스의 마음을 감동시키셔서 선지자 예레미야를 통하여 하신 말씀을 성취하게 하셨다고 언급한다. 하나님께서 예레미야의 입을 통하여 하신 말씀은 바벨론에 포로로 잡혀간 유다 백성을 70년 만에 고국으로 돌아오게 하겠다는 예언이다(렘 25:12-13; 29:10; 32:36-38). 3절의 "이스라엘의 하나님은 참 신이시라"는 진술은 역대하 36장 23절에는 나오지 않는다. 이것은 2절의 "하늘의 하나님 여호와"를 가리킨다. 이스라엘 백성은 언제나 여호와 하나님을 유일하신 참 하나님으로 믿어야 했다. 이것은 하나님께서 시내 산에서 이스라엘 백성과 맺은 언약의 핵심 내용이다(출 20:2-3; 신 5:6-7). 세상 만물을 창조하신 유일하신 참 하나님은 이스라엘 백성을 애굽에서 인도하여 내신 유일한 구원의 하나님이시다(렘 10:6-16). 온 세상 열방이 이러한 사실을 인정하고 고백하는 것은 하나님의 소원이며 동시에 경건한 왕들과 백성의 열망이었다(출 9:16; 왕상 18:39; 왕하 19:15; 사 37:16, 20; 44:6; 시 86:10). 그러므로 바사 왕 고레스가 이스라엘의 하나님을 참 신으로 인정한 것은 놀라운 일이며, 성령 하나님의 감동으로 된 것이다. 물론 그는 이스라엘의 하나님 여호와를 유일한 하나님으로 인정하지는 않았다. 만일 그렇게 했다면 그는 유대인의 신앙으로 개종했을 것이다.

한 가지 더 주목할 것은 3절의 "이스라엘의 하나님 여호와의 성전을 건축하라 그는 예루살렘에 계신 하나님이시라"는 내용이다. 우선 이 진술은 역대하의 "너희 하나님 여호와께서 함께 하시기를 원하노라"는 말 대신에 추가되었다(대하 36:23). 이스라엘의 하나님께서 예루살렘에 계시다는 내용은 그가 세상 모든 나라를 다스리시는 하늘의 하나님이라는 사실과 모순되지 않는다. 그가 예루살렘에 계신다는 진술은 재건할 예루살렘 성전에 하나님께서 특별하게 임재하실 것을 의미한다. 이스라엘의 하나님 여호와께서는 예루살렘에 계시니, 그의 백성은 당연히 그곳으로 올라가야 하고 그곳에서 여호와의 성전을 건축해야 한다는 것이다. 여호와 하나님께서 예루살렘에 계시므로 다른 곳이 아닌 바로 예루살렘에 성전을 건축해야 하는 것이다. 초월적인 하나님, 곧 하늘의 하나님이 특정한 장소 예루살렘, 그것도 그 중심인 성전에 계신다는 것은 새로운 사상이 아니고, 이미 솔로몬의 성전 봉헌 기도에서 반복적으로 등장했던 것이다(왕상 8:22-53; 대하 6:12-42). 사실 예루살렘 성전은 하나님의 초월하심과 내재하심을 연결하는 중요한 고리였다.

α 한 마디 기도

하나님께서 선지자를 통해 주신 말씀은 반드시 성취되는 것을 믿게 하소서.

다리오 왕의 조서

EZRA 04/26

하나님의 성전 공사를 막지 말고 유다 총독과 장로들이 하나님의 이 성전을 제자리에 건축하게 하라 내가 또 조서를 내려서 하나님의 이 성전을 건축함에 대하여 너희가 유다 사람의 장로들에게 행할 것을 알리노니 왕의 재산 곧 유브라데 강 건너편에서 거둔 세금 중에서 그 경비를 이 사람들에게 끊임없이 주어 그들로 멈추지 않게 하라 _스 6:7-8

✝ 핵심 이해하기

주전 538년에 바벨론에서 고국으로 돌아온 하나님의 백성은 그해 7월에 여호와의 제단을 수축하고 초막절을 지키며 번제를 드렸다(3:3-4). 그리고 주전 536년 둘째 달에 예루살렘 성전의 기초를 놓았다(3:8). 그들은 성전의 기초를 놓고 레위인 찬양대원들이 과거에 했던 것과 같이 여호와 하나님께 감사하고 그를 찬양했다(3:10-11). 이때 솔로몬의 성전을 보았던 사람들은 큰 소리로 통곡했으나, 나머지 사람들은 함성을 지르며 기뻐했다(3:12-13).

이로써 총독 스룹바벨과 대제사장 예수아의 지도하에 예루살렘 성전의 재건이 시작된 것이다. 그러나 성전의 건축은 주변의 대적들의 치밀하고 계속적인 방해를 받아, 바사 왕 고레스의 시대부터 바사 왕 다리오의 즉위 제2년까지 약 16년간 중단되었다(4:5, 24). 이렇게 오랫동안 중단된 성전의 재건은 두 선지자 학개와 스가랴의 적극적인 격려와 독려로 다시 시작되었다(5:1-2). 이때 이 지역 총독 닷드내와 스달보스내와 동료들이 합세하여 누가 이러한 건축을 허락했느냐며 성전 재건을 방해하려고 필사적으로 노력했다. 하나님의 백성들은 이들의 방해를 무시하고 성전의 공사를 강행했다. 그러자 반대자들은 다리오 왕에게 조서를 보내 고레스 왕이 예루살렘 성전의 재건축을 허락한 조서가 있는지 확인하고 왕의 뜻이 무엇인지 문의했다(5:7-17). 이 요청에 반응하여 다리오 왕이 철저한 조사를 진행한 결과, 예루살렘 성전의 재건과 관련된 고레스 왕의 조서를 찾아냈다. 왕은 이 사실을 밝히고(6:1-5), 그들에게 예루살렘의 성전의 재건 공사를 적극적으로 도우라고 조서를 내렸다.

6-12절은 다리오 왕이 내린 조서의 구체적인 내용이다. 그들은 예루살렘 성전의 재건을 방해하려다가 오히려 성전의 건축을 위해서 그 지역의 세금을 투입하라는 명령을 받게 되었다

(6:8). 그들이 왕의 명령에 따라 구체적으로 해야 할 일은 하나님께 드릴 번제의 각종 희생 제물의 공급과 제사장이 그들에게 요구하는 밀과 소금과 포도주와 기름을 매일 공급하는 것(6:9)과, 그들이 하늘의 하나님께 왕과 왕자들의 생명을 위해 기도하게 하는 것(6:10)과, 왕의 조서를 신속하게 실행하는 것 등이었다. 다리오의 조서는 누구든지 왕의 조서를 변조하고 예루살렘 성전을 헐면 엄중하게 하겠다는 경고로 끝난다(6:11-12). 성전의 건축을 반대했던 사람들은 전혀 예상 밖의 조서를 받고 왕의 명령에 따라 신속하게 행했다(6:13).

이 모든 것은 하나님의 주권적인 간섭과 도우심의 결과였다. 예루살렘 성전의 재건은 다리오 왕 재2년에 재개되어 그의 통치 제6년, 곧 주전 516년에 기적적으로 완성되었다(6:15). 이것은 주전 536년에 성전이 건축되기 시작한 때로부터 20년만의 일이다(536-516). 공사를 재개한 지 4년만이었다. 온 백성은 큰 기쁨과 즐거움으로 하나님의 성전 봉헌식을 행했고, 많은 제물을 하나님께 드렸으며, 이때부터 제사장과 레위인들이 그들의 순번대로 성전에서 하나님을 섬기게 되었다(6:16-18).

∞ 한 마디 기도

하나님의 일에 반대와 방해는 있어도, 좌절과 실패는 없는 것을 알게 하소서.

에스라의 회개기도

말하기를 나의 하나님이여 내가 부끄럽고 낯이 뜨거워서 감히 나의 하나님을 향하여 얼굴을 들지 못하오니 이는 우리 죄악이 많아 정수리에 넘치고 우리 허물이 커서 하늘에 미침이니이다 _스 9:6

✝ 핵심 이해하기

에스라는 주전 458년에 약 1,700여명과 함께 2차로 고국으로 돌아왔다(8:1-20). 그는 바벨론에서 출발한 지 4개월 만에 예루살렘에 도착했다(7:9). 2차 귀환은 주전 516년에 예루살렘 성전이 완공된 지 약 58년 후에 있었다. 에스라는 대제사장 아론의 16대 자손으로 모세의 율법에 익숙한 학자였다(7:5-6). 에스라의 귀환을 허락한 아닥사스다 왕이 그에게 수여한 공식 호칭은 여호와의 계명의 말씀과 이스라엘에게 주신 율례의 학자요 학자 겸 제사장이었다(7:11). 에스라의 공식 임무는 하나님의 율법을 아는 자를 법관과 재판관을 삼아 그의 관할 아래에 있는 모든 백성을 재판하고, 무지한 백성에게 하나님의 율법을 가르치는 것이었다(7:25).

에스라는 예루살렘에 도착한 지 4개월 정도 지났을 때, 일반 백성들과 백성의 지도자들이 이방 족속들과 연혼을 하여 거룩한 자손이 세속화되었다는 보고를 일부 방백들로부터 받았다(9:1-2, 10:9). 에스라는 이 보고를 받자마자 진지한 회개와 슬픔의 표시로 속옷과 겉옷을 찢고 머리털과 수염을 뜯으며, 저녁 제사를 드릴 때까지 주저앉아 놀라서 어찌할 바를 알지 못했다(9:3-4). 그러자 이 소식을 듣고 하나님의 말씀으로 인하여 떠는 사람들이 그에게로 모였다. 그들은 공동체의 죄로 인하여 에스라와 함께 슬퍼하며 회개하였다(9:4). 6-15절의 내용은 에스라가 이때 속옷과 겉옷을 찢은 채로 땅에 무릎을 꿇고 하나님께 손을 들고 한 회개의 기도다(9:5). 그는 하나님의 율법의 전문가였으므로, 가나안 땅으로 돌아온 하나님의 백성이 주변 이방 나라 사람들과 통혼했다는 소식을 들었을 때 이와 같이 반응했던 것이다.

에스라의 회개기도의 핵심은, 하나님께서 죄로 인하여 백성을 포로가 되게 하셨다가 은혜를 베풀어 고국으로 돌아와 성전을 세우게 하셨는데, 이들이 또 다시 하나님의 계명을 위반하였으니 할 말이 없다는 것이었다(9:7-10). 하나님께서는 선지자들을 통하여 가나안 땅의 백성들과 통혼하지 말라고 말씀하셨다. 그런데 백성들이 하나님의 계명을 어기고 가증한 열방 족속들과 통혼하였으니 주님의 진노를 받아 멸망을 당해야 마땅하게 되었는데, 어찌하면 좋겠느냐는 것이었다(9:11-15). 에스라는 하나님의 성전 앞에서 울면서 이와 같은 통렬한 회개를 했다(10:1).

그의 회개기도와 눈물은 많은 백성의 마음을 움직여, 그들로 크게 통곡하게 하였다. 그 결과 온 백성의 남녀와 어린아이가 그의 앞에 모여왔다. 그들은 이방 아내들과 그들의 자녀들을 내어 보낼 것이라고 약속하고, 에스라에게 개혁을 단행하라고 격려와 지지를 보냈다(10:2-4). 에스라는 그들이 말한 대로 하겠다고 맹세하게 하고 온 백성의 소집명령을 내렸다(10:7-8). 회집된 백성은 에스라의 요구에 따라 이방 아내들을 끊어 버리겠다고 약속했다(10:10-12). 그들은 연혼의 죄를 범한 사람들의 실상을 조사하기 위하여 조사위원회를 구성하고, 3개월간의 조사를 통해 연혼의 죄를 범한 사람 111명의 명단을 작성했다(10:18-44). 이러한 놀라운 개혁

과 결단은 하나님의 말씀의 전문가 에스라의 회개와 눈물을 통하여 시작되었고, 그를 지지하는 백성들의 참여와 지원으로 결실을 보게 되었다.

∝ 한 마디 기도

나의 회개와 눈물로 가정과 교회와 사회가 죄에서 돌이켜 정결하게 하소서.

NEHEMIAH
04
28

예루살렘을 위한 느헤미야의 기도

주여 구하오니 귀를 기울이사 종의 기도와 주의 이름을 경외하기를 기뻐하는 종들의 기도를 들으시고 오늘 종이 형통하여 이 사람들 앞에서 은혜를 입게 하옵소서 하였나니 그 때에 내가 왕의 술 관원이 되었느니라 _느 1:11

✝ 핵심 이해하기

느헤미야는 수산 궁에서 아닥사스다 왕의 술 관원으로 있을 때에, 유다에서 와서 그를 방문한 사람들에게서 유다와 예루살렘 사람들의 곤고한 형편을 확인하고 너무나 가슴이 아팠다(1:1-2). 그래서 그는 여러 날 슬픔 가운데 울면서 금식 기도를 했다(1:3). 5-11절은 느헤미야가 금식하며 기도한 내용이다. 그는 자신이 주의 이스라엘 자손을 위해서 밤낮으로 하는 기도에 응답해 달라고 했다(1:6). 그는 하나님께 자신과 아버지의 집의 죄악을 회개하며, 하나님의 백성이 죄를 범했지만 하나님께 돌아와 회개하고 그분의 계명을 지키면 그분의 이름을 두신 곳으로 돌아오게 하리라고 약속하셨던 하나님의 말씀을 기억해 달라고 했다(1:7-9). 그는 맨 마지막으로 자신이 주의 이름을 경외하기를 기뻐하는

종이니 자신의 기도를 들으시고, 자신이 형통하여 이 사람들 앞에서 은혜를 입게 해달라고 기도했다(1:10). 느헤미야가 형통하기를 위해 기도했던 것은, 폐허된 상태로 있는 예루살렘과 그 무너진 성곽의 건축과 관련된 일이었다. '이 사람들'은 왕을 포함한 고위 관료들이다.

하나님께서는 놀랍게 그의 기도에 응답하셨고, 그는 왕의 재가를 받아 예루살렘으로 가서 예루살렘의 성곽을 재건하게 되었다. 이때는 아닥사스다 왕 재20년, 곧 주후 445년이었다(1:1). 예루살렘의 성전이 재건된 지 70여 년이 지나도록 예루살렘 성은 폐허 상태에 있었고, 그곳의 성벽은 무너진 채로 있었다(왕하 25:10 "시위대장에게 속한 갈대아 온 군대가 예루살렘 주위의 성벽을 헐었으며"). 이러한 이유 때문에 고국으

로 귀환한 백성들은 예루살렘에 사는 것을 기피할 수밖에 없었다(11:1 참고). 성전의 재건 후 70년이 지났어도, 누구도 느헤미야만큼 폐허되고 버려진 상태로 있는 예루살렘 성 때문에 고민하고 기도했던 사람이 없었다. 느헤미야가 기도하면서 하나님의 도우심을 구할 때, 하나님께서는 그로 하여금 왕 앞에 은혜를 입고 예루살렘으로 가서 예루살렘 성벽을 재건하는 것을 허락을 받도록 하셨다.

∽ 한 마디 기도

주의 마음을 품고 주의 뜻을 이루고자 경건한 마음으로 간구할 때, 기도를 듣고 응답하시는 주님을 찬양합니다.

NEHEMIAH
04/29

율법을 깨닫고 운 백성들

하나님의 율법책을 낭독하고 그 뜻을 해석하여 백성에게 그 낭독하는 것을 다 깨닫게 하니 백성이 율법의 말씀을 듣고 다 우는지라 총독 느헤미야와 제사장 겸 학사 에스라와 백성을 가르치는 레위 사람들이 모든 백성에게 이르기를 오늘은 너희 하나님 여호와의 성일이니 슬퍼하지 말며 울지 말라 하고
_느 8:8-9

✛ 핵심 이해하기

에스라는 주전 458년, 곧 아닥사스다 왕의 통치 제7년에 약 1700명의 사람들과 함께 예루살렘으로 돌아왔다(스 7:8). 느헤미야는 13년 후, 곧 주전 444년에 소수의 귀환자들과 함께 예루살렘으로 왔다(2:1, 11; 5:14). 이때는 아닥사스다 왕의 통치 제20년이었다. 느헤미야는 많은 반대와 방해를 지혜롭게 극복했고, 예루살렘 성의 무너진 성벽을 공사하기 시작한 지 52일 만에 기적적으로 완성했다(6:15). 이 시기는 주전 444년 엘룰월 25일(10월 2일)이다. 성벽을 완성한 지 불과 얼마 지나지 않아서 유대인의 월력으로 새해를 시작하는 7월 1일(10월 8일) 나팔절이 되어 온 백성이 수문 앞 광장에 모였다(8:1-2). 모든 백성은 학사 에스라에게, 모세의 율법책을 가져다 그들에게 낭독하고 그 뜻을 설명해 줄 것을 요청했다(8:2-3).

에스라는 특별히 만든 나무강단에 서서 율법책을 낭독하고 레위인 교사들과 함께 낭독한 율법의 뜻을 깨닫게 했다(8:4-8). 율법의 낭독과 설명은 새벽부터 정오까지 계속되었다(8:3). 그러자 율법의 뜻을 깨달은 백성은 감격하여 울기 시작했다. 모든 백성이 울었다. 그들은 율법의 뜻을 깨닫고 감격하여 울기도 했지만, 율법의 뜻을 깨닫고 죄를 뉘우치며 울기도 했다. 총독 느헤미야와 학사 에스라와 백성에게 율법을 가르친 레위인들은 "슬퍼하지 말며 울지 말라"고 했다.(8:9) 이것은 그들의 울음이 회개의 눈물이었음을 알려준다(8:9). 총독 느헤미야는 또한 백성들에게 음식을 나누어 주라고 하면서 "이 날은 우리 주의 성일이니 근심하지 말라"고 했다

(8:10). 그들에게 율법을 낭독하고 그 뜻을 가르친 레위인들 역시 "오늘은 성일이니 마땅히 조용하고 근심하지 말라"고 권면했다(8:11). 이 모든 것은 그들이 하나님의 말씀을 깨닫고 회개의 눈물을 흘리고 회개의 근심을 했음을 보여준다.

회개의 눈물을 흘린 백성은 이후에 음식을 서로 나누며 크게 기뻐하고 즐거워했다(8:12). 이러한 기쁨은 그들에게 낭독된 말씀을 깨달은 데서 흘러 나왔다. 여호와의 말씀을 듣고 깨닫고자 하는 그들의 활동은 다음날에도 계속되

었다(8:13). 이것은 약 2주 후에 시작되는 초막절의 일주일 동안 진행되었다(8:14-18). 그 결과 9장이 보여주는 것과 같이, 3일 후에 온 백성이 대대적으로 금식하며 회개하게 된 것이었다(9:1-3).

∞ 한 마디 기도

주의 말씀을 읽고 깨달음으로 나의 진정한 회개가 시작되게 하소서.

04/30 안식일 위반한 자들에게 한 책망

NEHEMIAH

내가 유다의 모든 귀인들을 꾸짖어 그들에게 이르기를 너희가 어찌 이 악을 행하여 안식일을 범하느냐 너희 조상들이 이같이 행하지 아니하였느냐 그래서 우리 하나님이 이 모든 재앙을 우리와 이 성읍에 내리신 것이 아니냐 그럼에도 불구하고 너희가 안식일을 범하여 진노가 이스라엘에게 더욱 심하게 임하도록 하는도다 하고 _느 13:17-18

✝ 핵심 이해하기

총독 느헤미야는 제1기 임기(아닥사스다 왕 재20-32년까지)를 마치고 왕에게로 돌아갔다가 예루살렘으로 다시 왔다(13:6). 그는 자신의 부재기간 동안에 몇 가지 불미스러운 일들이 발생했던 것을 예루살렘에 돌아와서 알게 되었다. 그중에는 하나님의 성전의 방들을 맡아 관리하는 제사장 엘리아십이 도비야와 결탁하고 그를 위해 성전에 큰 방을 만들어 준 일(13:4-5), 백성의 지도자들이 성전에서 섬기는 레위인들과 찬양하는 자들에게 마땅히 제공해야 할 대가를 지불하지 않아 그들이 직무를 버리고 각기 집으로 돌아간 일(13:10-11) 등이 있었다. 느헤미야

는 이러한 일들을 모두 처리하였다.

이 무렵에 느헤미야는 어떤 사람들이 안식일에 일을 하고 장사를 위해 짐을 운반하는 것을 목격했다(13:15). 그는 또한 어떤 두로 사람이 예루살렘에 살면서 안식일에 유대인들에게 각종 물건을 파는 것을 보았다(13:16). 느헤미야는 이러한 광경을 목격하고 유다의 지도자들인 귀인들을 모두 불러 책망했다. 그는 단호하게 그들을 책망하면서, 그들의 조상들이 안식일을 범해서 하나님께서 진노하여 재앙을 그의 백성과 예루살렘에 내리셨는데, 어찌하여 같은 죄를 범하여 하나님의 더 큰 진노를 자초하느냐고

말했다(13:18). 18절에 언급된, 조상들이 범한 안식일 위반의 죄는, 예레미야 선지자가 지적한 것과 같이 안식일에 짐을 성문 안팎으로 운반하는 것과 노동하는 것이었다(렘 17:20-23). 느헤미야는 안식일이 시작되기 직전부터 안식일이 끝날 때까지 예루살렘 성문을 닫고, 자신의 일부 종들을 경비로 세워 짐을 가지고 들어오지 못하게 했다(13:19). 그는 성 밖에서 안식일에 자는 장사꾼들과 각종 물건 파는 자들에게

경고하여 다시는 성 밖에서 자지 못하게 했다(13:20-21). 그는 레위인들에게 몸을 정결하게 하고 성문을 잘 지켜서 안식일을 거룩하게 지키라고 명령했다(13:22).

∞ 한 마디 기도

하나님께서 구별하여 특별한 날로 삼으신 안식일(신약의 주일)을 소중히 여겨 이날을 평일과 같이 보내지 않게 하소서.

ESTHER
05
01

모든 사람에게 사랑받은 에스더

모르드개의 삼촌 아비하일의 딸 곧 모르드개가 자기의 딸 같이 양육하는 에스더가 차례대로 왕에게 나아갈 때에 궁녀를 주관하는 내시 헤개가 정한 것 외에는 다른 것을 구하지 아니하였으나 모든 보는 자에게 사랑을 받더라 _에 2:15

✝ 핵심 이해하기

에스더서의 시대적인 배경은 아하수에로 왕 통치 시대(주전 486-464년)였다. 이때는 예루살렘 성전이 재건된(주전 516년) 이후였으나, 아직 학사 에스라를 중심으로 한 2차 귀환(주전 458년)이 있기 전이었다. 본서에 언급된 페르시아 제국의 수산 궁은 제국의 4대 수도 중 하나였다. 아하수에로 왕은 에스라와 느헤미아에 언급된 아닥사스다 왕(주전 464-423년)의 전임자였다. 아하수에로 왕은 즉위한 지 제3년에 제국의 위엄과 영광을 나타내고자 지방관들과 고위 관료들을 위해서 180일간 만찬을 열었다(1:3-4). 왕은 이 축제가 끝나자마자 수산 성의 모든 백성을 위해서 7일간의 축제를 베풀었다(1:5). 왕은

이 축제의 마지막 날에 술에 취하여, 왕후 와스디에게 아름답게 단장하고 나오라는 성급한 명령을 내렸다. 그러나 왕후는 왕의 명령을 거절하여 왕의 분노를 초래했다. 왕은 바사와 메대의 일곱 지방관들의 의견을 수용하여 결국 왕후의 자리를 폐하였다(1:10-22).

왕후의 일로 분노했던 왕은 그 후에 마음이 진정되고 평안을 얻었다. 이때 왕은 측근 신하들의 요청을 받아들여, 제국의 전국 각 지방 관리들의 주관 하에 아름다운 처녀를 추천하여 수산 궁에 모이게 하고, 그중에서 왕의 눈에 드는 처녀를 왕후로 택하는 절차를 밟게 되었다(2:2-4). 이와 관련된 왕의 조서와 명령이 전국에 반

포되자 많은 미녀들이 선발되어 왕궁으로 모였다. 이중에는 에스더도 포함되었다. 모든 궁녀를 주관하는 헤개는 에스더를 좋게 보고 은혜를 베풀어 많은 처녀들 가운데 왕후의 후보로 선정했다(2:8-9).

왕후의 후보로 선정된 에스더는 아비하일의 딸(본명은 하닷사)이었다. 모르드개는 삼촌 아비하일의 딸 에스더를 친딸과 같이 양육했다(2:15). 에스더가 어렸을 때 부모가 죽자 모르드개가 그를 거두어 친딸과 같이 양육했던 것이다(2:7). 모르드개의 부친 야일은 주전 597년에 유다 왕 여고냐가 1차로 포로로 잡혀 갈 때 같이 잡혀 갔던 사람이다(2:5). 에스더는 자신이 왕후의 후보로 선정되자 모르드개가 요구한 그대로 자신의 민족과 종족에 대하여 일체 밝히지 않았다(2:10). 모르드개는 에스더에 대한 큰 기대와 소망을 가지고 결과를 애타게 기다렸다(2:10). 후보들은 단장의 규례에 따라 6개월은 몰약 기름으로, 6개월은 향품과 여자들이 사용하는 다른 물품을 써서 몸을 정결하게 단장해야 했다(2:12). 이 기한을 마치면 왕후 후보들은 왕의 호출을 받을 수 있었다. 그들은 저녁에 왕의 부름을 받아 왕궁에 갔다가 아침에 후궁으로 돌아오게 된다. 후보들은 왕이 기뻐하지 않으면 두 번 다시 부름을 받지 못한다(2:13-14). 에스더는 왕의 호출을 받아 나갔는데 이때 왕이 모든 후보자들보다 에스더를 더욱 사랑하게 되었다. 왕은 결국 에스더를, 와스디를 대신할 왕후로 삼았다(2:17-18).

에스더가 모든 후보들을 제치고 왕후가 된 데는 궁극적으로 하나님의 은밀한 간섭이 있었다. 에스더만이 가진 특징도 그가 왕후가 되는 데 작용했다. 그것은 에스더가 모르드개의 양육과 훈육을 잘 받은 결과로 체질화된 순종이었다. 에스더는 모르드개가 자신의 종족과 민족에 대하여 말하지 말라고 한 그대로 순종했다(2:10, 16). 에스더는 궁녀를 주관하는 내시 헤개가 가르쳐 준 대로 행하여 그녀를 보는 모든 사람들에게 사랑을 받았다(2:15).

한 마디 기도

자녀들이 에스더와 같은 인물이 되도록 그들을 양육하고 가르치게 하소서.

ESTHER
05 / 02

죽으면 죽으리라는 에스더의 결단

당신은 가서 수산에 있는 유다인을 다 모으고 나를 위하여 금식하되 밤낮 삼 일을 먹지도 말고 마시지도 마소서 나도 나의 시녀와 더불어 이렇게 금식한 후에 규례를 어기고 왕에게 나아가리니 죽으면 죽으리이다 하니라 _에 4:16

✝ 핵심 이해하기

에스더가 아하수에로 왕의 왕후가 되었을 때 그 를 양육한 모르드개는 대궐 문에서 근무하는 말단 관리가 되었다. 그는 왕의 두 내시가 왕을 암살하려는 음모를 꾸미는 것을 발견하고 에스더에게 알려서 왕의 목숨을 구했다(2:21). 그러나 그는 이상하게도 전혀 보상을 받지 못했다. 하지만 모반죄의 전모와 그가 알린 사실은 왕궁실록에 모두 기록되었다(2:23). 그 후에 아각 사람 함므다다의 아들 하만은 모든 신하들 가운데 가장 지위가 높은 사람이 되었다(3:1). 왕의 명령에 따라, 대궐 문에서 섬기는 모든 신하들은 하만에게 꿇어 절했다. 그러나 모르드개는 일체 그에게 꿇어 절하지 아니했다. 동료 신하들이 계속 권면을 해도 거부하다가, 그는 자신이 유대인이기 때문에 하만에게 절할 수 없다고 밝혔다(3:4). 그는 자신의 민족적인 정체성 때문에 하만에 절하지 아니했던 것이다.

모르드개는 베냐민 지파의 사람이었다(2:5). 그는 아말렉 왕 아각의 후예 하만을 상대하여 영적인 전쟁을 하고 있었다(3:1, 10; 8:3, 5; 9:24). 그의 조상 사울 왕은 이 전쟁을 마땅히 끝내야 했으나 자신의 불순종으로 인하여 끝내지 못했다. 하만은 더욱더 분노하여 모르드개만이 아니라, 그의 민족, 곧 유대인 모두를 제거할 음모를 꾸미게 되었다(3:6). 그는 유대인에 대한 사실 왜곡과 거액의 뇌물을 제공하기로 하고 왕을 설득하여 유대인들을 멸하라는 조서를 받아내는 데 성공했다(3:8-9). 그가 유대인을 모두 멸하기로 한 날은 아하수에로 왕 제12년 첫째 달이었고(3:7) 에스더가 왕후가 된 지 5년이 된 시점이었다(2:16-17). 왕의 조서는 각 지방으로 보내졌는데, 수도 수산 성에 그 내용이 선포되자 수산 성은 큰 혼란에 빠졌으나, 왕은 아무런 내막을 모르고 하만과 만찬을 즐겼다(3:13-15).

모르드개는 이 모든 소식을 듣고 굵은 베옷을 입고 재를 뒤집어쓰고 성중에 나가 대성통곡하며 대궐 문 앞까지 왔다. 왕의 조서가 도달한 각 지방의 유대인들은 크게 애통하고 금식하며 울부짖었다(4:1-2).

에스더는 시녀와 내시의 보고를 받고 모르드개에게 옷을 보내 베옷 대신에 입히고자 했으나 그는 완강하게 거절했다(4:4). 에스더는 내시 하닥을 통하여 모르드개에게 사건의 전모를 확인하게 되었다. 이때 모르드개는 하만이 왕의 금고에 바치기로 한 뇌물의 액수를 알려주고 왕의 조서 초본을 왕후 에스더에게 전해 주면서, 왕에게 나가 민족을 위하여 간청하라고 당부했다(4:8). 에스더는 왕궁의 법도와 자신이 지난 한 달간 왕의 부름은 받지 못한 사실을 들어, 그의 요구를 거절했다(4:10-11).

모르드개는 에스더를 협박하면서, 모든 유대인들은 다 죽게 되었는데 자신만 왕궁에서 홀로 살아남겠다고 생각하지 말라고 경고했다. 이 결정적인 순간에 에스더가 잠잠하면 유대인들은 다른 방식으로 구원을 받겠지만 왕후와 그의 부친 가문은 멸망의 화를 당할 것이라고 엄포를 놓았다. 그는 에스더가 왕후가 된 것이 이때를 위함이 아닌지 누가 알겠느냐고 하며 설득했다(4:13-14).

16절은 왕후 에스더가 마침내 모르드개의 말에 설득되어 자신의 목숨을 걸고 왕 앞에 나가겠다며 한 말이다. 그는 왕의 부름을 받지 않고 왕에게 나가면 죽임을 자초하는 일임을 잘 알았다. 그래서 하나님의 은혜를 구하기 위해 자신도 시녀들과 함께 금식할 터이니 수산 성에 모든 유대인도 그를 위하여 금식할 것을 당부했다. 에스더는 3일 동안 금식을 하고 왕궁의 안뜰 어전으로 들어갔다. 이때 아하수에로 왕은 왕후 에스더가 뜰에 선 것을 보고 은혜를 베풀어 왕의 금규(왕홀)를 내밀었기 때문에 에스더는 살아나게 되었다(5:1-2). 결국 에스더는 왕에게 하만의 음모를 단계적으로 지혜롭게 알려 자신

과 유대 민족을 멸망으로부터 구원하였다.

ESTHER
05/03 교만한 하만의 치욕

이에 왕이 하만에게 이르되 너는 네 말대로 속히 왕복과 말을 가져다가 대궐 문에 앉은 유다 사람 모르드개에게 행하되 무릇 네가 말한 것에서 조금도 빠짐이 없이 하라 하만이 왕복과 말을 가져다가 모르드개에게 옷을 입히고 말을 태워 성 중 거리로 다니며 그 앞에서 반포하되 왕이 존귀하게 하시기를 원하시는 사람에게는 이같이 할 것이라 하니라 _에 6:10-11

✛ 핵심 이해하기

아하수에로 왕은 왕후 에스더에게 자신의 왕권을 상징하는 금규를 내밀어 그를 받아 주었다. 그러고는 왕후가 구하는 것은 나라의 절반이라도 줄 터라며, 원하는 것이 무엇인지 물었다(5:3). 에스더는 왕에게 처음부터 하만의 음모를 언급하지 않았다. 하만은 왕의 절대적인 신임을 받고 있었으므로 지혜로운 전략이 필요했다. 그래서 왕후는 왕을 위해서 만찬을 베풀고자 하는데 왕께서 기뻐하시면 하만과 함께 만찬에 오시라고 전략적으로 지혜롭게 간청했다(5:4). 왕은 만찬 석상에서 왕후에게 또 다시 동일하게 소원을 물었다(5:6). 에스더는 왕께서 자신에게 은혜를 베풀어 자신의 소원을 들어 주길 원하신다면, 내일도 하만과 함께 만찬을 참여하시면 그때 자신의 소원을 말씀드리겠다고 했다(5:7-8).

하만은 아무런 영문도 모르고 왕과 함께 왕후의 만찬에 참여하는 영광과 특권만 생각하며 기쁨에 빠졌다(5:9). 하지만 하만은 모르드개를 제거하지 않고는 만족할 수 없었다(5:13). 그는 아내와 친구들의 제안에 따라, 다음날 왕후의 만찬에 참여하기 전에 높이가 25미터 되는 장대에 모르드개를 달게 해달라고 왕에게 간청할 준비를 했다(5:14). 그날 밤 왕은 깊은 고민에 빠져 잠을 잘 수 없었다. 그것은 왜 왕후가 자신에게 하만과 함께 만찬에 다시 참석하면 그때 소원을 말하겠다고 하는 것인지와 관련되었을 것이다. 사실 왕은 하나님의 은밀하고 오묘한 섭리로 잠을 자지 못했을 뿐만 아니라, 하나님의 동일한 섭리로 신하를 시켜 궁중의 역대 일기를 듣다가, 자신을 암살하려던 두 내시의 음모를 모르드개가 고발하여 밝혀냈다는 대목을 듣게 되었다(2:23; 6:1-2).

왕은 두 내시의 음모를 고발하여 자신의 목숨을 구한 모르드개에게 어떤 보상도 하지 않았다는 사실을 확인하게 되었다(6:3). 바로 이때에 하만은 모르드개를 나무에 달아 죽이게 해달라고 간청하고자 왕궁 바깥뜰에 때마침 당도했다(6:4). 왕은 입궁한 하만에게 왕이 존귀하게 하기를 원하는 사람에게 어떻게 하면 좋겠느냐고 물었다(6:6). 하만은 아무 영문도 모른 채 왕께서 높이기를 원하는 사람이 바로 자기 자신이라고 착각했다. 그래서 그는 왕의 신하 중 가장 존귀한 자의 손에 맡겨서 그 사람에게 왕복을 입히고 왕관을 그의 머리에 씌워 왕의 말을 타고 도성의 거리를 다니게 하면서, 왕이 존귀하게 하기 원하는 사람에게는 이 같이 할 것이라고 선포하게 하면 좋을 것이라고 제안했다(6:7-9). 왕은 하만의 대답이 떨어지기 무섭게, 그의 말대로 하나도 빠짐없이 유다 사람 모르드개에게 행하라고 명령했다(6:10).

하만은 왕의 명령대로 행한 후에 번민에 가득 찬 채로 머리를 싸매고 급히 집으로 돌아와 자신이 당한 모든 일을 아내와 친구들에게 말했다(6:12-13). 이때 그들은 하만이 유대 사람의 후손 모르드개 앞에서 굴욕을 당하기 시작했으니 반드시 그 앞에서 엎드러질 것이라고 예언했다(6:13). 결국 그들의 예언대로 하만은 자신의 교만으로 인해 치욕과 멸망을 자초하고 말았다. 잠언의 교훈과 같이 그의 교만은 멸망의 선봉이었다(잠 16:18; 18:12; 29:23).

한 마디 기도

갑작스런 멸망으로 치닫게 하는 교만에 빠지지 않게 하소서.

JOB

욥기 핵심구절
이해하고 기도하기

JOB

05
04

하나님께서 인정하신 욥의 경건

여호와께서 사탄에게 이르시되 네가 내 종 욥을 주의하여 보았느냐 그와 같이 온전하고 정직하여 하나님을 경외하며 악에서 떠난 자는 세상에 없느니라 사탄이 여호와께 대답하여 이르되 욥이 어찌 까닭 없이 하나님을 경외하리이까 _욥 1:8-9

✝ **핵심 이해하기**

욥기 1장 1-12절과 2장 1-7절은 욥의 고난에 대한 천상적인 배경을 소개한다. 하나님께서 욥의 순전한 경건을 인정하신다는 것과 사탄이 이 것을 하나님 앞에서 정면으로 반박했다는 것은, 욥 자신은 전혀 알지 못하고 독자만이 아는 내용이다. 만일 욥이 자신의 고난에 이러한 천상적인 배경이 있다는 것을 알았다면 하나님을 원망하고 불평하지 않았을 것이다.

1절은 욥의 경건에 대한 저자의 평가이고, 8절은 그의 경건에 대한 하나님의 평가이다. 이 두 동일한 평가의 내용은 욥은 온전하고 정직하여 하나님을 경외하여 악에서 떠났다는 것이다. 1절은 욥의 경건 자체를 언급하나, 8절은 그의

온전한 경건이 세상 사람들의 그것과 비교하였을 때 더욱 탁월함을 밝힌다. 두 평가 중간에는 욥의 경건의 구체적인 사례가 나온다. 욥의 자녀들이 각각의 생일잔치 후에 그들이 마음으로 범죄하여 하나님을 욕되게 할 수도 있었으니, 욥이 각자를 불러 정결의식을 행하고 그들을 위해 번제를 드린 것이다(1:4-5).

하나님의 아들로 언급된 천사들이 하나님 앞에서 설 때 그들 가운데 사탄도 있었다(1:6). 여호와 하나님께서는 사탄에게 그의 종 욥을 주목하여 관찰했냐고 물으시면서 세상의 누구와도 비교될 수 없는 욥의 탁월한 경건을 자랑하셨다(1:8). 그러자 사탄은 여호와 하나님의 주

장을 인정하지 않고 욥이 하나님을 경외하는 것은 순수하고 온전한 것은 아니라고 평가절하했다(1:9). 사탄은 하나님께서 욥에게 베풀어 주신 모든 복을 그의 가정과 욥 자신으로부터 제거하면 그의 거짓된 경건의 실상이 드러날 것이라고 주장했다(1:10-11). 그 결과 하나님께서는 1차로 사탄이 욥의 모든 소유를 치는 것을(1:12), 2차로는 욥의 생명을 해하지 않는 범위에서 사탄이 그를 치는 것을(2:6) 각각 허락하셨다.

욥기 1-2장에 등장하는 사탄의 정체는 분명하게 밝혀지지 않아 확실하게 알 수 없다. 사탄은 하나님의 천사들과는 근본적으로 다르게, 하나님의 주장을 인정하지 않았다. 이 점에서 사탄은, 창세기 3장에서 하와에게 접근하여 하나님께서 선악과에 대하여 하신 말씀과 정반대의 말을 한 뱀과 비슷하다(창 3:3-4). 또한 분명한 것은 욥의 경건에 대한 하나님의 평가는 옳았

고, 사탄의 상반된 평가는 틀렸다는 것이다. 사탄이 어떤 존재이든지 간에 그의 지식과 능력은 여호와 하나님의 지혜와 능력과 비교될 수 없다. 사탄의 활동은 하나님께서 그에게 허락하시는 범위 안에서만 가능하다(1:12, 2:6-7). 욥의 경건에 대한 하나님과 사탄의 상반된 평가는 욥의 엄청난 고난의 천상적인 배경이다. 이러한 배경장면은 욥에게 갑자기 닥친 엄청난 재앙과 고난과 고통이 죄에 대한 징벌이나 징계가 아님을 분명하게 한다. 그러나 욥과 그의 세 친구는 이 사실을 전혀 알지 못했다. 만일 욥 자신과 그의 세 친구들이 이러한 배경을 알았다면 그들 사이에 연속적인 논쟁은 없었을 것이다.

 한 마디 기도

하나님께서 인정하시고 자랑하실 수 있는 경건의 경지에 도달하게 하소서.

JOB

05/05

입술로 죄 짓지 않은 욥

그의 아내가 그에게 이르되 당신이 그래도 자기의 온전함을 굳게 지키느냐 하나님을 욕하고 죽으라 그가 이르되 그대의 말이 한 어리석은 여자의 말 같도다 우리가 하나님께 복을 받았은즉 화도 받지 아니하겠느냐 하고 이 모든 일에 욥이 입술로 범죄하지 아니하니라 _욥 2:9-10

✝ 핵심 이해하기

사탄은 욥의 경건의 실상을 확인하기 위한 1차 시험에서 실패했다. 사탄은 하나님께서 그에게 부어 주신 모든 복을 제거하면 욥이 정면으로 하나님을 대적할 것이라고 공언했다(1:11). 하나님께서는 사탄이 욥의 모든 자녀를 포함하여 그의 모든 소유에 손을 대게 했지만, 그 결과

는 사탄이 주장한 것과는 정반대였다. 욥은 극한 고통과 재난 속에서도 하나님께서 인정하신 경건을 그대로 보여주었기 때문이다(2:3). 그러나 사탄은 자신의 주장이 잘못되었음을 인정하지 않고 또 한 번의 기회를 요구했다. 만일 하나님께서 이번에는 그의 손을 펴서 욥의 뼈와 살

을 치면, 그는 틀림없이 주를 향하여 욕을 할 것이라고 사탄은 장담했다.

하나님께서는 사탄에게 2차 시험의 기회를 주셨다. 그 결과 이제 욥 자신의 몸을 치는 2차 시험이 시작되었다. 사탄이 욥을 치자 그의 머리부터 발바닥에까지 종기가 났다. 이로 인한 욥의 육체적인 고통과 심적인 번민은 이루 형언할 수 없었다(8절; 3:24-26; 6:2-4; 7:3-5). 욥은 자녀들과 모든 재산을 하루아침에 다 잃고 재 가운데 앉아서 질그릇 조각으로 자신의 종기 난 몸을 긁고 있었다(2:8). 바로 이때 그의 아내는 자신도 모르게 사탄의 도구가 되어 "당신이 그래도 자기의 온전함을 굳게 지키느냐 하나님을 욕하고 죽으라"고 했다(2:9). 이때 욥은 아주 지혜롭게 아내의 말에 반응했다. 욥은 "한 어리석은 여인이 말하는 것과 같이 당신이 말하고 있군요. 더욱이 좋은 것을 우리가 하나님으로부터 받았으니 재앙도 우리가 받지 않겠소"라고 대답했다(2:10). 저자는 "이 모든 일에 욥이 입술로 범죄하지 아니하니라"고 결론을 내렸다(2:10). 이 2차 평가는 욥이 1차 시험에서 모든 고난에도 불구하고 하나님께 영광과 찬송을 돌린 것을 언급한 후에 "이 모든 일에 욥이 범죄하지 아니하고 하나님을 향하여 원망하지 아니하니라"고 한 1차 평가와 일치한다. 이 두 평가는 욥의 경건에 대한 하나님의 평가가 옳았음을 확증한다. 이로써 욥의 경건에 대한 사탄의 평가는 잘못된 것임이 드러나게 되었다.

욥의 시련과 고통은 이러한 평가에도 불구하고 즉시 끝나지 않았다. 3장부터 시작되어 31장까지 계속되는 욥과 세 친구 사이의 논쟁의 공방전은, 총성만 없었지 치열한 전쟁과 같았다.

그의 세 친구 엘리바스와 빌닷과 소발은 욥의 죄에 대한 징벌로 하나님께서 욥이 고난과 고통을 당하게 하신 것이라고 주장했다. 반면 욥은 자신의 고난과 고통이 죄와 아무런 관계가 없음을 역설하면서 자신에게 고통과 아픔을 가져다주는 하나님의 공의와 정의를 문제 삼았다. 다시 말해서 욥 자신은 의로운데 하나님의 공의에 문제가 있어서 불의하게 자신을 미워하시고 대적하신다는 것이었다. 바로 이 점에서 3장에서부터 31장까지 이어지는 치열한 공방전에서 욥은 하나님의 공의를 문제 삼음으로써 입술로 하나님께 범죄하였다. 이 사실은 욥이 입술로 범죄하지 않았다는 진술(2:10)이 3장부터는 적용되지 않음을 암시한다. 하나님께서 마지막으로 폭풍 가운데 나타나셔서 욥에게 "무지한 말로 생각을 어둡게 하는 자가 누구냐"고 물으셨던 것도 이러한 이해를 보여준다(38:1-2). 욥은 마침내 하나님께 대하여 잘못 진술한 말을 취소하고 티끌과 재 가운데서 회개한다고 고백했다(42:6). 이 사실 역시 욥이 입술로 죄를 범했음을 보여준다.

∝ 한 마디 기도

고난을 받을 때에 성급한 말로 죄를 짓지 않고, 하나님의 선하신 뜻과 구원을 바라고 잠잠히 기다리게 하소서.

JOB

05/06

욥이 죄 때문에 징계 받는다는 주장

볼지어다 하나님께 징계 받는 자에게는 복이 있나니 그런즉 너는 전능자의 징계를 업신여기지 말지니라 _욥 5:17

✝ 핵심 이해하기

4-5장 전체는 데만 사람 엘리바스가 욥에게 한 말이다. 그의 핵심 주장은 욥이 지금 큰 고난과 고통을 당하는 것은 그가 범한 죄 때문이라는 것이다. 욥은 자신의 죄로 하나님의 징계를 받고 있으므로 그가 하나님의 징계를 잘 수용하면 하나님께서는 그를 다시 고치고 회복시키실 것이다. 엘리바스는 가장 먼저 욥의 경건함을 언급했다(4:3-6).

그는 이어서 인과응보의 법칙을 제시했다(4:7-9). 자신이 환상 중에 한 영으로부터 들었다고 하는 말을 소개했다. 그것은 "사람이 어찌 하나님보다 의롭겠느냐 사람이 어찌 그 창조하신 이보다 깨끗하겠느냐 하나님은 그의 종이라도 그대로 믿지 아니하시며 그의 천사라도 미련하다 하신다"는 말이다(4:17-18). 이 말은 욥이 아무리 자신이 받는 극한 고통이 죄와는 상관이 없다고 말해도, 소용이 없다는 것이다. 재난과

고생이 티끌과 흙에서 나오는 것이 아니라는 그의 주장은 욥의 고난이 죄 때문이라는 것을 암시한다(5:6).

그는 만일 자기가 욥이라면 회개하는 마음으로 하나님을 찾고 모든 것을 그분께 맡길 것이라고 말한다(5:8). 그러므로 욥은 하나님 앞에서 낮은 자, 애곡하는 자가 되어야 한다(5:11). 그는 또한 하나님께서 돌보시고 구원하시는 가난한 자가 되어야 한다(5:15-16). 욥에게 필요한 것은, 전능하신 하나님의 징계를 무시하지 말고 회개하여 치유와 회복의 길로 나가는 것밖에 없다(5:17). 그러나 욥은 엘리바스의 이러한 주장을 인정하지 않았다.

✦ 한 마디 기도

사람들의 고난 받는 이유를 성급하게 흑백논리로 판단하지 않게 하소서.

욥의 체념적인 말

가령 내가 의로울지라도 내 입이 나를 정죄하리니 가령 내가 온전할지라도 나를 정죄하시리라 나는
온전하다마는 내가 나를 돌아보지 아니하고 내 생명을 천히 여기는구나 _욥 9:20-21

✝ 핵심 이해하기

9-10장은 8장에 기록된 빌닷의 주장에 대한 욥의 반박이다. 먼저 수아 사람 빌닷은 하나님께서 자신의 정의와 공의를 굽게 하시는 일이 있을 수 없다고 했다(8:3). 그는 욥의 자녀들이 하나님께 죄를 지어 벌을 받게 하신 것이라고 주장했다(8:4). 그러므로 욥이 할 일은 하나님을 찾아 회개하여 청결하고 정직하게 되는 것이며, 그렇게 하면 하나님께서 그의 가정을 평안하게 하시고 그를 나중에는 결국 창대하게 하실 것이다(8:5-7). 욥은 빌닷의 주장을 수용하지 아니했다. 오히려 욥은 자신이 죄가 없음에도 불구하고 고난을 당하는 것이며, 하나님의 공의에 무엇인가 문제점이 있다고 주장했다.

본문 20-21절의 자체는 욥이 자신의 죄를 인정하고 회개하는 것같이 보인다. 하지만 욥의 진술을 둘러쌓고 있는 문맥에 비추어 보면 전혀 그런 뜻이 아니다. 오히려 욥은 자신의 의로움과 온전함을 주장하지만, 그럼에도 이것을 인정받지 못하는 자신의 비참한 처지와 형편을 냉

소적으로 말한 것이다. 욥은 하나님께서 자신을 폭풍으로 치시고 까닭 없이 자신의 상처를 깊게 하셨다고 말한다(9:17). 하나님께서 자신으로 하여금 숨 쉬지 못하게 하시며 자신을 괴로움으로 채우셨다고 주장한다(9:18). 욥은 하나님께서는 온전한 자나 악한 자나 다 멸망시킨다고 말함으로 하나님의 공의에 문제가 있다고 본다(9:22). 욥은 심지어 하나님께 자신을 정죄하지 말라고 말하면서 무슨 이유로 자신과 변론하시는지 알려달라고 요구한다(10:2). 욥은 주께서는 자신이 악하지 않을 줄을 아신다고 주장한다(10:7). 그러면서도 그는 동시에 고통당하는 그를, 주님의 손에서 벗어나게 할 자도 없다고 말한다(10:7).

∝ 한 마디 기도

심한 고통과 고난 중에 하나님의 사랑을 의심하고 하나님이 자신을 부당하게 대한다고 오해하지 않게 하소서.

05/08 땅에 오실 대속자(변호자)

내가 알기에는 나의 대속자가 살아 계시니 마침내 그가 땅 위에 서실 것이라 내 가죽이 벗김을 당한 뒤에도 내가 육체 밖에서 하나님을 보리라 _욥 19:25-26

✚ 핵심 이해하기

18장은 욥이 악인의 죄악 때문에 심판을 받고 있다는 빌닷의 두 번째 주장이다. 먼저 빌닷은 욥에 대한 분노를 표출했다(18:1-4). 그는 이어서 악인들이 하나님으로부터 받는 혹독한 심판에 대하여 말했다(18:5-21). 그 일부 내용을 보면, 악인의 빛은 꺼지고 그의 불꽃은 빛나지 않을 것이며(18:5), 악인의 장막 안의 빛은 어두워지고 그 위의 등불은 꺼질 것(18:6)이라고 했다. 21절의 "참으로 불의한 자의 집이 이러하고 하나님을 알지 못하는 자의 처소도 이러하니라"는 그의 결론이다. 결국 그의 주장은 욥은 악인이요 불의한 자라는 것을 암시한다.

19장에서 욥은 빌닷의 주장을 반박하면서 자신의 기존 입장을 견지했다. 하나님께서는 욥을 억울하게 하시고 그물로 그를 에워싸고 있다(19:6). 욥은 심지어 억울하게 하나님께 폭행까지 당한다고 부르짖으나 응답도, 도움도, 정의도 없다고 했다(19:7). 하나님께서는 그를 향하여 진노하시고 그를 원수처럼 대하셨다(19:11). 이러한 상황에 형제들, 친척, 그의 집에 사는 남녀 종들, 자기 아내, 주변의 어린 아이들, 가까운 친구들까지 그를 무시하고 돕지 않았다(19:13-19).

25-26절은 욥은 이러한 절박한 처지와 형편에서 마지막으로 한 말이다. "나의 대속자가 마침내 땅 위에 서실 것"이라는 욥의 말은, 자신이 죽을 때든지 아니면 세상의 끝에든지 자신의 순전함을 변호하시고 인정하실 분이 있을 것임을 그가 확신했음을 보여준다. '대속자'(히: 고엘)란 말은 구원자 또는 변호하는 자(vindicator)란 뜻으로도 이해될 수 있다. 19장의 문맥은 욥이 자신의 무죄함과 하나님의 부당한 대우를 주장하는 것이므로, '대속자'란 뜻보다는 '변호자' 혹은 '확증하는 자'란 뜻이 더 적절하다.

26절의 '가죽이 벗김을 당하는 것'과 '육체 밖에서'란 문구는 서로 밀접하게 연결된다. 가죽이 벗김을 당하는 것은 영혼이 입었던 육체를 벗는 것이다. 이렇게 육체를 벗으면 영혼만 남는다. 욥이 하나님을 볼 것이라는 말은 육체적인 죽음으로 모든 것이 끝나는 것이 아님을 보여준다. 육체를 벗은 욥이 하나님을 보게 될 때, 그는 하나님을 낯선 사람을 대하는 것처럼 보지 아니할 것이다. 이 말은 욥이 육체를 벗고 하나님 앞에 서게 될 때 떳떳하게 서게 될 것임을 확신하고 있음을 보여준다. 그는 죽어서 하나님을 볼 때에도 자신의 의로움을 주장할 것이라는 말이다. 욥은 이러한 주장을 통해서 자신의 고난이 죄와는 무관함을 분명하게 한 것이다.

✙ 한 마디 기도

아무리 힘든 역경과 고난 가운데 있더라도, 자신의 영적인 실상에 대하여 흔들리지 않는 확신을 가질 수 있게 하소서.

욥의 확신과 살아온 인생 고백

그러나 내가 가는 길을 그가 아시나니 그가 나를 단련하신 후에는 내가 순금 같이 되어 나오리라 내 발이 그의 걸음을 바로 따랐으며 내가 그의 길을 지켜 치우치지 아니하였고 내가 그의 입술의 명령을 어기지 아니하고 정한 음식보다 그의 입의 말씀을 귀히 여겼도다 _욥 23:10-12

✝ 핵심 이해하기

22장은 데만 사람 엘리바스의 세 번째 주장이고, 23-24장은 엘리바스의 주장에 대한 욥의 반박이다. 22장에서 엘리바스는 욥의 죄가 크고 끝이 없지 않느냐고 반문하면서, 그 구체적인 예로 그가 이유 없이 형제들을 볼모로 잡았고 헐벗은 자의 의복을 벗기며, 목마른 자와 주린 자에게 물과 음식을 주지 아니했으며(22:5-7), 과부를 돕지 않고 고아의 팔을 꺾었다고 주장했다(22:9). 하나님께서 이런 죄악에 대한 심판으로 욥을 징벌하신다는 것이다(22:10-11). 그러므로 욥이 해야 할 일은 죄를 고백하고 하나님과 화해하는 것이다(22:21). 그러나 욥은 자신의 고난이 죄와 아무 상관이 없다고 주장했다. 욥은 자신이 하나님 앞에 나가 호소하고 자신을 변호하면 하나님께서 자신의 말을 들으실 것이라고 했다(23:3-6). 그러나 문제는 하나님께서 어디에 계신지 모르고, 도무지 그를 만나 주지 않는다는 것이다(23:8-9). 바로 이런 맥락에서 욥이 한 말이 10-12절의 내용이다. 10절은 미래 중심적인 말이고, 11-12절은 자신의 경건한 과거 삶에 대한 고백이다. 욥은 지금 엄청난 연단과 고난을 받고 있지만 그 마지막 결과로 순금과 같은 존재가 될 것이라고 확신했다(23:10). 욥이 연단의 결과로 순금과 같이 된다는 것은 자신이 죄로 인하여 고난을 받고 있다는 것을 인정하는 것이 아니다. 비록 자신이 지금 받고 있는 엄청난 고난과 연단은 죄와 상관없지만, 이 고난과 연단을 받은 결과 자신은 더욱더 귀중한 순금과 같은 존재가 될 것이라고 고백한 것이다. 욥이 언급한 하나님께서 인정하는 그의 길(23:10)은, 11절에서 그의 발이 하나님의 걸음을 따르고 그의 길을 지켜서 좌로나 우로나 치우치지 아니한 것으로 나온다. 이것은 또한 그가 하나님의 입술의 명령을 어기지 않고 그의 입의 말씀을 정한 음식보다 더 귀중하게 여긴 것으로 상세하게 설명된다(23:12). 그러므로 11-12절은 그가 하나님께서 인정하시는 경건한 삶을 살았음을 보여준다. 욥은 환란과 고난에도 불구하고 지금까지 살아왔던 것과 같이 하나님의 길을 끝까지 가겠다고 고백했다. 욥의 이러한 고백과 결심은 하나님께서 사탄에게 자랑하신, 그가 참으로 경건하여 악에서 떠난 사람이라는 평가와 일치한다. 욥이 하나님께서 자기에게 고통과 시련을 부당하고 불의하게 주셨다고 주장하면서도, 자신이 지금까지 살아왔던 경건한 삶(=하나님의 길을 계속 가는 것)을 살겠다고 고백한 것은 참으로 놀라운 일이다.

∝ 한 마디 기도

고난과 연단의 결과로 신앙이 순금과 같이 더욱더 순수하게 될 것을 믿고, 인내로 감당하게 하소서(사 66:10; 벧전 1:7 참고).

하나님만 아시는 지혜와 명철의 출처

그런즉 지혜는 어디서 오며 명철이 머무는 곳은 어디인고 모든 생물의 눈에 숨겨졌고 공중의 새에게 가려졌으며 멸망과 사망도 이르기를 우리가 귀로 그 소문은 들었다 하느니라 하나님이 그 길을 아시며 있는 곳을 아시나니 이는 그가 땅 끝까지 감찰하시며 온 천하를 살피시며 바람의 무게를 정하시며 물의 분량을 정하시며 비 내리는 법칙을 정하시고 비구름의 길과 우레의 법칙을 만드셨음이라 그 때에 그가 보시고 선포하시며 굳게 세우시며 탐구하셨고 또 사람에게 말씀하셨도다 보라 주를 경외함이 지혜요 악을 떠남이 명철이니라 _욥 28:20-28

✝ 핵심 이해하기

28장의 전체는 성경에서 가장 아름답고 웅장한 시이다. 이 시는 지혜와 명철에 대한 위대한 시이다. 욥은 29-31장에서 독백의 형식으로 자신의 무죄함을 마지막으로 주장한다. 그 결과 그의 친구들은 더 이상 할 말이 없게 된다(32:1). 욥은 26-27장에서 자신이 부당하게 고난을 당하고 있다고 주장하면서 자신의 무죄함을 호소한다. 그 중간에 위치한 28장은 형식적으로는 욥의 말 같이 보인다. 그러나 28장의 내용은 욥과 세 친구 사이의 연속적인 공방전에 속하지 않는다. 바로 이러한 문맥에서 볼 때 28장을 욥이 한 말로 보기는 어렵다. 저자는 욥기를 기록하면서 욥과 세 친구의 비생산적인 논쟁의 끝부분에 지혜와 명철에 관한 놀라운 시를 포함시켰을 것이다.

28장의 내용을 살펴보자. 1-11절의 내용은 각종 광물(은, 금, 철, 동, 광석)을 캐내는 고대의 탁월한 기술에 관한 것이다. 사람들은 각종 기술을 동원하여 이러한 귀금속들과 광물들을 캐내지만 야생짐승들과 공중의 새는 전혀 알지 못한다(28:7-8). 그러나 탁월한 능력과 기술이 있는 인간이 지혜와 명철을 찾고 캐내는 데 있어서는 다른 피조물과 같이 무능하다. 인간은 다른 모든 피조물들과 같이 지혜의 출처를 찾는 데 있어서 할 수 있는 것이 아무것도 없다. 세상 어디에도 "지혜는 어디서 얻으며 명철이 있는 곳은 어디냐"는 질문(28:12, 20)에 답을 할 수 있는 사람이 없다. 사람만이 그 답을 모르는 것이 아니다(28:13). 깊은 물과 바다도(28:14), 땅의 모든 생물도(28:21), 공중의 새도(28:21), 그리고 심지어 의인화된 멸망과 사망도(28:22) 지혜와 명철의 출처를 전혀 모른다.

그렇지만 지혜와 명철의 가치는 사람들이 땅에서 캐내는 귀금속과 광물의 가치와 비교할 수 없을 정도로 크다. 세상에서 가장 좋은 귀금속도 지혜와 명철의 가치와 비교하면 아무것도 아니다. 그래서 지혜와 명철은 순금으로도 바꿀 수 없고, 은을 달아도 그 값을 당할 수 없다(28:15). 오빌의 금이나 귀한 청옥수나 남보석으로도 그 값을 감당하지 못한다(28:16). 황금이나 수정도, 정금 장식품도 그것들과 비교될 수도 없고, 그것과 교환될 수도 없다(28:17). 세상 어디에도 지혜와 명철과 비교될 수 있는 귀금속은 존재하지 않는다(28:18-19).

그러면 이렇게 엄청난 가치가 있는 지혜와 명철을 얻을 수 있는 길은 없는가? 그렇다면 인간은 모두 절망해야 할 것이다. 하지만 인간 모두에게 불가능한 것이, 하나님께는 가능하다.

하나님께서는 모든 것을 창조하시고 그 모든 것을 섭리하신다(28:23-27). 하나님께서 지혜와 명철을 주실 때만 사람은 그것들을 얻을 수 있다. 그러면 지혜와 명철이란 무엇인가? 창조자 하나님께서는 지혜와 명철에 대하여 무엇이라고 선포하셨나? 그 답변은 "주를 경외함이 지혜요 악을 떠남이 명철"이라는 것이다(28:28).

28장에 소개된 지혜와 명철의 관점에서 볼 때, 지금 엄청난 고난 중에 있는 욥은 어떠한 사람인가? 그는 하나님께서 주신 지혜와 명철을 소유한 사람이다. 욥은 지혜와 명철을 가지고 있으므로 세상에서 가장 귀중한 것들보다 더 귀중한 것을 소유한 사람이다. 하지만 그 지혜와 명철로도 욥 자신이 왜 이렇게 엄청난 고난을 당하는지 답할 수 없었다. 욥의 세 친구는 욥의 고난의 신비에 대하여 답할 수 있는 자리에서 멀리 떨어져 있었다. 지혜와 명철을 주시는 하나님의 나타나심과 그의 말씀만이 고난에 대한 신비를 알려주실 수 있다. 그때까지 잠잠히 기다리는 것이 인간의 참다운 모습이다. 욥과 세 친구가 고난과 고통에 대하여 세 차례 공방전을 벌였지만, 그들이 얻은 것은 답이 아니라 더 깊은 상처와 상한 마음밖에 없었다.

∝ 한 마디 기도

하나님만이 알고 주시는 지혜와 명철의 본질과 가치를 깊이 인식하고 하나님을 경외하며 악에서 떠나는 삶을 살게 하소서.

JOB

05 / 11 욥의 순결 고백

내가 내 눈과 약속하였나니 어찌 처녀에게 주목하랴 그리하면 위에 계신 하나님께서 내리시는 분깃이 무엇이겠으며 높은 곳의 전능자께서 주시는 기업이 무엇이겠느냐(관련구절: 마 5:28) _욥 31:1-2

✝ 핵심 이해하기

29-31장은 독백의 형식으로 된 욥의 마지막 주장이다. 29장에서 욥은 자신이 복되고 존경 받았던 과거를 회상한다. 욥은 30장에서 자신이 현재 받고 있는 고통과 수치를 말한다. 욥은 31장에서 먼저 자신의 무죄함을 항변하고, 끝에는 맹세의 형식으로 자신이 고난을 받아야 하는 죄가 없음을 마지막으로 호소한다(31:24-40).

31장에 언급된, 욥이 회상한 자신의 경건한 과거를 일인칭으로 표현하면 다음과 같다. "나는 눈과 언약을 맺고 성적인 순결을 지켰다(31:1-12)." "나는 사회적인 약자들에게 사회적인 정의와 각종 자비를 실천했다(31:13-23)." 욥이 맹세의 형식으로 회상한 자신의 경건한 과거는 다음과 같다. "나는 재물의 우상에 빠지지 않았다(31:24-25)." "나는 해와 달과 같은 천체를 숭배하지 아니했다(31:26-28)." "나는 나를 미워하는 원수들의 멸망과 재앙 당함을 기뻐하거나 그들의 죽음을 구하지 아니했다(31:29-

30). "나의 집에서 일하는 사람들은 내가 나그네와 행인을 푸짐하고 관대하게 대접한 것을 안다(31:31-32)." "나는 나의 악행과 죄악을 숨긴 적이 없다(31:33)." "나는 말을 해야 할 때에 큰 무리의 압박과 조롱이 무서워 침묵하지 않았다(31:34)." 그러므로 욥은 자신이 하나님 앞에서 당당하게 설 수 있다고 확신한 것이다. 그래도 누구든지 자신을 고발하는 자가 있으면 마땅히 고발장을 써야 할 것이라고 주장했다(31:36). 물론 여기에는 전능하신 하나님도 포함된다. 그러면 자신은 그 고발장을 어깨에 메기도 하고 왕관처럼 머리에 쓰기도 할 것이라고 장담했다(31:37).

이러한 전체 내용 중에 가장 먼저 등장하는 것은 1-2절의 내용이다. 욥은 예수님께서 말씀하신 것과 같이, 음란한 눈으로 여인을 보거나

마음으로 간음의 죄를 범하지 아니했다(31:1). 그가 이와 같은 간음의 죄를 범하지 않은 것은 개인적으로 눈으로 음란의 죄를 범하지 않겠다는 언약을 맺었기 때문이다. 더 나아가서는 욥은 위에 계신 하나님, 곧 높은 곳에 계신 전능하신 하나님께서 모든 것을 보시고 이에 상응하는 징벌을 하실 것을 의식했다. 이것은 아브라함과 동시대의 사람인 욥이, 신약의 성도에게 예수님께서 요구하신 것을 실천하였음을 보여준다(마 5:28). 이것이 욥의 진실한 고백이라는 것은 참으로 놀라운 일이다.

 **한 마디 기도**

아무런 이유 없이 고난을 당할 때에 자랑스럽게 회상할 수 있는 경건한 과거가 있도록, 매일 경건하게 살게 하소서.

JOB
05/12

맨 나중에 말한 엘리후

내가 말하기를 나이가 많은 자가 말할 것이요 연륜이 많은 자가 지혜를 가르칠 것이라 하였노라 그러나 사람의 속에는 영이 있고 전능자의 숨결이 사람에게 깨달음을 주시나니 어른이라고 지혜롭거나 노인이라고 정의를 깨닫는 것이 아니니라 그러므로 내가 말하노니 내 말을 들으라 나도 내 의견을 말하리라 _욥 32:7-10

✝ 핵심 이해하기

32-37장의 전체는 람 종족 부스 사람 바라겔의 아들 엘리후의 말이다. 엘리후의 말은, 3차에 걸친 공방전에도 불구하고 쌍방이 아무것도 얻지 못한 무가치한 논쟁임을 보여주고, 동시에 이러한 논쟁이 전능하신 하나님의 위엄있는 개입(38-42장)으로 종결될 것을 준비하고 예고하는

중요한 역할을 한다. 엘리후는 욥과 세 친구 모두의 주장을 문제 삼았다는 점에서 하나님의 나타나심과 고난의 비밀에 관한 해결을 준비한다. 엘리후는 먼저, 의로운 자신에게 하나님께서 고통과 고난을 허락하신 것은 자신을 부당하고 불의하게 대한 것이었다고 말한 욥의 주장을 문제

삼았다(32:2). 그는 또한 욥의 주장에 합당한 반론을 제시하지 못하면서 욥을 정죄한 세 친구들에게 분노했다(32:3).

엘리후가 볼 때, 세 친구들은 욥의 죄를 증명하지 못하면서도 하나님께서 그를 징벌했다고 보았기 때문에 그들의 주장은 잘못된 것이었다. 또한 욥은 하나님께서 자신을 부당하고 불의하게 대하셨다고 보았으므로, 그의 주장 역시 잘못된 것이었다. 엘리후는 세 친구의 주장과 욥의 주장 중간쯤에서 자신의 주장을 제시했다. 그의 핵심 주장은 욥의 고난은 그의 죄 때문도 아니고, 하나님의 불의 때문도 아니고, 사람들이 알지 못하는 다른 이유 때문이라는 것이었다(36:16-18, 29-30). 이 점에서 엘리후의 주장은 하나님께서 친히 나타나셔서 하실 말씀을 준비한다. 엘리후의 긴 연설을 시작하는 32장은 그의 주장을 여는 서론과 대문의 역할을 한다. 1-5절은 엘리후의 개입에 관한 저자의 서론적인 진술이다. 6-10절은 그가 이제야 비로소 말하게 된 이유와 자신도 말할 자격이 있음을 보여준다. 11-14절은 욥의 세 친구들이 더 이상할 말이 없어 곤경에 처하였음을 지적한다. 마지막으로 15-22절은 이렇게 욥과 그의 세 친구들이 잠잠하게 되었고, 자신은 더 이상 침묵할 수 없어서 말하게 되었음을 밝힌다.

엘리후가 7-10절에서 한 말은 독자에게 유익한 교훈을 준다. 그는 먼저 어른들과 선배들을 존중하고 기다리는 마음을 가졌다. 엘리후는 그들을 존중하기에 그들의 말을 간섭하거나 막지 않았다. 그는 그들의 말이 끝나기까지 인내로 기다렸다(32:6-7, 11, 16). 그는 먼저 나서서 말하기 보다는 듣고 또 듣는 데 주의와 집중을 기울였다(32:11-12). 이것은 신중하게 듣기보다는 먼저 말하려고 나서는 현대인에게 도전이 된다. 젊은이도 전능하신 하나님의 성령의 도움으로 연륜과 경륜이 많은 어른들이 미처 깨닫지 못하는 것을 깨달을 수 있다(32:8-9). '사람 속에 있는 영'(히: 루아흐)과 '전능자의 숨결'(히: 네샤마)은 동의어로 하나님께서 경건한 자들에게 허락하시는 성령을 가리킨다. 하나님의 성령은 어른들도 깨닫지 못하는 것을 깨닫게 하신다. 엘리후는 하나님의 성령을 통해 이러한 깨달음과 통찰을 가진 자이다. 그래서 이제는 당당하게 자신의 의견을 욥과 세 친구들에게 말하겠으니 경청해달라고 한 것이었다(32:10, 17). 엘리후는 사람의 낯을 보고 말하거나 인기에 영합하는 말을 하지 않았다. 그는 아첨의 말을 할 줄도 몰랐다. 엘리후가 이러한 인품과 자세를 가졌기에 욥과 세 친구들을 차분하게 진정시키고 자신의 말에 경청하도록 할 수 있었던 것이다. 그 끝에 하나님께서 나타나셔서 고난의 원인에 대한 모든 논쟁의 종지부를 찍으셨다.

∝ 한 마디 기도

먼저 신중하게 인내로 경청하는 존경심과, 가장 나중에 말하는 여유와 지혜를 허락하소서.

JOB

05/13

하나님의 질문 공세

내가 땅의 기초를 놓을 때에 네가 어디 있었느냐 네가 깨달아 알았거든 말할지니라 누가 그것의 도량법을 정하였는지, 누가 그 줄을 그것의 위에 띄웠는지 네가 아느냐 _욥 38:4-5

✛ 핵심 이해하기

엘리후는 자신의 무죄함을 변호하는 과정에서 욥이 부인한 하나님의 의와 공의를 인정했다(34:10-20; 36:17-23). 그의 마지막 말은 "그는 권능이 지극히 크사 정의나 무한한 공의를 굽히지 아니하신다"는 것이었다(37:23). 그의 말이 끝나자마자 하나님께서는 폭풍우 가운데서 욥에게 말씀하셨다(38:1).

하나님의 첫 번째 질문은 "무지한 말로 생각을 어둡게 하는 자가 누구냐"는 것이었다(38:2). 하나님께서는 욥에게 대장부처럼 허리를 묶고 자신이 묻는 말에 대답하라고 촉구하셨다(38:3).

4-5절의 내용은 하나님께서 욥에게 곧바로 물으신 질문이다. 여기에만 질문이 세 개 나온다. 첫 번째 질문은 "내가 땅의 기초를 놓을 때에 너는 어디에 있었느냐"는 것이었다. 두 번째 질문은 "누가 땅의 도량법을 정하였느냐"는 것이었다. 세 번째 질문은 "누가 그 줄을 땅 위에 띄웠느냐"는 것이었다. 이렇게 시작된 하나님의 질문 공세는 41장 14절까지 무려 90개나 되었다. 하나님의 90여 개의 질문은 그의 치밀한 창조 계획과 섭리에 관한 것들이었다. 물론 욥은 단 하나의 질문에도 답하지 못했다.

하나님께서 욥에게 69번째 질문을 하셨을 때(40:2) 그는 하나님께 항복의 답변을 했다. 그의 대답은 "보소서 나는 비천하오니 무엇이라 주께 대답하겠습니까? 손으로 내 입을 가릴 뿐입니다. 내가 한 번 말하였사온즉 다시는 더 대답하지 아니하겠습니다"였다(40:4-5).

우주 만물을 창조하시고 만물 가운데 섭리하시는 하나님께서는, 그 모든 것을 자신의 치밀한 계획에 따라 만드셨다. 어느 누구도 이와 같은 하나님의 질문 앞에 대답할 수 없다. 의롭고 경건한 욥조차도 하나님의 엄청난 질문 공세에 어떤 대답도 할 수 없었던 것이었다.

∝ 한 마디 기도

하나님의 위대하심과 말로 다할 수 없는 위엄 앞에서 인간이 할 수 있는 유일한 일은 침묵임을 알게 하소서.

JOB

05
/
14

욥의 대답을 재차 촉구하심

그 때에 여호와께서 폭풍우 가운데에서 욥에게 일러 말씀하시되 너는 대장부처럼 허리를 묶고 내가 네게 묻겠으니 내게 대답할지니라 네가 내 공의를 부인하려느냐 네 의를 세우려고 나를 악하다 하겠느냐 _욥 40:6-8

✝ 핵심 이해하기

하나님의 계속적인 일종의 질문 폭탄을 들으면서 욥이 할 수 있는 유일한 일은 입을 가리는 것밖에 없었다(40:4). 욥은 앞에서 자신의 무죄를 주장하면서, 하나님의 공의와 정의에 심각한 문제가 있다고 주장했다. 욥은 하나님께서 자기 앞에 나타나시면, 자신에게 아무 말씀도 하지 못하시고 오히려 자신의 말을 들으실 것이라고 주장했다(23:5-6). 하나님께서 그를 만나주지도, 그에게 나타나지도 않으신 것은 그에게 할 말이 없으시기 때문이라고 욥은 생각했다.

그러나 하나님께서 막상 폭풍우 가운데 나타나셔서 말씀하실 뿐만 아니라 연속적인 질문을 퍼부을 때, 욥은 더 이상 아무런 말도 할 수 없었다. 그래서 욥은 지금까지는 말을 했지만, 이제부터는 입을 꾹 다물고 아무 대답도 하지 않을 것이라고 말한 것이다. 그럼에도 불구하고 하나님께서는 욥에게 처음에 요구하셨던 것과 동일하게 "너는 대장부처럼 허리를 묶고 내가 묻는 질문에 대답하라"고 요구하셨다(38:3=40:7). 그리고는 욥이 문제를 삼은 하나님의 공의에 대하여 "네가 내 공의를 부인하려느냐 네 의를 세우려고 나를 악하다 하겠느냐"고 문제 제기를 하시면서 계속 질문을 하셨다. 이와 관련된 하나님의 질문만도 무려 20여 개나 된다(질문 70-90).

하나님의 질문은 엄청난 힘과 위용을 가진 리워야단에 관련한 것이었다(41:1-15). 욥이 대답할 수 없는 질문을 통하여, 하나님께서는 자신이 친히 만드신 일부 피조물과 자연현상에 대하여도 욥이 대답할 수 없는데, 어찌 창조와 섭리의 하나님과 그의 공의에 대하여 함부로 말할 수 있느냐고 물으신 것이었다.

∝ 한 마디 기도

자연과 피조물의 신비에 대하여도 알 수 없는 내가, 어떤 상황에서도 하나님과 그분이 하시는 일에 대하여 어리석은 판단과 평가를 내리지 않게 하소서.

욥의 고백과 통렬한 회개

JOB

05/15

내가 주께 대하여 귀로 듣기만 하였사오나 이제는 눈으로 주를 뵈옵나이다 그러므로 내가 스스로 거두어들이고(한 말을 취소하고) 티끌과 재 가운데서 회개하나이다 _욥 42:5-6

✝ 핵심 이해하기

하나님께서 바다 짐승 리워야단에 대하여 20가지 질문을 하신 후, 리워야단의 비늘(41:15-17)로 시작하여 활동과 특징에 이르기까지 상세하게 말씀하셨다(41:18-32). 리워야단에 관한 하나님 말씀의 결론은, 아무것도 두려워할 것이 없게 지음을 받은 리워야단과 비교할 수 있는 존재는 세상에 없다는 것이었다(41:33). 리워야단은 모든 높은 자를 내려다보며 모든 교만한 자들에게 군림하는 왕이다(41:34). 이 점에서 그것은 세상의 그 무엇과도 비교될 수 없는 하나님의 위대하신 능력과 지혜를 제한적으로 보여준다(40:11-13). 하나님께서는 친히 모든 교만한 자를 발견하여 낮아지게 하시나, 리워야단은 은유적으로 모든 교만한 자들을 내려다보며 군림하는 왕일 뿐이기 때문이다.

하나님의 말씀이 이렇게 끝마쳤다. 그때 욥은 주께서 하시는 일과 계획의 위대하심과 그 확실한 성취를 인정하며 회개하기 시작했다(42:1). 그는 하나님의 첫 질문인 "무지한 말로 생각을 어둡게 하는 자가 누구냐"(38:2)에 대하여 처음으로 "무지한 말로 이치를 가리는 자가 누구입니까? 나는 깨닫지도 못한 일을 말하였고 스스로 알 수도 없고 헤아리기도 어려운 일을 말하였습니다"라고 대답했다(42:3). 그의 마지막 말은 감탄의 고백(42:5)과 진심어린 회개(42:6)였다. 욥은 지금까지 귀로만 들었던 하나님을 이

제 눈으로 친히 보게 되었다(42:5). 하나님께서는 폭풍우 가운데 나타나서 그에게 말씀하신 것이므로, 욥이 육신의 눈으로 하나님을 직접 본 것은 아니었다. 이것은 하나님께서 친히 폭풍 속에서 하시는 말씀을 통해서, 그가 얼마나 위대하고 위엄과 영광이 있는 분이신지를 실감하게 되었다는 말이다. 하나님과의 직접적인 대면의 결과 욥은 자신의 주장이 얼마나 잘못되었는지 알았다. 6절의 "내가 스스로 거두어들인다"는 말은 그가 하나님의 의와 공의에 대한 잘못된 진술을 철회한다는 것을 뜻한다. 그가 회개한다는 말은, 폭풍 속에 나타나신 하나님과 대면한 결과, 자신이 죄 때문에 고난을 당했음을 알게 되었다는 뜻이 아니다. 그의 회개는 자신의 의를 변호하기 위해서 하나님께서 불의하다고 잘못 주장한 것에 대한 회개다.

6절의 "티끌과 재 가운데서"는 욥이 엄청난 고난 중에 놓였던 처지와 관련된다. 그는 온몸에 종기가 날 때 재 가운데 앉아서 몸을 긁었다(2:8). 그는 하나님께서 자신을 티끌과 재와 같게 하셨다고 또한 불평했다(30:19). 그는 불평했던 바로 그 자리에서 회개한 것이다. 그가 있었던 자리는 같았지만, 그의 말과 행동은 폭풍 가운데 나타나신 하나님을 대면한 결과 180도로 바뀌었다. 하나님께서 나타나 말씀하시고 질문하신 결과, 동일한 티끌과 재의 자리가 하나

님께 대한 원망과 불망의 자리에서 감탄과 회개의 자리로 변화되었다. 그래서 다른 사람들이 티끌과 재 가운데서 회개하는 것보다 욥이 그 가운데서 회개한 것이 더 중요한 의미를 가진다.

단지 귀로 듣는 것으로 끝나지 않고 말씀하시는 하나님을 인격적으로 체험하고 보는 신앙으로 나아가게 하소서.

시편 핵심구절
이해하고 기도하기

복 있는 사람의 참 모습

복 있는 사람은 악인들의 꾀를 따르지 아니하며 죄인들의 길에 서지 아니하며 오만한 자들의 자리에 앉지 아니하고 오직 여호와의 율법을 즐거워하여 그의 율법을 주야로 묵상하는도다 _시 1:1-2

✛ 핵심 이해하기

시편 1편은 시편 전체의 서론과 창문의 역할을 한다. 1장이 정의하는 '복 있는 사람'은 시편 전체에서 모두 다 여호와 하나님의 율법과 연관되어 쓰였다(시 19:7-11; 94:12; 106:3; 112:1-2; 119:1-2; 128:1-2). 복 있는 사람들은 여호와 하나님을 의지한다(시 2:12; 33:12; 34:8; 40:5; 84:12; 144:15; 146:5). 하나님의 율례와 법도와 상관없는 삶을 사는 사람은 하나님 앞에서 결코 복된 사람이 아니다. 1절은 복 있는 사람이 하지 않는 행위를 중심으로, 2절은 복 있는 사람이 하나님의 율법과 관련하여 하는 행위를 중심으로 정의했다.

복 있는 사람은 악인들과 연관된 세 가지 행동을 하지 않는다. 이 셋은 악인들의 꾀를 따르는 것과 죄인들의 길에 서는 것과 오만한 자들의 자리에 앉는 것이다. 물론 여기서 악인과 죄인들과 오만한 자들은 모두 하나님의 율법과 명령을 거역하고 사는 사람들을 가리킨다. 하나님 앞에서 복된 사람은 그의 언약의 법도를 거역하는 시작의 낮은 단계(따르는 것)에서 마지막의 높은 단계(앉는 것)에 이르기까지 죄악 된 일에 의식적으로 계속하여 동참하지 않는다. 그 대신에 여호와의 율법을 즐거워하고 그것을 밤낮으로 묵상하여 생활 속에서 구체적으로 실천한다.

복 있는 사람들이 행하는 모든 일과 그들이 가는 의인의 길과 그들이 참여하는 의인의 모임은, 그들과 반대되는 삶은 사는 악인들과는 완전하게 다르다. 복 있는 사람이 행하는 모든 일은 악인들이 행하는 것과 반대된다. 복 있는 사람들이 가는 의인의 길은 죄인들의 길과 다르다. 복 있는 사람들이 참여하는 의인들의 모임은 오만한 자들의 모임(자리)과 정반대다. 즉, 행동과 길과 모임이 다르다. 이러한 대조적인 생각과 행동과 삶은 현재와 미래에 상반된 결과를 가져온다. 복 있는 사람은 현재 하는 모든 일에 철을 따라 하나님께서 기뻐하는 열매를 맺고, 그가 하는 모든 일이 형통하다(3절). 그러나 악인들의 생각과 행동은 하나님께서 기뻐하시는 열매를 맺지 못한다. 이 점에서 악인들은 바람에 날리는 겨와 같다. 여호와 하나님께서 악인

들의 길을 인정하시지 않을 것이므로 그들은 하나님의 심판을 피하지 못할 것이다. 하지만 의인들의 생각과 행동과 삶을 사는 복 있는 사람들은, 여호와 하나님께서 그들의 길을 인정하시므로 의인들의 종말적인 모임에 동참하는 영광을 얻게 될 것이다. 그러므로 시편 1편의 창문을 열고 시편의 세계로 들어가고자 하는 모든 신자는 자신이 어떤 사람으로 살지 결단해야 한다.

∞ 한 마디 기도

주여 하나님의 말씀을 즐거워하고 늘 묵상하는 복 있는 사람의 생각과 행동과 삶이, 날마다 나의 생각과 행동과 삶이 되게 하소서.

PSALMS 05/17

하나님의 영광 중심에 있는 인간

여호와 우리 주여 주의 이름이 온 땅에 어찌 그리 아름다운지요 주의 영광이 하늘을 덮었나이다 주의 대적으로 말미암아 어린 아이들과 젖먹이들의 입으로 권능을 세우심이여 이는 원수들과 보복자들을 잠잠하게 하려 하심이니이다(마 21:16에 인용됨) _시 8:1-2

✚ 핵심 이해하기

시편 8편을 시작하는 문구(1절)와 마감하는 문구(9절)는 동일하게 "여호와 우리 주여 주의 이름이 온 땅에 어찌 그리 아름다운지요"이다. 온 땅에 있는 주의 이름과 하늘을 덮는 주의 영광은 모두 동일하게 하나님의 인격과 영광을 가리킨다. 여기서 '하나님의 인격과 영광의 중심이 있는 것은 무엇인가'라는 질문이 자연스럽게 나온다. 그 답은 놀랍게도 하나님께서 그의 형상대로 가장 영광스럽게 지어 만물을 다스리게 한

인간이다. 사람은 모든 피조물 가운데 가장 작지만 역설적으로는 가장 위대한 존재이다. 하나님께서 만드신 하늘과 달과 별들을 보면 인간이 얼마나 작고 미약한 존재인지 알게 된다(8:3-4). 하나님께서는 이렇게 작고 미약한 존재에게 영화와 존귀로 면류관을 씌워 공중의 새, 땅의 짐승과 바다의 고기를 다스리게 하셨다(8:5-8).

하나님께서 만드신 모든 피조물 가운데 영광과 존귀의 면류관을 쓴 피조물은 인간밖에 없

다. 하나님께서 모든 피조물 중에 인간을 유일하게 그의 형상으로 만드시는 것을 시적으로 은유적으로 말한 것이 "영화와 존귀로 면류관을 씌웠다"는 표현이다. 하나님을 가장 가까운 곳에서 섬기는 천사들에게도 하나님께서는 이러한 영광과 존귀를 주시지 않았다. 이러한 이유 때문에 인간은 모든 피조물 중에서 하나님의 이름, 곧 하나님의 존재와 영광을 가장 많이 나타내는 존재이다. 1절과 9절의 "주의 이름이 온 땅에 어찌 그렇게 아름다운지요"라는 시편 기자의 감탄은 하나님께서 그의 형상으로 지은 사람을 염두에 두고 감탄한 것이다.

애석하게도 이렇게 영광스럽게 지음 받은 왕적인 존재 아담은 선악을 분별하게 하는 나무의 열매를 먹음으로써 하나님의 형상으로서의 지위와 영광을 상실했다. 온 이스라엘 백성이 성전에서 시편 8편을 낭독하거나 노래할 때, 그들은 자신들이 새로운 아담으로서 하나님께서 지으신 모든 피조물과 열방 가운데 그분의 영광과 존귀를 나타내야 한다는 것을 깨달아야 했다. 하지만 새로운 아담 이스라엘도 하나님의 아름다운 이름과 영광을 모든 열방에 나타내는 데 실패했다.

하나님께서는 마침내 그의 약속대로 인류와 이스라엘의 마지막 소망으로서 자신의 아들 예수 그리스도를 이 땅에 보내셨다. 예수님께서는 실패한 아담과 이스라엘을 대신할 새(=마지막) 아담과 새 이스라엘로 오셨다. 그는 하나님의 완전한 형상으로서, 사람들이 보지 못하고 듣지 못한 하나님을 사람들에게 보여주고 들려줌으로 하나님의 영광을 나타내셨다. 보이지 않는 하나님의 형상이신 예수 그리스도께서는 모든 면에서 하나님 아버지를 분명하게 온 세상에 나타내셨다(요 1:18; 5:37). 잠시 동안 천사들보다 낮아지신 예수 그리스도는 그의 부활로 영광과 존귀의 면류관을 영원히 쓰셨다(히 2:7-9). 예수님께서는 지금 영광과 존귀의 면류관을 쓰시고 하나님의 보좌 우편에서 천상 왕으로 통치하신다(히 2:9; 고전 15:25; 행 2:34-36; 5:30-31).

천상 통치자 예수 그리스도는 자신을 믿는 자들에게 성령을 보내셔서 그들에게서 계속적으로 옛 사람을 벗기고 새 사람을 입히는 구원의 역사를 일으키신다. 이를 통해 그는 신자들을 하나님의 영광스럽고 존귀한 형상으로 회복시키시고 있다(엡 4:23-24; 골 3:9-10). 시편 8편을 낭독하고 음미하고 묵상하는 신약의 성도들은 그들을 하나님의 형상으로 회복시키시는 하나님의 영원한 형상 예수 그리스도와 그의 성령으로 인하여 하나님을 찬양하고 기뻐하는 것이 마땅하다. 신자들 속에서 회복되기 시작한 하나님의 형상은 어린 아이들과 젖먹이들과 같이 미약할지라도, 이 모든 것이 예수 그리스도의 복음의 영광으로 말미암은 것임을 알기에, 신약의 성도들은 복음의 대적자들과 원수들 앞에서 물러서지 않을 것이다.

∝ 한 마디 기도

예수님의 구속 사건에 근거하여 내 안에 회복되기 시작한 하나님의 형상에서 반사되는 그분의 영광과 존귀를 보고 하나님을 찬양하며 구주 예수 그리스도를 높이게 하소서.

하나님을 부인하는 교만한 얼굴

악인은 그의 교만한 얼굴로 말하기를 여호와께서 이를 감찰하지 아니하신다 하며 그의 모든 사상에 하나님이 없다 하나이다 _시 10:4

✝ 핵심 이해하기

시편 10편은 고난당하는 의인이 하나님의 간섭과 개입을 요청하면서 한 기도이다. 의인들은 여기서 가련한 자들(10:2, 9), 가난한 자들(10:12) 그리고 겸손한 자들로 불린다(10:17). 경건한 의인들을 압박하며 괴롭히는 자들은 마음의 욕심을 자랑하고 탐욕을 부리며 여호와 하나님을 배반한다(10:2). 그들은 심지어 무죄한 자를 죽이고 사자가 은밀한 곳에 엎드려 있는 것과 같이 가련한 자들을 탈취하려고 그들을 은밀하게 잡아 해친다(10:8-9). 이들은 하나님께서 그들의 모든 행동을 감찰하시는 것을 부인한다(10:4). 그들의 생각 속에는 하나님이 없다. 그들의 교만한 얼굴은 그들의 마음속에 있는 생각을 그대로 표현한다. 그들의 마음속에 있는 생각은 "하나님께서 잊으셨고 그의 얼굴을 가리셨으니 영원히 그가 보지 않는다"는 것(10:11)과 이와 비슷하게 "주는 감찰하지 않는다"는 것이다(10:13).

반면 이들과 정반대로 고난당하는 가난한 자들, 곧 하나님의 도우심을 구하는 겸손한 자들은, 주 하나님께서는 그들을 보시고 감찰하시며 악인을 심판하시는 분이라는 것을 확실하게 믿는다(10:14-15). 이론적으로 하나님의 존재를 인정하나 실제적으로 그의 존재를 부인할 수 있다. 하나님의 감찰하심과 그의 엄격한 심판을 부인하면 실제적으로 하나님의 존재를 부인하는 것이다. 이때 사람들은 하나님을 전혀 의식하지 않고 자신의 욕심과 탐욕을 따라서 모든 것을 행하게 된다. 이것이 자신의 모든 생각 속에 하나님이 없는 자들의 특징이다. 그러나 하나님을 경외하는 자는 그분이 일거수일투족 모든 것을 감찰하시고 행한 대로 갚으시는 하나님이심을 믿음으로, 그분이 심판하시는 죄악을 피하고 그분이 기뻐하시는 일들을 행한다.

⚓ 한 마디 기도

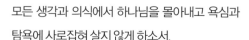

모든 생각과 의식에서 하나님을 몰아내고 욕심과 탐욕에 사로잡혀 살지 않게 하소서.

PSALMS
05
19

영적인 안목을 위한 기도

여호와 내 하나님이여 나를 생각하사 응답하시고 나의 눈을 밝히소서 두렵건대 내가 사망의 잠을 잘까 하오며 두렵건대 나의 원수가 이르기를 내가 그를 이겼다 할까 하오며 내가 흔들릴 때에 나의 대적들이 기뻐할까 하나이다 _시 13:3-4

✝ 핵심 이해하기

시편 기자는 하나님과의 관계가 멀어지고 심지어는 단절된 것과 같은 절박한 상황에 놓여 있었다. 그는 하나님께서 그를 잊으시고 그의 얼굴을 가리신 것을 아주 강하고 깊게 의식하고 있었다. 하나님께서 그의 백성을 기억하시고 그들에게 자신의 얼굴을 비추시는 것은 그분의 언약적인 인자하심과 사랑의 표현이다. 정반대로 하나님께서 그의 백성을 잊으시고 자신의 얼굴을 가리시는 것은 그의 백성에게 진노하시는, 언약적인 저주를 표현하는 것이다.

이러한 상황에서 하나님과의 바른 관계가 회복되길 원하는 자는 하나님께서 분노하시는 죄악에서 돌이키는 회개를 해야 한다. 2절의 "나의 영혼이 번민하고 종일토록 마음에 근심한다"는 것은 시편 기자가 마음 중심으로 회개하고 있음을 보여준다. 자신의 눈을 밝혀 사망의 잠을 자지 않게 해달라는 그의 간청은, 또 다시 하나님을 노엽게 하는 죄악에 빠지지 않기를 원하는 그의 간절한 마음을 잘 보여준다. 사실 그는 눈, 곧 영적인 안목에 문제가 생긴 결과로 죄악에 빠져 하나님을 노엽게 하는 죄악을 범했기 때문이다. 그는 이러한 죄악에 또 다시 빠지지 않기 위해서 자기의 눈을 밝혀달라고 기도한 것이다.

눈이 어두워지면 사망의 잠을 자게 된다. 사망의 잠을 잘 때 원수는 그를 이겨 승리의 기쁨을 누리게 된다. 그러나 하나님의 말씀으로 영적인 안목이 밝아지면 사망의 잠을 피하고 생명의 활동을 하게 된다. 그러면 그는 원수들을 이기고 하나님의 구원을 기뻐하게 된다. 옛날이나 오늘날이나, 하나님께서 그분의 백성에게 언제나 응답하기를 기뻐하시는 기도는 영안을 열어달라는 간구이다. 예수님께서 행하신 기적 가운데 많은 비중을 차지하는 것이 시각장애인을 보게 하신 일이다(마 9:27-30; 11:5; 12:22; 20:30-34; 21:14; 요 9:6-7, 39). 예수님께서는 또한 눈은 몸의 등불이라고 하시면서 속에 있는 빛이 어둡지 않은지 점검하라고 말씀하셨다(눅 11:34-35). 사도 바울은 에베소 교인들에게 "잠자는 자들아 일어나라 주께서 너희에게 비추신다"고 권면했다(엡 5:14). 라오디게아 교인들처럼 영안이 어두워져서 자신들의 영적인 실상을 바로 보지 못하는 일이 발생하지 않도록, 주의 말씀의 안약을 눈에 발라 제대로 봐야 할 것이다(계 3:17-18).

✎ 한 마디 기도

주여 나의 눈(영안)을 밝혀 사망의 잠을 자지 않게 하소서.

하나님을 부인하는 어리석은 자

어리석은 자는 그의 마음에 이르기를 하나님이 없다 하는도다 그들은 부패하고 그 행실이 가증하니 선을 행하는 자가 없도다(시 53편; 롬 3:10-12에 동일하게 인용됨) _시 14:1

✝ 핵심 이해하기

시편 14편과 시편 10편은 모두 악인이 하나님을 부인한다는 점에서 비슷하다. 하지만 시 14편의 악인은 하나님의 존재를 부인하는 정도가 아주 심각하다는 점에서 다르다. 하나님이 없다고 말하는 어리석은 자들은 부패하여 하나님께서 보실 때에 가증한 일들을 행한다. 가증한 일들이란 하나님께서 아주 싫어하는 행위들을 말한다. 그들은 영적으로 도덕적으로 부패하였으므로 그들의 모든 행위들은 가증할 수밖에 없다. 영적으로 부패하였다는 것은 하나님과의 관계가 잘못되어 있는 것을 말한다. 하나님과의 어그러진 관계, 곧 영적인 부패는 도덕적인 부패를 가져온다. 그러므로 그들이 행하는 모든 것이 가증한 것들이다.

"선을 행하는 자가 없다"는 말은 마음이 부패하고 가증한 행위들을 하는 어리석은 자들을 가리킨다. 그렇다면 이러한 어리석은 자들은 누구인가? 2-3절은 이 질문에 대한 답을 제시한다. 이들은 타락한 인생 전체를 가리킨다. 2절의 '인생'의 히브리어의 표현은 '아담의 자손'(히: 뻬네 아담)이다. 하나님께서 아담의 자손(후손)을 내려다보실 때 그들은 모두 하나님을 찾을 수 있는 지각이 없다. 다시 말해서 1절의 '어리석은 자들'이다. 그들은 모두 하나님을 찾지 않고 산 결과로, 다 함께 죄악으로 치우쳐 '더러운'(1절의 '부패하다'와 동의어) 자가 되었다. 그러므로 그들 중에는 선을 행하는 사람이 단 한 사람도 없는 것이다.

사도 바울은 로마서에서 이 말씀을 인용하여 아담의 모든 후손이 타락하였음을 주장했다(롬 3:10-12). 바울이 인용한 내용은 "기록된 바 의인은 없나니 하나도 없으며, 깨닫는 자도 없고 하나님을 찾는 자도 없고, 다 치우쳐 함께 무익하게 되고 선을 행하는 자는 없나니 하나도 없도다"이다. 이것은 유대인이라 헬라인이나 누구든지 아담의 모든 후손에게 적용된다(롬 3:9). 하나님께서 자기 백성으로 삼는 자들은 원래부터 이런 악인과 구별된 자들이 아니다. 하나님의 백성 역시 그들 가운데 속했던 자들이다. 하나님께서는 그런 이스라엘 백성을 불러 구원하셔서 자기의 의로운 백성으로 삼으신 것이다. 하나님의 의로운 백성이 그분을 찾고 선을 행하는 것은 자신들을 부르신 그분의 거룩한 목적에 합당한 행동이다(엡 1:4; 2:9-10; 딛 2:10-14). 이것은 구원의 은혜를 입기 전에는 행할 수 없었던 선이, 구원의 은혜로 가능하게 되었음을 보여준다.

∝ 한 마디 기도

하나님을 찾지 않고 악을 행하며 살았던 우리를 구원하셔서, 하나님을 찾으며 선을 행하는 백성으로 삼아주신 주 하나님을 찬양합니다.

PSALMS

05
21

여호와의 율법의 위대한 능력

여호와의 율법은 완전하여 영혼을 소성시키며 여호와의 증거는 확실하여 우둔한 자를 지혜롭게 하며 여호와의 교훈은 정직하여 마음을 기쁘게 하고 여호와의 계명은 순결하여 눈을 밝게 하시도다 여호와를 경외하는 도는 정결하여 영원까지 이르고 여호와의 법도 진실하여 다 의로우니 금 곧 많은 순금보다 더 사모할 것이며 꿀과 송이꿀보다 더 달도다 또 주의 종이 이것으로 경고를 받고 이것을 지킴으로 상이 크니이다 _시 19:7~11

✛ 핵심 이해하기

시편 19편은 천체가 하나님의 영광을 계시하고 선포하는 것(1-6절)과 하나님의 특별 계시인 율법의 탁월한 능력에 대하여 노래한다(7-14절). 놀라운 점은 자연을 통한 하나님의 영광 선포(일반 계시)와 하나님의 말씀을 통한 그의 특별 계시가 연결되어 있다는 것이다. 하나님의 말씀을 통한 하나님의 영광 계시는 자연을 통한 하나님의 영광 계시와 선포를 완성한다. 천체의 핵심인 하늘(궁창)과 태양은 밤낮으로 아무런 언어도 말씀도 들리는 소리도 없이 하늘 이 끝에서 저 끝까지 하나님의 영광을 선포하고 나타낸다(19:2-5). 하늘이 날과 밤을 통해서 하나님의 영광에 대하여 선포하는 소리와 말씀은 세상 어디에도 없는 곳이 없다(19:4). 해가 운행하는 곳은 어디든지 누구도 감당할 수 없는 엄청난 열기를 품어낸다(19:6). 그러나 이것들은 사람을 하나님 앞에서 온전하게 하지 못한다.

하나님의 특별 계시인 말씀만이 자연 계시가 하지 못하는 일을 행한다. 영혼을 소생하게 하는 일(19:7), 우둔한 자를 지혜롭게 하는 일(19:7), 마음을 기쁘게 하는 일(19:8), 눈을 밝게 하는 일(19:8), 그리고 여호와의 법을 지키는 자들에게 큰 상급을 주는 일(19:11), 이 모든 일은 천체를 통한 자연 계시가 결코 할 수 없는 일이다. 이것들은 하나님의 말씀만이 할 수 있다. 하

나님의 말씀은 율법, 증거, 교훈, 계명 그리고 법 등으로 다양하게 표현된다. 그러므로 하나님 앞에서 온전한 인격을 가지도록 변화시키는 하나님의 말씀의 각종 능력을 체험하려면, 많은 순금을 사모하는 것보다 더 강렬하게 하나님의 말씀을 사모하고, 경고를 받고 수정하며 그 말씀대로 살아야 한다(19:10-11). 하나님의 백성은 사람들이 태양빛 아래서 일광욕을 즐기는 것 이상으로, 하나님의 말씀의 각종 빛 아래서 '말씀욕'(말씀의 목욕)을 즐기고 누려야 할 것이다. 이때 하나님의 말씀이 영혼을 소생하게 하는 능력, 지혜롭게 하는 능력, 마음을 기쁘게 하는 능력, 눈을 밝게 하는 능력을 체험하게 될 것이다.

↔ 한 마디 기도

하나님의 말씀에 계속 노출됨으로 그 다양한 능력을 체험하게 하소서.

고난 받는 의인의 절규

내 하나님이여 내 하나님이여 어찌 나를 버리셨나이까 어찌 나를 멀리 하여 돕지 아니하시오며 내 신음 소리를 듣지 아니하시나이까(마 27:46; 막 15:34에 인용됨) _시 22:1

✝ 핵심 이해하기

시편 22편은 메시아의 고난을 예언한 가장 대표적인 시편으로 잘 알려져 있다. 이것은 시편 69편과 109편과 118편과 함께 메시아의 고난을 예언하는 시들 중에서 가장 으뜸이다. 시편 22편은 시편 기자가 예수님의 십자가 처형 현장에서 일어나는 일을 목격하면서 기록한 것과 같은 생생한 모습을 보여준다. 예를 들면, "내 하나님이여 내 하나님이여 어찌 나를 버리셨나이까"라는 절규(22:1), 사람들의 비방과 조롱의 비쭉거림(22:6-8), 악한 무리가 의인의 수족을 찌른 것(22:16), 그리고 겉옷과 속옷을 제비 뽑아 나눈 것(22:18)이 복음서에 기록된 수난기사의 생생한 장면을 보여주는 것 같다. 그래서 22편은 고난주간에 즐겨 사용된다. 시편 22편은 메시아의 고난만이 아니라, 그 고난의 결과로 메시아가 그의 백성 가운데 찬양 받을 것(22:22-26)과 땅 끝에 있는 나라들을 포함하여 열방의 모든 종족이 주께로 돌아올 것(22:27-31)도 예언한다. 이것은 죄 없이 고난 받은 의인 메시아가 부활의 영광을 얻게 될 것을 전제로 한 것이다.

"내 하나님이여 내 하나님이여 어찌 나를 버리셨나이까"(22:1)라고 외친 의인은 쉬지 않고 기도하는 자이다(22:2). 이 외침은 그의 하나님에 대한 원망과 불만의 표현이 결코 아니다. 이 절규 이후에 등장하는 모든 기도는 의인이 여호와 하나님을 의지하는 것이 확고함을 보여주기 때문이다. 의인이 지금까지 살아온 경건한 삶을 보면 그의 절규를 이해할 수 있다. 의인은 모친의 젖을 먹을 때부터 하나님을 의지하면서 지금까지 경건하게 살았다(22:9-10). 그는 조상들이 주님을 의지하여 간구할 때 주께서 응답하여 구원하신 것을 잘 알고 있다(22:4-5).

의인의 원수들은 일반 백성(22:6), 많은 황소, 곧 바산의 힘센 소들(22:12), 개들의 악한 무리(22:16), 사자와 들소(22:21)로 다양하게 묘사된다. 의인의 고난은 인간의 언어로 묘사할 수 있는 최악의 육체적인 고통과 심적인 괴로움을 포함한다(22:14-15, 17). 의인의 고통을 극대화한 것은 주께서 친히 그를 죽음의 진토 속에 두셨다는 것이다(22:15). 이러한 극한 고통의 상황에서 의인이 도움을 구하며 의지할 분은 여호와 하나님 밖에 없었다(22:1-2, 11). 의인은 하나님께 더 이상 잠잠하지 마시고 즉각적으로 개입하여 구원하여 주시길 간청했다(22:19-21).

예수님께서는 십자가에 달려 숨을 거두시기 직전에 1절을 인용하여 "엘리 엘리 라마 사박다니", 곧 "나의 하나님, 나의 하나님, 어찌하여 나를 버리셨나이까"라고 외쳤다(마 27:46; 막 15:34). 예수님께서는 1절의 외침을 가장 적절하게 하실 수 있는 유일한 의인이셨다. 거룩하고 완전한 의인이신 예수님께서는 자신은 죄가 없으나 자기의 백성의 죄와 사망의 문제를 해결하기 위해서 십자가에 달리셨기 때문이다(행 3:14; 고후 5:21; 히 7:26-27).

극한 고난과 고통 중에도 변함없이 끝까지 여호와 하나님을 의지하게 하소서.

PSALMS
05
23

나의 목자이신 여호와

여호와는 나의 목자시니 내게 부족함이 없으리로다 그가 나를 푸른 풀밭에 누이시며 쉴 만한 물 가로 인도하시는도다 내 영혼을 소생시키시고 자기 이름을 위하여 의의 길로 인도하시는도다 _시 23:1-3

✛ 핵심 이해하기

시편 23편은 메시아의 고난과 그 영광스러운 결과를 예언한 시편 22편 다음에 나온다는 점에서 아주 중요한 의미가 있다. 이러한 순서는 하나님의 백성이 목자 하나님에게서 누리는 부족함이 없는 공급과 영육간의 온전한 만족을 목자 하나님께서 자신의 아들을 훗날에 보내어 죽었다가 다시 살아나게 하신 결과로 누리게 될 것임을 암시하기 때문이다. 족장들과 이스라엘 백성은 목축을 하는 자들이므로 목자와 양의 관계를 너무나 잘 안다. 아브라함, 이삭, 야곱, 그의 열두 아들들과 모세와 다윗 등은 모두 목자였다. 하나님의 백성은 목자 하나님과 양 된 백성 사이의 관계를 생각하고 이해할 때 분명 생생하고 입체적인 은혜를 받았을 것이다.

1절의 "여호와는 나의 목자시니 내게 부족함이 없을 것이다"는 고백은 23편의 내용 전체를 소개하고 요약한다. 하나님의 양 된 개인과 백성에게 부족함이 없는 것은 그가 친히 그들의 목자이시기 때문이다. 목자 하나님께서 양을 먹

이시고 인도하시며 적으로부터 보호하시기에, 양은 어떤 형편과 처지에서도 부족함이 없는 것이다. 그들이 사망의 음침한 골짜기로 다닌다고 할지라도 두려워하거나 무서워할 이유가 없는 것은, 목자 하나님께서 그 골짜기 속에서도 동행하며 보호하시기 때문이다.

푸른 초장과 쉴만한 물가와, 사망의 음침한 골짜기는 극한 대조를 이룬다. 이것은 서구의 목장에서는 상상할 수 없는 이미지이다. 서구의 목장에는 푸른 초장과 쉴만한 물가만 있다. 그러나 이스라엘은 지형과 기후의 특성상 푸른 초장과 쉴만한 물가는 빛이 전혀 들지 않는 음침한 골짜기와 늘 같이 있다. 이스라엘에서는 푸른 초장도 쉴만한 물가도 일반적으로 사막에 있다. 양들은 목자의 인도를 받아 사망의 음침한 골짜기를 통과하여 푸른 목장으로 가거나, 음침한 골짜기 가운데에서 잔잔한 물가(오아시스)를 만난다. 사실 양들은 우리에서는 마른 꼴을 먹으나, 신선한 꼴은 음침한 골짜기와 깊은 절벽

이 즐비한 사막 가운데 돌과 돌 사이에서 먹을 수 있다.

이것을 은유적으로 말하면, 여호와 하나님께서 풍성하게 공급하시는 생명의 꼴과 만족을 누리는 곳은 교회가 아니라, 삶의 치열한 현장이다. 예수님께서는 그의 양들에게 들어가며 나가며 생명의 꼴을 공급하신다(요 10:9). 목자 예수님의 음성을 듣고 삶의 현장으로 나가 누리는 꼴은, 분명 현대판 사망의 음침한 골짜기에서 누리는 신선한 꼴이다. 신약의 성도들은 치열한 삶의 현장에서 주님의 인도와 동행과 필요한 공급을 체험하고, 각종 원수로부터 보호하시는 은혜를 입는다. 신약의 성도들은 삶의 현장에서 이러한 체험을 하기 때문에 교회 공동체의 예배 가운데 나아가 하나님을 찬양하고 경배하고 싶은 열망을 가지는 것이다.

🔗 한 마디 기도

하나님의 자녀들 모두 "예수님은 나의 목자시니 내게 부족함이 없도다"라고 삶의 고된 현장에서 고백하게 하소서.

PSALMS 05/24

아무도 두려워하지 않는 의인

여호와는 나와 빛이요 나의 구원이시니 내가 누구를 두려워하리요 여호와는 내 생명의 능력이시니 내가 누구를 무서워하리요 _시 27:1

✝ 핵심 이해하기

시편 기자는 여호와 하나님을 자신의 빛과 구원과 생명의 능력으로 삼는다. 바로 여기에서 나오는 확신은 누구도 두려워할 필요가 없다는 것이다. 그는 과거에 악인들, 곧 원수들과 대적자들이 자신을 해하려 왔다가 낭패를 당한 것을 잘 알고 있다(27:2). 그래서 군대의 무리가 전쟁을 일으켜 몰려와도 그는 흔들리지 않고 여호와 하나님을 의지할 것이라는 확신을 가진다(27:3). 하나님께서는 환난 날에 그를 그분의 초막과 장막 속에 안전하게 지켜 보호하실 것이다(27:5). 그는 원수들이 자신을 둘러싼다고 할지라도 장막에서 하나님께 노래하며 찬양을 드릴 자신이 있다(27:6). 그는 부모가 자신을 버렸다고 할지라도 하나님께서는 자신을 버리지 않고 받아주실 것을 확신한다(27:9-10).

하나님을 빛과 구원과 생명의 능력으로 삼은 시편 기자의 한결같은 기도는, 평생 여호와의 집에 살면서 그의 아름다움(히: 노암=즐거움 또는 기쁨)을 바라보고(히: 하자=보다) 사모하는 것이다(27:4). 그에게 가장 중요한 일은 여호와 하나님의 얼굴을 구하는 것이다(27:8). 그는 시편 23편의 양과 같이 여호와 하나님의 도우심과 보호하심을 체험하였으므로, 여호와의 성전에서 그분의 아름다움을 바라보고 사모하면서 살기를 원했던 것이다. 그래서 그는 자신을 향해서 "너는 여호와를 기다리라. 강하고 담대하여 여호와를 기다리라"고 명령한 것이다(27:14).

주 하나님이 좋아서 하나님의 얼굴을 구하고 그분의 즐거움(아름다움)을 맛보며 사모하게 하소서.

PSALMS
05
25

참으로 복된 나라

여호와께서 나라들의 계획을 폐하시며 민족들의 사상(히: 마하샤바)을 무효하게 하시도다 여호와의 계획은 영원히 서고 그의 생각(히=마하샤바)은 대대에 이르리로다 여호와를 자기 하나님으로 삼은 나라 곧 하나님의 기업으로 선택된 백성은 복이 있도다(관련 시편, 시 144:15) _시 33:10-12

✚ 핵심 이해하기

시 33편은 정직한 자들이 마땅히 찬양해야 할 하나님을 소개하는 찬양의 시와 노래이다. 찬양의 중심에는 하나님의 말씀과 그의 행하심이 있다(33:4). 찬양을 받기에 합당하신 하나님은 공의와 정의를 사랑하신다. 그의 인자하심은 온 세상에 충만하다(33:5). 하나님께서는 말씀과 그의 입의 기운, 곧 성령의 능력으로 모든 만물을 창조하셨다(33:6-9). 그는 하늘에서 모든 것을 정확하게 감찰하시는 분이다(33:13-15). 여호와께서는 그를 경외하며 그의 인자하심을 바라는 자들을 돌보아 사망에서 건지며 그들의 방패와 도움이 되신다(33:18-20). 왕은 많은 군대로도 자신을 구원하지 못하고, 용사 역시 힘이 세도 자신을 구원하지 못한다(33:16-17). 구원하실 분은 유일한 도움과 방패가 되시는 여호와 하나님이시다. 그러므로 온 땅의 백성들은 여호와 하나님을 두려워하고 그를 경외해야 한다(33:8). 그는 땅의 모든 백성을 굽어 살피시는 분이다(33:13-15).

10-12절의 핵심 교훈은 이러한 내용에 비추어 보아야 바르게 이해된다. 10-12절의 구조는 A(10)B(11)A'(12)의 형식이다. 여호와께서는 세상 나라들의 계획을 폐하고 민족들의 사상을 무효하게 하신다(10절=A). 물론 세상 나라들의 계획을 폐하는 것과 민족들의 사상을 무효하게 하는 것은 서로 밀접하게 연결되어 있다.

일반적으로 계획은 사상의 구체적인 표현이다. 계획의 뿌리와 근거가 사상이기 때문이다. 그러므로 여호와 하나님께서 세상 나라들의 계획만 폐하시면, 그들은 자기들의 사상에 따라 새로운 계획을 세울 수 있다. 그러나 여호와 하나님께서는 그들의 계획과 그들의 사상도 폐하시므로 열방의 사상과 계획은 여호와 하나님 앞에서 무가치하여 결코 성공할 수 없다. 그러나 여호와의 계획과 생각(10절의 사상과 동일한 단어임)은 영원히 서고 대대에 이른다(11절=B).

그러면 헛된 나라와 민족이 되지 않으려면 어떻게 해야 하는가? 세상의 모든 나라와 민족과 종족이 여호와를 자기 하나님으로 삼는 길 밖에 없다(12절=A'). 여호와를 자기 하나님으로 삼은 나라는 사실 여호와의 기업으로 선택된 그의 백성이다. 이러한 백성이 참으로 복되다. 하나님은 그분이 자신의 기업의 백성으로 택하신 이스라엘만이 아니라, 열방의 모든 나라가 그분을 자기들의 하나님으로 삼아 섬기길 원하신다. 그래서 시편 기자는 온 땅과 세상의 모든 백성

을 향해 여호와 하나님을 경외하라고 외친 것이다(33:8).

한 마디 기도

만물을 창조하시고 다스리시는 인자하신 여호와 하나님을 자기 하나님으로 삼는 복된 개인과 가정과 민족과 나라가 되게 하소서.

PSALMS
05
26

선을 행하고 먹거리를 삼아야 할 것

여호와를 의뢰하고 선을 행하라 땅에 머무는 동안 그의 성실을 먹을 거리로 삼을지어다 또 여호와를 기뻐하라 그가 네 마음의 소원을 네게 이루어 주시리로다 네 길을 여호와께 맡기라 그를 의지하면 그가 이루시고 네 의를 빛 같이 나타내시며 네 공의를 정오의 빛 같이 하시리로다 _시 37:3-6

✝ 핵심 이해하기

하나님 앞에서 경건하게 살고자 하는 성도는 악인이 잘 되고 형통하는 것을 보면 마음이 편하지 않다. 자신은 바르게 살고자 하기 때문에 고난을 받는데, 악인이 악을 행하면서도 형통하는 것을 보면 불평하고 때로는 그들의 형통을 시기할 수밖에 없다(37:1). 그래서 하나님께서는 형통하는 행악자들을 인하여 불평하거나 시기하지 말고 잠잠히 참고 기다리라고 하신 것이다(37:1, 7-8). 그들은 때가 되면 풀이 마르고 쇠잔할 것과 같이 될 것임을 상기시키시며, 그 대신에 계속해서 하나님을 의지하고 선을 행하라고 촉구하신다(37:3). 악인들은 불의를 먹거리로 삼지만, 경건한 백성은 여호와 하나님의 성실하심(히: 에무나=신실함)을 먹거리로 삼아야 한다(37:3).

4-6절은 하나님의 명령과 약속을 동시에 연결하여 교훈한다. 4-5절은 명령과 약속을 두 번 연결하고, 6절은 5절과 연결된 약속을 더 상세하게 기술한다. 첫 번째 명령과 약속은 경건한 자가 여호와를 기뻐하면 하나님께서 그 마음의 소원을 이루시겠다는 것이다(37:4). 둘째 명령과 약속은 경건한 자가 자기 길을 여호와께 맡기고 그를 의지하면 여호와께서 맡긴 것을 다 이루시겠다는 것이다(37:5). 6절은 5절의 "그가 이루시겠다"는 것에 대한 구체적인 진술이다. 하나님께서 6절에서 경건한 자의 의를 빛과 같이 나타내시고 그의 공의를 정오의 빛같이 하겠다고 약속하신다. 앞의 '의'와 뒤의 '공의'가, 앞의 '빛'과 뒤의 '정오의 빛'이 각각 연결된다. 공의는 의의 다른 표현이고, 정의의 빛은 빛의 구

체적인 설명, 다시 말해서 빛 중에 최고로 강한 빛을 말한다. 결국 하나님께서는, 경건하게 살지만 현재 형통하지 못한 의인에게 마침내 때가 되면 그 진가를 인정받게 하겠다고 약속하시는 것이다. 그날은 하나님의 마지막 심판으로 악인이 없어질 때이다(37:10). 그날에 정오의 빛과 같이 빛날 의인들은 새 하늘과 새 땅을 차지하게 될 것이며, 풍성한 화평으로 즐거워하게 될 것이다(37:11, 22; 마 13:43; 벧후 3:11-13). 그들의 기업은 영원할 것이다(37:18).

∞ 한 마디 기도

악한 사람들의 형통을 시기하지도 불평하지도 말고, 오직 여호와 하나님을 잠잠히 의지하고 선을 행하며 그의 신실하심을 먹거리로 삼아 누리게 하소서.

죄 때문에 징계 받은 자의 고백

여호와여 나의 종말과 연한이 언제까지인지 알게 하사 내가 나의 연약함을 알게 하소서 주께서 나의 날을 한 뼘 길이만큼 되게 하시매 나의 일생이 주 앞에는 없는 것 같사오니 사람은 그가 든든히 서 있는 때에도 진실로 모두가 허사뿐이니이다 (셀라) 진실로 각 사람은 그림자 같이 다니고 헛된 일로 소란하며 재물을 쌓으나 누가 거둘는지 알지 못하나이다 _시 39:4-6

✝ 핵심 이해하기

시편 39편은 죄 때문에 하나님의 징계를 받아 질병으로 고통 받는 시편 기자가 하나님 앞에 올리는 회개 기도이다(39:9, 13). 그는 하나님의 징계를 받으면서 인생의 허무함과 무가치함을 깨닫게 되었다(39:10-11). 그가 징계를 받고 있을 때에 악한 사람들은 악의적으로 그를 비난했다. 그래도 그는 사람들 앞에서 아무 말도 하지 않고 잠잠했다(39:1-2, 9). 그러나 그는 하나님 앞에서는 심지어 눈물까지 흘리며 잠잠하지 않고 기도했다(39:12). 그의 기도 중심에 있는 것이 인생의 짧음과 그 추구하는 것들의 허무함을 고백하는 내용이다. 그는 인생의 종말과 그 허무한 추구를 깊이 인식하게 되었다. 그래서 그는 자기 인생의 끝 날이 언제인지 알게 해달라고 간구한 것이다.

그가 기도의 응답으로 깨달은 인생은 손 한 뼘의 길이밖에 되지 않는다. 이것은 자신의 일생이 주님 앞에서는 없는 것이나 마찬가지라는 의미다(39:5). 인생은 그림자와 다르지 않다. 그렇게 짧은 인생을 살면서 인생이 추구하는 것 역시 헛되다. 사람들은 재물을 축적하려고 혈안이 되어 살지만 그 재물을 누가 차지할지 알지 못한다(39:6). 전도서는 인간의 재물 추구가 얼마나 헛된지 잘 보여준다(전 2:21-26; 4:8; 5:12-13; 6:2). 예수님께서는 어리석은 부자가 재물을 많이 축적하고 인생을 즐기며 살려고 하다가, 갑자기 하나님의 소환을 받은 것을 비유로 말씀하셨다(눅 12:20). 사도 바울은 이 땅의 부자들처럼 정함이 없는 재물에 소망을 두지 말고, 오직 모든 것을 후히 주어 누리게 하시는 하나님께 두고 살라고 권고했다(딤전 6:17).

헛된 재물을 추구하며 인생을 낭비하지 않도록, 인생의 개인적인 종말을 의식하고 지혜롭고 경건하게 살게 하소서.

☙ 한 마디 기도

PSALMS 05/28 주께서 행하신 많은 기적과 생각들

여호와 나의 하나님이여 주께서 행하신 기적이 많고 우리를 향하신 주의 생각도 많아 누구도 주와 견줄 수가 없나이다 내가 널리 알려 말하고자 하나 너무 많아 그 수를 셀 수도 없나이다 _시 40:5

✝ 핵심 이해하기

시편 40편은 하나님께서 기도에 응답하여 구원하심을 감사하면서 하나님께 드린 감사와 찬양의 기도이다. 하나님께서는 그의 인내하는 간절한 기도를 듣고 그를 기막힐 웅덩이와 수렁에서 건져내어 그의 발을 견고하게 반석 위에 세우셨다(40:1-2, 11-12). 그는 자신이 곤고한 가운데에 있을 때, 주께서는 그를 생각하시는 분이요, 도움이요, 건지시는 분이니 지체하지 말아달라고 간청했다(40:17). 시편 기자는 하나님의 많은 인자와 진실하심으로 건짐을 받고, 주 하나님께서 자신을 위해 행하신 많은 기적들과 하나님의 백성을 향한 하나님의 수없이 많은 생각들을 언급하며 감탄했다(40:5).

하나님의 은혜와 사랑에 감격하는 자는 하나님께서 행하신 많은 기적들을 기억하며, 누구와도 비교될 수 없는 하나님의 깊은 생각을 사람들에게 수없이 간증한다. 하나님의 은혜와 사랑을 받은 것이 없어서 나눌 은혜가 없는 사람과,

그의 은혜와 사랑을 너무 많이 받아서 아무리 나누어도 도저히 다 나눌 수 없는 사람과는 엄청난 차이가 있다. 시편 기자와 같이 많은 어려움과 위기에서 건짐을 받은 경험이 풍성한 신자들은 이와 같은 고백을 할 수 있다.

☙ 한 마디 기도

주님의 많은 기적들과 우리를 위한 주님의 깊은 배려를 계속해서 체험하고 사람들에게 나눌 수 있게 하소서.

살아계신 하나님을 갈망하는 영혼

하나님이여 사슴이 시냇물을 찾기에 갈급함같이 내 영혼이 주를 찾기에 갈급하니이다 내 영혼이 하나님 곧 살아 계시는 하나님을 갈망하나니 내가 어느 때에 나아가서 하나님의 얼굴을 뵈올까
_시 42:1-2

✝ 핵심 이해하기

고라 자손이 시편의 표제로 나오는 시가 아홉 편이 있다(42편, 44-49편, 84-85편). 이중에 42편은 고라 자손이 지은 첫 번째 시이다. 역사적으로 고라 자손의 조상 고라는 광야에서 모세와 아론을 반역한 무리들의 주동자였다(민 16:1, 5-6, 8, 16). 이때 하나님의 진노로 땅이 갈라질 때 고라와 다단과 아비람만이 아니라, 그들에게 속한 가족들도 산 채로 갈라진 땅속으로 떨어져 멸망했다(민 16:31-33). 고라와 함께한 주동자들 250명이 죽을 때에 고라의 아들들은 놀랍게도 하나님의 은혜로 죽음을 면했다(민 26:10-11). 그의 자손 헤만과 그의 아들들은 훗날에 다윗과 솔로몬 왕 때에 성전에서 하나님을 찬양하고 경배하는 전문 찬양 대원이 되었다(대상 6:33; 25:5). 그들은 성전에서 하나님을 찬양할 때마다 하나님의 은혜로 살아남아, 반역하는 자의 후손에서 하나님을 경배하는 자가 된 것에 대하여 감사와 기쁨이 넘쳤을 것이다. 그래서 고라 자손의 시 아홉 편은 멸망에서 건짐을 받은 자들의 감사와 찬양을 보여주기 충분하다.

한때 무리와 함께 기쁨과 감사의 노래를 하며 무리를 하나님께로 인도했던 그들은, 이제는 사람들에게 조롱과 멸시의 대상이 되어 눈물만 흘리는 처지가 되었다(42:3-4, 10). 이러한 상황에서 영혼의 낙심과 마음속의 불안은 너무나 컸다(42:5-6, 11). 그렇지만 그는 낙심과 절망 가운데 포기하지 않고 절박한 심정으로 하나님을 찾으며 갈망했다. 그가 하나님을 찾기에 갈급하고 갈망하는 것은 목마른 사슴이 사막에서 물을 찾아 이리저리로 헤매는 것과 같았다(42:1-2). 사슴은 열기를 식히기 위해서 또는 마른 목을 축이기 위해서 광야에서 오아시스를 절박하게 찾는다. 이것은 사슴이 생명을 유지하기 위해서 반드시 필요한 행동이다. 바로 이와 같은 심정으로 그는 하나님을 애절하게 찾았다.

불안하고 초조해하는 자신의 영혼을 향해 "너는 하나님을 향해 소망을 두라"고 요구했다(42:5, 11). 그는 하나님께서 나타나 그를 도우실 때 변함없이 주님을 찬양할 것이라고 고백했다(42:5, 11). 그는 하나님께서 그의 얼굴을 감추고 자기를 계속 잊는 것을 감당할 수 없었다. 그래서 하나님의 얼굴을 구하고 찾으며 은혜 중에 뵙기를 원했던 것이다(42:2). 하나님의 얼굴을 보는 것은 하나님과의 관계를 회복시키고 그분의 인자하심과 긍휼하심을 가져오기 때문이었다.

∝ 한 마디 기도

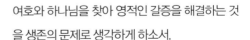

여호와 하나님을 찾아 영적인 갈증을 해결하는 것을 생존의 문제로 생각하게 하소서.

피난처와 큰 도움이신 하나님

PSALMS 05/30

하나님은 우리의 피난처시요 힘이시니 환난 중에 만날 큰 도움이시라 그러므로 땅이 변하든지 산이 흔들려 바다 가운데에 빠지든지 바닷물이 솟아나고 뛰놀든지 그것이 넘침으로 산이 흔들릴지라도 우리는 두려워하지 아니하리로다(셀라) _시 46:1-3

✝ 핵심 이해하기

46편도 고라 자손의 시이다. 이것은 여호와 하나님을 자신의 피난처와 큰 도움으로 삼은 자들의 확신과 고백을 보여준다. 1절과 7절과 11절은 시작과 중심과 끝에서 만군의 여호와 야곱의 하나님께서 우리, 곧 하나님 백성의 피난처가 되심을 강조한다. 여호와 하나님께서는 자기 백성의 피난처와 힘이시므로 지구의 대 격변과 같은 최악의 상황에서도 두려워할 필요가 없다(46:2-3). 하나님께서는 자기 백성과 함께하시고 그의 성, 곧 그의 성소가 있는 곳에 계시므로 그곳에서 기쁨의 샘물이 넘쳐흐르게 하신다. 하나님께서는 바로 그의 성소에서 새벽에 도우신

다(46:4-5). 여호와 하나님께서는 세상 나라들을 심판하시며 전쟁을 끝내는 분이시다(46:8-9). 그는 온 세상 나라 가운데서 높임 받을 분이시다(46:10). 그러므로 우리에게 필요한 것은 최악의 상황이 전개된다고 할지라도 잠잠히 그가 우리의 하나님 되심을 알고 체험하는 것이다(46:10a).

∝ 한 마디 기도

환난 중에 만날 유일한 큰 도움과 피난처가 되시는 하나님을 알고 누리고 나누며 살게 하소서.

온 땅이 찬양해야 할 여호와 하나님

PSALMS 05/31

뭇 나라의 고관들이 모임이여 아브라함의 하나님의 백성이 되도다 세상의 모든 방패는 하나님의 것임이여 그는 높임을 받으시리로다 _시 47:9

✝ 핵심 이해하기

47편 역시 고라 자손의 찬양시다. 여호와 이스라엘의 하나님께서는 온 땅을 다스리는 왕이시므로 땅의 모든 나라와 백성이 하나님을 찬양하는 것은 마땅하다(47:1-2). 하나님께서 그의 백성 이스라엘에게 복종하고 굴복하게 하신 나

라들은, 그의 기업의 백성 이스라엘이 찬양하는 여호와 하나님을 찬양해야 한다(47:3-6). 하나님께서는 그의 백성의 왕이며 동시에 온 땅의 왕이시기 때문이다(47:6-7). 그는 세상 모든 나라를 다스리시며 그의 거룩한 보좌에 앉아서 다

스리신다(47:8). 시편 기자는 세상 나라들의 높은 자들이 모여 아브라함의 하나님의 백성이 되어 하나님을 찬양함으로써 그가 높임 받게 될 것임을 확신한다(47:9).

47편은 결국 온 세상 나라의 백성이 하나님의 백성과 함께 동등한 아브라함의 하나님의 백성이 될 것을 내다본다. 이러한 소망은 마침내 하나님의 아들 예수 그리스도께서 오셔서 자신의 대속적인 죽음과 부활을 통하여 성취시키셨다. 주 예수님께서 재림하시는 그날에는 온 세상 나라가 주의 나라와 주의 백성이 되어 영원

한 왕이신 주님을 경배하고 찬양할 것이다(계 7:9; 11:15; 21:24-26). 그날에는 하나님의 백성인 이스라엘과 하나님의 백성이 아닌 이방 나라가 따로 존재하지 않는다. 그날에는 믿는 유대인들과 믿는 이방인들로 구성된 하나님의 한 백성만 오직 존재하기 때문이다.

∞ 한 마디 기도

모든 열방이 주의 백성이 되어 주를 찬양하는 것을 바라고 소망하며 예수님의 증인으로 살게 하소서.

PSALMS 06/01 다윗의 통회와 자복

무릇(히: 키=왜냐하면) 나는 내 죄과를 아오니 내 죄가 항상 내 앞에 있나이다(있기 때문입니다) 내가 주께만 범죄하여 주의 목전에 악을 행하였사오니 주께서 말씀하실 때에 의로우시다 하고 주께서 심판하실 때에 순전하시다 하리이다 _시 51:3-4

✝ 핵심 이해하기

시편 51편은 표제에 나와 있듯이, 다윗이 밧세바와 동침하고 그녀의 임신 사실을 은폐하기 위해 그녀의 남편인 우리아를 원수의 손을 통해 죽게 한 뒤 그녀를 자기 아내로 맞이한 죄악과 관련되어 있다. 51편은 다윗이 선지자 나단의 책망을 받은 다음에 한, 통렬한 회개의 시이다. 이와 관련된 상세한 내용은 사무엘하 11-12장에 나온다. 다윗은 밧세바와 간음죄를 지은 뒤 그녀가 임신했다는 소식을 듣고, 이 사실을 은폐하기 위해서 그녀의 남편을 전쟁터에서 불러들여 강제로 집에 가서 쉬게 했다. 하지만 아무리 설득하고 권면해도, 우리아는 거룩한 전쟁

의 규정을 준수하기 위해서 집으로 가지 않았다(삼하 11:6-11). 다급해진 다윗은 결국 우리아를 적의 손에 죽도록 했다. 그리고 그의 장례가 끝나자마자, 다윗은 이미 자기 아이를 임신한 밧세바를 아내로 삼아 아들을 낳았다(삼하 11:14). 다윗이 충신의 아내를 범한 간음죄를 지었을 때로부터 나단 선지자의 책망을 받아 회개하기까지는 약 1년이 걸렸다.

다윗은 먼저 여호와 하나님께, 그분의 인자하심과 많은 긍휼하심을 따라 자신의 죄악을 지워 주시고 말갛게 씻어 깨끗해 주시기를 간구했다(51:1-2). 3절은 다윗이 왜 이와 같은 간구와

간청을 하나님께 했는지를 설명한다. 다윗은 자신의 죄과를 알고(인정하고), 그 죄가 항상 자신 앞에 있다고 인정했기 때문에, 자기 죄를 용서해 주시고 깨끗하게 씻어 주시길 간청한 것이다 (2절). 다윗이 죄와 관련하여 하나님께 간청한 두 가지는 죄의 법적인 처리, 곧 '죄 용서'(1절)와, 죄의 오염으로부터 깨끗하게 됨, 곧 죄와 반대되는 '거룩한 성품'이었다. 거룩한 성품을 위한 간청은, 정한 마음의 창조와 정직한 영을 새롭게 해 주시는 것으로 구체화된다(51:10). 3절의 "내 죄과를 안다"는 것과 "죄가 항상 내 앞에 있다"는 것은 죄에 대한 주관적인 인식과 객관적인 인식을 보여준다. 자신이 죄를 인정하든지 부정하든지와 상관없이, 죄는 항상 객관적으로 존재한다. 자신이 죄악 중에 출생하였고, 죄악 중에 모태에서 잉태되었다는 고백은 이러한 인식을 다시 보여준다(51:5).

"내가 주께만 범죄하여 주의 목전에 악을 행하였습니다"라는 고백(51:4)은 원문에서 그 의미가 더욱 분명하고 강하다. 원문을 그대로 번역하면, "내가 당신께, 오직 당신께만 범죄하였고, 그 죄악을 당신의 눈앞에서 내가 행하였습니다"이다. 다윗의 고백은 죄에 대한 두 가지 중요한 사실을 알려준다. 하나는, 죄는 원칙적으로 하나님을 거역하는 것이라는 사실이다. 다윗이 밧세바와 그의 남편에게 죄를 범했다는 것은 누구나 아는 사실이다. 그러나 다윗이 이러한 죄악을 범한 것은, 그가 하나님의 명령을 거역한, 보다 근본적인 죄악의 결과다. 다른 하나는, 죄는 하나님의 눈으로 볼 때만 그 실체가 정확하게 '죄'로 드러난다는 것이다. 다윗이 하나님의 시각을 갖지 않을 때는 죄의 실체를 제대로 인식하지 못했다. 그러나 선지자 나단을 통해서 하나님의 시각을 제공받았을 때, 비로소 다윗은 죄를 죄로 보기 시작했다. 죄는, 언제든지 사람의 시각으로는 죄로 보이지 않는다. 오직 하나님의 시각으로 볼 때만 죄가 죄로 드러난다. 하나님의 시각을 갖지 않는 한, 사람은 죄를 합리화하고 정당화할 수밖에 없다. 죄를 죄로 보고 죄에서 떠나는 일은, 하나님께서 제공하시는 그분의 거룩한 시각으로 죄를 정확하게 보는 것으로부터 출발한다.

주의 말씀의 빛을 비추어 주님의 거룩한 눈으로 죄의 참상을 보고 죄에서 돌이키게 하소서.

PSALMS
06
02

주의 크신 인자와 신실하심

무릇(히: 키=왜냐하면) 주의 인자는 커서 하늘에 미치고 주의 진리(히: 에메트=신실하심)는 궁창에 이르나
이다 하나님이여 주는 하늘 위에 높이 들리시며 주의 영광이 온 세계 위에 높아지기를 원하나이다(시
108:4-5와 동일함) _시 57:10-11

✝ 핵심 이해하기

시편 57편의 표제는 이 시가 다윗이 사울을 피하여 동굴에 숨어 있을 때 지은 것임을 밝힌다. 관련된 배경은 사무엘상의 관련 기록에 나온다 (삼상 22:1; 24:3). 다윗은 사울을 피하여 동굴에 숨었지만, 사실 그가 숨은 곳은 하나님의 날개 그늘 아래였다(57:1). 다윗은 재앙이 다 지나가기까지 주의 날개 그늘 아래 머물기를 원했다. 다윗이 처한 상황은 은유적으로 말하자면, 사자들 가운데 사는 것과 불 지르는 자들 중에 누워 있는 것과 같았다. 그의 대적들의 이는 창과 화살과 같고, 그들의 혀는 날카로운 칼과 같았다 (57:4). 그들은 다윗의 걸음을 막으려고 그물을 준비했고, 그 앞에 웅덩이를 파고 있었다(57:6).

다윗은 이러한 위험천만한 상황에서 하나님의 은혜를 간절히 원하고 원했다(57:1-2). 그는 낙심하지 않았고, 오히려 하나님을 향하는 확정된 마음을 가지고 그분을 노래하고 찬양하겠다고 고백했다(57:7-8). 다윗은 하나님께서 그분의 인자하심과 진리(신실하심)를 보내 주시길 원했다(57:3). 다윗은 하나님의 인자하심이 하늘에 닿을 정도로 크고, 그의 진리(신실하심) 역시 궁창에 이른다고 고백했다(57:10). 고난 중에 있는 다윗은 자신이 건짐을 받는 것만으로 만족하지 않았다. 그의 간절한 소원은 주께서 하늘 위에 높이 들리시고 그분의 영광이 온 세계 위에 높아지는 것이었다(57:5=57:11).

☙ 한 마디 기도

절망적인 상황에서도 낙심하지 않고 주님의 날개 그늘 아래 피하여 머물면서, 하나님의 많은 인자하심과 신실하심을 기다리게 하소서.

PSALMS
06
03

생명보다 나은 주의 인자하심

주의 인자하심이 생명(히: 하이임)보다 나으므로 내 입술이 주를 찬양할 것이라 이러므로 나의 평생(히: 하야이)에 주를 송축하며 주의 이름으로 말미암아 나의 손을 들리이다 _시 63:3-4

✝ 핵심 이해하기

시편 63편의 표제는, 이 시편이 다윗이 유다 광   야에 있을 때에 쓰였던 것이라고 밝힌다. 다윗

은 사울의 추격을 피하기 위하여 유다 광야 이
곳저곳을 옮겨 다녔다(삼상 23:14-24). 다윗의
절박한 심정은, 그가 피신해 있는 물이 없어 마
르고 황폐한 광야를 통해 은유적으로 잘 나타난
다(63:1). 광야에서의 생존을 위해서 물이 절대
적으로 절실하게 필요하듯이, 다윗은 주님을 절
박하게 찾고 사모하고 앙망했다(63:1).

그가 이와 같이 하나님을 찾고 앙망하는 것
은 주의 권능과 영광을 보기 위하여 성전에서
주를 바라보았던 행동의 연속이다(63:2). 다윗
이 하나님을 찾는 것은 그분을 이용하기 위함이
아니라, 그분의 권능과 영광을 경험하기 위함이
었다. 하나님께 대한 그의 찬양의 중심에는, 하
나님과 그분의 인자하심이 있다. 3절의 "주의
인자하심이 생명보다 나으므로 내 입술이 주를
찬양할 것입니다"라는 고백은, 생명보다 더 좋
고 나은 하나님의 인자하심 때문에 다윗이 주님
을 찬양하고 있음을 보여준다.

3절의 '생명'과 4절의 '평생'은 원래 동일한
단어, 생명(히: 하이)이다. 3절의 '생명'은 복수이
고, 4절의 '평생'은 단수이다. 주의 인자하심이
생명들보다 선하고 귀하므로, 자신이 살아있는
동안 주님을 찬양하는 것은 당연하다.

그는 입술로 여호와 하나님을 찬양할 때 영
혼의 만족을 얻는다. 이것은 다윗에게 골수와
기름진 음식을 먹는 것과 같았다(63:5). 그의 기
쁜 입술에서 나오는 찬송은, 그가 침상에서 주
님을 기억하며 새벽에 주의 말씀을 작은 소리로
읊조릴 때에 나오는 것이다. 이것은 그의 찬양
의 출처가 주 하나님을 기억하는 것과 주의 말
씀을 깨닫고 묵상하는 것에 있음을 보여준다.
이 사실은 오늘날의 지나치게 감정적이고 열광
적인 찬양이 주의 말씀의 깨달음과 그 깊은 묵
상과 긴밀한 관계를 가져야 할 것을 보여준다.

∽ 한 마디 기도

생명보다 나은 주님의 인자하심으로 인하여 주님
을 찬양하게 하소서.

PSALMS 06/04 세상에서 유일하게 사모할 주님

하늘에서는 주 외에 누가 내게 있으리요 땅에서는 주 밖에 내가 사모할 이 없나이다 _시 73:25

✝ 핵심 이해하기

시편 50편과 73-83편은 모두 아삽과 관련되어
있다. 다윗 왕은 레위인 아삽과 그의 형제들을
세워 여호와 하나님의 법궤 앞에서 찬양하고 경
배하게 했다(대상 16:7, 37). 아삽은 헤만과 여두
둔의 자손과 함께 성전에서 찬양하는 임무를 맡
은 수장이었다(대상 25:1-6). 아삽은 성전에서
날마다 하나님의 선하심과 인자하심을 찬양하
는 일을 했다.

그러나 그는 악한 자들의 형통함과 평안한 삶을 볼 때, 과연 경건하게 사는 것이 삶에 무슨 유익이 되는가에 대하여 심각하게 회의하게 되었다. 그가 눈여겨본 악인들은 형통했다. 그들은 죽을 때에도 고통이 없었다. 그들에게는 많은 사람들이 당하는 재앙도 평생 없었다(73:3-5). 악인들은 교만하고 거만하며, 하나님을 무시하고 살아도 항상 평안하고, 그들의 재물은 소원 이상으로 늘어만 갔다(73:6-12). 이와는 정반대로 아삽은 경건하고 거룩하게 살려고 애썼으나, 매일 재난을 당하며 징벌을 받았다(73:13-14). 그 결과 경건하고 거룩하게 삶이 과연 가치가 있는 것인가를 의심하게 되었다.

하지만 아삽은 하나님의 성소에 들어가서 비로소 형통하는 악인들의 종말을 깨닫게 되었다(73:16-17). 형통하는 악인들은 결코 행복하고 복된 자들이 아니라는 것을 깨닫고, 자신의 확고한 신앙을 회복하게 되었다. 73편을 시작하는 "하나님이 참으로 이스라엘 중 마음이 정결한 자에게 선을 행하신다"는 그가 깊은 고민 끝에 마침내 깨달은 진리이다(73:1). 주님의 사랑과 인정을 받는 사람은 악을 행하면서도 형통하고 고통이 없고 소원에 넘치는 많은 재물을 가진 자가 아니라, 경건하고 거룩하게 살아가는 자다. 주께서는 경건한 자들과 함께하시고 그들의 오른손을 붙잡아 그의 교훈으로 인도하신다(73:23-24). 하나님의 사랑을 받는 자들은 고통이 없고 형통하는 악인들이 아니라, 경건하게 살지만 고통과 징계를 받은 자신과 같은 경건한 자들이다. 아삽은 이 사실을 깊이 깨닫고 "하늘에서는 주 외에 누가 내게 있으리요 땅에서는 주 밖에 내가 사모할 이 없나이다"라고 고백했다(73:25). 또한 하나님께서는 하늘과 땅에서 사모하고 바라볼 유일한 주님이시기에 그를 사모하며 마음의 반석과 영원한 분깃이라고 고백했다(73:26). 아삽은 여호와 하나님을 가까이 하는 것이 복이니, 주 여호와 하나님을 피난처로 삼아 그의 모든 행적을 전파하리라고 선언했다(73:27).

∝ 한 마디 기도

주님만 바라보며 경건하고 거룩하게 사는 것만이 가장 복되고 만족스러운 삶임을 알게 하소서.

PSALMS
06
05

지극히 사랑스러운 주의 장막

만군의 여호와여 주의 장막이 어찌 그리 사랑스러운지요 내 영혼이 여호와의 궁정을 사모하여 쇠약함이여 내 마음과 육체가 생존하시는 하나님께 부르짖나이다 _시 84:1-2

✝ 핵심 이해하기

시편 84편은 시편 23편의 마지막 절을 실천하는 기도와 고백이다(6절 "내 평생에 선하심과 인자

하심이 반드시 나를 따르리니 내가 여호와의 집에 영원히 살리로다"). 여호와의 장막, 곧 여호와의 궁정을 사모하는 시편 기자의 마음은 연인을 보고 싶어서 사모하고 흠모하는 마음과 같았다. 그는 여호와의 집에 사는 참새와 제비들을 부러워했다(84:3). 그는 주의 성전에서 한 날을 사는 것이 다른 곳에서 천 날을 사는 것보다 낫다고 생각했다. 그는 하나님의 성전을 지키는 문지기로 사는 것이 더 좋다고 했다(84:10). 그에게는 주의 집에 사는 자들이 복 있는 자들이다(84:4, 12). 그러므로 마음속에 시온의 대로가 있는 자는 복되며, 눈물의 골짜기를 통과하여 하나님의 집 시온으로 나아가는 자는 하나님의 도움을 얻어 마침내 그 앞에 나타나게 될 것이다(84:5-7). 시편 84편은 세상에 살지만 세상에 속하지 않고 하나님과 그의 나라에 속한 자로 사는 경건한 신자의 모습을 보여준다.

구약의 남자 성도들은 일 년에 세 차례 정한 절기에 하나님의 성전에 올라갔다. 그들이 예루살렘의 성전에 올라갈 때, 성전을 향해 가진 그들의 열망과 소원은 식거나 꺼지지 않았다. 하지만 신약의 모든 성도는 그들이 몸소 하나님의 집과 성전이므로 매일 하나님의 집으로 사는 것이며, 성도들이 함께 모일 때에는 하나님의 연합 성전으로 모이는 것이다(고전 3:16; 6:19; 고후 6:16). 시편 기자가 흠모한 성전에서 사는 참새와 제비도, 성전의 문을 지키는 문지기도, 신약의 성도들이 누리는 하나님의 성전의 영광을 누리지 못했다. 그러므로 84편을 읽는 신약 성도들은 삶의 현장에서 하나님의 영광을 나타내고 보여주는, 그분의 아름다운 성전으로 살아야 한다.

∝ 한 마디 기도

세상 한복판에서 하나님의 아름다운 이동 성전으로 살아가게 하소서.

PSALMS 06/06 시온에 대한 자랑과 자부심

시온에 대하여 말하기를 이 사람, 저 사람이 거기서 났다고 말하리니 지존자가 친히 시온을 세우리라 하는도다 여호와께서 민족들을 등록하실 때에는 그 수를 세시며 이 사람이 거기서 났다 하시리로다 _시 87:5-6

✝ 핵심 이해하기

시편 87편은 시온에 대한 자랑과 자부심을 담은 노래이다. 시온의 자랑과 자부심은 그곳이 하나님의 도성이며 하나님께서 그곳을 야곱의 모든 거처보다 사랑하시는 데 있다(87:1-2). 지극히 높으신 하나님께서는 또한 시온을 견고하게 세우실 것이다(87:5).

하나님의 성, 곧 시온은 하나님의 백성만이 아니라 모든 이방 민족들의 자랑거리이다(87:3). 구체적으로 언급된 대표적인 이방의 다섯 나라들은, 한때 또는 오랫동안 하나님의 백성과 적대적인 관계에 있었던 라합과 바벨론과 블레셋과 두로와 구스이다(87:4). 라합은 아프리카 대륙의 영원한 강대국 애굽을 가리킨다. 바벨론은 북 왕국 이스라엘을 멸망시킨 대제국 앗수르를 패배시키고, 남 왕국 유다를 멸망시켜 유다 백성을 포로로 잡아갔다. 블레셋은 이스라엘 백성이 애굽에서 나와 여호수아의 지도 아래 가나안 땅을 정복할 때부터 다윗이 왕이 되어 블레셋을 마침내 굴복시킬 때까지, 가장 오랫동안 가까운 거리에서 하나님의 백성을 괴롭혔다. 블레셋은 원래 지중해변에 정착한 해상 민족으로, 철기 문명을 가장 먼저 수용하여 막강한 군사력을 가진 나라였다. 두로는 오랫동안 막강한 해상 무역을 주도해온 나라이다. 구스는 애굽의 남부지역 누비아를 가리킨다.

4절에 두 번 언급된 '나'는 3절에서 '하나님의 성'으로 언급된 시온을 가리킨다. 4절의 '이것들도'는 '이 사람들도'를 뜻한다. 다시 말해서 언급된 이방의 대표적인 다섯 나라 사람들을 말한다. 이들 원수의 나라 백성들도 이제는 그들이 시온의 시민이 된 것을 기뻐하고 자랑한다는

것이다. 이것은 애굽 사람이 앗수르 사람과 함께 여호와 하나님을 경배하리라는 선지자 이사야의 예언을 상기시킨다(사 19:23). 이들 나라의 이 사람 저 사람이 이구동성으로 자기들도 시온에서 태어난 것으로 자랑한다(87:5). 언급된 이방의 다섯 나라만이 아니라, 다른 이방 나라들도 동일한 자랑을 할 것이다(87:6). 시온에 대하여 노래하는 자들과 춤추는 자들의 주제는 그들의 모든 근원이 시온에 있다는 것이다(87:7).

하나님께서 아브라함과 이삭과 야곱에게 하신 언약의 핵심 약속, 곧 그들과 그들의 후손을 통하여 열방이 복을 받으리라고 하신 말씀이 성취될 때, 87편의 노래와 자랑은 역사적으로 현실이 될 것이다. 이것은 예수 그리스도의 복음을 통하여 성취되기 시작했고, 주 예수님께서 재림하실 때에 새 하늘과 새 땅에서 최종적으로 실현될 것이다(계 11:15; 21:24-25).

🐟 한 마디 기도

모든 열방이 주님께 돌아와 하나님의 백성 됨을 자랑하며 즐거워하는 날이 속히 임하게 하소서.

피난처 되시는 지존하신 하나님

네가 말하기를 여호와는 나의 피난처시라 하고 지존자를 너의 거처로 삼았으므로 화가 네게 미치지 못하며 재앙이 네 장막에 가까이 오지 못하리니 그가 너를 위하여 그의 천사들을 명령하사 네 모든 길에서 너를 지키게 하심이라 그들이 그들의 손으로 너를 붙들어 발이 돌에 부딪히지 아니하게 하리로다(마 4:6에 인용됨) _시 91:9-12

✝ 핵심 이해하기

91편은 전능하신 여호와 하나님을 자신의 그늘 과 피난처로 삼는 사람들의 안전함과 하나님의

보호하심을 잘 보여준다. 시편 4권을 시작하는 모세의 기도(90편)는, 인간이 얼마나 허약하고 그의 일생에 기쁨과 즐거움보다는 근심과 걱정과 재앙이 많은지 보여준다. 이러한 내용에 비추어 볼 때, 짧고 슬픔이 가득 찬 삶을 살아가는 인간에게는 그들의 영원한 거처와 안식처가 되신 하나님을 의지하고 신뢰하는 것이 절대적으로 필요하다.

시편 91편은 여호와 하나님을 자신의 거처로 삼아 그의 전능한 그늘 아래서 사는 자가, 각종 재앙과 공포와 두려움으로부터 하나님의 완전한 보호를 받는 것을 노래한다. 전능하신 여호와 하나님께서는 그를 의지하는 자에게 피난처와 요새가 되신다(91:2). 그러므로 여호와께서는 그들을 사냥꾼의 올무와 심한 전염병에서(91:3), 밤에 찾아오는 공포와 낮에 날아드는 화살에서(91:5), 흑암 중에 퍼지는 전염병과 대낮에 닥쳐오는 재앙에서부터 건지신다(91:6). 많은 사람들이 이러한 재앙들로 수없이 그들의 좌우에서 엎드러져도, 그들은 하나님의 완전한 보호의 그늘과 날개 아래 있으므로 안전하고 평안하다. 그러므로 하나님의 백성에게 언제나 필요한 것은, 어떤 상황에서도 흔들리지 않고 여호와 하나님을 자신의 피난처와 거처로 삼는 일이다(91:1, 9). 이와 같이 여호와 하나님을 의지하는 사람은 그를 사랑하고 그에게 간구할 것이다(91:14-15). 하나님께서는 그들을 건지시고 높이시고 영화롭게 하시며, 그들에게 만족함과 구원의 은혜를 베풀어주실 것이다(91:15-16).

사탄은 광야에서 예수님을 시험하던 중 그를 성전 꼭대기로 데리고 가서 그곳에서 뛰어내리라고 말했다(마 4:6). 이때 사탄은 91편 11-12절을 인용하여 예수님께 거짓된 확신을 심어 주려 했다. 사탄은 만일 예수님께서 성전 꼭대기에서 뛰어 내리시면, 하나님께서는 시편 91편에 약속하신 대로 천사들을 급파하여 그들의 손으로 예수님을 붙잡아 발이 돌에 부닥치지 않게 하실 것이라고 말했다. 그러나 예수님께서는 사탄이 시편 91편을 남용하여 그 의미를 왜곡한 것을 잘 아셨다. 시편 91편 어디에도 하나님의 기적적인 보호를 시험하고 체험하기 위해서 위험천만한 행동을 하라는 권고가 나오지 않는다. 91편은 한결같이 여호와 하나님을 피난처와 거처로 삼는 자에게, 그분이 친히 베푸시는 완전한 보호와 지키심을 주실 것이라는 약속을 담고 있다.

∞ 한 마디 기도

지극히 거룩하고 전능하신 여호와 하나님을 피난처와 요새로 삼아, 어떤 최악의 상황에서도 하나님께서 완전하게 보호하시고 인도하심을 체험하게 하소서.

PSALMS 06/08

양떼가 해야 할 것과 하지 말아야 할 것

오라 우리가 굽혀 경배하며 우리를 지으신 여호와 앞에 무릎을 꿇자 그는 우리의 하나님이시요 우리는 그가 기르시는 백성이며 그의 손이 돌보시는 양이기 때문이라 너희가 오늘 그의 음성을 듣거든 너희는 므리바에서와 같이 또 광야의 맛사에서 지냈던 날과 같이 너희 마음을 완악하게 하지 말지어다

(히 3:8, 15; 4:7에 인용됨) _ 시 95:6-8

✝ 핵심 이해하기

95편은 구원의 반석이시며(95:1), 모든 신들보다 크신 하나님이시고 왕이시며(95:3), 모든 것을 만드신 창조자 하나님께 기쁘게 노래하며 그를 경배할 것을 권고한다(95:1-6). 이스라엘 백성에게 반석의 하나님은 그들의 하나님이며, 그들은 그분께서 친히 기르시는 양떼다(95:7). 여호와 하나님의 돌보심을 받는 그분의 백성, 그분의 양떼에게는 해야 할 일과 하지 말아야 할 일이 있다. 그들이 해야 할 일은 여호와 하나님을 향하여 기쁘게 노래하고 그분을 경배하는 것이다(95:1-6). 하나님의 양 된 백성이 하지 말아야 할 것은 여호와 하나님의 음성을 들을 때에 마음을 완고(악)하게 하는 것이다. 그들의 조상은 광야 생활 40년 동안 마음을 완고(악)하게 하였다(95:7-8).

8절에 언급된 므리바와 맛사는 이스라엘 백성이 광야 40년 동안 여호와 하나님께 보여 드린 불순종과 반역의 대표적인 사건을 가리킨다. 므리바는 하나님의 백성이 하나님과 다툰 사건을, 맛사는 그들이 여호와 하나님을 시험한 사건을 각각 상기시킨다. 이 두 사건은 광야 40년 생활의 시작과 끝에 반복되었다. 출애굽기 17장에 기록된, 갈라진 반석에서 물이 나온 사건은 광야 생활의 초기에 있었다(출 17:5-6). 민수기 20장에 기록된, 모세가 지팡이로 때린 반석에서 물이 나온 사건은 광야 생활의 말기에 있었다(민 20:10-11). 이 두 사건은 모두 이스라엘 백성의 광야 40년간의 불순종과 반역을 잘 예시한다(95:9-10). 그들의 조상들이 이와 같이 하나님을 거역하고 반역한 결과는 하나님의 안식에 들어가지 못하고 광야에서 죽은 것이다(95:10-11).

히브리서 기자는 신약 백성들에게 이 반역의 사건을 상기시키며 이스라엘 조상들이 보여준 불신앙과 불순종이 낳은 반역의 길로 가지 말라고 세 번이나 반복해서 권고했다(히 3:8, 15; 4:7). 그 이전에 시편 기자는, 이스라엘 백성이 가나안 땅에 정착한지 오랜 시간이 지난 후에 동일한 권고를 했던 것이다. 사도 바울도 이 사건에 근거하여 고린도 교인들에게 동일한 권고와 경고를 했다(고전 10:4-6).

∝ 한 마디 기도

주님의 음성(말씀)을 들을 때 마음이 강퍅하게 되지 않고, 양답게 듣게 하소서.

모든 민족이 섬겨야 할 여호와 하나님

여호와께서 다스리시니 만민이 떨 것이요 여호와께서 그룹 사이에 좌정하시니 땅이 흔들릴 것이로다 시온에 계시는 여호와는 위대하시고 모든 민족보다 높으시도다 _시 99:1-2

✝ 핵심 이해하기

시편 99편은 온 세상 나라를 다스리시는 여호와 하나님을 경배하라고 권고한다. 세상 모든 종족을 다스리시는 여호와 하나님께서는, 그룹 사이에 좌정하신 온 세상의 왕이시다(99:1).

1절의 그룹은 천상의 그룹 천사들과 그들을 반영한 법궤를 덮는 그룹 천사를 상기시킨다. 이들은 여호와 하나님의 우주적인 왕권을 보여 준다.

시온에 계시는, 곧 시온의 성전에 계시는 여호와 하나님께서는 모든 종족보다 높고 위대한 하나님이시다(99:2). 그러므로 하나님의 백성만이 아니라, 세상의 모든 종족과 나라는 여호와 하나님을 찬양하고 경배해야 한다(99:3). 모든 열방이 찬양하고 경배할 이스라엘 백성의 하나님 여호와는 거룩하신 분이다(99:3, 5, 9). 5절과 9절에 언급된 '너희'는 세상의 모든 나라와 백성을 가리킨다. 물론 '여호와 우리 하나님'이라고 부르는 자들은 하나님의 백성이다(99:5, 8-9). 따라서 이것은 하나님의 백성이 세상의 모든 나라와 백성에게 여호와 하나님을 찬양하고 경배하라고 외친 것이다. 99편을 읽는 신약 성도는 세상의 모든 나라와 종족이 주께 돌아와 경배하기까지, 예수 그리스도의 복음을 땅 끝까지 선포하는 일을 계속해야 한다.

⌒ 한 마디 기도

온 세상 나라와 백성도, 우리가 경배하는 유일하시고 위대하신 하나님을 경배하게 하소서.

악을 용납하지 않겠다는 왕의 고백

자기의 이웃을 은근히 헐뜯는 자를 내(=왕)가 멸할 것이요 눈이 높고 마음이 교만한 자를 내(=왕)가 용납하지 아니하리로다 _시 101:5

✝ 핵심 이해하기

시편 101편은 일종의 왕의 시이다. 하나님께서 세운 왕은 의와 공의를 백성 가운데 행하여야 할 의무가 있다(왕상 3:6, 9; 시 45:7; 72:1-2). 왕은 한편으로는 의와 공의를 행하는 백성을 격려하고 포상하여 나라 전체에 확산시켜야 한다. 왕은 다른 편으로는 불의와 부정을 행하는 백성을 심판하여 죄악이 하나님의 백성 가운데 퍼지는 것을 막아야 한다. 101편은 왕이 하나님으로부터 받은 의무에 따라 충실하게 행할 것을 고백하는 내용이다. 왕은 인자와 정의를 노래한다(101:1). 왕은 완전한 길을 주목하며 완전한 마음으로 그의 왕조 가운데서 행한다(101:2). 그러나 왕은 배교자들의 행위와 악한 자들의 행위는 인정하지 않고 그 행위에 동참하지 않겠다고 밝힌다(101:3-4, 7-8). 왕은 오히려 자기 이웃을 은밀하게 헐뜯는 교만한 자들을 용납하지 않고 멸할 것이다(101:5). 반면 왕은 땅의 충성된 자를 찾아내어 그들과 함께 살 것이다(101:6).

다윗 왕조의 왕들이 시 101편의 고백대로 실천했다면, 그들이 여호와 하나님 앞에서 악을 행하는 일도, 하나님의 백성이 왕의 악행을 본

받을 일도 없었을 것이다. 하지만 애석하게도 유다와 이스라엘 왕조의 역사는 왕들이 불의와 부정을 행하여 온 백성이 왕의 죄악에 동참했음을 보여준다. 하나님께서는 여전히, 그의 백성이 이웃을 비방하고 헐뜯는 대신에, 이웃에게 진리와 진실을 말하기를 원하신다(시 15:3; 슥 8:16; 엡 4:25; 약 4:11). 하나님께서는 눈이 높고 마음이 교만한 자들을 싫어하신다(시 18:27; 잠 6:17; 21:4).

한 마디 기도

모든 사람에게 공의와 공평을 행하게 하시고, 선한 눈과 겸손한 마음으로 사람들을 인정하고 존중하게 하소서.

PSALMS
06/11

창조와 섭리의 하나님

여호와여 주께서 하신 일이 어찌 그리 많은지요 주께서 지혜로 그들을 다 지으셨으니 주께서 지으신 것들이 땅에 가득하니이다 거기에는 크고 넓은 바다가 있고 그 속에는 생물 곧 크고 작은 동물들이 무수하니이다 그 곳에는 배들이 다니며 주께서 지으신 리워야단이 그 속에서 노나이다 이것들은 다 주께서 때를 따라 먹을 것을 주시기를 바라나이다 주께서 주신즉 그들이 받으며 주께서 손을 펴신즉 그들이 좋은 것으로 만족하다가 주께서 낮을 숨기신즉 그들이 떨고 주께서 그들의 호흡을 거두신즉 그들은 죽어 먼지로 돌아가나이다 _시 104:24-29

✝ 핵심 이해하기

하나님의 백성이 찬양하고 섬기는 여호와 하나님은, 친히 창조하신 모든 만물을 다스리고 보살피며 섭리하는 하나님이시다. 세상 어디에도 주권자 하나님의 섭리적인 통치가 미치지 않는 곳은 없다. 하나님께서는 땅과 물과 바다의 경계를 정하시고, 그 경계 안에서 활동의 범위를

제한하셨다(104:5-9). 하나님께서는 각종 들짐승과 공중의 새와 땅의 식물에게 물을 공급하신다(104:10-13). 그는 가축을 위한 풀과, 사람을 위한 채소와 포도주와 기름과 양식을 공급하신다(104:14-15). 그는 낮과 밤의 주기를 정하여 그 주기대로 돌아가게 하셨다(104:19-24). 그

결과 야생 짐승들은 주로 밤에 활동하고 사람은 낮에 일한다(104:20-23).

시편 기자는 이러한 모든 것들, 즉 온 세상이 하나님께서 만드신 것들과 그가 그들을 위해 공급하시는 것들로 가득 찬 것을 보면서 하나님을 찬양하고 경배한 것이다. 하나님께서는 땅과 바다의 각종 피조물의 탄생과 성장과 생명 유지와 생명의 끝남까지, 그 모두를 주관하고 섭리하신다. 그러므로 하나님의 창조와 섭리의 시각으로 그의 모든 피조물의 존재와 활동을 보면, 하나님을 찬양하고 경배하며 노래하지 않을 수 없다(104:31-33). 현대인들은 자연의 모든 현상을

섭리의 하나님으로부터 분리시켜 자연 법칙의 결과로 본다. 그 결과 각종 자연 현상을 보고도 하나님을 찬양하고 경배하지 않게 되었다. 이러한 세계관에 물든 우리들도, 이제는 성경이 제공하는 하나님의 관점으로 모든 피조물의 존재와 활동을 보고, 언제 어디서나 창조와 섭리의 하나님을 찬양하고 경배해야 할 것이다.

 **한 마디 기도**

성경 말씀의 눈(안경)으로 모든 피조물의 존재와 활동을 보고, 창조와 섭리의 하나님을 날마다 찬양하고 경배하게 하소서.

PSALMS
06/12

은혜를 체험한 사람들의 감사와 찬양

여호와께 감사하라 그는 선하시며 그 인자하심이 영원함이로다 여호와의 속량을 받은 자들은 이같이 말할지어다 여호와께서 대적의 손에서 그들을 속량하사 동서남북 각 지방에서부터 모으셨도다
_시 107:1-3

✝ 핵심 이해하기

시편 107편은 시편의 제5권(107-150편)을 시작한다. 107편은 동서남북 각 지역에서 위기 중에 하나님의 은혜를 경험한 사람들이 여호와께 감사하며 기쁨의 찬양을 하는 시이다. 1-3절은 전체를 소개하고 요약한다. 107편 전체를 관통하는 것은 고난과 기도와 구원과 감사 찬양이다. 이 구조는 4번 반복된다.

동서남북 네 지역에 해당되는 사람들은 네 가지 종류의 은혜를 체험한다. 은혜의 첫 번째 경험은 광야 사막 길에서 방황하다가 주리고 목마른 자들이 하나님의 도우심을 구하여 응답을

받아, 마침내 그들의 목적지인 거주할 성으로 인도하심을 받은 것이다(107:4-9). 두 번째 은혜는 하나님의 말씀에 불순종한 결과 흑암과 사망의 그늘에 매여 앉아 있던 자들이, 환란 중에 하나님께 기도하여 흑암과 사망에서 건짐을 받은 것이다(107:10-16). 세 번째 은혜는 불순종으로 고난을 받아 병에 걸려 사망의 문턱까지 간 사람이 고통 중에 부르짖어 구원을 받은 것이다(107:17-22). 네 번째 은혜는 선원들이 큰 풍랑으로 인하여 위험천만한 지경에서 주께 부르짖어, 그의 인도를 받아 목적지 항구에 도착

한 것이다(107:23-32). 하나님의 백성이 어떤 지역, 어떤 형편에 있든지 상관없이 자신들이 처한 위태한 지경에서 여호와 하나님께 부르짖을 때에, 하나님께서는 그들의 기도에 응답하여 그들을 구원하신다.

어떤 사람은 죄 때문에 고난과 환란을 당할 수 있다(107:10-22). 또한 어떤 사람은 구체적인 죄와는 아무런 상관없이 고난과 고통을 당할 수 있다(107:4-9, 23-32). 하나님께서는 그들이 어떤 상황과 처지에 있든지 상관하지 않고 그분의 은혜와 긍휼을 구하는 자를 구원하신다. 이 네 가지 종류의 고통은 사람들이 일반적으로 당하는 고난을 잘 보여준다. 하나님께서는 환란과 재앙 중에 그분 앞에 나와 부르짖는 사람들의 간청을 외면하지 않고 구원하신다. 하나님의 도우심과 구원은 그분의 선하심과 그분의 영원한 인자하심을 구체적으로 보여준다. 각각 고난의 현장에서 하나님의 적절한 은혜를 체험한 성도들이 한 장소에 모여서 하나님을 찬양하고 경배할 때, 그 자리는 감격과 감사와 기쁨이 넘치게 된다. 고난 중에 기도하여 하나님의 도우심을 받았으니, 그의 선하심과 인자하심을 노래하고 그 은혜를 간증하게 된다. 이러한 간증과 나눔이 교회의 큰 모임 또는 작은 모임에서 이루어질 때, 하나님은 영광을 받으시고 그의 백성은 감사와 기쁨이 충만하게 되는 것이다.

✝ 한 마디 기도

고통과 시련의 현장에서 기도할 때 응답하여 구원하시는 하나님의 은혜를 체험하고, 주의 백성들과 함께 은혜를 나누며 주님을 찬양하게 하소서.

PSALMS 06/13 자기 저주를 가져오는 저주의 말

그가 저주하기를 좋아하더니 그것이 자기에게 임하고 축복하기를 기뻐하지 아니하더니 복이 그를 멀리 떠났으며 또 저주하기를 옷 입듯 하더니 저주가 물 같이 그의 몸 속으로 들어가며 기름 같이 그의 뼈 속으로 들어갔나이다 _시 109:17-18

✝ 핵심 이해하기

시편 109편은 메시아의 고난을 예시하는 시편이다. 109편이 메시아의 고난 예언이라면, 110편은 메시아의 영광 예언이다. 메시아는 고난을 받은 결과 여호와 하나님의 보좌 우편으로 높임을 받는다. 120명의 제자들이 다락방에 모여서 기도할 때 사도 베드로는 8절의 "그의 직분을 타인이 빼앗게 하시며"란 구절을 인용하여 배반자 유다의 자리를 대신할 사도를 뽑아야 한다고 제안했다(행 1:20-22). 4절의 "나는 사랑하나 그들은 도리어 나를 대적하니 나는 기도할 뿐이라"는 말씀은 평생 사랑을 실천하고 기도의 삶을 사신 예수님께 가장 잘 어울린다. 17절의 "저주하기를 좋아하던" 그는 가깝게는 11절의 "고리대금하는 자"를 가리키고, 더 넓은 문맥에서는 사랑하고 기도하는 의인을 이유 없이 미워하고 계속 공격하는 자들을 가리킨다(109:2-3). 그들은 악한 입과 거짓된 입을 열어 그를 치고 공격한다. 그들은 악으로 선을 갚는다(109:5). 그들은 사람들에게 인자를 베풀 생각은 전혀 하지 않고 가난하고 궁핍한 자와 마음이 상한 자를 핍박하여 죽이려고 한다(109:16). 바로 이러한 자들이 17-18절에서 저주하기를 좋아하는 사람으로 요약된 것이다. 그가 저주하기를 좋아한 결과로 자신은 복과는 전혀 상관이 없는 사람이 되고, 저주가 자기 자신의 옷이 되며, 심지어는 저주가 자기 자신이 된다. 하나님의 경건한 백성은 결코 어떤 경우에도 저주하는 사람이 아니며, 오히려 사람들을 축복하기 위해서 부름을 받은 복 받은 자들이다(마 5:43-44; 눅 6:28; 롬 12:14; 벧전 3:9-10). 죄 없으신 예수 그리스도께서 죄인들을 대신하여 저주를 받음으로써 모든 저주가 제거되고 하늘에 속한 신령한 모든 복을 받게 된 신자들이 할 일은, 오직 사람들을 축복하는 것밖에 없다. 17-18절을 하나님의 자녀들에게 적합하게 바꾸어 표현하면 "그는 축복하기를 좋아하더니 그것이 자기에게 임하고 저주하기를 기뻐하지 아니하더니 저주가 그를 멀리 떠났으며, 또 축복하기를 옷 입듯 하더니 축복이 물 같이 그의 몸속으로 들어가며 기름같이 그의 뼈 속으로 들어갔도다"가 된다.

✚ 한 마디 기도

하나님의 복을 받은 자녀답게 항상 사람들을 축복하는 자로 살게 하소서.

하나님의 우편에 좌정하실 다윗의 주님

여호와께서 내 주께 말씀하시기를 내가 네 원수들로 네 발판이 되게 하기까지 너는 내 오른쪽에 앉아 있으라 하셨도다 여호와께서 시온에서부터 주의 권능의 규를 내보내시리니 주는 원수들 중에서 다스리소서 주의 권능의 날에 주의 백성이 거룩한 옷을 입고 즐거이 헌신하니 새벽 이슬 같은 주의 청년들이 주께 나오는도다 _시 110:1-3

✚ 핵심 이해하기

시편 110편은 다윗의 주님이시며 동시에 그의 자손이신 메시아가, 고난의 결과로 부활의 영광에 들어갈 것을 예언한다. 예수님께서는 종교지도자들과 논쟁하실 때 그들로부터 '그리스도는 다윗의 자손'이라는 말을 들으셨다. 그때 이 시편을 인용하시면서 "그러면 왜 다윗이 그리스도를 자기의 주님이라고 불렀느냐"고 반문하셨다(마 22:43-44; 막 12:35-37; 눅 20:42-44). 사도들은 이 구절을 인용하여 부활의 영광에 들어가신 예수님께서 하나님의 보좌 우편에 좌정하셨다고 주장했다(행 2:34-35; 히 1:13). 더욱이 4절의 "너는 멜기세덱의 서열을 따라 영원한 제사장이라 하셨도다"라는 말씀은, 예수님께서 부활 승천하시어 하나님의 보좌 우편에 앉으신 대제사장으로 즉위하심으로써 성취되었다(히 5:5-6; 7:17, 21).

하나님의 보좌 우편에 왕과 영원한 대제사장으로 즉위하신 부활하신 예수님께서는, 자신의 성령을 그의 백성인 교회에 보내셔서 이 땅에서 하나님의 나라를 이루어 가신다. 구약에서는 하나님께서 기름 부어 시온에 세우신 왕을 통해 지상에서 주변 나라에 그분의 통치권을 행사하셨다. 그러나 신약에서는 부활의 영광에 들어가신 예수님께서 하나님 아버지로부터 성령을 받아 교회에 보내심으로써, 복음의 전파를 통해

모든 종족 가운데 통치권을 행사한다. 이제 예수 그리스도의 의의 옷을 입은 그의 모든백성은 주님과 그의 나라를 위해서 헌신하는 청년들이다. 그들은 복음의 무기로 사탄 나라의 견고한 진지를 파괴하는 그리스도의 군사들이다(고후 10:4-5).

⟋ 한 마디 기도

주님의 모든 원수들이 그의 발아래 굴복할 때까지, 성령의 능력으로 하나님 나라의 복음을 땅 끝까지 선포하게 하소서.

PSALMS 06/15 율법 가운데 행하는 복된 사람

행위 온전하여 여호와의 율법을 따라 행하는 자들은 복이 있음이여 여호와의 증거들을 지키고 전심으로 여호와를 구하는 자는 복이 있도다 _시 119:1-2

✝ 핵심 이해하기

시편 119편은 하나님의 율법의 완전함과 온전함을 노래하는 가장 아름다운 시이다. 119편은 히브리어 알파벳 22자를 배열하고 각 알파벳에 8절씩을 할당한 결과, 모두 176절로 지어졌다. 119편은 성경에서 가장 많은 절을 가진 유일한 장이다. 시편 기자는 히브리어 알파벳의 첫 자인 알렙부터 마지막 자인 타우까지를 사용하여, 하나님의 말씀의 완전함과 아름다움과 그 놀라운 복을 노래한다. 하나님의 말씀은 율법, 율례, 법도, 규례, 판단, 증거, 그리고 교훈 등으로 아주 다양하게 표현된다. 119편은 시편 19편에서 하나님의 말씀이 가지는 4대 능력(영혼을 소생

시킴, 우둔한 자를 지혜롭게 함, 마음을 기쁘게 함, 눈을 밝게 함)을 상세하게 확대하여 제시한다. 119편에서, 하나님의 복의 시작에도, 그 과정에도, 그 끝에도 언제나 변함없이 하나님의 율례와 법도에 대한 순종과 복종이 있다. 시편 기자가 한결같이 바라는 것은 하나님의 말씀을 읽고 깨닫고 묵상하고 이것을 마음속에 두며 생활 속에서 실천하는 것이다.

1-2절에 2번 언급된 '복이 있는 사람'은 여호와 하나님의 율법과 증거들과 바른 관계를 맺고 있는 자들이다. 그는 범죄하지 않으려고 주의 말씀을 마음속에 두었다(119:11). 그는 주께

서 그의 마음을 넓히시면 주의 계명의 길로 달려갈 것이라고 고백한다(119:32). 주님의 말씀은 그의 기쁨이고 즐거움이다(119:35, 47, 77, 143). 그는 주의 말씀을 사랑하여 그것을 종일 묵상한다(119:97). 그 결과 그는 하나님의 말씀의 보고에서 원수들을 능가하는 지혜와 모든 스승을 뛰어넘는 명철함과 경륜이 많은 노인들을 보다 탁월한 명철함을 얻어 누린다(119:98-100). 주의 말씀은 그의 발의 등이요, 그의 길에 빛이다(119:105). 마지막 176절의 "잃은 양 같이 내가 방황합니다"라는 고백은 가장 충격적이다. 머리에도, 손과 발에도, 가슴에도, 감정과 의식에도 오직 하나님의 말씀만 충만하게 가득 차 있는 경건한 자가 이러한 고백을 하기 때문이다. 대부분의 성도들은 '내가 하루만이라도 시편 119편의 고백처럼 살 수 있다면 얼마나 좋을까?'라고 생각한다. 그러나 시편 119편을 쓴

다윗조차도, 이와 같이 하나님의 말씀 앞에서, 말씀 속에서, 말씀을 향하여 온전하게 살지 못했다. 오직 다윗의 자손이시지만 그보다 위대하여 친히 다윗의 주가 되시는 예수 그리스도만이 119편 전체를 성취한 분이시다. 그는 하나님의 영원한 말씀이시며, 육신을 입으신 하나님의 말씀으로서 이 땅에 오셔서, 오직 하나님의 말씀만 하시고, 하나님의 말씀에 온전히 순종하셨기 때문이다(요 1:1, 14; 3:34; 5:19-20; 8:28-29; 14:10-11; 히 10:7-9). 신약의 신자들은 예수님을 힘입어 하나님 말씀의 모든 복을 누린다.

∝ 한 마디 기도

하나님의 말씀을 읽고 깨닫고 묵상하고 그것을 마음에 두어, 죄를 물리치고 기쁨과 즐거움으로 말씀 순종의 길로 가게 하소서.

PSALMS 06/16 인간의 활동을 의미 있게 하시는 주님

여호와께서 집을 세우지 아니하시면 세우는 자의 수고가 헛되며 여호와께서 성을 지키지 아니하시면 파수꾼의 깨어 있음이 헛되도다 너희가 일찍이 일어나고 늦게 누우며 수고의 떡을 먹음이 헛되도다 그러므로 여호와께서 그의 사랑하시는 자에게는 잠을 주시는도다 _시 127:1-2

✝ 핵심 이해하기

1-2절에 '헛되다'는 말이 세 번 나온다. 집을 세우는 자의 수고가 헛되고, 파수꾼이 깨어 성을 지키는 것이 헛되고, 아침 일찍부터 밤늦게까지 힘써 노동하고 수고의 떡을 먹음이 헛되다. 수고의 떡을 먹는 것은 노동의 목적이 생계를 위하는 것임을 뜻한다. 이러한 노동은 오로지 먹

고 살기 위한 것이다. 이것은 타락의 결과다. "평생에 수고하여야 그 소산을 먹으리라"(창 3:17)는 하나님의 말씀은 노동의 목적이 생계를 위한 것으로 전락했음을 암시한다. 타락 이전에는 생계를 위한 노동 자체가 없었다. 하나님께서는 친히 생계에 필요한 모든 것을 공급하셨고, 아

담과 하와의 노동은 하나님께서 맡겨 주신 피조물들을 그의 뜻에 따라 관리하고 통치하는 것이었다.

인간의 노동과 수고 자체가 헛된 것은 아니다. 여호와 하나님께서 인간의 수고와 활동을 인정하고 함께하여 주지 아니하실 때 그 모든 활동은 헛된 것이 된다. 전도서는 하나님과 그의 말씀을 떠나서 인간이 만족과 기쁨을 얻기 위하여 하는 모든 활동이 무가치하고 전적으로 헛됨을 잘 보여준다. 그렇다면 인간의 활동과 수고가 진정한 의미와 가치를 가지려면 어떻게 해야 하는가? 1-2절의 표현으로 말하면, 여호와 하나님께서 세우시고자 하는 집을 세우고 그가 지키시는 성을 깨어 지키는 것이, 인간의 노력과 활동을 의미 있고 가치 있게 한다. 인간의 모든 활동은 하나님의 주권적인 뜻과 계획을 반영할 때만 그 진정한 가치와 의미를 가진다.

하나님께서 금하시는 것을 힘써 행하는 것은, 인간의 노력이 아무리 성실하고 진지하고 지속적이라고 할지라도 무가치하고 헛된 노동이다. 건축가가 집을 지을 때 건축법과 설계도에 따라 짓지 않으면 아무리 잘 지어도 불법 건축물이 된다. 그러면 건물도, 건물을 지은 노동도 모두 헛되게 되고 만다. 이와 같이 하나님의 말씀에 근거하지 않은 인간의 모든 활동은 하나님께서 인정하지 않으시므로 헛될 수밖에 없다. 예수님께서는 산상수훈의 결론으로, 그의 말씀을 듣고 순종하지 않는 자는 모래 위에 집을 짓는 어리석은 사람과 같으나, 그의 말씀을 듣고 순종하는 자는 반석 위에 집을 짓는 지혜로운 사람과 같다고 말씀하셨다(마 7:24-27). 사사기는 하나님의 백성이 왕이 없을 때에 자기들의 기준에서 최선의 것을 행하였으나, 결과적으로는 하나님께서 보실 때 악한 것을 행하였음을 생생하게 보여준다.

2절의 "여호와께서 그의 사랑하시는 자에게는 잠을 주신다"는 말씀은 이해하기 쉽지 않다. 바른 이해를 위해서는 "수고의 떡을 먹는 것"과 정반대의 의미를 가진다고 보아야 할 것이다. 하나님께서는 원래 먹고 살기 위해서 노동을 하도록 인간을 창조하지 않으셨다. 아담과 하와가 지음을 받았을 때 하나님께서는 그들이 먹고 사는 필요한 모든 것을 미리 준비해 놓으셨다(창 1:29-30). 하나님께서는 먹는 것을 그들에게 제공하셨고, 그들은 하나님께서 맡기신 일을 하면 되었다. 그러나 타락의 결과로 인간은 땀 흘려 노동해야 먹고 살게 되었다(창 3:17).

예수님께서는 "너희는 먼저 하나님의 나라와 그의 의를 구하라 그리하면 이 모든 것들을 너희에게 더하시리라"라고 말씀하심으로써 타락한 노동의 가치를 회복시키셨다(마 6:33-34). 그의 사랑을 입은 자들에게 단잠을 주시는 하나님께서는 그들에게 필요한 양식을 제공하신다. 하나님께서 그의 사랑하는 자들에게 필요한 양식을 공급하시므로, 그들은 오로지 양식을 얻기 위해서 노동할 필요가 없다. 그들에게 필요한 노동과 활동은 하나님께서 그들에게 맡기신 일을 하는 것이다. 하나님의 나라와 그의 의를 실현하는 것이 그들의 노동과 활동의 근본적인 목적이 되는 것이다.

∞ 한 마디 기도

하나님의 말씀과 그 뜻에 근거하여 하나님께서 인정하시는 활동과 수고를 하게 하소서.

여호와를 간절히 기다리는 영혼

여호와여 주께서 죄악을 지켜보실진대 주여 누가 서리이까 그러나 사유하심이 주께 있음은 주를 경외하게 하심이니이다 나 곧 내 영혼은 여호와를 기다리며 나는 주의 말씀을 바라는도다 파수꾼이 아침을 기다림보다 내 영혼이 주를 더 기다리나니 참으로 파수꾼이 아침을 기다림보다 더하도다
_시 130:3-6

✛ 핵심 이해하기

시편 120-134편은 성전에 올라가는 노래의 모음집이다. 성전에 올라가는 노래의 모음집에 속한 시편 130편은, 성전에 올라가는 하나님의 백성이 하나님을 향해 가져야 하는 절박한 마음과 간절한 사모함을 보여준다.

1-6절은 1인칭 단수 '나'의 기도이고, 7-8절은 온 이스라엘 백성에게 하는 권고이다. 시편 기자는 먼저 자신이 깊은 곳에서 주께 부르짖는다고 언급한 후에, 자신의 기도를 듣고 부르짖는 소리에 귀를 기울여달라고 간청한다(130:1-2). '깊은 곳에서'는 '깊은 곳으로부터'(히: 밈마아마킴)을 번역한 것이다. 이것은 그가 처한 절박한 상황을 가리킨다. 이 단어는 주로 단어 물과 연결되어 '깊은 물' 혹은 '물의 깊은 곳'이라는 뜻으로 사용된다(시 69:2, 15; 사 51:10-바다 깊은 곳; 겔 27:34). 이 깊은 곳은 3절과 8절에 언급된 죄악과 관련된 것으로 보인다. 다시 말해서 깊은 곳은 자기 스스로 헤쳐 나올 수 없는 죄악의 깊은 곳을 뜻한다. 그의 기도는 죄악의 깊은 곳에서 건져달라는 것이었다.

3-4절은 여호와 하나님께서 죄를 용서하심과 죄를 용서하시는 목적이 주을 경외하게 하는 데 있음을 분명하게 한다. 죄 용서의 목적이 주님을 경외하는 것이라는 사실은, 하나님께서 그의 죄 용서의 남용을 금하시고 있음을 분명하게 한다.

5-6절은 비록 자신이 죄의 깊은 곳에 빠져 있지만, 죄를 좋아하는 것이 아니라 오히려 얼마나 주님을 기다리고 사모하고 있는지를 두 가지 면에서 보여준다. 하나는 그가 주의 말씀을 바라는 것을 통해서 주님을 기다리고 사모한다는 것이다. 이것은 주님을 사모하고 바라봄의 뿌리와 근거와 도구가 주의 말씀에 있음을 분명하게 한다. 다른 하나는 자신이 하나님을 기다리는 것을 파수꾼이 아침을 기다리는 것에 비유한 점이다. 그는 파수꾼이 아침을 기다리는 것보다 더 간절하게 주님을 기다린다. 그는 이러한 사모함과 간절함이 이스라엘 모든 백성에게 있기를 원했다(130:7-8). 주일마다 예배하러 나오는 성도들이 이러한 마음과 간절함을 가진다면, 예배드릴 때만 은혜의 감격이 넘치는 것이 아니라 삶 자체가 하나님을 경외하는 활동으로 더욱 더 가득 차게 될 것이다.

⚬ 한 마디 기도

죄악의 깊은 곳에서 벗어나고자 하는 간절함으로, 주께서 응답하실 때까지 주를 바라보며 부르짖게 하소서.

어머니 품에서 평온한 아이

여호와여 내 마음이 교만하지 아니하고 내 눈이 오만하지 아니하오며 내가 큰 일(들)과 감당하지 못할 놀라운 일(들)을 하려고 힘쓰지(히: 가운데 행하지) 아니하나이다 실로 내가 내 영혼으로(을) 고요하고 평온하게 하기를 젖 뗀 아이가 그의 어머니 품에 있음 같게 하였나니 내 영혼이 젖 뗀 아이와 같도다
_시 131:1-2

✝ 핵심 이해하기

131편 역시 성전에 올라가는 성도들이 부르는 노래다. 1-2절은 하나님을 향한 시편 기자의 고백이고, 3절은 이스라엘 백성에게 주는 권고다. 시편 기자는 먼저 하나님 앞에서 자신의 마음이 교만하지 않고 눈이 오만하지 아니하다고 고백한다(131:1). 눈이 오만한 것은 마음이 하나님 앞에서 교만한 것을 외적으로 구체화한 것이다. 시편 101편은 순서를 바꾸어 눈을 먼저 언급하고 나중에 마음을 언급한다(101:5 눈이 높고 마음이 교만한 자). 여기서 눈의 오만으로 구체화된 마음의 교만은, 교만한 사람이 하나님 행세를 하는 것과 관련돼 있다. 1절의 큰 일(들)과 놀라운 일(들)은 오직 하나님만이 하실 수 있다. 하나님께서는 위대한 일들과 놀라운 기적들을 행하신다(욥 5:9; 9:10; 37:5). 71편에서 시편 기자는 "하나님이여 주께서 큰 일을 행하셨사오니 누가 주와 같으리이까!"라고 고백했다(71:19). 하나님께서는 애굽에서 큰 일을 행하신 구원자 하나님이시다(106:21). 하나님께서는 홀로 '큰 기이한 일들'(크게 놀라운 일들)을 행하시는 분이다(136:4). 이러한 사실들에 비추어 볼 때 "내가 큰일(들)과 감당하지 못할 놀라운 일(들)을 하려고 힘쓰지 않는다"라는 말은, 자신이 하나님을 사칭하거나 하나님 행세를 하지 아니하겠다는 고백이다. 히브리어의 본문의 뜻은 "내가 내

게 큰일들과 놀라운 일들 가운데 행하지 아니하였습니다"이다. 그러므로 시편 기자가 고백하는 겸손은 여호와 하나님은 위대하고 놀라운 일을 행하시는 분으로, 자신은 그의 피조물로 각각 인정하는 것이다. 2절은 시편 기자가 하나님 앞에서 교만 대신 가져야 할 마음의 자세를 보여준다. 그것은 젖 뗀 아이가 어머니 품에서 고요하고 평온한 것과 같이, 하나님의 품에서 고요함과 평온함을 누리는 것이다. 신자는 하나님 앞에서 영적인 갓난아이다. 신자의 고요함과 평안함은 홀로 큰일과 놀라운 기적들을 행하시는 하나님의 품에 있다. 이런 마음은 하나님의 모든 백성이 가져야 할 겸손이다. 그래서 시편 기자는 "이스라엘아 지금부터 영원까지 여호와를 바랄지어다"라고 권고한 것이다(131:3). 만족과 기쁨과 평안은 하나님께만 속한 능력과 권세를 부리는 데 있지 않다. 이것들은 오히려 하나님의 품에서 평안과 쉼을 누리는 데 있다. 하나님의 아들 예수님께서는 이 세상에 오신 후에도 늘 아버지의 품에 계셨다(요 1:19).

⟆ 한 마디 기도

엄마의 품에서 고요하고 평온하게 있는 아이와 같이, 위대하신 하나님 아버지의 품에서 평안함과 만족과 기쁨을 누리게 하소서.

기쁘신 뜻에 따라 모든 것을 행하시는 주님

PSALMS 06/19

내가 알거니와 여호와께서는 위대하시며 우리 주는 모든 신들보다 위대하시도다 여호와께서 그가 기뻐하시는 모든 일을 천지와 바다와 모든 깊은 데서 다 행하셨도다(현재: 행하신다) _시 135:5-6

✛ 핵심 이해하기

시편 135편은 여호와 하나님을 찬양하라는 외침으로 시작하고 끝난다(135:1-3, 19-21). 여호와의 성전에서 섬기는 자들도, 이스라엘의 온 백성도, 그리고 레위인도 여호와 하나님을 찬양해야 한다. 그를 찬양하고 그를 송축해야 하는 이유는, 그가 이스라엘 백성을 자기의 특별한 소유로 삼은, 유일하고 위대한 하나님이시기 때문이다(135:3-4).

이스라엘의 하나님 여호와는 그의 기쁘신 주권적인 뜻에 따라 하늘과 땅에서 모든 것을 행하신다(135:5). 이 모든 일 가운데는 하나님께서 자연의 각종 활동을 주관하시는 것(135:7)과, 그의 백성을 애굽에서 건져 내어 가나안 땅에 사는 많은 이방 나라들을 멸하고 그 땅을 그

의 백성에게 기업으로 주신 일이 있다(135:8-12).

이렇게 위대하신 하나님께서는 세상 나라들이 만들어 섬기는 우상들과 근본적으로 다르다. 은이나 금으로 만들어진 우상들에게는 생명도, 생명의 활동도 전혀 없기 때문이다(135:15-18). 그러므로 하나님의 백성은 대를 이어서 그의 이름을 찬양하고 칭송해야 하며, 그에게 영광을 영원히 돌려야 한다(135:13, 21).

∝ 한 마디 기도

하늘과 땅에서 모든 일을 주권적인 뜻을 따라 행하시는 위대하신 하나님을 인정하고 찬양하게 하소서.

선하고 영원히 인자하신 하나님께 감사하라

PSALMS 06/20

여호와께 감사하라 그는 선하시며 그 인자하심이 영원함이로다 신들 중에 뛰어난 하나님께 감사하라 그 인자하심이 영원함이로다 주들 중에 뛰어난 주께 감사하라 그 인자하심이 영원함이로다 _시 136:1-3

✛ 핵심 이해하기

시편 136편은 여호와 하나님께 감사할 것을 촉구한다. 감사해야 하는 이유는, 하나님께서는 선하시며 그의 인자하심이 영원하기 때문이

다. "그의 인자하심이 영원하도다"라는 반복구는 136편에서 한 절에 한 번씩 총 26번 나온다. 1-9절과 25-26절은 마땅히 감사해야 할 하나

님께서 행하시는 놀라운 일반 섭리의 역사를 말한다. 그 중앙에 위치한 10-24절은 하나님께서 자기 백성을 애굽에서 인도하여 내신 것, 홍해를 가르신 것, 광야를 통과하게 하신 것, 아모리인의 왕 시혼과 바산 왕 옥을 죽이신 것, 그리고 마침내 가나안 땅을 그들에게 주신 것을 열거한다. 이 모든 것들은 하나님께서 그의 백성 이스라엘에게 베푸신 놀라운 구원의 은혜였다. 하나님께서 자연 속에서 행하시는 모든 일도, 이스라엘 백성을 위해서 하시는 구원의 모든 역사도, 그의 영원한 인자하심을 보여준다. 그러므로 하나님의 백성 모두가 여호와 하나님께 감사하고 영광을 돌리는 것은 당연하다.

시편 136편을 읽는 신약 성도는 자연과 역사의 모든 사건들을 주관하시고 섭리하시며 그리스도 예수 안에 우리를 구원하신 하나님께 감사하며, 그에게 영광을 돌려야 한다. 하나님의 자연 섭리의 역사는 구약 이스라엘 백성이 체험한 것과 우리가 체험하는 것이 동일하다. 그렇지만 우리가 예수 그리스도 안에서 경험하는 놀라운 구원은 이스라엘 백성이 예비적으로 경험한 구원의 완성이므로, 더욱더 큰 감사와 영광을 하나님께 돌려야 한다.

 한 마디 기도

자연 섭리와 구원의 역사 속에서 하나님의 영원한 인자하심을 보고 주께 항상 감사하게 하소서.

PSALMS

06
21

입술의 문을 지키는 파수꾼

여호와여 내 입에 파수꾼을 세우시고 내 입술의 문을 지키소서 내 마음이 악한 일에 기울어 죄악을 행하는 자들과 함께 악을 행하지 말게 하시며 그들의 진수성찬을 먹지 말게 하소서 의인이 나를 칠지라도 은혜로 여기며 책망할지라도 머리의 기름 같이 여겨서 내 머리가 이를 거절하지 아니할지라 그들의 재난 중에도 내가 항상 기도하리로다 _시 141:3-5

✝ 핵심 이해하기

시편 141편은 다윗의 시로, 악인들이 올무와 덫을 놓아 그를 해하려고 할 때 그가 한 기도이다. 다윗은 자신의 기도를 분향 단에서 향을 사르는 것과 저녁 제사(번제)와 같이 되게 해달라고 했다(141:2). 다윗에게 기도하는 것과 손을 드는 것은 같은 행위다. 그는 이어서 자신의 입에 파수꾼을 세워 입술의 문을 지켜달라고 기도했다(141:3).

4-5절은 기도의 목적을 구체적으로 밝힌다. 첫째 목적은 마음이 악한 일에 기울어지고 죄악을 행하는 자들과 함께 악을 행하는 것을 막는 것이다. 입은 마음의 대변인과 통로 역할을 한다. 입과 입술이 제어되지 않으면 마음의 죄악이 행동으로 표현되는 것을 막을 수 없다. 예수님께서는 마음속에 있는 온갖 죄악들이 입을 통해서 밖으로 나와 사람들을 더럽게 한다고 말씀

했다(마 15:11, 18-19; 막 7:20-23). 예수님의 동생 야고보는 말을 통제하여 말에 실수가 없는 사람은 온전한 자라고 했다(약 3:2).

두 번째 목적은 의인이 자신을 책망할 때를 은혜와 머리의 기름 같이 여겨 책망을 수용하기 위함이다(141:5). 사람들의 책망을 받을 때에 분노하고 반발하는 것은 일반적인 현상이다. 이 때 분노와 반발은 입을 통하여 표출된다. 만일 입의 파수꾼이 입문을 굳게 닫고 지키면, 분노와 반발이 통제되어 책망을 거절하지 않고 긍정적으로 수용할 수 있게 된다. 5절의 "그들의 재난 중에도"는 원래 히브리어 본문에서 "그들의 악행들을 대항하여"란 뜻이다. 이것은 나의 기도가 항상 그들의 죄악들을 대적할 것이라는 고백이다. 이것은 4절의 기도를 계속할 것임을 분명하게 한다. 다윗은 하나님 앞에서 쉬지 않고 기도의 입을 열지만, 사람 앞에서는 파수꾼을 세워 입술의 문을 굳게 닫고 악인들의 죄악에 동참하는 것을 거절했다. 다윗의 기도는, 하나님 앞에서 항상 기도하는 사람은 사람 앞에서, 특별히 악인들 앞에서 입을 다물고 살아야 함을 보여준다.

기도의 사람은 사람 앞에서 침묵하는 자입니다. 내 입 앞에 파수꾼을 세워 내 입술의 문을 지키소서.

하나님을 자기 도움과 소망으로 삼는 자

귀인들을 의지하지 말며 도울 힘이 없는 인생도 의지하지 말지니 그의 호흡이 끊어지면 흙으로 돌아가서 그 날에 그의 생각이 소멸하리로다 야곱의 하나님을 자기의 도움으로 삼으며 여호와 자기 하나님에게 자기의 소망을 두는 자는 복이 있도다 _시 146:3-5

✝ 핵심 이해하기

시편 146편은 시편 기자가 자신의 영혼을 향해, 여호와 하나님을 찬양하고 그분만을 의지하라고 외치는 기도이다. 그는 먼저 영혼을 향해 여호와를 찬양하라고 외친다(146:1). 그는 다음으로 일평생 동안 여호와 하나님을 찬송하며 찬양할 것이라고 선언한다(146:2).

그는 이어서 귀인들도, 인생도 의지하지 말라고 하면서, 그 이유를 밝힌다(146:3-4). 귀인들과 인생의 도움은 일시적이고 영원하지 못하다. 그러므로 그런 인간의 도움을 구하고 의지하는 것은 어리석은 일이다. 선지자 이사야는 "인생을 의지하지 말라 그의 호흡은 코에 있나니 셈할 가치가 어디 있느냐"고 외쳤다(사 2:22). 그는 또한 "애굽은 사람이요 신이 아니며 그들의 말들은 육체요 영이 아니라 여호와께서 그의 손을 펴시면 돕는 자도 넘어지며 도움을 받는 자도 엎드러져서 다 함께 멸망하리라"고 했다(사 31:3). 고대 세계에서 영원한 강대국으로 간주된 애굽을 의지하는 것도 이와 같이 헛된데, 귀족이나 사람들을 의지하는 것은 더 말할 것도 없이 헛되다. 선지자 예레미야는 "사람을 믿으며 육신으로 그의 힘을 삼고 마음이 여호와에게서 떠난 그 사람은 저주를 받을 것이라"고 했다(렘 17:5).

그러나 야곱의 하나님을 자기의 도움과 소망으로 삼는 자는 참으로 복된 자이다(146:5). 예레미야도 여호와를 의지하며 그를 의뢰하는 사람은 복되다고 했다(렘 17:7). 그 이유는 여호와 이스라엘의 하나님께서는 천지만물을 만드시고 그의 언약적인 신실함을 영원히 지키시는 분이기 때문이다(146:7). 그는 억울하고 눌린 자의 편에 계신다. 그는 주린 자들에게는 먹을 것을, 갇힌 자들에게 자유를 각각 주신다(146:7). 그는 약한 자들을 보호하시고 의인들을 사랑하신다(146:8-9). 그러므로 사람이나 고관들을 신뢰하는 것보다 여호와 하나님을 의지하는 것이 지혜롭고 복되다(118:8-9).

✝ 한 마디 기도

사람에게 소망을 두지 않고 오직 여호와 하나님을 나의 도움과 소망으로 삼게 하소서.

PSALMS
06
23

여호와를 찬양하고 즐거워하라

할렐루야 새 노래로 여호와께 노래하며 성도의 모임 가운데에서 찬양할지어다 이스라엘은 자기를 지으신 이로 말미암아 즐거워하며 시온의 주민은 그들의 왕으로 말미암아 즐거워할지어다 _시 149:1-2

✚ 핵심 이해하기

1절의 "성도"와 2절의 "이스라엘"과 "시온의 주민"은 모두 하나님의 백성을 가리킨다. 하나님의 백성은 성도의 모임 중에서 새 노래로 여호와께 노래하고 이스라엘의 구속자로 말미암아 기뻐해야 한다(149:2). 하나님께서는 친히 그들의 왕이시므로 그들은 즐거워해야 한다. 3절은 춤을 추며 악기를 동원하여 여호와의 이름을 찬양할 것을 요구한다. 4절은 하나님의 백성이 여호와를 찬양해야 하는 이유를 제시한다. 그 이유는 여호와 하나님께서는 자기 백성을 기뻐하시고 겸손한 자를 구원으로 아름답게 하시기 때문이다. 그러므로 성도들은 영광 중에 즐거워하고 심지어 자기들의 침상에서도 기쁨으로 노래해야 한다(149:5).

✝ 한 마디 기도

새 노래로 여호와 하나님께 노래하고 찬양하게 하소서.

여호와를 찬양하라

호흡이 있는 자마다 여호와를 찬양할지어다 할렐루야 _시 150:6

✝ 핵심 이해하기

시편 150편은 여호와 하나님을 찬양하라고 권고하는 시이다. 1절은 여호와 하나님을 그의 성소와 그의 권능의 궁창에서 찬양하라고 한다. 2절은 여호와 하나님의 무엇을 찬양해야 하는지 밝힌다. 바로 그의 능하신 행동과 그의 지극히 위대하심이다. 3-5절은 무슨 악기로 여호와 하나님을 찬양해야 하는지 보여준다. 구체적으로 언급된 악기들은 나팔, 비파와 수금, 소고와 현악과 통소, 큰 소리 나는 제금과 높은 소리 나는 제금 등이다.

6절은 맨 마지막으로 누가 여호와 하나님을 찬양해야 하는지 보여준다. 호흡이 있는 자마다 여호와를 찬양해야 한다. 모든 생물은 호흡이 있으므로 공중의 새도, 땅의 짐승도, 바다의 고기도 마땅히 여호와를 찬양해야 한다. 무엇보다도 이것들을 다스리고 지배하는 존재인 사람은 여호와 하나님을 더욱더 찬양해야 할 것이다. 인간은 모든 피조물 중에 가장 존귀하고 영광스러운 존재이기 때문이다.

⌒ 한 마디 기도

모든 피조물 중에서 유일하게 하나님의 형상으로 지음 받은 우리가 여호와 하나님을 가장 많이 찬양하게 하소서.

잠언 핵심구절
이해하고 기도하기

지식의 근본은 여호와를 경외하는 것

여호와를 경외하는 것이 지식의 근본이어늘 미련한 자는 지혜와 훈계를 멸시하느니라 _잠 1:7

✚ 핵심 이해하기

1장 2-6절은 잠언의 목적을 상세하게 밝힌다. 잠언의 핵심 주제는 여호와를 경외하는 것이다. 여호와 하나님을 경외하는 것은 하나님과의 직접적인 관계만이 아니라, 그의 백성이 이 세상에서 행하는 모든 활동과 밀접하게 관련된다. 여호와 하나님을 경외하는 것은 삶의 모든 분야와 연결된 허브와 같다. 자전거 바퀴의 모든 살은 각각 중심에 있는 허브와 연결되어 하나의 바퀴를 만든다. 허브는 바퀴가 정상적으로 돌아가게 한다. 이와 같이 여호와 하나님을 경외하는 것은 삶의 한 부분에서만이 아니라, 허브와 같이 삶의 모든 관계에 중심과 근간이 되고, 모든 삶으로 표현된다.

잠언은 시작하는 부분(1:7)과 중간 부분(9:10)과 마치는 부분(31:30)에서 모두 여호와 하나님을 경외하는 것을 전략적으로 언급한다. 잠언에서 여호와 하나님을 경외하는 것을 제거하면, 잠언의 교훈과 훈계는 세상의 격언과 지혜의 말과 비슷하거나 동일한 교훈으로 전락한다. 하나님을 의식하고 행하는 모든 것과 하나님 자체를 배제하고 인간의 가치와 존엄만 의식하여 행하는 모든 것은 인간 중심적이기 때문에, 하나님 중심적인 성경의 교훈과는 근본적으로 차이가 있기 때문이다.

7절은 중요한 사실 두 가지를 언급한다. 첫째는 여호와를 경외하는 것은 지식의 근본(히:

레에쉬트=시작)이라는 것이다. '근본'으로 번역된 단어 '레에쉬트'는 잠언에 4번 나온다(1:7; 4:7; 8:22; 17:14). 이 중에서 7절만 제외하고 모두 '시작'으로 번역되었다. 사실 7절에서도 '시작'으로 번역하는 것이 바람직하다. 여호와 하나님을 경외하는 것이 지식의 시작이라면, 여호와 하나님을 경외하는 것이 아니면 어느 것도 지식이라고 할 수 없다. 여호와 하나님을 경외함으로써 참 지식이 시작되고, 그를 더욱 경외함으로써 지식이 더해지며, 그를 경외하는 것이 깊어짐으로써 지식이 성숙하게 된다. 7절의 '지식'(히: 다아트)은 구약 성경 전체에서 총 56회 등장하는데 그중 무려 25번이 잠언에서 사용되었다. 다시 말해서 잠언은 참다운 지식과 지혜는 모두 하나님을 경외하는 것과 관련되어 있음을 강조한다.

7절이 교훈하는 다른 하나는, 미련한 자는 지혜와 훈계를 멸시한다는 것이다. 잠언은 하나님을 경외하는 것과 관련된 지혜와 훈계를 제공한다(1:2). 미련한 자는 잠언의 이러한 교훈은 무시하고 멸시하며 산다. '미련한 자'(히: 에윌)라는 단어 역시 구약 성경 전체에서 사용된 27회 중 19회가 잠언에서 등장한다. 지혜로운 자는 하나님을 경외하는 자이나, 미련한 자는 하나님을 경외하지 않는 사람이다. 미련한 자는 지혜로운 자(또는 명철한 자)와 반대로 말하고 행동한다(7:22; 10:8, 14; 11:29; 12:15-16; 14:3; 16:22; 17:28; 24:7; 29:9).

4절의 '어리석은 자'(히: 페티=단순한 자=쉽게 속는 자)는 지혜로운 자와 미련한 자 사이에 놓여 있는 자이다. 어리석은 자는 지혜의 말을 듣고 훈계와 경책을 받으면 지혜로운 자가 될 수 있으나(1:4; 8:5; 9:4-6, 16; 19:25; 21:11), 정반대의 길로 가면 결국 미련한 자가 되고 만다(1:32; 7:7; 14:15, 18; 22:3; 27:12). 잠언의 교훈은 지혜와 훈계를 멸시하는 미련한 자를 위한 것이 아니다. 잠언의 교훈은 어리석은(=단순한) 자를 가르쳐 미련한 자의 삶으로 추락하지 않게 하고, 하나님을 경외하는 지혜롭고 명철한 사람으로 만드는 데 있다. 물론 잠언은 지혜로운 자를 교훈하여 더 지혜롭고 총명하게 하고자 하는 목적도 가지고 있다(1:5-6).

∝ 한 마디 기도

잠언의 교훈과 훈계를 잘 받아 어리석음에서 떠나 더욱더 하나님을 경외하는 자, 곧 참으로 지식과 지혜가 있는 자가 되게 하소서.

완전히 지켜야 할 마음

무릇 지킬 만한 것보다 더욱 네 마음을 지키라 생명의 근원이 이에서(곧 마음을 지킴에서) 남이니라

_잠 4:23

✚ 핵심 이해하기

"무릇 지킬 만한 것보다 더욱 네 마음을 지키라"는 말씀의 히브리어 본문은 "모든 지킴으로 네 마음을 지키라"는 명령이다. 이것은 지켜야 할 것들이 많이 있지만 그중 가장 많이 지켜야 하는 것이 마음이라는 뜻이 아니다. 모든 지킴으로 완벽하게 마음을 지키라는 뜻이다. 그러면 이것은 무엇을 의미하는가? 그 의미는 4장의 문맥에 비추어 볼 때 명확하게 드러난다. 4장에서 아비가 자식에게 집중적으로 교훈하는 것은, 그의 교훈을 마음에 두고 지키라는 것이다. 부친은 "내 말을 네 마음에 두라"는 자기 아버지의 교훈을 자식에게 상기시켰다(4:4). 이와 비슷하게 그는 자식에게 "내 말에 주의하며 내가 말하는 것에 네 귀를 기울이라 그것을 네 눈에서 떠나게 하지 말며 네 마음속에 지키라"고 했다(4:20-21). 마음속에 자신의 교훈을 깊이 간직하라는 것은 잠언의 중요한 교훈이다(3:3; 6:21; 7:3).

이러한 사실에 비추어 볼 때, 마음을 완전히 지키는 것은 막연하게 자기의 마음을 지키는 것이 아니다. 이것은 부모를 통하여 주신 하나님의 교훈과 가르침을 마음에 두어 그것이 마음에서 떠나지 않게 지키는 것을 말한다. "생명의 근원이 이에서 나온다"라는 문장에서 '이에서'란 말은 히브리어의 그것, 곧 말씀을 간직한 마음을 온전히 지키는 것을 뜻한다(4:23). 사실 하나님의 말씀과 교훈을 간직한 마음을 온전히 지킬 때에 하나님의 말씀에 순종하게 된다. 이때 하나님의 말씀이 주는 생명의 풍성함을 경험한다(4:4, 10, 13, 22). '생명의 근원'이란 번역은 히브리어 본문에서는 '생명의 흘러나옴'을 뜻한다. 이것은 생명이 시작된다는 말이 아니라, 생명이 더욱더 풍성하게 나타나고 표현된다는 말이다. 이러한 이해는 하나님의 백성이 그의 계명의 길로 갈 때 생명의 풍성함을 누린다는 신명기의 교훈과 일치한다(신 4:40; 5:32-33; 6:24; 10:13; 30:20; 32:46-47).

∝ 한 마디 기도

하나님의 말씀을 마음속에 두고 새겨 그것이 마음에서 떠나지 않도록 지킴으로써 생명의 풍성함을 경험하게 하소서.

지혜를 얻는 자의 생명 누림

대저 나를 얻는 자는 생명을 얻고 여호와께 은총을 얻을 것임이니라 그러나 나를 잃는 자는 자기의 영혼을 해하는 자라 무릇 나를 미워하는 자는 사망을 사랑하느니라 _잠 8:35-36

✝ 핵심 이해하기

잠언 8장은 지혜의 초대장이다. 1인칭 단수로 의인화된 지혜는 사람들, 곧 어리석은 자들(곧 단순한 자들)과 미련한 자들이 자신의 말을 듣고 지혜와 명철을 얻기를 간절히 원한다(8:4-5). 모든 사람이 열정적으로 가장 간절하게 추구할 것은 금이나 은이 아니다. 그것은 금과 은의 가치를 능가하는, 지혜의 훈계와 교훈이다(8:10-11). 지혜의 핵심은 하나님을 경외하는 것이다. 이것은 소극적으로는 악을 미워하고, 적극적으로는 하나님께서 기뻐하시는 선한 행위를 하는 것이다. 미워해야 할 악의 구체적인 내용은 교만과 거만과 악한 행실과 패역한 입이다(8:13). 지혜와 총명은 하나님께서 세상 만물을 창조하신 원리요(8:22-31), 동시에 세상의 지도자들이 세상을 통치하는 근본 원리이다(8:15-16). 지혜와 명철이 제공하는 소득과 유익은 세상의 은금과 재물이 제공할 수 있는 것과 비교할 수 없을 정도로 크다(8:11, 18-19). 지혜가 제공하는 것들 중에는 진정한 부귀와 장구한 재물과 공의가 있지만, 그 중에서 무엇보다도 가장 중요한 것은 생명이다(8:18-21, 35).

그러므로 모든 사람은 지혜의 말을 듣고 또 들음으로써 지혜를 얻어서, 생활 속에서 실천할 때까지 힘쓰고 애써야 한다(8:32-35). 말씀을 지키기 위해서 들어야 하며, 지혜를 얻기까지 지혜의 문과 문설주 옆에서 기다리고 또 기다려

야 한다. 그래야 지혜가 제공하는 생명을 얻고 누리게 된다. 35-36절은 이 교훈을 아주 분명하게 한다. 지혜를 얻고, 버리지 말며, 적극적으로 지켜야만, 그것을 통한 생명의 풍성함을 누리고 경험하게 된다. 그러나 지혜를 지키지 않으면, 그것을 버리거나 잃어버리게 된다. 그 결과는 생명에서 점점 더 멀어져 사망으로 가는 것이다.

하나님 곁에서 창조자가 된, 지혜보다 더 위대하고 영원한 하나님의 지혜이신 예수님께서 이 세상에 오셔서 믿는 자들의 구원과 생명과 지혜가 되셨다(고전 1:30). 하나님의 영원한 지혜와 말씀이신 예수 그리스도를 모시는 자에게는 생명과 영생이 있다(요 1:1; 요일 1:1; 5:12). 그러므로 예수님의 말씀을 듣고 지켜 행하는 자가 복이 있는 것이다(눅 8:21; 11:28).

☜ 한 마디 기도

잠언 8장의 지혜와 명철보다 크신 하나님의 아들 예수 그리스도의 말씀을 계속해서 듣고 그 말씀을 지키는 복된 자로 살게 하소서.

미련한 여인의 달콤한 유혹

어리석은 자는 이리로 돌이키라 또 지혜 없는 자에게 이르기를 도둑질한 물이 달고 몰래 먹는 떡이 맛이 있다 하는도다 _잠 9:16-17

✝ 핵심 이해하기

9장은 사람으로 은유된 두 여인이 사람들을 경쟁적으로 초대하는 것을 기록한다. 지혜라는 여인의 초대는 1-12절에 나오고, 미련한 여인, 곧 미련함이라는 여인이 행하는, 지혜 여인과 정반대가 되는 초대는 13-18절에 나온다. 16-17절은 미련함이라는 여인이 어리석은 자들과 지혜가 없는 자들을 유혹하면서 그들에게 한 말이다. 도둑질한 물이 달고 몰래 먹는 떡이 맛이 있다는 미련한 여인의 말은, 사람들이 잘 알고 있는 물과 떡의 이미지(그림언어)를 사용한 것이다. 이것들은 미련한 여인이 제공하는 부당하고 부정한 관계를 암시한다. 정당한 대가를 지불하고 먹는 물이 아니니 도둑질한 물이고, 정당한 대가를 지불하지 않고 훔친 떡이니 몰래 먹는 떡이다. 그런데도 이러한 물이 달고 떡이 맛이 있다는 것은 미련한 여인의 유혹이 그럴듯한 것임을 보여준다.

도둑질한 물과 몰래 먹는 떡은 구체적으로 무엇을 가리키는가? 이것을 알려면 합법적으로 물을 마시는 것이 무엇인지, 떳떳하게 떡을 먹는 것이 무엇인지 먼저 알아야 한다. 그러나 본문의 문맥 자체는 이러한 이해를 위해 그다지 큰 도움을 제공하지 않는다. 다만 이것들이 어리석고 지혜 없는 행인들과 미련한 여인이 맺는 부정한 관계와 관련되어 있음을 암시할 뿐이다.

이에 대한 명확한 답은 다른 곳에 있다. 먼저 5장 15-20절은 도둑질한 물과 관련하여 결정적인 도움을 준다. 15-17절은 반복적으로 물을 언급한다. 15-17절은 마실 물을 제공하는 우물과 샘물을 언급한다. 18-19절에는 도랑물이라는 단어가 등장하는데, 이는 젊어서 결혼한 아내를 은유한 것이다. 이 사실은 하나님께서 허락한 아내와 누리는 친밀한 사랑과 애정이 합당하고 정당한 물을 마시는 것임을 분명하게 한다. 이것과 반대되는 도둑질한 물을 먹는 것은, 하나님께서 허락하지 않은 여인과 연애와 사랑을 누리는 것이다. 그 물을 거리로 흘러가게 하는 것(5:16)과 그것을 타인과 함께 나누는 것(5:17)은, 음녀 또는 이방 여인과 사랑을 나누는 것으로 구체화된다(5:20).

이와 유사하게 몰래 먹는 떡을 이해하는 데 도움이 되는 구절은 "음녀의 자취도 그러하니라 그가 먹고 그의 입을 씻음 같이"란 말씀이다(30:20). 몰래 먹는 떡 역시 음녀와 부정한 관계를 맺는 것을 의미한다. 잠언은 다른 곳에서, 도둑이 배를 채우려고 음식을 도둑질하는 것보다 더 어리석고 무지한 행위는 남의 여인과 간음하는 것이라고 했다(6:30-35). 그러므로 하나님의 모든 자녀들은 8장 1절부터 9장 12절에서 지혜라는 여인이 여호와 하나님을 경외하는 것과 관련하여 하는 모든 교훈과 가르침을 경청하고, 이에 따라 살아야 한다(8:13; 9:10). 하나님의 모든 백성은 지혜 여인이 제공하는 영적인 음식과 포도주를 마실 때 생명을 누리게 될 것이다 (9:5-6).

☧ 한 마디 기도

지혜 여인의 초대는 신중하게 받아들이고 미련한 여인의 달콤한 유혹을 물리치게 하소서.

입술의 말을 제어하는 지혜

PROVERBS
06
29

말이 많으면 허물을 면하기 어려우나 그 입술을 제어하는 자는 지혜가 있느니라 의인의 혀는 순은과 같거니와 악인의 마음은 가치가 적으니라(관련구절: 잠 17:27; 마 12:36~37; 약 3:1~2) _잠 10:19~20

✝ 핵심 이해하기

잠언 1-9장이 하나님을 경외하는 지혜와 총명의 일반적인 가치에 대하여 교훈하는 데 반하여, 10장 1절부터 22장 16절은 삶의 모든 분야에서 지혜의 구체적인 적용을 다룬다. 이것도 역시 솔로몬의 잠언들에 속한다(10:1). 이 단락의 주요 특징은 의인과 악인, 지혜로운 사람과 어리석은 사람 또는 미련한 사람의 말과 행동과 처신을 짤막짤막한 대조의 형식으로 배치하고 있다는 것이다. 10-22장에는 이러한 대조와 비교가 잠언 1-9장에 비하여 상당히 많이 나온다.

10장 19절은 말의 남용과 절제에 대하여 말하고, 20절은 이것의 구체적인 적용으로 의인과 악인의 언어생활을 언급한다. 19절은 두 가지 중요한 사실을 언급한다. 첫째는 말을 많이 하면 실수를 피할 수 없게 된다는 것이다. 둘째는 이러한 말의 실수를 피해야 한다는 것이다. 그러므로 입술을 제어하는 자는 참으로 지혜가 있다.

말은 마음과 인격의 표현이다. 사람의 말은 마음과 인격을 언어로 구체화한 것이다. 그릇된 마음과 인격을 가진 자는 자신을 잘 위장해도 결국 그 말을 통해 자신의 진상을 드러낼 수밖에 없다. 지혜로운 자는 자신의 말을 통해 드러나는 마음과 자신의 실상을 본다. 그래서 지혜로운 자는 말과 언어를 통제함으로써 자신의 인격을 다듬으려고 하는 것이다. 반면 악인은 그 입으로 이웃을 해한다(11:9). 악인은 자기 입의 말로 인하여 올무에 걸린다(12:13). 악인은 입을 크게 벌려 매를 자청하기도 하고(14:3) 심지어는 멸망을 자초한다(13:3).

20절은 의인의 혀와 악인의 마음을 비교한다. 여기서 본래 예상될 법한 자연스러운 비교는 의인의 혀와 악인의 혀이다. 그러나 저자는 이러한 예상을 깨고, 의인의 혀와 악인의 마음을 비교한다. 이 비교는 악인의 무가치한 말이 무가치한 마음을 표현하는 것임을 전제한다. 의인의 혀, 곧 의인의 말이 순전한 은의 가치를 가지는 것은 그의 마음이 순은의 가치를 가지고 있기 때문이다. 그러나 악인의 마음은 가치가 적으므로 그 "가치가 적다"고 표현한 것이다. 잠언에서 의인의 말은 여러 사람을 교훈한다(10:21). 의인의 정직한 말은 왕을 기쁘게 하고 그의 사랑을 받는다(16:13). 의인은 지식이 있어 말을 아낀다(17:27). 의인의 지혜로운 입술은 금과 많은 진주보다 더 귀한 보배이다(20:15).

예수님께서는 그의 반대자들에게 "너희는 악하니 어떻게 선한 말을 할 수 있느냐 이는 마음에 가득한 것을 입으로 말함이라"고 말씀하셨다(마 12:34). 비슷한 맥락에서 예수님의 친동생 야고보는 말에 실수가 없는 사람은 온전한 사람이라고 했다(약 3:1). 이것은 말의 억제와 통제야말로 인격의 통제와 억제임을 전제한다. 그러므로 신자는 은 쟁반 위의 금 사과와 같은, 경우에 합당한 말과 은혜를 끼치는 말만을 하는 자가 되어야 한다(잠 25:11; 엡 4:29).

 **한 마디 기도**

말하기보다는 신중하게 듣고, 말해야 할 때는 듣는 자에게 유익을 끼치는 말만 하게 하소서.

PROVERBS 06/30

계획을 성취하시는 여호와

마음의 경영(히=마아라크=생각의 정리)은 사람에게 있어도 말(혀)의 응답은 여호와께로부터 나오느니라 사람의 행위가 자기 보기에는 모두(히: 사람의 모든 길이 자기 눈에) 깨끗하여도 여호와는 심령을 감찰하시느니라 너의 행사를 여호와께 맡기라 그리하면 너의 경영(히=마하샤바=생각)하는 것이 이루어지리라 _잠 16:1-3

✝ 핵심 이해하기

1절은 사람에게 속한 것과 하나님으로 말미암는 것을 대조적으로 말한다. 사람에게 속한 것은 마음의 경영, 곧 마음이 말하고자 하는 것을 생각하고 정리하는 것이다. 그러나 사람이 언제나 마음으로 생각을 정리한 그대로 말하는 것은 아니다. 이 세상에 자기가 말하고자 계획한 대로만 말하는 사람은 많지 않다. 말(혀)의 응답(대답)은 여호와께로부터 나온다는 대조적인 진술은, 아무리 사람이 곰곰이 할 말을 생각해도, 경우에 합당한 적절한 말은 여호와 하나님으로부터 나온다는 뜻이다.

예수님께서는 제자들에게 높은 지도자들 앞에 끌려갈 때 무엇을 말해야 할지에 대하여 염려하고 걱정하지 말라고 하셨다. 그 이유는 성령님께서 경우에 합당한 말을 하도록 그들을 도우실 것이기 때문이었다(마 10:18-20). 이 말씀은 무슨 말을 해야 할지 마음으로 깊이 궁리하는 것만으로는 충분하지 않다는 의미이다. 그러므로 하나님의 도움이 절대적으로 필요하다. 물론 여호와 하나님의 인도하심은 계획의 구체적인 성취에서 더욱더 필요하다(16:9).

2절은 사람의 시각은 절대적이지 않으나 사

람의 심령을 감찰하시는 하나님의 평가는 절대적임을 말씀한다. "사람의 행위가 자기 보기에는 모두 깨끗하여도"란 말은 히브리어의 "사람의 모든 길이 자기 눈에 깨끗하다"라는 문장을 번역한 것이다. 사람이 결정하고 계획하여 실행하고자 하는 모든 일이 사람의 길이다. 물론 사람이 그와 같이 하려는 것은 그것이 자기가 볼 때에 깨끗하기 때문이다. 그런데 문제의 핵심은 자신이 깨끗하게 본다고 해서 깨끗한 것이 아니라는 점이다.

12장 15절의 "미련한 자는 자기 행위를 바른 줄로 여기나"라는 말씀은 히브리어의 "미련한 자의 길은 자기의 눈에 바르다"라는 문장을 번역한 것이다. 이 말씀과 동일한 말씀은 "사람의 행위가 자기 보기에는 모두 정직하여도 여호와는 마음을 감찰하시느니라"이다(21:2). 어떤 사람의 앞에 바르게 보이는 길이 있는데 그 끝은 사망의 길일 수 있다(14:12; 16:25). 이 엄중한 사실은 사사기와 함께, 사람의 판단과 평가는 절대적이지 않음을 알려준다(삿 17:6; 21:25).

그러므로 사람의 모든 생각과 동기와 행위를 정확하게 평가하시는 하나님을 의지해야 한다. 우리는 하나님의 평가와 판단에 근거하여 우리 자신의 길과 행위를 평가해야 정확하고 지혜로운 평가를 내릴 수 있다. 하나님께서는 스스로 지혜로운 자인 것같이 착각하지 말라고 하셨다(3:7; 30:12; 고전 3:18). 타락한 인간은 애석하게도 스스로 지혜로운 것으로 착각하여, 창조주 하나님을 버리고 피조물을 섬긴다(롬 1:22-23).

3절의 "너의 행사를 여호와께 맡기라 그리하면 네가 경영하는 것이 이루어지리라"는 권고는 1-2절의 교훈에 대한 결론이다. 제대로 된

말을 하게 하시는 분도 여호와 하나님이시고, 인간의 행위와 처신에 대한 바른 평가를 하시는 분도 여호와 하나님이시다. 그러므로 모든 것을 여호와 하나님께 의탁하고 맡길 때에, 그분께서 인정하시고 기뻐하시는 일이 이루어지도록 도와주신다.

사람의 마음에 많은 계획이 있어도 오직 여호와의 뜻만이 완전히 선다(19:21). "네 길을 여호와께 맡기라 그를 의지하면 그가 이루시고"라고 말씀하셨다(시 37:5). 하나님께서 기뻐하시는 마음의 생각을 말로 정확하게 표현하고 삶을 통해서 그 생각을 이루게 하시는 분은 하나님이시다. 그러므로 우리가 이러한 주 하나님께 맡기고 의지하는 것은 당연하다.

∝ 한마디 기도

모든 행위를 정확하게 보시는 하나님의 평가에 비추어 바르게 생각하고 판단하고 행동하게 하소서.

악인에 대한 상반된 반응

율법을 버린 자는 악인을 칭찬하나 율법을 지키는 자는 악인을 대적하느니라 _잠 28:4

✝ 핵심 이해하기

잠언이 제시하는 악인의 기준과 의인의 기준은 정반대이다. 악인의 기준은 자기 자신과 자신의 욕심이다. 반면 의인(선인)의 기준은 하나님과 그의 말씀(지혜, 지식, 교훈, 명령, 규례)이다. 악인은 하나님의 심판의 대상이나(2:22; 3:25, 33; 4:19; 5:22; 10:3, 24-25, 28, 30; 11:7, 21, 23, 31; 12:7, 21; 13:9; 14:32; 15:6; 21:12; 24:16, 20; 29:6), 의인은 그의 축복의 대상이다(3:33; 10:6; 12:7, 21; 13:9; 14:32). 악인은 정의를 행하는 것 자체를 싫어할 뿐만 아니라(21:7), 정의 자체를 모른다(28:5). 그러므로 악인은 자신의 욕망과 탐욕을 채우기 위해서 필요하다고 판단되는 것은 무엇이든지 행한다. 악인도 율법을 버린 자이므로, 율법을 버린 자들이 악인을 칭찬하는 것은 자연스럽다.

그러나 율법을 지키는 자, 곧 의인은 악인을 인정하지 않는다. 그들은 오히려 악인을 대적한다. 의인은 하나님의 율법에 맞추어 온전하게 행한다(20:7). 악인과는 반대로, 정의를 행하는 것이 의인에게 즐거움이다(21:15). 의인은 자신이 정의를 왜곡하지도 않고, 왜곡하는 자를 인정하지도 않는다(17:25). 그들은 악인을 두둔하지 않는다(18:5). 의인은 악인을 옳다고 하여 백성의 미움과 저주를 받는 대신에, 악인을 견책하여 백성과 자신에게 기쁨과 복이 된다(24:24). 의인이 악인 앞에 굴복하는 것은 우물이 흐려짐과 샘물이 더러워짐과 같다(25:26). 악인은 결국 의인 앞에 굴복하고 엎드러질 것이다(14:19). 의인은 사자같이 담대하다(28:1).

율법에 적대적인 사람과 율법에 호의적인 사람은 악인에 대하여 동일한 평가를 할 수 없다. 불의한 자는 의인의 미움을 받을 것이나 바르게 행하는 자는 악인에게 미움을 받을 것이다(29:27). 성경은 여러 곳에서 악인을 대적한 의인들의 이야기를 전한다. 악한 왕 아합과 그의 왕권을 대적한 엘리야(왕상 18:18-21)와 미가야 선지자(왕상 22:8), 헤롯 안디바스의 불의를 지적하고 책망한 세례 요한(마 14:4-5; 눅 3:19-20) 등은 그 일부에 지나지 않는다. 신약의 성도들 역시 불의와 어둠과 타협하지 않는 빛으로 어둠의 일들을 폭로하고 책망해야 한다(고후 6:14-15; 엡 5:11).

∞ 한 마디 기도

하나님의 말씀과 일치된 인격과 삶으로 악인들을 대적하게 하소서.

갑자기 패망하는 길

자주 책망을 받으면서도 목이 곧은 사람은 갑자기 패망을 당하고 피하지 못하리라 _잠 29:1

✝ 핵심 이해하기

책망(히: 토카하트)이라는 단어는 구약에서 사용된 전체 24회 중 잠언에만 16번 나온다(1:23, 25, 30; 3:11; 5:12; 6:23; 10:17; 12:1; 13:18; 15:5, 10, 31-32; 27:5; 29:1, 15). 이것은 잠언이 책망을 듣고 돌이키라고 권고하는 책이라는 사실을 보여준다. 사람이 책망을 듣고 돌이킬 때는 성령의 부어 주심과 깨우치심이 있다(1:23). 그러나 책망을 듣고 돌이키지 않으면 그 사람이 재앙을 만날 때에 하나님 앞에서 도움을 받을 길이 없어 멸망을 피할 수 없다(1:25-30). 경건한 아들은 여호와의 징계와 꾸지람(히: 토카하트=책망)을 무시하지 말아야 한다(3:11). 아비와 스승의 훈계와 책망을 무시하면 이로 인하여 후회하는 일이 반드시 생긴다(5:11-13).

훈계의 책망은 생명의 길이다(6:23). 그러므로 책망을 무시하고 여기서 떠나는 것은 생명의 길에서 떠나 멸망의 길로 가는 것이다. 훈계를 지키는 자는 생명 길로 행하나 징계를 버리는 자는 그릇 가는 것이다(10:17). 훈계를 좋아하는 자는 지식을 좋아하지만 징계를 싫어하는 자는 짐승과 같다(12:1). 훈계를 저버리는 자에게는 궁핍과 수욕이 임하지만, 경계(책망)를 받는 자는 존영을 받는다(13:18). 아비의 경계(책망)를 지키는 자는 슬기를 얻을 것이다(15:5). 도를 배반하는 자는 엄한 징계를 받을 것이나 견책(책망)을 싫어하는 자는 죽을 것이다(15:10).

생명의 경계(책망)를 듣는 귀는 지혜로운 자 가운데에 있다(15:31). 훈계 받기를 싫어하는 자는 자기의 영혼을 가볍게 여기나 견책(책망)을 달게 받는 자는 지식을 얻는다(15:32). 책망과 꾸지람은 이를 받아들이는 자에게 지혜를 준다(29:15). 그러므로 자식을 징계하면 결국 그 자식이 부모에게 평안과 기쁨을 가져다 줄 것이다(29:17).

그러므로 우리는 애굽의 바로와 같이 되지 말아야 한다(출 14:17-18, 28). 우리는 또한 광야 40년 동안 마음을 강퍅하게 하여 광야에서 쓰러져 죽은 자들과 같이 되지 말아야 한다(히 3:17-18). 우리의 자녀들은 엘리의 불량한 두 아들과 같이 되지 말아야 한다(삼상 2:23-25). 이들 모두의 공통점은 주님의 책망을 듣고 무시하여 멸망을 당한 것이다.

∝ 한 마디 기도

주님과 사람들의 교훈과 책망을 겸손하게 수용하여 인생의 지혜와 생명의 풍성함을 누리게 하소서.

죽기 전에 응답받기 원한 기도

내가 두 가지 일을 주께 구하였사오니 내가 죽기 전에 내게 거절하지 마시옵소서 곧 헛된 것과 거짓말을 내게서 멀리 하옵시며 나를 가난하게도 마옵시고 부하게도 마옵시고 오직 필요한 양식으로 나를 먹이시옵소서 혹 내가 배불러서 하나님을 모른다 여호와가 누구냐 할까 하오며 혹 내가 가난하여 도둑질하고 내 하나님의 이름을 욕되게 할까 두려워함이니이다 _잠 30:7-9

✝ 핵심 이해하기

잠언 30장은 야게의 아들 아굴의 잠언이다 (30:1). 아굴에 대하여는 알려진 내용이 전혀 없다. 그는 솔로몬 당대의 인물로, 알려지지 않은 현인으로 간주될 뿐이다. 아굴의 두 가지 간구는 2-6절의 진술을 배경으로 한다. 2-3절은 아굴의 무지에 대한 고백이다. 그는 자신이 총명과 지혜와 지식이 없어서 짐승과 다르지 않다고 고백했다. 그가 말한 총명과 지혜와 지식의 대상은 세상의 일반적인 것들이 아니라, 4절에 반복적인 질문으로 제시된 하나님과 그의 아들에 대한 것이다. 다른 사람들은 하나님을 안다고 할지 모르나, 그 자신은 우주 만물을 주관하시고 다스리시는 하나님에 대하여 짐승과 같이 알지 못한다고 고백했다. 사실 그가 한 무지의 고백은 모든 사람들이 해야 할 고백과 받아들여야 할 인정이다.

5절은 이 위대하신 하나님과 그의 아들을 어떻게 알 수 있는지를 보여준다. 그것은 온전히 순결한 하나님의 말씀을 통해서다. 하나님의 말씀은 4절의 질문에 대한 분명한 답을 제공한다. 그러므로 하나님의 말씀을 의지함으로써 그분을 의지하는 자는 하나님께서 친히 무지와 무식을 막는 방패가 되어 주시는 것을 누리게 된다. 그의 말씀에는 오염이나 불순물이 전혀 들어있지 않다. 바로 이것이 그의 말씀은 다 순전하다

는 구절의 의미다. 따라서 하나님의 말씀에 그 무엇도 추가할 필요가 없다(30:6). 만일 그의 말씀에 무엇이든지 추가하는 사람은 하나님의 책망을 피할 길이 없고, 그 사람은 거짓말하는 자로 판명될 것이다.

이러한 말씀은 아굴의 기도의 참뜻을 바르게 이해할 수 있는 통찰을 제공한다. 그는 두 가지 기도를 자신의 핵심 기도로 삼았으며, 살아있는 동안에 이 기도의 응답을 받기 원했다. 그래서 그는 "내가 죽기 전에 내게 거절하지 마소서"라고 기도한 것이다. 첫째 기도는 헛된 것과 거짓말이 자신에게서 멀리 떨어져 있게 해달라는 것이다. 여기서 헛된 것은 기본적으로 하나님 이외에 다른 것을 신으로 섬기는 것을 의미한다. 헛된 것의 대표는 사람들이 만들어 섬기는 우상들이다(시 24:4; 31:6; 119:37). 거짓말은 이러한 헛된 것(우상)에 대한 주장과 설명이다. 하나님의 말씀은 우상들을 헛된 것, 텅 빈 것, 무의미하고 무가치한 것으로 정죄한다. 하나님의 말씀을 거역하는 사람들은, 이러한 우상들이 보이지 아니하는 신들을 섬기는 유일한 방편이라는 당시 고대 근동과 가나안 사람들의 주장을 따른다.

8절의 거짓말은 6절에 언급된 거짓말하는 자의 정의와 관련되어 있다. 거짓말하는 자는 하나님의 말씀에 새로운 내용을 더하는 자이다

(30:6). 8절의 거짓말은 6절의 내용을 구체적으로 진술한 것이다. 우리는 하나님의 말씀에 근거하여 하나님만을 섬겨야 한다. 하지만 그의 말씀에 추가하여 하나님을 섬기는 것은 그의 계시에 따라서 하나님을 섬기는 것이 아니다. 이것은 오히려 그의 말씀에 추가된 새 내용에 근거하여 하나님을 잘못 섬기는 것이다. 여기에는 이스라엘 백성과 같이 금송아지의 형상으로 하나님을 우상화하여 섬기는 것과(출 32장), 하나님과 함께 우상화된 다른 신들을 섬기는 것도 포함된다. 아굴은 이러한 죄악이 자신에게서 멀어지게 해달라고 간구했다.

아굴의 두 번째 기도는 오직 필요한 양식을 위한 기도였다. 이 필요한 양식은 부족함에 이르지 아니하고, 풍족함에도 이르지 않게 하는 것이다. 이것은 예수님께서 그의 제자들에게 가르치신 "날마다 우리에게 일용할 양식을 주옵소서"라는 기도와 일맥상통한다(마 6:11; 눅 11:3). 아굴의 가장 큰 소원은 어떤 상황에서도 하나님과 바른 관계를 유지하는 것이다. 그가 가장 두려워한 것은 여호와 하나님과의 바른 관계에서 벗어나는 것이다. 그의 기도는 하나님과의 바른 관계에서 벗어나게 만드는, 상반되는 두 극단을 언급한다. 두 극단적인 상황은 자신이 배불러서 여호와 하나님을 부인하는 것과, 너무 가난하여 도적질함으로써 하나님의 이름을 욕되게 하는 것이다. 그의 궁극적인 목적은 빈궁한 자가 되는 것도, 큰 부자가 되는 것도 아니었다. 그의 목적은 언제나 한결같이 여호와 하나님을 인정하고 그의 이름에 영광을 돌리는 것이었다. 그의 기도는 자신이 지나치게 부하거나 가난하게 되면 자신이 하나님을 부인하거나 그를 욕되게 할 수 있다는 겸손한 인식에서 출발한다. 만일 그가 극단적인 상황에서도 하나님을 잘 섬길 수 있다는 확신과 자신감이 있었다면 이러한 기도를 하지 아니했을 것이다. 아굴의 기도는 오늘날 풍요와 번영의 시대에 사는 우리 모두에게도 절실하게 필요하다.

한 마디 기도

하나님의 말씀대로 하나님을 알고 믿고 섬기며 살게 하소서.

07/04 여호와를 경외하는 여자

고운 것도 거짓되고 아름다운 것도 헛되나 오직 여호와를 경외하는 여자는 칭찬을 받을 것이라
_잠 31:3

✝ 핵심 이해하기

잠언 31장은 모친이 르무엘 왕을 훈계한 잠언(31:1-9)과 현숙한 여인의 활동과 그에 대한 칭송(31:10-31)으로 이루어진다. 현숙한 여인에 관한 기사는 히브리어 알파벳 22개를 각 절에

하나씩 사용하여 아름답게 기술되었다. 잠언 31장이 현숙한 여인을 칭송하고 노래하는 것은 형식적으로 볼 때는 이상하지만 내용적으로 볼 때는 아주 적절한 최고의 결론이다.

잠언 1장에서 지혜와 총명은 추상적인 개념으로 시작하며, 단계적이고 부분적인 의인화의 과정을 거쳐 8장에서는 최고의 여인으로 등장한다. 찾고 사랑하고 품고 금은보화보다 소중히 아끼고 결코 버리지 말아야 할 지혜 여인은, 하나님의 창조의 원리이며 이 세상 통치자들의 통치 원리이다. 이것은 동시에 사람들을 죄악의 함정과 죽음의 올무에서 벗어나 생명과 평안을 누리게 만드는 근본적인 원리이다. 모든 사람들은 원칙적으로 지혜 여인의 말을 경청하고 살아야 한다. 그러나 실상은 미련하고 어리석게 되어, 미련함이란 여인의 달콤하고 감미로운 말을 듣고 미혹되어 덫에 걸려 불행과 사망의 길로 간다(5:3, 20-23; 6:26-28; 7:25-27; 22:14; 23:27). 지혜와 지식과 총명과 명철은 은유적인 의미에서 결혼해야 할 현숙한 아내이다. 잠언 31장 10-31절은 지혜라는 현숙한 아내가 남편을 위해 하는 모든 일들을 가장 아름답고 고상한 언어로 표현한다.

30절의 고운 것(히: 헨)과 아름다운 것(히: 요피)는 여호와를 경외하는 여자와 대조되는 문구이다. 추상 명사 고움(매력)과 아름다움(미)은 그 여자가 얼마나 곱고 아름다웠을까라고 상상하게 만든다. 그러나 그녀가 매력과 미로 묘사되는 최고의 여인이라고 할지라도, 여호와를 경외하는 여인 앞에서는 무가치하고 무의미하다. 그녀의 매력이 거짓된 이유는, 자신이 약속한 대단한 것을 지킬 수 없기 때문이다. 아름다움, 곧 미가 헛된 것은 그것이 영원하지 않고 일시적이기 때문이다. 거짓된 매력과 헛된 아름다움의 중심에는, 하나님의 율례와 법도에서 떠나 악한 마음과 탐욕을 따르도록 유혹하는 음녀와 이방 여인으로 묘사된, 어리석은 여인이 있다. 그러므로 결혼의 관점에서 볼 때 하나님의 자녀들이 택해야 할 아내는 여호와를 경외하는 여인이다. 하나님의 모든 자녀들이 택해야 할 영적인 아내는 은유적으로 여호와를 경외하게 하는 지혜와 지식과 총명이다.

한 마디 기도

여호와 하나님을 경외하게 하는 지혜와 총명이라 불리는 현숙한 여인과 살게 하소서.

ECCLESIASTES

전도서 핵심구절
이해하고 기도하기

ECCLESIASTES
07 / 05

하나님 없는 인생의 헛됨

전도자가 가로되 헛되고 헛되며 헛되고 헛되니 모든 것이 헛되도다 _전 1:2

✝ 핵심 이해하기

전도서는 하나님을 경외하지 아니하는 인생의 모든 추구가 헛됨을 가장 잘 보여준다. 솔로몬은 전도서의 저자로 알려져 있다. 하지만 전도서 본문에는 솔로몬의 이름이 전혀 나오지 않는다. 저자에 대한 간단한 소개는 "다윗의 아들 예루살렘 왕 전도자"(1:1)와 "나 전도자는 예루살렘에서 이스라엘 왕이 되어"(1:12)이다. 전도서의 마지막 장은 왕을 언급하는 대신에 저자가 무엇을 가르쳤는지 말한다: "전도자는 지혜자이어서 여전히 백성에게 지식을 가르쳤고 또 깊이 생각하고 연구하여 잠언을 많이 지었으며, 전도자는 힘써 아름다운 말들을 구하였나니 진리의 말씀들을 정직하게 기록하였느니라"

(12:9-10).

솔로몬을 저자로 생각하는 자들은 그가 많은 죄를 범하여 하나님의 책망을 받고 깊은 회개를 한 후에 전도서를 저술했을 것이라고 한다. 그러나 성경은 어디에서도 솔로몬의 회개를 언급하지 않으므로 이에 대하여 확정적으로 말할 수 없다. 또한 전도서에 3번 반복된 "나보다 먼저 예루살렘에 있던 모든 자들보다"란 표현은 솔로몬을 저자로 보는 것을 불가능하게 한다(1:16; 2:7, 9). 왜냐하면 솔로몬 이전에 예루살렘에서 왕이 된 자는 다윗 하나밖에 없었기 때문이다. 그러므로 중요한 것은 저자가 솔로몬이냐 아니냐가 아니라, 전도서가 말하는 핵심 교

242

훈이다.

2절은 전도서 전체의 내용과 주제를 소개한다. 2절의 원뜻을 더 명확하게 반영하는 번역은 "헛된 것들의 헛된 것이다. 전도자가 말한다. 헛된 것들의 헛된 것, 그 모든 것이 헛되다고 말이다"라고 할 수 있다. 이러한 선언은 결론 부분에 또 다시 나온다(12:8-전도자가 이르되 헛되고 헛되도다 모든 것이 헛되도다). 헛된 것 또는 헛됨(히: 헤벨)이라는 단어는 구약 전체에서 사용된 86회 중 전도서에서 30번 나온다. 이것은 구약 성경 전체에서 등장한 횟수의 3분의 1에 해당된다. 헛되다는 것은 어떤 노력이나 행동 자체가 무가치하다는 뜻이 아니다. 이것은 어떤 노력이나 행동이, 그것을 통해서 성취하고자 하는 것 또는 얻고자 하는 의미와 가치와 만족과 기쁨을 가져다주지 못한다는 뜻에 더 가깝다.

이 의미에 가장 가까운 것은 전도서에 10번 사용된 '바람을 잡으려는 것'이란 표현이다(1:14, 17; 2:11, 17, 26; 4:4, 6, 16; 5:16; 6:9). 바람을 잡고자 하는 노력은 모두 실패로 끝난다. 이와 같이 인간이 하나님을 경외하고 그를 기뻐하는 것으로부터 떠나서 얻으려는 인생의 진정한 의미와 만족과 기쁨은 그 어디에도 없다. 이러한 의미에서 재물도, 쾌락도, 사업도, 공부로 얻는 지혜와 지식도, 인간이 상상할 수 있는 어떤 활동과 노력도 헛되다. 그러므로 인생들은 삶의 진정한 의미와 가치와 만족을 오직 하나님을 섬기고 경외하는 일에서만 찾아야 한다(3:11, 14; 5:7; 7:18; 8:12, 15; 12:13-14). 하나님을 경외하는 삶 속에서는 매일 먹고 마시는 것과 같은 평범하고 일상적인 것도 만족과 기쁨을 줄 수 있다(2:24; 3:13; 5:18). 그러므로 모든 것이 헛되다는 전도서의 외침은, 역설적으로 여호와 하나님을 경외하는 삶 속에서의 모든 것에는 가치와 의미와 만족이 있다는 선언인 것이다.

∝ 한 마디 기도

인생의 허무함과 무가치함을 느낄 때마다, 인생 열차가 창조주이시며 구원자이신 하나님의 궤도에서 벗어나 있음을 인식하게 하소서.

ECCLESIASTES

07/06

영원함을 사모하는 마음

하나님이 모든 것을 지으시되 때를 따라 아름답게(히: 야페=적합하게) 하셨고 또 사람들에게 영원을 사모하는 마음(히: 올람 뻬립밤=그들의 마음속에 영원)을 주셨느니라 그러나 하나님이 하시는 일의 시종을 사람으로 측량할 수 없게 하셨도다 _전 3:11

✝ 핵심 이해하기

11절은 3장 1-10절의 요약이다. 11절의 '때'는 1-8절에서 반복적으로 언급된 '때'를 가리킨다. 또한 11절의 '모든 것'은 막연한 모든 것이 아니라, 1-8절에서 대립적으로 언급된 모든 것들을 가리킨다. 전도자는 "범사에 기한이 있고 천하만사가 때가 있다"고 했다(3:1). 11절은 모든 일에 기한과 때는 하나님께서 친히 정한 것이라고 밝힌다. "하나님께서 이 모든 것을 때를 따라 아름답게 하셨다"는 것은 하나님께서 이 모든 것을 각각의 때에 적합하게 하셨다는 뜻이다. '아름답다'는 원문의 뜻에 따라 '적합하다'로 이해하는 것이 바람직하다(히: 야페=적합하게).

모든 사람들이 부정적으로 보는 것들(죽음, 울음, 슬픔, 미움 등)은 어떤 경우에도 아름답지 않다. 이 모든 것들은 아담이 여호와 하나님을 반역한 결과다. 이러한 고통스러운 것들은 모두 죄의 결과로 인간의 세계에 들어왔다. 하지만 이것들이 하나님의 시간과 세계 경영 가운데에서는 각각 적절한 의미와 가치를 가진다. 그런 의미에서 이 모든 것들은 좋은 것들과 함께, 각각의 때에 적합한 것이다.

11절의 "또 사람들에게는 영원을 사모하는 마음을 주셨다"는 "또한 영원을 그들의 마음속에 넣어 주셨다"로 번역하는 것이 원문의 뜻에 가깝다. 여기서 '영원'(히: 올람)은 11절의 '때'와 짝을 이룬다. 모든 것의 적절한 때와 시기를 정하신 하나님께서 사람들의 마음속에 영원을 넣어 주셨다. 이 문장 자체는 간단하지만 그 의미를 파악하는 것은 쉽지 않다. 이것은 창조주 하나님께서, 시간의 한계 속에서 사는 인간의 마음이 본질적으로 영원을 향하도록 하셨다는 것을 기본적으로 의미한다. 인간은 자신이 사는 동안 눈앞에 일어나는 일조차 다 알지 못한다. 그러나 인간의 마음속에는 영원함이 있기 때문에 시간을 넘어 영원까지 이해하고 파악하기를 원한다.

인간은 아무리 노력하고 애써도 하나님께서 시간과 영원 속에서 하시는 모든 일의 성격과 목적과 의미를 다 알 수가 없다. 11절의 "그러나 하나님이 하시는 일의 시종을 사람으로 측량할 수 없게 하셨도다"는 말씀은 이 사실을 분명하게 한다. 그러므로 인간에게는, 모든 일의 의미와 가치와 목적을 주관하시는 창조와 섭리의 하나님을 의지하면서 살아가는 것 외에는 다른 대안이 없다. 이러한 상황에서 매일 지혜롭게 사는 방법은 기쁨으로 선을 행하고 하나님께서 주신 일상적인 삶을 누리며 그를 경외하는 것이다(3:12-14). 인간은 오늘과 내일과 영원을 알고자 하는 멈출 수 없는 갈망을 가지고 산다. 그렇지만 인간은 그 어느 것도 다 알 수 없기에, 이 모든 것을 아시고 주관하시는 하나님을 경외하는 것보다 지혜롭고 복된 삶이 없다. 예수님의 동생 야고보는 내일 일을 알지 못하는 인생의 참다운 가치는, 매일 주의 뜻을 행하고 그의 선을 추구하는 데 있다고 잘 지적한다(약 4:14-17).

∝ 한 마디 기도

아무리 애쓰고 힘써도 인생사의 모든 것을 다 헤아려 알 수 없다는 사실을 인정하게 하시고, 날마다 일상 속에서 하나님을 기쁘게 섬기며 살게 하소서.

ECCLESIASTES

07/07

많은 꾀를 부린 인간

내가 깨달은 것은 오직 이것이라 곧 하나님은 사람(히: 아담)을 정직하게(히: 야살) 지으셨으나 사람(히: 헴마=그들)이 많은 꾀들을 낸 것이니라. _전 7:29

✝ 핵심 이해하기

29절은 하나님의 선한 인간의 창조와 인간의 타락을 대조적으로 진술한다. 저자는 의도적으로 인류의 조상 아담을 상기시키기 위해서 먼저는 '아담'이라는 단어를, 그의 후손들을 가리키기 위해서 그 다음으로는 '사람'(히: 헴마=그들)이라는 단어를 각각 구별되게 사용했다.

하나님께서 사람(=아담)을 정직하게(바르게) 지으셨다는 것은, 하나님께서 인간을 자신의 형상과 모양으로 지어 정직하고 의로운 하나님을 닮게 하신 것을 말한다(창 1:26-28). 그러나 아담은 하나님의 형상으로 그의 말씀에 따라 사는 것을 거부하고, 선악을 구별하게 하는 나무의 열매를 따먹음으로 하나님의 의에서 떠났다. 그 결과 아담과 그의 모든 후손은 자신들의 생각과 계획을 모든 것의 기준으로 삼았다. 이 모든 것은 하나님께서 보실 때에 더욱더 큰 죄악에 빠지는 잔꾀에 불과했다. 뱀의 유혹하는 말을 수용하고 하나님과 같이 독립적인 신적인 존재가 되려고 하나님께서 금하신 열매를 따먹음으로써, 아담과 하와는 하나님의 의와 거룩함과 진리를 상실했고 자기 자신과 죄와 욕심이 그들의 모든 것의 기준이 되고 말았다. 그 결과로 아담의 후손들의 모든 계획과 생각은 악해졌다(창 6:5). 아담의 후손 중에 선을 행하고 죄를 범하지 않는 의인은 없게 되었다(7:20; 롬 3:10-12). 인간은 악하고 어리석고 미친 것들을 추구하며

산다(7:25). 그 뿐만 아니라, 악한 일에 대한 징벌이 속히 실행되지 않으므로 인생들은 악을 더욱더 담대하게 행한다(8:11). 인생의 마음에는 악이 가득하여 평생 미친 마음을 품고 살다가 죽는다(9:3).

이와 같이 죄악 되고 비뚤어진 길로 가는 인생이 죄악에서 떠나 스스로를 구원하는 것은 불가능하다. 그래서 하나님께서는 그의 의로운 아들 예수 그리스도를 이 땅에, 죄인들을 구원하기 위해서 보내셨다(마 1:21; 딤전 1:15). 예수님께서는 의인을 불러 구하러 오신 것이 아니고, 죄인들을 불러 구원하러 오셨다(마 9:12-13). 누가 구원을 받을 수 있느냐는 제자들의 질문에, 예수님께서는 사람들에게는 불가능하나 하나님께는 가능하다고 대답하셨다(마 19:26). 하나님께서는 오직 예수 그리스도의 십자가와 부활의 구속 사건에 근거하여 예수 그리스도를 믿는 자들을 구원하신다(눅 18:31-33; 행 4:10-12).

⚓ 한 마디 기도

하나님께서 본래 의롭고 정직하게 만드신 인간의 모습 그대로를 회복되도록, 죄를 인정하고 주 예수님께 돌아오게 하소서.

불의가 판치는 세상

세상에서 행해지는 헛된 일이 있나니 곧 악인들의 행위에 따라 벌을 받는 의인들도 있고 의인들의 행위에 따라 상을 받는 악인들도 있다는 것이라 내가 이르노니 이것도 헛되도다(관련구절: 전 7:15) _ 전 8:14

✝ 핵심 이해하기

전도자가 연구하고 관찰하여 깨달은 세상은 완전한 공의가 실행되지 않는 곳이다. 원리와 원칙의 관점에서 볼 때 세상에서 악인은 망하나, 의인은 형통한다. 그렇지만 이것은 지금 현재 이 땅에서 엄격하게 말하면 일어나지 않는 일이다. 세상에는 자기의 의로움에도 불구하고 망하는 의인이 있고 자신의 악행에도 불구하고 장수하는 악인이 있다(7:15). 하나님의 공의가 이 땅에서 엄격하게 실행되고 있다면 모든 사람들이 볼 수 있도록 악한 일에 대한 징벌이 즉각적으로 실행돼야 한다. 하지만 세상은 그렇지 않다. 그 결과 사람들은 공의로운 심판이 없는 줄로 착각하고 담대한 마음으로 악행을 일삼는다(8:11). 전도자는 죄인들이 백 번이나 악을 행하고도 장수하고 있다는 사실을 인정한다(8:12). 욥의 엄청난 고난은 죄와는 전혀 상관이 없었다. 시편도 한결같이 경건한 의인이 고통과 시련을 당하나, 악인들이 형통하고 번영하는 현실을 분명하게 인정한다(시 37편, 73편).

이러한 맥락에서 14절은 불의와 불공평으로 인한 헛됨을 주장한다. 14절은 시작과 끝부분에서 헛되다고 외친다. 그 이유는 의인들이 악인들의 행위에 따라 벌을 받는 경우와 악인들이 의인들의 행위에 따라 보상을 받는 경우가 있기 때문이다. 그러나 이것은 이 세상에서 영원히 지속될 질서가 아니다. 12-13절은 이러한 부정과 불공평이 종말에 해결될 것을 분명하게 한다. 전도자는 죄악에 대한 징벌이 지금 실행되고 있지 않아 사람들이 담대하게 죄를 짓는다는 것(8:11)과 반복적으로 악을 행하는 악인들이 장수하는 것도 인정한다(8:12). 하지만 이러한 문제는 궁극적으로는 해결될 것이다. 13절의 "악인은 잘 되지 못하며 장수하지 못하고 그 날이 그림자와 같으리니"란 말씀은 이 진리를 분명하게 밝힌다. 그러므로 하나님의 백성에게 요구되는 것은 여호와 하나님을 경외하는 것이다(8:12).

❍ 한 마디 기도

지금이 아니라, 세상의 끝 날에 하나님의 공의로운 심판이 있을 것을 믿고 하나님을 경외하며 살게 하소서.

인간의 본분은 여호와를 경외하는 것

일의 결국을 다 들었으니 하나님을 경외하고 그의 명령들을 지킬지어다 이것이 모든 사람의 본분이니라 (왜냐하면) 하나님은 모든 행위와 모든 은밀한 일을 선악 간에 심판하시리라(심판하실 것이기 때문이다) _전 12:13-14

✝ 핵심 이해하기

문장 "일의 결국을 다 들었으니"는 히브리어의 두 문장("일의 결국, 그 모든 것을 다 들었다")을 합친 번역이다. 쉽게 말하면 전도서 전체에서 다룬 모든 이야기의 결론을 지금 저자가 말한다는 것이다. 왜 모든 노력과 수고가 헛되고 허무한가? 그것은 노력과 수고 자체가 헛되어서 그런 것이 아니다. 이것은 사람이 하나님과 그분의 말씀에서 찾아야 할 만족과 의미와 기쁨을, 그들이 하는 수고와 노력의 결과에서 찾기 때문이다. 여호와 하나님만이 주시는 행복과 만족을, 재물의 추구, 지혜와 지식의 추구, 쾌락의 추구, 그리고 그 외의 여러 추구에서 찾을 때, 사람들은 허망하고 허탄한 결론에 도달한다. 그러므로 사람들은 하나님을 경외하고 그의 명령들을 지키는 것을 인간 본연의 의무와 책임으로 삼아야 한다.

"이것이 모든 사람의 본분이니라"로 번역된 히브리어 본문의 원뜻은 "이것이 사람의 전부이다"다. 이것은 여호와를 경외하고 그의 계명들을 지키는 것을 가리킨다. 그러니까 여호와를 경외하고 그의 명령들을 지키는 것은 사람의 전부, 곧 사람이 본래 가진 근본적인 의무와 책임이라는 것이다. 사람이 여호와 하나님을 경외하고 그의 명령들을 지키면 지킬수록, 그는 자신의 원래 자리로 돌아가게 된다. 사람은 하나님께서 창조하여 세우셨던 자리로 돌아가면 돌아

갈수록, 하나님 안에서 만족과 기쁨과 인생의 참 의미를 누리게 되어 있다. 인간이 인간 본연의 자리에서 떠나는 것은 하나님을 경외하지 않고 그의 계명들을 어기며 자신의 욕심과 탐욕을 쫓아 사는 것이다. 인간은 이렇게 살면 살수록 더 많은 좌절과 허무함과 무가치함과 허탈함을 느낄 수밖에 없다.

14절의 "하나님은 모든 행위와 모든 은밀한 일을 선악 간에 심판하시리라"는 13절의 주장에 대한 근거 내지 원인을 설명한다. 히브리어 문장에서 14절의 맨 앞에는 "왜냐하면(키)"이라는 원인 접속사가 있다. 따라서 14절의 정확한 번역은 "왜냐하면 하나님은 모든 행위와 모든 은밀한 일을 선악 간에 심판하실 것이기 때문이다"가 된다.

사람들은 죄와 탐욕에 대한 심판을 부인하기 때문에 죄와 욕심을 따라 살아간다(8:11 "악한 일에 관한 징벌이 속히 실행되지 아니하므로 인생들이 악을 행하는 데에 마음이 담대하도다"). 그러나 사람들이 아무리 애써 부인한다고 할지라도 세상 만물을 창주하시고 섭리하며 다스리시는 하나님의 심판을 피할 길은 없다.

전도서는 여러 곳에서 하나님의 심판을 언급한다(3:17; 11:9; 12:14). 사람들의 행위에 따른 하나님의 정확하고 공의로운 심판은 성경의 기본적인 가르침이다(창 18:25; 욥 19:29; 시 58:11;

마 12:36; 행 17:31; 롬 2:16; 14:10; 고전 4:5; 고후 5:10; 계 20:13).

✚ 한 마디 기도

여호와 하나님을 경외하여 그의 명령을 지켜 행하는 것만큼 인간을 참으로 인간 되게 하는 것이 없음을 알게 하소서.

아가 핵심구절
이해하고 기도하기

신랑의 신부 사랑의 고백

(히: 힌나크=보라) 내 사랑아 너는 어여쁘고 어여쁘다 네 눈이 비둘기 같구나(히: 비둘기이구나) _아 1:15

✝ 핵심 이해하기

'솔로몬의 아가'란 책명으로 시작하는 아가서를 누가 썼는지는 정확하게 알기 어렵다. '솔로몬의 아가'로 번역된 히브리어 문구는 사실 "솔로몬과 관련하여 또는 위하여 쓰인 노래들 가운데 노래"라고 번역되는 것이 더 정확하다. 솔로몬은 많은 여인을 사랑했기 때문에, 그가 아가서가 노래하는 부부 사이의 순수한 사랑을 경험하고 노래했다고 보기는 어렵다(왕상 3:1; 11:1-8).

가나안의 바알 종교는 남성 예배자와 여제사장이 산당에서 결합하는 것을 아주 신성한 예배의 행위로 보았다. 가나안 족속들은 성과 그들의 종교를 결합시킴으로 심각한 성적인 타락을 가져왔다(민 25:1-2; 시 106:39; 사 57:5, 7; 렘 2:20; 3:2; 17:2; 겔 16:15; 호 2:5). 이스라엘 백성은 이러한 가나안 종교의 영향으로, 하나님께서 원래 의도하신 부부 사이의 순수한 사랑과 친밀함을 상실하고 말았다. 일반적으로 종교의 타락은 자연스럽게 성의 타락을 가져온다. 가나안 종교에서는 원리적으로 종교와 성이 긴밀하게 연결되어 있어 성의 타락이 재촉되었다. 하지만 그것 자체가 신정한 것으로 간주되기 때문에 성의 타락으로 인식되지 않는 것이 더 큰 문제였다. 그러므로 부부 사이에 순전한 사랑과 결합은 하나님과의 바른 관계가 회복될 때만 가능하다. 아가서의 많은 분량을 차지하는 에덴동산의 이미지는 이러한 점을 잘 보여준다.

15절에서 신랑이 신부에게 하는 두 번째 고백은 이러한 관점에서 아주 중요한 의미를 가진다. 신부에 대한 신랑의 첫 고백은 8-10절에 나온다. 이 고백은 신부의 사랑 고백(1:12-14)에 대한 신랑의 반응이다. 신부에게 신랑은 왕과 같은 존재이다(1:12). 신랑은 신부의 고백에 반응하여 "내 사랑아 너는 어여쁘고 어여쁘다 네 눈이 비둘기 같구나"라고 고백한다. 이 책에만 9번 나오는 "내 사랑아"는 "나의 사랑을 받는 자"란 뜻이다(1:9, 15; 2:2, 10, 13; 4:1, 7; 5:2; 6:4). 물론 신랑에게 사랑의 대상은 오직 신부 하나밖에 없다.

히브리어 본문에 2번 나오는 "보라 너는"(힌나크)은 듣는 자들의 주의와 집중을 요구한다. 히브리어 본문을 그대로 번역하면, "보라 그대는 아름답도다, 나의 사랑받는 자야, 보라 그대는 아름답도다. 그대의 눈들은 비둘기이로다"가 된다. "아름답다"는 단어는 성경 전체에서 아가서에 가장 많이, 16번 나온다. 이중에 14번이 신부에 대한 신랑의 고백이고(1:8, 15[2번]; 2:10, 13; 4:1[2번], 7, 10; 6:4, 10; 7:1, 6), 나머지 2번은 신부에 대한 친구들의 고백이다(5:9; 6:1). 이 단어는 창세기에서 아브라함의 아내 사라(창 12:11, 14)와 라헬(창 29:17)과 요셉

(창 39:6)의 미를 묘사할 때 사용되었다. 신부는 여자들 가운데 가장 아름다운 자이다(1:8; 5:9; 6:1).

그런데 놀라운 것은 가축을 보살피느라 얼굴에 검게 된 여인을 아름다운 여인으로 고백한 것이다(1:6). 아가서에서 신부의 아름다움에 대한 고백은 신랑이 신부를 사랑하는 데서 비롯된 것이다. 이것은 아름다워서 사랑했다는 말이 아니고, 사랑하니까 아름답게 보였다는 것을 의미한다. "네 눈이 비둘기"란 고백은 3번 나오고(1:15; 4:1; 5:12), "나의 비둘기"란 고백도 3번 나온다(2:14; 5:2; 6:9). 비둘기는 조류 가운데 평생 부부의 지조와 금슬을 지키는 새로 유명하다. 비둘기가 수백 또는 수천 킬로미터 떨어진 곳에서도 자기의 둥지를 잘 찾아가는 것은 둥지에 배우자가 있기 때문이란 점은 실험을 통해 잘 알려진 사실이다. 메시아이신 신랑 예수님은 이런 사랑보다 더 큰 사랑을 신부인 교회에게 영원히 주신다.

한 마디 기도

순수한 신앙의 회복으로부터만 성경적인 가정과 순결한 부부 사랑이 가능한 것을 알게 하소서.

신랑의 마음을 사로잡은 신부

내 누이, 내 신부야 네가 내 마음을 빼앗았구나 네 눈으로(네 눈을) 한 번 보는 것과 네 목의 구슬 한 꿰미로 내 마음을 빼앗았구나 내 누이, 내 신부야 네 사랑이 어찌 그리 아름다운지 네 사랑은 포도주보다 진하고 네 기름의 향기는 각양 향품보다 향기롭구나 _아 4:9-10

✝ 핵심 이해하기

4장 전체는 신부에 대한 신랑의 사랑 고백이다. 유일하게 마지막 16b절은 신부의 사랑 고백이다. 3:1-6:3의 전체는 신부의 꿈의 형식으로 되어 있다. 그러므로 4장에서 신랑의 고백은 현실에서가 아니라, 꿈속에서의 고백이다. 이 꿈속에서 신부에게 신랑은 솔로몬과 같은 왕적인 존재이다(3:6-11). 솔로몬 왕과 같이 존귀한 신랑은 4장에서 신부의 완전한 아름다움을 구체적으로 묘사한다. 신랑은 신부의 눈과 머리털(4:1), 이와 입술과 입(4:2-3), 목(4:4), 그리고 유방(4:5)에 대하여 말한다. 신랑은 이러한 신부와 은밀하고 흡족한 사랑을 나누기 원한다(4:6). "나의 사랑 너는 어여쁘고 아무 흠이 없구나"라는 고백은 이 모든 아름다움을 요약한다(4:7). 이러한 신부를 사랑하는 데서 나오는 만족과 기쁨은 단연 최고이다(4:8-11, 13-16a). 하지만 신부는 잠근 동산이요 덮은 우물이요 봉한 샘이므로, 신부와 누리는 사랑은 어떤 다른 여인과도 누릴 수 없다(4:12; 참고 잠 5:15-19).

9절의 "네 눈으로 한 번 보는 것과 네 목의 구슬 한 꿰미로 내 마음을 빼앗았구나"는 바로 앞의 문장 "내 누이, 내 신부야 네가 내 마음을 빼앗았구나"를 구체적으로 다시 진술한 것이다.

9절의 정확한 번역은 "네 눈을 한 번 보는 것으로 네가 내 마음을 사로잡았도다, 네 목걸이의 구슬 하나로(생략된 부분: 내 마음을 사로잡았도다)"이다. 10절은 신부의 신랑 사랑에 대한 고백이다. "네 사랑이 어찌 그리 아름다운지"란 고백은 신랑이 신부를 아름답다고 고백한 것과 연결된다. 신부가 아름답기에 신부의 사랑이 아름다운 것은 당연한 결과다. 아름다운 사랑의 묘사는 포도주보다 더 좋은 사랑과 각종 향기보다 더 향기로운 기름이란 표현을 통해 구체화된다. 다시 말해서 신부의 사랑은 최고의 만족과 기쁨을 준다. 우리는 신랑 예수께서 신부 교회에게 이러한 사랑의 고백을 한다는 것을 알아야 할 것이다.

∝ 한 마디 기도

진정한 만족과 기쁨을 주는 부부 사랑을 주 안에서 회복하게 하소서.

사랑하는 자의 음성

내가 잘지라도 마음은 깨었는데 나의 사랑하는 자의 소리가 들리는구나 문을 두드려 이르기를 나의
누이, 나의 사랑, 나의 비둘기, 나의 완전한 자야 문을 열어 다오 내 머리에는 이슬이, 내 머리털에는
밤이슬이 가득하였다 하는구나 _아 5:2

✝ 핵심 이해하기

신부는 꿈속에서도 깨어 있는 것과 같이 의식이
분명했다. 신부는 꿈속에서 사랑하는 신랑의 음
성을 듣는다. 신랑은 문을 두드리며 "나의 누이,
나의 사랑, 나의 비둘기, 나의 완전한 자야 문을
열어 다오"라고 말했다. 신부에 대한 네 가지 호
칭은 여기에 처음 등장한다. 호칭 하나 하나에
서 신부에 대한 사랑을 확인할 수 있다. 깊은 사
랑을 담은 각 호칭을 연결하여 부른 것은, 신부
에 대한 신랑의 사랑이 온 세상만큼이나 크고
넓음을 확인시켜 주기에 충분하다. 문밖에 서
있는 신랑은 이어서 "내 머리에는 이슬, 내 머리
털에는 밤이슬이 가득하였다"고 말했다. 이슬
은 새벽녘에 내린다. 신랑의 머리털에 내린 밤
이슬은 신랑이 신부를 사모하고 몹시 보고 싶어
서 더 이상 기다리지 못하고 새벽녘에 신부에게
로 달려왔음을 암시한다. 목동 신랑이 밤새 양
떼를 돌보다가 왔다고 해도 신부에 대한 간절한
사랑과 열망은 동일하다.

그러나 애석하게도 신부와 신랑의 만남은 이
루어지지 않았다(5:3-6). 신부는 꿈속에서도,
성가신 나머지 새벽녘에 일어나 옷 입는 것을
주저했다. 신랑은 꿈속에서 문틈으로 손을 내밀
어 신부의 마음을 움직였고, 신부는 마침내 일
어났다. 하지만 신부가 옷을 입고 문을 열었을
때 신랑은 이미 떠나고 그곳에 없었다. 신부는
밖으로 나가 신랑을 부르며 여기저기에서 찾았
으나 신랑은 어디에도 없었다. 신부는 성안에서
신랑을 찾다가 순찰자들에게 매 맞아 상처를 입
고 겉옷을 빼앗긴다(5:7). 신부는 결국 신랑을
만나지 못하고 돌아와 신랑에 대한 사랑 병에
걸린다(5:8).

∝ 한 마디 기도

부부 사이의 사랑이 꿈속에 나타날 정도로 강렬하
고 간절하게 하소서.

이사야 핵심구절
이해하고 기도하기

ISAIAH

07 / 13

하나님의 애절한 초대

여호와께서 말씀하시되 오라 우리가 서로 변론하자 너희의 죄가 주홍 같을지라도 눈과 같이 희어질 것이요 진홍 같이 붉을지라도 양털 같이 희게 되리라 너희가 즐겨 순종하면 땅의 아름다운 소산을 먹을 것이요 너희가 거절하여 배반하면 칼에 삼켜지리라 여호와의 입의 말씀이니라 _사 1:18-19

✝ **핵심 이해하기**

이사야서는 성경 전체와 마찬가지로 66장으로 이루어졌다. 66장의 이사야서는 마치 성경 66권을 요약하는 것과 같다. 이사야서는 예수님께서 가장 사랑하신 구약의 3대 성경(신명기, 시편, 이사야) 중 하나이다. 이사야는 구약의 선지서 중에서 메시아의 탄생과 사역과 고난과 그 결과에 대하여 가장 상세한 예언을 담은 책으로서는 유일한 책이다.

7장은 메시아가 처녀의 몸에서 탄생할 것을 예언한다(7:14). 9장은 탄생하실 메시아가 단지 사람이 아니라, 신적인 존재임을 예고한다(9:6-7). 11장은 이새의 줄기에서 나올 메시아가 하나님의 성령으로 충만할 것임을 보여준다(11:1-5). 35장은 메시아의 사역을 통하여 각종 장애인들이 치유를 받아 완전하게 회복될 것을 예고한다.

네 복음서는 세례자 요한의 사역을 소개할 때 이사야 40장에 예언된 메시아의 길을 예비하는 자를 언급한다(40:3-8). 42장은 요한에게 세례 받은 예수님께 성령이 임하는 것을 묘사할 때와 그의 온유하고 겸손한 사역을 언급할 때 인용되었다(42:1-2). 53장은 메시아의 고난과 영광의 예언 장이다. 61장은 성령으로 기름 부음을 받은 메시아의 구약 사역의 성격을 보여준다(61:1-3). 또한 계시록에 언급된 새 하늘과 새 땅도 이사야를 배경으로 한다(66:17, 22; 계 21:1). 이러한 이유 때문에 이사야가 제5 복음서로 불리는 것은 아주 당연하다.

18-20절의 내용은 하나님의 사랑과 애절함이 가득한 초대와 권면이다. 하나님 백성의 근본 문제는 그들의 예배 행위 자체에 있지 않고, 예배의 정신에서 떠난 그릇된 삶에 있었다. 그들은 열심히, 그것도 헌신적으로 각종 희생 제물을 하나님께 드렸다(1:11-14). 그러나 열성적인 예배자들의 삶은 불의와 부정과 각종 죄악으로 가득 차 있었다(1:4, 15-17). 하나님 앞에서 거룩하게 구별된 삶을 살아야 했던 이스라엘 백성은 죄와 죄인의 대명사인 소돔과 고모라의 백성으로 전락했다(1:10).

하나님께서는 이미 이와 같은 죄악에 대한 부분적인 진노를 내리셨다(1:5-9). 하나님께서는 그래도 그분의 백성을 포기하지 않으시고 권면하시고 설득하시면서 18-20절의 교훈을 주셨다. 하나님께서는 그들의 심각한 죄악을 용서하여 새로운 출발을 하도록 하겠다고 약속하셨다. 하나님께서는 그들의 죄가 주홍 같고 진

홍 같이 붉다고 해도 눈과 양털과 같이 희게 하겠다고 말씀하셨다. 이 말씀은 죄의 완전한 용서와 새롭게 하심을 뜻한다. 그들은 이때 온갖 죄악으로 가득 찬 과거의 삶과 결별하고 새로운 삶을 살게 된다. 이 새로운 삶은 기쁘고 즐겁게 순종하는 선행과 의를 각 사람에게 행하는 삶이다(1:17). 그분의 백성이 이렇게 새로운 삶을 살아갈 때 하나님께서는 황폐해진 땅도 회복시켜 땅의 아름다운 열매를 누리게 하실 것이다(1:19). 그러나 애석하게도 당시 하나님의 백성은 그분의 초대를 거절하고 멸망의 길로 가고 말았다. 선지자 이사야의 하나님 말씀 선포는 그분의 백성을 더욱더 완강하고 완악한 백성으로 확정하는 결과를 가져왔다.

∞ 한 마디 기도

예배는 잘 드리면서도 예배의 정신으로 살지 못하는 죄악에서 우리와 교회들을 건져주소서.

ISAIAH
07
14

선지자 이사야의 죄 고백

그 때에 내가 말하되 화로다 나여 망하게 되었도다 나는 입술이 부정한 사람이요 나는 입술이 부정한 백성 중에 거주하면서 만군의 여호와이신 왕을 뵈었음이로다 하였더라 _사 6:5

✝ 핵심 이해하기

6장은 하나님께서 이사야를 그의 선지자로 부르시는 장이다. 선지자의 소명 기사는 일반적으로 책의 1장에 위치한다(렘 1장; 겔 1-2장; 호 1장). 1-5장은 당시 하나님 백성의 죄악상을 적나라하게 먼저 기록한다. 6장은 이러한 배경 가

운데서 사역하게 될 선지자의 소명과 소명의 내용을 소개한다.

웃시야 왕이 죽을 때에 이사야가 친히 목격한 하나님의 지극히 거룩하심과 영광은 그의 온 백성이 경험해야 했던 것이다. 웃시야 왕은 교

만해져서 하나님의 성전에 들어가 분향하려고 고집을 부리다 하나님의 진노를 받아 죽을 때까지 문둥병자가 되었다(대하 26:16-21). 그가 마침내 주전 740년경에 죽자 왕족 중에 하나였던 이사야는 큰 충격에 빠졌다.

이사야는 바로 그 해에 그의 인생 전체를 송두리째 바꾼 더 충격적인 사건을 경험했다. 바로 천상 보좌 위에 높이 들려 스랍 천사들의 찬양과 경배를 받으시는, 지극히 거룩하신 여호와 하나님의 영광을 친히 목격한 것이었다. 이사야는 하나님의 은혜로 환상 중에 주께서 천상 보좌에 높이 들리신 것을 보았다. 그는 주님의 옷자락이 천상 성전을 가득 채운 것과 스랍 천사들의 모습과 그들이 외치는 소리를 들었다. 그들의 웅장한 외침으로 성전 문지방의 터가 흔들렸고 성전에 영광의 연기가 가득하게 되었다(6:4). 스랍들이 서로 화답한 외침은 "거룩하다 거룩하다 거룩하다 만군의 여호와여 그의 영광이 온 땅에 충만하도다"였다(6:3).

그가 보고 들은 모든 것이 그에게는 너무나 충격적이었다. 그가 본 것은 주 여호와께서 높이 들린 보좌에 앉으신 것(6:1)과 그를 모시는 스랍들의 모습(6:2)과 천상 성전이 여호와의 영광의 구름으로 가득 찬 것이었다(6:4). 그가 들은 것은 스랍들의 웅장한 화답송(6:3)과 성전 문지방의 터가 요동하는 소리였다. 이러한 놀라운 사건에 대한 이사야의 즉각적인 반응은 회개의 고백이었다(6:5). 그는 "화로다 나여 망하게 되었도다 나는 입술이 부정한 사람이요 나는 입술이 부정한 백성 중에 거하면서 만군의 여호와이신 왕을 뵈었음이로다"고 고백했다. 이사야는 지극히 거룩하신 여호와 하나님을 본 결과로

이와 같은 고백을 한 것이었다. 선지자의 화의 선언은 5장에 언급된 여섯 가지 화의 선언과 연결된다(5:8, 11, 18, 20, 21, 22). 이런 고백을 하자 스랍 천사는 즉시 부젓가락으로 천상 제단에서 타고 있는 핀 숯을 집어 그에게로 날아와 그의 입에 대며, 그의 악이 제거되었고 그의 죄가 용서되었다고 선언했다(6:6-7). 이사야는 이어서 여호와 하나님의 선지자로 부름 받았다(6:8-13).

이사야는 이 엄청난 경험으로 말미암아 여호와 이스라엘의 하나님을 만군의 하나님으로 새롭게 인식했을 뿐만 아니라, 만군의 여호와 하나님을 "이스라엘의 거룩하신 이"로 보게 되었다. 이사야가 하나님에 대하여 충격적으로 알게 된 '이스라엘의 거룩한 이'라는 표현은, 구약 전체에 쓰인 32회 중 이사야서에만 무려 26회 나온다.

∝ 한 마디 기도

하나님의 거룩하심을 직시할 때 비로소 자신의 죄악과 부정함을 깊이 인식하고 회개할 수 있음을 알게 하소서.

ISAIAH

07 / 15

처녀에게서 태어날 메시아

그러므로 주께서 친히 징조를 너희에게 주실 것이라 보라 처녀가 잉태하여 아들을 낳을 것이요 그의 이름을 임마누엘이라 하리라(마 1:23에 인용됨) _사 7:14

✝ 핵심 이해하기

요담의 왕위를 계승한 아하스 왕은 20세에 즉위하여 16년간 통치했다. 그는 처음부터 악하게 출발하여 점점 더 악해졌다(대하 28:1-4). 아하스의 통치 초기에, 아람의 르신 왕과 북 왕국의 왕 베가는 군사적인 동맹을 맺어, 막강해지는 앗수르 제국의 세력을 막고자 했다. 동맹을 맺은 두 왕은 남 왕국 유다의 왕 아하스를 그들의 군사 동맹에 끌어들여 앗수르 제국의 세력을 견고하게 하고자 했다. 이때 아하스 왕은 이 소식을 듣고 큰 두려움에 빠져 있었다(7:1-2). 하나님께서는 선지자 이사야를 왕에게 보내, 아람과 에브라임의 동맹에 참여하지 말고 오직 여호와 하나님만을 의지하라고 권면하셨다(7:3-9). 하나님께서는 아하스 왕에게 징조를 구하라고 말씀하셨다(7:10-11). 하지만 왕은 하나님께 징조를 구하지 않겠다고 말했다(7:12).

그런데도 하나님께서는 친히 메시아 탄생과 관련된 놀라운 약속을 징조로 주셨다(7:14). 이 말씀은 아하스 왕이 대표하는 다윗의 집, 곧 다윗의 왕조에 속한 모든 자들에게 주신 약속이다. 처녀가 잉태하여 아들을 낳을 것이란 예언은 일차적으로 그 당시, 곧 아람의 왕과 북 왕국의 왕의 땅이 멸망하기 전에 성취될 것이었다(7:15-16; 8:4). 물론 이 약속이 일차적으로 성취될 때에는 사실 처녀가 잉태하여 아들을 낳은 것이 아니었다. 일차적인 성취에서는 선지자

이사야의 아내가 아들을 낳았기 때문이다. 이때 낳은 아들의 이름도 임마누엘이 아니라, 마헬살랄하스바스이었다(8:3).

이 약속의 최종적인 성취는 약 700여 년 후에 처녀 마리아에게서 하나님의 아들 예수 그리스도가 탄생할 때 일어났다. 이때는 예언의 말씀과 동일하게 미혼의 처녀가 아기를 낳았다. 처녀 마리아는 요셉과 정혼했지만 아직 부부로서 결합하지 않는 시점에, 성령의 기적적인 역사로 하나님의 아들 예수 그리스도를 임신했다. 요셉은 청혼한 마리아가 자신과 동거하기 전에 임신한 사실을 확인하고 조용히 결혼을 포기하려고 했다. 바로 이때 하나님께서는 천사를 보내어 마리아의 임신이 하나님의 성령으로 말미암아 된 것이라는 사실을 확신시켜 주셨다. 하나님의 사자는 이사야 본문을 인용함으로써, 마리아의 예수 그리스도 잉태가 이사야서의 예언을 최종적으로 성취한 것임을 분명히 했다(마 1:18-23).

하나님의 아들 예수 그리스도께서는 그의 백성을 죄에서 구원하시는 분이란 뜻으로 그리스도라고 불렸다(마 1:21). 그는 또한 이사야의 예언과 같이 영원한 임마누엘 하나님으로 오셨다. 마태복음은 이 점을 강조하기 위해서, 임마누엘 예수님의 탄생으로 책을 시작하여(마 1:23), 임마누엘 예수님의 부활과, 재림 때까지 함께하시

겠다는 약속으로 책을 마칠다(마 28:20).

 **∞ 한 마디 기도**

처녀의 몸을 통해 임마누엘의 메시아가 태어날 것을 약속하시고 이를 마침내 성취하신 주 하나님을 찬양합니다.

ISAIAH 07/16 아들 메시아의 놀라운 호칭

이는 한 아기가 우리에게 났고 한 아들을 우리에게 주신 바 되었는데 그의 어깨에는 정사를 메었고 그의 이름은 기묘자라, 모사라, 전능하신 하나님이라, 영존하시는 아버지라, 평강의 왕이라 할 것임이라 그 정사와 평강의 더함이 무궁하며 또 다윗의 왕좌와 그의 나라에 군림하여 그 나라를 굳게 세우고 지금 이후로 영원히 정의와 공의로 그것을 보존하실 것이라 만군의 여호와의 열심이 이를 이루시리라
_사 9:6-7

✝ 핵심 이해하기

9장은 하나님의 백성에게 주어질 메시아의 탄생을 과거시제로 예언한다. 오실 메시아는 놀랍게도 한 아기, 한 아들, 그리고 오직 하나님께만 어울리는 다섯 가지 이름을 통해 하나님 자신으로 소개된다. 선지자 이사야는 7장에서 처녀의 몸에서 태어날 아이가 임마누엘, 곧 하나님께서 함께하심이라는 말로 소개했다(7:14). 이 표현만으로는 태어나실 아기가 친히 그의 백성과 함께하시는 하나님이신지는 알 수 없다. 반면 9장 본문은 7장에 예언된 처녀의 몸에서 태어날 바로 그분이 전능하신 하나님 자신임을 분명하게 한다. 하나님만이 가지실 수 있는 다섯 이름은 기묘자, 모사, 전능하신 하나님, 영존하시는 아버지, 평강의 왕이다.

이 다섯 중 첫째와 넷째와 다섯째 칭호에 대한 간단한 설명이 필요하다. '기묘자'는 놀라우신 분이란 뜻으로 하나님의 특별한 임무를 가지고 하나님의 사람에게 보냄 받았던 '여호와의 사자'와 긴밀하게 연결된다. 이 특별한 사자는

여호와 하나님과 동일시되는 분으로 미래에 사람이 되어 오실 메시아의 예비적인 모습이었다. 얍복강에서 야곱이 '여호와의 사자'의 이름을 물을 때에 그는 "왜 내의 이름을 묻느냐"고 말했다(창 32:29). 아들의 탄생 예언을 약속받은 마노아가 '여호와의 사자'의 이름을 물을 때에 그는 "내 이름을 왜 묻느냐"고 하면서 "내 이름은 기묘자"라고 대답했다(삿 13:18).

다소 어려운 '영존하시는 아버지'란 호칭은 하나님 아버지께서 친히 메시아로 오실 것을 예언하는 의미가 아니다. 이 표현은 시간과 관련해서 영원히 존재하시는 분, 곧 영원하신 아버지란 말이다. 이것은 메시아가 하나님의 창조에 동참했을 뿐만 아니라, 그의 구원 사역으로 하나님의 백성을 탄생시키실 것을 예고한다(8:18 "보라 나와 및 여호와께서 내게 주신 자녀들"). 메시아는 영원한 아버지이시므로 그의 백성을 영원히 보살피실 것이다.

오실 메시아는 다윗 왕조가 이루는 데 실패

한 평강(화)의 통치를 이루실 분이므로, "평강
(화)의 왕"이시다. 평강의 통치는 백성 가운데
온전히 정의와 공의가 실행될 때 하나님 앞에서
와 온 백성 사이에 나타나는 열매이다(9:7). 1-2
절의 예언은 놀랍게도 예수님께서 30세에 자신
의 사역을 시작하기 위해 나사렛을 떠나 가버나
움으로 가실 때에 성취되었다(마 4:13-16). 이

것은 예수님께서, 9장에 약속된 하나님이신 메
시아라는 점을 분명하게 한다.

∽ 한 마디 기도

약속하신 대로 보내 주신 메시아 예수님께서 우리
의 영원한 아버지, 평강의 왕이심을 인하여 감사합
니다.

심판의 도구 앗수르의 교만

ISAIAH
07
17

도끼가 어찌 찍는 자에게 스스로 자랑하겠으며 톱이 어찌 켜는 자에게 스스로 큰 체하겠느냐 이는 막
대기가 자기를 드는 자를 움직이려 하며 몽둥이가 나무 아닌 사람을 들려 함과 같음이로다 _사 10:15

✝ 핵심 이해하기

10장의 핵심 내용은 하나님께서 열방을 심판하
는 도구와 막대기로 사용한 앗수르 제국을 멸망
하시겠다는 것이다. 하나님께서는 앗수르를 그
의 진노를 실행하는 도구와 막대기로 세우셨다
(10:5-6). 앗수르 제국은 열국을 심판하는 과정
에서 그들을 세우신 하나님과 그분의 뜻을 전혀
생각하지 않았다. 앗수르는 자기들의 군대와 세
력이 막강해서 많은 나라들을 파괴하고 멸망시
키고 있다고 착각했다(10:7-11). 앗수르의 이
러한 교만한 자랑은 앗수르 왕의 완악한 마음의
열매와 높은 눈의 자랑으로 묘사된다(10:12).
그러나 하나님께서 주목하신 앗수르 왕의 이 교
만하고 거만한 말은 사실 헛된 말이었다. "나는
내 손의 힘과 내 지혜로 이 일을 행하였나니 나
는 총명한 자라 열국의 경계선을 걷어치웠고 그
들의 재물을 약탈하였으며 또 용감한 자처럼 위

에 거주한 자들을 낮추었으며 내 손으로 열국의
재물을 얻은 것은 새의 보금자리를 얻음 같고
온 세계를 얻은 것은 내버린 알을 주움 같았으
나 날개를 치거나 입을 벌리거나 지저귀는 것이
하나도 없었다"(10:13-14). 본문 15절은 이와
같이 교만하고 거만한 말에 대한 하나님의 반응
이다.

하나님께서 행하실 앗수르에 대한 심판의 구
체적인 내용은 24-27절에 나온다. 하나님께서
그의 백성에게 이 말씀을 하신 것은 그들로 하
여금 앗수르와 같은 교만에 빠지지 않게 하시기
위함이었다. 어느 나라든 어떤 개인이든 지혜와
능력을 주시는 하나님과 그분의 목적을 상실하
면, 그들이 앗수르 제국이 빠졌던 교만의 덫에
빠지는 것은 시간문제다. 하나님께서는 그의 백
성을 가나안 땅으로 인도하실 때 이러한 교만한

생각이 그들 가운데 일어나지 않게 하라고 권고하셨다(신 8:14-18).

하나님께서 지혜와 능력을 주셔서 큰일을 하게 하신다는 사실을 잊고 교만과 오만에 빠져 심판을 자초하지 않게 하소서.

∝ 한 마디 기도

시온에 세운 기촛돌

ISAIAH 07/18

그러므로 주 여호와께서 이같이 이르시되 보라 내가 한 돌을 시온에 두어 기초를 삼았노니 곧 시험한 돌이요 귀하고 견고한 기촛돌이라 그것을 믿는 이는 다급하게 되지 아니하리로다(롬 9:33과 벧전 2:6에 인용됨) _사 28:16

✝ 핵심 이해하기

28장은 하나님께서 에브라임의 교만한 면류관을 멸하시겠다는 심판의 경고로 시작한다(28:1-13). 나머지 내용은 각종 곡식의 파종과 경작과 타작과 관련하여 나타나는 하나님의 오묘한 지혜에 대한 기사이다(28:23-29). 그 중간에 하나님께서 시온에 기초석을 두시겠다고 하신 약속이 놓여 있다(28:14-22).

에브라임, 곧 북 왕국의 지도자들은 그들의 영광의 면류관이신 하나님을 의지하는 대신에 세상의 것들을 의지했다(28:5-6). 그들은 진정한 기쁨과 안식과 만족을 주시는 하나님의 교훈을 따라 살아야 했다. 하지만 그들은 자신들의 주장을 합리화하는 교훈과 경계를 가르치고 그에 따라 살았다(28:9-13). 그 결과 하나님께서 보실 때 그들의 삶은 가증하고 더럽고 역겨운 것으로 가득 찼다(28:8). 예루살렘에서 하나님의 백성을 이끄는 유다의 지도자들도 예외는 아니었다. 그들 역시 하나님을 의지하고 바라보는 대신에, 자신들이 사망과 언약, 스올과 맹약을 맺었으므로 자신들에게는 어떤 재앙도 미치지 않을 것이라고 말하며, 자신들의 거짓되고 헛된 주장을 의지하여 살았다(28:14-15). 하나님께서 정한 심판의 때에 결코 피할 수 없는 재앙이 그들에게 임할 것이다(28:18-20).

이것이 하나님께서 주신 약속의 배경이다(28:16). 하나님께서 시온에 두신 기초석은 시험한 돌, 곧 시험을 통하여 입증된 돌이다. 이 돌은 귀하고 견고한 돌이다. 이것은 하나님께서 친히 그의 백성에게 구원의 견고한 반석이 되신 사실을 반영한다(신 32:4, 15, 18). 하나님께서는 친히 자기 백성의 견고한 반석이 되신다. 그러므로 그를 의지하는 백성이 흔들리지 않을 것은 분명하다. 하나님께서는 앞서 8장에서 그를 의지하지 않고 두려워하는 자들에게는 그가 친히 걸림돌과 걸려 넘어지게 하는 반석이 될 것이라고 경고하셨다(8:14-15). 이것은 구원의 유일한 반석이신 여호와 하나님을 의지하지 않은 결과다.

28장은 여호와 하나님을 의지하라고 권고하면서, 그가 시온에 두신 귀하고 견고한 기초석을 믿을 때에 다급하게 되지 아니할 것이라고 약속한다(28:16). 문맥의 흐름은 귀하고 견고한 기초석이 하나님의 신실하고 확실한 교훈과 관련되어 있음을 보여준다. 하나님의 교훈 대신에 사람들이 지어낸 것을 교훈과 경계로 삼는 자들은 이로 인하여 결국 수치를 당하고 말 것이다. 그러나 여호와 하나님과 그의 말씀을 의지하는 자는 수치를 당하지 않을 것이다. 하나님께서는 율법이 시온에서, 그의 말씀이 예루살렘에 나올 것이라고 말씀하셨다(2:3). 시온은 여호와 하나님께서 자신의 특별한 임재를 두신 곳이다(8:18; 12:6). 여호와의 성소가 있는 시온은 그의 이름이 거하는 특별한 장소다(18:7). 지성소에는 언약의 법궤가 있고, 법궤 안에는 언약의 두 돌판이 있다.

이 모든 예언의 성취로 예수 그리스도께서는 시온과 성전의 모든 기구보다 크신 분으로서 세상에 오셨다. 예수님께서는 자기 백성의 죄와 저주를 감당하려고 십자가 위에서 죽으심으로써, 죄와 사망의 영원한 수치를 피하는 유일한 반석이 되셨다. 예수님의 죽으심은 건축자들의 쓸모없는 돌로 버림받으신 사건이나, 그의 부활은 이렇게 버려진 돌이 하나님의 새 집의 모퉁이돌이 된 사건이다(마 21:42; 행 4:11). 그 결과 신약 성경은 시편 118편 22절의 "건축자가 버린 돌이 집 모퉁이의 머릿돌이 되었다"는 것과 이사야 28장 16절의 "귀하고 견고한 기촛돌"을 예수 그리스도에게로 연결한다. 사도 베드로와 바울은 이 구절을 인용하여 예수 그리스도께 적용했다(롬 9:33; 벧전 2:6). 그러므로 이제 예수 그리스도를 믿는 자는 심판의 영원한 수치 대신에 영원한 존귀와 영광을 얻는다(벧전 2:6-7).

◁ 한 마디 기도

구원의 유일한 반석이신 하나님께서 영원한 반석 예수 그리스도를 보내셨으니 그분만을 의지하여 영원한 영광에 이르는 존귀한 삶을 살게 하소서.

ISAIAH
07
19

마음에 없는 헛된 공경

주께서 이르시되 이 백성이 입으로는 나를 가까이 하며 입술로는 나를 공경하나 그들의 마음은 내게서 멀리 떠났나니 그들이 나를 경외함은 사람의 계명으로 가르침을 받았을 뿐이라(마 15:8-9에 인용됨) _사 29:13

✚ 핵심 이해하기

이 말씀은 마음 중심으로 여호와 하나님을 경외하지 않고 입과 입술로만 하나님을 가까이하여 그를 경외한다고 하는 자들을 경고한다. 1-8절은 아리엘, 곧 여호와 하나님의 제단이 있는 예루살렘을 심판의 불로 화로가 되게 하겠다는 하나님의 심판 경고이다. 아리엘, 곧 시온 산을 치는 열방의 무리는 밤의 꿈과 환상과 같이 다윗성 예루살렘을 치고도 만족하지 못할 것이다(29:7-8). 하나님의 백성이 열심히 하나님을 섬기나 그들의 근본적인 문제는 미혹과 혼돈의 영에 사로잡힌 지도자(선견자=선지자)들의 가르침을 따라 하나님을 섬기는 데 있었다(29:10-11). 13절의 "사람의 계명으로 가르침을 받았을 뿐이라"는 표현은 이 사실을 분명하게 한다. 지도자들의 잘못된 가르침을 받은 백성은 하나님의 모든 계시의 말씀을 읽을 수도, 이해할 수 없는 영적인 맹인의 상태에 있었다. 그들에게 하나님의 계시의 말씀은 완전하게 인봉된 책과 같다(29:11-12).

예수님께서는 이 말씀을 인용하셔서, 장로들의 각종 전통에 사로잡혀 하나님의 기록된 말씀(계시)을 무시하는 바리새인들을 책망하셨다(마 15:7-9). 예수님께서는 그들이 부모를 공경하라는 하나님의 분명한 계명을 어기는 구체적인 예로 그들의 고르반 관습을 언급하셨다(마 15:4-6). 마음 중심으로 하나님의 확실한 가르침을 따르지 않고 인간적인 관습에 따라 하나님

을 섬기는 것은 잘못된 것이다. 그들의 섬김에 진정성이 있다고 해도 그들의 마음은 하나님의 말씀에 근거하지 않기 때문에, 결국 그들의 섬김은 잘못된 것이다. 이러한 잘못된 섬김에 대한 경고는 하나님의 말씀에 근거하지 않고 자신들이 옳다고 생각하는 방식에 따라 하나님을 섬기려는 마음을 가진 현대인들에게도 유효하다.

하나님께서는 잘못된 가르침을 따라 말로만 하나님을 섬기는 자들을 심판하겠다고 말씀하셨다. 그 심판의 내용은 하나님께서 그들 중에서 지혜자의 지혜와 명철자의 명철을 제거하시겠다는 것이다(29:14). 잘못된 섬김에 대한 하나님의 심판은 영적인 무지를 더욱 심화시키는 것이다. 영적인 무지가 더욱더 깊어지는 상태에서 하나님을 섬기니, 그러한 섬김은 하나님께서 받으실 수 없는 헛된 섬김이 될 수밖에 없다.

♫ 한 마디 기도

말과 입술로만 아니라, 하나님의 분명한 가르침과 교훈에 근거하여 마음 중심으로 주 하나님을 경외하게 하소서.

ISAIAH
07
20

메시아 시대, 각종 장애인의 치유와 회복

그 때에 맹인의 눈이 밝을 것이며 못 듣는 사람의 귀가 열릴 것이며 그 때에 저는 자는 사슴 같이 뛸 것이며 말 못하는 자의 혀는 노래하리니 이는 광야에서 물이 솟겠고 사막에서 시내가 흐를 것임이라
_사 35:5-6

✝ 핵심 이해하기

5절의 '그 때'는 여호와 하나님께서 친히 오셔서 그의 원수를 심판하고 그의 백성을 구원하실

때를 말한다(35:4). 1절에 언급된, 무성하게 꽃이 피어 기뻐하며 즐거워할 광야와 메마른 땅과

사막은 모두 은유적인 표현이다. 이것은 죄로 인하여 사막과 같이 황폐하게 된 하나님의 백성이, 그들을 찾아오시는 여호와 하나님의 영광과 아름다움으로 말미암아 회복될 것을 예고한다.

5-6절은 1-2절의 시적으로 표현된 내용을 각종 장애인의 회복과 회복의 원천을 들어 구체적으로 설명한다. 구체적으로 열거된 네 종류의 장애인들은 시각 장애인, 청각 장애인, 지체 장애인, 그리고 언어 장애인이다. 시각과 청각과 지체와 언어 장애는 광야, 메마른 땅, 사막과 같이 황폐하게 된 하나님 백성의 영적 무감각과 잘못된 삶을 상징한다. 그러나 맹인들의 영적인 눈이 열려(35:5) 여호와 하나님의 영광, 곧 그의 아름다움을 보게 될 것이다(35:2). 그들의 귀가 열려 하나님께서 권고하고 위로하시는 말씀을 듣게 될 것이다(35:3-4). 다리를 절어 걷지 못하는 자들의 지체가 회복되어 사슴과 같이 기뻐 뛸 것이다(35:3, 5). 말 못하는 자들의 혀가 열려 구원의 하나님을 찬양하고 경배하며 노래할 것이다(35:6).

이와 같은 회복은 하나님께서 광야와 같이 된 그의 백성에게 넘쳐흐르게 공급하시는 물을 통하여 일어날 것이다(35:6-7). 6-7절은 이 사실을 유사한 문구를 네 번 사용하여 강조한다. "광야에서 물이 솟는 것, 사막에서 시내가 흐르는 것, 뜨거운 사막이 변화하여 못이 되는 것, 그리고 메마른 땅이 변하여 원천이 되는 것"이 그것이다. 이 모든 것들은 여호와 하나님께서 그의 백성에게 성령을 부어주실 것을 예언한다. 이사야 선지자는 앞서 32장에서 "마침내 위에서부터 영을 우리에게 부어 주시리니 광야가 아름다운 밭이 되며 아름다운 밭이 될 것"이라고 예언했다(32:15). 44장에서 선지자는 또다시 "나는 목마른 자에게 물을 주며 마른 땅에 시내가 흐르게 하며 나의 영을 네 자손에게, 나의 복을 네 후손에게 부어 줄 것"이라고 예언했다(44:3).

이 예언은 하나님의 아들 예수님께서 그의 백성들을 치료할 때 부분적으로 성취되었다. 예수님께서는 감옥에 있는 세례자 요한이 자신의 제자를 보내어 그가 메시아인가에 대하여 문의할 때, 이사야 35장 5-6절의 예언을 성취하시는 그의 기적 사역을 언급하셨다(마 11:5 "맹인이 보며 못 걷는 사람이 걸으며 나병환자가 깨끗함을 받으며 못 듣는 자가 들으며 죽은 자가 살아나며 가난한 자에게 복음이 전파된다"). 이와 같은 중요한 감각기관의 회복은 성령의 역사로 하나님의 백성 모두에게 주어질 영적인 감각의 회복을 예고한다. 사람들은 영적인 눈과 귀와 입이 열려야 예수 그리스도의 얼굴에 빛나는 하나님의 영광을 보고 반응하여 예수 그리스도를 믿고 하나님께서 기뻐하시는 새로운 처신(행동)을 할 수 있다(고후 4:4-6; 엡 2:6-10). 영적으로 죽은 자들이 살아나고 그들의 영적인 기능이 회복되는 것은 모두 성령의 역사로부터 말미암는다(요 3:3-5; 6:63; 롬 2:29; 엡 1:17-19; 2:5).

✚ 한 마디 기도

성령의 충만함을 주시어 눈은 보고 귀는 들으며, 입은 주의 은혜와 영광을 인하여 기쁨과 즐거움으로 주께 노래하게 하소서.

비교할 수 없는 위대한 하나님

누가 여호와의 영을 지도하였으며 그의 모사가 되어 그를 가르쳤으랴 그가 누구와 더불어 의논하셨으며 누가 그를 교훈하였으며 그에게 정의의 길로 가르쳤으며 지식을 가르쳤으며 통달의 도를 보여주었느냐 보라 그에게는 열방이 통의 한 방울 물과 같고 저울의 작은 티끌 같으며 섬들은 떠오르는 먼지 같으리니 _사 40:13-15

✝ 핵심 이해하기

이사야 40장은 이사야의 후반부 40-66장을 소개하는 아주 중요한 장이다. 1-39장에서도 중간 중간에 구원의 소망과 약속에 관한 말씀도 있지만, 그 핵심적인 주제는 죄에서 돌이키지 아니하고 불순종하는 백성에 대한 하나님의 심판 선언이다. 하지만 40-66장의 핵심적인 메시지는 심판보다는 하나님의 구원 약속이다. 40장 1절의 "너희는 위로하라 내 백성을 위로하라"는 하나님의 권면과 권고는 40-66장의 전체적인 분위기를 잘 대변한다. 3-5절은 외치는 자의 소리가 백성에게 선포하는 내용을 언급한다. 6-8절에서는 외치는 자의 소리가 무엇이라고 외쳐야 하느냐고 하나님께 묻자 그가 주신 외쳐야 할 내용을 말한다. 9-11절은 시온에 아름다운 소식을 전하는 자가 예루살렘 백성에게 외쳐야 할 좋은 소식의 내용이다.

좋은 소식의 중심에는 여호와 하나님의 영광의 나타남과 그가 친히 백성에게 오셔서 그의 백성을 구원할 것이라는 약속이 있다(40:5, 9-10). 12-26절은, 임하셔서 자기 백성을 구원하실 여호와 하나님께서 얼마나 위대한 분이신지를 설명한다. 그는 어떤 피조물도 할 수 없는 측량을 하실 수 있는 유일하신 분이다(40:12). 여호와 하나님의 지혜와 명철은 너무나 놀랍고 탁월해서 그 누구도 그의 모사와 교사가 될

수 없다(40:13-14). 여호와 하나님께서는 너무나 위대하셔서 온 세상 나라는 그 앞에서 물통의 물방울 하나와 저울 위의 작은 티끌과 같다(40:15). 그 앞에서 세상의 모든 나라는 무가치하고, 있으나 없는 것과 같고, 텅 빈 것이나 다름이 없다(40:17).

이러한 표현들은 세상의 모든 나라 자체가 무가치하다는 뜻이 아니다. 하나님께서는 세상 나라들을 만드시고, 다스리실 뿐만 아니라, 세상 나라들을 구원하고자 아브라함을 열방 가운데서 구별하여 내셨기 때문이다. 이것들은 하나님께서 귀하고 소중하게 보시는 세상 나라도 하나님의 무한한 가치와 위대하심과 비교할 때는 그분 앞에 내세울 가치와 위대함이 전혀 없다는 것을 의미한다. 그러므로 이와 같이 유일하게 위대하신 하나님의 사랑의 대상이 되는 것은 세상의 무슨 말로도 표현할 수 없는 영광과 특권이다. 이러한 하나님께서 친히 오셔서 그의 백성을 구원하시고 그들의 목자가 되신다는 것은 영광 중의 영광이다.

☌ 한 마디 기도

죄와 사망 가운데서 우리를 구원하기 위해 자기 아들을 보내신 여호와 하나님께서 얼마나 위대하고 놀라운 분이신지 깊이 알고 감격하며 살게 하소서.

눈과 귀가 먼 종

너희 못 듣는 자들아 들으라 너희 맹인들아 밝히 보라 맹인이 누구냐 내 종이 아니냐 누가 내가 보내는 내 사자 같이 못 듣는 자겠느냐 누가 내게 충성된 자 같이 맹인이겠느냐 누가 여호와의 종 같이 맹인이겠느냐 네가 많은 것을 볼지라도 유의하지 아니하며 귀가 열려 있을지라도 듣지 아니하는도다

_사 42:18-20

✝ 핵심 이해하기

42장은 메시아, 곧 여호와의 종의 사명과 그의 사명의 배경에 대하여 말한다. 1절에 언급된 "내가 붙드는 나의 종, 내 마음에 기뻐하는 자 곧 내가 택한 사람"은 하나님께서 죄악에 빠진 그의 백성을 위하여 보낼 메시아를 가리킨다. 1절의 말씀은 예수께서 세례자 요한에게 요단강에서 세례를 받으실 때에 하늘에서 들려온 음성의 배경이었다(마 3:17 "이는 내 사랑하는 아들이요 내 기뻐하는 자라"). 2-4절에 묘사된 것과 같이 여호와 하나님께서 성령을 부어 주신 그의 종 메시아의 사역은 예수 그리스도의 온유하고 인내하시는 사역으로 성취되었다(마 12:17-21). 여호와 하나님께서는 메시아를 백성의 언약과 이방의 빛으로 세우셔서, 눈먼 자들의 눈을 밝히며 갇힌 자들을 감옥에서, 흑암에 앉은 자를 감방에서 각각 나오게 하실 것이다(42:6-7, 16). 여호와 하나님께서 메시아를 그의 순종하는 종으로 세워 이와 같은 구원의 역사를 행하실 때, 많은 사람(항해하는 자, 바다의 만물, 섬사람, 광야의 성읍, 게달의 주민, 셀라의 주민)들이 여호와 하나님께 새 노래로 찬양하며 경배할 것이다(42:10-12).

하나님께서 보내실 여호와의 종 메시아의 사명은 여호와의 종 이스라엘 백성의 실패를 배경으로 한다. 18-20절은 이 사실을 분명하게 한다. 당연히 여호와 하나님의 종은 그분의 증인으로서 그분에게서 보고 들은 것을 열방에 알리고 선포해야 했다. 여호와 하나님께서는 이스라엘 백성을 "내 종", "내가 보내는 내 사자", "내게 충성된 자", 그리고 "여호와의 종"으로 부르셨다(42:19).

그렇지만 하나님의 백성 이스라엘은 증인의 두 근본적인 자격을 상실했다. 그들은 보지 못하는 맹인이었고(맹인이란 말이 4번 반복됨), 듣지 못하는 청각 장애인이었다. 하나님께서는 못 듣는 백성을 향해 들으라고 명하시나 그들은 듣지 못하였고(42:19-20), 그들에게 밝히 보라고 하시나 그들은 많은 것을 보면서도 깨닫지 못했다(42:20 "많은 것을 볼지라도 유의하지 아니하며"). 그 결과 하나님의 백성은 도둑맞고 탈취당하여 옥에 갇힌 신세가 되었다(42:22). 이 모든 것은 하나님께서, 그분의 길을 거절하고 그분의 교훈에 순종하지 아니한 그들에게 진노하신 결과였다. 하지만 이스라엘 백성은 이 사실을 깨닫지 못하고 마음에 두지 아니했다(42:24-25).

∝ 한 마디 기도

여호와 하나님을 체험하고 그의 말씀을 듣도록 우리에게 예수 그리스도의 눈과 귀를 주셔서, 위대하신 하나님의 산 증인으로 살게 하소서.

사명을 감당하게 하시는 여호와

주 여호와께서 학자들의 혀를 내게 주사 나로 곤고한 자를 말로 어떻게 도와 줄 줄을 알게 하시고 아침마다 깨우치시되 나의 귀를 깨우치사 학자들 같이 알아듣게 하시도다 _사 50:4

✝ 핵심 이해하기

50장 4-9절은 여호와의 종 메시아의 세 번째 노래다. 특별히 4절은 주 여호와께서 사명을 감당하게 도와주심에 대한 고백이다. 하나님께서 메시아를 도와주신 것은 그에게 학자들의 혀를 주어 곤고한 자를 도와줄 줄을 알게 하심과 아침마다 그를 깨우쳐 학자들과 같이 알아듣게 하심이다. 그 결과 여호와의 종 메시아는 여호와께 불순종하지 않았고, 그를 괴롭히고 반대하는 자들 앞에서 뒤로 물러가지 않았다(50:5-6). 메시아의 고난과 수치는 모욕과 모멸감을 깊이 느낄 정도로 심한 것이었다. 그러나 하나님께서 도우심으로 그는 뒤로 물러가지 않았다. 메시아는 그 결과 극한 대적자들 앞에서 얼굴을 가리지 않았고, 그들 앞에서 수치를 당하지 않았다(50:6-7). 메시아는 그를 인정하는 여호와 하나님께서 그와 함께 하심을 확신하기에 그와 다투는 어떤 사람도, 그의 어떠한 대적자도 두려워하지 않고 그들에게 도전할 수 있었다(50:8-9).

이 예언의 성취로 예수 그리스도는 이 세상에 오셔서 3년간의 사역을 하실 때에 종교지도자들의 온갖 반대와 방해에 굴복하지 않고, 하나님께서 자신에게 맡기신 메시아의 구원 사역을 잘 감당하셨다. 예수님께서는 그의 반대자들에게 수염만 뽑히지 않으셨을 뿐, 그들로부터 뺨을 맞으셨고 모욕과 침 뱉음을 당하셨다(마 26:67; 막 14:65; 15:19; 눅 18:32; 요 19:1-3).

∝ 한 마디 기도

우리에게 주신 사명을 감당할 수 있도록 하나님께서 도우심을 알고 확신하게 하소서.

메시아의 대속적인 고난

그는 실로 우리의 질고를 지고 우리의 슬픔을 당하였거늘 우리는 생각하기를 그는 징벌을 받아 하나님께 맞으며 고난을 당한다 하였노라 그가 찔림은 우리의 허물 때문이요 그가 상함은 우리의 죄악 때문이라 그가 징계를 받으므로 우리는 평화를 누리고 그가 채찍에 맞으므로 우리는 나음을 받았도다 (벧전 2:24에 인용됨) _사 53:4-5

✝ 핵심 이해하기

53장은 여호와의 종 메시아의 고난과 고난의 결과를 가장 잘 묘사하고 예언한다. 예수님 당시의 랍비들과 서기관들은 53장이 메시아가 받을 대속적인 고난과 그 결과를 예언한 것으로 이해하지 않았다. 예수님께서만 유일하게 자신의 십자가 죽으심 이전에도 자신의 대속적인 사역을 이사야 53장에 비추어 이해하셨다(마 8:16-17; 26:54; 눅 22:37). 예수님의 제자들은 예수님의 십자가와 부활 사건 이후에 비로소 이사야 53장이 메시아의 고난을 예언한 것을 알아보기 시작했다. 부활하신 예수님께서는 자신의 십자가 죽으심과 부활하심으로 이 예언이 성취된 것을, 제자들에게 집중적으로 가르치셨다(눅 24:44-47; 행 1:3; 8:32-35).

3절은 메시아가 사람들에게 멸시와 버림을 받고 무시 받은 것을 말한다. 4절은 사람들이 메시아의 고난이 그의 백성의 죄를 감당하기 위한 대속적인 고난임을 인식하지 못하고, 단지 그가 개인적으로 하나님께 징벌과 고난을 받은 것으로 오해하였음을 보여준다. 5a절은 이러한 오해를 교정하여, 메시아의 찔림과 상함이 그의 백성의 죄 문제를 해결하기 위한 것이었음을 분명하게 한다.

하나님의 백성은 메시아의 대속적인 징계와 채찍 맞음의 결과로 평화와 치유를 얻었다(53:5b). 여기서 평화는 일차적으로 하나님과의 바른 관계의 회복이고, 이차적으로는 하나님의 백성 사이의 관계의 회복이다. 죄로 인하여 진노하시는 하나님께서는 그의 백성의 죄로 인하여 그의 아들 메시아에게 진노와 저주를 부으셨으므로, 그들의 죄를 용서하시고 그들을 자신의 의로운 백성으로 인정하신다. 그의 백성이 치유를 받았다는 것은, 하나님과의 관계가 회복되었으므로 죄 용서를 받고 메시아의 의에 근거하여 의롭게 되어 여호와 하나님께로 돌아왔다는 것을 뜻한다.

6절은 하나님의 백성이 받은 치료를 양의 이미지를 사용하여 다시 설명한다. 하나님의 백성은 양들과 같이 여호와 하나님의 길을 떠나 각기 제 길로 갔던 데서 돌이켜, 하나님의 의로운 길로 돌아왔다. 이것이 하나님의 백성이 여호와 하나님께로 돌아왔다는 말의 의미이다. 사도 베드로는 십자가의 대속적인 죽으심이 가져온 치유와 관련하여, 예수 그리스도께서 그의 백성을 위하여 대속적으로 죽으신 것의 목적은 그들이 죄에 대하여 죽고 의에 대하여 살도록 하기 위함이라고 밝히면서, 이제는 그들이 자신들의 영혼의 목자와 감독자이신 하나님께로 돌아왔다고 했다(벧전 2:24-25).

⳩ 한 마디 기도

예수 그리스도의 대속적인 죽으심으로 하나님과 그의 백성의 바른 관계가 회복되었으니, 이제는 하나님께서 정하신 길로 가게 하소서.

하나님을 찾으라는 권면

너희는 여호와를 만날 만한 때에 찾으라 가까이 계실 때에 그를 부르라 악인은 그의 길을, 불의한 자는 그의 생각을 버리고 여호와께로 돌아오라 그리하면 그가 긍휼히 여기시리라 우리 하나님께로 돌아오라 그가 너그럽게 용서하시리라 _사 55:6-7

✝ 핵심 이해하기

55장은 하나님께서 그의 백성 이스라엘과 열방을 그의 영원한 언약의 축복 안으로 초대하시는 내용을 담고 있다. 이 영원한 언약은 하나님께서 다윗에게 약속하신 불변하는 은혜이다(55:3). 하나님께서 다윗과 그의 왕조에게 약속하신 불변하는 은혜의 내용은 다윗의 보좌에 앉아서 다스릴 자가 영원히 있을 것이라는 말씀이다. 하나님께서는 다윗과 언약을 맺으셔서 친히 그의 하나님이 되시고 그를 자신의 아들로 삼으셨다. 하나님께서는 이 언약에 근거하여 그의 왕위를 계승하는 자에게도 동일한 은혜를 약속하셨다(삼하 7:12-15; 대상 17:11-14).

하지만 하나님의 약속과 정반대되는 일이 일어났다. 남 왕국 유다가 바벨론 제국에 의하여 멸망하고 그의 백성이 바벨론에 포로로 잡혀 간 것이었다. 이로 인하여 다윗의 왕조는 멸망하여 더 이상 존재하지 않게 되었다. 하나님께서는 다윗에게 약속하신 확실한 은혜에 근거하여 정하신 때에 다윗의 왕조를 회복하실 것이다. 4절의 "보라 내가 그를 만민에게 증인으로 세웠고 만민의 인도자와 명령자로 삼았나니"란 말씀은 다윗의 후손으로 오실 메시아를 가리킨다. 53장은 메시아의 대속적인 고난의 결과로 많은 사람이 의롭게 될 것을 예고했다(53:11-12). 이 많은 백성 가운데는 메시아가 개인적으로 알지 못하는 이방 나라 백성도 포함되어 있다(55:4-5).

하나님께서는 이방 백성도 그의 은혜의 만찬에 초대하신 것이다. 6절의 "여호와를 만날 만한 때"는 그가 "가까이 계실 때"이다. 여호와께서 가까이 계실 때는, 그가 친히 세상 모든 나라에 증인과 그들의 인도자와 명령자로 세우신 메시아를 통하여 그들을 구원과 은혜의 만찬으로 초대하실 때이다. 여호와 하나님을 찾고 부르는 사람은 그들의 악한 길과 헛된 생각을 버리고 그에게로 돌아와야 한다. 그들의 악한 길과 헛된 생각은 그들이 "양식이 아닌 것을 위하여 은을 달아 주며 배부르게 하지 못할 것을 얻기 위하여 하는 헛된 수고"에 잘 나타난다(55:2). 오직 여호와 하나님만이. 영혼의 만족과 기쁨을 가져다 줄 영적인 양식과 기름진 포도주를 제공하신다(55:1-2). 그 안에는 하나님의 긍휼히 여기심과 너그러운 용서가 들어 있다(55:7).

하나님의 약속은 결코 빈말이 아니다. 그의 약속은 비와 눈이 하늘에서 내려 땅을 적시어 땅에서 각종 풍성한 소출이 나게 하는 것과 같다. 하나님께서는 자신의 약속에 따라서 반드시 그들을 기쁨과 평안으로 계속 이끌어 가실 것이다(55:11-12). 이 은혜는 그리스도의 복음의 선포를 듣고 믿는 자들에게 지금 주어지고 있다. 하나님께서는 각 나라와 족속과 방언에게, 하나님께 돌아와 그의 아들 예수 그리스도를 믿으라고 권면하신다(행 16:31; 17:30-31). 천사 가브리엘은 마리아에게 메시아를 임신할 것을 예고하면서, 하나님께서 그에게 조상 다윗의 왕위를 주시고 그가 영원히 야곱의 집을 왕으로 다스릴 것이라고 말했다(눅 1:32-33). 다윗에게 약속하신 영원한 나라와 왕위는, 다윗의 마지막 자손이시며 그보다 크신 주 예수 그리스도의 천상 통치와 모든 종족에게 향하는 복음의 선포를 통하여 회복되고 있다(행 2:34-36; 5:30-31; 15:15-18).

∝ 한 마디 기도

하나님께서 그리스도 예수 안으로 초대하시는 은혜와 구원의 만찬에 참여하여, 영혼의 만족과 기쁨을 누리게 하소서.

ISAIAH 07/26

통회하는 겸손한 자와 함께하시는 하나님

지극히 존귀하며 영원히 거하시며 거룩하다 이름하는 이가 이와 같이 말씀하시되 내가 높고 거룩한 곳에 있으며 또한 통회하고 마음이 겸손한 자와 함께 있나니 이는 겸손한 자의 영을 소생시키며 통회하는 자의 마음을 소생시키려 함이라(관련구절: 사 66:2) _사 57:15

✝ **핵심 이해하기**

57장의 앞부분은 우상 숭배자들의 그릇된 행위와 죄악을 지적한다(57:1-13). 뒷부분의 내용은 하나님께서 겸손한 자들에게 주시는 인도하심과 평화의 약속에 관한 것이다(57:14-21). 15절은 57장의 핵심구절이다. 하나님께서는 먼저 자기 자신을 "지극히 존귀하며 영원히 거하시며 거룩하다"고 불리는 분으로 소개한다. 이와 같이 거룩하신 하나님께서는 자신을 의뢰하는 자에게는 땅을 차지하게 하실 것이고, 자신의 백성을 길에서 걸려 넘어지게 하는 것은 제하여 버리실 것이다(57:13-14). 높고 거룩한 곳에 계시는 하나님께서는 통회하고 마음이 겸손한 자들과 함께하신다. 앞부분의 "통회하고 마음이 겸손한 자"는 뒷부분에서 "겸손한 자"와 "통회하는 자"로 표현된다. 이것은 모두 같은 표현이다. 통회하는 자가 겸손한 자이고, 겸손한 자가 통회하는 자이다. 다윗이 시편 51편에서 고백한 것과 같이 하나님께서는 상한 심령, 곧 통회하는 마음을 가진 자를 찾으신다(시 51:17). 이 말씀은, 하나님께서는 마음이 가난하고 심령에 통회하며 그의 말을 듣고 떠는 자를 돌아보시겠다고 하신 약속과 연결된다(66:2).

하나님께서 마음의 중심으로 통회하는 겸손한 자와 함께하시는 목적은 그의 영과 마음을 소생시키시기 위함이다. 이것은 하나님께서 그의 백성이 죄를 고백하고 통회할 때 그들과 함께하시면서 그들을 소생시키심을 분명하게 보여준다. 이사야는 지극히 높고 거룩하신 하나님 앞에 자신의 부정함을 통렬하게 고백했을 때, 하나님으로부터 정결하게 하심을 받고 선지자로 세워졌다(사 6장). 다윗이 마침내 감추었던 죄를 고백하고 통회 자복했을 때, 하나님께서는 그의 영을 소성하게 하셔서 두 번 다시 큰 죄에 빠지지 않게 하셨다(시 51편). 예수님께서는 이와 비슷하게, 애통하는 자는 복이 있다고 말씀하셨다(마 5:4).

 **한 마디 기도**

마음의 중심으로 죄를 고백하고 통회할 때 하나님께서 함께 하시어 영혼을 소성시키는 것을 깊이 경험하게 하소서.

ISAIAH 07/27

하나님께서 기뻐하시는 금식

내가 기뻐하는 금식은 흉악의 결박을 풀어 주며 멍에의 줄을 끌러 주며 압제 당하는 자를 자유하게 하며 모든 멍에를 꺾는 것이 아니겠느냐 또 주린 자에게 네 양식을 나누어 주며 유리하는 빈민을 집에 들이며 헐벗은 자를 보면 입히며 또 네 골육을 피하여 스스로 숨지 아니하는 것이 아니겠느냐

_사 58:6-7

✝ 핵심 이해하기

6-12절 전체는 하나님께서 기뻐하시는 금식에 관한 말씀이다. 이중 6-7절은 하나님께서 기뻐하시는 금식이 어떤 것인지 소개하고, 나머지 내용은 그의 백성이 그가 기뻐하시는 금식을 할 때 하나님께서 베풀어 주시는 각종 은혜를 설명한다(58:8-12). 바른 금식을 할 때 하나님께서 베풀어 주시는 은혜는 아주 다양하다. 빛이 새벽빛과 같이 비췸, 급속한 치유, 하나님의 영광이 호위함(58:8), 영혼의 만족과 물이 끊어지지 아니하는 샘물과 같은 동산(58:11), 그리고 무너진 곳을 보수하고 길을 수축하는 후손이 날 것(58:12) 등이 그것이다. 그러므로 하나님의 백성에게 중요한 것은 자기 마음대로 무조건 금식하는 것이 아니라, 하나님께서 기뻐하시고 그가 친히 인정하시는 금식을 하는 것이다.

이 말씀은 하나님께서 왜 그의 백성의 금식에 응답하지 않으시냐는 불평스러운 말에 대한 답변이다. 하나님께서 보실 때 그의 백성은 금식만 했지 금식을 통해서 자신들의 그릇된 삶을 교정할 생각은 전혀 하지 않았다(4절 "보라 너희가 금식하면서 논쟁하며 다투며 악한 주먹으로 치는도다"). 따라서 만일 그들이 계속 이렇게 살면서 금식의 일환으로 자신의 마음을 괴롭히고 머리를 갈대같이 숙이고 굵은 베와 재를 편다면, 하나님께서 어찌 이런 금식을 기쁘게 받으시겠냐고 되물으시는 것이다(58:5).

하나님께서 기뻐하는 금식은 이웃에게 행한 각종 부정과 억압을 없애고, 빈궁한 자들에게 필요한 것들을 공급하는 것이다. 다시 말해서 하나님의 백성은 각기 이웃에게 정의와 자비를 행하기 위해서 금식을 해야 한다. 이웃과 어그러진 관계를 회복하고 자비를 베푸는 것이 없는 금식은 하나님 앞에서 이기적인 것이요, 하나님께서 응답하지 않는 헛된 금식이다.

∝ 한 마디 기도

탐욕과 이기적인 목적이 아니라, 어그러진 관계를

바로 잡고 하나님께서 기뻐하는 삶을 살기 위해 기도하고 금식하게 하소서.

ISAIAH
07
28

기도에 응답이 없는 이유

여호와의 손이 짧아 구원하지 못하심도 아니요 귀가 둔하여 듣지 못하심도 아니라 오직 너희 죄악이 너희와 너희 하나님 사이를 갈라놓았고 너희 죄가 그의 얼굴을 가리어서 너희에게서 듣지 않으시게 함이니라 _사 59:1-2

✝ 핵심 이해하기

1-2절은 하나님의 백성이 기도 응답을 받지 못해서 좌절하고 실망하는 것을 전제한다. 하나님의 백성은 기도 응답을 받지 못할 때에 하나님을 오해할 수 있다. 하나님께서는 본문에서 이 잘못된 생각을 교정하신다.

1절은 기도의 응답을 받지 못하는 이유에 대한 하나님의 반응이다. 사람들은 기도의 응답을 받지 못할 때 하나님의 능력에 한계가 있거나 그의 귀가 둔한 것이 아니냐고 의심할 수 있다. 하나님께서는 어떤 경우에도 능력의 손이 짧아 구원하지 못하는 일이 없으시다. 하나님의 귀가 둔하여 듣지 못하심도 결코 없다. 하나님께는 완전한 능력이 있으나 구원하지 않으시는 것이고, 신음소리까지 들으시나 기뻐 듣지 않으시는 것이다.

2절은 하나님께서 기도에 응답하여 구원하지 아니하시는 참된 이유를 제시한다. 그것은 하나님과 그의 백성 사이의 언약의 관계를 파괴하는 죄악 때문이다.

하나님의 백성이 범한 구체적인 죄는 3-5절

과 7-8절에 나온다. 그들의 죄가 하나님의 얼굴을 가리게 했다는 것은, 그들의 죄에 대한 하나님의 언약적인 진노의 반응이다. 하나님께서 얼굴을 가리시는 것은 그가 언약에 신실하시기 때문이다. 하나님께서 그의 얼굴을 가리시는 것은 그의 백성의 죄에 대한 진노의 표현이다(시 27:9; 69:17; 102:2).

하나님께서 자신의 얼굴을 가리고 계신 중에는 그 얼굴을 가리게 한 자들의 기도에 응답하지 아니하신다. 깨어 있는 백성은 하나님께서 자신의 얼굴을 가리실 때 이에 민감하게 반응하여 회개하며 그의 얼굴빛을 비추어 달라고 간구한다(시 4:6; 13:1; 22:24; 31:16; 80:3). 하나님과 사람들과의 어그러진 관계를 의식하고 돌이켜 하나님께 죄를 고백하고 용서를 구할 때, 하나님께서는 기쁘게 응답하신다. 9-15a절에 백성의 죄 고백이 나오고 15b-21절에서 하나님께서 그의 백성을 구원하겠다고 하시는 것이 바로 이 사실을 잘 보여준다.

하나님께서 기도에 응답하지 않으실 때 자신의 삶

과 행위를 잘 돌아보고, 버릴 것을 버리고 삶의 우선순위를 바로잡게 하소서.

ISAIAH 07/29 여호와 하나님의 영광의 빛

일어나라 빛을 발하라 이는 네 빛이 이르렀고 여호와의 영광이 네 위에 임하였음이니라 보라 어둠이 땅을 덮을 것이며 캄캄함이 만민을 가리려니와 오직 여호와께서 네 위에 임하실 것이며 그의 영광이 네 위에 나타나리니 나라들은 네 빛으로, 왕들은 비치는 네 광명으로 나아오리라 _사 60:1-3

✝ 핵심 이해하기

이 말씀은 하나님의 영광이 나타날 것이라는 앞부분의 예언과 연결된다(40:5). 하나님은 영광이시므로 여호와 하나님의 나타나심은 그의 영광의 나타남이다(출 33:22; 사 40:9-10). 하나님의 백성이 발해야 하는 빛은 임하실 여호와의 영광의 빛이다. 여호와의 영광이 임하는 것은 여호와께서 친히 그의 백성에게 임하실 것이기 때문이다. "오직 여호와께서 네 위에 임하실 것이며 그의 영광이 네 위에 나타날 것이다"라는 말은 이 사실을 분명하게 한다(60:2). 하나님께서 친히 그의 백성에게 임하셔서 그들이 영광의 빛을 받는 때는 언제인가? 어둠이 온 땅을 집어 삼키고 캄캄함이 만민을 삼킬 때이다. 바로 이러한 때에 그의 백성이 하나님의 영광의 빛을 받는다는 것은 참으로 놀라운 복이다.

기억해야 할 것은 열방이 깊은 어둠과 흑암 중에 있을 때에 그의 백성이 영광의 빛을 받는다는 사실이다. 이것은 여호와의 영광의 빛을 받는 하나님의 백성의 사명을 알려준다. 하나님의 백성의 사명은 여호와의 영광의 빛을 어둠 가운데 있는 열방에 비추는 것이다. 이렇게 하나님의 백성이 영광의 빛을 여호와 하나님으로부터 받아 열방에 비출 때에, 열방과 열방의 왕들은 어둠 속에서 빛을 보고 그들에게로 몰려와 여호와 하나님을 섬기게 될 것이다(60:3-4). 이뿐만 아니라, 하나님의 백성이 마지막 날에 누리게 될 여호와의 영광은 낮의 태양빛과 밤의 달빛을 영원히 대신할 것이다. 여호와께서 그들에게 영원한 빛이 되시고 그들의 영광이 되실 것이기 때문이다(60:19-20).

하나님의 아들 예수 그리스도는 볼 수 없는 하나님의 형상이시며 그의 영광의 광채이시다(골 1:15; 히 1:3). 예수님께서 하나님의 영광을 가장 찬란하게 빛나게 하신 사건은 십자가에 높이 달리신 일이다(요 7:39; 12:16, 28; 13:31-32). 그 결과로 예수 그리스도의 얼굴에는 하나님의 영광이 빛난다. 복음을 믿는 것은 예수 그리스도의 얼굴에서 빛나는 하나님의 영광을 보는 것이고, 복음의 선포는 하나님의 영광이신 그리스도의 영광을 선포하는 것이다(고후 4:4-6). 신자는 성령의 역사하심으로 인해, 예수 그리스도의 얼굴에서 빛나는 하나님의 영광을 받아, 작은 영광에서 더 큰 영광으로 지속적으로 나아간다(고후 3:18). 신약 백성은 오늘도 "잠자는 자여 깨어서 죽은 자들 가운데서 일어나라 그리스도께서 너에게 비추이시리라"는 주의 권면을 듣는다(엡 5:14). 그러므로 우리는 예수님께서 말씀하신 것과 같이, 우리의 착한 행실로 복음의 빛을 사람들에게 비추어, 그들이 하나님께 영광을 돌릴 수 있도록 해야 한다(마 5:16).

✕ 한 마디 기도

하나님의 영원한 빛과 영광이신 예수님 안에서, 영광의 빛을 어둔 세상에 비추며 살게 하소서.

ISAIAH
07
30

신랑 신부의 멋진 단장

내가 여호와로 말미암아 크게 기뻐하며 내 영혼이 나의 하나님으로 말미암아 즐거워하리니 이는 그가 구원의 옷을 내게 입히시며 공의의 겉옷을 내게 더하심이 신랑이 사모를 쓰며 신부가 자기 보석으로 단장함 같게 하셨음이라 _사 61:10

✚ 핵심 이해하기

61장은 성령으로 기름부음을 받는 메시아의 구원 사역의 중요한 배경을 제공한다. 특별히 요한에게 세례를 받을 때에 성령으로 기름부음을 받으신 예수님께서, 나사렛 회당에서 자신의 구원 사역, 곧 포로 된 자에게 자유를 선언하는 구원의 희년 사역을 선포하기 위해 바로 이 1-2절을 인용하셨다(눅 4:18-19).

앞으로 메시아가 오셔서 성령의 충만함 가운데 펼치실 희년 사역의 결과는 이방인들에게도 미치게 될 것이다(61:5-6). "이방 사람들이 너희 농부와 포도원지기가 될 것"이며, "너희(=이스라엘 백성)는 여호와의 제사장이 될 것"이라는 말씀은 이 점을 분명하게 한다. "너희가 이방 나라들의 재물을 먹으며 그들의 영광을 얻어 자랑할 것"이라는 말씀은 메시아의 구원 사역의 결과로 유대인과 이방인 모두 구원의 혜택을 입을 것을 내다본다. 역사 속의 이스라엘 백성은 사명을 제대로 감당하지 못했기 때문에 이방인들에게 아브라함의 복이 미치지 못했다. 그러나 메시아께서, 하나님께서 주신 사명을 완수하시는 '새(참) 이스라엘'로 오셔서 대속적인 죽음으로 구원 사역을 완수하신 결과(사 53장)로, 구원의 혜택이 이방인에게까지 미치게 될 것이다. 선지자 이사야는 61장에서 이러한 영광스러운 미래를 내다보았다.

이러한 사실에 비추어 볼 때 10절의 말씀은 아주 중요한 의미를 가진다. 여호와로 말미암아 기뻐하고 즐거워하는 자가, 1-2절에 언급된 메시아이든지 구원의 은혜를 입는 하나님의 백성이든지, 그것은 중요하지 않다. 중요한 것은 메시아의 구원 사역의 결과로 기쁨과 즐거움이 하나님의 백성에게 주어진다는 것이다. 하나님께서 친히 그들에게 구원의 옷을 입혀 주실 것이다. 여호와 하나님께서 입혀 주시는 구원의 옷, 곧 공의의 겉옷은 보석으로 단장한 신랑과 신부의 모습과 같다. 다시 말해서 이 옷은 가장 아름답고 멋진 장식이다. 신랑과 신부가 결혼하는 날의 단장보다 더 아름답고 멋지게 꾸밀 수 없듯이, 하나님께서 그의 백성에게 베푸시는 구원의 옷보다 더 영광스러운 단장은 세상 어디에도 없다. 그 이유는 하나님의 백성은 하나님과의 사이에서 어그러졌던 영적인 결혼의 언약적인 관계가 이제 회복되어, 메시아의 공로에 근거하여 여호와 하나님의 영원한 사랑을 받는 대상이 될 것이기 때문이다.

이스라엘 백성은 영적인 신랑이신 여호와 앞에서 언제나 불성실하고 불결하고 부정한 신부였다. 하지만 메시아의 대속적인 순종과 희생으로 인해 그의 의의 옷을 받아 의롭고 정결한 신부가 될 것이다. 그래서 선지자 이사야는 곧 이어서 "마치 청년이 처녀와 결혼함 같이 네 아들들이 너를 취하겠고 신랑이 신부를 기뻐함 같이 네 하나님이 너를 기뻐하시리라"고 말한 것이다(62:5). 마침내 하나님의 아들 예수 그리스도께서 오셔서 죄인들에게 구원의 결혼 만찬을 베푸신 것은 하나님께서 이사야를 통하여 하신 예언을 성취하시기 위함이었다(마 9:14-15; 눅 5:33-34).

∞ 한 마디 기도

하나님께서 메시아를 통하여 가장 영광스럽고 아름다운 구원의 옷을 입혀 주셨으니 이 옷에 걸맞게 의와 거룩의 열매를 맺으며 살게 하소서.

ISAIAH
07/31

부정한 백성

무릇 우리는 다 부정한 자 같아서 우리의 의는 다 더러운 옷 같으며 우리는 다 잎사귀 같이 시들므로 우리의 죄악이 바람 같이 우리를 몰아가나이다(마 11:5 "나병 환자가 깨끗함을 받으며") _사 64:6

✝ 핵심 이해하기

이사야 63장 15절부터 64장까지의 핵심적인 내용은, 비참하고 가련하게 된 하나님의 백성이 자신을 돌아보며 하나님의 자비와 사랑을 구하는 회개와 간구이다. 하나님께서는 이스라엘 백성의 죄로 인하여 마침내 진노하셨다. 그 결과 하나님의 백성은 이방인들에게 짓밟혔고, 그의 성전은 원수들에게 유린되었다(63:17-19;

64:10-12). 6절의 "우리는 다 부정한 자 같아서 우리의 의는 다 더러운 옷 같다"는 회개의 고백은, 거룩한 백성의 신분과 하나님의 거룩한 처소인 성전과 극한 대조를 이룬다. 하나님의 백성은 언약의 주 하나님께 속한 백성이기에 거룩한 백성이다(63:18; 출 19:6; 신 7:6). 예루살렘에 있는 성전은 여호와 하나님의 거룩하고 영

광스러운 처소이다(63:15; 64:11). 이 거룩하고 아름다운 성전으로 인하여 시온과 예루살렘만이 아니라 하나님의 백성의 성읍들도 거룩하다(64:10 "주의 거룩한 성읍들"). 그러나 하나님의 성전과 거룩한 성읍들이 하나님의 진노로 인해 한순간에 파괴되었다. 이 모든 것은 하나님의 백성의 심각한 죄악 때문이었다(64:5).

6절의 "우리는 다 부정한 자 같아서"와 "우리의 의는 다 더러운 옷 같아서"는 서로가 서로를 설명하는 상호보완적인 구절이다. '우리'와 '우리의 의'가 짝을 이루고, '부정한 자 같아서'와 '더러운 옷 같아서'가 짝을 이룬다. 하나님의 지극히 거룩하심과 높이 들리심을 목격한 이사야는 "화로다 나여 망하게 되었도다 나는 입술이 부정한 사람이요 나는 입술이 부정한 백성 중에 거한다"고 고백했었다(6:5). 본문에서는 하나님의 백성 전체의 고백이 나온다. 하나님께서는 이와 같이 부정하게 되어 더러운 옷을 입은 백성에게 구원과 의의 옷을 입혀 주시겠다고 약속하셨다(61:11).

이 약속은 예수 그리스도의 구원 사역으로 마침내 성취되었다. 예수님께서는 옥에 갇혀 있는 세례자 요한이 제자들을 보내어 그분이 구약성경에 약속된 메시아가 맞는지 확인하는 질문을 할 때, 그 구체적인 증거 중 하나로 나병 환자들이 깨끗함을 받는 정결의 기적을 언급하셨다(마 11:5; 눅 7:22). 예수님께서 나병 환자들을 정결하게 하신 기적과 죄인들과 세리들을 용서하여 하나님의 거룩한 백성으로 삼으신 사건은 하나님의 부정한 백성을 정결케 하는 구원 사역의 일환이었다.

심각한 죄에 빠져 벗어나지 못하는 하나님의 백성은 본질적으로 그분 앞에서 영적인 나병 환자와 같다. 6절의 "우리는 다 부정한 자 같아서"는 "우리는 영적인 나병 환자와 같다"는 고백과 같다. 몸의 부정함으로 인해 가정과 하나님의 백성의 공동체에서 분리되어 하나님을 경배할 권리까지 박탈당하는 나병보다 더 심각한 병이 죄로 인한 영적인 나병이다. 우리가 영적인 나병을 인정할 때 주께서는 이사야를 정결하게 하시듯이 우리를 정결하게 하실 것이다. 신약에서 메시아의 백성은 그들의 옷을 어린양의 피로 날마다 씻는 자들이다(계 7:14; 16:15).

한 마디 기도

예수 그리스도의 보혈로 죄 사함을 받은 우리가 죄를 고백할 때, 예수님의 보혈로 죄의 부정함과 오염으로부터 우리를 깨끗하게 씻어 주소서.

여호와 하나님께서 돌보시는 사람

여호와께서 이와 같이 말씀하시되 하늘은 나의 보좌요 땅은 나의 발판이니 너희가 나를 위하여 무슨 집을 지으랴 내가 안식할 처소가 어디랴 나 여호와가 말하노라 내 손이 이 모든 것을 지었으므로 그들이 생겼느니라(행 7:49에 인용됨) 무릇 마음이 가난하고 심령에 통회하며 내 말을 듣고 떠는 자 그 사람은 내가 돌보려니와 _사 66:1-2

✝ 핵심 이해하기

여호와 하나님께서는 하늘과 땅과 그 가운데 있는 모든 것을 창조하셨다. 이러한 창조자 하나님께서는 1절에서 질문하시고 2절에서는 이 질문에 대답하신다. 하나님의 질문은 하늘은 그의 보좌이고 땅은 그의 발판인데 그의 백성이 무슨 집을 지어 그의 안식처가 되게 하겠느냐는 것이다(66:1). 솔로몬은 하나님의 성전을 건축하여 봉헌할 때 이 질문에 대답을 했다. 솔로몬의 답은 "하나님이 참으로 땅에 거하시리이까 하늘과 하늘들의 하늘이라도 주를 용납하지 못하겠거든 하물며 내가 건축한 이 성전이오리이까?"라는 질문에 암시되어 있다(왕상 8:27). 집사 스데반은 산헤드린 공회 앞에서 이사야 66장 1-2절을 인용하며 하나님께서 솔로몬의 성전에 갇혀 계시지 않다고 말했다(행 7:49-50). 유다와 이스라엘 백성의 죄는, 그들의 하나님 여호와께서 성전에만 계신다고 잘못 생각하여 예루살렘의 성전을 우상화한 것이었다(렘 7:4-10). 그 결과 그들의 일상생활은 온갖 불의와 죄악으로 가득 찼다. 이것은 마침내 하나님의 진노를 불러 나라의 멸망과 성전의 파괴를 가져왔다.

하나님께서 2b절에서 주신 답변에는 그의 백성이 그를 위해 짓는 어떤 집도 그의 안식처가 될 수 없음이 암시되어 있다. 그 대신 하나님께서는 "마음이 가난하고 심령에 통회하며 내 말을 듣고 떠는 자 그 사람은 친히 돌보시겠다"고 약속하셨다. 하나님의 이 말씀은 통회하고 마음이 겸손한 자와 함께하겠다고 이미 하신 약속과 맥을 같이 한다(55:17). 하나님께서는 건물에 거하기를 기뻐하시기보다, 그의 말씀에 반응하여 떨며 회개하는 자와 함께하기를 기뻐하시는 분이다. 그의 말씀을 듣고 떠는 자를 돌아보시겠다는 말씀은 그들에게 은혜를 부어 주시겠다는 의미이다. 그의 말씀을 듣고 마음이 깨져 떠는 것 자체도 하나님의 은혜이나, 이와 같이 그의 말씀에 거룩한 두려움으로 떨며 반응할 때 하나님께서는 더 큰 은혜를 부어 주신다. 그러나 죄에서 돌이키지 않고 각종 우상숭배를 고집하는 자들은, 마지막 심판의 날에 하나님의 진노와 멸망을 피할 길이 없다(66:6, 15-16). 그들은 "여호와께서 불과 칼로 모든 혈육에게 심판을 베푸신즉 여호와께 죽임 당할 자가 많으리니"라는 말씀에 포함될 것이다(66:16). 그러나 이방인들이라고 할지라도 시온의 백성이 선포하는 하나님의 영광을 보고 반응하는 사람들은 동일한 구원의 혜택을 받을 것이다(66:19-20).

⌁ 한 마디 기도

하나님의 말씀을 듣고 거룩한 두려움으로 떨고 통회하는 마음으로 회개하는 자가 되게 하소서.

예레미야 예레미야애가 핵심구절
이해하고 기도하기

예레미야의 선지자 소명

내가 너를 모태에 짓기 전에 너를 알았고 네가 배에서 나오기 전에 너를 성별하였고 너를 여러 나라의 선지자로 세웠노라 하시기로 내가 이르되 슬프도소이다 주 여호와여 보소서 나는 아이라 말할 줄을 알지 못하나이다 하니 여호와께서 내게 이르시되 너는 아이라 말하지 말고 내가 너를 누구에게 보내든지 너는 가며 내가 네게 무엇을 명령하든지 너는 말할지니라 _렘 1:5-7

✝ 핵심 이해하기

예레미야는 유다 왕 요시야 즉위 13년에 하나님의 선지자로 부름을 받았다(1:2). 요시야는 8살 때 즉위하여 31년간 통치했다(주전 640-609년). 그는 유다의 경건한 왕이었다(왕하 22:1-2). 예레미야는 요시야 왕 즉위 13년, 즉 주전 627-626년경에 선지자로 부름을 받아, 유다가 주전 586년(시드기야의 통치 11년)에 바벨론에 의하여 멸망할 때까지 약 40년간 사역했다(1:3). 그의 사역 기간 동안 4명의 왕(요시야, 여호야김, 여호야긴, 시드기야)이 바뀌었다. 그는 눈물의 선지자, 끝까지 참고 견디는 선지자였다. 하지만 그의 사역의 열매는, 현대적인 기준으로 보면 거의 없는 것과 마찬가지다. 그의 사역을 지지했

던 사람들은 사반의 아들 아히감(26:24), 구스 사람 에벳멜렉(38:7-13), 그리고 선지자의 서기관 바룩이었다(36:4-32).

하나님께서는 예레미야를 통해 40년간 부지런히 아침부터 저녁까지, 돌아오라고 말씀하셨다. 그러나 왕도, 귀족들도, 백성들도 그의 말씀을 듣지 않고 멸망을 자초했다. 그들은 선지자 예레미야의 말을 듣기보다는 오히려 거짓 선지자들과 세속화된 제사장들의 말을 더 들었다(5:31; 6:13; 14:14; 23:21, 25; 27:10, 15; 29:9). 예레미야가 예언한 대로 모든 것이 성취되어, 나라는 망했고 성전은 파괴됐으며 왕족들과 귀족들과 지도자들은 바벨론에 포로로 잡혀갔다. 그

래도 땅에 남은 백성은 그의 말을 듣지 않았다 (42-43장). 죄에서 돌이킬 줄 모르는 백성이 회복되는 유일한 길은, 하나님께서 약속하신 새 언약의 은혜로 백성의 마음속에 하나님의 율법이 기록되어, 마음의 중심으로부터 여호와 하나님을 알고 그에게 순종하는 것이다(31:31-34). 새 언약의 약속은 하나님의 아들 예수 그리스도의 오심과 구원 사역의 결과로 성취되었다(고후 3:1-3; 히 8:8-13; 10:16-18).

예레미야 1장 전체는 선지자의 소명 기사를 다룬다. 1-3절은 하나님께서 그를 선지자로 부르신 시대적인 배경과 사역기간에 대해 언급한다. 4-10절은 하나님께서 예레미야를 선지자로 부를 때 1차로 주신 말씀이다. 11-19절은 그를 선지자로 부르실 때에 하나님께서 그에게 2차로 주신 말씀이다. 하나님께서는 예레미야가 태어나기 전부터 그를 택하여 열방의 선지자로 구별하셨다(1:5). 하나님께서, 솔로몬 왕 때 제사장직에서 파면된 아비아달 제사장의 후손인 그를 택하셨다는 것은 놀라운 은혜이다(1:1;

왕상 2:26). 아비아달 제사장은 엘리 제사장의 후손이었다(왕상 2:27).

그러나 예레미야는 모세가 하나님의 부르심을 거절한 것과 비슷하게, 자신은 아이라 말할 줄 모른다고 하면서 부르심을 거부했다(1:7). 하나님께서는 그의 답변을 무시하시고, 아이라고 말하지 말고 누구에게 보내든지 갈 것이며 무슨 명령을 하든지 말해야 한다고 말씀하셨다(1:7). 하나님께서는 이 명령과 함께, 친히 그와 함께 하여 구원할 것이니 사람들을 두려워하지 말라고 말씀하셨다(1:8). 하나님께서는 즉시 손을 내밀어 예레미야의 입에 대시며 "내가 내 말을 네 입에 두었다"고 선언하셨다(1:9). 그의 선지자 사역의 목적은 세상의 나라들의 파괴와 멸망과 새로운 건설과 관련된 것이었다(1:10).

∝ 한 마디 기도

하나님의 주권적인 뜻과 은혜로 우리를 불러 맡기신 사명을 제대로 감당하게 하소서.

JEREMIAH
08/03
공의를 행하며 진리를 구하는 한 사람

너희는 예루살렘 거리로 빨리 다니며 그 넓은 거리에서 찾아보고 알라 너희가 만일 정의를 행하며 진리(히: 에무나=신실함)를 구하는 자를 한 사람이라도 찾으면 내가 이 성읍을 용서하리라 _렘 5:1

✛ 핵심 이해하기

하나님께서는 예루살렘의 넓은 거리를 구석구석 다니면서 정의를 행하고 진리를 구하는 자를 한 사람이라도 찾아내면 예루살렘 성읍을 용서

하겠다고 말씀하셨다. '진리(히: 에무나=신실함)를 구하는 것'은 언약적인 신실함을 따라 사는 것을 의미한다. 언약의 주 하나님께서는 언제나

어디서나 그의 언약적인 신실함을 따라 그의 백성에게 행하신다(5:3 "주의 눈이 진리를 찾지 아니하시나이까"). 여호와 하나님께서는 언약의 복과 저주를 주실 때 그의 언약적인 신실함에 따라 행하신다. 그러나 이러한 하나님의 백성 가운데는 정의를 행하는 자, 언약적인 신실함을 따라 사는 자가 하나도 없었다. 하나님께서는 순종하지 아니하는 그의 백성을 향하여 "교훈을 받지 아니하는 민족이라 진실(에무나)이 없어져 너희 입에서 끊어졌다"고 말씀하셨다(7:28). 하나님의 백성에 대해 "그들이 이 땅에서 강성하나 진실하지 아니하고 악에서 악으로 진행하며 또 나를 알지 못하느니라"고 말씀하셨다(9:3). 5장의 마지막 절에서 하나님께서는 "선지자들은 거짓을 예언하고 제사장들은 자기 권력으로 다스리며 내 백성은 그것을 좋게 여기니 너희가 어찌하려느냐"고 반문하셨다(5:31). 소돔과 고모라 성은 의인 10명이 없어서 결국 하나님의 심판을 피할 수가 없었는데, 하나님의 백성 가운데는 그런 사람이 안 한 사람도 없으니 어찌 하나님의 심판을 피할 수 있겠는가?

♡ 한 마디 기도

나 하나가 곧 교회와 국가라는 확고한 신념을 가지고, 하나님께서 애타게 찾으시는 의롭고 신실한 자녀로 살게 하소서.

여호와의 성전이란 거짓말

08 04

만군의 여호와 이스라엘의 하나님께서 이와 같이 말씀하시되 너희 길과 행위를 바르게 하라 그리하면 내가 너희로 이 곳에 살게 하리라 너희는 이것이 여호와의 성전이라, 여호와의 성전이라, 여호와의 성전이라 하는 거짓말을 믿지 말라 _렘 7:3-4

✝ 핵심 이해하기

이 말씀은 여호와 하나님을 경배하기 위하여 성전 문으로 출입하는 백성에게 하나님께서 선지자를 통하여 주신 경고의 말씀이다(7:1-2). 3절은 예배하는 온 백성이 들어야 할 하나님의 말씀이고, 4절은 그들 모두가 배척해야 할 거짓말이다. 하나님의 백성은 마땅히 하나님의 길, 곧 그의 법도를 따라 살아야 했다(5:4-5; 출 18:20 "율례와 법도를 가르쳐서 마땅히 갈 길과 할 일을 그들에게 보이고"). 여호와의 성전에 나와서 경배하는 백성은 하나님을 경배하기에 삶의 현장에서 더욱더 그의 말씀과 법도의 길로 가야 한다. 구체적으로 말하면, 하나님께서 모세를 통하여 주신 율례와 법도가 그들이 가야 할 바른 길과 행위였다. 그러나 애석하게도 예루살렘 성전에서 경배하는 백성들은 성전과 각종 희생 제도를 악용하며 죄악 된 행위와 삶에서 떠나지 않았다. 성전을 찾아 경배하는 백성은 늘 많았지만, 삶의 현장에서 하나님을 경외하여 그의 법도에 따라 의와 진실을 행하는 자는 없었다.

바로 그들에게 "이것이 여호와의 성전이라"

(3번 반복됨)는 거짓말을 믿지 말라는 것이다(7:4). "이것이 여호와의 성전이라"는 말의 기본적인 뜻은, 하나님의 성전에 와서 하나님을 경배하고 그가 요구하는 희생 제사를 드렸으니, 각종 불의와 죄를 범해도 문제가 되지 않는다는 것이다. 그래서 백성은 성전에서 예배를 드린 후에, 삶의 현장에서 이웃에게 불의를 행하고 과부와 고아를 압제하며 무죄한 자의 피를 흘리게 하면서 다른 신들을 따라 살았다(7:5-6). "이것이 성전이다"는 거짓말은 무익한 거짓말이요(7:8), "우리가 구원을 얻었으니 모든 가증한 일을 행해도 문제될 것이 없다"는 뜻이었다(7:10). 사실 그들은 하나님의 성전을 도둑의 소굴로 전락시켰다(7:11). 하나님께서는 성전에 대한 잘못된 태도와 거짓된 생각을 가지고 사는 백성에게 실로 성막의 교훈을 배우라고 촉구하셨다(7:12-15). 그들이 배워야 할 실로 성막의 교훈은, 악을 계속적으로 행하며 하나님의 말씀을 듣지 않고 불순종하는 백성을 하나님께서 심판하셨다는 것이다. 하나님께서는 아브라함 온 자손, 곧 북 왕국의 백성을 그 땅에서 추방하신 것과 같이 유다 백성도 그 앞에서 추방하겠다고 경고하셨다.

하나님께서는 그의 성전에 나와 예배하는 백성에게 그의 말씀을 듣고 순종하는 것을 원하셨는데, 그의 백성은 그의 말씀에 순종하는 것을 성전에서 예배드리는 것으로 대체하고 말았다. 이것은 구약에서 하나님의 백성이 늘 직면하는 문제였다. 신약 시대도 예외가 아니다. 예배는 불순종의 삶을 대체하지 않는다. 예배는 순종의 삶을 위한 것이다.

ⳙ 한 마디 기도

예배당에서 시작된 하나님께 대한 경배와 찬양이, 삶의 현장에서 순종과 사랑으로 절정에 도달하게 하소서.

JEREMIAH

08/05 돌아올 줄 모르는 백성

공중의 학은 그 정한 시기를 알고 산비둘기와 제비와 두루미는 그들이 올 때를 지키거늘 내 백성은 여호와의 규례를 알지 못하도다(관련구절: 사 1:3) _렘 8:7

✝ 핵심 이해하기

동사 "돌아오다"(히: 슈브)는 구약 성경 중에서 예레미야에 가장 많이 나온다. 시편에 69번 나오는 반면, 예레미야에는 무려 92번 나온다. 하나님께서는 그의 백성을 포기하지 않으시고 계속적으로 그에게 돌아오라고 권면하신다(3:12, 14, 22; 4:1; 15:19; 25:5; 26:3). 그러나 그의 백성은 돌아오지 않는다(3:7, 10; 5:3; 8:5). 하나님께서는 이미 "이 예루살렘 백성이 항상 나를 떠나 물러감은 어찌함이냐 그들이 거짓을 고집하고 돌아오기를 거절한다"라고 하셨다(8:5). 그들은 오히려 전쟁터를 향하여 달리는 말같이 각각 자기 길로 달려가고 있었다(8:6).

7절은 이러한 백성을 향한 하나님의 안타까움을 보여준다. 7절의 언급된 네 종류의 새들은 학(또는 황새)과 비둘기와 제비와 두루미다. 이들은 각기 그들의 정한 시기를 본능적으로 알고 이에 따라 정확하게 반응한다. 그들이 거하는 지역의 기후 변화를 본능적으로 감지하고 따뜻한 곳으로 갔다가 때가 되면 다시 돌아온다. 그렇지만 하나님의 백성은 그가 자신들에게 주신 규례를 알지 못한다. 여기서 "알지 못한다"는 말은, 하나님께서 그의 백성에게 주신 규례와 법도에 대해 순종하지 않는다는 뜻이다. 하나님의 백성이, 어찌 자신들이 여호와 하나님의 언약적인 백성인 것과 언약 백성의 법도가 하나님께서 시내 산에서 자신들에게 주신 율례와 법도인 것을 모르겠는가! 장거리를 이동하는 철새들은 본능적으로 자연의 질서에 순응하는데, 하나님의 백성이 본능적으로 언약의 질서에 순응하지 않는 것은 모순 중에 모순이다.

그들은 언약의 주께 돌아오지 않으면서도, 지혜도 있고 여호와 하나님의 율법도 있다고 주장한다(8:8). 그러나 하나님께서는 그의 말씀을 버린 이들에게 무슨 지혜가 있느냐고 반문하셨다(8:9). 예레미야는, 길르앗에는 유향도 있고 치료하는 의사도 있는데, 하나님의 백성은 치료를 받지 못한다고 탄식한다(8:22). 하나님을 떠난 백성은 아무리 그분께서 돌아오라고 권고하셔도 돌아오지 못한다. 그들이 언약의 주께 돌아올 수 있는 유일한 길은 하나님께서 친히 그들이 돌아오게 하시는 것이다(애 5:21-여호와여 우리를 주께로 돌이키소서 그리하시면 우리가 주께로 돌아가겠사오니).

✑ 한 마디 기도

계절의 변화에 본능적으로 반응하는 철새들과 같이 본능적으로 하나님의 말씀에 반응하여 순종하게 하소서.

살아계신 참 하나님

JEREMIAH 08/06

오직 여호와는 참 하나님이시요 살아계신 하나님이시요 영원한 왕이시라 그 진노하심에 땅이 진동하며 그 분노하심을 이방이 능히 당하지 못하느니라 너희는 이같이 그들에게 이르기를 천지를 짓지 아니한 신들은 땅 위에서, 이 하늘 아래에서 망하리라 하라 _렘 10:10-11

✝ 핵심 이해하기

10장은 우상의 헛됨과 유일하신 참 하나님을 대조적으로 묘사한다. 하나님께서는 먼저 그의 백성에게 이방 나라들의 길을 배우지 말고, 그들이 두려워하는 하늘의 징조를 두려워하지 말라고 하셨다(10:1-2). 이방 나라들의 풍습은 그들의 기술자들이 나무와 은금과 못을 사용하여 만든 우상들을 말한다(10:3-4, 9). 기술자들이 만든 우상 신들은 말도 못하고 걷지도 못한다

(10:5). 우상들은 생명의 기운이 없다(10:14). 이런 신들은 복도 화도 줄 수 없으므로 그들을 두려워할 필요가 전혀 없다(10:5).

그러나 여호와 하나님께서는 유일하고 위대한 하나님이시다(10:6). 주님은 이방 사람들의 왕이시며, 이방 나라들의 지혜로운 사람들 가운데 그와 같은 존재가 없다(10:7). 여호와는 유일하게 살아계신 참 하나님이시며 영원한 왕이시다. 그의 진노를 감당할 이방 나라는 없다(10:10). 그는 권능과 지혜와 명철로 하늘과 땅을 지으시고 그의 명령에 따라 자연 질서가 지금도 돌아간다(10:12-13). 그런데 유일하신 참

하나님, 만물의 창조자시요 만물을 섭리하시는 하나님, 야곱의 분깃이신 주님은 이스라엘을 그분의 기업으로 삼으셨다(10:16). 그러므로 하나님의 백성이 헛된 우상들을 버리고 그것들의 멸망을 선포하며, 유일하신 여호와 하나님을 경배하고 섬기는 것은, 영광스럽고 최고로 복된 일이다.

⌒ 한 마디 기도

여호와 하나님께서 유일한 참 하나님이시며 영원한 왕이심으로 알고, 기쁘고 즐거운 마음으로 섬기게 하소서.

JEREMIAH
08/07

악인들이 형통하는 이유

여호와여 내가 주와 변론할 때에는 주께서 의로우시니이다 그러나 내가 주께 질문하옵나니 악한 자의 길이 형통하며 반역한 자가 다 평안함은 무슨 까닭이니이까 주께서 그들을 심으시므로 그들이 뿌리가 박히고 장성하여 열매를 맺었거늘 그들의 입은 주께 가까우나 그들의 마음은 머니이다(관련구절: 사 29:13) _렘 12:1-2

✝ 핵심 이해하기

의인들은 고통을 당하는데 악인들이 형통하는 것은 언제나 누구에게나 하나님 앞에서 큰 고민거리였다. 하나님께서는 분명이 악인은 징벌을 받고 의인은 보상을 받는다고 말씀하시는데, 삶의 현실은 그렇지 않다. 하나님 앞에서 경건하게 살고자 애쓰지만 고통을 당하고 있는 자들에게 이러한 고민은 늘 있었다(욥 21장, 시 37편, 73편, 전 7:15). 예레미야는 이 문제를 하나님 앞에 묻고 있다. 선지자의 심각한 질문은, 주 여호와 하나님께서는 의로우신 것이 분명한데 왜

악한 자의 길이 형통하고 반역한 자가 다 평안함을 누리냐는 것이다. 그들이 지금 누리고 있는 열매와 결실은 하나님께서 그들에게 베풀어 주신 것인데, 그들은 말로만 주님을 가까이 한다(12:2). 예레미야는 하나님께서 그들에게 심판의 조치를 당장이라도 하시라고 촉구한다(12:3).

하나님께서 예레미야에게 주신 답변은 "만일 네가 보행자와 함께 달려도 피곤하면 어찌 능히 말과 경주하겠느냐 네가 평안한 땅에서는 무사

하려니와 요단강 물이 넘칠 때에는 어찌하겠느냐"는 이중 질문이었다(12:5). "만일 네가 보행자와 함께 달려도 피곤하면 어찌 능히 말과 경주하겠느냐"는 첫째 질문에 대한 답은 말과 경주할 수 없다는 것이다. "네가 평안한 땅에서는 무사하려니와 요단강 물이 넘칠 때에는 어찌하겠느냐"는 둘째 질문에 대한 답 역시 요단강의 물이 넘칠 때에는 결코 무사하지 못하다는 것이다.

하나님께서 답으로 주신 두 질문은 사실 예레미야가 하나님께 제기한 문제에 대한 답은 분명히 아니다. 예레미야의 관심은 이 문제에 대하여 하나님의 답변을 듣는 것이었으나, 하나님의 관심은 다른 곳에 있었다. 예레미야가 지금 형통하는 악인들로부터 당하는 어려움과 시련(보행자와 달리는 것과 평안한 땅에서 무사한 것)을 감당하지 못하면, 더 큰 시련과 어려움(말과 경주하는 것과 요단강의 물이 넘치는 것)이 올 때는

어떻게 감당하겠느냐는 것이다. 그러므로 하나님께서 예레미야에게 하신 말씀의 취지는 "지금 네가 당하는 어려움은 아무것도 아니며, 더 큰 어려움과 반대를 감당할 준비를 하라"는 것이다. 이것은 하나님께서 예레미야를 선지자로 부르실 때에 분명하게 하신 말씀을 반영한다(1:7-8). 하나님께서는 그에게 심지어 그의 형제와 부친의 집도 신뢰하지 말라고 권고하셨다(12:6). 그들은 예레미야에게 좋은 말을 하지만, 그들의 속은 거짓으로 가득 차 있다. 선지자가 한 표현을 사용하여 말하자면, 그들의 입의 좋은 말은 그에게 가까우나 그들의 마음은 그에게서 멀었다(12:2).

∝ 한 마디 기도

우리의 관심과 하나님의 관심이 다를 때에 하나님의 관심에 초점을 두게 하소서.

JEREMIAH
08/08 썩게 될 유다와 예루살렘의 교만

여호와께서 이와 같이 말씀하시니라 내가 유다의 교만과 예루살렘의 큰 교만을 이같이 썩게 하리라 이 악한 백성이 내 말 듣기를 거절하고 그 마음의 완악한 대로 행하며 다른 신들을 따라 그를 섬기며 그에게 절하니 그들이 이 띠가 쓸 수 없음 같이 되리라 _렘 13:9-10

✝ 핵심 이해하기

하나님께서는 예레미야의 허리띠를 이용하여 구체적인 교훈을 주셨다. 먼저 하나님께서는 그에게 새로운 베띠를 사고 허리에 차라고 명령하셨다(13:1-2). 그에게 두 번째 주신 명령은 그 띠를 유브라데로 가지고 가서 바위틈에 감추라

는 것이었다. 물론 예레미야는 이 명령에 순종했다(13:4-5). 여러 날들이 지난 후에 하나님께서는 바위틈에 가서 감춘 그 띠를 가지고 오라고 하셨다(13:6). 예레미야는 하나님의 말씀에 순종하여 감추었던 곳에서 베띠를 찾아냈다. 그

가 찾아낸 띠는 썩어서 쓸모없게 되었다(13:7). 8-11절의 말씀은 바로 이때 하나님께서 예레미야에게 주신 귀중한 교훈이다.

하나님께서는 이 썩어 못쓰게 된 베띠를 통해서 세 가지 교훈을 주셨다. 첫째 교훈은 하나님께서 유다의 교만과 예루살렘의 교만을 이 띠와 같이 썩게 하시겠다는 것이다. 하나님께서 말씀하신 교만은 그의 백성이 하나님의 말씀을 듣기를 거절하는 행동으로 표현되었다(13:9-10). 둘째 교훈은 하나님의 백성이 마음의 완악한 대로 행하여 다른 신들을 따르고 섬긴 결과, 하나님 앞에서 쓸모가 없게 되었다는 것이다(13:10). 셋째 교훈은 사람이 띠를 허리에 사용하는 것과 같이, 하나님께서는 그의 백성 이스라엘과 유다를 그의 백성을 삼아 그의 이름과 명예(존귀)와 영광이 되게 하려 하셨지만, 그들

은 계속해서 불순종함으로써 하나님의 이름과 존귀와 영광을 드러내는 데 실패했다는 것이다(13:11).

그러므로 못쓰게 된 그들에게 남은 것은 하나님의 엄중한 심판으로 버림을 받는 것뿐이다. 하지만 하나님께서는 그들이 교만을 버리고 자신에게 돌아올 것을 간절하게 원하셨다(13:15-17). 예레미야는 하나님의 안타까운 심정으로 "너희가 이를 듣지 아니하면 나의 심령이 너희 교만으로 말미암아 은밀한 곳에서 울 것이며 여호와의 양 떼가 사로잡힘으로 말미암아 눈물을 흘려 통곡하리라"고 했다(13:17).

∝ 한 마디 기도

하나님의 말씀을 듣지 않고 마음의 완악함을 따라 행하는 최악의 교만을 버리게 하소서.

JEREMIAH 08/09 하나님께서 세울 의로운 가지

여호와의 말씀이니라 보라 때가 이르리니 내가 다윗에게 한 의로운 가지를 일으킬 것이라 그가 왕이 되어 지혜롭게 다스리며 세상에서 정의와 공의를 행할 것이며 그의 날에 유다는 구원을 받겠고 이스라엘은 평안히 살 것이며 그의 이름은 여호와 우리의 공의라 일컬음을 받으리라(관련 구절: 렘 33:15-16)
_렘 23:5-6

✝ 핵심 이해하기

1-2절은 하나님 목장의 양떼를 잘 돌보지 못하고 흩어지게 하는 목자들을 심판하겠다는 말씀이다. 3-4절은 하나님께서 흩어진 자신의 양떼들을 모으고 그들 위에 목자들을 세워 그들이 다시는 두려움에 빠지지도, 잃어버린 바 되지도 않게 하시겠다는 약속이다. 5-6절은 이 약속에

대한 구체적인 설명이다.

하나님께서 다윗에게 일으키겠다고 약속하신 의로운 가지는 다윗의 가문에서 나올 왕적인 존재를 말한다. 하나님께서 다윗의 왕조에서 일어나게 하실 왕은 의로 그의 백성을 다스려야 하므로 의로워야 한다. 하나님께서 '가지'를 일

으키겠다고 하신 것은 현재의 다윗 왕조에서 이러한 인물이 나올 수 없음을 전제한다. 하나님께서는 다윗의 가문에서 메시아가 나올 것을 약속할 때 '싹'과 '가지'란 표현을 사용하셨다(사 11:1).

미래에 일어날 의로운 가지 왕이 '지혜롭게 다스리는 것'과 세상에서 '정의와 공의를 행하는 것'은 서로 밀접하게 연결되어 있다. 공의와 정의의 실행은 하나님께서 주신 지혜의 표현이기 때문이다. 솔로몬은 다윗의 왕위를 계승할 때 그가 다스릴 백성에게 공의와 의를 행하는 데 필요한 지혜를 구했다(왕상 3:9-11). 의로운 가지로 와서 다스릴 왕 메시아의 이름은 여호와 우리의 공의(히: 체데크)로 불릴 것이다. 이것은 그의 통치를 통해서 하나님의 백성 가운데 온전한 공의가 실행될 것을 예고한다. 메시아가 친히 그의 백성의 공의이시므로 그의 백성에게는 온전한 구원과 평안한 삶이 있을 것이다. 이 예언의 말씀은 하나님의 아들 예수 그리스도께서 오셔서 친히 믿는 자의 의와 구원과 생명이 되심으로써 성취되었다. 그는 선한 목자로 오셔서 그의 양떼를 위해 죽었다가 다시 살아나심으로써 그들에게 풍성한 생명을 주신다(요 10:10-11).

⌒ 한 마디 기도

하나님께서 약속하신 대로 선한 목자 예수님을 보내 주셔서 그가 친히 우리의 의와 구원과 평안이 되시니 감사합니다.

세상 모든 나라가 마실 진노의 잔

이스라엘의 하나님 여호와께서 이같이 내게 이르시되 너는 내 손에서 이 진노의 술잔을 받아가지고 내가 너를 보내는 바 그 모든 나라로 하여금 마시게 하라 그들이 마시고 비틀거리며 미친 듯이 행동하리니 이는 내가 그들 중에 칼을 보냈기 때문이니라 하시기로 _렘 25:15-16

✝ 핵심 이해하기

25장의 핵심은 하나님께서 바벨론을 심판의 도구로 사용하여 유다의 모든 백성만이 아니라(25:1-8), 열방의 모든 나라들도 멸하시겠다는 것이다(25:9-11, 15-38). 유다와 세상의 모든 나라들이 바벨론을 섬길 기간은 70년이다. 이 기간이 지나면 하나님께서 친히 바벨론의 왕과 그의 나라를 멸하실 것이다(25:12-14). 본문은 유다와 온 세상 나라가 바벨론의 손을 통해서 하나님의 이와 같은 심판을 받게 될 것을 구체화한다.

하나님께서는 먼저 예레미야에게, 그의 손에서 진노의 술잔을 받아서 그가 보내는 세상의 모든 나라로 마시게 하라고 지시하셨다(25:15). 그들 모두가 이 잔을 마셔야 하는 이유는 하나님께서 친히 그들에게 심판의 칼을 보내실 것이기 때문이었다(25:16). 예레미야는 하나님의 지시에 따라 행할 때 제일 먼저 예루살렘과 유다 성읍들로 마시게 하였다(25:18). 그는 이어서 이 진노의 잔을 마셔야 할 세상의 나라들을 언급한다(25:19-26). 맨 마지막으로 세삭왕, 곧 바벨론의 왕 자신도 이 잔을 마실 것이다(25:26). 이 잔은 만군의 여호와께서 보내는 것이므로 세상의 어떤 나라도 이 잔을 거절할 수 없다(25:28-29). 하나님의 이와 같은 심판은 그

의 백성과 세상 나라들의 죄악 때문이다(25:8-9, 12, 31).

🐟 한 마디 기도

하나님께서 죄악 된 세상 사람과 나라들을 심판하실 때에, 하나님의 백성에게도 예외가 없는 것을 알게 하소서.

JEREMIAH

08/11 하나님께서 자기 백성과 맺을 새 언약

여호와의 말씀이니라 보라 날이 이르리니 내가 이스라엘 집과 유다 집에 새 언약을 맺으리라 이 언약은 내가 그들의 조상들의 손을 잡고 애굽 땅에서 인도하여 내던 날에 맺은 것과 같지 아니할 것은 내가 그들의 남편이 되었어도 그들이 내 언약을 깨뜨렸음이라 여호와의 말씀이니라 그러나 그 날 후에 내가 이스라엘 집과 맺을 언약은 이러하니 곧 내가 나의 법을 그들의 속에 두며 그들의 마음에 기록하여 나는 그들의 하나님이 되고 그들은 내 백성이 될 것이라 여호와의 말씀이니라(관련 구절 눅 22:20; 고후 3:6; 히 8:8-11) _렘 31:31-33

✚ 핵심 이해하기

하나님께서는 자신의 백성에게 바벨론에서 70년의 포로 생활을 한 후에 그들의 땅으로 돌아오게 하겠다고 약속하셨다. 따라서 그들이 자기들의 나라로 돌아오는 것은 순전히 하나님의 은혜이다. 그러나 가나안 땅으로 돌아오는 것만으로는 그들의 순종과 평안이 보장될 수 없다. 하나님께서는 자신의 종 선지자를 그들에게 끊임없이 보내, 죄에서 돌아오라고 외치셨다. 그러나 그들은 돌아오지 않았을 뿐만 아니라, 돌아올 수 없었다. 바벨론의 포로생활에서 돌아온다고 할지라도 그들의 마음에 근본적인 변화가 일어나지 않으면, 그들이 하나님께 돌아와 순종하는 것은 불가능하다.

하나님께서는 그들의 마음의 근본적인 변화와 관련하여 모세와 선지자들을 통해 말씀하셨다. 이것이 바로 마음의 할례다(신 10:16; 30:6; 렘 4:4; 9:26). 사실 하나님의 백성이 순종하지 못하는 근본적인 문제는 그들의 마음이 할례를 받지 못했기 때문이었다(렘 9:26). 그들이 마음의 할례를 받지 못한 결과, 그들의 귀 역시 할례를 받지 못해 하나님의 말씀을 듣고도 순종할 수 없었다(렘 6:10). 이러한 근본적인 문제를 해결하는 것이 하나님께서 본문에서 약속하시는, 이스라엘 집과 유다 집과 맺으실 새 언약이다.

하나님께서 그의 온 백성과 새 언약을 맺을 시점은 그들이 바벨론의 포로 생활에서 돌아온

이후다. 31절의 "보라 날이 이르리니"와 33절의 "그 날 후에"란 표현은 이 사실을 분명하게 한다. 하나님께서는 새 언약이 가져올 마음의 근본적인 변화에 대하여 선지자 에스겔을 통하여도 말씀하셨다(겔 11:19-20; 36:26-27). 32절은 새 언약이 옛 언약과 근본적으로 다를 것임을 명확하게 한다. 하나님께서 그들의 조상들과 맺으신 옛 언약은 하나님께서 그들과 함께 시내 산에서 맺으신 언약이다. 하지만 이 시내 산(모세) 언약은 그들의 계속적인 죄와 불순종으로 파기되었다. 하나님과 그의 백성은 은유적으로 영적인 의미에서 남편과 아내의 관계였으나, 영적인 아내인 백성은 하나님 외에 다른 이방신들을 끊임없이 섬겼다. 그 결과 이 결혼의 배타적인 관계는 파기되고 말았다. 하나님께서는 이 언약의 관계를 회복하시고자 끊임없이 권면하셨으나, 그의 아내 된 백성은 결코 돌이키지 않았다. 그러므로 이 옛 언약으로는 하나님의 백성이 하나님 앞에서 그의 신실한 아내로 언약에 충실하게 살 수 없었다. 그래서 하나님께서는 그들과 새 언약을 맺겠다고 약속하신 것이다.

33-34절은 새 언약의 근본적인 새로운 점을 상세하게 설명한다. 옛 언약과 새 언약의 근본적인 공통점은 하나님께서 모세를 통해 주신 율례와 법도와 새 언약의 법도가 동일하다는 것이다. 이 점에서는 옛 언약과 새 언약 사이의 차이점이 전혀 없다. 다만 하나님께서 그의 법을 그들의 마음에 두고 그것을 그의 백성의 마음 판에 기록되게 하신다는 점에서 근본적인 차이점이 있다. 이것은 옛 언약의 법이 돌판에 기록된 것과 대조적이다. 하나님의 법이 마음 판에 기록될 때 마음에는 근본적인 변화가 일어난다.

이 변화는 하나님의 백성이 마음의 중심으로부터 여호와 하나님을 알고 그에게 순종하게 한다. 작은 자에서 큰 자에게 이르기까지 그들이 마음의 중심으로 하나님께 순종할 수 있는 것은, 그들의 마음속에 하나님의 율법이 기록된 결과다. 여호와의 율법이 그들의 마음속에 있고 그들의 마음속에 기록되니, 그들의 마음과 하나님의 율법은 하나가 되는 것이다. 그들의 마음이 원하는 것은 더 이상 완악한 것이 아니라, 하나님의 율법이 요구하는 선하고 의로운 것이다.

하나님께서는 예수 그리스도의 오심과 십자가 위에서의 대속적인 죽음을 통하여 새 언약의 약속을 모두 성취하셨다. 예수님께서는 제자들에게 포도주 잔을 돌리시면서 "이 잔은 내 피로 세우는 새 언약이라"고 하셨다(눅 22:20). 사도 바울은 고린도 교회에 보낸 편지에서 모세 언약 아래 주어진 은혜보다 크고 영광스러운 새 언약의 은혜가 주어진다고 설명했다(고후 3장). 히브리서 기자는 구약 성경의 희생제도로 다시 돌아가려는 유혹을 받고 있는, 믿는 유대인 신자들에게, 그리스도께서 친히 새 언약의 약속을 성취하셨다고 두 번이나 분명하게 주장했다(히 8:8-11; 10:16-18). 그래서 신약 백성은 구약의 이스라엘 백성과 본질적으로 다르게 하나님께 순종하는 백성이다(행 5:32; 벧전 1:14-15).

🙏 **한 마디 기도**

예수님께서 새 언약의 약속을 성취하신 결과 우리가 하나님께 순종하는 백성이 되었으니 순종하는 자녀로 살게 하소서.

기도와 하나님의 큰 비밀

일(히: 그것)을 행하시는 여호와, 그것을 만들며 성취하시는 여호와, 그의 이름을 여호와라 하는 이가 이와 같이 이르시도다 너는 내게 부르짖으라 내가 네게 응답하겠고 네가 알지 못하는 크고 은밀한 일을 네게 보이리라 _렘 33:2-3

✝ 핵심 이해하기

이 말씀은 선지자 예레미야가 시위대 뜰에 갇혀 있을 때에 하나님께서 주신 두 번째 말씀이다 (33:1). 하나님께서 그에게 주신 첫 번째 말씀은 32장에 나온다. 그 핵심 내용은 하나님께서 유다 나라가 바벨론의 왕에 의하여 곧 망하게 될 것을 예레미야에게 말씀하시면서, 숙부의 아들 하나멜이 그에게 와서 밭을 사라고 할 때 그 밭을 사라고 말씀하셨고, 예레미야는 하나님의 말씀에 순종하여 밭을 사고 매매 증서를 인봉한 후에 기도했다는 것이다(32:6-25). 하나님께서는 훗날에 그의 백성이 바벨론에서 가나안 땅으로 돌아와 각기 자기들의 밭을 사게 될 것이라고 말씀하셨다(32:36-44).

사실 예레미야가 한 행동은 믿음이 없이는 할 수 없는 어리석고 미친 사람의 행동이었다. 나라가 망하는 것이 눈앞에 닥친 엄연한 현실이며, 그 자신은 누구보다도 이 사실을 가장 잘 아는 사람이었다. 하지만 그는 역사를 주관하시며 자기 백성에 대한 원대한 계획을 가지고 계신 여호와 하나님을 믿었기에, 그의 말씀에 따라 믿음으로 밭을 구매했다. 하나님께서는 그의 구매 행위를 통해서, 사람들이 고국으로 돌아와 집과 밭과 포도원을 다시 사게 되는 밝은 미래를 예언하셨다(32:15).

이러한 배경의 빛으로 볼 때 2-3절은 하나님께서 예레미야에게 주시는 새로운 확신과 격려의 말씀이다. 2절은 여호와 하나님께서 어떤 분이신지 분명하게 밝힌다. 2절의 목적어 '그것' (히브리어: 여성 단수)이 무엇을 가리키는지는 크게 둘로 나누어진다. 일부 번역은 '땅'을, 나머지 번역은 하나님의 백성의 미래와 관련된 계획을 각각 가리키는 것으로 이해한다. 그래서 히브리어 원문에 나와 있는 대로 '일' 또는 '그것'으로 번역한다. 32장의 문맥에 비추어 볼 때 2절에 두 번 언급된 '그것'(3인칭 단수 여성 목적어)은 하나님 백성과 관련된 하나님의 계획으로 보는 것이 타당해 보인다. 하나님께서는 계획만 세우시는 분이 아니라, 그 계획을 성취할 수 있는 능력을 가지신 분이다. 그는 단지 성취할 수 있는 능력만이 아니라, 그것을 성취하고자 하는 언약적인 신실함을 가지신 언약의 주 여호와 하나님이다. 그래서 그의 이름을 여호와라고 소개한 것이다.

3절은 하나님께서 그의 놀라운 계획을 성취하시는 데 기도를 중요한 도구로 사용하신다는 것을 보여준다(33:3). 기도하는 사람은 하나님의 놀라운 계획에 대한 통찰을 가지게 될 뿐만 아니라, 하나님께서 자신의 기도를 통해 그분의 놀라운 뜻을 이루심을 보게 될 것이다. 하나님의 뜻을 잘 모르는 가운데 기도하다가 하나님의 원대한 뜻을 알게 되고, 그의 뜻을 알게 되니 더욱더 그의 뜻의 성취를 위해서 기도하게 되는 것이다.

기도를 통하여 하나님의 놀라운 계획에 대한 통찰을 가지게 되어, 그분의 놀라운 뜻이 이루어지도록 더욱더 기도하게 하소서.

∝ **한 마디 기도**

JEREMIAH

08/13 레갑 자손들의 놀라운 순종

레갑의 아들 요나답이 그의 자손에게 포도주를 마시지 말라 한 그 명령은 실행되도다 그들은 그 선조의 명령을 순종하여 오늘까지 마시지 아니하거늘 내가 너희에게 말하고 끊임없이 말하여도 너희는 내게 순종하지 아니하도다 내가 내 종 모든 선지자를 너희에게 보내고 끊임없이 보내며 이르기를 너희는 이제 각기 악한 길에서 돌이켜 행위를 고치고 다른 신을 따라 그를 섬기지 말라 그리하면 너희는 내가 너희와 너희 선조에게 준 이 땅에 살리라 하여도 너희가 귀를 기울이지 아니하며 내게 순종하지 아니하였느니라 _렘 35:14-15

✝ **핵심 이해하기**

선지자 예레미야는 하나님의 지시에 따라 레갑 자손들을 하나님의 성전에 있는 방, 곧 하난의 아들들의 방으로 데리고 가서 그들에게 포도주를 건넸다(35:2-5). 레갑 자손들은 이스라엘 백성이 애굽에서 나올 때 그들과 밀접한 관계를 가진 겐 족속의 후손들이다(삿 1:16; 대상 2:55). 그러나 그들은 모두 포도주 마시는 것을 완강하게 거절했다. 그 이유는 그들의 선조 요나답이 그의 모든 후손들에게 영원히 포도주를 마시지 말라고 명령했기 때문이었다(35:6-10). 선조 요나답은 북 왕국 이스라엘의 군대장관 예후(주전 842-815년)와 함께 바알 숭배에 빠진 아합의 왕조를 멸망시키는 데 결정적인 역할을 했다(왕하 10장).

하나님께서는 레갑 자손들이 이와 같이 행동한 것을 유다와 예루살렘 백성에게 전하시면서 본문의 말씀을 주셨다. 레갑 자손들은 그의 아들 요나답이 그의 후손들에게 명령한 것을 조상대대로 지켜 왔다. 만일 그들의 조상 요나답이 예후와 함께 북 왕국에서 바알 숭배를 제거하는 데 역할을 했던 인물이라면, 그의 후손들은 최소한 200년 이상 조상의 명령을 순종하며 살아온 것이 된다. 이것은 참으로 놀라운 일이다. 그러나 하나님의 백성 유다와 예루살렘은 하나님께서 그의 종 선지자를 보내어 끊임없이 말씀하셔도 그의 말씀에 순종하지 않았다(35:14-15). 하나님께서 그들을 본보기로 삼으신 것은, 백성들이 이제라도 말씀을 듣고 순종하기를 원하셨기 때문이다(35:13). 하나님께서는 조상 요나답의 명령에 순종하며 사는 레갑 자손들을 칭찬하시면서, 하나님 앞에 서서 섬길 자가 영원히 끊어지지 않을 것이라고 약속하셨다(35:19).

∝ **한 마디 기도**

레갑 자손이 조상 요나답의 말에 순종한 것 이상으로 대를 이어서 하나님의 말씀에 순종하게 하소서.

바벨론 사령관이 예레미야에게 한 말

사령관이 예레미야를 불러다가 이르되 네 하나님 여호와께서 이 곳에 이 재난을 선포하시더니 여호
와께서 그가 말씀하신 대로 행하셨으니 이는 너희가 여호와께 범죄하고 그의 목소리에 순종하지 아
니하였으므로 이제 이루어졌도다 이 일이 너희에게 임한 것이니라 _렘 40:2-3

✝ 핵심 이해하기

1-5절은 바벨론 군대의 사령관이 바벨론으로
잡혀 가고 있던 예레미야를 포로들 중에서 석방
하면서 그에게만 한 말이다. 특별히 2-3절의 내
용은 유다와 예루살렘의 백성에게 임한 모든 재
앙이, 그들이 하나님께 불순종한 결과임을 분명
하게 한다. 여호와 하나님께서는 예레미야를 통
해, 그의 백성이 순종하지 않으면 그들에게 재
앙이 임할 것이라고 경고하셨다. 그러나 그들은
하나님의 경고의 말씀을 듣지 아니하였고, 결국
그가 선포하신 대로 모든 것이 성취되었다.

바벨론의 군대 사령관의 이와 같은 말은, 하
나님의 성령이 그를 감동하지 않으셨다면 할 수
없는 말이다. 이것은 바벨론 군대의 공식적인
입장과 달랐기 때문이다. 바벨론의 공식 입장은

분명 바벨론의 신이 유다와 예루살렘의 신을 패
배시키고 그의 백성을 멸망시켰다는 것이었다.
바벨론의 군대 사령관이 예레미야에게 한 말은,
가족과 나라와 성전을 잃은 유다와 예루살렘의
온 백성이 경청해야 할 말이었다. 애석하게도
유다 땅에 남은 자들은, 자신들이 하나님께 순
종하지 않아서 결국 하나님의 심판으로 바벨론
의 손을 넘겨졌다는 사실을 받아들이지 않았다
(43:1-3).

∝ 한 마디 기도

하나님께서 하신 말씀의 성취로 모든 것이 돌아가
는 것을 믿음의 눈으로 보고 주의 말씀에 순종하는
것만이 진정한 행복과 형통임을 알게 하소서.

애굽으로 가면 큰 재앙이 임할 것

무릇 애굽으로 들어가서 거기에 머물러 살기로 고집하는 모든 사람은 이와 같이 되리니 곧 칼과 기근
과 전염병에 죽을 것인즉 내가 그들에게 내리는 재난을 벗어나서 남을 자 없으리라 _렘 42:17

✝ 핵심 이해하기

나라는 망하고 왕족과 귀족들과 지도자들은 모
두 바벨론으로 포로로 잡혀갔다. 유다 땅에 남
은 사람은 대대수가 가난한 자들이었다(40:7).

바벨론 왕은 아히감의 아들 그다랴를 유다의 총
독으로 세워 그들을 다스리게 하였다. 하지만
총독 그다랴는 암몬 자손의 왕 바알리스가 느

다냐의 아들 이스마엘을 보내어 그를 암살하려
는 음모를 듣고도 묵살한 결과, 이스마엘과 10
인의 암살단에 의하여 살해되었다. 그때 그와
함께했던 모든 백성과 바벨론 군사들까지 죽
임을 당했다(41:2-3). 총독에게 암살 계획을 알
렸던 요하난과 모든 군지휘관들은 비통한 소식
을 듣고, 남은 백성을 규합하여 애굽으로 가려
고 베들레헴 근처 게룻김함에 머무르게 되었다
(41:17-18). 그들은 총독의 암살 사건에 대한 바
벨론의 보복이 두려워서 애굽으로 내려가려고
했다. 그들은 모두 선지자 예레미야에게 나와서
하나님의 뜻을 알려주면 그대로 순종하겠다고
약속하면서, 기도를 부탁했다(42:2-3). 예레미
야가 기도한 지 10일 후에 하나님께서 응답을
주셨다(42:7). 9-22절의 내용은 예레미야가 하
나님으로부터 받아 그들에게 전한 응답이다. 하
나님의 응답의 핵심은 하나님께서 그들을 지키

고 보호하실 것이니 바벨론의 왕을 무서워하여
애굽으로 가지 말고 그 땅에 머물러 살라는 것
이었다(42:11-13). 하나님께서는 만일 그들이
애굽으로 내려가기를 고집하면, 감당할 수 없는
온갖 재앙이 그들에게 임할 것이라고 경고하셨
다(42:13-22). 그러나 애석하게도 그들은 선지
자 예레미야를 통해서 하나님께서 말씀하셨다
고 인정하지 않았다. 오히려 그들은 예레미야가
네리야의 아들 바룩의 말을 듣고 그들을 갈대아
사람들에게 넘겨 주어 죽게 하려 한다고 오해했
다(43:1-3). 결국 그들은 원래 의도했던 대로 애
굽 땅으로 가고 말았다(43:7).

∝ 한 마디 기도

하나님의 말씀이 내 생각과 계획과 반대가 된다고,
그분의 말씀을 거부하는 어리석음과 미련함을 버
리게 하소서.

JEREMIAH

08 / 16

헛된 우상을 섬긴 자들의 멸망

사람마다 어리석고 무식하도다 금장색마다 자기가 만든 신상으로 말미암아 수치를 당하나니 이는 그
부어 만든 우상은 거짓이요 그 속에 생기가 없음이라 _렘 51:17

✝ 핵심 이해하기

50-51장은 바벨론의 심판과 멸망에 대하여 집
중적으로 다룬다. 하나님께서는 바벨론을 온 세
상을 멸망시키는 도구로 사용하셨다. 하나님께
서는 메대의 왕들을 동원하여 바벨론을 멸망시
키실 것이다(51:11, 28). 이것은 바벨론의 죄악
에 대한 하나님의 엄중한 보복과 심판이다. 그

결과 하나님의 백성은 바벨론에서 나와 기업
의 땅으로 돌아오게 될 것이다(50:17-20). 51장
15-19절은 바벨론을 심판하시는 하나님과, 사
람들이 섬긴 우상의 헛됨과 허무함을 비교하는
내용이다. 하나님께서는 바벨론이 시온과 예루
살렘 백성에게 행한 죄악과 하나님의 성전에 저

지른 죄악을 보복하시고 심판하실 것이다. 심판 하시는 하나님은 그의 능력과 지혜로 온 세상을 창조한 하나님이시요(51:15), 그의 목소리로 온 세계의 기후를 움직이는 섭리의 하나님이시다 (51:16).

그러나 안타깝게도, 사람들은 이 위대하신 여 호와 하나님을 섬겨야 함에도 불구하고 금장색 이 만든 신상을 섬긴다. 그 결과는 수치다. 헛되 고 생기가 없는 우상들은 조롱의 대상이다. 우 상들은 심판의 때에 모두 멸망을 당할 것이다. 반면 야곱의 분깃은 금장색이 부어 만든 신상 과 우상과는 근본적으로 다르다. 여호와 하나님

께서는 만물을 지으신 분이요, 이스라엘 백성을 자기의 기업으로 삼으신 분이다. 그의 이름은 만군의 여호와다(51:19). 이 내용은 선지자 예 레미야가 이미 앞에서 선포한 "천지를 짓지 아 니한 신들은 땅 위에서, 이 하늘 아래에서 망하 리라"는 말씀을 확증한다(10:11).

✧ 한 마디 기도

만물의 창조자와 섭리자이시며 구원자이신 만군 의 여호와 하나님을 섬기는 일이 얼마나 복되고 영 광스러운 일인지 일상생활에서 계속 체험하게 하 소서.

LAMENTATIONS
08
17

슬프다 이 성이여

슬프다 이 성이여 전에는 사람들이 많더니 이제는 어찌 그리 적막하게 앉았는고 전에는 열국 중에 크 던 자가 이제는 과부 같이 되었고 전에는 열방 중에 공주였던 자가 이제는 강제 노동을 하는 자가 되 었도다 _애 1:1

✝ 핵심 이해하기

애가에 4번 나오는 '슬프다'(히: 에카)는 충격과 절망이 뒤섞인 탄식의 표현이다(1:1; 2:1; 4:1- 2). '슬프다'란 번역보다 "어찌 이런 일이 있을 수 있는가"란 번역이 히브리어 본뜻에 더 가깝 다. 이것은 "어떻게 하나님의 백성에게, 어떻게 그의 백성의 성읍에 이와 같은 일이 일어날 수 있을까?" 하는 충격과 절망이 섞여 있는 표현이 다. 각각 세 번씩 반복된 '전에는'과 '이제는'의 대조는 충격과 절망의 깊이를 시적으로 잘 드러 낸다. 전에는 사람들로 가득 찼던 성이 이제는 어찌 그리 적막하게 되었는가! 전에는 열국 중

에 큰 자가 이제는 어찌 과부와 같이 되었는가! 전에는 공주와 같던 자가 이제는 어찌 강제노동 을 하는 신세가 되었는가!

누구도 예루살렘 성과 시온의 백성(딸)이 이 와 같이 되리라고 상상하지 않았다. 더욱이 예 루살렘 성 시온에는 만군의 여호와 하나님께서 특별히 거하시는 성전이 있었다. 예루살렘 성과 시온의 백성은 여호와의 성전 때문에 영원할 것 이라고 확신했다. 그들에게 성전의 멸망과 시온 의 파괴는 쉽게 받아들일 수 없는 충격 그 자체 였다. 선지자들은 그릇된 시온신학과 왜곡된 성

전신학을 버리라고 촉구했다. 그릇된 시온신학이란 하나님께서 다윗 언약에 근거하여 예루살렘과 유다의 다윗 왕조를 영원히 지키실 것이라는 사상이었다. 왜곡된 성전신학이란 하나님의 성전이 예루살렘 성에 있으므로 하나님께서 그의 성전과 시온 백성을 영원히 지키실 것이라는 사상이다. 이런 잘못된 사상 때문에 그들은 선지자들의 경고를 듣지 않았다. 그 결과 참혹한 일, 곧 꿈에도 상상하지 못할 일이 예루살렘 성과 성전과 시온의 백성에게 임한 것이다.

선지자 예레미야는 하나님의 가슴 아픈 심정을 가지고, 폐허가 된 성전과 성읍과 비참하게 된 백성을 보면서 느낀 슬픔과 아픔과 탄식을 이 책에 표현했다. 이 속에는 통렬한 회개의 고백과 회복에 대한 기대가 들어 있다.

예레미야애가를 읽는 백성은 누구든지 하나님께서 다시 그의 백성과 시온 성을 회복시켜 주실 것을 기대하며, 하나님을 잠잠히 바라보지 않을 수 없다.

LAMENTATIONS 08/18 비교될 수 없는 예루살렘의 파괴

딸 예루살렘이여 내가 무엇으로 네게 증거하며 무엇으로 네게 비유할까 처녀 딸 시온이여 내가 무엇으로 네게 비교하여 너를 위로할까 너의 파괴됨이 바다 같이 크니 누가 너를 고쳐 줄소냐 네 선지자들이 네게 대하여 헛되고 어리석은 묵시를 보았으므로 네 죄악을 드러내어서 네가 사로잡힌 것을 돌이키지 못하였도다 그들이 거짓 경고와 미혹하게 할 것만 보았도다 _애 2:13-14

✝ 핵심 이해하기

1-10절은 시온과 유다의 성읍들과 백성들이 하나님의 맹렬한 진노와 분노로 얼마나 비참하게 되었는지 보여준다. 여호와 하나님께서는 친히 그의 백성의 원수가 되어 그들에게 진노를 불처럼 쏟으셨다(2:3-5). 모든 궁궐이 불에 삼켜졌고 견고한 성읍들이 무너졌다. 이로 인하여 백성의 근심과 애통은 끝이 없게 되었다(2:4-5). 성전에서는 더 이상 절기에 따라 드릴 희생 제사가 없어 졌다. 이제 백성을 이끌 지도자는 그 어디에도 없다(2:6-9). 살아남은 시온의 장로들은 티끌을 머리에 덮어쓰고 베를 허리에 두르고 슬퍼하며, 예루살렘의 처녀들은 머리를 땅에 숙이고 있었다(2:10).

이러한 광경을 목격하는 선지자 예레미야의 눈에서는 상한 눈물이 쏟아지고 그의 창자는 끊어질 것 같이 고통스러웠다(2:11). 선지자를 가장 고통스럽게 한 것은 엄마의 품에서 먹지 못하고 굶어죽는 어린아이들과 젖먹이들을 보는 것이었다(2:11-12). 이것들이 고통과 아픔의 전부가 아니었다. 예루살렘을 지나가는 이방인들은 입을 크게 벌리며 비참하게 된 시온의 딸 예루살렘을 조롱하고 비웃었다(2:15-16). 13절은 딸 예루살렘과 딸 시온의 큰 고통과 아픔을 요약한다. 14절은 딸 예루살렘이 이와 같이 된 원인이 무엇인지 말한다. 그 무엇과 비교하여도, 비참하고 가련하게 된 딸 시온에게 누구도 도움과 위로를 제공할 수 없다. 딸 예루살렘의 파괴가 바다와 같이 크기에 누구도 고쳐줄 수 없다.

왜 이와 같은 일이 일어났는가? 선지자들이 헛되고 어리석은 묵시를 보고 백성들을 죄에서 떠나게 하지 못했기 때문이었다(2:14). 예레미야의 고백은 하나님의 백성이 그의 말씀을 전하는 참 선지자들의 말을 듣고 죄에서 돌이켰다면, 이와 같은 불행을 당하지 않았을 것이라는 생각을 전제한 것이다. 모든 일이 이렇게 끝장났으니 이제 어찌할 것인가? 딸 시온의 성벽이 쉬지 않고 눈물을 강물처럼 흘리며 부르짖고 회개하는 길밖에 없다(2:18-19). 선지자 자신도 비참하고 가련하게 된 딸 예루살렘을 보시라며 하나님께 간청하고 호소한다(2:20-22).

✐ 한 마디 기도

하나님께서 선지자들을 통해 주시는 말씀을 듣고 죄에서 돌이키는 것보다 더 좋은, 불행과 멸망에 대한 방지책이 없는 것을 알게 하소서.

08/19 온 세상이 예상 못했던 일

LAMENTATIONS

대적과 원수가 예루살렘 성문으로 들어갈 줄은 세상의 모든 왕들과 천하 모든 백성이 믿지 못하였었도다 그의 선지자들의 죄들과 제사장들의 죄악들 때문이니 그들이 성읍 안에서 의인들의 피를 흘렸도다 _애 4:12-13

✚ 핵심 이해하기

4장은 1-2장과 같이 "슬프다"로 시작한다. 4장의 초점은 예루살렘이 멸망된 이후에 그곳에서 고통당하는 백성의 비참한 모습을 그리는 데 있다. 자녀들에게 먹을 것을 주지 못하는 딸 예루살렘은 자기 새끼를 보살피는 데 관심이 없는 잔인한 타조와 같다(4:3-4). 산호보다 붉고 그 윤택함이 빛나는 청옥과 같았던 존귀한 자들의 얼굴이 이제는 숯보다 검고, 그들의 피부는 먹지 못해서 뼈에 달라붙어 마른 막대기와 같이 되었다(4:7-8). 아이들과 사람들이 먹지 못해 점점 쇠약하면서 죽어갔다(4:9). 그들보다 오히려 칼에 죽임을 당한 자들이 차라리 낫다(4:9). 심지어 자비로운 부녀들이 굶주림을 견디지 못해 자기 몸에서 나온 자식들을 삶아 먹는다(4:10). 이것은 하나님께서 그의 맹렬한 진노를, 죄에서 돌이키지 못하고 소돔과 같이 된 백성에게 쏟아 부으신 결과였다(4:6, 11). 그래서 세상의 모든 왕들과 이방 백성들이 상상하지 못했던 일이 일어난 것이다. 하나님 백성의 원수가 예루살렘 성문으로 들어가 그곳의 모든 것을 초토화시킨 불행이 일어난 것이다. 이 모든 것의 원인은 성읍 안에서 의인들의 피를 흘린 선지자들과 제사장들의 죄악 때문이었다(4:13).

 한 마디 기도

언약의 주 하나님께서 죄 때문에 맹렬하게 진노하심으로 누구도 상상하지 못할 일이 일어나기 전에, 자비로운 하나님의 간절한 말씀을 듣고 죄에서 돌이키게 하소서.

에스겔 핵심구절
이해하고 기도하기

EZEKIEL

08/20

에스겔의 선지자 소명

인자야 너는 비록 가시와 찔레와 함께 있으며 전갈 가운데에 거주할지라도 그들을 두려워하지 말고 그들의 말을 두려워하지 말지어다 그들은 패역한 족속이라도 그 말을 두려워하지 말며 그 얼굴을 무서워하지 말지어다 그들은 심히 패역한 자라 그들이 듣든지 아니 듣든지 너는 내 말로 고할지어다
_겔 2:6-7

✝ 핵심 이해하기

제사장 가문의 아들인 에스겔은 주전 597년에 여호야긴이 왕위에 오른 지 3개월만에 바벨론에 포로로 잡혀갔다(1:1-2; 왕하 24:12-14). 그는 약 1만 명의 포로들과 함께 잡혀갔다. 그는 포로로 잡혀간 지 대략 5년 후인 30살 무렵에 하나님의 선지자로 부름을 받았다(1:1). 그가 바벨론에 포로로 잡혀오지 않았다면 규정에 따라 30살 때 제사장의 직무를 시작했을 것이다(민 4:3).

1-3장 전체는 에스겔의 소명기사에 해당한다. 1장은 하나님의 놀라운 영광과 위엄을 호위하는 네 생물과 그룹 천사들의 환상에 대하여

핵심적으로 언급한다. 3장은 선지자의 구체적인 사명을 소개한다. 2장은 하나님께서 에스겔을 불러 그에게 주신 소명의 말씀을 기록한다. 특별히 2장 1-7절은 하나님께서 그를 선지자로 부르실 때 주신 말씀이다. 8-10절은 에스겔이 하나님으로부터 받았던, 안팎으로 기록된 두루마리 책을 받아먹으라는 명령과 관련된 기록이다.

하나님께서는 에스겔에게 소명을 주실 때 먼저 사역의 대상에 대하여 말씀하셨다. 그의 사역의 대상인 이스라엘 백성은 패역한 백성으로, 얼굴이 뻔뻔하고 마음이 굳은 자들이다(2:3-4).

하나님께서는 이어서 그들이 그의 말을 듣든지 아니 듣든지 그들 가운데 선지자가 있음을 알게 하라고 말씀하셨다(2:5). 하나님께서는 그의 사역의 길에 가시와 찔레와 전갈이 있을 것이라고 말씀하셨다. 이 은유적인 표현들은 에스겔의 선지자 사역에 많은 고통과 아픔과 시련이 있을 것임을 암시한다. 이것들은 동시에 얼굴이 뻔뻔하고 완고한 마음을 가진 패역한 백성이, 바로 가시와 찔레와 전갈과 같은 자들임을 전제한다. 그럴지라도 에스겔은 그들도, 그들의 말도, 그들의 얼굴도 두려워하거나 무서워하지 않고, 하나님의 말씀을 그들에게 전해야 한다(2:6-7). 하나님께서는 에스겔이 백성에게 전해야 할 말씀에 대한 구체적인 상징물로 두루마리 책을 주시며 받아먹으라고 명령하셨다.

🔵 한 마디 기도

주님께서 은혜로 주신 사명이 아무리 고통스럽고 힘들어도 소명대로 담대하게 살게 하소서.

EZEKIEL

08 / 21 파수꾼으로 세움 받은 에스겔

인자야 내가 너를 이스라엘 족속의 파수꾼으로 세웠으니 너는 내 입의 말을 듣고 나를 대신하여 그들을 깨우치라 _겔 3:17

✝ 핵심 이해하기

하나님께서는 에스겔에게 두루마리 책을 주시고 먹게 하셨다(3:1-3). 이후에 하나님께서는 그의 사역의 대상이 다른 언어를 사용하는 이방 민족이 아니라 이스라엘 족속이라고 분명하게 말씀하셨다(3:4-5). 그들은 완고하여 그가 전하는 말을 듣지 아니할 것이다. 그 이유는 그들이 하나님의 말씀을 들으려고 하지 않기 때문이다(3:7). 그럴지라도 결코 그들을 두려워하지도 무서워하지 말라고 말씀하셨다. 하나님께서는 그의 반역하는 백성을 에스겔이 두려워하지 않도록 그의 이마를 굳게 하셨다. 그의 이마를 화석보다 굳은 금강석과 같이 만들어 줄 것이라고 약속하셨다(3:8-9). 그러므로 그는 그들에게 가서 그의 말을 전해야 했다(3:10-11). 그때 생물들의 날개 소리와 바퀴 소리가 크게 울리기 시작했다. 바로 이때 주의 영이 선지자를 높이 들어 올렸고, 그는 포로로 사로잡혀 온 백성이 살고 있는 그발 강가에 도달하게 되었다(3:12-14). 에스겔은 그발 강가에서 7일 동안 거룩한 두려움으로 떨며 지냈다(3:15). 17-21절은 일주일이 지나자 하나님께서 그에게 주신 말씀이다. 17절은 하나님께서 그를 이스라엘 족속의 파수꾼으로 세우셨다는 말씀이다.

18-21절은 이스라엘의 파수꾼으로서 그의 구체적인 사명이 무엇인지 보여준다. 그의 구체적인 사명은 크게 두 가지로 요약된다. 하나는

악인들을 깨우쳐서 악한 길에서 떠나게 해서 그들의 생명을 구원하는 일이었다(3:18-19). 다른 하나는 의인들이 행해 왔던 의에서 떠나지 않고 계속 의를 행하도록 하여 그들로 하여금 생명을 지속적으로 누리게 하는 것이었다(3:20-21). 만일 선지자가 파수꾼의 사명을 제대로 감당하지 못하여 백성이 죄악 가운데 죽게 되면, 그는 이에 대한 개인적인 책임져야 한다. 그러나 그가 파수꾼의 이중사명을 감당했음에도 불구하고 악인이 죄에서 돌이키지 않아 죽게 되거나 의인이 의에서 떠나 멸망을 당하면, 이에 대하여 그의 개인적인 책임은 없다(3:19, 21). 이와 비슷

하게 복음의 파수꾼으로서 사명을 잘 감당한 바울이 밀레도에서 에베소 장로들과 고별의 만남을 가질 때, 자신은 지난 3년간 에베소에서 개인적으로 공적으로 모든 사람에게 복음을 다 전했으므로 그들의 피에 대하여 깨끗하다고 하였다(행 20:26-27).

◁ 한 마디 기도

사람들이 죄에서 돌이키고 하나님께서 기뻐하시는 선을 계속 행하도록 이끄는 복음의 파수꾼, 곧 예수 그리스도의 신실한 증인으로 살게 하소서.

EZEKIEL

08/22

성소에서부터 시작되는 하나님의 심판

그들에 대하여 내 귀에 이르시되 너희는 그를 따라 성읍 중에 다니며 불쌍히 여기지 말며 긍휼을 베풀지 말고 쳐서 늙은 자와 젊은 자와 처녀와 어린이와 여자를 다 죽이되 이마에 표 있는 자에게는 가까이 하지 말라 내 성소에서 시작할지니라 하시매 그들이 성전 앞에 있는 늙은 자들로부터 시작하더라
(관련구절: 벧전 4:17) _ 겔 9:5-6

✝ 핵심 이해하기

에스겔은 환상 중에 각각 자기 손에 살인무기를 가진 여섯 사람(천사)을 보았다. 그중에 하나는 가는 베옷을 입고 허리에 서기관의 먹 그릇을 찼다(9:2). 여호와 하나님의 영광이 성전 문지방에 나타날 때 여호와께서는 이 서기관을 불러 임무를 주셨다. 그의 임무는 예루살렘 성을 돌아다니면서, 거기서 행해지는 모든 가증한 일 때문에 탄식하며 우는 자들의 이마에 표시하는 것이었다(9:3-4). 하나님께서는 이어서 에스겔이 듣는 가운데 나머지 천사들에게 명령하셨다.

그 내용은 서기관을 뒤따라 다니며 이마에 표시된 사람을 제외하고 모든 사람을 다 죽이라는 것이었다(9:5-6). 이들 천사들은 하나님의 명령을 받은 대로 하나님의 성소에서부터 나이가 많은 자들로부터 죽이기 시작하여 성읍의 나머지 사람들을 죽였다(9:6-7).

에스겔은 이 광경을 목격하고 하나님 앞에 엎드려, 주께서 예루살렘에 분노를 쏟으시고 이스라엘의 남은 자를 다 멸하시려고 하는 것이냐고 물었다(9:8). 이때 하나님께서는 이스라엘과

유다 족속의 죄악이 너무 중하여 피가 온 땅에 가득하고, 그 성읍이 불법으로 차서 하나님께서 이 땅을 버리고 돌보시지 않는 것이라고 서기관을 통해 대답하셨다(9:9).

이 사건은 신약 성경의 두 곳에 반영되었다. 사도 베드로는 하나님의 백성도 마지막 심판의 날에 심판의 대상이라는 점을 강조하면서 "하나님의 집에서 심판을 시작할 때가 되었나니 만일 우리에게 먼저 하면 하나님의 복음을 순종하지 아니하는 자들의 그 마지막은 어떠하겠느냐"고 했다(벧전 4:17). 계시록 7장은 이스라엘의 12지파 중에서, 이마에 하나님과 어린양의 인침을 받은 144,000명만이 하나님의 심판을 피하고 구원을 받는 것으로 기록한다. 에스겔 9장의 인침 장면은 계시록 7장의 중요한 배경이다.

하나님께서는 자기 백성의 심각한 죄악을 용납하지 않으시고 정하신 심판의 때에 반드시 징벌한다는 사실을 결코 잊지 않고, 죄에서 돌이키게 하소서.

EZEKIEL

08/23

성전을 떠난 여호와의 영광

여호와의 영광이 성전 문지방을 떠나서 그룹들 위에 머무르니 그룹들이 날개를 들고 내 눈 앞의 땅에서 올라가는데 그들이 나갈 때에 바퀴도 그 곁에서 함께 하더라 그들이 여호와의 전으로 들어가는 동문에 머물고 이스라엘 하나님의 영광이 그 위에 덮였더라 _겔 10:18-19

✝ 핵심 이해하기

여호와의 영광이 예루살렘 성전에서 떠나는 장면은 참으로 안타깝고 불행스러운 사건이다. 에스겔 선지자는 지성소의 그룹에 머물러 있던 여호와의 영광이 성전을 떠나기 위해서 이미 1단계로 성전의 문지방으로 이동한 것을 목격했다(9:3). 이제 10장은 여호와의 영광이 마침내 성전 문지방을 떠나기 위하여 그룹들 위에 머물고(10:18), 그의 영광을 호위하는 그룹들이 성전으로 들어가는 동문으로 이동하여 성읍과 성읍 동쪽 산을 경유하여 최종적으로 떠나는 것을 보여준다(10:19; 11:22-23).

모세가 하나님의 지시에 따라 성막과 성막의 각종 기구를 만들어 세웠을 때 하나님의 영광이 성막에 임했다(출 40:34-35). 그러나 엘리 제사장 시대에 제사장들과 백성의 죄로 인하여 하나님의 영광은 실로의 성막에서 떠났다(삼상 4:21-22). 오랫동안 성막을 떠났던 여호와의 영광은, 마침내 솔로몬이 성전을 완성하고 봉헌할 때 성전에 가득 임했다(왕상 8:10-11; 대하 5:13-14). 그때부터 지금까지 솔로몬의 성전에 임했던 여호와의 영광이 성전에서 떠나는 것은, 솔로몬 성전의 파괴와 하나님 백성의 심판이 임박함을 예고한다. 이미 9장에서 심판의 메시지는 주어졌다. 10장은 여호와의 영광이 그룹 천사들을 통해 성전을 떠나는 것을 보여준다. 마지막으로 11장은 하나님의 백성을 죄에 빠지게 한 지도자들과 예루살렘 성읍이 하나님의 진노의 심판을 받는 것을 보여준다. 에스겔은 성령 하나님의 특별한 역사로, 이 광경을 환상 중에 예루살렘으로 가서 보았다(8:3).

이 본문을 읽는 신약 성도들은 하나님께서는 그의 성전을 더럽히는 죄악을 용납하지 않으시고 징벌하시는 것을 명심할 필요가 있다. 사도 바울은 이와 관련하여 "누구든지 하나님의 성전을 더럽히면 하나님이 그 사람을 멸하시리라 하나님의 성전은 거룩하니 너희도 그렇다"고 하였다(고전 3:17).

∝ 한 마디 기도

성령 하나님이 내주하시는 하나님의 거룩한 성전을 잘 지켜, 하나님의 영광을 욕되게 하는 죄악에 빠지지 않게 하소서.

EZEKIEL 08/24 순종하는 새 영과 새 마음의 약속

내가 그들에게 한 마음을 주고 그 속에 새 영을 주며 그 몸에서 돌 같은 마음을 제거하고 살처럼 부드러운 마음을 주어 내 율례를 따르며 내 규례를 지켜 행하게 하리니 그들은 내 백성이 되고 나는 그들의 하나님이 되리라(관련 구절 겔 36:26-27) _겔 11:19-20

✝ 핵심 이해하기

11장 1-13절은 하나님의 백성과 예루살렘 성의 심판에 관한 말씀이다. 하나님의 성전과 예루살렘 성에서 하나님의 영광이 마침내 떠나고 난 후에 하나님의 백성을 기다리는 것은 하나님의 혹독한 심판밖에 없었다. 하나님께서는 놀랍게도 그의 영광이 성전과 성읍을 떠나는 것과 관련된 두 기록(10:1-11:13, 22-23) 사이에 그의 백성의 회복과 관련된 소망의 말씀을 주셨다(11:14-21). 하나님께서는 그의 백성이 이제 기업의 땅 가나안을 떠나 멀리 이방 나라로 갈 것임을 말씀하시면서, 그들이 흩어진 나라에서 자신이 친히 그들의 성소가 되겠다고 약속하셨다(11:16).

하나님께서는 또한 그들을 흩어진 각 나라에서 모아 이스라엘 땅으로 돌아오게 하겠다고 약속하셨다(11:17). 그의 백성의 회복과 귀환을 약속하신 하나님께서는, 이에 대한 반응으로 이제 돌아온 가나안 땅에서 그들이 모든 미운 물건과 모든 가증한 것을 제거하여 버리라고 명하셨다(11:18). 놀라운 것은, 하나님께서 그의 명령에 순종하도록 그들 모두에게 새로운 영과 새마음을 주실 것이라는 사실이다(11:19). 하나님께서 그의 백성의 마음속에 새 영을 두실 때에, 돌같이 완고한 마음은 제거되고 부드러운 마음이 생길 것이다. 돌같이 완고한 마음은 돌이킬 수 없는 불순종의 원인이었다. 그러나 부드러운 마음은 하나님의 말씀을 순수하게 받아들이고 순종하게 한다.

새 영과 새 마음의 약속은 옛 언약의 불순종의 문제를 근본적으로 해결하는 새 언약의 약속이었다. 하나님께서 그의 백성의 마음을 이와 같이 바꾸실 때 그들은 마음의 중심으로 하나님의 율례와 규례를 지켜 행하게 될 것이다. 그때 비로소 그들은 하나님의 백성으로 인정받고, 하나님께서는 친히 그들의 하나님으로 높임을 받게 되실 것이다. 하나님께서 하신 새 영과 새 마음에 관한 약속은 예수님의 구속 사역으로 성취되었다. 이것은 성령님께서 돌과 같은 마음을 제하고 기쁘게 순종하는 마음으로 바꾸시는 마음의 할례, 곧 중생의 역사를 통해 신약의 신자들에게 베풀어지고 있다(롬 2:29; 고전 3:3).

∝ 한 마디 기도

마음의 중심으로 기쁘게 순종할 수 있도록 새 영과 새 마음을 주시는 주님의 놀라운 은혜와 사랑으로 인하여 감사드립니다.

EZEKIEL
08 / 25

땔감 같이 쓸모없는 예루살렘 주민

불에 던질 땔감이 될 뿐이라 불이 그 두 끝을 사르고 그 가운데도 태웠으면 제조에 무슨 소용이 있겠느냐 그것(=포도나무)이 온전할 때에도 아무 제조에 합당하지 아니하였거든 하물며 불에 살라지고 탄 후에 어찌 제조에 합당하겠느냐 _겔 15:4-5

✝ 핵심 이해하기

포도나무의 비유는 역사적으로 하나님의 백성과 아주 밀접하게 연결되어 있다. 여호와 하나님께서는 이스라엘 백성을 애굽에서 인도하여 내어 가나안 땅에 살게 하셨다. 이것은 하나님께서 포도나무를 애굽에서 뽑아 가나안 땅에 심은 것으로 은유적으로 표현되었다(시 80:8). 이와 비슷하게 선지자 이사야도, 하나님께서 가나안 족속들을 멸하시고 이스라엘 백성을 가나안 땅에 살게 한 사건을 은유적으로 "땅을 파서 돌을 제하고 극상품 포도나무를 심었다"고 설명했다(사 5:2). 하나님께서는 포도나무로 묘사된 그의 백성이 의와 공의의 열매를 맺기를 기다리고 기다리셨다. 그렇지만 그들은 좋은 열매를 맺지 않았다. 그들은 그 대신에 못쓸 열매, 곧 불의와 착취의 각종 열매를 맺었다(사 5:7; 렘 2:21 참고).

본문 15장은 이러한 현실을 반영하는 비유다. 2-5절은 다른 모든 나무와 비교하여 포도나무의 무가치함을 보여준다. 그리고 6-8절은 이러한 이해를 예루살렘 백성에게 적용한다. 먼저 하나님께서는 포도나무는 가구로도 그릇걸이로도 제작되지 않는다는 공공연한 사실을 지적하셨다(15:3). 그런 포도나무를 불에 태운 후에 가구로 만드는 일은 상상할 수 없는 것이다(15:4-5). 불에 타기 전에도 포도나무 가지로 가구를 만들 수 없었는데, 불에 탄 후에 그것을 어찌 가구를 만드는 데 쓸 수 있느냐는 것이다. 하나님께서는 이와 같이 죄로 인하여 쓸모없게 된 예루살렘 주민을 심판의 불에 던지시고 그 땅은 황폐하게 하실 것이라고 말씀하셨다(15:6-8).

EZEKIEL 08/26 죄에 대한 개인적인 책임

모든 영혼이 다 내게 속한지라 아버지의 영혼이 내게 속함 같이 그의 아들의 영혼도 내게 속하였나니 범죄하는 그 영혼은 죽으리라(관련구절: 겔 18:20) _겔 18:4

✝ 핵심 이해하기

이 말씀은 죄에 대한 책임이 죄를 범한 각 개인에게 있음을 강조한다. 에스겔은 예레미야와 함께, 죄에 대한 개인적인 책임을 강조한 선지자로 잘 알려져 있다. 이 말씀은 2절에 언급된 속담에 대한 하나님의 답변이다. 당시 이스라엘 백성 가운데 널리 퍼진 속담은 "아버지가 신 포도를 먹었으므로 그의 아들의 이가 시다"는 것이었다. 이 속담의 뜻은 20절이 암시하는 것과 같이 아들이 아버지의 죄악을 담당한다는 것이다. 이 속담은 바벨론에서 포로 생활을 하는 자들 사이에도 널리 퍼져 있었다. 그들은 자기들의 죄가 아니라, 조상들의 죄 때문에 바벨론에서 고생하고 있다고 생각했다. 하나님께서는 이 속담이 더 이상 이스라엘 백성 가운데 쓰이지 못하게 하시려고 이 말씀을 주신 것이다.

각 사람은 하나님 앞에서 개인적으로 책임을 지는 존재다. 각 사람은 자신의 죄에 대하여 개인적인 책임을 진다. 아버지가 죄를 지으면 그 책임이 아버지에게 있고, 자식에게는 있지 않다. 자식이 죄를 범하면 그 책임은 자식에게만 있고, 그의 아버지에게는 있지 않다. 자식이 아버지의 죄로 인하여 벌을 받지는 않는다. 아버지도 자식의 죄로 인하여 벌을 받지 않는다. 하나님께서 모세를 통하여 분명하게 "아버지는 그 자식들로 말미암아 죽임을 당하지 않을 것이요 자식들은 그 아버지로 말미암아 죽임을 당하지 않을 것이니 각 사람은 자기 죄로 말미암아 죽임을 당할 것"이라고 이미 말씀하셨다(신 24:16). 훗날에 유다 왕 아마샤는 이 규정을 적용하여 부친 요아스 왕을 죽인 사람들의 자녀를 죽이지 않았다(왕하 14:6).

각 사람이 자신의 죄에 대하여 책임을 진다는 말씀은 후손들이 조상의 죄에 대하여 책임을 지지 않는다는 뜻이다. 이것은 후손들이 조상들의 죄의 영향을 받지 않는다는 말이 결코 아니다. 만일 자식이 조상들의 죄 때문에 징벌을 받는다면 그것은 조상들의 죄 자체 때문이 아니다. 조상들의 죄의 영향을 받아서 조상들과 같이 자신이 동일한 죄를 범했기 때문이다. 하나님께서는 18장에서 두 가지 구체적인 예를 주셨다. 하나는 의로운 아버지에게서 악한 아들이 나올 수 있다는 것이다(18:5-13). 다른 하나는 역으로, 악한 아버지에게서 의로운 아들이 나올 수 있다는 것이다(18:14-18). 이 경우에도 죄를 범하는 당사자만 그 죄로 인하여 심판을 받는다 (18:13, 18).

하나님께서는 의인들이 계속적으로 그가 기뻐하는 선을 행하기를 원하신다(18:21-24). 의인이 의에서 떠나 악인들의 가증한 길로 가면 악인들과 같이 죽을 것이기 때문이다(18:25). 하나님께서는 악인들이 악에서 떠나 살기를 원하신다(18:27-28). 하나님께서는 어떤 경우에도 사람들이 죄로 인하여 죽는 것을 기뻐하지 않으신다(18:32).

🙏 한 마디 기도

사람과 환경을 탓하지 않고, 자신의 행동에 대하여 개인적인 책임 의식을 가지고 하나님 앞에서 바르게 살게 하소서. 자녀들에게 죄 짓는 환경을 물려주지 않게 하소서.

EZEKIEL 08/27 애굽의 우상들을 버리지 못한 백성

또 그들에게 이르기를 너희는 눈을 끄는 바 가증한 것을 각기 버리고 애굽의 우상들로 말미암아 스스로 더럽히지 말라 나는 여호와 너희 하나님이니라 하였으나 그들이 내게 반역하여 내 말을 즐겨 듣지 아니하고 그들의 눈을 끄는 바 가증한 것을 각기 버리지 아니하며 애굽의 우상들을 떠나지 아니하므로 내가 말하기를 내가 애굽 땅에서 그들에게 나의 분노를 쏟으며 그들에게 진노를 이루리라 하였노라 _겔 20:7-8

✝ 핵심 이해하기

이 말씀은 이스라엘의 여러 장로들이 여호와 하나님께 물으러 에스겔에게 왔을 때에, 하나님께서 그에게 말하라고 주신 것이다(20:1). 하나님께서는 그들의 조상을 애굽에서 인도하여 내시고 자신을 그들의 하나님으로 선포하셨다 (20:5). 하나님께서는 그들을 젖과 꿀이 흐르는 땅, 곧 모든 땅 중에서 아름다운 곳인 가나안 땅에 이르게 하셨다(20:6). 그때 하나님께서 그들의 눈을 사로잡는 가증한 것들(히: 쉬쿠츠)을 버리라고 당부하셨다(20:7). 눈을 사로잡는 가증한 것들은 구체적으로 애굽의 우상들을 가리킨다(20:7-8). 그러나 하나님의 백성은 그의 말씀을 듣지 않고 여전히 그들의 눈을 사로잡는 가증한 것들, 곧 애굽의 우상들에서 떠나지 아니했다.

애굽에서 나온 백성들이 애굽의 우상들에서 떠나지 않는 것을 가장 결정적으로 보여준 사건이 모세가 시내 산에 올라가서 내려오지 않을 때 일어났다. 모세는 시내 산에 율법의 돌비를 받으러 올라가서 40일 동안 돌아오지 않았다.

그러자 아론은 백성들의 강력한 요구에 따라 이 금송아지를 만들어 그들을 애굽에서 인도하여 내신 하나님으로 선포했다(출 32:1-4). 하나님께서 이 죄로 인하여 크게 진노하셨고, 많은 이들이 죽었다. 그렇지만 애굽의 우상들의 매력은 하나님의 백성의 마음에서 좀처럼 떠나지 아니했다. 애굽의 우상은 이스라엘 백성의 광야 40년 생활로도, 가나안 땅에서의 오랜 삶을 지나면서도, 그들의 마음에서 떠나지 아니했다. 북왕국의 초대 왕 여로보암은 단과 벧엘에 금송아지 우상을 만들어 그의 온 백성이 여호와 하나님으로 섬기게 했다(왕상 12:28-29). 이것은 애굽에서 나온 백성들이 애굽의 금송아지를 만들어 섬긴 것과 동일한 성격의 죄였다.

그 결과 하나님께서는 "내가 애굽 땅에서 그들에게 나의 분노를 쏟으며 그들에게 진노를 이루리라 하였다"고 밝히셨다(20:8). 여기서 '애굽 땅'은 이스라엘 백성이 과거에 400년간 머물렀던 애굽 땅이 아니라, 그들이 오랫동안 애굽의 우상들을 섬기며 산 가나안 땅을 냉소적으로 표현하신 것이다. 하나님의 백성이 그의 땅에서 애굽의 우상들을 섬겼으니, 하나님께서 보실 때 가나안 땅은 애굽 땅이 된 것이나 다름이 없었다. 하나님께서는 결국 그들에게 진노를 부어 그들의 일부가 바벨론에 포로로 끌려와 지금 살고 있었던 것이다.

◁ 한 마디 기도

세상이 자기 신들을 섬기는 방식으로 하나님을 섬기지 않고, 하나님께서 주신 말씀과 그가 명령하신 방식에 따라 하나님을 섬기게 하소서.

EZEKIEL
08/28 두로 왕의 죄악과 심판

네 무역이 많으므로 네 가운데에 강포가 가득하여 네가 범죄하였도다 너 지키는 그룹아 그러므로 내가 너를 더럽게 여겨 하나님의 산에서 쫓아냈고 불타는 돌들 사이에서 멸하였도다 네가 아름다우므로 마음이 교만하였으며 네가 영화로우므로 네 지혜를 더럽혔음이여 내가 너를 땅에 던져 왕들 앞에 두어 그들의 구경 거리가 되게 하였도다 _겔 28:16-17

✝ 핵심 이해하기

28장은 두로 왕의 심판과 관련된 하나님의 말씀이다. 2절은 "인자야 너는 두로 왕에게 이르기를 여호와께서 이같이 말씀하시되"로 시작된다. 2-10절의 전체 내용은 두로 왕과 관련된 말씀이다. 11-19절까지 이어지는 두 번째 단락도 역시 "인자야 두로 왕을 위하여 슬픈 노래를 지어 그에게 이르기를"이란 말씀으로 시작된다(28:12). 그러므로 둘째 단락에 속하는 16-17절도 두로 왕과 관련된 진술로 이해하는 것이 문맥의 흐름에 비추어 볼 때 타당하다. 13-17절의 내용이 다소 어렵고 은유적이고 상징적인 표현으로 나오기 때문에 이 내용은 두로 왕과 관련이 없다고 생각할 수 있다. 그러나 전체 문맥의 흐름이 두로 왕과 관련된 것이므로, 성경 해석의 바른 원리에 비추어 볼 때 13-17절이 두로 왕 이외에 어떤 다른 존재를 가리키는 것으로 이해하는 것은 타당하지 않다.

이러한 문맥적인 흐름을 무시하고 13절의 "하나님의 동산 에덴", 14절의 "너는 기름 부음을 받고 지키는 그룹임이여", 16절의 "너 지키는 그룹아"란 문구에만 집착하는 것은 잘못된 해석으로 빗나가는 지름길이다. 이러한 은유적인 표현들을 에덴동산에서의 사탄의 타락을 가리키는 것으로 이해하는 것은 지나친 해석이다. 이와 같은 표현들은 두로 왕이 교만과 거만이 하늘 끝까지 사무쳐 마치 자신을 신적인 존재인 양 착각한 것을 묘사했다고 보는 것이 마땅한 해석이다.

∝ 한 마디 기도

하는 일마다 너무 잘 되어 자신을 하나님과 같은 존재로 착각하는 상황에 도달하지 않도록, 하나님의 말씀의 빛으로 나 자신을 정확하게 보고 겸손하게 하소서.

바벨론 왕에게 넘어갈 애굽 땅

EZEKIEL 08/29

내가 바벨론 왕의 팔은 들어 주고 바로의 팔은 내려뜨릴 것이라 내가 내 칼을 바벨론 왕의 손에 넘기고 그를 들어 애굽 땅을 치게 하리니 내가 여호와인 줄을 그들이 알리라 _겔 30:25

✝ 핵심 이해하기

29-32장은 애굽의 심판과 관련된 하나님의 말씀이다. 특별히 20-26절의 내용은 하나님께서 에스겔이 여호야긴 왕과 바벨론으로 잡혀 온 지 11년이 되는 해에 주신 것이다(주전 587년). 하나님께서 여기서 하시는 말씀은 바벨론이 애굽보다 힘이 세서 애굽을 이길 것이 아니라, 그가 바벨론 왕의 팔은 들어 주고 바로의 팔은 내려뜨릴 것이기 때문에, 결국 애굽이 바벨론 왕의 손에 의해 패하게 된다는 것이다. 그 결과 애굽은 바벨론의 침략으로 말미암아 여러 나라들 가운데 흩어지는 운명을 당할 것이다(30:23, 26). 이 말씀은 당시 고대 근동의 두 강대국, 신흥 바벨론과 수천 년 동안 변하지 않는 강대국 애굽도 하나님께서 다스리심을 전제한다. 과연 여호와 하나님께서는 온 세상 나라를 다스리시는 만왕의 왕이시고 만주의 주이시다.

∝ 한 마디 기도

세상 모든 사람들이 여호와 하나님께서 온 세상 나라를 다스리시는 것을 인정하게 하소서(단 4:17 참고).

이스라엘의 파수꾼 에스겔

가령 내가 악인에게 이르기를 악인아 너는 반드시 죽으리라 하였다 하자 네가 그 악인에게 말로 경고하여 그의 길에서 떠나게 하지 아니하면 그 악인은 자기 죄악으로 말미암아 죽으려니와 내가 그의 피를 네 손에서 찾으리라 그러나 너는 악인에게 경고하여 돌이켜 그의 길에서 떠나라고 하되 그가 돌이켜 그의 길에서 떠나지 아니하면 그는 자기 죄악으로 말미암아 죽으려니와 너는 네 생명을 보전하리라 _겔 33:8-9

✚ 핵심 이해하기

에스겔의 파수꾼 사명과 관련된 말씀은 3장과 18장에 이미 상세하게 나왔다. 33장은 에스겔의 파수꾼 사명에 대한 마지막 말씀이다. 먼저 하나님께서는 에스겔에게 파수꾼 사명의 엄중함을 깨우치기 위해, 국가를 지키는 파수꾼의 예를 들어 말씀하셨다(33:2-6). 파수꾼은 나라에 전쟁의 칼이 임하는 것을 감지하고 백성에게 경고의 나팔을 불어서 전쟁의 칼을 피하게 해야 한다(33:3-4). 파수꾼이 나팔을 불어 경고했는데도 백성이 이를 무시하고 준비하지 않으면 그 책임은 백성에게 있다(33:4-5). 그러나 파수꾼이 임박한 칼의 위험을 보고도 경고의 나팔을 불지 아니하여 백성 중 한 사람이 죽어도 그 죗값은 파수꾼에게 있다(33:6).

7-9절은 하나님께서 이것을 에스겔에게 적용하여 주신 말씀이다. 에스겔은 하나님께서 자신에게 하시는 말씀을 듣고, 그를 대신해서 백성에게 경고해야 한다. 에스겔이 악인에게 계속 악을 행하면 죽을 것이라고 경고하지 않아서 그가 악에서 떠나지 않아 자기의 죄로 죽으면, 그의 피를 에스겔에게서 찾으실 것이다(33:8). 그러나 정반대로 에스겔이 파수꾼의 역할을 제대로 감당했으면 죄에서 떠나지 않은 악인은 자기 죄로 죽을 것이나, 에스겔은 그의 죽음에 대하여 일체 책임이 없다(33:9). 그러므로 중요한 것은 파수꾼의 사명을 제대로 감당하느냐 하지 않느냐다. 파수꾼의 경고를 듣고 얼마나 많은 사람들이 죄를 버리고 주께 돌아오느냐는 것은 파수꾼의 사명도 아니며 그의 주된 관심사도 아니다. 설사 경고의 말을 듣는 사람이 없어도 파수꾼의 경고 사명은 여전히 중요하다. 그래서 하나님께서는 에스겔에게 사람들이 듣든지 아니 듣는지 그의 말을 백성에게 전하라고 하신 것이다(3:11).

∝ 한 마디 기도

우리 모두가 사람들이 어떻게 반응할 것이냐에 초점을 두지 않고 영적인 파수꾼의 사명을 감당하는 데 최선을 다하게 하소서.

죽은 이스라엘을 살리는 생기

또 내게 이르시되 인자야 너는 생기를 향하여 대언하라 생기에게 대언하여 이르기를 주 여호와께서 이같이 말씀하시기를 생기야 사방에서부터 와서 이 죽음을 당한 자에게 불어서 살아나게 하라 하셨다 하라 이에 내가 그 명령대로 대언하였더니 생기가 그들에게 들어가매 그들이 곧 살아나서 일어나서는데 극히 큰 군대더라 _겔 37:9-10

✝ 핵심 이해하기

에스겔에게 임한 하나님의 성령은 환상 가운데 사방에 해골과 뼈들이 가득 찬 골짜기로 그를 인도하셨다(37:1). 뼈들로 가득 찬 골짜기를 지날 때에 하나님께서는 에스겔에게 이 뼈들이 살 수 있겠느냐고 물으셨다(37:2). 에스겔은 직접적인 답을 하는 대신에 "주께서 아십니다"라고 말했다(37:2). 그러자 하나님께서는 직접 뼈들에게 살아나라고 명령하실 수도 있으나 그렇게 하지 않으시고, 뼈들을 향하여 에스겔이 외치라고 하셨다(37:4-5). 하나님께서 대언하라고 에스겔에게 주신 말씀은 "너희 마른 뼈들아 여호와의 말씀을 들을지어다. 주 여호와께서 이 뼈들에게 이같이 말씀하시기를 내가 생기를 너희에게 들어가게 하리니 너희가 살아나리라"라는 것이었다. 그 결과 살아난 그들은 이분이 여호와이신 줄 알 것이라고 하셨다(37:6). 에스겔이 하나님의 명령대로 행하자 놀라운 역사가 일어났다. 이 뼈, 저 뼈가 짝을 찾아 서로 연결되고 그 뼈 위에 힘줄과 살이 붙고 살가죽이 붙었다(37:8). 하지만 그 속에 생기는 아직 없었다.

9절은 바로 이 상황에서 하나님께서 주신 명령이다. 하나님의 명령은, 생기에게 주님의 이름으로 명하여 사방으로부터 와서 죽음을 당한 자들에게 불어서 그들을 살아나게 하라는 것이었다(37:9). 에스겔이 하나님의 명령대로 하자

생기들이 죽은 자들에게 들어갔고 그들이 살아나 큰 군대가 되었다(37:10). 11-14절은 하나님께서 이 사건의 의미를 에스겔에게 설명하신 내용이다. 그가 골짜기에서 본 뼈들은, 바벨론에 포로로 잡혀가 다시 고국으로 돌아올 소망이 전혀 없는 이스라엘 온 족속을 가리킨다. 뼈는 하나님의 백성의 소망이 완전히 없어진 상태를 묘사한다. 이렇게 앙상한 뼈와 같이 된 자들 속에 생기가 들어가 그들이 살아난 것은, 그들이 바벨론이라는 뼈 골짜기 무덤에서 나와 고국으로 돌아오는 놀라운 기적을 말한다. 이것은 하나님의 성령이 하실 생명의 역사다. 그 결과 하나님의 백성은 이 모든 것을 행하시는 분이 여호와 하나님이신 것을 알게 될 것이다(37:14). 역사적으로 볼 때 바벨론에 포로로 잡혀간 백성이 고국으로 돌아오는 것은 불가능했다. 이것은 죽은 자들이 다시 살아나는 것과 같이, 있을 수 없는 일이었다. 그러나 하나님의 성령께서 이 국가적인 부활이라는 놀라운 기적을 행하셨다.

신약 시대에 성령의 역사는 죄와 허물로 죽은 자들을 예수님의 부활 생명으로 살리는 일이다. 성령님께서는 세상 모든 종족들에게 전파되는 생명의 복음을 통하여 영적으로 죽은 자들을 살려 예수님을 믿게 한다. 오늘날 예수님을 믿는 자들은 성령님께서 그들을 영적인 무덤

에서 살려내어 하나님의 나라로 옮기신 결과다 (요 5:24-25; 6:63; 고후 3:6). 예수님께서는 제자들에게, 가서 죽은 자들을 살리라고 말씀하셨다 (마 10:8). 예수님께서는, 성령님께서 복음을 통해 영적으로 죽은 자들을 살리실 것을 염두에 두고 이 말씀을 하신 것이다.

한 마디 기도

신자 모두가 생명의 말씀인 복음으로 죽은 자들을 살리시는 성령 하나님의 능력을, 전도와 선교의 현장에서 체험하게 하소서.

EZEKIEL
09
01

모든 생물을 살리는 강물

이 강물이 이르는 곳마다 번성하는 모든 생물이 살고 또 고기가 심히 많으리니 이 물이 흘러 들어가므로 바닷물이 되살아나겠고 이 강이 이르는 각처에 모든 것이 살 것이며 _겔 47:9

✝ 핵심 이해하기

에스겔은 환상 가운데 성전의 문지방 밑에서 물이 흘러나오는 것을 보았다. 그는 이 물이 흐르는 시내를 건너면서 물의 깊이를 계속 측량했다. 처음에는 물의 깊이가 그의 발목에 오를 정도였다. 그러나 이것은 점점 더 깊어져 무릎까지 차고 허리까지 차더니, 마침내 사람이 헤엄쳐 건너지 못할 강이 되었다(47:4-5). 그는 이어서 강 좌우편에 있는 많은 나무들을 보았다(47:7). 이 나무들은 각종 열매를 내는 과실수로 매달 새로운 열매를 맺었다(47:12). 이것은 성전에서 흘러나온 물이 가져다준 생명의 열매를 예시한다. 에스겔은 이어서 이 강물의 흐름을 따라서 아라바로 가서 사해까지 갔다. 놀랍게도 이 물이 흘러내리는 바닷물은 생명의 물로 바뀌었다. 이 강물이 도달하는 곳마다 모든 생물들이 살아나고 강에는 많은 물고기들이 살아나며, 바닷물이 살아나 심히 많은 고기들이 번성하고

서식하는 바다가 되었다(47:9-10).

이 놀라운 예언은 예수님의 구원 사역의 결과로 성취되었다. 예수님께서는 십자가의 죽음을 앞두고 이 예언이 성취될 것을 내다보셨다. 예수님께서는 "누구든지 목마르거든 내게로 와서 마시라 나를 믿는 자는 성경에 이름과 같이 그 배에서 생수의 강이 흘러나오리라"고 선언하셨다(요 7:37-38). 예수님의 이 외침은 에스겔 47장의 내용을 배경으로 한다. 에스겔이 환상 가운데 본 성전 밑에서 흘러나오는 물은 성전 예수님의 죽으심의 결과로서 그를 믿는 자들에게 주어질 성령을 예시한다. 성령을 받은 신자는 하나님의 성전이므로, 신자 성전에서 물이 흘러나오는 곳마다 생명의 역사가 일어날 것이다. 신자가 성령에 이끌려 살아갈 때, 가정, 직장, 그 어디든지 생명의 충만한 역사가 넘쳐날 것이다.

예수님께서 재림하셔서 마침내 새 하늘과 새 땅이 도래할 때는, 하나님과 어린양의 보좌에서 흘러나오는 물이 생수의 강을 만들고, 생수의 강 좌우에는 달마다 12 종류의 열매를 맺는 나무들이 자랄 것이다(계 22:1-2). 이것은 에스겔 47장의 예언이 마지막 날에 완전히 성취될 것을 보여준다. 오늘날 성전 예수님으로부터 성령을 받아 하나님의 성전 된 신자는, 삶의 모든 현장에서 성령의 물을 흘려보내 생명의 활동과 열매가 넘치게 해야 한다.

한 마디 기도

주 예수님께서 살리는 영, 곧 생명의 성령을 우리에게 주셨으니 성령의 능력과 지혜를 힘입어 가정과 직장과 사회와 국가를 살리는 자녀로 살게 하소서.

DANIEL

다니엘 핵심구절
이해하고 기도하기

DANIEL 09/02

다니엘과 세 친구의 결심

다니엘은 뜻을 정하여 왕의 음식과 그가 마시는 포도주로 자기를 더럽히지 아니하리라 하고 자기를 더럽히지 아니하도록 환관장에게 구하니 하나님이 다니엘로 하여금 환관장에게 은혜와 긍휼을 얻게 하신지라 _단 1:8-9

✝ 핵심 이해하기

다니엘은 유다 왕 여호야김의 통치 3년(주전 605년)에 유망한 젊은이들과 함께 바벨론에 포로로 잡혀왔다(1:1-2). 다니엘은 느부갓네살 왕의 특명으로 이스라엘의 왕족들과 귀족들의 자제 중에서 바벨론 왕립학교에서 특별한 교육을 받을 수 있는 자로 선발되었다. 그때 다니엘과 그의 세 친구도 많은 다른 자들과 함께 선발되어 바벨론의 언어와 최고의 학문을 배울 수 있게 되었다. 그들은 3년간 배운 후에 바벨론 왕궁에 귀하게 등용될 인재들이었다.

그러나 이제 그들이 바벨론의 교육을 받으면 더 이상 하나님의 백성을 위한 사람이 아니라 바벨론을 위한 사람이 되어야 했다. 교육 총

책임자였던 환관장은 이러한 목적을 이루기 위하여, 다니엘과 세 친구들의 유대 이름을 모두 바벨론의 신들을 높이는 이름으로 바꾸었다. 그 결과 다니엘은 벨드사살, 하나냐는 사드락, 미사엘은 메삭, 그리고 이사랴는 아벳느고가 되었다(1:7). 이제 그들의 정체성은 여호와 하나님과 관련해서 결정되지 않고, 오직 바벨론과 그 신들과 관련하여 새롭게 바뀌는 상황이었다. 게다가 이러한 운명을 당한 자들은 이들 네 명만이 아니라, 선발된 모든 유대인 왕족과 귀족들의 자제들이었다.

절대 다수의 왕족과 귀족의 자제들이 침묵하고 있는 가운데, 다니엘을 중심으로 세 젊은이

들이 일어났다. 그들은 그들의 신앙의 정체성에 따라서, 왕이 특별한 은혜로 제공하는 왕의 음식과 포도주로 자기 자신들을 더럽히지 않기로 결심했다. 사실 문제는 음식과 포도주 자체에 있지 않았다. 문제는 이 음식과 포도주가 바벨론 신들에게 바쳐졌던 것이므로, 왕은 결국 바벨론의 신들의 이름으로 이것들을 그들에게 제공했다는 데 있었다.

다니엘은 정중하게 환관장에게 구할 때에 구체적인 제안까지 준비하고 있었다. 그 결과 처음에는 자신의 지위와 생명이 위태로워질까 부정적이었던 환관장이, 다니엘과 세 친구들의 제안을 받아들이게 되었다. 10일간 시험한 결과,

왕의 음식과 포도주를 먹은 자들보다 이들의 혈색과 얼굴이 더 아름답게 되었다(1:14-15). 이들은 왕의 음식과 포도주로 자신을 더럽히지 않기로 결심한 대로 행했고, 하나님께서는 이 네 사람에게 큰 복을 주셨다. 하나님께서는 이들 넷에게 학문적인 탁월함과 지혜를 주셔서 결국 왕에게 발탁되게 하셨다(1:17-20).

◇ 한 마디 기도

세상과 타협하지 않고 신앙의 정체성과 순수성을 목숨 걸고 지키는 믿음의 젊은 세대가 많이 일어나게 하소서.

하나님 나라의 비전

이 여러 왕들의 시대에 하늘의 하나님이 한 나라를 세우시리니 이것은 영원히 망하지도 아니할 것이요 그 국권이 다른 백성에게로 돌아가지도 아니할 것이요 도리어 이 모든 나라를 쳐서 멸망시키고 영원히 설 것이라 _단 2:44

✝ 핵심 이해하기

하나님께서는 다니엘에게 모든 환상과 꿈을 깨달아 해석할 수 있는 능력을 주셨다(1:17). 다니엘과 세 친구는 느부갓네살 왕 앞에 서서 왕의 질문을 받고 답을 한 결과, 지혜와 총명이 온 나라의 최고 전문가인 박수와 술객보다 10배나 더 뛰어난 자들로 인정을 받았다.

느부갓네살의 즉위 제2년이 되었을 때 왕은 엄청나게 충격적이고 무서운 꿈을 꾸었다. 그의 통치 2년은, 바벨론의 왕의 통치 계산법이 유대의 계산법과 다르게 즉위년, 1년, 2년의 방식을

따르므로, 실제적으로는 그의 통치 3년이 되는 해다(주전 603-602년). 바로 이 해는 다니엘과 세 친구가 3년간의 특별 교육을 마치고 왕에게 인정을 받아 등용된 지 얼마 되지 않는 시점이었을 것이다. 왕은 이 꿈으로 인하여 잠을 이루지 못하였고, 왕궁의 최고 전문가들을 모두 소집하여 자신이 꾼 꿈의 내용과 그 해석을 말하라고 명령했다(2:2-3).

황당한 요구를 받은 꿈과 이상 해석의 전문가들은, 왕께서 꾼 꿈의 내용을 직접 말씀해 주

시면 그 해석을 제공하겠노라고 하였다. 하지만 왕은 꿈의 내용과 해석을 모두 제공하라고 다그쳤다. 왕은 만일 그렇게 하지 못하면 그들 모두를 죽이고 그들의 집을 거름더미로 삼을 것이라고 협박했다(2:5-6). 그래도 그들은 여전히 왕에게 꿈의 내용을 말씀해 주시면 해석을 제공하겠다고 간청하였다. 왕은 시간을 끌지 말고 자신이 요구하는 것을 내놓으라고 독촉했다. 그러자 그들은 왕이 그들에게 요구하는 것은 신들 외에는 보일 자가 없다고 말했다(2:10-11). 왕은 그들의 말에 분노하여 바벨론의 모든 꿈 해석 전문가들을 다 죽이라고 명령했다(2:12). 이에 따라 그들만이 아니라 다니엘과 그의 친구들도 죽을 운명에 처하게 됐다(2:13).

이러한 급박한 상황에 다니엘은 왕의 근위대장 아리옥에게 아주 지혜롭고 슬기롭게 접근하여, 왕의 요구에 답할 시간을 왕으로부터 직접 얻었다(2:16). 다니엘과 세 친구들이 함께 기도한 결과 하나님께서는 왕의 꿈과 해석을 그들에게 알려주셨다(2:17-24). 다니엘은 아리옥을 찾아가서 바벨론의 꿈 전문가들을 죽이는 일을 중단하고 자신을 왕께 인도하라고 말했다(2:24). 왕 앞으로 인도받은 다니엘은 왕이 바벨론의 꿈 전문가들에게 요구했던 바로 그 꿈의 내용과 해석을 거침없이 말했다. 다니엘은 먼저 왕에게 꿈의 내용을 말했다(2:31-35). 이어서 그 꿈에 대한 탁월한 해석을 내놓았다(2:36-45).

꿈의 해석에는 세 가지 핵심이 있었다. 첫째는 세상의 여러 왕들 가운데 바벨론 왕은 왕의 왕이며 그의 나라는 가장 큰 나라라는 것이다. 둘째는 그럼에도 불구하고 왕의 나라는 영원하지 못하며 왕의 나라보다 못한 나라들이 계속 일어날 것이라는 것이다. 셋째는 열국들의 흥왕의 맨 마지막에 하나님께서 영원히 망하지 않는 한 나라를 세우신다는 것이다. 하나님께서 세울 나라는 이 세상 모든 나라를 쳐서 멸망시킬 것이며 영원히 망하지 않는 나라가 될 것이다.

만일 느부갓네살이 이 마지막 말에 귀를 기울여 집중했다면, 이것을 빌미로 얼마든지 다니엘을 죽일 수도 있었다. 하지만 그는 자신이야말로 역사상 가장 위대한 왕이고 자신의 나라는 가장 큰 나라라고 생각하고 있었기 때문에, 이 마지막 말에 전혀 관심을 두지 않았다. 사실 그는 그렇게 되리라고 믿지도 않았다. 3장이 보여주는 것과 같이, 그가 큰 신상 전체를 모두 금으로 만든 것은 그가 꿈에 본 신상, 곧 머리만 금으로 된 신상에 대한 도전과 거절의 분명한 표현이었다. 그는 자기 나라가 지금만 큰 나라가 아니라 영원히 큰 나라가 되기를 원했다. 그래서 그는 큰 신상의 전부를 금으로 만든 것이었다. 하나님께서 마침내 세우겠다고 하신 한 나라는 오실 메시아를 통하여 하나님께서 세우실 영원한 나라다. 이에 대한 구체적인 내용은 7장에 나온다.

∞ 한 마디 기도

유다의 다윗 왕조의 등불이 마침내 꺼져가는 시점에, 미래에 세워질 영원한 나라의 희미한 불꽃을 다니엘과 그 친구들에게 보여주신 하나님을 찬양합니다.

DANIEL

09/04

세상 나라를 다스리는 하나님

이는 순찰자들의 명령대로요 거룩한 자들의 말대로이니 지극히 높으신 이가 사람의 나라를 다스리시
며 자기의 뜻대로 그것을 누구에게든지 주시며 또 지극히 천한 자를 그 위에 세우시는 줄을 사람들이
알게 하려 함이라 하였느니라(관련구절: 단 4:32) _단 4:17

✚ 핵심 이해하기

4장 10-17절은 느부갓네살 왕이 꾼 꿈의 내용
이다. 왕은 꿈을 꾼 뒤에 나라의 모든 꿈 해석 전
문가를 소집하였으나 그들은 왕의 꿈을 해석하
지 못했다. 2장의 경우는 꿈의 내용과 해석을
제공하는 것이었으나, 4장의 경우는 왕이 그들
에게 말하는 꿈의 내용을 해석만 하면 되었다.
그래도 그 누구도 왕의 꿈을 해석하지 못했다
(4:6-7).

나중에 다니엘이 왕 앞에 들어왔고 왕은 꿈
의 내용을 그에게 말했다. 다니엘은 왕의 기대
에 따라 즉시 왕의 꿈을 해석했다. 꿈의 내용은
다음과 같았다. 왕이 꿈속에서 땅의 중앙에 있
는 한 나무를 보았는데, 이 나무가 얼마나 크게
자랐는지 그 높이가 하늘에 닿았고 그 모양은
땅 끝에서도 보일 정도였다(4:10-11). 이 나무
는 열매가 많아서 세상 사람들 모두가 먹을 만
큼의 음식을 제공할 수 있었다. 들짐승들은 그
그늘에서 쉬었으며, 공중의 새들도 그 가지에
깃들었고, 모든 육체가 이 나무에서 먹을 것을
얻었다(4:12).

이어서 왕은 다른 환상을 보았다. 한 순찰자,
한 거룩한 자가 하늘에서 내려와서 그 나무를
베고 가지를 자르며 열매를 헤치고 짐승들을 그
그늘에서 추방하고 새들은 가지에서 쫓아내라
고 명령하면서, 그 그루터기는 남겨두어 짐승
과 함께 일곱 때를 지낼 것이라고 말했다(4:14-

16). 17절은 이런 일이 나무에게 일어나는 목적
이 무엇인지 밝힌다. 그것은 지극히 높으신 분
이 인간 나라를 다스리시며 누구든지 그가 원하
는 자를 세워 다스리게 하시는 것을 사람들에게
알게 하기 위한 것이었다.

다니엘은 이 꿈의 해석을 부탁받았을 때 몹
시 당황했다. 그 이유는 이 나무가 왕 자신을 가
리키는 것임을 직감했기 때문이었다. 그래서 다
니엘은 지혜롭게, 이 해석이 왕의 대적에게 응
하기를 원한다고 말했다(4:19).

하나님께서는 바벨론 왕이 큰 교만에 빠지는
것을 막기 위해서 이 꿈을 주셨다. 하지만 1년
후에 왕은 왕궁의 지붕 위를 거닐다가 이 꿈의
내용대로 "이 큰 바벨론은 내가 능력과 권세로
건설하여 나의 도성으로 삼고 이것으로 내 위엄
의 영광을 나타낸 것이 아니냐"고 교만하게 말
했다(4:29-30). 이 말이 왕의 입에 있을 때 하늘
에서 음성이 그에게 들렸다. 그 음성은 "느부갓
네살 왕아 네게 말하노니 나라의 왕위가 네게
서 떠났느니라 네가 사람에게서 쫓겨나서 들짐
승과 함께 살면서 소처럼 풀을 먹을 것이요 이
와 같이 일곱 때를 지내서 지극히 높으신 이가
사람의 나라를 다스리시며 자기의 뜻대로 그것
을 누구에게든지 주시는 줄을 알기까지 이르리
라"는 것이었다(4:31-32). 느부갓네살 왕은 이
모든 것을 경험한 후에 지극히 높으신 하나님의

312

권세만이 영원한 권세요 그의 나라만이 영원한 나라라는 것을 비로소 깨닫고 회복되어 하나님께 영광을 돌렸다(4:34-37).

온 세상 나라의 통치자들이 자신들을 그 자리에 세우신 분이 우주 만물을 다스리시는 여호와 하나님임을 알게 하여 주소서.

 **한 마디 기도**

인자 같은 분에 대한 계시

내가 또 밤 환상 중에 보니 인자 같은 이가 하늘 구름을 타고 와서 옛적부터 항상 계신 이에게 나아가 그 앞으로 인도되매 그에게 권세와 영광과 나라를 주고 모든 백성과 나라들과 다른 언어를 말하는 모든 자들이 그를 섬기게 하였으니 그의 권세는 소멸되지 아니하는 영원한 권세요 그의 나라는 멸망하지 아니할 것이니라 _단 7:13-14

 **핵심 이해하기**

다니엘은 벨사살 왕 원년(주전 552년)에 하나님으로부터 하나님 백성의 미래에 관한 놀라운 환상을 받았다(7:1). 그가 먼저 본 환상은 바다에서 올라온 큰 네 짐승과 관련된 것이다. 이 환상은 2장에 기록된, 느부갓네살 왕이 본 큰 신상의 이상과 동일한 메시지를 가진다(7:3-8). 다니엘이 이 환상 다음에 본 것은 하나님의 천상 보좌에서 펼쳐지는 일이었다(7:9-14). 이 내용 역시 2장에 언급된, 세계의 4대 제국의 끝 무렵에 등장하는 모든 세상 나라를 무너뜨리고 큰 산을 이루는 뜨인 돌과 관련된 것이었다(7:44-45).

하나님께서 세상 나라들을 멸망시키고 일으키실 나라, 영원히 망하지도 쇠하지도 아니하는 그의 나라를 세우실 분은 산에서 나온 손을 대지 아니한 신비한 돌이다(7:45). 이 천연적인 신비한 돌, 다시 말해서 피조물에 속하지 않는, 여호와 하나님께 속한 신비한 돌은 본문 7장에서

옛적부터 영원히 항상 계시는 여호와 하나님으로부터 세상 나라의 권세와 영광과 위엄을 받는 인자와 같은 분으로 구체화되었다. 인자와 같은 분이 하나님으로부터 받는 나라만이 영원히 망하지 않는 나라다. 짐승들의 형상으로 소개된 세상 나라들은 2장에서와 같이 영원하지 않다. 짐승들이 인간세계를 다스리는 것은 정상이 아니므로 영원할 수 없다(창 1:28). 인자와 같은 분은 하나님으로부터 영원한 하나님의 나라를 받아 그의 성도들에게 주어 누리게 하신다(7:18). 그때에는 나라와 권세와 온 천하 나라들의 위세가 지극히 높으신 이의 거룩한 백성에게 주어질 것이다(7:27).

다니엘이 받은 계시는 먼 미래에 있을 사건이므로, 인자와 같은 분의 정체는 아직 밝혀지지 않았다. 인자와 같은 분의 정체는 신약 성경에서 마침내 하나님의 아들 예수 그리스도로 밝

혀졌다. 예수님께서는 그리스도라는 말 대신에, 사람들이 오해할 가능성이 전혀 없는 '인자'란 말을 사용하셔서 자신이 다니엘 7장에 예언된 '인자와 같은 이'임을 밝히셨다. 이것의 헬라어 문구를 그대로 사용하면 '어떤 사람의 어떤 아들'(A son of a man)이다. 구약에서 아직 정체가 밝혀지지 않았던 이 분은 예수님에 의하여 '그 사람의 그 아들'(the Son of the Man)로 구체화되었다. 예수님께서는 인자, 곧 정확하게는 '그 사람의 그 아들'이시다.

예수님께서는 다니엘서 2장과 7장에서 예언된 하나님의 나라를 이루기 위해서 이 세상에 인자로 오신 것이다. 인자 예수님의 구원 사역의 결과는 온 세상에 전파되어 확장되고 있는 하나님의 영원한 나라다. 믿는 자들은 누구든지 하나님 나라의 선물을 받아 누린다(마 4:17; 눅 12:32; 빌 3:20; 골 1:13; 히 12:28).

⚮ 한 마디 기도

신자 모두가 하나님께서 세우시는 예수 그리스도의 나라만이 영원무궁하다는 사실을 알고 그 나라의 백성으로 합당하게 살아가게 하소서.

HOSEA

호세아 핵심구절
이해하고 기도하기

HOSEA
09/06

언약을 위반한 죄로 가득한 백성

이스라엘 자손들아 여호와의 말씀을 들으라 여호와께서 이 땅 주민과 논쟁하시나니 이 땅에는 진실 (히: 에메트)도 없고 인애도 없고 하나님을 아는 지식도 없고 오직 저주와 속임과 살인과 도둑질과 간음 뿐이요 포악하여 피가 피를 뒤이음이라 _호 4:1-2

✝ 핵심 이해하기

호세아의 핵심 주제는 이방신들을 섬김으로 영적인 간음을 행하고 온갖 죄악을 행하는 백성을 향한, 신실하신 하나님의 끈질기고 포기하지 않으시는 사랑이다. 하나님께서는 이 사랑을 구체적으로 보여주시기 위하여 호세아의 결혼과 파괴된 결혼 생활을 활용하셨다. 하나님께서 호세아에게 아내로 삼으라고 명령한 여인 고멜이 원래부터 성적으로 부정한 여인인지, 아니면 바람기가 있는 그녀가 결혼 후에 다른 남자와 눈이 맞아 남편 호세아를 버린 것인지에 대하여는 많은 논란이 있다. 그러나 한 가지 공통된 견해는 고멜이 호세아와 결혼한 후에 그를 버리고 다른 남자와 살았다는 것이다(3:1-2).

호세아의 아내가 보여준 음란한 모습은, 영적 신랑인 여호와 하나님을 버리고 이방신들을 따라 섬기는, 영적으로 음란한 이스라엘의 모습을 보여주기에 충분했다. 하나님께서는 그런 아내를 포기하지 말고 다시 취하여 사랑하라고 호세아에게 명령하셨다. 하나님께서는 영적으로 간음한 그의 백성을 향하여 이와 같은 용서와 사랑을 베푸시는 분이었기 때문에 이렇게 명령하신 것이었다. 마침내 하나님 백성의 돌아옴과 회복은 하나님의 사랑과 은혜의 승리였다. 하나님의 사랑의 최종 승리는 예수 그리스도의 십자가 위에서 나타났다(요 3:16; 롬 5:8; 요일 3:16).

하나님께서 이스라엘 백성과 벌이시는 논쟁

은 그의 백성에 대한 언약적인 고소다. 그들은 언약을 위반한 백성이 되었으므로 그들이 고소를 당하는 것은 당연하다. 그들은 가나안 사람들과 같이 '이 땅 주민'으로 불린다. 이것은 그들이 하나님의 거룩한 언약 백성으로 사는 데 실패하고 가나안 땅의 사람들과 같이 되었음을 분명하게 한다.

그들이 하나님으로부터 받는 언약적인 고소의 내용(범죄)은 하나님과 관련된 죄악과 사람들과 관련된 죄악이다. 하나님과 관련된 죄악들은 진실(신실함)과 인애(히: 헤세드)와 하나님을 아는 지식이 없는 것이다.

하나님께서 모세에게 주신 하나님의 이름에는 "자비롭고 은혜롭고 노하기를 더디하고 인자(히: 헤세드)와 진실(히: 에메트)이 많으신 하나님"이라는 표현이 있다(출 34:6). 이러한 하나님을 순종적으로 아는 것은 여호와 하나님을 닮아서 신실함과 인자함이 많은 사람이 되는 것으로 표현된다. 그런데 그들에게 이러한 모습이 없다는 것은 결국 그들이 언약의 하나님을 제대로 알지도 체험하지도 못했음을 의미한다. 또한 사람과 관련된 죄악들은 하나님과 관련된 죄악의 결과로, 사람들을 저주하고 속이고 살해하고 도둑질하고 간음을 행하는 것이다.

여기에 언급된 죄악과 관련된 계명들은 5계명(저주), 9계명(속임), 6계명(살인), 8계명(도둑질), 그리고 7계명(간음)이다. 이 모든 죄악은 사람들에게 마땅히 행해야 하는 의를 거부하는 포악한 일들이요, 그들의 피를 계속 흘리는 불의한 일들이다.

한 마디 기도

하나님을 순종의 삶으로 알지 못하면 사람들과의 관계에 있어서 죄악의 파괴적인 행동을 할 수밖에 없다는 것을 알게 하소서.

HOSEA

09/07

여호와를 순종적으로 알게 하는 회개

그러므로 우리가 여호와를 알자 힘써 여호와를 알자 그의 나타나심은 새벽 빛 같이 어김없나니 비와 같이, 땅을 적시는 늦은 비와 같이 우리에게 임하시리라 하니라 _호 6:3

✝ **핵심 이해하기**

1-3절의 내용은 하나님께서 그의 백성에게서 원하시는 진정한 회개의 모습이다. 1절은 여호와 하나님께서 그들을 찢고 치신 후에 낫게 하시고 싸매어 주실 것이니 그에게로 돌아가자는 권면이다. 이 말씀은 에브라임 곧 북 왕국 백성과 유다 곧 남 왕국 백성이 자기들의 병을 고치려고 하나님 이외에 다른 곳으로 갔다가 치유를 얻지 못한 것을 배경으로 한다(5:13). 이때 언약의 주 하나님께서는 사자, 곧 젊은 사자와 같이 그들을 움키고 탈취해 가셨다(5:14). 그 결과 그

들의 고통과 상처는 더 깊어졌다. 그들은 이러한 심각한 상황에 놓였을 때에 비로소 죄를 뉘우치고 주께 돌아왔다(5:15). 이것은 하나님께서 그들에 대한 사랑을 포기하지 않으시고 기다리시고 또 기다리신 결과였다. 그래서 그들이 1절의 "오라 우리가 여호와께로 돌아가자"는 고백을 했던 것이다.

2절은 주 여호와께로 돌아가자고 고백하는 그들이 하나님 앞에서 가진 확신을 보여준다. 여호와께서 이틀 후에 그들을 살리시며 셋째 날에 그들을 일으켜 주시면, 그들은 이제 하나님의 임재 앞에서 살게 될 것이란 확신을 보여준다. "살리며 일으킨다"는 표현은 마치 죽은 자 가운데서 살아나는 것과 같은 부활의 기적을 가리킨다. 이스라엘 백성은 세상의 그 누구도 치유할 수 없는 병에 걸렸다. 이 영적인 병의 끝은 죽음이다. 그들이 주께 돌아오도록 주께서 그들을 죽음으로부터 살리실 것이다. 그들은 이렇게 기적적으로 살아난 결과로 이제부터는 주님의 임재 앞에서 살아가게 될 것이다.

3절은 1-2절의 내용에 대한 결론과 귀결이다. 1-2절의 내용과 같이 하나님께서는 그들을 치유하시고 살리셔서 새로운 삶을 살게 하실 것이므로, 이제부터는 순종의 새로운 삶을 힘써 살자는 것이다(6:3). 여기서 여호와를 아는 것은 그를 앎에 대한 반응과 결실로 생활 속에서 그에게 순종하는 것을 의미한다. 이렇게 순종의 삶을 살아갈 때 언약의 주 하나님께서는 새벽 빛 같이 일정하게 나타나실 것이다. 그는 비, 곧 땅을 적시는 늦은 비와 같이 그들에게 임하여 언약의 복을 주실 것이다. 빛과 적절한 비는 생명의 탄생과 성장과 결실에 절대적으로 필요

하다. 이와 같이 하나님께서 새벽 빛 같이, 새로운 파종을 위한 경작을 가능하게 하는 늦은 비와 같이 임하실 것이다. 그러면 회개 이후에 새롭게 출발하는 삶은 하나님께서 주시는 복의 결실과 열매로 가득 차게 될 것이다.

이와 같이 하나님께서는 1-3절의 회개와 고백이 그의 백성에게서 나오기를 원하셨다. 그러나 에브라임과 유다는 하나님께서 요구하는 차원의 회개와 고백을 하는 데 실패하고 말았다(6:4). 하지만 감사하게도 하나님께서 기뻐하시고 찾으시는 회개가 죽었다가 제3일에 다시 살아나신 예수 그리스도 안에서 가능해졌다(고후 7:10-11). 이것은 신약 백성이 그리스도 안에서 계속적으로 누리는 은혜와 거룩한 삶이다.

∝ 한 마디 기도

하나님께서 애타게 기다리시는 회개의 고백을 하나님께서 원하시는 대로 할 수 있도록 복음의 은혜와 은총을 우리 모두에게 부어 주소서.

공의를 심고 인애를 거두는 길

너희가 자기를 위하여 공의를 심고 인애를 거두라 너희 묵은 땅을 기경하라 지금이 곧 여호와를 찾을 때니 마침내 여호와께서 오사 공의를 비처럼 너희에게 내리시리라 _호 10:12

✚ 핵심 이해하기

9장과 같이 10장도 이스라엘의 심판에 관한 경고다. 10장에는 경고만 있는 것이 아니라, 회복을 위한 회개의 권면도 있다. 포도나무 이스라엘은 열매를 많이 맺고 번성하면 번성할수록, 다른 신들을 섬기는 제단과 주상들을 더 많이 쌓았다(10:1). 북 왕국이 출발하면서부터 이스라엘이 지금까지 섬겨 온 벧아웬(죄악의 집이란 뜻으로 벧엘의 냉소적인 표현)의 송아지는 결국 앗수르로 옮겨질 것이다(10:6). 이때 이스라엘 백성은 심판을 피하려고 산에게 자기들을 숨겨 달라고 할 것이나 아무런 소용이 없을 것이다(10:8). 사사기 19-21장이 보여주는 것과 같이, 베냐민 백성의 죄악상과 이로 인한 내전이 있었던 기브아의 시대로부터 지금까지 범죄에서 떠나지 않는 백성에게, 마침내 심판의 전쟁이 일어날 것이다(10:9). 하나님께서는 열방을 불러 모아서 그들을 치실 것이다(10:10).

이와 같이 심판의 경고를 하신 하나님께서는 북 왕국 백성이 망하기를 원하지 않으셨다. 12절의 권고는 이 사실을 분명하게 보여준다. 권고의 내용은 공의를 심고 인애(히: 헤세드)를 거두면 여호와께서 오셔서 공의의 비를 내려 주실 것이라는 약속이다. 여기에 언급된 공의와 인애는 4장에 언급된 것과 같이 이스라엘 백성에게 사라진 것들이었다(4:1-2).

심으라고 권고하신 공의는 사람들에게 하지 말아야 행위를 하지 아니하고, 그들에게 마땅히 해야 할 행동을 하는 것이다. 그러나 이스라엘 백성은 사람들에게 하지 말아야 했던 것들만 했다. 저주, 속임, 살인, 도둑질, 간음, 폭력행사 등이 그것이었다(4:2). 하나님께서는 그들이 이와 같은 죄악들을 중단하고 적극적으로 사람들에게 합당한 행위를 행하기 원하셨다. 이것이 하나님께서 요구하신 공의를 심는 것이다. 인애를 거두라는 말씀은 공의를 넘어서는 한결같은 사랑과 자비의 실천을 말한다. 인애를 거두기 위해서는 인애의 씨앗을 많이 뿌려야 한다.

이 권고를 하신 하나님께서는 그들이 스스로 공의를 심고 인애를 거둘 수 없다는 것을 잘 아셨다. 그래서 그들로 하여금 공의를 심고 인애를 거둘 수 있게 하는 것이 무엇인지를 제시하셨다. 그것은 공의의 경작이 가능하도록 묵은 땅을 기경하는 것, 곧 회개하지 않는 마음을 회개하는 마음으로 바꾸는 것이다. 기경한 지 너무나 오래된 땅은 돌처럼 딱딱하게 되어서 그곳에 씨앗을 파종할 수 없다. 이와 같이 회개하지 않는 완고한 마음은 하나님의 말씀의 씨를 받을 수 없는 묵은 땅과 같다. 회개하는 마음으로 바꾸는 것은 스스로의 노력으로 되는 것이 아니다. 심판을 경고하시는 여호와 하나님을 지금 당장 찾는 것으로만 가능하다. 진정한 회개로 하나님을 찾을 때에 그분은 공의를 비처럼 그들에게 내리실 것이다. 그러면 그들은 비로소 하나님께서 요구하시는 것과 같이, 공의를 심고 인애를 거둘 수 있게 된다.

회개하지 않는 완고한 마음의 묵은 땅을, 하나님의 강력한 말씀과 성령의 깨우침을 통해 회개의 기경을 해 주셔서, 공의를 심고 인애를 거두게 하소서.

✚ 한 마디 기도

HOSEA 09/09 사망으로부터 구원의 약속

내가 그들을 스올의 권세에서 속량하며 사망에서 구속하리니 사망아 네 재앙이 어디 있느냐 스올아 네 멸망이 어디 있느냐 뉘우침이 내 눈 앞에서 숨으리라(고전 15:55에 인용됨) _호 13:14

✚ 핵심 이해하기

스올의 권세, 곧 사망으로부터 속량하며 구원하시겠다는 하나님의 약속은, 돌이키지 못하는 큰 죄악으로 인하여 심판을 받아 멸망을 받을 것이라는 경고를 받은 백성에게 주어졌다. 이것은 전혀 기대될 수 없는 하나님의 놀라운 은혜다. 하나님께서는 그들을 애굽에서 인도하여 내실 때부터 "나는 네 하나님 여호와라. 나 밖에 네가 다른 신을 알지 말라. 나 외에는 구원자가 없다"고 하셨다. 그러나 이스라엘 백성은 배가 부르자 마음이 교만하여져서 하나님을 버리고 다른 신들을 섬겼다(13:4-6). 그 결과 그들을 기다리는 것은 그들을 찢어 삼킬 사자와 표범과 들짐승과 같은 심판의 하나님이었다(13:7-8). 그들이 멸망할 수밖에 없는 이유는, 그들을 도와주시는 주 하나님을 그들이 버렸기 때문이다(13:9). 이러한 백성은 해산할 시간이 되어도 애를 낳지 못하는 여인과 같이 미래의 소망이 전혀 없다(13:13). 하나님의 심판이 시행될 때 원수들의 손에 그들의 어린아이들이 부서질 것이고, 아직 해산의 날이 되지 않은 아이 밴 여인의 배는 칼로 갈리는 끔찍한 일을 당할 것이다(13:16). 그들을 기다리는 것은 오로지 죽음, 그리고 미래에 대한 소망의 완전한 사라짐이다.

바로 이러한 북 왕국 이스라엘 백성을 사망으로부터 구원하시겠다는 하나님의 약속은 상상을 초월하는 은혜와 은총이다. 이 약속은 하나님께서 선지자 이사야를 통해서 사망을 멸하시고 죽은 자들을 살려내시겠다고 하신 약속과 일치한다(사 25:8; 26:19). 이 약속은 또한 하나님께서 나중에 에스겔에 보여주신, 해골 골짜기에 있는 마른 뼈들에 하나님의 생기가 들어가 살아난 부활의 기적과 일치한다(겔 37장). 마침내 하나님께서는 예수 그리스도의 대속적인 죽음을 통해서 사망과 죽음을 영원히 멸하시고 그의 백성에게 영생을 허락하셨다(고전 15:55). 그 결과 죄와 허물로 죽었던 사람들은 예수님의 부활 생명으로 살아나 예수님을 믿게 되었다. 그들은 마지막 부활의 날에 영원한 생명의 부활로 죽음으로부터 영원히 이별하게 될 것이다(엡 2:1-2; 요 5:25, 28-29).

☧ 한 마디 기도

죽음의 운명에서 영원히 스스로 벗을 수 없는 우리를, 부활하신 예수님의 복음의 능력으로 사망의 권세에서 구원하여 내시는 주 하나님을 찬양합니다.

요엘 아모스 오바댜 요나 핵심구절
이해하고 기도하기

마음을 찢는 회개

너희는 옷을 찢지 말고 마음을 찢고 너희 하나님 여호와께로 돌아올지어다 그는 은혜로우시며 자비로우시며 노하기를 더디하시며 인애가 크시사 뜻을 돌이켜 재앙을 내리지 아니하시나니 주께서 혹시 마음과 뜻을 돌이키시고 그 뒤에 복을 내리사 너희 하나님 여호와께 소제와 전제를 드리게 하지 아니하실는지 누가 알겠느냐(관련구절: 욜 1:13-14) _욜 2:13-14

✝ 핵심 이해하기

1장에 언급된 모든 농작물을 초토화시키는 메뚜기 재앙은 하나님의 백성에게 임할 심각한 심판을 경고한다(1:1-3). 이 메뚜기 재앙은 곧 하나님의 백성을 멸망시키는 심판을 행할 강력한 이방 군대를 예고한다(1:6; 2:1). 하나님께서 메뚜기 재앙을 통하여 경고하신 것은 애굽에서 있었던 메뚜기 재앙을 상기시킨다. 이 재앙은 이스라엘 백성이 하나님의 거룩한 백성으로 살지 못했음을 분명하게 보여주기 위한 것이다. 그 결과 성전에서 섬기는 제사장들과 그를 섬기는 자들은 굵은 베를 허리에 두르고 슬피 애곡해야 한다. 장로들과 땅의 모든 백성들 역시 금식 성회에 모여 하나님 앞에서 울부짖어야 했다

(1:13-14). 심판의 날은 여호와 하나님께서 그의 백성을 심판하시는 날이다. 이 날은 여호와의 날이요, 어둡고 캄캄한 날이요, 짙은 구름이 덮인 날이다(2:2). 여호와의 이 날은 크고 심히 두려워 누구도 감당할 수 없는 날이다(2:11).

이러한 절박한 상황에서 하나님께서는 요엘 선지자를 통하여 회개의 최후통첩을 하신 것이다. 본문 13-14절의 말씀은 1장에서 주신 말씀의 연장선상에 있다. 이제 온 백성은 금식하며 울며 애통하며 마음을 다하여 하나님께 돌아와야 한다. 옷을 찢지 말고 마음을 찢으라는 권고는 회개의 외적인 표현으로 옷을 찢는 행위를 하지 말라는 뜻이 아니다. 옷을 찢는 형식적

인 행위로는 회개가 완성되지 않는다는 뜻이다. 옷을 찢는 것이 마음을 찢는 것의 표현으로 행해질 때, 비로소 하나님께서 요구하시는 상하고 통회하는 마음에서 나오는 진정한 회개가 될 수 있다. 이제 하나님의 엄중한 심판 외에 다른 대안이 없는 상황에서 그들에게 요구되는 것은 회개다운 회개, 통회다운 통회다. 다시 말해서 하나님의 백성이 삶의 방향을 근본적으로 바꾸어 하나님께서 기뻐하는 방향의 삶을 사는 것이다.

하나님의 백성이 그의 앞에 나와 회개할 수 있는 근거와 동기는, 그가 은혜로우시고 자비로우신 언약의 하나님이라는 사실에 있다. 하나님께서 은혜로우시고 자비로우시며 노하기를 더디 하시며 인애가 많으시다는 것은 하나님께서 시내 산에서 모세에게 친히 나타나셔서 선포하신 이름을 반영한다(출 34:5-7).

하나님께서는 회개의 금식 집회를 위해서 그들이 구체적으로 해야 할 것들을 말씀하셨다(2:15-17). 그들이 하나님께서 지시하신 대로 하면 하나님께서는 그의 백성을 불쌍히 여기실 것이다(2:18). 하나님께서 곡식과 포도주와 기름을 넘치게 회복하실 것이고, 북방침략군을 멀리 떠나게 하실 것이다(2:19-22, 24). 또한 각종 메뚜기 군대가 완전히 먹어 치운 것을 풍족하게 회복시키실 것이다(2:25-26).

 한 마디 기도

하나님의 백성 모두가, 하나님께서 기뻐하시는 회개다운 회개, 곧 마음을 찢는 회개를 하게 하소서.

JOEL

09/11 모든 백성에게 부어 주실 성령

그 후에 내가 내 영을 만민(히: 칼 빠살=모든 육체)에게 부어 주리니 너희 자녀들이 장래 일을 말할 것이며 너희 늙은이는 꿈을 꾸며 너희 젊은이는 이상을 볼 것이며 그 때에 내가 또 내 영을 남종과 여종에게 부어 줄 것이며(행 2:17-18에 인용됨) _욜 2:28-29

✝ 핵심 이해하기

28절의 만민은 하나님의 모든 백성을 가리킨다. 여기에는 하나님의 백성의 모든 계층이 다 포함된다. 늙은이와 젊은이는 연령에 따른 구분이다. 남종과 여종은 성별에 따른 사회적인 신분의 구분이다. 결국 어떤 연령과 신분과 성별을 가지든지 상관없이, 하나님께서는 그의 모든 백성에게 성령을 부어 주시겠다고 약속하셨다.

문맥적으로 볼 때 '그 후에'는, 하나님께서 기뻐하시는 회개를 할 때 상상을 초월하는 적절한 비와 각종 수확의 풍성함을 허락하시고 그의 백성이 더 이상 수치를 당하지 않게 하실 것이란 약속이 실행된 이후다. 특별히 주목할 것은 언약 순종의 중요한 지표의 역할을 하는 적절한 이른 비와 늦은 비의 약속이 각종 풍성한 수확의 원천이라는 점이다. 사실 하나님께서 그의 모든 백성에게 부어 주시겠다는 성령은 그들의 각종 영적인 수확을 위해서 절대적으로 필요한 영적인 비다. 문자 그대로 각종 곡식의 파종과 풍성한 수확을 위해서 적절한 이른 비와 늦은 비는 반드시 필요하다. 이와 같이 하나님의 백성이 하나님께서 기뻐하시는 각종 의와 사랑과 자비의 열매를 맺는 데에, 성령의 이른 비와 늦은 비는 꼭 있어야 한다.

사람들이 상상할 수 있는 물질적인 축복보다 더 중요한 영원한 가치가 있는 복은 하나님께서 약속하신 성령의 선물이다. 하나님의 모든 백성에게 성령을 부어 주시겠다는 약속은 모세의 예언적인 기도를 통하여 처음 주어졌다(민 11:29). 이 약속은 계속해서 선지자들에게 반복되었다 (사 35:6; 44:3; 렘 31:31-34; 겔 11:19-20; 36:27). 그 마지막 약속이 요엘 선지자의 예언이다. 이 것은 "여호와께서 그의 모든 영을 그의 모든 백성에게 주사 다 선지자 되게 하시기를 원하노

라"고 한 모세의 예언적인 기도가 마침내 종말에 성취될 것임을 보여준다. 이 예언은 예수님께서 부활 승천하셔서 오순절 날에 성령을 보내 주심으로 성취되었다. 이를 증명하기 위하여 사도 베드로는 요엘서를 인용했다(행 2:17-18). 신약 성경은, 하나님의 모든 백성은 한 사람도 예외 없이 성령을 받는다고 가르친다(행 19:2; 고전 12:13; 갈 3:3-5). 성령 세례를 받지 않은 사람은 신자도 하나님의 백성도 아니므로 성령을 받지 않는 신자, 성령을 받지 않는 하나님의 백성은 존재할 수 없다. '성령 받지 않는 신자', '성령 받지 않는 하나님 백성'은 용어상 모순이다.

⊄ 한 마디 기도

하나님의 모든 자녀에게 성령을 부어 주셨으니, 신자 모두가 성령의 도우심으로 하나님의 말씀을 깨닫고 선포하는 선지자의 삶을 살게 하소서.

AMOS
09/12 불의와 착취가 만연한 이스라엘

여호와께서 이와 같이 말씀하시되 이스라엘의 서너 가지 죄로 말미암아 내가 그 벌을 돌이키지 아니하리니 이는 그들이 은을 받고 의인을 팔며 신 한 켤레를 받고 가난한 자를 팔며 힘 없는 자의 머리를 티끌 먼지 속에 발로 밟고 연약한 자의 길을 굽게 하며 아버지와 아들이 한 젊은 여인에게 다녀서 내 거룩한 이름을 더럽히며 모든 제단 옆에서 전당 잡은 옷 위에 누우며 그들의 신전에서 벌금으로 얻은 포도주를 마심이니라 _암 2:6-8

✝ 핵심 이해하기

선지자 아모스는 유다의 남부 지방 드고아 출신의 목자이며 동시에 뽕나무를 재배하는 농부였다(7:14). 하나님께서는 그를 선지자로 부르셔서 북 왕국의 벧엘에 가서 하나님의 말씀을 선포하게 하셨다(7:15).

2장 6-8절의 내용은 1장부터 시작된 '서너 가지 죄'로 인한 심판 시리즈의 마지막 부분이다. 하나님께서는 북 왕국 이스라엘에 대한 심판을 선포하시기 위해서, 이스라엘로부터 먼 나라에서 시작하여 가장 가까이에 있는 유다에 이

르기까지 각 나라에 대한 심판의 메시지를 먼저 주신다(1:3-5; 2:4-5). 서너 가지 죄악에 대한 하나님의 심판을 받을 여덟 나라들은 순서대로 다메섹(1:3-5), 블레셋의 가사(1:6-8), 두로(1:9-10), 에돔(1:11-12), 암몬 자손(1:13-15), 모압(2:1-3), 유다 왕조(2:4-5), 그리고 마지막으로 북 왕국 이스라엘이다. 북 왕국의 백성은 이와 같이 주변 나라들의 심판에 대하여 하나씩 들을 때에, 기분이 좋고 마음이 아주 통쾌했을 것이다. 그러나 하나님의 심판의 칼이 최종적으로 그들 자신을 향하고 있다는 사실을 느끼는 순간 그들은 엄청난 충격에 휩싸였을 것이다.

북 왕국 이스라엘의 사회적인 부정과 착취는 하나님으로부터 돌이킬 수 없는 심판을 자초했다. 의인들과 가난한 자들을 억압하고 착취한 죄는 본서 전반에서 지적되는 근본적인 죄악이었다(5:12; 8:4-6). 바산의 암소들은 힘없는 자를 학대하고 가난한 자를 압제하였다(4:1). 바산의 암소들이라는 말은 은유적인 표현으로, 사치와 향락으로 살찌고 배부른 지도자들의 아내들을 가리킨다. 사마리아의 통치자와 지도자들은 "정의를 쓴 쑥으로 바꾸며 공의를 땅에 던지는 자들"로 불렸다(5:7; 6:12 참고). 그들은 힘없는 자들을 밟았다(5:11). 또한 저울추를 속여 엄청

난 부당 이득을 챙겼다(8:5). 지도자들은 이러한 부정과 착취와 속임을 통해서 사치를 일삼았다(6:3-6).

이렇게 심각한 죄악에 빠진 지도자들과 백성을 기다리는 것은 돌이킬 수 없는 하나님의 엄중한 심판이었다(3:2; 4:11; 5:17). 이스라엘 백성이 긍정적으로 생각하는 여호와의 날은 더 이상 빛이 아니었다. 그날은 어둠, 그것도 한 점의 빛도 없는 어둠과 캄캄함이었다(5:18-20). 백성의 성회와 제사만으로는 이러한 심판을 피할 길이 없다. 그들에게 남은 유일한 방법은 사회와 국가 전반에서 무너진 정의와 공의를 회복하여, 나라의 구석구석까지 흐르게 하는 것뿐이었다(5:24).

∝ 한 마디 기도

하나님의 모든 자녀들이, 불의가 공의를 대신하고 억압과 착취가 베풂과 나눔을 대신하는 죄악 된 사회가 하나님의 엄중한 심판을 피할 수 없음을 심각하게 인식하고, 삶의 각 분야에서 정의와 사랑을 실천하게 하소서.

물 같이 흐르게 할 정의

오직 정의(히: 미쉬파트)를 물 같이, 공의(히: 체다카)를 마르지 않는 강 같이 흐르게 할지어다 _암 5:24

✝ 핵심 이해하기

정의와 공의를 땅에 완전히 떨어지게 한 백성이 기대할 것은 하나님의 엄중한 심판밖에 없다. 그들이 기다리고 사모했던 여호와의 날은, 이제 빛과 구원의 날이 아닌 칠흑 같은 어둠과 멸망의 날이 될 것이다. 이러한 상황에서 심판으로부터 벗어날 수 있는 유일한 길은, 지도자들과 온 백성이 하나님께서 애타게 찾으시고 기다리시는 정의와 공의를 서로에게 행하는 것이다. 정의(힘: 미쉬파트)는 바른 판단과 이해에 근거하여 사람들에게 행하는 것이다. 바른 판단과 이해란 하나님의 율례와 법도에 근거하여 사람들과 그들의 행위를 파악하고, 그에 합당하게 억울하지 않도록 공정하게 행하는 것이다. 공의(히: 체다카)는 정의의 구체적인 실천이다. 정의가 공의의 기초라면, 공의는 정의의 열매와 실천이다. 정의가 물과 같이 사회의 각 분야에서 흘러내리면, 그것은 마르지 않고 계속 흘러내리는 강을 형성할 것이다.

하나님께서는 "너희는 살려면 선을 구하고 악을 구하지 말지어다. 만군의 하나님 여호와께서 너희의 말과 같이 너희와 함께 하시리라"고 하셨다(5:14). 하나님께서 요구하는 '선을 구하는 것'은 구체적으로 성문에서 정의를 세우는 것을 포함한다(5:15). 사실 성문은 재판과 각종 상행위가 진행되는 곳으로 불의와 부정의 척도를 보여주는 장소였다(5:12; 8:5; 슥 8:16).

∝ 한 마디 기도

무너진 정의와 공의가 교회에서부터 회복되어, 직장과 사회와 나라의 구석구석에 멈추지 않고 흘러가게 하소서.

최악의 말씀 가뭄

주 여호와의 말씀이니라 보라 날이 이를지라 내가 기근을 땅에 보내리니 양식이 없어 주림이 아니며 물이 없어 갈함이 아니요 여호와의 말씀을 듣지 못한 기갈이라 사람이 이 바다에서 저 바다까지, 북쪽에서 동쪽까지 비틀거리며 여호와의 말씀을 구하려고 돌아다녀도 얻지 못하리니 그 날에 아름다운 처녀와 젊은 남자가 다 갈하여 쓰러지리라 _암 8:11-13

✝ 핵심 이해하기

북 왕국 이스라엘의 말씀 기근과 기갈은 북 왕국 초기부터 시작되었다. 초대 왕 여로보암 1세는 자신의 백성이 예루살렘 성전으로 내려가 하나님을 경배하는 것을 막고자, 단과 벧엘에 성소를 세우고 송아지 우상을 세워 그것들을 섬기게 했다. 이때 여호와 하나님을 경외하는 제사장과 레위인과 일부 백성은 자신들의 기업을 버리고 신앙을 찾아 남 왕국 유다로 내려왔다(대하 11:13-14). 이들의 이주는 결국 북 왕국 백성에게는 치명적인 결과를 가져왔다. 그들 가운데 하나님의 말씀을 가르치는 선생이 없어진 것이 그것이었다. 오므리 왕조가 바알 신앙과 바알 숭배를 국교로 삼자 북 왕국 백성은 점점 더 하나님의 말씀으로부터 멀어졌다. 선지자 엘리야와 그의 제자 엘리사는 말씀 사역을 집중적으로 펼쳤으나 그들이 양육한 소수의 제자로 시대의 흐름을 바꾸지는 못했다.

하나님께서 아모스 선지자를 통하여 북 왕국 이스라엘 백성에게 엄중한 심판의 말씀을 주실 때는 안정과 번영의 시대였다. 이스라엘 백성은 여로보암 2세의 40년 통치(주전 793-753년) 아래에서 상당한 안정과 번영을 누리고 있었다. 이것은 하나님께서 선지자 엘리사와 요나를 통하여 예언하신 대로, 북 왕국 이스라엘을 불쌍히 여기셔서 그들에게 마지막으로 주신 번영이었다(왕하 13:25; 14:25-26). 그들은 현재 숨고르기를 하고 있는 앗수르 제국이 30년 이내에 북 왕국을 완전히 멸망시킬 것이라고 꿈에도 생각하지 못했다.

이제 하나님께서는 유다의 아모스 선지자를 북 왕국 백성에게 보내 그들에게 마지막 기회를 제공하셨다. 나라가 망하면 북 왕국의 과거 역사에 있었던 말씀의 부분적인 기근은 완전한 기근으로 바뀌고 말 것이다. 누구도 말씀 기근을 해결할 수 없을 것이다. 이러한 비참한 기근이 오기 전에 지도자들과 백성들은 아모스 선지자의 말을 듣고 공의와 정의를 행하는 백성으로 회복되기 위해 진정한 회개의 몸부림을 쳐야 했다. 그러나 북 왕국 백성은 이 마지막 기회마저 놓침으로써, 나라가 망할 때 앗수르 제국의 구석구석에 뿔뿔이 흩어져 말씀 기근의 운명을 맞고 말았다.

∝ 한 마디 기도

물질적인 풍요와 온갖 상품이 범람하는 이 시대에, 온 세계를 위협하는 말씀 기근을 피할 수 있는 말씀 누림의 복을 주님의 백성 모두에게 주소서.

교만하여 속은 에돔의 심판 경고

너의 마음의 교만이 너를 속였도다 바위 틈에 거주하며 높은 곳에 사는 자여 네가 마음에 이르기를 누가 능히 나를 땅에 끌어내리겠느냐 하니 네가 독수리처럼 높이 오르며 별 사이에 깃들일지라도 내가 거기에서 너를 끌어내리리라 여호와의 말씀이니라 _옵 1:3-4

✚ 핵심 이해하기

오바댜는 구약 성경에서 가장 짧은 책이다. 오바댜는 '하나님의 종'이란 뜻을 가진다. 이 책의 저자가 정확하게 누구이며 어디에 살았는지는 아무도 알지 못한다. 그렇지만 하나님께서 21절에 불과한 이 책을 통해서 주시는 교훈은, 결코 작지 않다. 난공불락의 요새에 사는 에서의 후손들이 세운 에돔 왕국은, 자신의 교만으로 인하여 망할 것이라는 생각을 전혀 하지 못했다. 그러나 하나님께서는 그들이 그의 유다 백성에게 행한 죄악으로 인하여 그들을 완전히 멸망시키실 것이라고 경고하신다. 하나님께서 아브라함과 그의 후손들에게 주신 언약의 핵심 중 하나는 "그를 축복하는 자를 하나님께서 축복하시고 그를 저주하는 자를 하나님께서 저주하신다"는 것이다(창 12:2-3). 하나님께서 아브라함과 그의 후손들을 택하신 목적은 그들을 통하여 땅의 모든 족속에게 언약의 복을 주시기 위함이었다. 이러한 관점에서 볼 때 이스라엘 백성은 다른 어떤 민족보다 하나님의 복을 받을 수 있는 위치에 있었다.

하나님께서는 에서에게 많은 복을 주셔서 이스라엘보다 먼저 나라와 왕국을 세울 수 있게 하셨다(창 36:31). 이스라엘 백성이 애굽에서 나와 광야 생활을 마치고 가나안을 향하여 갈 때, 모세는 그의 후손들에게 사자를 보내 길을 내주어 통행을 허락해달라고 했다. 그러나 에서

의 후손들은 이것을 일체 허락하지 않았다(민 20:21). 10-14절에 언급된 이들의 죄악이 언제 하나님의 백성을 상대로 저질러진 것인지 확실하지는 않다. 그러나 분명한 것은 하나님의 백성이 곤경에 처했을 때, 이들은 유다의 멸망을 기뻐하고 유다의 멸망을 돕는 행동을 했다는 것이다. 이들은 하나님의 백성이 망하게 되는 것을 보고 기뻐했다. 또한 이때 유다 백성의 재물을 취하는 반사 이익을 얻었다. 이것은 언약의 백성 이스라엘을 저주하는 행위였다.

하나님께서는 "너를 저주하는 자를 내가 저주하리라"고 말씀하신 것과 같이 에돔 자손의 멸망을 선포하셨다. 여기에 선포된 에돔의 멸망은 회복이 불가능한 멸망이다(1:5-7, 10, 18). 물론 에돔만이 아니라 이방 나라들도 하나님의 심판으로 망할 것이다(1:15-16). 그러나 아브라함의 후손 야곱 족속 유다 백성은 하나님의 복을 받아, 잃었던 기업을 회복하게 될 것이다(1:17, 19-20). 그때에 세상 나라들은 시온을 회복시키는 여호와 하나님께 속하게 될 것이다(1:21).

∞ 한 마디 기도

우리가 고난과 곤경 중에 있는 자를 이용하여 이득을 챙기지 않게 하시고 그들과 함께 슬퍼하게 하소서.

니느웨의 재앙을 돌이키신 하나님

하나님이 그들이 행한 것 곧 그 악한 길에서 돌이켜 떠난 것을 보시고 하나님이 뜻을 돌이키사 그들에게 내리리라고 말씀하신 재앙을 내리지 아니하시니라 _욘 3:10

✝ 핵심 이해하기

요나서는 구약 성경에서 유일하게 선지자가 이방 나라의 수도에 가서 하나님의 심판을 선포한 일을 다룬 책이다. 선지서들은 일관되게 이방 나라들에 대한 하나님의 심판을 선포한다. 하지만 선지자가 직접 이방 나라에 가서 하나님의 심판을 전한 것은 선지자 요나의 경우가 유일하다. 또한 요나서는 전체 내용이 하나님의 말씀과 은혜에 대한 선지자의 반응을 중심으로 전개한다는 점에서도 유일하다.

1장은 하나님의 지시를 어기고 다시스로 가는 배에 오른 요나의 모습과, 위태로운 상황에서 자기들의 신들을 찾다가 마침내 요나의 하나님을 찾는 이방 선원들의 모습을 대조적으로 보여준다. 2장은 하나님께서 요나의 절박한 기도를 들으시고, 물고기가 요나를 육지에 토하여 내게 하신 기적을 보여준다. 3장은 요나가 하나님의 사명을 다시 받고 니느웨로 가서 하나님의 심판과 멸망을 선포하자, 니느웨 성 전체가 대대적으로 회개하고 하나님께 돌이키게 되고, 결국 하나님께서 그들에게 재앙을 내리지 아니하심을 보여준다. 4장은 요나가 하나님께서 그들에게 자비를 베풀어 재앙을 내리지 아니하신 일에 대하여 원망하고 불평하는 것과, 그런 요나를 하나님께서 박 넝쿨을 통해 교훈하신 것을 보여준다.

요나는 하나님의 명령을 어기고 니느웨와 정반대 방향에 있는 다시스로 가는 배를 탔다. 이것은 과거에 북 왕국 이스라엘 백성에게 고통을 가한 앗수르의 니느웨가, 그에게서 심판의 메시지를 듣고 돌이켜 하나님의 자비와 용서를 받아 멸망하지 않을 수도 있다는 두려움 때문이었다(4:1-2). 요나는 고래의 배 속에서 기적적으로 나와 니느웨로 갔다. 그는 큰 성을 하루 동안 돌아다니며 "40일이 지나면 니느웨가 무너지리라"고 멸망을 선언했다(3:3-4). 그는, 그들이 회개하면 하나님께서 불쌍히 여기사 심판을 거두실 것이라는 소망의 메시지는 전하지 않았다. 요나는 그들이 자신의 심판 메시지를 듣고 돌이키기를 원하지 않았다. 그는 분명 속으로 그들이 망하기를 원했을 것이다.

그러나 니느웨 백성들은 대대적으로 회개하였다(3:5). 니느웨 왕도 백성을 따라서 회개했다(3:6). 왕과 신하들은 니느웨 성 전체에 사람만이 아니라, 심지어 가축까지도 금식하며 회개하라고 선포했다(3:7-8). 그들은 요나의 하나님께서 은혜롭고 자비롭고 노하기를 더디하시며 죄와 허물과 과실을 용서하시는 분임을 아직 몰랐다. 그런데도 그들은 전적으로 회개함으로 인해 하나님께서 뜻을 돌이키셔서 자신들을 멸망시키지 않으시길 기대했던 것이다(3:9).

니느웨의 즉각적이고 대대적인 회개는 북 왕국 이스라엘 백성 가운데는 한 번도 없었던 이

례적인 역사다. 하나님께서 그의 선지자들을 보내 그토록 오랫동안 죄에서 돌이켜 회개할 것을 권면하셨지만, 그들은 듣지 않았다. 이스라엘 백성들은 니느웨 사람들이 한 번도 듣지 못했던 권면, 곧 죄에서 돌이키면 용서하시고 복을 주신다는 메시지를 수차례 들었지만, 그 권면을 무시하고 돌이키지 않았다. 이러한 극단적인 대조는 이스라엘 백성이 그렇게도 무시하고 멸시했던 이방인이 하나님 앞에서 하나님의 백성보다 나았음을 보여준다.

예수님께서는 니느웨가 요나의 전도를 듣고 회개한 이 사건을 상기시키시며, 그들이 마지막 심판 날에 일어나 그의 말씀을 듣고도 회개하지 아니한 백성을 정죄할 것이라고 경고하셨다(마 12:40-41). 예수님께서는 요나가 3일간 큰 물고기의 배 속에 있다가 살아난 사건에 빗대어, 자신이 죽었다가 3일 만에 다시 살아날 것을 예언하셨다(마 12:40).

믿는 우리가 믿지 않는 사람들보다 회개에 둔감하고 더딘 백성이 되지 않게 하소서.

회개한 니느웨를 아끼신 하나님

JONAH
09/17

여호와께서 이르시되 네가 수고도 아니하였고 재배도 아니하였고 하룻밤에 났다가 하룻밤에 말라 버린 이 박넝쿨을 아꼈거든 하물며 이 큰 성읍 니느웨에는 좌우를 분변하지 못하는 자가 십이만여 명이요 가축도 많이 있나니 내가 어찌 아끼지 아니하겠느냐 하시니라 _욘 4:10-11

✝ 핵심 이해하기

요나는 니느웨가 대대적으로 회개하는 것과 하나님께서 진노를 거두시는 것을 보고, 하나님께 분노하며 신경질적인 반응을 보였다(4:1-2). 요나는 자신이 이러한 일을 예측하고 빨리 다시스로 도망하였다고 하면서, 자신의 생명을 거두어 달라고 하나님께 떼를 부렸다(4:2-3). 하나님께서는 네가 성내는 것이 옳으냐고 반문하셨으나, 요나는 아랑곳하지 않고 성읍 밖으로 나가서 성읍을 내려다 볼 수 있는 곳에 초막을 짓고, 그 그늘 아래에서 성이 무너지기를 기다렸다(4:5). 하지만 초막은 요나에게 충분한 그늘을 제공하지 못했다. 하나님께서는 기적적으로 하루 사이에 박 넝쿨이 자라게 하셔서 초막을 덮으시고 요나에게 그늘을 제공하게 하셨다. 요나는 박 넝쿨로 인하여 너무나 기뻤다(4:6). 그러나 하나님께서는 그 다음날 벌레를 보내서 박 넝쿨을 갉아먹어 시들게 만드셨다(4:7). 그 결과 요나가 초막 아래서 쉴 수 있는 그늘은 없어지고 말았다. 요나는 뜨거운 동풍이 불어오고 태양이 자신의 머리를 비추자 정신이 혼미하여 스스로 죽기를 구하며, 죽는 것이 사는 것보다 낫다고 불평했다(4:8).

이때 하나님께서는 요나에게 그가 성내는 것이 옳으냐고 두 번째로 물으셨다. 물론 이때는 말라죽은 박 넝쿨 때문에 성내는 것이 옳으냐고 물으신 것이었다. 요나는 성질이 나서 자신이 죽는다고 할지라도 옳다고 항변했다(4:9). 그러자 하나님께서는 요나 자신이 심지도 재배하지도 않은 박 넝쿨을 그렇게 아끼는데, 선악을 구분하지 못하는 12만 명의 어린아이와 많은 가축까지 있는 니느웨를 하나님께서 아끼는 것이 옳지 않으냐고 반문하셨다(4:11). 요나는 이 질문에 답을 하지 않았다. 아니, 요나는 답을 할 수 없었다. 놀랍게도 이것이 요나서의 끝이다.

요나만이 아니라, 모든 시대의 모든 사람이 하나님 앞에서 이 질문에 답을 해야 할 것이다.

우리는 세상의 한 사람도 망하지 않고 돌이켜 회개하여 살기를 원하시는 자비로운 하나님의 마음을 알아야 한다(겔 18:23, 3; 딤전 2:4). 하나님의 모든 자녀들은 상대가 개인적으로나 국가적으로 원수라고 할지라도, 돌이켜 회개하기를 원하시는 하나님의 용서하는 마음을 가져야 할 것이다.

☌ 한 마디 기도

죄에서 돌이켜 회개하고 하나님께 돌아오는 사람과 나라를 멸시하지 아니하시는 용서와 사랑의 하나님을 깊이 알고 대인 관계에 반영하게 하소서.

미가 나훔 하박국 스바냐 핵심구절
이해하고 기도하기

MICAH
09 / 18

예루살렘과 성전의 멸망 예언

시온을 피로, 예루살렘을 죄악으로 건축하는도다 그들의 우두머리들은 뇌물을 위하여 재판하며 그들의 제사장은 삯을 위하여 교훈하며 그들의 선지자는 돈을 위하여 점을 치면서도 여호와를 의뢰하여 이르기를 여호와께서 우리 중에 계시지 아니하냐 재앙이 우리에게 임하지 아니하리라 하는도다 이러므로 너희로 말미암아 시온은 갈아엎은 밭이 되고 예루살렘은 무더기가 되고 성전의 산은 수풀의 높은 곳이 되리라 _미 3:10-12

✝ 핵심 이해하기

미가 선지자는 선지자 이사야와 동시대 인물로, 예루살렘과 지중해의 중간 지점인 남부 유다의 구릉지대(Shephelah)에 위치한 모레셋 출신이었다. 그는 예루살렘 성전의 멸망을 분명하게, 가장 먼저 예언한 선지자 중의 하나였다. 나중에 선지자 예레미야는 예루살렘 성전의 멸망을 예언할 때 미가의 예언을 인용한다(렘 26:18-19). 미가의 심판 메시지는 모두 사마리아와 예루살렘에게 해당된다. 하지만 미가서의 초점은 예루살렘의 멸망에 있다. 심판의 메시지 가운데 특별히 3-5장은 지도자들의 불의와 착취의 죄악에 대한 고발이다. 먼저 선지자는 백성의 지도자들과 통치자들을 가리켜 "정의를 미워하고 정직한 것을 굽게 하는 자들"이라고 고발한다(3:9). 하나님의 온 백성 가운데 공의와 정의를 집행하기 위하여 세움을 받는 자들이 부정과 불의의 사람으로 묘사되는 것은, 지도자들의 부정과 죄악의 심각성을 잘 보여준다.

이 고소에 앞서서 선지자 미가는 그들에게 "정의를 아는 것이 너희의 본분이 아니냐"고 말한다(3:1). 그들은 선을 미워하고 악을 행하였다. 그들은 짐승을 잡아 가죽을 벗기고 요리하여 고기를 먹듯이 백성을 착취하였다(3:2-3). 그것도 부족해서 선지자들은 백성이 그들에게 먹을 것을 가져다주면 평화를 선포하고, 그렇지 않으면 전쟁을 선포했다(3:5). 그 결과 지도자들이 세운 시온과 예루살렘은 피와 죄악으로 가득하게 되었다(3:10). 11절은 지도자들의 죄악을 구체적으로 언급한다. 공의를 집행할 재판관들은 오히려 뇌물을 받고 정의와 공의를 땅에 떨어뜨리는 재판을 했다. 제사장들은 삯을 받기 위하여 교훈했다. 선지자들은 돈을 위해서 점을 치면서 하나님의 이름을 빙자하여 "여호와 하나님께서 그들 중에 계시므로 재앙이 그들에게 임하지 아니하리라"고 거짓된 예언을 했다. 그러나 하나님께서는 지도자들의 이러한 죄악으로 인하여 시온은 갈아엎은 밭이, 예루살렘은 무더기가, 성전의 산은 수풀의 높은 곳이 각각 되게 할 것이라고 말씀하셨다(3:12).

시온과 예루살렘의 성전은 자비로운 하나님의 은혜로 열방의 민족들이 여호와 하나님을 섬기는 곳으로 회복될 것이다(4:1-2). 하나님께서는 율법이 시온에서, 여호와의 말씀이 예루살렘에서 나오게 하실 것이고, 나라와 민족들은 더 이상 전쟁을 준비하지 않게 하실 것이다. 그 결과 각 사람은 자기의 포도나무와 무화과나무 아래서 평안과 안식을 누리게 될 것이다(4:4). 이 모든 예언을 성취하실 분은 다윗의 동네 베들레헴에서 나오셔서 모든 사람의 평화가 되실 메시아다(5:2-5). 이 모든 예언을 성취한 예수 그리스도의 복음은 온 세상 가운데 평화의 복음으로 선포되고 있다(엡 2:14-17).

 **한 마디 기도**

이 땅의 각 분야 지도자들을 불쌍히 여기사 불의와 부정과 탐욕에서 떠나게 하소서.

 MICAH 09/19

주께서 요구하시는 선

내가 무엇을 가지고 여호와 앞에 나아가며 높으신 하나님께 경배할까 내가 번제물로 일 년 된 송아지를 가지고 그 앞에 나아갈까 여호와께서 천천의 숫양이나 만만의 강물 같은 기름을 기뻐하실까 내 허물을 위하여 내 맏아들을, 내 영혼의 죄로 말미암아 내 몸의 열매를 드릴까 사람아 주께서 선한 것이 무엇임을 네게 보이셨나니 여호와께서 네게 구하시는 것은 오직 정의를 행하며 인자를 사랑하며 겸손하게 네 하나님과 함께 행하는 것이 아니냐 _미 6:6-8

✝ 핵심 이해하기

6-8절은 선지자 미가의 고백 형식으로 주어진 하나님의 말씀이다. 본문의 형식은 하나님께서 선지자 모세를 통하여 주신 말씀 "이스라엘아 네 하나님 여호와께서 네게 요구하시는 것이 무엇이냐 곧 네 하나님 여호와를 경외하여 그의 모든 도를 행하고 그를 사랑하며 마음을 다하고 뜻을 다하여 네 하나님 여호와를 섬기며 내가 오늘 네 행복을 위하여 네게 명하는 여호와의 명령과 규례를 지킬 것이 아니냐"는 말씀과 일맥상통한다(신 10:12-13). 이 말씀은 6장 1-5절에 언급된 하나님의 신실하심과 은혜로우심을 증언하는 언약의 고소에 대한 일종의 답변이

다. 하나님께서 받으실 만한 구체적인 번제물들은 순서대로 일 년 된 송아지, 천천의 숫양, 만만의 강물 같은 기름이다. 이 셋은 적은 가치에서 아주 큰 가치로 발전한다. 하나에서 출발하여 천천(백만 마리)을 거쳐 만만(1억)으로 나아가기 때문이다. 여기에서 한 걸음 더 나가서, 마지막 질문은 자신의 죄를 속하는 속죄 제물로 맏아들, 곧 몸의 첫 열매를 드릴까 하는 것이다.

미가가 열거한 내용들은 하나님의 백성이 일반적으로 생각하는 대안들이다. 특별히 번제물로 언급된 것들은 비싸면 비쌀수록 좋다는 잘못된 인식이 깔려 있다. 더욱이 속죄 제물로 맏아들을 드리려는 생각은 자기 자녀를 자기 신들에게 드리는 암몬 종교의 풍습을 반영한다. 대표적으로 비극적인 예는 입다가 전승의 기념으로 서원한 대로 딸을 번제물로 드린 것이다(삿 11:39). 하나님의 갑작스러운 대답은 모든 사람들의 생각을 한순간에 뒤집어엎는다(6:8). 이 모든 것들은 어리석은 백성들의 생각이지 여호와 하나님께서 요구하신 것이 아니다. 하나님께서 요구하시는 것은 희생 제물(비싸든 싸든 상관없이)이 아니라, 정의(히: 미쉬파트)를 행하고, 인자(히: 헤쎄드)를 사랑하며, 겸손하게 여호와 하나님과 동행하는 것이다.

정의의 핵심은 하나님의 말씀에 근거하여 바른 판단을 하고 그 판단에 따라 실천하는 것이다. 인자는 언약적인 사랑에 충실한 여호와 하나님을 본받아 사람들에게 사랑과 자비를 실천하는 것이다. 인자를 사랑하는 것은 인자를 행하는 것보다 차원이 높다. 인자를 한두 번 행하는 것은 인자를 사랑하는 것이 될 수 없다. 그러나 인자를 사랑하는 자는 인자를 서너 번 실천하는 것으로 만족하지 않는다. 자연스럽게 반복적으로 인자를 행하는 자가 바로 인자를 사랑하는 자다. 그는 인자가 많으신 여호와 하나님을 본받는 자다.

이러한 두 모습은 겸손하게 하나님과 동행하는 삶의 열매와 표현이다. 겸손하게 하나님과 동행하지 않고는 이와 같은 구별된 삶을 사는 것이 불가능하다. 겸손하게 여호와 하나님과 동행하는 자는, 예레미야서에 나오는 것과 같이 여호와 하나님은 사랑과 정의와 공의를 행하시는 분임을 알고 체험하게 된다. 그 열매는 인간 관계에서 정의를 행하고 인자를 지속적으로 실천하는 것이다.

한 마디 기도

날마다 겸손히 주 하나님과 동행하여 생활 속에서 정의를 행하며 인자를 사랑하게 하소서.

가시와 찔레 울타리보다 더한 죄악

그들의 가장 선한 자라도 가시 같고 가장 정직한 자라도 찔레 울타리보다 더하도다 그들의 파수꾼들의 날 곧 그들 가운데에 형벌의 날이 임하였으니 이제는 그들이 요란하리로다 _미 7:4

✝ 핵심 이해하기

4절의 '그들'은 3절의 뇌물을 구하는 지도자와 재판관, 그리고 서로 결탁하여 마음의 욕심을 쫓아 행하는 권력자들을 가리킨다. 이렇게 각종 죄악에 빠진 지도자들 중에 가장 선한 사람은 가시 같고, 가장 정직한 자는 찔레 울타리보다 더하다는 고발은, 겉으로 사람들에게 가장 선한 사람과 가장 정직한 사람으로 알려진 자들이 실상은 가시와 찔레 울타리보다 더 큰 상처와 아픔을 사람들에게 주고 있음을 암시한다. 선하고 정직한 사람들로 당연히 인정받아야 할 지도자들이 이와 같다면, 사회의 지도층 모두가 부패해 있고 부정한 죄악에 빠져 있다고 보는 것이 자연스럽다.

이러한 상황에서 경건한 자가 세상에서 끊어지고 정직한 자가 사람들 가운데 없는 것은 당연하다. 이제 그들을 기다리는 것은 형벌의 날뿐이다. 형벌의 날에는 정반대의 상황이 되어, 백성들을 요란하게 했던 지도자들이 요란하게 될 것이다.

사회 전 분야의 지도자에서부터 일반 백성에 이르기까지 정의와 신뢰가 완전히 무너진 상황에서, 믿고 의지할 수 있는 이웃도 친구도 없으며, 사랑하는 아내에게조차도 믿고 말을 할 수가 없다(7:5). 심지어 가족 구성원들 사이에도 원한과 적대감이 있기 때문이다(7:6).

✎ 한 마디 기도

정의와 신뢰가 완전히 땅에 떨어져 그 누구도 믿고 신뢰할 수 없는 최악의 가정과 사회가 되지 않게 하소서.

황폐하게 된 니느웨

니느웨가 공허하였고 황폐하였도다 주민이 낙담하여 그 무릎이 서로 부딪히며 모든 허리가 아프게 되며 모든 낯이 빛을 잃도다 _나 2:10

✝ 핵심 이해하기

나훔서는 요나서와 주제 면에서 연관되어 있다. 요나가 니느웨에서 하나님의 심판을 선언하자 온 도성은 대대적으로 회개했다. 하나님께서는 그 도성에 긍휼을 베푸셔서 심판을 연기하셨다.

그러나 니느웨의 회개는 오래가지 않았다. 그들의 잔혹성과 잔인함은 당시 온 나라의 사람들이 익히 알고 있는 것들이었다. 특별히 앗수르 제국을 42년간 통치한 마지막 왕 아수르바니팔(Ashurbanipal, 주전 669-627년) 때에 그 잔혹성은 절정에 도달했다. 이미 앗수르 제국은 주전 722년에 북 왕국 이스라엘을 멸망시키고 그 백성을 앗수르 제국의 각 지역에 뿔뿔이 흩어지게 했다(왕하 17:6, 23). 나훔서의 역사적 시점은 이미 주전 663년에 앗수르의 손에 넘어간 애굽의 수도 테베스(Thebes)의 멸망과 앗수르의 수도 니느웨의 임박한 멸망(주전 612) 사이다. 아마도 선지자 나훔은, 바벨론이 주전 612년에 수도 니느웨를 함락시키기 수년 전에, 심판의 메시지를 하나님의 백성에게 전했을 것이다.

1장은 임박한 전쟁에 대한 서론의 역할을 한다. 2-3장은 니느웨의 심판에 관한 연속적인 메시지와 니느웨의 멸망에 대한 생생한 묘사를 제공한다. 니느웨의 멸망에 대한 구체적인 묘사는 6-9절에 나온다. 10절은 니느웨의 멸망의 결과를 보여준다. 강들의 수문이 열리고 왕궁이 소멸되며(2:6), 왕후가 벌거벗은 몸으로 포로가 되어 끌려가고 그의 시녀들은 가슴을 치며 비둘기같이 슬피 운다(2:7). 이제 모두가 살겠다고 니느웨에서 목숨 걸고 도망 나온다(2:8). 니느웨를 멸하는 침략군은 엄청난 양의 금은 전리품을 챙긴다(2:9). 니느웨가 이와 같이 망하니 그 주민들은 낙담하여 힘을 잃고 망연자실하며, 모든 주민들의 얼굴은 빛을 잃은 채 창백했다.

 **한 마디 기도**

하나님의 진노의 날에 잔혹하고 죄악 된 도성은 그의 엄중한 심판으로 완전히 황폐하게 된다는 사실을 망각하지 않게 하소서.

NAHUM
09/22

피의 성 니느웨에 미칠 화

화 있을진저 피의 성(니느웨)이여 그 안에는 거짓이 가득하고 포악이 가득하며 탈취가 떠나지 아니하는도다 _나 3:1

✝ **핵심 이해하기**

1절은 거짓과 포악이 가득하고 탈취가 끝없는 피의 성 니느웨에게 임할 심판의 화를 선언한다. 2-3절에 생생하게 묘사된 피의 전투 장면은 한편으로 과거 앗수르 군대의 잔혹성을 보여주며, 다른 편으로는 그 죄악으로 인해 앗수르가 당할 잔혹한 심판을 보여준다. 하나님께서 앗수르가 행한 대로 갚아 주신 것이다. "획획 하는 채찍 소리, 윙윙하는 병거바퀴 소리, 뛰는 말, 달리는 병거, 충돌하는 기병, 번쩍이는 칼, 번개 같은 창, 죽임 당한 자의 떼, 주검의 큰 무더기, 무수한 시체여 사람이 그 시체에 걸려 넘어지니"(3:2-3). 하나님께서는 무수히 많은 전쟁터에서 앗수르의 군대가 행한 대로 갚아 주신다. 앗수르의 멸망은 회복이 불가능한 멸망이다. "앗수르 왕이여 네 목자가 자고 네 귀족은 누워 쉬며 네 백성은 산들에 흩어지나 그들을 모을 사람이 없도다. 네 상처는 고칠 수 없고, 네 부상은 중하도다. 네 소식을 듣는 자가 다 너를 보고 손뼉을 치나니 이는 그들이 항상 네게 행패를 당하였음이 아니더냐 하시니라"(3:18-19).

HABAKKUK

09/23

믿음으로 사는 의인

보라 그의 마음은 교만하며 그 속에서 정직하지 못하나 의인은 그의 믿음으로 말미암아 살리라(롬 1:17; 갈 3:11; 히 10:38에 인용됨) _합 2:4

✝ 핵심 이해하기

하박국서의 역사적인 배경은 하나님께서 갈대아 사람들을 사용하여 죄악에 빠진 그의 백성을 심판하시겠다는 말씀에 있다(1:6). 이 말씀은 아직 갈대아 사람들, 곧 바벨론이 남 왕국 유다를 멸망시키기 전에 주어졌다. 이 시점을 기준으로 삼으면 하박국서가 주어진 시기를 알 수 있다.

이 당시 역사적으로 중요한 사건들이 몇 가지 있었다. 느부갓네살의 부친 나보폴라살(Nabopolassar)은 주전 625년에 바벨론의 보좌에 올라, 앗수르 제국으로부터 독립을 선언했다. 바벨론은 주전 612년에 앗수르의 수도 니느웨를 함락시켰다.

앗수르 제국은 주전 605년 갈그미스 전투에서 바벨론에 의하여 결정적으로 패했다. 이때부터 제국의 패권은 바벨론에게로 넘어갔다. 주전 598년에 느부갓네살 왕은 유다 왕 여호야긴과

왕족들과 귀족들을 바벨론으로 잡아갔다(왕하 24:10-17; 대하 36:10). 이러한 중요한 사건들은 하박국서가 주어진 시기가 아마도 주전 625년과 605년 사이였을 것임을 보여준다. 하박국 선지자는 선지자 예레미야와 스바냐와 나훔과 요엘과 동시대의 인물이었을 것이다.

선지자 하박국은 백성들 가운데 만연한 부정과 불법으로 인하여 하나님께 부르짖었다. 하나님 앞에서 그의 불평은, 거룩하신 하나님께서 어찌하여 이러한 죄악을 보면서도 가만히 계실 수 있느냐는 것이었다(1:3-4). 이때 하나님께서 하박국에게 주신 답변은 그를 더 당황하고 놀라게 만들었다(1:5-8). 하박국는 또 다시 하나님께 "주께서는 눈이 정결하시므로 악을 차마 보지 못하시며 패역을 차마 보지 못하시거늘 어찌하여 거짓된 자들을 방관하시며 악인이 자기

보다 의로운 사람을 삼키는데도 잠잠하시나이까?"라고 반문했다(1:13). 그는 심지어 하나님께서 갈대아 사람들을 세워 여러 나라를 무자비하게 멸망시키시는 것이 옳은 일인지에 대하여 문제를 제기했다(1:17). 하박국은 하나님의 답변을 받기 위해서 파수꾼의 망루에 올라가 기다렸다(2:1). 2-20절의 내용은 바로 이때 하나님께서 그에게 주신 응답이다.

2장 4절은 하박국에서 가장 중요한 구절이다. 하박국은 하나님께서 서판에 기록하여 모든 사람들이 달려가면서도 읽을 수 있게 하라는 묵시의 말씀을 받았다(2:2-3). 이 묵시의 중심에 "의인은 그의 믿음으로 말미암아 살리라"는 말씀이 있다. 이 말씀의 앞부분에는 "보라, 그의 마음은 교만하여 그 속에서 정직하지 못하나"란 진술이 나온다. 이것은 악인이 살아가는 죄악된 모습이다. 이것의 정반대는 의인이 살아가는 모습이다. 이 악인에 대한 추가적이고 확대된 설명이 5절에 나온다. 그는 술을 즐기며 거짓되고 교만하여 가만히 있지 아니하고 스올처럼 자기의 욕심을 넓히며, 또 그는 사망 같아서 족한 줄을 모른다. 이러한 악한 사람의 국가적인 확대판이 갈대아의 바벨론이다. 하나님께서는 그런 나라를 사용하여 자기 백성을 심판하시겠다는 것이다(2:5-8).

2장 4절의 "의인은 그의 믿음으로 말미암아 살리라"에서 주목할 표현은 '그의 믿음'이다. 믿음에 해당되는 히브리어는 '에무나'다. 이것은 단지 믿음의 행위 자체만이 아니라, 믿음의 구체적인 표현을 포함한다. 이것은 그 믿음의 구체적인 표현으로 언약적인 신실함을 포함한다. 그러므로 "의인은 그의 믿음으로 살리라"는 말씀은 "의인은 그의 신실함으로 살리라"는 의미를 가진다. 여기서 언약적인 신실한 믿음의 삶은 인내와 기다림과 악인들의 교만하고 통제되지 않는 욕심을 추구하는 삶과 반대다. 하박국 시대의 사회적인 문제는, 사람들이 여호와 하나님을 믿는다고 하지만 그들의 생활이 언약적인 신실함과는 너무나 멀었다는 것이다. 하나님의 백성이 온갖 사회적인 불의와 부정과 착취와 포악을 일삼았다. 그 결과 의인과 정의는 사회 전반에서 설 곳이 없었다(1:2-4).

오늘날도 많은 신자들이 언약에 충실하고 신실한 삶과는 너무나 동떨어진 삶을 산다. 신자는 많은데 신자의 신실한 삶을 사는 사람은 적다. 바울과 히브리서 기자가 하박국의 말씀을 인용할 때 그들의 강조점은 "오직 믿음으로 의인이 된다"는 것에 있지 않았다. 오히려 그들의 강조점은 "의인은 믿음으로 산다"는 것에 있었다(롬 1:17; 갈 3:11; 히 10:38). 우리는, 언약에 충실한 삶으로 표현되지 않는 믿음은 자기 기만적이고 헛된 것임을 명심할 필요가 있다.

∝ 한 마디 기도

믿음으로 의인의 신분을 얻는 우리가, 동일한 믿음으로 악인들과 구별되는 의롭고 거룩한 삶을 살아야 함을 한 순간도 잊지 않게 하소서.

최악의 상황에서 하나님을 기뻐함

비록 무화과나무가 무성하지 못하며 포도나무에 열매가 없으며 감람나무에 소출이 없으며 밭에 먹을 것이 없으며 우리에 양이 없으며 외양간에 소가 없을지라도 나는 여호와로 말미암아 즐거워하며 나의 구원의 하나님으로 말미암아 기뻐하리로다 _합 3:17–18

✝ 핵심 이해하기

3장 16-19절은 하박국 선지자가 하나님께서 주신 말씀에 충격적으로 반응한 것과 그가 한 감사의 결단을 보여준다. 하나님으로부터 전혀 예상 밖의 말씀을 듣자 선지자의 창자가 흔들리고 그의 입술이 떨렸다(3:16). 선지자 자신은 갈대아인들의 무리(바벨론의 침략군)가 유다 백성을 치러 올라오는 환난 날을 기다리므로, 뼈에는 썩게 하는 것이 들어왔고 몸은 처소에서 떨게 되었다고 말했다. 이것은 하박국이 엄청난 심판의 메시지를 듣고 거룩한 두려움과 전율로 덮였음을 보여준다. 이는 거룩하신 하나님의 심판의 말씀에 대한 바른 반응이다. 그의 이와 같은 거룩한 떨림은 하나님 앞에서 새로운 기쁨을 가져다주었다. 선지자는 머지않아 들이닥칠 심판을 준비하면서 어떻게 살아야 할지를 생각하면 생각할수록 소망과 기쁨을 하나님께 두는 것 외에는 어떤 대안도 없다는 것을 알게 되었다. 이것은 누구에게나 마찬가지이다.

17절은 하나님의 심판으로 말미암아 전개될 가능성이 있는 최악의 빈곤 상황을 묘사한다. 최악의 상황은 생존을 지탱하고 윤택하게 하는 모든 것이 사라지는 경우다. 삶을 윤택하게 하는 무화과 열매, 포도나무 열매, 감람나무의 열매와 그 기름이 없다. 밭에 먹을 것이 없는 상황은 생존 자체를 위협하는 기근이다. 우리에 양과 소가 없는 것은 생계를 위한 미래가 사라지는 것을 보여준다. 이러한 최악의 상황이 벌어지는 때가 바로 여호와 하나님의 심판의 날이다. 이러한 상황이 벌어진다고 할지라도 여호와, 곧 구원의 하나님을 즐거워하며 기뻐하겠다는 고백과 결단은 오직 여호와 하나님만을 바라보고 인내하는 신앙의 표현이다.

18절에 두 번 언급된 '말미암아'는 히브리어 원문에는 없다. 원문의 뜻은 여호와를 기뻐하고 여호와를 즐거워한다는 것이다. 이것은 하나님께서 주신 풍요로운 것들을 즐기던 신앙에서 이제는 여호와 하나님, 곧 심판 날에도 구원의 하나님 자신을 기뻐하고 즐거워하는 신앙으로 성숙해지는 것을 보여준다. 19절은 왜 선지자가 여호와 하나님을 기뻐하고 즐거워하는지 보여준다. 그 이유는 주 여호와가 그의 힘이 되시며 그의 발을 사슴과 같이 하여 그의 높은 곳으로 다니게 하실 것이기 때문이다. 여호와 하나님께서는 친히 땅의 높은 곳을 타고 다니시는 분이다(신 32:13). 여호와 하나님을 기뻐하는 자가 하나님의 이름으로 원수들을 굴복시키고 높은 곳에 다니는 것은 당연하다(신 33:29).

∝ 한 마디 기도

최악의 상황 속에서도 하나님만을 기뻐하며 즐거워하게 하소서.

진노의 날에 보호받는 길

여호와의 규례를 지키는 세상의 모든 겸손한 자들아 너희는 여호와를 찾으며 공의와 겸손을 구하라
너희가 혹시 여호와의 분노의 날에 숨김을 얻으리라 _습 2:3

✝ 핵심 이해하기

1-3절은 하나님께서 그의 백성과 세상의 사람들에게 주시는 말씀이다. 하나님께서는 먼저 수치를 모르는 그의 백성들이 반드시 모이라고 초대하신다(2:1). 2절은 그 모임을 언제 가져야 하는지를 분명하게 한다. 여호와 하나님의 분노의 날이 그들에게 닥쳐서 그의 심판으로 그들이 겨와 같이 사라지기 전에, 주님 앞에 모여야 할 것임을 권고하신다.

3절은 주님 앞에 모인 자들이 해야 할 일이 무엇인지 알려준다. 그들은 여호와를 찾으며 공의와 겸손을 구해야 한다. 여호와를 찾는 것과 그에게 공의와 겸손을 구하는 것은 서로 밀접하게 연결된다. 공의와 겸손을 구하기 위해서 여호와를 찾는 것이고, 여호와를 찾은 결과 공의와 겸손을 추구하게 된다. 3절은 또한 겸손한 자들이 하는 것이 무엇인지를 보여준다. 그것은 여호와 하나님을 찾고 구하는 것이다. 다시 말해서, 근본적으로 여호와 하나님을 찾고 구하는 행위는 겸손의 행위이다. 이렇게 하나님을 찾는 자들은 그 결과 하나님의 은혜를 입어서 그의 말씀에 순종하는 사람들이 된다. 이것은 "여호와의 규례를 지키는 세상의 모든 겸손한 자들아"란 호칭에 잘 나타난다. 겸손은 먼저 여호와 하나님을 찾는 것이고, 그의 은혜를 힘입어 여호와 하나님의 규례를 지켜 행하게 되는 것이다. 이러한 자들은 세상에서 공의와 겸손을 추구하며 산다. 이렇게 살아가는 자들은 여호와의 진노와 분노의 날에 보호와 숨김을 받을 것이다.

∝ 한 마디 기도

하나님께서 요구하시는 진정한 겸손의 삶, 곧 여호와 하나님을 진정으로 구하며 주의 규례를 지키는 삶을 살게 하소서.

자기 백성을 사랑하시고 기뻐하시는 하나님

너의 하나님 여호와가 너의 가운데 계시니 그는 구원을 베푸실 전능자시라 그가 너로 인하여(히: 알라이크=너를 두고) 기쁨을 이기지 못하여 하시며 너를 잠잠히 사랑하시며 너로 인하여(히: 알라이크=너를 두고) 즐거이 부르며 기뻐하시리라 하리라 _습 3:17

✝ 핵심 이해하기

3장의 전체는 패역하고 포학한 성읍 예루살렘에 대한 심판의 화를 선포한다. 먼저 심판에 대한 말씀이 나오고(3:1-8), 이어서 위로와 소망의 말씀이 나온다(3:9-13). 맨 마지막으로 시온의 딸에게 기쁨과 즐거움으로 노래하라는 권면의 말씀이 나온다(3:14-20). 예루살렘은 죄악으로 인하여 벌을 받아야 마땅했다. 예루살렘 백성은 하나님의 명령을 듣지도 않고, 그의 교훈을 받지도 않으며, 여호와 하나님을 의지하지도, 그에게 나오지도 않았다(3:2).

방백들과 재판장들은 백성을 착취하는 부르짖는 사자요 다음날까지 아무것도 남기지 않는 저녁 이리였다(3:3). 선지자들은 간사한 사람들이었고, 성소를 거룩하게 해야 할 제사장들은 그곳을 더럽히고 율법을 범했다(3:4). 이와 같은 죄악은, 불의를 행하지 아니하시고 아침마다 늘 자기의 공의의 빛을 비추시는, 그의 백성 가운데 계시는 의로운 여호와를 거역한 것이다(3:5). 그러므로 예루살렘을 큰 죄악의 빠뜨린 지도자들과 백성은 하나님의 엄중한 징벌을 받아야 마땅하다. 그들을 기다리는 것은 하나님의 분노와 진노의 심판밖에 없다(3:7-8). 그런데 하나님께서는 심판의 날에 그들을 완전히 멸하시지 않고, 여러 백성의 입술을 정결하게 하여 그의 이름을 부르며 그를 섬기게 하겠다고 약속하셨다(3:9). 이것은 곤고하고 가난한 백성을 남겨두어

서 그들이 여호와 하나님의 이름을 의지하여 보호를 받게 하시겠다는 약속이다(3:12).

이제 시온의 딸과 이스라엘과 예루살렘의 딸이 해야 할 것은 오직 하나밖에 없다. 그것은 기쁘게 노래하며 여호와 하나님 앞에서 즐거워하는 것이다(3:14). 그 이유는 그들이 형벌 받아야 마땅한데, 그들 가운데 계신 여호와께서 그들의 원수를 추방하시고 그들이 다시는 화를 당하지 않게 하실 것이기 때문이다(3:15). 이제는 그들이 두려워할 일도, 낙심하여 손을 늘어뜨릴 일도 없다(3:16). 그 앞에서 노래하고 기뻐하고 즐거워하라고 권고하시는 하나님께서는, 자기 백성을 기뻐하시고 잠잠히 사랑하시며 그들을 두고 기쁨의 노래를 부르실 것이다(3:17).

이와 같이 하실 여호와 하나님은 어떤 분이신가? 그는 그들의 하나님 여호와시며, 그들 가운데 계신 분이요, 그들에게 구원을 베푸실 전능한 하나님이시다. 이와 같은, 구원하시기에 전능하신 언약의 하나님 여호와께서 그들을 두고 기뻐하시며, 그의 사랑으로 그들을 잠잠하게 하시며, 그들을 두고 즐거운 노래를 부르시며 기뻐하실 것이다. 하나님께서 남겨두신 그의 백성을 이와 같이 하시겠다는 것은, 참으로 세상의 어떤 말로도 표현할 수 없는 은혜와 은총이다. 하나님께서 이러한 기쁨으로 기뻐하시고 이러한 사랑으로 사랑하신다는 사실을 제대로 알

면, 누구라도 근심과 염려에 빠져 낙심하는 대신에 기쁨의 잔치와 축제를 할 것이다.

이 약속을 하신 언약의 주 하나님께서는 예수님께서 세례를 받으실 때 "너는 나의 사랑하는 아들"이며 "내가 너를 기뻐한다"고 말씀하셨다(막 1:11; 눅 3:22). 하나님께서는 이러한 사랑과 기쁨의 말씀을, 예수님을 믿는 모든 자들에게도 하신다. 모든 신자는 하나님께서 기뻐하시는 아들 예수님 안에서 그의 기뻐하심을 받는 아들들이기 때문이다.

 **한 마디 기도**

여호와 하나님께서 나를 보고 기뻐하고 즐거워하시는 기쁨과 즐거움으로 하나님 앞에서 기뻐하고 즐거워하게 하소서.

학개 스가랴 말라기 핵심구절
이해하고 기도하기

HAGGAI

09/27

성전에 임할 더 큰 영광

은도 내 것이요 금도 내 것이니라 만군의 여호와의 말이니라 이 성전의 나중 영광이 이전 영광보다 크리라 만군의 여호와의 말이니라 내가 이 곳에 평강을 주리라 만군의 여호와의 말이니라 _학 2:8-9

✝ 핵심 이해하기

메데-페르시아의 고레스 왕은 주전 538년에 바벨론 제국을 정복하고, 바벨론에 포로로 잡혀온 유대인들이 고국으로 돌아가 여호와 하나님의 성전을 재건하는 것을 허락했다(스 1:2-4). 하나님의 영의 감동을 받은 많은 사람들은 바벨론의 정착되고 안정된 삶을 포기하고 가나안 땅으로 돌아왔다. 이때 지도자 스룹바벨과 총독 세스바살의 지도 아래 약 5만 명의 백성이 돌아왔다(스 2:12-67; 느 7:4-73). 이들은 바벨론으로 옮겨진 예루살렘 성전의 모든 성물을 가지고 왔다. 그들은 곧바로 성전을 재건하기 시작하여 주전 536년, 곧 고국으로 돌아온 지 2년 만에 성전의 기초를 놓았다(스 3:8-11).

그러나 성전 공사는 사마리아 사람들과 주변 나라의 극렬한 반대자들로 인하여 주전 520년까지 무려 16년간 중단되었다. 하나님께서는 선지자 학개와 스가랴를 통하여 오랫동안 중단된 성전 재건을 재개하라고 말씀하셨다. 특별히 학개 선지자는 하나님의 백성이 주변의 극렬한 반대를 핑계 삼아 성전의 재건 공사를 등한시하였고, 하나님께서는 그들에게 복을 내려 주시는 대신에 기근을 내려 그들이 큰 고통을 당하게 하셨다고 말했다(1:9-11). 학개 선지자는 주전 520년, 곧 다리오 왕 제2년에 다섯 번에 걸쳐서 성전의 재건을 다시 시작하라고 권면했다(1:1-제6월 1일, 1:15-제6월 24일, 2:1-제7월 21

일, 2:10-제9월 24일, 2:20-제9월 24일). 그러면 하나님께서 그들에게 큰 복을 부어 주실 것이라고 약속하셨다. 하나님께서 약속하신 큰 복은 여호와 하나님의 성전의 지대를 다시 놓기 시작하는 이날(9월 24일)을 기점으로 그의 백성들에게 주어질 것이다(2:18-20).

2장 1-9절은 하나님께서 학개 선지자에게 두 번째로 주신 말씀이다. 하나님께서는 먼저 스알디엘의 아들 유다 총독 스룹바벨과 대제사장 여호수아와 백성에게, 마음을 굳세게 하여 중단된 성전의 재건을 재개할 것을 권면하셨다. 그들 중에 나이가 많은 사람들은 솔로몬 성전의 영광을 보았던 자들이다. 그들은 재건되는 스룹바벨 성전의 초라함을 보면서 분명 크게 실망했을 것이다(2:3). 하나님께서는 이러한 자들을 위로하시면서, 하늘, 땅, 바다, 육지, 그리고 세상의 모든 나라를 진동시키셔서 세상의 모든 보화가 이 성전에 임하게 하심으로 이 성전이 그의 영광으로 충만하게 하실 것이라고 약속하셨다(2:6-7). 이 약속이 성취될 때 이 성전(스룹바벨 성전)의 나중 영광은 성전의 이전 영광(솔로몬 성전의 영광)보다 크게 될 것이다(2:9).

하나님의 격려와 약속을 힘입어 성전의 공사는 재개되었고, 성전은 다리오 왕 제6년, 곧 성전 공사를 시작한 지 20년 만에 완성되었다. 지도자들과 온 백성은 스룹바벨 성전을 큰 기쁨과 즐거움으로 하나님께 봉헌하였다.

그러나 하나님께서 약속하신 큰 영광은 놀랍게도 성전에 임하지 않았다(스 6:15-16). 더욱이 모세의 장막에 임했다가 나중에 솔로몬의 성전에 임했던 영광의 구름이 스룹바벨의 성전에는 임하지 않았다. 하나님께서 에스겔 선지자에게 보여주신 그분의 영광이 가득 찬 모습이 그 어디에도 없었다. 바벨론에서 가지고 온 솔로몬의 성전 기물들이 다 제자리에 놓였으나 성전을 성전이 되게 하는 두 가지 핵심이 없었다. 이 둘은 솔로몬의 성전이 파괴되기 전에 하나님의 신비한 방법으로 사라진 법궤와 그 위에 머물던 하나님의 영광이었다. 이렇게 스룹바벨의 성전은 미완의 성전으로 남았다. 이후 구약 시대에는 400여 년간의 침묵이 지속되었고, 이 상황은 바뀌지 않았다.

하나님의 아들 예수 그리스도는 미완성의 성전을 대신하시기 위하여 완전한 성전으로 오셨다. 요한복음은 아주 분명하게 예수 그리스도를 하나님의 영광과 진리와 은혜로 가득 찬 성전으로 그려준다. 창조자의 말씀이신 하나님께서 육신을 입으신 말씀 성전으로 오셨다(요 1:1, 14). 그러므로 헤롯이 화려하게 꾸미기 시작한 예루살렘의 성전은 영원한 성전 예수님과 함께 공존할 수 없었다. 그래서 예수님께서는 미완성의 성전의 폐기를 선언하셨다. 바로 이것이 예수님의 성전 청결 사건의 근본적인 의미다.

성전 예수님께서는 십자가에서 죽으심과 부활로 말미암아, 하나님의 성령을 통해 하나님의 영광이 가득 찬 신자 성전의 시대를 가져오셨다. 사도 바울은 신자는 하나님의 성령께서 거하시는 성전이라고 주장했다(고전 3:16; 6:19; 고후 6:16; 엡 2:21). 원래 구약에서 성전의 영광은 성전이 완성될 때 임했다. 신약에서는 완전하신 성전 예수님께서 죽으셨다가 다시 살아나신 결과로 신자들이 하나님의 성전이 되었다. 이 신자 성전은 여전히 건축 중에 있다. 하나님의 영광의 임재인 성령께서는 신자 성전에 오순절에 임하신 후로 계속해서 거하신다. 성령님은 신자 성전이 하나님의 성전으로 온전하게 지어지도록 교회를 돕고 인도하고 이끌어가진다. 이것이 얼마나 영광스러운 일인가!

스룹바벨의 성전을 두고 약속하신 더 큰 영광의 약속을, 성전 예수님의 오심과 그의 십자가 부활의 구원 사건으로 신자 성전, 교회 성전에서 성취하신 주님을 찬양합니다.

본받지 말아야 할 조상들

ZECHARIAH
09
28

너희 조상들을 본받지 말라 옛적 선지자들이 그들에게 외쳐 이르되 만군의 여호와께서 이같이 말씀하시기를 너희가 악한 길, 악한 행위를 떠나서 돌아오라 하셨다 하나 그들이 듣지 아니하고 내게 귀를 기울이지 아니하였느니라 여호와의 말이니라 _숙 1:4

✝ 핵심 이해하기

스가랴 선지자는 학개 선지자와 함께 바벨론에서 고국으로 돌아와 정착한 약 5만여 명의 백성에게 오랫동안 중단된 성전 재건의 공사를 시작하도록 권면했다(스 5:1-2; 6:14-15). 이 교훈은 다리오 왕 제2년 제8월에 하나님께서 스가랴에게 처음 주신 말씀이다(1:1). 2-6절은 하나님께서 선지자에게 주신 첫 번째 말씀이다. 그 핵심 내용은 그들의 조상들이 하나님께서 선지자들을 통하여 주신 권고의 말을 듣지 않고 거역함으로 인하여 경고를 받았던 언약의 저주와 재앙이 그들에게 미쳤다는 것이다. 만일 조상들이 선지자들의 말을 듣고 돌이켜 회개하고 하나님께서 그들에게 요구하시는 언약 순종의 길로 갔다면, 나라가 망하는 일도, 백성이 바벨론의 포로가 되는 일도 없었을 것이다. 2절은 여호와 하나님께서 그들의 조상들에게 진노하셨다고 언급한다. 3절은 바벨론에서 돌아온 백성들에게,

그들이 만군의 여호와께로 돌아오면 그가 그들에게 돌아오실 것이라고 말한다.

4-6절은 하나님께서 조상들에게 선지자들을 통하여 하신 말씀을 요약한다. 그 내용은 하나님께서 이전 선지자들을 통해서 그들에게 악한 길, 악한 행위에서 떠날 것을 요구하셨으나, 그들이 귀를 기울여 듣지 않은 결과로 진노를 당했다는 것이다. 이것은 하나님께서 선지자들을 통하여 경고하셨던 진노였다(1:6). 하나님께서는 바벨론에서 돌아온 새로운 세대로 하여금 불순종한 선조들의 전철을 밟지 않고 순종의 길로 가게 하기 위해서 이 말씀을 하신 것이다.

∝ 한 마디 기도

선지자들의 말씀을 듣고도 계속해서 돌이키지 않아 마침내 하나님의 진노를 받은 조상들의 악한 길과 불순종의 길로 가지 않게 하소서.

오직 여호와의 영으로 가능한 일

그가 내게 대답하여 이르되 여호와께서 스룹바벨에게 하신 말씀이 이러하니라 만군의 여호와께서 말씀하시되 이는 힘으로 되지 아니하며 능력으로 되지 아니하고 오직 나의 영으로 되느니라 _슥 4:6

✝ 핵심 이해하기

스가랴는 천사가 깨우자 잠에서 깨어난 것과 같이 되었다. 이때 그를 깨운 천사는 무엇을 보았느냐고 그에게 물었다. 이에 스가랴는 자신이 본 일곱 등잔과 그 곁의 좌우에 선 두 감람나무를 보았다고 대답했다(4:2-3). 스가랴는 천사에게 이것들이 무엇을 의미하는지에 대하여 물었다(4:4). 천사는 선지자가 정말로 그 의미를 모르는지 확인한 후에 6-10절의 말씀을 주었다. 이 순금 등대와 두 감람나무의 환상은 스룹바벨과 여호수아를 통한 성전 재건과 관련된 말씀이다(4:6 "스룹바벨에게 하신 말씀이 이러하니라").

천사는 환상의 의미를 설명하면서 "이는 힘으로 되지 아니하며 능력으로 되지 아니하고 오직 나의 영으로 되느니라"고 했다(4:6). 이 말은 한편으로 스가랴가 환상 중에 본 불가능한 일이 하나님의 성령으로 가능함을 보여준다. 다른 한편으로는 실제적으로 성전 재건을 방해하고 있는 큰 산이 오직 하나님의 성령의 역사로 해결될 것임을 보여준다(4:7). 7절에 언급된 큰 산은 스룹바벨 성전의 공사를 방해하고 있는 모든 세력을 가리킨다. 하나님께서는 스룹바벨의 손으로 놓은 성전의 기초를 그의 손을 통하여 완성되게 하실 것이라고 약속하셨다(4:9).

천사는 일곱 등대가 온 세상을 두루 다니시는 여호와의 눈이라고 설명했다(4:10). 이 등대는 대제사장 여호수아 앞에 세워진 일곱 눈을

가진 돌과 관련되어 있다(3:9). 그리고 일곱 등잔을 가진 순금 등대에 일곱 관을 통하여 기름을 제공하는 두 감람나무는 하나님께서 성전의 재건을 위해 기름 부어 세우신 두 사람이다(4:12-14). 이 둘은 대제사장 여호수아와 총독 스룹바벨을 가리킨다. 하나님께서는 기름 부어 세운 이 두 사람을 통하여 솔로몬 성전의 재건을 완성하시겠다고 약속하신 것이다. 이 둘이 힘 있게 일어나 성전 건축에 앞장설 때, 여호와의 일곱 눈과 일곱 등잔으로 상징된 하나님의 성령께서 놀라운 기적을 행하실 것을 보여주신 것이다. 두 지도자는 이 말씀을 믿고 성전의 재건 공사에 앞장섰고, 하나님께서는 스룹바벨의 성전이 기적적으로 완성되게 하셨다. 이 말씀은 성령 하나님의 강력한 역사는 초월적으로 일어나는 것이 아니라, 세우신 지도자들을 통하여 일어남을 분명하게 한다.

∞ 한 마디 기도

사람의 눈에 불가능한 것을 가능하게 하시는 성령 하나님의 능력으로 우리 모두가 주께서 기뻐하시는 일을 하게 하소서.

나귀를 타고 입성할 겸손한 왕

시온의 딸아 크게 기뻐할지어다 예루살렘의 딸아 즐거이 부를지어다 보라 네 왕이 네게 임하시나니
그는 공의로우시며 구원을 베푸시며 겸손하여서 나귀를 타시나니 나귀의 작은 것 곧 나귀 새끼니라
(마 21:15; 요 12:15에 인용됨) _슥 9:9

✝ 핵심 이해하기

9-12절은 하나님 백성의 주변 나라들에 대한 하나님의 심판 메시지의 중심에 있다. 하나님께서 먼저 그의 백성 주변에 있는 이방 나라들을 심판하시겠다고 말씀하셨다(9:1-8). 하나님께서는 그의 백성 유다와 에브라임을 사용하셔서 헬라 사람들을 치심으로써 그의 백성을 구원하시겠고 말씀하셨다(9:13-17). 이 두 심판 메시지의 중심에 9-12절의 말씀이 있다.

9-12절의 핵심 내용은 오실 메시아가 베푸실 구원에 대한 예언이다. 시온의 딸, 예루살렘의 딸들이 크게 기뻐하고 즐거워해야 할 이유는, 그들에게 구원을 베푸실 왕이 나귀를 타고 예루살렘에 입성하실 것이기 때문이다. 구원을 베푸실 메시아는 공의로우시고 겸손하신 분이다. 그의 겸손함은 그가 나귀, 곧 나귀의 새끼를 타시는 것으로 표현된다. 메시아가 베푸실 구원은 하나님의 백성과 이방 나라 사이의 전쟁을 끝내고 평화를 가져올 것이다(9:10). 메시아의 평화 통치는 바다에서 바다까지, 유브라데 강에서 땅 끝까지 이를 것이다. 이것은 다윗 왕조에서 나올 메시아에게 약속된 내용이다(시 72:8).

예수님께서는 제자들이 그의 지시에 따라 잠시 빌려 온 나귀 새끼를 타고 예루살렘 성에 입성하셨다(마 21:15; 요 12:15). 겸손하신 왕 예수님께서 십자가 위에서 죽기까지 낮아지시리라고는 누구도 상상하지 못했다. 예수님께서는 십자가 위에서 대속적으로 죽으심을 통해 하나님의 진노를 받으셨고, 이로써 하나님과 그의 백성 사이(고후 5:19-20)와 그의 백성과 이방인 사이에도 평화를 이루셨다(엡 2:14-17).

☓ 한 마디 기도

주 예수님께서 겸손하신 왕 메시아로 오셔서 십자가에서 죽으심으로 구원을 이루심을 찬양합니다.

은총과 간구하는 영

내가 다윗의 집과 예루살렘 주민에게 은총과 간구하는 심령(히: 루아흐=영)을 부어 주리니 그들이 그 찌른 바 그를 바라보고 그를 위하여 애통하기를 독자를 위하여 애통하듯 하며 그를 위하여 통곡하기 를 장자를 위하여 통곡하듯 하리로다 _슥 12:10

✝ 핵심 이해하기

12장 전체의 주제는 모든 이방 나라들의 멸망 과 유다의 구원이다. 하나님께서는 예루살렘 을 사용하여 모든 이방 민족들을 심판하실 것이 다. 하나님께서는 예루살렘을 그 사면 모든 이 방 나라를 취하게 하는 잔으로(12:2), 모든 민족 을 쳐서 상하게 하는 무거운 돌(12:3)로 사용하 실 것이다. 하나님께서는 친히, 예루살렘을 치 는 원수들의 모든 말을 쳐서 놀라게 하실 것이 다(12:4). 하나님께서는 유다의 지도자들을 나 무를 태우는 화로와 같이, 곡식단을 태우는 횃 불과 같이 삼아 모든 민족들을 불사르실 것이다 (12:6, 9). 그러나 하나님의 놀라운 은혜로 예루 살렘의 주민들은 구원을 받아, 그들 중에 약한 자는 다윗과 같이 되고 다윗의 왕족은 여호와의 사자와 같이 강하게 될 것이다(12:7-8).

10-14절은 이러한 말씀을 배경으로 한다. 하나님께서 다윗의 집과 예루살렘 주민에게 은 총과 간구의 영을 부어 주셔서 백성들 가운데 대대적인 통곡의 회개가 일어나게 하실 것이다 (12:10). '은총과 간구하는 심령'은 하나님께서 그의 백성에게 부어 주실 성령을 가리킨다. 하 나님의 성령이 그들에게 임할 때에, 그들이 찌 른 그(곧 메시아)를 보고 독자와 장자를 위하여 통곡하듯이 통곡의 역사가 있을 것이다. 이러 한 통곡은 므깃도 골짜기 하다드림몬에서 있었 던 애통과 같을 것이다. 하다드림몬에서 있었던

역사적인 애통이란, 유다의 경건한 왕 요시야가 애굽의 군대를 저지하다가 적의 화살에 맞아 치 명적인 상처를 입고 예루살렘으로 옮겨져 죽었 을 때 있었던 애통을 가리킨다(대하 35:22-24). 이런 큰 통곡은 예루살렘에서 시작하여 온 땅의 각 지파의 족속에게 퍼져 나갈 것이다(12:12- 14). 이와 같은 대대적인 회개는 하나님께서 그 의 백성에게 은총과 간구의 성령을 부어 주신 결과다. 이와 같이 통곡하며 회개할 때 하나님 께서는 다윗의 족속과 예루살렘의 백성을 위해 서 죄와 더러움을 씻는 샘물을 공급하실 것이다 (13:1).

이와 같은 회개의 역사는 구약에서는 일어난 적이 없다. 이것의 신약적인 성취 사건은 오순 절에 성령을 받은 사도들이 예수 그리스도께서 천상의 왕이 되심을 증거할 때, 3천 명이 마음이 찔려 회개하고 예수님께로 돌아왔을 때 있었다 (행 2:1-4, 37-41).

∝ 한 마디 기도

은총과 간구하는 성령을 부어 주시어 대대적인 통 회와 자복의 회개가 개인과 가정과 교회마다 일어 나게 하소서.

경건한 자손을 위한 결혼

그에게는 영이 충만하였으나 오직 하나를 만들지 아니하셨느냐 어찌하여 하나만 만드셨느냐 이는 경건한 자손을 얻고자 하심이라 그러므로 네 심령을 삼가 지켜 어려서 맞이한 아내에게 거짓을 행하지 말지니라 _말 2:15

✝ 핵심 이해하기

학개와 스가랴와 말라기 선지자는 구약의 마지막 선지자들로 잘 알려져 있다. '나의 메신저'란 뜻을 가진 말라기는 선지자에 대한 일반적인 호칭으로 볼 수도 있다. 하지만 선지자 개인의 이름으로 이해하는 것이 더 바람직하다. 성전을 언급하는 것으로 보아 그는 스룹바벨 성전이 완성된 후에 활동한 것으로 볼 수 있다(1:10).

말라기에 지적된 이방인들과의 결혼과 이혼 문제와 십일조 의무의 불이행 등은 주후 5세기 중엽 에스라와 느헤미야의 시대에 있었던 사회적인 문제와 거의 비슷하다(스 10:1-2; 느 13:11). 2장 10-16절은 당시에 심각했던 이방 여인들과의 결혼과 이혼 문제를 다룬다. 먼저 선지자는 유다가 거짓을 행하였다고 지적하면서 그들이 이방 신들의 딸과 결혼했다고 말했다(2:10). 유다가 거짓을 행했다는 것은 그들이 주변 이방 사람들의 여인과 결혼하기 위해서 자기들의 아내와 이혼한 것을 가리킨다. 14절의 "너와 네가 어려서 맞이한 아내 사이에 여호와께서 증인이 되시기 때문이라 그는 네 짝이요 너와 서약한 아내로되 네가 그에게 거짓을 행하였다"는 언급은 이러한 사실을 분명하게 한다.

15절은 하나님께서 아담을 위해서 한 아내를 지으신 사실을 언급한다. 그 목적은 분명 경건한 자손을 얻기 위함이었다. 이 말씀은 유일하신 한 분 하나님만을 섬겨야 하는 신앙의 근본 진리가, 아담과 하와에게서 1부(남)1처(여)의 결혼 원칙을 통해 구체화되었음을 암시한다. 이 원칙에 따르면, 여호와 하나님을 버릴 수 없듯이, 배우자를 버리고 다른 여자와 결혼하는 죄악은 용납될 수 없다. 하나님과 그의 백성 사이의 언약이 부부 사이의 결혼 언약에 반영되기 때문이다. 그런데 당시 고국으로 돌아온 백성들은 이러한 언약을 어기고 아내를 버리고 이방 신들의 딸과 결혼하는 죄악을 범했다. 선지자는 이 죄악을 지적하면서 "그러므로 네 심령을 삼가 지켜 어려서 맞이한 아내에게 거짓을 행하지 말지니라"라고 권고한 것이다(2:15). 예수님께서는 이러한 가르침의 연장선상에서 이혼을 아주 쉽게 생각하는 유대인들의 생각에 쐐기를 박고 "하나님께서 짝지어 주신 것을 사람이 나누지 못할 것"이라고 선언하셨다(막 10:9).

∝ 한 마디 기도

배우자 모두가 하나님 한 분만을 섬기는 신앙의 근본 원리에 근거한 결혼의 언약을 소중히 여기고, 결혼 언약에 충실하게 하소서.

온전한 십일조와 큰 축복

만군의 여호와가 이르노라 너희의 온전한 십일조를 창고에 들여 나의 집에 양식이 있게 하고 그것으로 나를 시험하여 내가 하늘 문을 열고 너희에게 복을 쌓을 곳이 없도록 붓지 아니하나 보라 _말 3:10

✚ 핵심 이해하기

문답 형식으로 된 7-12절은 다섯 번째 논쟁이다. 이 논쟁은 온 백성이 태만하여져서 하나님께 드리지 않은 십일조의 문제를 다룬다. 선지자는 먼저 조상들의 때부터 그들이 여호와 하나님의 규례를 지키지 아니한 사실을 지적하고, 이제는 주께로 돌아와야 한다는 주의 말씀을 선포했다(3:7). 그러자 백성들은 자신들이 어떻게 여호와 하나님께 돌아가야 하는지에 대하여 반문한다(3:7b). 8-9절은 백성의 질문에 대한 간접적인 대답이다. 백성들은 하나님의 것을 도둑질하고도 자신들이 어떻게 하나님의 것을 도둑질하였느냐고 반문한다. 그러나 그들은 십일조와 봉헌물을 주께 드리지 아니함으로 주의 것을 도둑질했다(3:8).

9절은 온 나라가 주의 것을 도둑질한 결과 저주를 받았음을 분명하게 한다. 온 나라가 받은 저주는 구체적으로 기근과 메뚜기 재앙으로 토지의 소산과 나무의 열매를 제대로 거두지 못하게 된 것이었다(3:11). 하나님께서는 그의 백성이 계속적으로 불순종하자 언약적인 저주의 일환으로 하늘을 닫아 비를 멈추고 애굽에 내렸던 각종 자연 재앙으로 그들의 농작물과 과실이 급감되게 하셨다. 그 결과 백성들은 하나님께 십일조와 헌물로 드릴 것이 분명 없었을 것이다. 온 백성은 자연스럽게 하나님께 십일조와 헌물을 드리지 않았다. 이것은 하나님의 더 큰 진노를 가져와 저주 심화의 악순환을 가져왔다.

하나님께서는 이제 말라기 선지자를 통해 이러한 불순종과 저주의 악순환을 끊고 순종과 축복의 선순환을 경험하라고 촉구하신다. "나를 시험하여 내가 하늘 문을 열고 너희에게 복을 쌓을 곳이 없도록 붓지 아니하라 보라"(3:10)는 권고가 이를 잘 보여준다. 하늘 문을 열어 주신다는 것은 신명기 28장 12절의 "여호와께서 너를 위하여 하늘의 아름다운 보고를 여시사 네 땅에 때를 따라 비를 내리시겠다"는 말씀을 반영한다. 하나님께서는 풍성한 농작물을 해치는 메뚜기와 과실수의 열매가 떨어지는 것을 막으시겠다는 약속으로 이 말씀을 더욱 구체적으로 설명하셨다(3:11). 그 결과 그들이 땅의 아름다운 열매를 누리게 될 때에 주변의 모든 이방인들은 그들을 복되다고 칭송할 것이다(3:12). 말라기 선지자는 여호와의 크고 두려운 심판의 날이 임하기 전에 선지자 엘리야를 보내겠다는 약속과 함께, 호렙 산에서 모세를 통해 명령한 그분의 율례와 법도를 기억하라는 권고로 말라기서를 마무리했다(4:4-6).

∽ 한 마디 기도

하나님의 백성 모두가 하나님의 은혜로 불순종과 저주의 악순환을 과감하게 끊고 순종과 복의 선순환을 계속 경험하는 데로 나아가게 하소서.

2부

신약핵심
이해하고
기도하기

마태복음 핵심구절
이해하고 기도하기

MATTHEW 10/04

자기 백성을 죄에서 구원할 예수

아들을 낳으리니 이름을 예수라 하라 이는 그가 자기 백성을 그들의 죄에서 구원할 자이심이라 하니라 _마 1:21

✝ **핵심 이해하기**

마리아와 결혼하기로 약속한 요셉은 그가 자신과는 전혀 상관없이 임신한 사실을 확인하고 깊은 고민에 빠졌다. 요셉은 최악의 경우 임신한 마리아와의 결혼을 조용히 정리하고자 했다. 만일 요셉이 임신의 정확한 원인을 모르는 상황에서 이 문제를 공개적으로 처리할 경우, 마리아와 태아와 가문에 엄청난 추문과 심각한 문제를 야기할 가능성이 많다는 것을 그는 알았다. 그래서 그는 모든 일을 조용하게 처리하고자 했던 것이다. 바로 이때에 천사가 그의 꿈에 나타나 말씀을 주셨다. 이것이 20-23절의 내용이다.

천사는 요셉에게 마리아의 임신과 관련하여 네 가지 중요한 사실을 언급했다. 첫째, 천사는 요셉에게 결혼하기로 한 마리아를 그의 아내로 삼으라고 지시했다(1:20). 둘째, 마리아의 임신은 부정한 행위의 결과가 아니라, 성령의 역사로 말미암은 것이라고 말했다. 셋째, 마리아가 낳을 아들은 그의 백성을 죄에서 구원하실 자이니 아기의 이름을 예수라 지으라고 했다(1:21). 넷째, 이러한 모든 일이 일어난 것은 주께서 선지자를 통하여 주신 말씀을 성취하기 위함이었다(1:22-23). 이때 천사가 인용한 주님의 말씀은 이사야 7장 14절이다. 요셉은 꿈에서 깨자마자 주의 천사가 지시한 대로 즉각적으로 순종했다(1:24). 하지만 그는 아기 예수가 태어날 때까지 아내 마리아와 부부관계를 맺지 않았다. 요

352

섭은 또한 아기가 태어나자 천사의 지시대로 이름을 예수라고 했다(1:25).

이 기사는 두 가지 중대한 사실을 우리에게 알려준다. 첫째, 아기 예수의 탄생은 자연적인 탄생이 아니라, 성령 하나님의 개입으로 된 초자연적인 사건이다. 물론 이것은 선지자 이사야의 동정녀 탄생의 예언 성취였다. 둘째, 요셉은 천사의 지시에 순종하여 마리아와 결혼함으로써 아기 예수의 법적인 아버지가 되었다. 그 결과 요셉이 다윗의 자손인 것과 같이 아기 예수도 법적으로 다윗의 자손이 된 것이다. 이로써 요셉의 온전한 순종과 헌신으로 아기 예수가 안전하게 다윗의 가문에서 태어나게 된 것이다.

✍ 한 마디 기도

천사의 지시에 즉시 순종한 요셉과 같이, 주님의 놀라운 계획을 성취하는 데 하나님께서 기뻐 사용하시는 도구가 되게 하소서.

MATTHEW

10/05 하나님 나라의 8복

심령이 가난한 자는 복이 있나니 천국이 그들의 것임이요 애통하는 자는 복이 있나니 그들이 위로를 받을 것임이요 온유한 자는 복이 있나니 그들이 땅을 기업으로 받을 것임이요 의에 주리고 목마른 자는 복이 있나니 그들이 배부를 것임이요 긍휼히 여기는 자는 복이 있나니 그들이 긍휼히 여김을 받을 것임이요 마음이 청결한 자는 복이 있나니 그들이 하나님을 볼 것임이요 화평하게 하는 자는 복이 있나니 그들이 하나님의 아들이라 일컬음을 받을 것임이요 의를 위하여 박해를 받은 자는 복이 있나니 천국이 그들의 것이라 _마 5:3-10

✝ 핵심 이해하기

예수님께서 제자들에게 선포하신 하나님의 나라의 8복은 사실 9복이다. 3-11절의 문장 맨 앞에 동일한 문구 "복이 있나니"가 9번 반복되기 때문이다. 8복으로 부르는 것은 여덟 번째 복과 아홉 째 복을 하나로 보았기 때문이다. 예수님께서 선포하신 하나님의 나라의 복들을 이해함에 있어서 가장 중요한 것은, 이 모든 복들이 하나님께서 예수 그리스도를 믿는 자들에게 주시는 선물이라는 점이다.

하나님 나라의 복들은 새로운 율법도 새로운 요구도 아니다. 예수님을 믿는 자들이 제시된 조건을 충족시키면 하나님 나라의 지정된 복을 받을 것이란 약속도 아니다.

이러한 인식과 함께 또 하나 주목할 점은 하나님 나라의 현재적인 복과 미래(종말론)적인 복이다. 구조적으로 문장의 핵심인 "복이 있나니"가 현재 시제로 되어 있다. 이것은 하나님 나라의 현재적인 복을 강하게 부각시킨다. 현재 하나님 나라의 복을 받은 자들은 미래에 하나님의 나라의 복들을 더 크게 받을 것이다. 이것은 미래 시제로 표현된 후반부 진술에 분명하게 나타난다(위로를 받을 것이요, 배부를 것이요, 긍휼히 여김을 받을 것이요 등). 이것은 예수 그리스도를 믿는 자들은 하나님 나라의 현재적인 복과 종말적인 복 사이에 존재한다는 사실을 분명하게 한다. 신자는 현재 하나님 나라의 복을 누림에서 미래적인 복의 누림으로 나아가는 자들이다. 신자들은 하나님 나라의 현재적인 복들을 누림으로 그 나라의 더 큰 복을 누리고자 하는 열망과 동기 부여를 받는다. 신자는 하나님 나라의 복을 받지 않아서 하나님 나라의 복을 받으려고 하는 것이 아니라, 하나님 나라의 복을 받아 누려 그 가치를 알기 때문에 그 복을 더 누리려고 애쓰는 것이다.

∝ 한 마디 기도

은혜로 주신 하나님 나라의 현재적인 복을 제대로 알고 누리며 더 큰 복으로 나아가게 하소서.

MATTHEW 10/06 신자의 최우선 과제

그런즉(헬: 데=그러나) 너희는 먼저 그의 나라와 그의 의를 구하라 그리하면 이 모든 것을 너희에게 더하시리라 _마 6:33

✝ 핵심 이해하기

이 말씀은 예수님께서 세상과 세상의 것들을 핵심적인 가치로 추구하는 불신자의 삶과, 하나님과 하나님께서 주시는 것을 추구하는 신자의 삶을 비교하는 가운데 주신 것이다. 신자는 불신자들과 달리 하나님과 재물을 겸하여 섬길 수 없다(6:24). 이 세상의 사람들은 먹을 것과 마실 것과 입을 것을 추구한다(6:32). 하지만 하나님의 자녀들은 하나님 아버지께서 공중의 새도, 들의 백합화도 심지어 들풀도 보살피시는 것을 알기 때문에, 이방인들과 같이 먹을 것과 마실 것과 입을 것 등의 문제를 고민할 필요가 없다. 하나님 아버지께서는 이 모든 것들이 그의 자녀들에게 필요하다는 것을 아실뿐만 아니라, 그들의 필요를 신실하게 채워 주신다. 그러므로 그의 자녀들은 세상의 불신자들이 추구하는 것을 추구할 수 없다. 그 대신에 그들은 하나님 아버지께서 그들에게 선물로 주신 하나님의 나라와 그의 의를 추구해야 한다.

33절의 '먼저'는 '시간적으로 먼저'란 기본적인 의미를 가진다. 그러나 이 의미는 본문의 문맥에서는 잘 통하지 않는다. 만일 아버지의 나라와 그의 의를 구하는 것이 시간적으로 우선하는 것을 말하는 것이라면, 첫 번째 일은 하나님 나라와 그의 일을 추구하는 것이고, 그 다음은 세상 사람들과 같이 세상의 것들을 추구해도 된다는 말이 된다. 어떤 사람들은 이러한 식으로 예수님의 말씀을 이해한다. 만일 이러한 뜻이라면 예수님께서는 "너희는 먼저 그의 나라와 그의 의를 구하고, 그 다음에 이방인들이 구하는 것을 구하라"고 말씀하셨어야 했다. 그러나 예수님께서는 "먼저 그의 나라와 그의 의를 구하라"고만 말씀하셨다. 그러므로 '먼저'란 단어는 여기서 '시간적으로 먼저'란 뜻이 아니라, '가장 중요한 것, 첫 번째로 중요한 것으로'란 의미를 가지는 것으로 이해해야 한다. 바울은 이러한 의미로 예수님께서 성경대로 죽으심과 성경대로 살아나심을 복음의 핵심으로 전파했다(고전 15:3 "먼저 너희에게 전하였노니").

사실 예수님께서는 그의 제자들이 가장 중요하고 유일한 것으로서 하나님의 나라와 그의 의를 추구하라고 말씀하신 것이다. 제자들은 하나님 아버지께서 자녀들에게 신실하게 공급하시는 것들을 추구할 필요가 없다. 아버지께서 공급하시겠다고 약속하신 '이 모든 것들'은 사실 이방인들이 구하는 것, 곧 하나님의 자녀들이 살아가는 데 필요한 모든 것들을 말한다. 예수님께서는 하나님의 자녀들이 시간과 재물과 달란트의 일부는 하나님 나라를 위하여 쓰고, 나머지는 세상의 것들을 얻기 위해서 쓰라고 가르치신 적이 없다. 예수님의 가르침은 신자의 모든 삶이 전적으로 하나님 나라와 그의 의를 추구해야 한다는 것이다.

◌ 한 마디 기도

하나님의 모든 자녀가 세상의 의식주를 추구하는 불신자와 다르게 날마다 하나님 아버지의 나라와 그 의를 추구하게 하소서.

MATTHEW
10/07 대인관계의 황금률

그러므로 무엇이든지 남에게 대접을 받고자 하는 대로 너희도 남을 대접하라 이것이 율법이요 선지자니라 _마 7:12

✝ 핵심 이해하기

이 교훈은 예수님께서 기도와 관련하여 주신 가르침의 추가적인 결론이다. 이 사실을 기억하는 것은 이 말씀을 바로 이해하는 데 중요하다(7:7-12). 먼저 예수님께서는 "구하라 주실 것이요, 찾으라 찾아낼 것이요, 문을 두드리라 열릴 것이라"고 하셨다(7:7). 예수님께서는 여기서 한 걸음 더 나아가서 제자들 모두가 구하는 사람, 찾는 사람, 그리고 두드리는 사람이 되길 원하셨다(7:8). 예수님께서는 제자들이 구하는 행동에서 구하는 사람으로, 찾는 행동에서 찾는 사람으로, 그리고 문 두드리는 행동에서 예수님께서 문을 두드리는 사람이 될 것을 원하셨다. 이것은 기도가 그들의 인격과 행동과 삶이 되길 원하셨음을 보여준다.

9-11절은 예수님께서 말씀하신 기도 응답과 관련된 구체적인 예를 보여준다. 자녀가 아비에게 떡이나 생선을 구하는 것은 절대적으로 필요한 일이다. 자식이 이러한 것을 구할 때에 전혀 도움이 되지 않는 돌이나 해를 끼치는 뱀을 줄 아버지는 세상에 없다. 아무리 악한 아비라도

자식에게 좋은 것을 줄 줄을 안다. 예수님께서는 이러한 예에 빗대어, 하늘에 계신 아버지께서 구하는 자에게 좋은 것을 주시지 않겠느냐고 물었다(7:11).

예수님의 기도에 대한 가르침은 여기서 끝나도 문제가 되지 않는다. 독자들은 이 말씀만으로도 하늘에 계신 아버지께서 구하는 자식에게 좋은 것을 주시니 그가 주실 때까지 구하고 찾고 두드리는 자의 삶을 살아야 한다는 것을 알 수 있다. 그런데 놀랍게도 예수님께서는 12절의 말씀을 기도와 연결하여 주셨다. 12절은 우선적으로 율법과 선지자의 핵심적인 교훈을 소개한다. 그것은 하나님의 백성은 상대방에게서 기대하는 합당한 행동을 상대방에게 먼저 해야 한다는 것이다. 이 중요한 교훈에 비추어 보면 부당하고 근거 없는 비판과 헤아림은 율법과 선지자가 요구하는 바른 처신에서 빗나간다는 것을 알 수 있다. 이러한 그릇된 처신을 피하기 위하여 먼저 자기 자신을 정확하게 봐야 하고 (7:4-5), 그 다음은 자기 자신과 반대되는 사람을 분별해야 한다(7:6).

이것을 위해 절대적으로 필요한 것은 무엇인가? 바로 하나님께 지속적으로 구하고 지속적으로 찾고 지속적으로 두드리는 것이다. 그러면 하나님께서 그의 때에 응답하실 것이다. 그 결과 기도의 응답을 받은 제자들은 율법과 선지자의 핵심 요구대로 사람들에게 바른 처신을 행하게 될 것이다. 자신과 다른 사람을 바로 알고 바른 처신을 하기 위해 기도가 필요하다.

예수님께서 교훈하신 기도는 하나님께서 요구하시는 바른 대인 관계를 위해서 절대적으로 필요하다. 기도하면서 어그러진 대인 관계 속에서 살아가는 것은 예수님께서 교훈하신 기도의 목적과 정반대로 사는 것이다.

🔗 한 마디 기도

하나님의 말씀대로 모든 사람과 바른 관계를 맺기 위해서 날마다 구하고 찾고 두드리는 신자로 살게 하소서.

MATTHEW 10/08

참된 쉼과 배움

수고하고 무거운 짐 진 자들아 다 내게로 오라 내가 너희를 쉬게 하리라 나는 마음이 온유하고 겸손하니 나의 멍에를 메고 내게 배우라 그리하면 너희 마음이 쉼을 얻으리니 이는 내 멍에는 쉽고 내 짐은 가벼움이라 하시니라 _마 11:28-30

✝ 핵심 이해하기

11장 전체의 내용은 예수님의 초대의 배경이다. 예수님께서는 갈릴리 각 지역에서 하나님 나라의 사역과 교훈을 계속해서 행하시고 가르치셨다(11:1). 이 무렵에 요한은 감옥에서 자신의 제자들을 예수님께 보내어 그가 메시아인지 물었다. 이때 예수님께서는 그가 행하시는 하나님 나라의 기적, 곧 천국 기적을 통하여 그가 구약에 예언된 메시아이심을 답변하셨다(11:2-6). 예수님께서는 요한의 제자들이 떠나자 구원 역사의 맥락에서 요한의 정체와 관련하여 중요한 말씀을 하셨다(11:7-15). 이어서 그 당시의 사람들이 구약의 가장 위대한 선지자 요한에게도, 하나님 나라의 도래를 가져오는 예수님 자신에게도 각각 잘못 반응한 것을 비유로 잘 지적하셨다(11:16-19).

예수님께서는 곧바로 그가 기적을 집중적으로 행하였음에도 불구하고 회개하지 않은 갈릴리의 3대 마을(고라신, 벳새다, 가버나움)을 책망하셨다(11:20-24). 다음 내용은 이들 세 마을과는 정반대로 아버지의 계시를 받아 그를 믿는 자들로 인하여 예수님께서 아버지 하나님께 감사 기도하신 것이다(11:25-27). 바로 그 다음 내용이 예수님께서 그의 안식과 쉼으로 모든 사람을 초대하신 것이다(11:28-30). 이러한 모든 내용은 예수님께서 단지 입술로 사람들을 그의 안식과 쉼으로 초대하신 것이 아니라, 하나님 나라의 놀라운 기적들과 가르침으로 초대하셨음을 보여준다. 그러나 사람들은 그 엄청난 초대를 무시하고 반응하지 않았다. 그의 놀라운 초대에 제대로 반응할 수 있는 사람들은 사실 지혜롭고 슬기로운 자들이 아니라, 온 세상을 다스리시는 하나님 아버지의 계시를 받는 아이들과 같은 자들이다(11:25-27).

타락한 아담의 모든 후손들은 죄와 정죄와 사망을 인하여 수고하고 무거운 짐 진 자들이다. 그들 스스로 벗을 수 없는 고통스럽고 무거운 짐을 벗겨줄 분은 하나님의 아들 예수 그리스도밖에 없다. 그래서 예수님께서는 그들 모두를 초대하면서 "내가 너희를 쉬게 하리라"고 약속하신 것이다(11:28). 예수님의 초대에 응한 사람들이 누리게 될 안식과 쉼에는 예수님께서 지워 주시는 새로운 멍에가 있다. 그들이 예수님의 멍에를 맬 때 그들의 안식과 쉼은 더 심화된다. 그들이 죄와 정죄와 사망 가운데 메었던 멍에는 메면 멜수록 안식과 쉼으로부터 멀어진다. 하지만 마음이 온유하고 겸손한 예수님의 멍에는 메면 멜수록 더 깊은 안식과 자유를 누리게 된다.

예수님의 멍에를 메고 배우는 것은 그의 제자로 그의 하나님 나라 교훈을 배우고 배운 대로 실천하는 삶을 포함한다. 아담과 그의 모든 후손의 불행은 하나님께서 그에게 지워 주신 순종의 멍에를 던져 버리고 자기 생각과 욕심을 따라간 결과다. 그러므로 죄와 사망의 근본 문제를 해결하시는 예수님의 멍에를 메고 예수님과 그의 말씀을 배워 실천하는 것은 그의 모든 제자, 곧 하나님의 모든 백성이 안식과 쉼을 계속적으로 누리는 유일한 길이다. 예수님께서 안식과 쉼을 약속하시고, 이어서 자신을 안식일의 주인으로 선포하시고, 손이 마비된 사람을 회복시키는 기적을 행하신 것은 우연의 일치가 아니다(12:1-21). 이 사람은 예수님의 명령대로 행함으로써 마비된 손이 정상적으로 회복되었다. 안식과 쉼의 본질은 하나님께서 원래 의도하신 대로 기능하는 것이다.

∞ 한 마디 기도

온유하고 겸손하신 예수님의 멍에를 메고 배우고 실천하여 안식과 평안을 더욱더 깊이 누리게 하소서.

천국의 제자 서기관의 역할

이 모든 것을 깨달았느냐 하시니 대답하되 그러하오이다 예수께서 이르시되 그러므로 천국의 제자된 서기관마다 마치 새것과 옛것을 그 곳간에서 내오는 집주인과 같으니라 _마 13:51-52

✝ 핵심 이해하기

예수님께서는 13장에서 하나님의 나라의 비유 7가지를 말씀하셨다. 이 일곱은 하나님 나라의 숨겨진 현재적인 가치와 그 엄청난 미래적인 가치와 관련된 비유들이다. 이들 일곱은 비유 중의 비유인 씨 뿌리는 자의 비유(13:1-23), 밀과 가라지의 비유(13:24-30, 36-43), 쌍둥이 비유인 겨자씨와 누룩의 비유(13:31-33), 다른 쌍둥이 비유인 밭에 감춰진 보화와 희귀한 진주의 비유(13:44-46)와 각종 물고기를 잡는 그물의 비유(13:47-50)이다. 51-52절은 이 모든 비유의 결론과 적용이다.

예수님께서 제자들에게 너희가 이 모든 것을 깨달았느냐고 물으시자 그들은 그렇다고 대답했다. 예수님께서는 그들이 천국의 제자가 된 서기관으로 간주하시고 하나님의 나라의 곳간에서 새것과 옛것을 내오는 집주인과 같다고 말씀하셨다(13:52). '천국의 제자가 되었다'는 것은 천국과 관련하여 또는 천국을 위하여 제자 훈련을 받은 자들이란 뜻이다.

예수님의 제자들은 그가 말씀하신 하나님 나라의 비유 7가지를 제대로 이해하고 실천할 때 하나님 나라의 창고에서 새것과 옛것을 내오는 집주인과 같은 역할을 할 것이다. 새것은 구약에서 약속된 메시아 예수 그리스도의 도래와 그의 구원 사역으로 말미암은 하나님 나라의 현재적인 도래와 관련되어 있다. 반면 옛것은 구약에 약속된 하나님 나라의 미래적인 도래와 구원과 관련된다. 옛것보다 새것이 강조된 것은 메시아의 구원 사역으로 말미암아 구약에 약속된 하나님 나라의 놀라운 복이 믿는 자들에게 지금 주어지고 있기 때문이다.

분명한 사실은 하나님 나라의 숨겨진 가치를 알면 알수록 그 나라를 소유하려고 기쁨과 즐거움으로 모든 것을 희생한다는 것이다. 우연히 밭에 숨겨졌던 보화를 발견한 농부는 자신의 모든 것을 팔아 그 밭을 샀다. 진주의 가치를 가장 잘 아는 진주 장사꾼은 힘쓰고 애써 진주를 찾던 중에 희귀한 진주를 발견하고 자신의 모든 소유를 팔아 그 진주를 샀다. 이 두 비유는, 하나님 나라의 숨겨진 가치를 발견한 사람은 그 나라를 위해 그 어떤 것도 기꺼이 기쁘게 포기하고 희생함을 보여준다.

반면 사람들이 하나님 나라를 원하지도 택하지도 않는 이유는 하나님 나라의 숨겨진 엄청난 가치와 보화를 알아 볼 수 있는 눈이 없기 때문이다. 누구보다도 예수님의 제자들은 하나님 나라의 무한한 가치와 보화를 깨닫고 하나님 나라의 모든 식구들에게 그 나라의 가치를 보여주고 체험하게 하는 자들이 되어야 한다. 그렇게 될 때 하나님의 모든 백성은 하나님 나라를 찾고 구하고 두드리는 제자의 삶을 살 것이다.

하나님 나라의 숨겨진 가치와 그 엄청난 미래적인

영광을 깊이 깨닫고 그 나라를 위해 모든 것을 기쁘게 할 수 있게 하소서. 천국의 서기관(신학자)과 같은 제자가 되게 하소서.

MATTHEW

10/10 형제의 용서와 하나님의 용서

너희가 각각 마음으로부터 형제를 용서하지 아니하면 나의 하늘 아버지께서도 너희에게 이와 같이 하시리라 _마 18:35

✝ 핵심 이해하기

베드로는 자기에게 죄를 짓는 형제를 몇 번까지 용서해야 하느냐고 예수님께 물었다. 그는 일곱 번까지 용서하면 충분하지 않으냐고 생각했다 (18:21). 그러자 예수님께서는 일곱 번만이 아니라, 일곱 번을 70번까지, 곧 490번 해야 할 것이라고 대답하셨다(18:22). 예수님께서는 이 말씀의 의미를 구체적으로 보여주시기 위해서 용서할 줄 모르는 종의 비유를 말씀하신 것이다 (18:23-34). 한 종은 왕에게 당장 갚아야 할 빚이 일만 달란트가 있었다. 그런데 그 종은 갚을 수 있는 것이 아무것도 없었다. 그가 왕 앞에 간절하게 사정하자 왕은 그를 불쌍히 여겨 그의 엄청난 빚을 모두 탕감해 주었다(1달란트=6천 데나리온, 16.4년의 노동 품삯, 1만 달란트=1만 명의 16.4년의 품삯).

이 모든 빚을 탕감 받은 종은 자기에게 백 데나리온을 빚진 동료 종을 곧바로 찾아가서 당장에 모든 빚을 갚으라고 요구했다(18:28). 빚진 동료는 조금만 기다려 주면 다 갚을 것이라고 하며 사정했으나, 그는 참지 못하고 동료를 옥에 가두어 빚을 갚게 했다(18:29-30). 동료들이 이 사실을 왕에게 알리자 왕은 그를 소환하여 "내가 너를 불쌍히 여김과 같이 네 동료를 불쌍히 여기는 것이 마땅하다"고 책망하면서 그의 모든 빚을 갚도록 옥에 넘겼다.

그가 왕에게 빚진 일만 달란트는 평생 갚아도 갚을 수 없는 천문학적인 수준의 돈이다. 당시 1달란트는 대략 6천 데나리온(하루의 품삯=1데나리온)이었다. 일만 달란트는 6천만 데나리온이다. 반면 그의 동료가 그에게 진 빚은 100데나리온에 불과했다. 다시 말해서 그가 왕에게서 탕감 받은 빚의 60만분의 1일이다. 이것 자체도 3-4개월의 품삯으로 분명 작은 돈은 아니다. 하지만 왕이 그에게 탕감해 준 빚에 비하면 아무것도 아니다. 그는 왕으로부터 자신의 모든 빚을 탕감 받은 기쁨으로 동료 종의 빚을 탕감했어야 했다.

35절은 이 비유를 적용하여 예수님께서 결론으로 하신 말씀이다. 예수님의 입장에서 볼 때 하나님의 모든 자녀들은 평생 갚아도 갚지 못할 죄의 빛을 지고 있었다. 하나님께서는 예수 그리스도의 대속적인 보혈에 근거하여 그의 자녀들의 모든 죄를 용서하셨다. 반면 형제자매들이 서로에게 범하는 죄는 아무리 큰 죄라고 할지라도 하나님께서 예수님 때문에 용서하신 죄의 빚에 비하면 아무것도 아니다. 하나님의 자녀들은 예수님의 대속적인 피 흘림 때문에 엄청난 용서를 받았으므로 기꺼이 마음의 중심으로 형제들의 죄악을 용서해야 한다. 예수님께서는 주기도의 교훈을 주신 후에 동일한 가르침을 강조하셨다(6:14-15). 그러므로 잘못을 인정하는 형제를 용서하지 아니하는 하나님의 자녀는, 진정한 의미에서 자녀다운 자녀라고 말할 수 없다.

∞ 한 마디 기도

하나님께 용서해달라고 간청하면서 사람들의 죄는 용서하지 않는 뻔뻔한 신자가 되지 않게 하소서.

예수님의 선교 대명령

예수께서 나아와 말씀하여 이르시되 하늘과 땅의 모든 권세를 내게 주셨으니 그러므로 너희는 가서 모든 민족(헬: 에쓰노스=종족)을 제자로 삼아 아버지와 아들과 성령의 이름으로 세례를 베풀고 내가 너희에게 분부한 모든 것을 가르쳐 지키게 하라 볼지어다 내가 세상 끝날까지 너희와 항상 함께 있으리라 하시니라 _마 28:18-20

✝ 핵심 이해하기

죽은 지 3일 만에 부활하신 예수님께서는 그가 친히 정하신 산에서 제자들을 만났다(28:16). 일부 제자들은 부활하신 예수님을 경배하면서도 의심에서 벗어나지 못했다. 이때 예수님께서 그들에게 선교 대명령을 주셨다. 이 명령의 중대한 배경은 예수님께서 십자가와 부활의 대 구원 사건을 통해서 이루신 하나님 나라의 결정적인 승리다. 갈보리 산 위에서 십자가에 달리신 예수 그리스도는 무지하고 무능한 자 같았으나, 사실은 무지와 무능으로 완전하게 위장된 무한한 지혜와 능력으로 사탄을 결정적으로 패배시키셨다. 그 결과 아담의 타락으로 사탄의 손에 넘어간 세상 나라에 대한 권세와 영광은 이제 예수님의 것이 되었다. 광야 시험의 큰 산에서 천하만국의 권세와 영광을 가졌던 사탄은 갈보리 산에서 십자가에 달리신 예수 그리스도에 의하여 결정적으로 패배했다. 예수님의 부활은 하나님께서 사탄이 예수님의 십자가로 완전히 패배하였음을 선포한 사건이다.

부활하신 예수님께서는 그의 구원 사역을 시작한 갈릴리에서 하늘과 땅의 모든 권세가 그에게 수여되었음을 제자들에게 선포하셨다. 제자들은 예수님의 갈릴리 사역 중에 불가능했던 사역, 곧 모든 종족에게 복음을 전하는 사역을 할 수 있게 되었다. 이 사역을 뒷받침하는 권세는 부활하신 예수님께서 하나님 아버지로부터 받으신 하늘과 땅의 모든 권세다. 제자들은 예수님의 권세에 순종하여 모든 종족으로 가야 한다. 그들이 가서 해야 할 일은 모든 종족을 예수님의 제자로 삼는 일이다. 이 일을 위해서는, 제자들은 먼저 그들에게 복음을 전하여 믿고 세례를 받게 해야 한다. 그들은 이어서 예수님께서 명령하신 모든 교훈을 가르쳐 지키게 해야 한다. 이와 같이 믿고 예수님의 모든 가르침대로 사는 제자를 만드는 일은 모든 시대의 모든 제자들의 사명과 의무다.

부활하신 주 예수님께서는 제자들이 그의 지상 대명령에 순종할 때 그들과 함께 하시겠다고 약속하셨다(28:20). 임마누엘로 오신 예수님께서는 부활 후에도 그의 선교 대명령에 순종하여 사는 자들과 함께하시겠다고 약속하신 것이다 (1:23). 그래서 마태복음은 부활하신 예수님의 승천기사를 기록하지 않았다. 사도행전은 사도들과 복음의 증인들이 각 지역으로 가서 복음을 전할 때 고난과 역경 중에도 주 예수님께서 그들과 함께 계셨음을 생생하게 보여준다. 영원한 임마누엘 예수님께서는 인류의 역사가 끝나는 날까지 그의 지상 명령에 순종하여 사는 제자들과 함께하실 것이다.

∞ 한 마디 기도

모든 종족의 운명을 바꾸는 선교적인 사명을 잘 감당하는 모든 제자와 모든 교회가 되게 하소서.

마가복음 핵심구절
이해하고 기도하기

예수님의 첫 메시지

이르시되 때(헬: 카이로스=정한 때)가 찼고 하나님 나라가 가까이 왔으니 회개하고 복음(헬: 그 복음=하나님 나라의 복음)을 믿으라 하시더라 _막 1:15

✝ 핵심 이해하기

예수님의 사역의 본격적인 시작은 세례자 요한이 투옥된 이후다(1:14). 투옥된 요한은 예수님의 갈릴리 사역 기간 중에 결국 헤롯 안디바스의 손에 의하여 목 베임을 당한다(6장). 세례 때 하나님의 아들 예수님께 임한 성령은 그를 광야로 몰아냈다(1:12). 예수님께서는 그곳에서 사탄에게 전쟁을 선언하셨다. 이것은 그의 모든 사역이 사탄 나라와의 전쟁임을 예고한다. 사탄은 전쟁 대신에 예수님을 유혹하여 그를 이길 방법을 택했다. 그러나 아담과 그의 후손들에게 통했던 유혹의 방법이 하나님의 아들 예수님께는 통하지 않았다. 예수님께서는 처음부터 끝까지 아담이 가야했던 온전한 순종의 길로만 가겠다고 사탄에게 분명하게 나타내셨다.

광야에서 사탄과 싸워 이기신 예수님께서는 첫 메시지로 때가 찼고 하나님의 나라가 가까이 왔다고 선포하셨다. 때가 찼다는 것은 하나님께서 정하신, 약속된 구원의 성취의 때를 말한다. 구원 약속의 성취의 때가 찼으므로 하나님의 아들 예수님께서 세상에 오셔서 요한에게 물 세례를 받으시고 하나님의 나라를 임하게 하는 구원 사역을 시작하신 것이다. 예수님의 인격과 사역을 통해 가까이 온 하나님의 나라는 그를 믿는 자들에게 선물로 주어질 것이다. 그래서 예수님께서는 회개하고 하나님 나라의 복음을 믿으라고 선포하신 것이다.

예수님께서 요구하신 회개는 믿음의 구체적인 표현이다. 회개가 믿음보다 먼저 언급된 것은 회개의 중요성을 강조하기 위함이다. 회개를 가능하게 하는 것은 하나님 나라의 선물을 가져오는 예수님을 믿는 것이다. 성경은 한결같이 회개가 아니라 믿음으로 구원 받는다고 가르친다. 성경은 예수님을 믿는 자들이 동시에 회개하는 자들임을 보여준다(행 2:38; 17:30; 20:21; 26:18). 기억할 것은 예수님께서 요구하신 회개와 하나님 나라의 복음을 믿는 것은 일회적인 행동이 아니라, 계속적인 활동이라는 것이다. 믿음과 믿음의 표현으로서의 회개는 사탄 나라의 통치가 완전히 끝나고, 하나님 나라의 통치가 완성될 때까지 계속되어야 한다.

∝ 한 마디 기도

사탄 나라의 통치에서 벗어나 하나님 나라의 통치를 계속해서 받도록, 믿음의 눈으로 예수 그리스도를 바라보고 죄에서 돌이켜 주 예수님께로 달려가게 하소서.

MARK
10 / 13

좋은 땅의 결실

좋은 땅에 뿌려졌다는 것은 곧 말씀을 듣고 받아(헬=파라데코마이) 삼십 배나 육십 배나 백 배의 결실을 하는 자니라 _막 4:20

✝ 핵심 이해하기

예수님께서 말씀하신 씨 뿌리는 자의 비유는 마태복음 13장과 누가복음 8장에도 나온다. 하지만 하나님 나라의 열매를 맺는 좋은 땅에 대한 구체적인 묘사는 조금씩 다르다. 마태복음의 강조점은 하나님 나라의 말씀을 듣고 깨닫는 데 있다(13:23). 누가복음의 강조점은 하나님 나라의 말씀을 듣고 그것을 빼앗기지 않으려고 굳게 잡는 데 있다(8:15). 하지만 마가복음의 강조점은 하나님 나라의 말씀을 듣고 받아들이는 데 있다(4:20).

특별히 주목할 것은 20절의 동사 '받다'가 헬라어 동사 '파라데코마이'를 번역한 것이라는 점이다. 이 동사는 돌밭이 말씀을 즉시 기쁨으로 '받는 것'(헬=람바노)과 근본적으로 다른 의미를 가진다(4:16). 16절의 '받다'(헬=람바노)는 말씀의 깨달음이 없이 주관적인 감정에 이끌려 즉흥적으로 받아들이는 것을 말한다. 그러나 20절의 '받다'(헬=파라데코마이)는 말씀을 제대로 깨닫고 그것을 타당하고 옳은 것으로 인정하고 받아들이는 것을 의미한다. 이것은 가볍고 경박한 수용이 아니고, 진지하고 신중한 인정과 수용을 말한다.

사도행전은 사람들이 예수님을 믿는 것(개종)을 언급할 때 주로 '받다(헬=데코마이=영접하다)를 사용한다(행 2:41; 8:14; 11:1; 17:11). 그런데 20절의 '받다'(헬=파라데코마이)는 이 동사의 의미를 더욱 강화하여 전치사 '파라'(함께 또는 옆에)를 동사 앞에 추가한 것이다. 이것은 하나님 나라의 말씀을 깨닫고 받아들이는 것이 일시적이거나 주관적이지 않고 지속적이고 전인격적인 반응임을 보여준다. 하나님의 말씀을 이러한 자세로 수용하고 받아들이려면, 마태복음의 씨 뿌리는 자의 비유가 강조하는 것과 같이 그 말씀의 뜻을 분명하고 정확하게 깨달아야 한다. 다시 말해서 머리(지성)로 깨닫고 온 마음(의지)으로 수용하는 것이 20절의 "말씀을 듣고 받

는 것"이다. 이러한 차원의 깨달음과 이러한 성격의 인정과 수용이 있을 때에 하나님 나라의 말씀이 신자 속에서 열매를 맺는 것은 시간문제다.

 한 마디 기도

하나님 나라의 말씀을 듣고 깨닫는 것으로 만족하지 말고, 전인격으로 인정하고 수용하여 열매를 맺게 하소서.

MARK

10 / 14

사람을 더럽게 하는 것들

무엇이든지 밖에서 사람에게로 들어가는 것은 능히 사람을 더럽게 하지 못하되 사람 안에서 나오는 것이 사람을 더럽게 하는 것이니라 하시고 _막 7:15-16

✝ **핵심 이해하기**

일부 바리새인들과 서기관들은 예수님을 감시하기 위하여 예루살렘에서 왔다. 이때 예수님의 일부 제자들은 그들이 지켜보는 가운데 장로들의 전통을 무시한 채 손을 씻는 정결의식을 거치지 않고 음식을 먹었다(7:1-2). 그들은 제자들의 이러한 행동을 예수님께 문제 삼았다(7:5). 그러자 예수님께서는 그들이야말로 장로들의 전통은 지키고 하나님의 계명을 어긴다고 지적하셨다(7:6-13). 예수님께서는 곧바로 무리를 불러 그의 말을 잘 듣고 깨달으라고 하면서 15-16절의 말씀을 주셨다.

예수님의 말씀은 먹는 음식이 아니라 입에서 나오는 것이 사람을 더럽힌다는 것이었다. 그

의 제자들은 예수님의 말뜻을 전혀 파악하지 못했다. 제자들이 집에서 예수님께 이 말씀에 대하여 질문할 때, 예수님께서는 그 뜻을 분명하게 설명하셨다(7:18-19). 예수님께서는 사람들이 먹는 음식은 마음속으로 들어가지 않고, 배로 들어가 소화의 과정을 거쳐서 에너지로 전환되고 남은 것은 배설하기 때문에, 모든 음식이 정결함을 선포하신 것이었다(7:19). 이어서 예수님께서는 왜 사람 안에서 나오는 것이 사람을 더럽히는지 구체적으로 설명하셨다. 입을 통해서 사람 안에서 나오는 것은 모두 마음에서 나온다. 그러므로 마음이 더러우면 입에서 나오는 것은 모두 더러울 수밖에 없다. 바로 이것들이

364

사람을 더럽게 하는 것이다. 예수님께서는 사람의 마음이 얼마나 심각하게 더러운 것으로 가득 차 있는지 말씀하셨다(7:21-23).

입이 더러운 사람은 마음이 더럽고, 입이 거친 사람은 마음이 거칠다. 입이 거짓된 사람은 마음이 거짓되다. 입은 마음의 거울과 대변인의 역할을 한다. 그렇기 때문에 입에서 나오는 것들을 주목하고 그것들이 마음에 있는 것들임을 심각하게 인식하여 마음을 정결하게 하고 깨끗하게 하는 데에 힘써야 한다. 인간의 더러운 마음을 깨끗하게 할 수 있는 것은 하나님의 말씀과 기도와 성령의 역사밖에 없다(요 15:3; 엡 5:26; 딤전 4:5; 딛 3:5).

♾ 한 마디 기도

하나님의 말씀과 성령의 정결하게 하시는 역사로 마음이 계속 깨끗하게 되어 입에서 깨끗한 말이 나오게 하소서.

MARK
10/15

불가능한 것이 없는 신자

예수께서 이르시되 할 수 있거든이 무슨 말이냐 믿는 자에게는 능히 하지 못할 일이 없느니라 하시니
_막 9:23

✝ 핵심 이해하기

예수님께서 베드로와 야고보와 요한과 함께 높은 산에 계실 때에 나머지 제자들은 산 밑에 머물고 있었다(9:1). 높은 산에 계신 예수님과 세 제자의 눈앞에는 평생 결코 잊을 수 없는 영광스러운 사건이 전개되었다. 모세와 엘리야가 나타나 영광스럽게 변형된 예수님과 대화를 하고, 하나님께서는 구름 속에서 그의 사랑하는 아들 예수님에 대하여 제자들에게 말씀하셨다(9:2-7). 반면 산 아래 있던 제자들은 평생 잊을 수 없는 큰 수치를 당하고 있었다. 9명의 제자들이 많은 사람들이 보는 가운데 귀신 들린 아이에게서 귀신을 쫓아내는 데 실패하고 있었다(9:17-18). 예수님께서는 제자들에게 귀신들을 쫓아내는 권세를 주셨다(3:13-14). 제자들은 그들의 전도 실습 때에 귀신을 쫓아냈다(6:13). 하지만 이번에는 9명의 제자들 모두가 귀신 하나를 쫓아내는 데 사람들이 보는 앞에서 실패를 한 것이었다. 이것은 제자들에게 큰 낭패와 수치였다.

예수님께서 산에서 내려오시자 귀신 들린 아이의 부친은 그에게 달려와 그동안 일어난 일을 모두 말했다. 예수님께서는 믿음이 없는 세대라고 그의 제자들을 책망하시고, 그 사람에게 아들을 데려오라고 명령하셨다(9:19-20). 아이가 예수님 앞에 서자 귀신은 기다렸다는 듯이 그 아이를 공격하여 경련을 일으키고 입에서 거품을 흘리게 했다(9:20). 예수님께서 아이의 부친에게 아이가 언제부터 이렇게 되었냐고 물으시자 그는 아이가 어릴 때부터 그랬다고 대답하면

서, 무엇을 하실 수 있거든 우리를 불쌍히 여겨 도와달라고 간청했다(9:22).

예수님께서는 이에 반응하여 "할 수만 있다면 이 무슨 말이냐 믿는 자에게는 능치 못할 일이 없다"고 말씀하셨다. 이 말씀은 원래 헬라어 문장에서 "네가 믿을 수 있다면, 모든 것이 가능하다, 믿는 자에게"란 뜻이다. 그러자 그는 즉각적으로 "내가 믿습니다. 나의 믿음 없는 것을 도와주십시오"라고 외쳤다(9:24). 예수님께서는 즉시 아이에게서 귀신을 쫓아내서서 다시는 들어가지 못하게 하셨다(9:25-27). 예수님께서 그에게 믿음을 요구하신 것은, 귀신 들린 딸을 둔 가나안 여인이 보여준 포기하지 않는 믿음을 염두에 두셨기 때문이다(7:24-30). 예수님께서 이방인 여인의 끈질긴 믿음을 보시고 그의 딸에게서 귀신을 쫓아내신 것과 같이, 유대인 남자의 믿음을 보고 그의 아들에게서 귀신을 쫓아내셨다. 예수님께서는 그의 믿음에 반응하여 놀라운 기적을 즉각적으로 행하셨다.

한 마디 기도

믿는 자에게 능치 못할 일이 없다는 것을 믿고 기도하게 하소서.

MARK 10/16

믿음과 기도와 응답의 삼각형

내가 진실로 너희에게 이르노니 누구든지 이 산더러 들리어 바다에 던져지라 하며 그 말하는 것이 이루어질 줄 믿고 마음에 의심하지 아니하면 그대로 되리라 그러므로 내가 너희에게 말하노니 무엇이든지 기도하고 구하는 것은 받은 줄로 믿으라 그리하면 너희에게 그대로 되리라 _막 11:23-24

✝ 핵심 이해하기

예수님께서 하루 전에 무화과나무를 저주하셨다. 베드로는 그 나무가 뿌리째 마른 것을 보고 예수님께 이 사실을 지적했다(11:20-21). 이때 예수님께서는 제자들에게 하나님을 믿으라고 권고하시면서 24-25절에 기록된 기도의 교훈을 주셨다. 이 교훈은 기도와 관련하여 마가복음에 등장하는 유일한 가르침이다. 이것은 마가복음이 말하는 기도의 핵심 교훈이라는 점에서 중요한 의미가 있다.

먼저 예수님께서는 구체적인 예로 산에게 들리어 바다에 던져지라고 말하고, 그것이 이루어질 것을 믿고 의심하지 않으면 이루어질 것이라고 하셨다(11:23). 예수님께서 언급하신 산은 불가능한 것의 대표적인 예다. 산이 들려서 바다에 던져지는 것은 절대적으로 불가능한 일이다. 예수님께서는 믿음의 기도가 이러한 불가능한 일을 할 수 있다고 밝히신 것이다. 물론 기도는 하나님께 대한 믿음의 표현이어야 한다. 산에 대하여 더 구체적으로 말하면, 이것은 하나님께서 원하시는 일이기에 반드시 해야 하는데 신자가 도저히 할 수 없는 일을 가리킨다. 24절의 '무엇이든지'는 산을 들어 바다에 던지는 것과 같이 불가능한 일을 말한다. 예수님께서는 이러한 불가능한 일도 구하고 이미 받은 것으로 믿으면 그대로 이루어진다고 말씀하셨다(11:24).

여기서 믿음은 두 가지 일을 한다. 하나는 하나님께 기도하고 구하게 하고, 나머지 하나는 구한 것을 이미 받은 줄로 믿게 한다. 물론 이 둘 중에 예수님께서 강조하신 것은 간구한 것을 이미 받은 것으로 믿는 것이다. 사실 불가능하다고 생각하는 것을 간구하는 것도 어렵다. 하지만 이것보다 더 어려운 것은 방금 기도한 불가능 일이 기도 응답을 이미 받았다고 믿는 것이다. 예수님께서는 이런 기도를 하는 신자는 사람이 자기에게 잘못한 것을 기꺼이 용서해야 하나님께서 그의 허물을 용서해 주실 것이라고 하셨다(11:25). 이 말씀은 사람들을 용서하지 않는 신자는 원칙적으로 하나님 앞에 진정으로 기도할 수 없음을 보여준다. 이것은 예수님께서 가르쳐주신 주기도에 담긴 교훈과 일치한다(마 6:12, 14-15; 눅 11:4).

한 마디 기도

하나님께 간구할 때마다 오직 믿음으로 구하고 이미 받은 줄로 믿게 하소서.

누가복음 핵심구절
이해하고 기도하기

천사들과 함께한 천군의 찬양

지극히 높은 곳에서는 하나님께 영광이요 땅에서는 기뻐하신 사람들 중에 평화로다 하니라 _눅 2:14

✝ **핵심 이해하기**

목자들은 밤에 베들레헴 인근 지역에서 양떼를 지키고 있었다. 이때 그들에게 주의 천사가 나타나 다윗의 동네에 구주 예수 그리스도가 탄생하셨다는 소식을 알려주었다(2:8-10). 바로 이 순간에 목자들은 수많은 천사들의 군대가 이 소식을 전해 준 천사와 함께 여호와 하나님을 찬양하는 것을 목격했다(2:13-14). 14절은 그들이 들은 웅장한 찬양의 내용이다.

이 찬양은 다윗의 동네에 구원자 예수 그리스도께서 탄생하신 사건이 가지는 중대한 의미를 잘 보여준다. 그들을 위해서 구원자 그리스도께서 탄생하신 것은 먼저 지극히 높은 곳에 계시는 하나님께 영광이다. 이것은 주의 천사

가 목자들에게 나타날 때 그들을 둘러 비춘 주의 영광으로 이미 예고되었다(2:9). 또한 구원자 예수 그리스도의 탄생이 사람들에게 주는 혜택은 땅에서는 하나님이 기뻐하신 사람들 중에 평화란 말로 표현된다. '하나님께서 기뻐하신 사람들'이란 표현은 두 단어, '선한 기쁨의 사람들'(헬: 안드로포이스 유도키아스)을 풀어서 번역한 것이다. 선한 기쁨의 사람들은 하나님께서 그의 기쁘신 주권적인 뜻에 따라서 택하신 백성을 가리킨다. 여기에 하나님의 택한 백성 이스라엘 모두가 포함되는 것이 아니다(2:34). 물론 이방인들이 여기에서 제외되는 것도 아니다(3:6). 예수님께서는 나중에 명사 '선한 기쁨'(유도키아)

의 동사형(헬=유도케오)을 사용하셔서 하나님 아버지께서 그의 나라를 제자들에게 주시기를 기뻐하셨다고 말씀하셨다(12:32).

목자들은 천사들의 말을 듣고 베들레헴으로 들어가서 강보에 싸인 아기 예수를 보고 하나님께 영광을 돌리며 찬송했다(2:20). 이것은 수없이 많은 천군과 그 소식을 전해준 천사가 하늘에서 했던 찬양을, 이제는 목자들이 땅에서 하고 있음을 보여준다. 과연 예수 그리스도께서 다윗의 마을에서 태어나신 것은 지극히 높으신 하나님께는 영광을, 그의 택하신 백성에게는 평화를 가져오는 대 구원의 사건을 위한 것이었다. 하나님과 그의 택하신 백성 사이의 화목, 그의 백성들 사이의 평화, 유대인과 이방인들 사이의 평화, 이 모든 평화는 예수 그리스도의 탄생과 십자가 죽으심과 부활의 결과다. 이것은 결국 하나님께 영광을 돌리는 사건이었다.

∝ 한 마디 기도

구주 예수 그리스도를 본받아 하나님께 영광을 돌리고, 그의 택하신 백성에게 평화를 끼치는 삶을 살게 하소서.

LUKE 10/18

받은 용서에 비례하는 사랑

이러므로 내가 네게 말하노니 그의 많은 죄가 사하여졌도다 이는 그의 사랑함이 많음이라 사함을 받은 일이 적은 자는 적게 사랑하느니라 _눅 7:47

✝ 핵심 이해하기

시몬이라는 바리새인은 예수님을 자기 집에 초대했다. 이때 그는 자기 동네의 유명한 여자 죄인이 그의 집안으로 들어와 예수님께 행하는 행동을 보고 분노했다. 이 여인은 향유를 담은 옥합을 가지고 와서 예수님의 뒤쪽 발 곁에서 서서 눈물을 흘리며 그의 발을 적시고 있었다. 이 여인은 한편으로는 자신의 머리털로 그의 발을 씻고, 한편으로는 그의 발에 입을 맞추며 향유를 부었다(7:37-38). 이 광경을 목격한 바리새인은 속으로 예수님께서 선지자시라면 그 여인이 어떠한 죄인인지를 알았을 것이라고 말했다(7:39).

예수님께서는 바리새인 시몬에게, 한 주인에게 빚진 두 사람의 비유를 들어 질문하셨다. 한 사람은 500데나리온을, 다른 사람은 50데나리온을 각각 주인에게 빚졌다. 주인이 이 두 사람 모두를 불쌍히 여겨 빚을 탕감해 주었다. 예수님께서는 이 둘 중에 누가 더 주인을 사랑하겠느냐고 질문하셨다. 그러자 바리새인은 빚을 많이 탕감 받은 사람이라고 대답했다(7:42-43). 예수님께서는 그의 판단이 옳다고 말씀하시고는 뒤를 돌아 여자를 보면서 시몬이 듣기에 거북한 말씀을 하셨다. 그 내용은 시몬이 예수님께 행한 형식적인 대접과 그 여인이 예수님께

행한 감동적인 접대를 비교한 것이다(7:44-46). 예수님의 시각에는 바리새인 시몬은 50데나리온을, 여인은 500데나리온을 각각 탕감 받은 자와 같았다.

47절은 예수님께서 곧바로 바리새인에게 하신 말씀이다. 그런데 놀라운 것은 예수님께서 바리새인 시몬에게 그가 적게 용서를 받아서 적게 사랑한다는 말씀을 구체적으로 하시지 않았다는 것이다. 그 대신에 예수님께서는 여인이 받은 많은 용서와 그녀가 보여준 많은 사랑만을 언급하셨다. 이것은 비유 속에서는 둘 다 탕감을 받았지만, 실제적으로 바리새인 시몬은 전혀 죄 용서를 받지 못했음을 암시한다.

예수님께서는 그 여인에게만 "네 죄 사함을 받았다"고 하셨다. 그러자 그와 함께 식탁에 앉은 자들은 속으로 '이 사람이 누구기에 죄도 용서하는가'라고 수군거렸다(7:49). 이것은 이전에 서기관과 바리새인들이 들것에 실려 온 중풍병자에게 예수님께서 죄 용서를 선언하셨을 때 보인 반응과 같았다(5:21). 이에 예수님께서

는 그들에게는 아무런 반응을 하지 않으셨다. 그 대신에 예수님께서는 여인에게 "네 믿음이 너를 구원했으니 평안히 가라"고 말씀하셨다 (7:50). 이것은 이 여인에게 예수님께서 인정하신 믿음과 예수 사랑으로 표현된 죄 용서 받음의 뜨거운 감격도 있었음을 분명하게 보여준다. 하지만 이러한 것들이 예수님을 초대한 시몬 바리새인에게는 전혀 없었다. 바리새인은 적게 죄 용서받은 사람이 아니라, 죄 용서를 전혀 받지 못한 사람이었던 것이다. 그는 예수님 앞에서 죄를 인정하지 않았으니 예수님으로부터 죄 용서를 받을 필요를 느끼지 않았던 것이다. 여인을 중죄인으로 정죄했으나 정작 자기 자신이 죄인임을 깨닫지 못한 것이다. 이것은 예수님께서는 의인이 아니라 죄인을 불러 회개시키러 오셨음을 또 다시 보여준다(5:31-32).

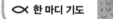 한 마디 기도

받은 용서에 감격하여 주님과 주의 백성을 사랑하게 하소서.

LUKE
10/19

하나님 나라에 합당치 않은 제자

예수께서 이르시되 손에 쟁기를 잡고 뒤를 돌아보는 자는 하나님의 나라에 합당하지 아니하니라 하시니라 _눅 9:62

✝ 핵심 이해하기

어떤 사람이 예수님을 따라갈 것이니 먼저 가족과 작별 인사를 하게 허락해달라고 예수님께 간청했다(9:61). 62절은 이때 예수님께서 그에게

하신 답변이다. 57-62절의 핵심 주제는 예수님께서 제자들에게 요구하신 합당한 제자도다.

예수님께서는 여기서 합당하지 않은 제자의

세 모습을 보여주셨다. 이 제자도의 기사는 예수님을 따르는 길에 세상의 어떤 일도 방해가 될 수 없음을 분명하게 한다.

첫째, 예수님께서는 어떤 사람이 자신을 따르겠다고 했을 때에 "인자는 머리 둘 곳이 없다"고 하셨다(9:57).

둘째, 예수님께서 다른 사람에게 너는 나를 따르라고 하시자 그는 먼저 가서 부친을 장사하게 허락해달라고 했다(9:58). 이때 예수님께서는 이것도 허락하지 않으시고 "죽은 자들로 죽은 자를 장사하게 하고 너는 가서 하나님의 나라를 선포하라"는 아주 충격적인 말씀을 하셨다(9:60). 그 사람의 부친이 이미 죽었다면 장례는 하루면 될 것이고, 그의 죽음이 임박했다면 아무리 길어도 한 달 이상 걸리지는 않을 것이다. 하지만 예수님께서는 하루의 지연도, 한 달의 지연도 허락하지 않으셨다. 아무리 중요한 일이라도, 하나님 나라의 제자로 사는 일 앞에서는 결코 중요한 일이 될 수 없기 때문이었다.

셋째, 예수님께서는 어떤 사람이 그를 따르겠다고 약속하면서 가족과 작별 인사하는 것을 허락해달라고 할 때 이 역시 허락하지 않으셨다. 이것은 엘리야가 엘리사의 요청을 받고 그가 집으로 돌아가 가족과 작별 인사하는 것을 허락한 것과 다르다(왕상 19:20).

예수님께서는 부친 장례의 큰 문제를 제자로 사는 일에 비해서 아주 사소한 문제로 생각하셨으므로 그 사람의 요청을 허락하실 리 없다. 62절은 예수님께서는 이러한 취지로 그에게 하신 말씀이다. 세상에서 아무리 큰일이라도 하나님 나라의 일 앞에서는 결코 아무것도 아니다. 이것들을 하나님 나라의 사역에 방해나 걸림돌이

되게 할 수 없다. 소가 끄는 쟁기를 손에 잡은 농부가 뒤를 돌아보면 소는 엉망으로 밭을 갈고 말 것이다. 이것은 농부가 익히 알고 있는 내용이다.

하나님 나라를 선포하는 것은 제자들의 삶에 있어서 가장 중요한 일이다. 가족과 가정의 어떤 일도 하나님 나라의 긴급한 선포 사역을 방해하게 할 수 없다. 예수님께서는 나중에 이방인들과 같이 의식주의 문제를 추구하지 말고 하나님 나라를 추구하라고 말씀하셨다(12:30-31). 그러므로 예수님께서 이와 같이 말씀하신 것은 너무나 당연한 것이다. 오늘도 믿는 우리가 예수님의 입장에서 하나님 나라를 선포하는 삶의 중대성을 인식한다면, 하나님의 나라를 위한 삶에 전폭적인 헌신을 하게 될 것이다.

한 마디 기도

하나님 나라의 사명을 감당하는 데에 목숨을 걸고 집중하는 제자가 되게 하소서.

신자가 실천해야 할 이웃 사랑

예수께서 이르시되 율법에 무엇이라 기록되었으며 네가 어떻게 읽느냐 대답하여 이르되 네 마음을
다하며 목숨을 다하며 힘을 다하며 뜻을 다하여 주 너의 하나님을 사랑하고 또한 네 이웃을 네 자신
같이 사랑하라 하였나이다 예수께서 이르시되 네 대답이 옳도다 이를 행하라 그러면 살리라 하시니
_눅 10:26-28

✝ 핵심 이해하기

예수님의 이 말씀을 제대로 이해하기 위해서는
그가 이 말씀을 하신 10장의 문맥 전체를 바로
파악하는 것이 중요하다. 그중에 본문과 관련된
중요한 내용은 칠십인 제자들의 성공적인 사역
보고와 예수님의 반응(10:17-20)과 성령으로
기쁨이 충만하신 예수님의 감사기도다(10:21-
24).

예수님의 70 제자들의 사명은 12 제자들의
사명과 동일하다(9:1-6; 10:1-16). 70 제자들
의 성공적인 사역 보고와 예수님의 반응(10:17-
20)과 그의 감동적인 감사기도(10:21-24)는 모
두 긴밀하게 연결되어 있다. 이 기사들을 연결
하는 핵심 주제는 구원과 관련된 하나님의 주권
적인 뜻과 은혜다.

제자들은 예수님의 이름으로 귀신들이 그들
에게 굴복하는 것을 기뻐했다. 그러나 예수님께
서는 이것보다는 그들의 이름이 하늘에 기록된
것으로 기뻐하라고 권면하셨다(10:20). 그들의
이름이 하늘에 기록되었다는 것은 하나님께서
그들을 그의 구원받는 백성으로 택하셨다는 것
을 뜻한다(출 32:32-33; 시 69:28; 단 12:1; 빌 4:3;
계 3:5). 예수님께서는 하나님께서 그들을 자기
백성으로 택하셨다는 사실을 기뻐하라고 말씀
하신 것이다.

이 기사와 바로 연결된 예수님의 감사기도는

누가 하나님 아버지와 그의 아들 예수 그리스도
를 아는지를 분명하게 한다(10:21-24). 지혜롭
고 슬기로운 자가 아니라, 어린 아이와 같은 자
들이 하나님 아버지와 그의 아들 예수님을 아는
구원의 지식을 가진다. 이것은 하나님께서 그들
에게 아버지와 아들에 대한 구원의 지식을 주시
는 것을 기뻐하시기 때문이다(10:22). 어린 아
이와 같은 제자들이 하나님 아버지와 아들 예
수님을 아는 이것은, 구약의 선지자들과 왕들과
경건한 자들이 소망했던 일이다(10:23-24).

예수님께 나아와 율법에 대하여 질문한 어
떤 율법사는, 사실 예수님의 감사기도에 등장하
는 지혜롭고 슬기 있는 자들 중에 하나. 율법
사가 영생을 상속받는 것과 관련된 질문을 하자
예수님께서는 그가 율법의 핵심을 무엇이라고
보는지 되물으셨다. 그는 전인격적으로 하나님
을 사랑하고 이웃을 자신의 몸과 같이 사랑하는
것이 율법의 핵심이라고 정확하게 대답했다. 그
러자 예수님께서는 뜻밖에 "이를 행하라. 그러
면 살리라"고 하셨다(10:28).

예수님의 말씀은 율법의 핵심적인 교훈에 따
라 하나님을 사랑하고 이웃을 사랑하면 영생을
얻는다는 의미가 결코 아니다. 이 교훈의 직접
적인 배경이 되는 앞의 두 기사는 사람들이 전
적으로 하나님의 주권적인 뜻과 은혜로 그의 구

원받는 백성이 됨을 분명하게 밝히기 때문이다. 예수님의 본뜻은 하나님의 택하심과 은혜로 영생을 상속받는 신자들은 이웃 사랑을 실천한다는 것이다. 바로 이어지는 선한 사마리아 사람의 비유는 이 점을 명백하게 한다(10:37).

LUKE 10/21 죄인의 회개와 하늘의 기쁨

내가 너희에게 이르노니 이와 같이 죄인 한 사람이 회개하면 하나님의 사자들 앞에 기쁨이 되느니라
_눅 15:10

✝ 핵심 이해하기

누가복음 15장은 예수님의 구원 사역을 변호하는 장이다. 바리새인들과 서기관들은 예수님께서 죄인들을 영접하고 그들과 식탁 교제를 나누는 것에 대하여 아주 못마땅하게 여겼다(15:1-2). 사실 그들은 처음부터 이러한 식탁 교제를 부정적으로 생각했다(5:30). 예수님께서는 그들의 원망과 불평이 얼마나 잘못되었는지를 보여주시기 위하여 세 비유를 말씀하신 것이다. 이 셋은 양 100마리 중 잃은 양 하나를 찾아 이웃과 함께 기뻐하는 목자의 비유(15:3-7), 열 드라크마(=데나리온과 같음) 중 잃은 한 드라크마를 찾아 이웃과 함께 기뻐하는 여인의 비유(15:8-10), 그리고 부친이 돌아온 탕자를 영접하여 온 동네 사람을 환영 만찬에 초청하여 기뻐할 때 이 자리를 거부한 장남의 비유(15:11-32)다. 세 비유에서 비율은 1/100에서 1/10을 거쳐 1/2로, 양에서 금전을 거쳐 자식으로 각각 높아진다.

세 비유의 공통점은 잃은 것이 주인을 찾아오지 않고 주인이 잃은 것을 찾아 회복하여 이웃과 함께 기뻐한다는 것이다. 두 탕자 아들(일명 탕자)의 비유는 이 유형에서 크게 벗어난다. 이것은 의도적인 것이다. 장남은 잃은 동생을 찾아 회복하는 역할도, 그가 부친의 집으로 돌아왔을 때 큰 기쁨으로 그를 환영하는 일도 하지 않았기 때문이다. 장남은 예수님께서 세리와 죄인들을 영접하고 그들을 하나님의 아들과 딸로 받아주는 식탁 교제를 하실 때 원망하고 불평하는 바리새인들과 서기관들의 모습을 보여주기에 충분하다.

첫 두 비유의 결론에 등장하는 기쁨(15:7, 10)은 마땅히 장자의 기쁨이 되어야 했다(15:32 "이네 동생은 죽었다가 살아났으며 내가 잃었다가 얻었기로 우리가 즐거워하고 기뻐하는 것이 마땅하다"). 예수님께서는 "죄인 한 사람이 회개하는 것"은 하늘에 큰 기쁨이 된다고 두 번이나 언급하셨다. 이것은 예수님께서 죄인들을 구원하러 이 세상에 오셔서 그들을 찾아 구원하심의 결과다. 죄인들을 찾아 하나님께 돌아오게 하는 일은 예수님을 믿고 따르는 신자 모두가 해야 할 일이다. 그뿐만 아니라, 모든 신자는 죄인들이 돌아올 때 가장 많이 기뻐하고 그를 온전히 환영해야 한다. 만일 이 두 가지가 믿는 우리에게 없다면 우리는 집을 떠났다가 아버지의 무한한 자비하심에 이끌려 돌아온 탕자보다 더 위험천만한 영적인 상황에 놓여 있는 장자와 같은 자다. 예

수님께서는 오늘도 동일한 도전을 모든 신자에게 하신다. 신자 모두는 아버지가 장남을 설득하며 그에게 마지막으로 한 "이 네 동생은 죽었다가 살아났으며 내가 잃었다가 얻었기로 우리가 즐거워하고 기뻐하는 것이 마땅하다"는 말씀에 아멘으로 응답해야 한다.

한 마디 기도

예수님의 마음과 열정으로 잃은 자들을 찾아 회복하고 기뻐하게 하소서.

삭개오의 구원과 인자가 온 목적

LUKE 10/22

예수께서 이르시되 오늘 구원이 이 집에 이르렀으니 이 사람도 아브라함의 자손임이로다 인자가 온 것은 잃어버린 자를 찾아 구원하려 함이니라(재번역: 왜냐하면 인자는 잃어버린 자를 찾아 구원하기 위하여 왔기 때문이라) _눅 19:9-10

✝ **핵심 이해하기**

누가복음에서 세리들은 죄인들의 대명사로 등장한다. 그런데 놀라운 것은, 예수님께서는 세리들을 영접하고 그들과 식탁 교제를 하셨다는 것이다(5:29-30; 7:34; 15:1-2). 예수님께서는 그들과의 식탁 교제를 통해서 그들도 구원자 주 예수님의 동생이며, 하나님의 자녀임을 모든 사람들에게 당당하게 공포하신 것이다. 심지어 세리들 중에 하나인 레위(새 이름: 마태)는 12 제자 중에 하나였다. 이러한 식탁 교제는 당시 종교 지도자들만이 아니라, 일반 백성들도 용납할 수 없는 일이었다.

세리장 삭개오는 모든 세리들 가운데 가장 용납받기 힘들었던 세리였다. 그는 세리들도 원

망하는 세리장이요, 그가 큰 부자가 된 것은 세리장의 직위를 이용해서 부당하게 부를 축적했기 때문이었다(19:2 "세리장이요 또한 부자라"). 예수님께서 삭개오를 영접하시고 그의 집에 들어가셔서 그와 함께 식탁 교제를 하는 것은, 지금까지 예수님의 편을 들고 좋아하며 따라왔던 일반 백성들도 수용할 수 없는 지나친 일이었다. 7절은 그들의 즉각적인 격한 반응을 보여준다("뭇(모든) 사람이 보고 수군거려 이르되 저가 죄인의 집에 유하러 들어갔도다").

삭개오는 자신을 조건 없이 받아 주신 예수님의 용서와 사랑에 감격하여 마음의 중심으로 회개했다. 그의 회개는 즉각적으로 자기 소유의

374

절반을 가난한 자들에게 내놓는 것과 자신이 부당하게 속여 탈취한 것을 네 배로 갚는 것으로 구체화되었다. 두 동사의 미래 시제 '주겠사오며'와 '갚겠나이다'는 헬라어 본문에 나와 있는 대로 모두 현재 시제로 '줍니다'와 '갚습니다'로 바뀌어야 한다. 예수님께서는 삭개오의 이런 변화된 행동을 보고 9-10절의 말씀을 하셨다. 9절은 아브라함의 자손이 구원의 대상임을 분명하게 보여준다. '이 사람도 아브라함의 자손'이라는 말은 사람들이 결코 수용할 수 없는 말이었다. 그러나 예수님은 그를 아브라함의 자손으로 인정하시고 그를 구원의 대상으로 삼으셨다.

10절은 삭개오와 그의 가정에 구원이 임하게 된 이유를 설명한다. 그것은 인자가 잃어버린 자를 찾아 구원하려고 오셨기 때문이다. 여기서 강조된 부분은 문장의 맨 앞에 놓인 동사 '왔다'이다. 헬라어 본문은 '왔다, 인자가…'다. 예수님께서 '내가'라고 말씀하지 않으시고 '인자'라고 말씀하신 것은, 그가 마지막으로 가장 생생하고 구체적으로 예언하셨던 인자의 수난 예언을 상기시킨다(18:31-33). 예수님께서는 영원히 구원받을 수 없는 최악의 죄인으로 낙인이 찍힌 삭개오를 영접하셔서 하나님의 아들로 삼아 주셨다. 이것은 삭개오도 결코 기대할 수 없었던 놀라운 은혜였다. 예수님께서는 인자로서 죄 문제를 해결하기 위해서 죽었다가 다시 살아나실 분이었기 때문에, 그가 구원하지 못할 최악의 죄인은 없었다.

죄인들이 구원을 받지 못하는 것은 죄의 크고 적음의 차이가 아니라, 어떤 종류의 죄인도 구원하시는 예수님을 마음 중심으로 믿지 못하기 때문이다. 최악의 죄인 삭개오가 구원을 받을 수 있었던 것은, 예수님께서 자기를 받아 주신 것을 전혀 의심 없이 온전히 전인격으로 믿었기 때문이다. 그렇지 않았으면 그는 예수님을 영접하기 위해서 나무에서 뛰어내리지 않았을 것이다.

한 마디 기도

죄가 너무 커서 구원 받을 수 없다고 생각하는 사람들까지도 예수님께서 그들도 기꺼이 구원하심을 알게 하소서.

LUKE

10/23 메시아의 3대 사명

이에 그들의 마음을 열어 성경을 깨닫게 하시고 또 이르시되 이같이 그리스도가 고난을 받고 제삼일에 죽은 자 가운데서 살아날 것과 또 그의 이름으로 죄 사함을 받게 하는 회개가 예루살렘에서 시작하여 모든 족속에게 전파될 것이 기록되었으니 너희는 이 모든 일의 증인이라 _눅 24:45-48

✝ 핵심 이해하기

부활하신 예수님께서는 구약 성경의 전체가 그의 죽음과 부활을 통하여 최종적으로 성취되었음을 제자들에게 확신시켜 주셨다. 예수님께서 그들의 마음을 열어 성경을 깨닫게 하셨다는 말은 이 점을 잘 보여준다(24:45). 46-47절은 메시아(그리스도)의 사명과 관련하여 구약 성경의 3대 핵심 예언을 잘 보여준다. 이 셋은 그리스도의 고난과 제삼일에 죽은 자 가운데서 살아나심(부활)과 그의 이름으로 죄 사함을 받게 하는 회개가 예루살렘에서부터 시작하여 모든 족속(종족)에게 전파되는 것이다.

이중 둘은 이미 예수 그리스도의 십자가의 죽으심과 그의 부활로 완전히 성취되었다. 이제 남은 하나는 죄 용서를 가져오는 회개의 복음이 예루살렘에서부터 모든 종족에게 전파되는 것이다. 이것도 메시아이신 예수 그리스도의 사명이다. 그런데 놀라운 것은 예수님께서 친히 자신의 사명을 제자들에게 맡기셨다는 것이다. 이제 예수님께서는 그가 십자가와 부활로 확보한 구원의 선물을 온 종족에게 나누는 일에 그의 제자들을 동참시키신 것이다. 부활하신 예수님께서는 이를 통해서 구약 성경의 3대 핵심 예언 중 마지막 예언을 성취하는 영광과 특권을 제자들에게 주신 것이다. 물론 이것은 하나님의 모든 백성에게도 주어졌다.

예수님께서는 제자들을 이 모든 것의 증인으로 세우셨다. 이를 위해서 제자들과 신약 교회는 그가 승천한 후에 보낼 성령을 받아야 했다(24:49). 사도행전은 제자들과 초대교회가 부활하신 예수님의 지시대로 예루살렘에서 기다리다가 마침내 성령을 받아서, 구원의 복음을 예루살렘에서부터 출발하여 모든 종족으로 가지고 가기 시작했음을 보여준다. 하나님의 온 백성은 구원의 복음이 최종 목적지에 도달하기까지, 땅 끝에 있는 미전도 종족들에게까지 가야 한다. 이렇게 될 때 세상의 끝 날에 주 예수님께서 영광 중에 재림하실 것이다(마 24:14).

⋈ 한 마디 기도

모든 신자가 예수 그리스도께서 이미 십자가와 부활로 성취하신 구원의 선물을 땅의 모든 종족에게 나누는 영광스러운 사명을 잘 감당하게 하소서.

JOHN 10/24 태초부터 계신 말씀 하나님

태초에 말씀이 계시니라 이 말씀이 하나님과 함께 계셨으니 이 말씀은 곧 하나님이시니라 그가 태초에 하나님과 함께 계셨고 만물이 그로 말미암아 지은 바 되었으니 지은 것이 하나도 그가 없이는 된 것이 없느니라 그 안에 생명이 있었으니 이 생명은 사람들의 빛이라 빛이 어둠에 비치되 어둠이 깨닫지 못하더라 _요 1:1-5

✝ 핵심 이해하기

1절의 "태초에 말씀이 계시니라"는 말씀은 창세기의 "태초에 하나님이 천지를 창조하시니라"는 말씀을 순간적으로 생각나게 한다(1:1). 하나님께서는 6일 동안 각종 피조물을 창조하실 때에 창조의 명령(말씀)대로 모든 피조물은 창조하셨다. 창조자 하나님께서는 그것을 보실 때마다 그가 의도하신 대로 된 것을 보고 기뻐하셨다. 요한복음은 하나님의 창조에 언제나 있었던 창조의 명령(말씀) 배후에 '말씀 하나님'이 계심을 보여준다. 그는 하나님과 동등하신 하나님이요, 모든 만물을 창조하신 분이요, 생명과 빛을 충만하게 가지신 분이다. 창조자 말씀 하나님께서는 사망과 어둠 가운데 빠진 사람들을 구원

하기 위해서 생명의 빛이신 재창조자요, 육신을 입은 말씀으로 오셨다(1:14). 예수님은 이제 육신을 입고 오신 말씀 하나님이시다.

예수님으로 말미암아 하나님 아버지가 분명하게 사람들에게 알려지게 되었다(1:18; 14:7-9). 육신을 입은 말씀 하나님 예수님을 영접하는 자는 하나님 아버지를 모신 자다(요일 5:12). 예수님을 믿는 자는 생명의 빛을 소유한다(요 12:35-36). 그러나 예수님을 거역하는 자는 그들이 이미 빠져있는 사망과 어둠에서 벗어날 길이 없다(1:5; 3:19-20). 타락한 인간은 유대인이든 이방 사람이든 자기 스스로의 능력과 지혜로 예수님을 영접할 수 없다(요 1:11). 성령 하나

님께서 하나님의 아들 예수 그리스도의 음성, 곧 복음의 말씀으로 죽은 자들을 살릴 때 예수님을 마음의 중심으로 믿을 수 있다(요 1:12-13; 5:25).

∝ 한 마디 기도

만물의 창조자 '말씀 하나님'이 육신을 입은 말씀, 곧 재창조자로서 생명의 빛을 주시기 위해서 오신 것을 알고 믿게 하소서.

독생자를 주신 하나님의 사랑

JOHN 10/25

(헬=갈=왜냐하면) 하나님이 세상을 이처럼 사랑하사 독생자를 주셨으니 이는 그를 믿는 자마다 멸망하지 않고 영생을 얻게 하려 하심이라 _요 3:16

✝ 핵심 이해하기

요한복음 3장 16절은 믿지 않는 자들까지도 잘 알고 있는 말씀이다. 이것은 마치 요한복음 전체를 대표하는 구절과 같다. 하지만 많은 사람들은 이 유명한 구절이 14-15절과 긴밀하게 연결되었다는 것을 알지 못한다. 16절의 내용은 14-15절의 진술에 대한 근거와 이유를 설명한다. 저자는 문장의 앞부분에서 원인접속사 '왜냐하면'(헬: 갈)을 사용하여 이것을 분명하게 했다. 저자는 하나님께서 세상을 사랑하신 정도가 얼마나 깊은지 강조하기 위해서 문장의 맨 앞에 부사 '이처럼'(헬=후토스=이와 같이)을 놓았다. '이처럼' 또는 '이와 같이'가 가리키는 것은, 하나님께서 예수님을 믿는 자로 하여금 영생을 얻게 하시려고 그의 독생자를 십자가 위에서 높이 들리게 하실 목적으로 그를 세상에 보내셨다는 것이다.

하나님께서 믿는 자에게 영생을 주시는 것은 단지 그의 독특하신 아들이 이 세상에 오는 것

만으로는 불가능하다. 예수님께서는 자기를 믿는 자에게 영생을 주시기 위해서 모세가 광야에서 뱀을 들었던 것과 같이 높이 들려야 했다(3:14). 하나님께서는 그의 독생자 아들 하나님을 십자가 위에 높이 들리게 하실 목적으로 그를 세상에 보내신 것이다. 바로 이것이 하나님께서 세상을 사랑하신 그 사랑의 정도와 깊이와 차원이다. 그러므로 "독생자를 주셨다"는 표현 속에는 그의 아들 예수님께서 십자가 위에 높이 달리실 것이 암시되어 있었다. 이 표현에 가장 가까운 것은 하나님께서 "자기 아들을 아끼지 아니하시고 우리 모든 사람을 위하여 내주셨다"는 사도 바울의 선언이다(롬 8:32).

예수님을 믿는 자들이 영생을 얻을 수 있는 유일한 근거는 인자 예수님께서 십자가 위에 높이 달리시는 것밖에 없다. 예수님을 믿는 자들이 영생을 얻는 근거는 하나님의 아들이 십자가 위에서 이루신 대속적인 죽음이고, 영생을 얻는

방법은 하나님의 아들 예수 그리스도를 믿는 것이다. 이 둘은 밀접하게 연결되나 동일한 것은 아니다.

자기의 유일하신 사랑하는 아들 하나님을 십자가에 내어주시기까지 세상을 사랑하신 하나님의 깊은 사랑을 알고 세상 사람들이 예수님을 믿게 하소서.

 ∝ 한 마디 기도

사망에서 생명으로 옮겨진 신자

내가 진실로 진실로 너희에게 이르노니 내 말을 듣고 또 나 보내신 이를 믿는 자는 영생을 얻었고 심판에 이르지 아니하나니 사망에서 생명으로 옮겼느니라 진실로 진실로 너희에게 이르노니 죽은 자들이 하나님의 아들의 음성을 들을 때가 오나니 곧 이 때라 듣는 자는 살아나리라 _요 5:24-25

✝ 핵심 이해하기

예수님께서 24-25절을 "내가 진실로 진실로 너희에게 말하노니"라는 동일한 문구로 시작하셨다. 이것은 요한복음 13장 20-21절만 제외하고 유일하다. 예수님께서는 반복적인 문구를 통하여 중대한 진리를 분명하게 선언하신 것이다. 24-25절은 긴밀하게 연결된다.

24절은 두 가지 내용을 가르친다. 두 내용은 누가 예수님의 말씀을 듣고 믿는가와 믿는 자는 무엇을 소유하는가에 대한 내용이다. 25절은 24절에 언급된 사망에서 생명으로 옮겨진 자가 어떻게 살아나게 되었는지에 대한 설명이다. 그러므로 25절은 24절의 중요한 내용을 구체적으로 보충한다.

24절은 "누가 믿을 수 있는가?"란 첫 질문에서 "사망에서 생명으로 이미 옮긴 자가 예수님을 믿는다"고 답한다. 그러면 "예수님의 말씀을 듣고 믿는 자는 무엇을 소유하는가?"라는 두 번째 질문에 대한 대답은 "예수님을 믿는 자는 영생을 소유한다"는 것이다.

믿는 자들은 현재 영생을 소유하고 있으므로 심판, 곧 심판의 부활에 이르지 않을 것이다(5:29). "심판에 이르지 않는다"는 말과 반대되는 "사망에서 생명으로 옮겼다"는 표현은, 믿는 자들이 이미 사망에서 생명으로 넘어왔으므로 심판, 곧 마지막 날에 심판의 부활에 이르지 아니할 것임을 분명하게 한다. 물론 "사망에서 생명으로 옮겼다"는 말은 영적인 사망(=하나님과의 관계 단절)에서 영적인 생명(=하나님과의 관계 회복)으로 옮겨졌다는 뜻이다. 그러면 현재 예수님의 말씀을 듣고 믿는 자들이 어떻게 이미 사망에서 생명으로 넘어왔는가? 25절은 이 질문에 답을 제공한다. 믿는 자들은 하나님의 아들의 음성을 듣고 살아난 자들이다. 그들은 그의 음성을 듣고 살아났으므로 영적인 사망에서 생명으로 이미 옮겨진 자들이다. 이렇게 사망에서 생명으로 옮겨진 자들은 살아난 때부터 예수님의 말씀을 듣고 계속 믿는다.

영적으로 죽은 자들이 하나님의 아들의 음성을 듣고 살아나는 것은 성령 하나님께서 행하시는 중생(새 생명의 탄생)의 역사를 말한다(1:12-13; 3:6; 6:63). 중생의 결과로 예수님을 믿는 자들은 현재 영생을 소유한다. 믿는 자들이 현재 소유하는 영생은 완성된 영생이 아니라, 시작된 영생이다. 이 영생은 계속 성장하여 육체적인 부활의 날에 그 절정에 도달할 것이다. 예수님께서는 마지막 날에 믿는 자들을 살릴 것이라고 힘써 반복해서 강조하셨다(6:39, 40, 44, 54). 그러므로 24-25절의 두 핵심 교훈은 영적으로 죽었던 자들이 살아날 때 비로소 그들이 예수님을

믿는다는 것과, 믿는 자들은 지금 현재 영생을 소유하고 있으므로 마지막 날에 심판의 부활에 이르지 않는다는 것이다. 만일 그들이 심판, 곧 심판의 부활에 이르지 아니하면 어떤 부활에 도달하는가? 그들은 29절이 말하는 것과 같이 생명의 부활에 도달하게 될 것이다. 이 생명의 부활은 현재 신자가 소유하고 있는 생명의 완성과 절정이다.

∝ 한 마디 기도

아직도 영적으로 죽은 자(불신자)들에게 하나님의 아들의 음성, 곧 복음의 말씀을 전파할 때 성령 하나님께서 그들을 살려 예수님을 믿게 하소서.

JOHN 10/27

말씀과 성령과 생명

살리는 것은 영이니 육은 무익하니라 내가 너희에게 이른 말은 영이요 생명이라(관련된 대표적인 구절 1:12–13; 3:6) _요 6:63

✝ 핵심 이해하기

예수님께서 그의 제자들 중에 일부가 그의 교훈이 어렵다고 불평할 때 63절의 말씀을 주셨다. 제자들 중에 상당수는 결국 예수님을 따르는 것을 포기하고 그를 떠났다(6:66). 많은 제자들은 분명 예수님의 살을 먹고 그의 피를 마시는 자는 영원히 살리라는 말씀을 수용하는 것을 가장 어려워했을 것이다(6:52-53). 그들은, 광야에서 만나를 먹은 그들의 조상들은 죽었는데 예수님께서 친히 주는 떡을 먹는 자는 영원히 살리라고 하신 말씀을 이해하기 어려웠을 것이다.

예수님께서는 이렇게 회의적인 제자들에게 63절의 말씀을 하셨다. '살리는 것은 영'이란 말은 영적으로 죽은 자(불신자)들을 살리는 것은 하나님의 성령이란 뜻이다. 왜 '살리는 분'이라고 하지 않고 '살리는 것'(중성)이라고 했는가? 그것은 헬라어에서 영(프뉴마)은 중성 명사기 때문이다. '육은 무익하다'는 말씀은 육신은 아무런 가치가 없다는 뜻이 아니다. 육신은 죽은 자를 살리는 데 있어서 아무런 일도 할 수 없다는 뜻이다. 이에 대하여는 예수님께서 니고데모에

게 "육으로 난 것은 육이다"라고 이미 말씀하셨다(3:6). 이 육은 이미 1장 13절에 언급된 '혈통, 육정, 사람의 뜻'을 종합적으로 가리킨다. 혈통은 좋은 가문, 육정은 인간의 자연적인 출생, 사람의 뜻은 사람의 도덕적인 결심과 결정을 가리킨다. 이러한 모든 것들은 영적으로 죽은 자들을 살려 중생하게 하지 못한다. 지금 믿는 자들은 모두 영적으로 죽었던 자들이다.

63절의 "내가 너희에게 이를 말(들)이 영이요 생명이다"는 말씀은 예수님께서 하시는 말씀에 성령 하나님이 역사하셔서 생명을 가져다 준다는 뜻이다. 예수님의 말씀이 생명 혹은 영생의 말씀이 되는 것은 성령님께서 예수님의 말씀을 사용하여 생명을 가져다주기 때문이다. 예수님의 말씀과 생명의 연결은 이미 요한복음의 서문에서 분명하게 밝혀졌다. 1장 4절의 "그 안에 생명이 있었으니"란 말씀은 말씀 하나님이신 예수님 안에 생명이 있다는 말이다. 하나님의 말씀과 성령의 긴밀한 연결은 언제나 하나님의 말씀만 하시는 예수님 안에 있다. 요한복음 3장 34절은 "하나님이 보내신 이는 하나님의 말씀을 하나니 이는 하나님이 성령을 한량없이 주심이니라"고 분명하게 밝힌다. "죽은 자들이 하나님의 아들의 음성을 들을 때가 오나니 곧 이 때라 듣는 자는 살아나리라"고 하신 예수님의 말씀은 성령 하나님께서 그의 말씀을 가지고 죽은 자들을 살리시는 것을 전제한다(5:25). 이러한 이유 때문에 사도들만 아니라, 하나님의 모든 백성은 생명의 말씀을 모든 사람들에게 전해야 한다(행 5:20).

한 마디 기도

성령 하나님께서 예수님의 복음으로 죽은 자들을 살리시는 것을 삶의 현장에서 체험하게 하소서.

JOHN
10 / 28

큰일을 할 신자들

내가 진실로 진실로 너희에게 이르노니 나를 믿는 자는 내가 하는 일을 그도 할 것이요 또한 그보다 큰 일도 하리니 이는 내가 아버지께로 감이라 너희가 내 이름으로 무엇을 구하든지 내가 행하리니 이는 아버지로 하여금 아들로 말미암아 영광을 받으시게 하려 함이라 내 이름으로 무엇이든지 내게 구하면 내가 행하리라 _요 14:12-14

✝ 핵심 이해하기

예수님께서 이 놀라운 말씀을 하실 때에 제자들은 너무나 한심한 모습을 보여주었다. 베드로는 예수님께서 가는 십자가의 길에 제자들이 합류할 수 없다고 하셨을 때에, 자신만은 주님을 위해서 죽을 것이라고 주장했다(13:37). 예수님께서 자신이 가는 길을 제자들이 안다고 말씀하시자, 도마는 그가 어디로 가는지 모르는데 그 길을 어찌 알겠냐고 반문했다(14:4-5). 빌립은 지금까지 한결같이 아버지를 보여주신 예수님께 아버지를 보여 달라고 한심한 요구를 했다

(14:8-9). 제자들이 이와 같이 한심한 상태에 있을 때에 예수님께서 이 말씀을 하신 것이다.

12-14절의 놀라운 약속은 12 제자들에게만 아니라, 그들을 통하여 예수님을 믿게 될 모든 신자들에게도 주어졌다. 12절에는 동일한 주어가 두 번 나온다. 이 둘은 각각 '나를 믿는 자'와 '그'(헬= 카케이노스=저 사람)다. 주어 둘은 동일한 인물을 가리킨다. 이것은 예수님을 믿는 사람들, 바로 그들이 예수님께서 하신 일을 하고 그보다 더 큰일을 할 것임을 강조한다. 예수님께서 하신 일은 그를 보내신 아버지의 일을 하고 아버지의 말씀을 제자들과 세상 사람들에게 보여주는 일이었다. 이 일의 완성과 절정은 십자가 위에서의 영광스러운 죽음이다. 예수님께서 아버지를 드러내시고 나타내신 것과 같이, 이제 그의 제자들이 세상에서 그를 드러내고 나타낼 것이라고 말씀하신 것이다.

어떻게 제자들이 이와 같은 놀라운 일을 할 수 있는가? 그것은 예수님께서 하나님 아버지께로 가시는 대 구원의 사건 때문이다. 예수님께서 아버지께로 가시는 사건의 시작은 십자가의 죽음이고, 그 끝은 부활하신 예수님께서 하늘로 가서서 하나님의 보좌 우편에 높아지는 것이다. 이 엄청난 구원 사역의 결과로 예수님을 믿는 모든 자는 하나님의 성전으로 지음 받게 될 것이다. 이것은 예수님께서 선언하신 것과 같이 "너희가 이 성전을 헐면 내가 삼일에 다시 세우리라"는 말씀의 참뜻이다(2:19). 예수님께서 제자들에게 "내가 가서 너희를 위하여 거처를 예비하겠다"고 하신 말씀도 그의 죽으심과 부활로 지어질 하나님의 집, 곧 신자 성전과 관련되어 있다. '아버지의 집'이란 말이 성전과 관

련하여 사용되었다는 것은 이러한 이해를 뒷받침한다(눅 2:49; 요 2:16-17; 마 21:13).

13-14절은 예수님을 믿는 자들이 어떻게 예수님의 일과 그보다 큰일을 할 수 있는지 알려준다. 그것은 믿는 자들이 예수님의 이름으로 기도할 때 그가 친히 응답하셔서 그들로 그의 큰일을 하게하신다는 것이다. 13-14절에 두 번 반복된 '예수님의 이름으로 기도하는 것'은 예수님께서 친히 자신의 이름으로 보내실 성령의 역사와 관련된다(14:26). 예수님의 십자가와 부활의 구속 사건의 결과는, 믿는 자가 하나님의 성전이 되는 것이었다. 이 성전에 성령 하나님이 임하시는 것은 신자가 하나님의 성전이 되었음을 확증한다. 신자 성전에 임하신 성령께서는 신자들 속에서 예수님의 이름으로 그의 일을 하실 것이다(14:26; 15:26; 16:13-15). 신자는 이 일에 대한 반응으로 예수님의 이름으로 기도할 것이다. 이렇게 신자들이 기도할 때 예수님께서는 내주하시는 성령을 통해서 그의 큰일을 하시는 것이다. 그래서 예수님께서 내가 행하리라고 두번 말씀하신 것이다(14:13-14). 사도행전은 예수님의 이 약속이 그대로 성취된 것을 보여준다.

초대교회와 같이 성령의 역사와 기도로 예수님의 일을 하는 신자와 교회가 되게 하소서.

JOHN

10 / 29

하나됨을 위한 기도

내가 비옵는 것은 이 사람들만 위함이 아니요 또 그들의 말로 말미암아 나를 믿는 사람들도 위함이니 아버지여, 아버지께서 내 안에, 내가 아버지 안에 있는 것 같이 그들도 다 하나가 되어 우리 안에 있게 하사 세상으로 아버지께서 나를 보내신 것을 믿게 하옵소서 _요 17:20-21

✝ 핵심 이해하기

17장은 예수님께서 그의 사역을 총정리하시는 기도다. 예수님께서는 하나님께서 그의 택하신 백성에게 영생을 주시기 위해 그에게 맡겨 주신 사명에 따라 모든 것을 행하셨다. 예수님께서는 아버지의 이름을 그들에게 나타내셨다(17:6). 그는 그들에게 아버지의 말씀을 주셨다(17:8, 14). 예수님께서는 아버지의 일을 하시고, 아버지께서 그에게 하라고 주신 말씀을 하심으로써 아버지 하나님을 나타내셨다. 그 결과 예수님께서는 아버지 하나님을 지금까지 영화롭게 하셨고, 이제는 십자가의 길을 가심으로써 최종적으로 그를 영화롭게 하시길 원했다(12:28; 17:1).

예수님께서는 세상을 떠나 아버지께로 가심으로 그는 세상에 더 있지 않으실 것이다. 그러므로 그가 세상에서 불러내어 더 이상 세상에 속하지 않는 제자들이 그의 역할을 해야 한다(17:14-16). 예수님께서는 아버지께서 그를 세상에 보내실 것과 같이 제자들을 세상에 보내어 그를 증거하고 나타내기를 원하셨다(17:18). 제자들을 위한 예수님의 기도는 그들을 악으로부터 지켜 보호하심을 위해서(17:15), 제자들을 진리의 말씀으로 거룩하게 하기 위해서(17:17), 그리고 제자들 모두가 하나됨을 위한 것이었다(17:11, 21-23). 이러한 기도 중에 가장 중요한 것은 제자들의 온전한 하나됨이다.

모든 제자들의 하나됨과 관련하여 중요한 내용들은 하나됨의 모델, 하나됨의 기준, 그리고 하나됨의 목적 등이다. 먼저 하나됨의 모델은 하나님 아버지와 그의 아들 예수님이시다. 아버지와 그의 아들 예수 그리스도는 언제나 상호 내주의 관계에 있으셨다(17:21; 14:10-11). 예수님께서는 유대인들에게 아버지와 자신은 하나라고 선언하셨다(10:30). 물론 예수님의 모든 것의 기준은 하나님 아버지다. 그는 스스로는 아무것도 할 수 없고 오직 아버지께서 보여 주시고 명령하시는 말씀과 일만 할 수 있다고 말씀하셨다(5:19; 7:16-17; 8:28-29). 이와 같이 그의 모든 제자들에게 모든 것의 모델은 예수님이시다. 예수님께서 모든 것을 하나님 아버지께 맞추셨듯이 제자들은 모든 것을 예수님께 맞추면 된다. 제자들은 이와 같이 그들 모두가, 하나됨의 모델로서 하나님 아버지와 아들 예수 그리스도 안에서 보고 따라야 한다.

둘째, 제자들의 하나됨의 기준은 예수님께서 그들에게 주신 진리의 말씀이다(17:17-19). 셋째, 하나됨의 목적은 두 가지다(17:21, 23). 일차적인 목적은 모든 제자들의 하나됨을 통하여 세상 사람들이 하나님 아버지께서 예수 그리스도를 세상에 보내신 것을 믿는 것이다. 제자들은 예수님의 말씀을 듣고 아버지께서 그를 세상에 보내신 것을 알았다(17:25). 이제 제자들이 하나가 되어 예수님을 세상에 드러낼 때, 세상은 하나님께서 그의 아들 예수 그리스도를 세상에 보내신 것을 믿게 될 것이다. 하나됨의 이차적인 목적은 아버지 하나님께서 예수님을 세상에 보내시고 그를 사랑하신 것과 같이, 그의 제자들도 세상에 보내셨고 그들을 사랑하신 것을 세상이 알게 하는 것이다(17:23). 이차적인 목적은 일차적인 목적이 이루어질 때 성취가 가능하다.

예수님께서 이와 같이 하나됨을 위해서 기도하셨으나, 애석하게도 기독교의 역사는 분열의 역사라고 해도 과언이 아니다. 한국 교회의 빈번한 분열은 복음 진리의 증거를 약화시켰다. 이제 모든 신자와 교회는 하나님 아버지와 그의 아들 예수님의 하나됨을 모델로 삼고, 그의 거룩한 진리의 말씀을 하나됨의 기준으로 삼아, 온전한 하나됨을 이루어 많은 사람을 구원하는 방향으로 나아가야 할 것이다.

⟨χ 한 마디 기도

하나님 아버지와 아들 예수님께서 모든 면에 하나되심과 같이, 예수 그리스도와 그의 진리 안에서 모든 신자가 하나가 되게 하소서.

사도행전 핵심구절 이해하고 기도하기

ACTS

사도행전 핵심구절
이해하고 기도하기

ACTS 10/30

땅 끝까지 가야 할 예수님의 증인

오직 성령이 너희에게 임하시면 너희가 권능을 받고 예루살렘과 온 유대와 사마리아와 땅 끝까지 이르러 내 증인이 되리라 하시니라 _행 1:8

✝ **핵심 이해하기**

부활하신 예수님께서는 약 40일간 제자들에게 나타나시면서 그의 십자가와 부활의 구속 사건이 가져온 하나님 나라의 엄청난 변화와 진전에 대하여 교훈하셨다(1:3). 예수님께서는 승천하기 직전에 제자들을 마지막으로 모아놓고 당부의 말씀을 하셨다. 4-8절은 예수님께서 하신 마지막 부탁이다. 예수님께서는 제자들에게 예루살렘을 떠나지 말고 아버지께서 약속하신 성령의 세례를 받을 때까지 기다리라고 하셨다(1:4-5). 그러나 제자들의 관심은 세상의 모든 종족에게까지 확대되어야 하는 하나님 나라에 있지 않았다. 그들의 유일한 관심은 유대 백성, 즉 이스라엘 가운데 하나님의 나라가 임하는 것에 있었

다. 그래서 그들은 이스라엘에 하나님의 나라가 언제 회복될 것인지에 대하여 물었다. 개역성경의 '이스라엘 나라'는 헬라어 본문의 '이스라엘에 그(=하나님의) 나라'를 부정확하게 번역한 것이다.

이때 예수님께서는 그들이 세상의 땅 끝까지 가야 한다는 충격적인 말씀을 하셨다. 이것은 그들이 성령을 받으면 권능을 받아 예루살렘과 온 유다만이 아니라, 사마리아와 땅 끝에 이르기까지 그의 증인이 되리라는 말씀이다. '사마리아와 땅 끝'은 그들이 꿈속에서도 상상하지 못했던 선교의 지역이다. 사도행전은 오순절 성령 강림의 역사로 예수 복음의 운동이 예루살렘

에서 시작하여 땅 끝을 향하여 가는 것을 기록한다. 28장에서 예수님의 강력한 증인 바울이 마침내 도착한 로마도 땅 끝이 아니었다. 로마는 단지 땅 끝으로 가는 교두보였다. 열방이라는 섬으로 가는 여객선 터미널 같은 것이었다. 사도행전은 복음이 한 종족의 경계를 넘을 때마다 성령 하나님께서 강력하게 개입하신 것을 보여준다. 이것은 유대인에서 사마리아인으로(8장), 유대인에서 이방인에게로 넘어갈 때(10장), 구체적으로 나타났다.

한 마디 기도

오순절에 임하신 성령의 능력에 사로잡혀 땅 끝까지 나가는 예수님의 증인으로 살게 하소서.

주와 그리스도로 높임 받은 예수

ACTS 10/31

그런즉 이스라엘 온 집은 확실히 알지니 너희가 십자가에 못 박은 이 예수를 하나님이 주와 그리스도가 되게 하셨느니라 하니라 _행 2:36

✝ 핵심 이해하기

예수님께서는 승천하셔서 하나님의 우편에 왕으로 즉위하셨다. 예수님께서는 천상 왕으로 즉위하시자마자 오순절에 아버지로부터 성령을 받아 120 문도들에게 부어 주었다(2:1-4). 그들은 모두 성령을 받고 각각 다른 외국어로, 하나님께서 그리스도 예수 안에서 이루신 구원의 큰 사건을 선포하게 되었다(2:6-11). 이 놀라운 현상을 목격한 사람들은 일의 영문을 몰라 어찌할 줄 몰랐다. 그 중의 일부는 그들이 새 술에 취하였다고 조롱했다(2:12-13). 베드로와 사도들은 이 놀라운 사건의 의미에 대하여 설명하기 시작했다. 사도들은 그들이 술에 취해서 이상한 방언을 하는 것이 아니고, 요엘서의 예언이 성취되어 그들 모두가 성령을 받아 말하는 것이라고 해명했다(2:14-21). 이때 사도들의 핵심 주장은 "너희가 십자가에 못 박아 죽인 나사렛 사람 예수를 하나님께서 살리셔서 그의 보좌 우편에 왕으로 즉위시켰다"는 것이었다(2:33 "하나님이 오른손으로 예수를 높이시매 그가 약속하신 성령을 아버지께 받아서 너희가 보고 듣는 이것을 부어 주셨느니라"). 36절은 이 주장의 결론이다.

하나님께서 부활하신 예수님을 그의 보좌 우편으로 높이신 것은 그를 천상 왕으로 세우신 사건이다(2:35). 이것을 구체적으로 표현한 것이 36절의 "하나님께서 부활하신 예수를 주와 그리스도가 되게 하셨다"는 말이다. 이렇게 하나님의 우편에서 주와 그리스도로 세움 받으신 예수님께서 그의 천상 왕권의 첫 번째 행사로 오순절에 성령을 120 문도에게 보내 주신 것이다. 그러므로 오순절 성령 강림의 역사는 하나님의 우편에서 천상 왕으로 좌정하신, 부활하신 예수님께서 하신 일이다. 이 선포를 듣고 그날에 3천 명이 회개하여 예수님을 믿게 되었다. 그 결과 예루살렘 교회는 120 문도에서 3,120명으로 급성장하게 되었다.

부활하신 예수 그리스도께서 영원한 왕 되심을, 성령의 능력을 힘입어 사람들에게 담대하게 전파하게 하소서.

한 마디 기도

ACTS 11/01 회개와 죄 사함을 주시는 왕 예수

너희가 나무에 달아 죽인 예수를 우리 조상의 하나님이 살리시고 이스라엘에게 회개함과 죄 사함을 주시려고 그를 오른손으로 높이사 임금과 구주로 삼으셨느니라 _행 5:30-31

✝ 핵심 이해하기

예루살렘 교회는 짧은 시간에 1만여 명이 넘는 대 교회가 되었다. 오순절에 믿은 자가 3천 명이었다(2:41). 그리고 성전 문에서 구걸하던 자의 치유 기적과 관련한 부활하신 예수님의 증거로, 남자만 5천 명이 예수님을 영접했다(4:4). 그러니 아이들과 여성들을 포함하면 신자의 수가 상당했을 것이 분명하다. 이렇게 교회가 큰 세력이 되어가자 큰 부담을 느낀 자들은 예수님을 십자가에 처형하는 일에 앞장섰던 종교지도자들이었다. 그들은 베드로와 요한을 체포하여 구금했다가 예수님의 이름으로 말하지도 가르치지도 말라고 엄히 경고한 후에 풀어 주었다(4:17-18).

두 사도가 풀려나자 온 교회는 더욱더 합심하여 기도했고, 성령 하나님께서는 그들이 담대하게 예수 그리스도를 증거할 수 있도록 사도들을 통하여 기적과 이적이 더욱더 일어나게 하셨다(5:12-13). 그러자 더 큰 위기를 느낀 종교지도자들은 모든 사도들을 잡아 옥에 가두고 말았다(5:18). 하나님께서는 그의 천사를 보내 옥문을 열고 풀어 주시면서 온 백성에게 생명의 말씀을 전파하라고 하셨다(5:19-20). 다음 날 사도들을 재판하기 위하여 소집된 산헤드린 공회는 그들이 옥에 없는 것을 알고 몹시 당황했다. 때마침 사도들이 성전에서 백성들을 가르치고 있다는 제보를 받은 이들은, 사도들을 임의동행의 형식으로 공회 앞으로 데리고 왔다(5:25-27). 대제사장이 사도들을 심문하며 자기들의 엄한 경고를 무시하고 어찌하여 예루살렘을 예수의 가르침으로 가득 채우느냐고 말했다(5:28).

29-32절은 이때 베드로와 사도들이 대답한 말이다. 이들은 사람보다는 하나님께 순종하는 것이 마땅하다고 선언하면서, 나무에 달아 죽인 예수를 조상들의 하나님께서 살리셔서 그의 우편으로 높여 임금과 구주로 삼으셨다고 했다.

예수 그리스도의 천상 왕 되심에 대한 선언은 이미 오순절 날에 성령께서 강림하실 때 사도들이 한 증거와 일치한다(2:36). 여기서 강조된 내용은 하나님께서 부활하신 예수님을 왕으로 높이신 목적이다. 그것은 이스라엘에 회개와 죄 사함을 베풀기 위함이다. 예수님께서는 이스라엘의 회개를 촉구하고 돕기 위해서 오순절에 성령을 보내 주신 것이다. 이것은 사도들과 그들에게 부어 주신 성령의 공통된 증거다(5:32).

예수님의 이름으로 죄 사함을 얻게 하는 회개는 이스라엘 백성 가운데 예루살렘에서 시작되어 온 땅으로 퍼져야 했다. 사도들은 이 사명을 맡은 자들이기에, 생명의 위협을 받는 상황에서 두려움과 공포에 사로잡히지 않고 담대하게 천상 왕 예수 그리스도를 선포한 것이다. 이

증거를 들은 종교지도자들은 크게 분노하여 사도들을 죽이고자 했으나, 중도적인 입장을 가진 존경받는 율법학자 가말리엘의 중재로 그들을 매질하고 풀어 주는 것으로 결론을 내렸다(5:34-41). 그러나 사도들은 심한 매질을 당하고도 기쁨이 충만한 가운데 공회를 떠났을 뿐만 아니라, 날마다 성전이나 집에서나 예수님을 천상 왕 그리스도로 가르치고 선포하는 일을 쉬지 않았다(5:40-41).

∝ 한 마디 기도

사도들이 늘 천상 왕 예수 그리스도를 전하고 가르친 것과 같이 우리도 많은 사람의 구원을 위하여 통치하시는 왕 예수님을 전하고 가르치게 하소서.

ACTS
11
02

믿는 자의 죄 사함과 칭의

그러므로 형제들아 너희가 알 것은 이 사람을 힘입어 죄 사함을 너희에게 전하는 이것이며 또 모세의 율법으로(헬=엔=안에서) 너희가 의롭다 하심을 얻지 못하던 모든 일에도(헬=아포 판튼=모든 일로부터) 이 사람을 힘입어(헬=엔 투토=이 사람 안에서) 믿는 자마다 의롭다 하심을 얻는 이것이라 _행 13:38-39

✝ 핵심 이해하기

바울과 바나바는 구브로 섬를 떠나 밤빌리아 버가에 도착했다. 그들을 곧 바로 험준한 타우로스 산맥을 넘어 비시디아 안디옥에 도착하여 안식일에 회당 예배에 참석했다(13:1-2). 이때 바울은 설교할 기회를 얻고 출애굽의 구원 사건으로부터 예수 그리스도의 부활에 이르기까지 하나님의 구원 역사를 설파했다(13:17-41). 바울의 긴 설교의 결론에 해당되는 것이 38-39절이

다. 이 결론의 핵심을 간단하게 말하면, 예수 그리스도는 모세의 율법이 전혀 할 수 없는 구원을 그를 믿는 자에게 베푸신다는 것이다. 모세의 율법이 사람들에게 제공하지 못하는 두 가지는 죄 용서와 의로운 신분(칭의)이다. 그러나 하나님께서 죽은 자들 가운데서 살려내신 구원자 예수님께서는 이 두 가지를 제공하신다. 그래서 바울은 이 사람, 곧 부활하신 예수 그리스

도를 힘입어 죄 용서가 선포됨을 언급한 것이다(13:38).

예수 그리스도께서 믿는 자들에게 베풀어 주시는 것은 죄 용서만이 아니다. 칭의의 은혜도 베푸신다. 헬라어의 의미를 더욱 정확하게 반영하여 38절을 번역하면, "또한 너희들이 모세의 율법 안에서 의롭다 함을 받을 수 없는 모든 것으로부터, 이 사람 안에서 믿는 모든 자는 의롭다 함을 받는다는 것이다"가 된다. 이것은 모세의 율법이 할 수 없는 일을 죽었다가 다시 살아나신 예수님께서 하셨다는 의미다. 바울의 용어를 사용하여 이것을 다시 표현하면, 어떤 사람도 율법에 순종하여 죄 용서와 칭의의 구원을 얻을 수 없으나, 예수 그리스도를 믿는 자는 죄 용서와 칭의의 구원을 받는다. 바울은 마지막으로 회당 예배에 참석한 자들에게 이 놀라운 구원의 복음을 배척하지 말라는 취지로 선지자의 경고를 언급했다(13:40-41).

이 말씀을 들은 사람들은 다음 안식일에도 말씀을 더 해달라고 부탁했다(13:42). 다음 안식일에 비시디아 안디옥의 시민이 복음의 말씀을 듣고자 다 모였다. 유대인들은 시기와 질투가 가득하여 바울의 설교를 반박하고 비방했다. 그러나 회당 예배에 참석했던 이방인 개종자들은 기쁨으로 복음의 말씀을 수용하고 예수님을 믿었다(13:48). 이들 이방인들은 하나님께서 영생을 주시기로 작정하신 자들이었다.

∝ 한 마디 기도

모세의 율법이 결코 할 수 없는 구원을 죽었다가 다시 사신 주 예수님께서 하시는 것을 확실하게 믿고 당당하게 전파하게 하소서.

A C T S

11 / 03

환란과 하나님 나라

제자들의 마음을 굳게 하여 이 믿음에 머물러 있으라 권하고 또 우리가 하나님의 나라에 들어가려면 많은 환난을 겪어야 할 것이라 하고 _행 14:22

✝ 핵심 이해하기

바울과 바나바는 유대인들의 핍박을 피하여 이방인들의 도성 루스드라와 더베로 왔다(14:5-6). 바울의 일행은 이곳에서 이방인들에게 복음을 전하는 중에, 나면서부터 걸어본 적이 없는 사람을 일어나 걷게 하는 놀라운 기적을 행했다(14:8-11). 그곳 이방인들은 이 기적으로 인하여 바울과 바나바를, 그들을 찾아 방문한 제우스 신과 그의 대변인 헤르메스라고 생각하고, 그들에게 제사를 드리려고 했다. 이 무렵에 안디옥과 이고니온에서 유대인 원정 핍박단이 그곳까지 와서 이방인들을 충동질하여 바울을 돌로 쳐 죽이고자 했다(14:19). 그들은 바울이 돌에 맞아 죽은 줄 알고 성 밖으로 끌어내 버렸다. 바울은 제자들에게 둘러싸여 있을 때에 아무 일도 없었다는 듯이 일어나 성안으로 다시 들어갔다(14:20-21). 그는 다음날 바나바와 함께 데베로 가서 많은 사람들에게 복음을 전하고 그들을 제자로 삼았다. 바울은 계속해서 루스드라와 이고니온과 안디옥으로 돌아다니면서 제자들을 권면했다. 그때 바울이 다시 방문하는 곳마다 권면한 내용이 22절의 말씀이다.

바울의 두 권면 중 첫째 부분은 이 믿음에 계속 머물러 있으라는 것이다. 믿음에 계속 머물러 있는 것은 믿는 일을 중단하지 않고 계속하는 것을 의미한다. 믿음에 계속 머물러 있는 것과 긴밀하게 연결된 두 표현은 주님과 함께 머물러 있는 것(11:23)과 하나님의 은혜 가운데 있는 것(13:43)이다. 세 곳에 사용된 동사들은 동의어로 11장 23절과 13장 43절의 '머물다'(헬=프로스메노오=에게로 머물다)와 14장 22절의 '안에 머물다'(헬=엠메노오.)이다. 믿음 안에 계속 머무는 것은 믿음의 대상이신 주 예수님 안에 머무는 것을 의미한다. 이렇게 예수 그리스도 안에 계속 머물러 있을 때에 하나님의 은혜가 풍성하게 흘러넘친다.

바울의 두 번째 권면은 우리, 곧 바울의 일행과 이방인 신자들 모두는 하나님의 나라에 들어가려면 반드시 많은 환난을 겪어야 한다는 것이다. 보조동사 '반드시 … 하다'(헬=데이)는 예수님의 십자가 고난과 부활의 절대적인 필요성을 예언할 때 사용된 것이다. 예수 그리스도의 수난과 부활이 필수이듯이, 하나님의 영원한 나라에 들어가는 모든 신자의 환난도 필수다. 하나님께서 그의 주권적인 뜻으로 정하신, 절대적으로 필요한 것이다.

사도행전은 복음을 전파하는 사도들과 증인들이 각종 고난과 시련을 필수 과목으로 거쳤음을 보여준다. 바울과 바나바의 1차 선교의 대상자들은 바울과 바나바가 그들에게 복음을 전하는 과정에서 얼마나 많은 시련과 고난을 당했는지 잘 안다. 예수님의 고난 기사가 복음서에 있는 것과 같이 바울의 고난 기사가 사도행전에 있는 것도 우연이 아니다. 바울만이 아니라, 복음의 모든 증인들은 고난의 길을 갔다(사 5:40-41; 요 16:33 "세상에서는 너희가 환난을 당하나"; 딤후 3:11-12). 마지막 날에 하나님 앞에 서는 모든 시대의 모든 신자는 계시록이 표현하는 것과 같이, 큰 환난에서 나온 자들이다(계 7:14).

정리하면 바울의 두 권면은 믿음에 계속 머물라는 것과 모든 신자는 환난을 반드시 겪는다는 것이다. 믿음이 없어서 환난을 겪는 것이 아니라, 믿음을 지키려고 하기 때문에 환난을 겪는 것이다. 하나님의 자녀들은 이러한 환난들을 통하여, 자신은 하나님 나라의 시민이며 영원한 나라에 들어가게 될 것을 확신하게 된다.

 한 마디 기도

환란이 없는 믿음이 아니라, 어떠한 환란도 극복하고 이기는 믿음을 허락하소서.

믿음과 가족의 구원

ACTS
11/04

이르되 주 예수를 믿으라 그리하면 너와 네 집이 구원을 받으리라 하고 _행 16:31

✝ 핵심 이해하기

바울과 실라는 빌립보에서 여러 주인들이 공동으로 소유하는 점치는 귀신 들린 여종에게서 귀신을 내쫓았다. 그 결과 주인들은 바울과 실라를 잡아 시장에 있는 재판대에 세웠다(16:19). 바울과 실라는 로마인들의 사회적인 풍습에 반하는 것을 시민에게 가르쳤다는 죄를 뒤집어쓰고 매질을 당한 후에 투옥되었다. 그들은 그날 밤 한밤중에 발이 차꼬에 매인 채로 기도하며 하나님을 찬양했다. 이 광경을 목격한 죄수들은 귀를 기울여 그들의 찬양을 경청했다. 이 순간에 큰 지진이 일어나 모든 죄수들이 탈출하는 데 필요한 것들만 열리는 역사가 있었다. 다시 말해서 옥문이 열리고 그들을 얽어매었던 사슬들이 다 풀어진 것이었다(16:25-26). 누가 봐도, 이 놀라운 기적은 두 선교사의 기도와 찬양에 대한 하나님의 응답이었다.

그러나 기적의 두 당사자 바울과 실라가 탈출할 생각을 하지 않았으므로 나머지 죄수들도 감히 탈출할 생각을 하지 못하고 그곳에 남아 있었다. 자다가 깬 교도관은 옥문들이 열린 것을 보고 죄수들이 도망한 것으로 단정하고 칼을 빼어 자결하려고 시도했다. 이때 바울은 큰 소리를 쳐 그가 자결하지 못하게 막았다. 그러자 교도관은 뛰어 들어와 바울과 실라 앞에 무서워 떨며 엎드리고는, 그들을 밖으로 데리고 나가면서 자신이 어떻게 해야 구원을 받겠느냐고 물었

다(16:30). 이때 그들은 "주 예수를 믿으라. 그리하면 너와 네 집이 구원으로 받으리라"고 대답했다.

하나님께서는 지진 사건을 통하여 교도관과 그의 가정을 구원하셨다(16:33-34). 뿐만 아니라, 그곳에 있던 죄수들에게 하나님에 대한 좋은 인상을 남겼다. 이 사건의 결과로 바울과 실라는 빌립보의 집정관들에게 당당하게 그들의 무죄를 주장하며 그들의 호송을 받고 감옥에서 나오게 되었다(16:36-39). 그리스도를 위해서 감옥에 갇히는 고난을 달게 받은 바울과 실라를 통해서 하나님께서는 간수와 그의 온 가족을 구원하셨다. 가장의 결정이 온 가족의 결정인 철저한 가부장적인 사회에서 가장이 예수님을 믿는 것은 온 가족이 예수님을 믿게 되는 결정적인 계기가 되었다. 하나님께서는 또한 믿는 한 가족을 통해서 온 가족을 구원하기를 원하신다.

∝ 한 마디 기도

아직도 혼자만 믿는 자들의 가족이 주님께 돌아오게 하소서.

바울의 비장한 각오

보라 이제 나는 성령에 매여 예루살렘으로 가는데 거기서 무슨 일을 당할는지 알지 못하노라 오직 성령이 각 성에서 내게 증언하여 결박과 환난이 나를 기다린다 하시나 내가 달려갈 길과 주 예수께 받은 사명 곧 하나님의 은혜의 복음을 증언하는 일을 마치려 함에는 나의 생명조차 조금도 귀한 것으로 여기지 아니하노라 _행 20:22-24

✝ 핵심 이해하기

바울은 오순절의 절기가 시작되기 전에 예루살렘에 도착해야 했다. 그래서 그는 시간을 단축하기 위해서 지난 3년간 사역했던 에베소를 방문하는 대신에, 그곳 장로들을 밀레도로 초청하여 만났다(20:17-18). 이때 바울은 에베소 교회의 장로들에게, 지난 3년간의 사역을 회상하면서 여러 가지 권면과 당부를 했다(20:18-35).

본문은 예루살렘으로 올라가는 바울 자신의 당당한 결의와 각오를 잘 보여준다. 성령에 이끌림을 받아 예루살렘으로 올라가는 바울은 그 길이 결박과 환난의 길이라는 것은 알았지만 어떻게 결론이 날 것인지는 알지 못했다(20:22-23).

바울은 이러한 상황에서도 지금까지 예수 그리스도의 증인으로 살아왔던 것과 같이 달려갈 길, 곧 예수 그리스도의 복음을 증거하는 사명의 길을 갈 것이라고 선언했다. 예루살렘에 올라가는 길은 자신의 복음적인 사명을 완수하는 길이므로 자신의 생명을 조금도 아끼지 않을 것이라고 선언했다.

바울은 에베소 교회의 장로들에게 선언한 것과 같이, 예루살렘에 올라가서 억울하게 고난을 받는 과정에 5번에 걸쳐 예수 그리스도를 증거하고 전했다. 그것도 부족해서 마지막에는 사슬에 매인바 되어 로마로 호송되었을 때, 그곳에

서도 자신을 찾아오는 유대인들에게 예수 그리스도의 복음을 전했다.

사실 사도행전 13-28장은 바울을 중심으로 한 이방 선교의 장이라고 해도 과언이 아니다. 사도행전의 절반이 바울의 1-3차 선교 사역을 다룬다.

이것을 크게 두 부분으로 나누면 13-20장과 21-28장으로 나누어진다. 13-20장의 핵심은 예수 그리스도의 복음을 전파하는 과정에서 바울과 그의 일행이 고난을 받은 것이다. 21-28장의 핵심은 바울이 고난을 받으면서 예수 그리스도의 복음을 전파한 것이다. 13-20장의 핵심 주제가 복음 전파이고 부주제가 고난이라면, 역으로 21-28장의 핵심 주제는 고난이고 부주제는 복음 전파다.

바울은 다메섹에서 예수 그리스도에게 붙잡힌바 된 순간부터 순교의 제물이 되기까지 약 25년 이상을 오로지 한 길로 갔다. 그것은 예수 그리스도의 복음을 전파하는 사명의 길이었다. 바울만큼 예수 그리스도의 복음을 전파하는 과정에서 고난과 시련을 당한 사람이 없을 것이다. 하지만 바울이 언제나 가졌던 확신은, 복음의 증인은 사슬에 매일지라도 복음은 결코 매이지 않는다는 것이었다(딤후 2:9 "복음으로 말미암아 내가 죄인과 같이 매이는 데까지 고난을 받았으나

하나님의 말씀은 매이지 아니하니라").

 한 마디 기도

삶의 현장 어디서나 예수 그리스도의 복음을 증언하는 사명을 날마다 감당하게 하소서.

ACTS
11
06

법이 막을 수 없는 복음 전파

하나님의 나라를 전파하며 주 예수 그리스도께 관한 모든 것을 담대하게 거침없이(헬=아콜리토스=아무런 법적인 제재를 받지 않고) 가르치더라 _행 28:31

✛ 핵심 이해하기

바울은 로마 황제의 공정한 재판을 받기 위해서 로마로 안전하게 호송되었다. 바울은 로마에서 2년간 가택연금을 받는 상태에서 자신을 찾아오는 사람들에게 예수 그리스도의 복음을 전했다(28:30). 바울을 감시하고 지키는 군인이 그와 24시간 상주했으므로 그는 더 이상 신변의 위협을 받을 염려나 걱정을 할 필요가 없었다. 그는 지금까지 복음을 전파하는 과정에서 이렇게 안전한 보호를 받을 때는 거의 없었다. 이제는 그가 사람들을 찾아갈 필요도 없었다. 많은 사람들이 그에게 와서 복음의 말씀을 들었던 것이다.

그가 가택연금 상태에서 2년간 한 일은 그를 찾아오는 모든 사람에게 하나님의 나라를 선포하고 주 예수 그리스도에 관한 모든 것을 가르치는 일이었다.

사도행전 1장에서 하나님 나라와 예수 그리스도의 십자가와 부활 사건이 아주 밀접하게 관련이 있듯이, 28장에서 하나님 나라와 예수 그리스도에 관한 모든 것도 서로 밀접하게 연관된

다. 사도행전에서는 예수 그리스도의 복음을 전파하는 것이 곧 하나님 나라를 전파하는 것이다(8:12; 19:8; 20:25; 28:23, 31). 이 둘의 긴밀한 관계를 가장 가까이에서 보여주는 구절은 23절이다("바울이 아침부터 저녁까지 강론하여 하나님의 나라를 증언하고 모세의 율법과 선지자의 말을 가지고 예수에 대하여 권하더라").

주목할 마지막 내용은 사도행전의 마지막 단어 '거침없이'(헬=아콜리토스=아무런 법적인 제재를 받지 않고)다. 애석하게도 '거침없이'란 말은 '담대하다'와 거의 동의어다. 하지만 이 단어는 '거침없다'와는 관계가 없는 헬라어 '아콜리토스'를 번역한 것이다. 이 부사는 '법의 금지를 받지 않고 또는 법적인 제재를 받지 않고'란 뜻이다. 이것은 바울의 하나님 나라 전파, 곧 예수 그리스도의 복음을 전파하고 가르치는 것이 로마 당국의 사법적인 제재의 대상이 아니었음을 의미한다. 예수 그리스도의 복음은 결코 불법이 아니란 말이다. 바울이 전파하는 복음이 반사회적이고 반로마적이라는 오해를 받은 것은 사실

이지만, 한 번도 로마 법정에서 불법으로 판결을 받은 적이 없다. 그러므로 복음의 전파는 사법적인 통제의 대상이 될 수는 없다.

이제 복음이 죄수 바울을 통해 로마까지 와서 어떠한 법적인 제재 없이 이곳에서 전파되고 있으니, 로마와 연결된 땅 끝에서도 불법으로 간주될 수 없음은 분명하다. 이 사실은 세상의 어떤 나라나 단체가 예수 그리스도의 복음을 불법으로 간주한다고 할지라도 불변하는 진리다.

⚓ 한 마디 기도

하나님의 자녀들이 복음 때문에 고난을 받을지언정, 각종 불법을 행하여 복음이 법의 제재를 받는 일이 일어나지 않게 하소서.

로마서 핵심구절
이해하고 기도하기

믿음으로 사는 의인

복음에는 하나님의 의가 나타나서 믿음으로(헬=에크=부터) 믿음에 이르게 하나니 기록된바 오직(헬=데=그러나) 의인은 믿음으로 말미암아 살리라 함과 같으니라(합 2:4을 인용함) _롬 1:17

 **핵심 이해하기**

"의인은 믿음으로 살리라"는 말은 우리가 잘 아는 유명한 말이다. 16세기의 종교개혁은 마틴 루터가 이 진리를 깨달은 것에서 시작되었다고 할 수 있다. 그러나 이 문장을 아는 것과 그 뜻을 아는 것은 별개다. 이 말씀은 사람이 율법의 행위가 아니라, 오직 믿음으로 의인이 된다는 뜻으로 이해된다. 물론 그러한 뜻을 전제하지만, 그것을 분명하게 의미하지는 않는다. 사도 바울은 복음 안에서 하나님의 의가 시작부터 끝까지 믿음으로 계속 나타난다고 진술한다. 주목할 표현 "믿음으로 믿음에 이르게"는 헬라어 문구 "믿음으로부터 믿음으로"(헬=에크 피스테오스 에이스 피스틴=믿음에서 믿음으로)를 번역한 것이다.

이것은 복음 안에서 하나님의 의가 나타나는 방식을 말한다. 다시 말해서 복음 안에서 제공되는 하나님의 의는 그 처음도, 그 과정도, 그 결말도 믿음으로 나타난다.

바울은 이 주장을 뒷받침하기 위해서 하박국 2장 4절을 인용했다. 하박국의 관련 내용은 "보라. 그의 마음은 교만하여 그 속에서 정직하지 못하나 의인은 그의 믿음으로 말미암아 살리라"이다. 여기서 의인은 마음이 교만하고 정직하지 못한 거짓된 악인들과 대조된다(합 1:13). 의인은 이러한 거짓된 악인들과 구별되게 그의 신실함(히=에무나), 곧 여호와 하나님을 믿고 따르는 신실함으로 산다. 의인은 여호와 하나님을 믿고 의지하므로 언약에 충실한 삶을 산다. 바울은 이 구절을 인용하여 예수 그리스도를 믿어 하나님으로부터 의인의 신분을 받은 자들은 동일한 믿음으로 산다고 선언한 것이다.

바울이 앞부분에서 말한 복음 안에서 계속적으로 나타나는 하나님의 의는, 신자에게 의인의 신분을 수여하는 것만으로 끝나지 않고, 동일한 믿음으로 그의 의로운 신분에 합당한 의로운 성품을 가지고 의로운 행위를 하도록 돕는다. 그러므로 신자가 믿음으로 의인의 신분을 얻는 것은 새로운 삶의 시작이지 그 완성이 아니다. 신자는 의인의 신분을 얻었으므로 이제야 비로소 새로운 삶을 살 수 있게 되었다. 그런데 이 새 삶은 의로운 성품과 의로운 행위를 추구하는 삶이다. 이 삶 역시 동일한 믿음으로 가능하다. 의인은 믿음으로 산다는 말씀은 바로 이러한 의미를 가진다. 그 구체적인 삶의 내용은 6-8장과 12-16장에 나온다.

∝ 한 마디 기도

믿음으로 의인의 신분을 얻은 신자는 동일한 믿음으로 살아야 한다는 진리를 모든 신자가 깊이 깨닫고 실천하게 하소서.

ROMANS
11/08

각 지체를 하나님께 드리는 삶

이와 같이 너희도 너희 자신을 죄에 대하여는 죽은 자요 그리스도 예수 안에서 하나님께 대하여는 살아 있는 자로 여길지어다 그러므로 너희는 죄가 너희 죽을 몸을 지배하지 못하게 하여 몸의 사욕에 순종하지 말고 또한 너희 지체를 불의의 무기로 죄에게 내주지 말고 오직 너희 자신을 죽은 자 가운데서 다시 살아난 자 같이 하나님께 드리며 너희 지체를 의의 무기로 하나님께 드리라 죄가 너희를 주장하지 못하리니 이는 너희가 법 아래에 있지 아니하고 은혜 아래에 있음이라 _롬 6:11-14

✝ 핵심 이해하기

죄가 더한 곳에 은혜가 더욱 넘쳤다는 5장 20절의 진술은 누구나 쉽게 오해할 수 있는 구절이다. 그래서 바울은 이러한 오해를 가정하고 6장에서 이 문제를 다룬 것이다. "은혜를 더하게 하려고 죄에 거하겠느냐?"라는 질문에 대한 바울의 단호한 답은 "결코 그럴 수 없다"는 것이다(6:1-2). 왜냐하면 그리스도와 연합한 신자는 죄에 대하여 죽었으므로 죄 가운데 살 수 없다(6:2). 3-10절은 신자가 그리스도의 죽으심과 부활과 연합한 것이 가지는 의미에 대한 구체적인 설명이다. 신자는 죄에 대하여 단번에 죽으시고 부활하심으로 살아계시는 그리스도와 연합한 자다. 그러므로 신자는 죄에 대하여는 죽은 자요, 하나님께 대하여는 산 자로 간주되어야 한다(6:11).

신자가 죄에 대하여 죽는 것과 하나님께 대하는 사는 삶의 구체적인 내용은 무엇인가? 12-13절은 이에 대한 구체적인 설명을 제공한다. 신자가 죄에 대하여 죽는 것은 죄가 죽을 몸을 지배하지 못하게 하고, 몸의 각 지체를 불의를 행하는 도구로 죄에게 내어 주지 않는 것을 의미한다. 반면 신자가 자기 자신을 하나님께 산 자로 드리는 삶은, 예수님의 부활 생명으로 중생한 신자의 신분에 합당하게 자신의 각 지체를 의를 행하는 도구로 하나님께 드리는 것을 의미한다. 14절은 신자가 왜 이와 같이 살아야 하는지에 대한 근거와 이유를 제시한다. 그것은 신자는 법 아래, 곧 죄와 사망의 지배 아래 있지 아니하고, 은혜의 지배 아래 있기 때문이다.

신자의 몸은 아직 그리스도와 같이 부활의 영광을 입지 못했으므로 죄를 범할 수 있으므로 죄의 몸이요(6:6), 아직 죽음을 벗지 못했으므로 죽을 몸이다(6:12; 7:24). 그러나 죄는 원칙적으로 죽었다가 다시 살아나신 그리스도와 연합한 신자를 지배하고 다스릴 수 없다. 신자는 그리스도 밖에 있었을 때에 죄의 다스림을 받아 사망 가운데 있었으나, 이제는 믿음으로 그리스도와 연합되어 은혜의 통치와 다스림을 받아 그리스도의 의 가운데서 살 수 있다(5:21). 이것은 신자 속에 시작된 예수 그리스도의 부활하신 새 생명의 표현이다. 성령님께서는 신자가 죄악 된 옛 삶을 버리고 새로운 삶을 살도록 도우신다(7:6; 8:4-6, 12-14).

∝ 한 마디 기도

예수님의 부활 생명으로 살아난 신자로서, 날마다 죄에 대하여 죽고 의에 대하여 하나님 앞에서 살게 하소서.

ROMANS

11/09

거룩함에 이르는 신자의 의로운 삶

너희 육신이 연약하므로 내가 사람의 예대로 말하노니 전에 너희가 너희 지체를 부정과 불법에 내주어 불법에 이른 것 같이 이제는 너희 지체를 의에게 종으로 내주어 거룩함에 이르라 _롬 6:19

✝ 핵심 이해하기

모든 신자는 과거에 죄의 종으로 살았다. 그러나 이제는 죄와 반대되는 의의 삶을 살 수 있다. 이것은 신자가 죄와 사망의 지배로부터 벗어나 은혜와 생명 가운데 있기 때문이다. 15절은 그리스도와 연합한 신자는 은혜의 통치 아래 있으므로 죄 가운데 살 수 없다고 주장한다. 16절은 서로 상반된 삶과 그 결과를 원리적으로 진술한다. 사람은 누구에게 순종하든지 순종하는 자의 종이다. 죄에게 순종하면 죄의 종이고, 의에게 순종하면 의에게 종이다. 죄의 종으로 사는 삶의 결과는 사망이나, 복음에 순종하면 의에 이른다.

17-18절은 죄의 종이었던 우리가 우리에게 전파된 교훈의 본, 곧 복음 진리에 마음의 중심으로 순종함으로써, 죄의 종에서 해방되어 의에게 종이 되었다고 선언한다. 19절은 이에 대한 결론으로 과거와는 구별된 새 삶을 살아야 함을 구체적으로 교훈한다. 예수님을 믿기 전인 과거

의 삶은, 죄의 종으로 각 지체를 부정과 불법에 내주어 더 깊은 불법에 종속되게 했다. 이제는 죄의 종속으로부터 해방되어 의에게 종이 되었으므로, 각 지체를 의에게 종으로 드려 거룩함에 이르는 삶을 살아야 한다. 신자의 새로운 삶은 죄의 종이었을 때에는 상상할 수 없는, 불가능한 삶이다.

여기서 죄의 종이란 표현과 반대되는 '의에게 종'이란 표현의 뜻과 '의의 종'이란 표현의 의미가 미묘하게 다른 것을 주목할 필요가 있다. 죄의 종은 언제나 죄가 시키는 대로 몸의 각 지체가 움직이고 활동한다. 이와 같이 의의 종은 언제나 의가 시키는 대로 몸의 각 지체가 움직이고 활동한다. 그러나 '의에게 종이 된' 경우는 의에게 완전한 종이 된 것이 아직 아니다. 그러므로 반드시 의에게 순종하지는 않는다. 몸의

각 지체가 의에게 순종하고 복종하는 것이 타당하지만, 죄짓는 일에 길들여졌으므로 자연스러운 순종이 되지 않는다. 몸의 각 지체 속에 거하는 죄의 지배를 거부하게 하는 은혜의 다스림과 지배를 받을 때, 의에게 순종하는 것이 실제적으로 가능하다. 신자는 과거의 '죄의 종'의 신분에서 현재의 과도기적인 신분 '의에게 종'을 거쳐서 마지막 날에 '의의 종'의 신분을 가지게 될 것이다. 그러므로 신자는 몸의 각 지체를 의에게 종으로 내주어 거룩함에 이르는 반복적인 삶을 살아야 한다.

∝ 한 마디 기도

부활하신 예수님과 연합한 신자는 더 이상 죄의 종이 아니니, 몸의 각 지체를 죄가 아니라 의의 도구로 계속 드려 거룩함에 이르게 하소서.

ROMANS

11/10 성령으로 사는 하나님의 자녀

그러므로 형제들아 우리가 빚진 자로되 육신에게 져서 육신대로 살 것이 아니니라 너희가 육신대로 살면 반드시 죽을 것이로되 영으로써 몸의 행실을 죽이면 살리니 무릇(헬=호쏘이 갈=왜냐하면 누구든지) 하나님의 영으로 인도함을 받는 사람은 곧 하나님의 아들이라(이기 때문이다) _롬 8:12-14

✝ 핵심 이해하기

예수님의 부활 생명으로 살아난 신자는 더 이상 육신의 지배 영역에 속한 자가 아니다. 신자는 그 대신에 성령의 지배 영역 안에 있다. 신자는 죄악 된 육신의 통치 아래 있을 때에는 육신이 시키는 대로 할 수밖에 없었다(8:8). 그러나 이제는 신자 속에 내주하시는 성령의 지배 영역 아래 있다. 그러므로 당연히 모든 신자는 성령

의 인도와 통치를 받아야 한다. 12절은 이와 관련된 놀라운 진술을 한다("우리가 빚진 자로되 육신에게 져서 육신대로 살 것이 아니니라"). 이것을 헬라어 본문에 충실하게 번역하면 "우리가 빚진 자이나 육신대로 살기 위해서 육신에게 빚진 자가 아니다"가 된다. 우리가 빚진 자인데 육신에게 빚진 자가 아니라는 말은 우리는 육신이

아닌 다른 이에게 빚진 자란 말이다. 문맥에 비추어 볼 때 '신자는 성령대로 살기 위해서 성령에게 빚진 자'라는 뜻이다. 바울은 이 진리를 강조하고자 했다. 그래서 바울은 13-14절에서 이 진리를 분명하게 한다.

신자들이 더 이상 육신에게 빚진 자가 아닌데 육신대로 살면 어떠한 일이 일어날 수 있는가? 그때는 '반드시 죽는' 일이 일어날 수 있다. '반드시 죽는다'는 헬라어 본뜻은 '죽게 될 것'이다. 한글 번역의 의미는 헬라어 본문보다 더 강하다. 이것은 6절의 "육신의 생각은 사망이다"는 것과 관련된다. 만일 신자가 계속해서 죄악된 육신에 속한 사람과 같이 육신을 따라 살면 그 사람은 여전히 영적인 죽음의 상태에 있는 것이다. 이러한 영적인 죽음 상태가 지속되면 결국은 영원한 죽음으로 가게 된다.

그러나 신자는 성령대로 살기 위해서 성령에게 빚진 자이므로, 당연히 성령의 인도와 지도를 받아 몸과 각 지체의 죄악된 행실들을 죽여야 한다. 신자가 이렇게 성령의 지배와 인도에 따라 몸의 죄악된 행실들을 죽일 때에, 몸의 각 지체는 예수님의 부활 생명을 부분적으로 체험할 것이다. 그리고 마지막 날에는 성령의 역사로 신자의 죽을 몸이 영원히 죽지 않을 몸으로 바뀔 것이다.

14절은 성령의 인도를 지속적으로 받는 자가 누구인지 설명한다. 하나님의 모든 자녀들은 예외 없이 성령의 인도를 받아야 한다. 신자 속에는 하나님의 아들의 성령이 내주하신다. 내주하시는 성령님께서는 예수님의 부활 생명이 그들의 죄악된 몸, 곧 죽을 몸에도 나타나길 원하신다. 성령의 계속적인 인도를 받는 사람들은 자

신들이 하나님의 자녀임을 입증하는 것이다. 이미 예수님의 부활 생명으로 살아난 신자들의 몸도 마지막 날에 동일한 부활 생명으로 살아나게 될 것이다. 신자는 이미 그들의 죽었던 영이 예수님의 부활 생명으로 살아난 사건과, 앞으로 그들의 죽을 몸도 예수님의 부활 생명으로 살아날 사건 사이에 놓여 있다(8:10). 신자는 이미 주어진 생명과 앞으로 얻게 될 생명 사이에 놓여 있는 것이다. 신자는 이러한 긴장의 상태에서 성령의 인도를 받아 몸의 죄악된 행실들을 죽이는 삶을 살아야 한다. 이것은 신자에게 이미 주어진 생명의 자연스러운 표현이면서 동시에 내주하시는 성령의 역사에 대한 그들의 거룩한 의무다.

한 마디 기도

하나님의 자녀 모두가 내주하시는 성령에게 빚진 자로서, 날마다 성령의 인도를 받아 몸의 죄악된 행실을 죽이며 살게 하소서.

구원에 이르는 신앙고백

네가 만일 네 입으로 예수를 주로 시인하며 또 하나님께서 그를 죽은 자 가운데서 살리신 것을 네 마음에 믿으면 구원을 받으리라 (헬=갈=왜냐하면) 사람이 마음으로 믿어 의에 이르고 입으로 시인하여 구원에 이르느니라(이르기 때문이다) _롬 10:9-10

✚ 핵심 이해하기

많은 신자가 이 구절을 암송하거나 잘 알고 있다. 여기서 주목할 두 단어는 각각 두 번 반복된 '입'과 '마음'이다. 9절에는 '입'이 먼저 나오고, '마음'이 뒤에 나온다. 반면 10절에는 반대로 '마음'이 먼저 나오고 '입'이 뒤에 나온다. 이렇게 '입'과 '마음', '마음'과 '입'이 나오는 것은 8절이 신명기 30장 14절을 인용하는 것과 밀접한 관계가 있다. 8절은 하나님의 말씀을 바로 대하는 구체적인 방법으로 '입'과 '마음'을 언급한다. 모세 언약이 하나님의 백성에게 요구하는 언약적인 순종은 그 자체가 불가능하지 않다. 왜냐하면 하나님께서 요구하신 구체적인 방법을 활용하면 가능하기 때문이다. 그 구체적인 세 방법은 먼저 언약의 말씀(법도)을 점점 더 가깝게 하는 것이고, 다음은 '입'에 있게 하는 것이고, 마지막은 '마음'에 있게 하는 것이다. 바울은 그가 전파하는 믿음의 말씀, 곧 복음이 이와 같은 동일한 방식으로 수용되어야 할 것을 분명하게 한 것이다.

9-10절은 이것을 신앙고백에 구체적으로 적용한 것이다. '입'과 '마음', '마음'과 '입'의 관계를 신앙고백과 연결하여 지적한, 중요한 사실 두 가지가 있다. 하나는 신앙고백은 입술의 고백을 통해 공적으로 표현돼야 한다는 것이다. 하나님께서 죽은 자 가운데서 다시 살리신 예수 그리스도를 주님으로 인정하는 것은 반드시 입술의 고백을 통해서 공적으로 표현되어야 한다. 이때 공적인 고백은 마음 중심의 내적인 고백을 반영해야 한다. 입술의 공개적인 고백이 마음 중심의 인정과 고백을 반영하는 것이 아니면, 그것은 참된 신앙고백이 될 수 없다. 마음이 예수 그리스도를 주님으로 인정하지 않고 믿지 않는데 입술로만 주 예수를 그리스도라고 인정하고 고백하는 것은 하나님 앞에서 진정성을 인정받을 수 없다. 역으로 마음 중심으로는, 예수 그리스도를 죽었다가 다시 살아나신 하나님의 아들로 인정하는 것을 입술의 고백으로 표현하면 핍박과 압박에 심한 곳에서는 엄청난 불이익이 있다. 그렇다고 해서 마음으로만 인정하고 입술로 고백하지 않는다면 하나님께서 인정하시는 참된 신앙고백이라고 할 수 없다. 예수님께서 제자들에게 말씀하신 것과 같이 참된 신앙고백은 심지어 원수들 앞에서도 예수 그리스도를 구원자와 주님으로 인정하는 것이다(마 10:32-33). 이와 같이 마음의 중심도, 입술도 예수 그리스도를 믿고 고백할 때, 그것이야말로 구원에 이르는 신앙고백인 것이다. 신자는 이런 성격의 신앙고백으로 의롭다 함을 받는 것이다.

⭕ 한 마디 기도

마음의 중심으로 인정한 예수님을 입술의 공개적 고백을 통해 나의 주 그리스도로 선포하게 하소서.

CORINTHIANS

고린도전후서 핵심구절
이해하고 기도하기

1 CORINTHIANS 11/12

십자가의 도와 하나님의 능력

(헬=갈=왜냐하면) 십자가의 도가 멸망하는 자들에게는 미련한 것이요 구원을 얻는 우리에게는 하나님의 능력이라(이기 때문이다) _고전 1:18

✝ 핵심 이해하기

바울은 17절에서 하나님께서 그를 고린도인들에게 보낸 목적은 그들에게 세례를 베푸는 것이 아니라, 그리스도의 좋은 소식을 전파하기 위함이라고 밝혔다. 바울은 이어서 그리스도의 십자가가 헛되게 않게 하려고 인간적인 말의 지혜로 복음을 선포하지 않는다고 선언했다. 18절은 이 주장에 대한 이유와 근거를 제시한다. 18절의 십자가는 막연한 십자가가 아니라, 17절에 언급된 그리스도의 십자가다. 그리스도의 십자가의 도는 그리스도의 십자가를 선포하는 복음을 가리킨다. 그러나 그리스도의 십자가의 도(복음)는 사람에 따라 전혀 다르게 인식된다. 멸망하는 자들에게 그리스도의 십자가의 복음을

선포하는 것은 그 자체가 미련한 것이다(1:21-전도의 미련한 것). 십자가에 못 박힌 그리스도를 선포하는 것은 믿지 않는 유대인들에게는 거리끼는 것이요, 멸망하는 이방인에게 미련한 것이다(1:23). 그러나 구원을 받고 있는 신자들에게는 하나님의 능력이다(1:18).

사실 유대인들이든 이방인들이든 누구든지 믿는 자에게는, 십자가에 못 박혔다 살아나신 그리스도는 하나님의 능력과 하나님의 지혜다(1:24). 이러한 인식은 역사적으로 볼 때 예수님께서 십자가 위에 달려 있으실 때에는 불가능했다. 예수님을 빌라도에게 넘겨 준 유대 종교지도자들과 유대인들, 그리고 그의 십자가 처형을

집행한 로마인들에게 십자가 위에 달리신 예수님은 무능함과 어리석음과 수치 자체였다. 당시 예수님께서 하나님의 아들 그리스도이기 때문에 십자가 위에 달려 있다고 생각한 사람은 전혀 없었다. 십자가 위에 달리신 예수님께서 참 능력과 참 지혜를 가지셨다고 고백한 사람은 없었다. 오직 예수님만이 그의 지혜와 지식을 무지함과 어리석음으로, 그의 능력과 권세를 무능함과 무기력함으로 위장하여 유대인의 왕과 하나님의 아들 그리스도로 십자가 위에서 구원의 대역사를 이루는 것이라고 생각하셨다. 그러나 이제는 십자가의 도를 수용한 모든 신자도 예수님의 생각에 동의하고 동참한다.

예수 그리스도의 십자가를 하나님의 능력과 지혜로 날마다 체험하며 살게 하소서.

1 CORINTHIANS 11/13 성령의 능력과 십자가의 복음 전파

내 말과 내 전도함이 설득력 있는 지혜의 말로 하지 아니하고 다만 성령의 나타나심과 능력으로 하여 너희 믿음이 사람의 지혜에 있지 아니하고 다만 하나님의 능력에 있게 하려 하였노라 _고전 2:4-5

✝ 핵심 이해하기

유대인들은 표적을 구하고 헬라인들은 인간의 탁월한 지혜를 찾는다. 바울은 이러한 사실을 너무나 잘 알고 있었다. 만일 바울이 세상의 방식으로 그리스도의 복음을 전하기 원했다면, 그에게는 유대인들과 헬라인들 모두가 환영하는 방식을 사용할 수 있는 충분한 능력과 실력이 있었다. 그는 유대와 헬라의 학문에 능통한 자였기 때문이다. 그러나 바울은 예수님의 십자가 복음에 충실하고자 이러한 세상적인 방식을 배척했다.

십자가에 못 박히신 그리스도를 선포하는 메시지는 유대인들에게는 걸림돌이며, 헬라인들에게는 미련한 것이었다. 십자가의 도가 유대인들에게 걸림돌이었던 것은, 하나님의 아들 그리스도가 십자가 위에서 고난과 저주를 받는다는 것을 상상할 수 없었기 때문이다. 십자가의 도가 헬라인들에게 미련함과 어리석음이었던 것은, 그들의 문학과 언어에서 '십자가'라는 단어는 야만적이고 저속한 것이었기 때문이다.

바울은 헬라의 철학과 찬란한 문화를 자랑하는 고린도인들에게 복음을 전할 때에 그들이 선호하는 말과 지혜의 아름다운 것(탁월한 것)으로 하지 않았다(2:1). 이것은 4절에서 '설득력 있는 지혜의 말'로 다르게 표현되었다. 이것은 헬라의 철학자들과 사상가들이 논쟁하거나 연설을 할 때 그들이 자랑스럽게 애용하는 현란한 수사학적인 기법을 가리킨다. 그러나 이러한 것은 하나님께서 믿는 자들을 구원하실 때 기뻐 사용하셨던 십자가 복음의 미련함과는 어울리지 않았다(1:21). 그래서 바울은 그들 가운데 오직 예수 그리스도, 곧 십자가에 달린 그리스도를 전할 때에 십자가의 무능함과 어리석음을 보여주는 방식을 택한 것이다. 그 결과 바울은 그들 앞에서 약하고 두려워하고 심히 떨었다(2:3). 바울은 십자가와 가장 잘 어울리는 연약함과 나약함을 택하여 성령 하나님의 능력이 나타나는 것을 의지하고 믿었다(2:4). 그래야 사람들이 하나님의 능력을 힘입어 예수 그리스도를 믿을 수 있기 때문이다(2:5). 누구도 성령 하나님의 도우심이 없이는 십자가의 복음을 이해할 수 없고, 믿을 수도 없다(2:12-14).

한 마디 기도

성령의 나타나심과 능력으로만 깨닫고 받아들일 수 있는 십자가의 복음을 성령의 지혜와 능력으로 선포하게 하소서.

몸으로 하나님께 영광

너희 몸은 너희가 하나님께로부터 받은 바 너희 가운데 계신 성령의 전인 줄을 알지 못하느냐 너희는 너희 자신의 것이 아니라 값으로 산 것이 되었으니 그런즉 너희 몸으로 하나님께 영광을 돌리라
_고전 6:19-20

✝ 핵심 이해하기

고린도 교회는 성령의 각종 은사가 충만했던 동시에 문제가 가장 많았다. 교회가 직면한 문제들 가운데 가장 두드러진 것 하나는 성적인 부정함의 문제였다. 교인 중에 부친의 아내를 자기 아내로 삼은 자까지 있었다(5:1). 고린도 교회는 이 사람으로 인하여 부끄러워하기보다는 오히려 자랑스럽게 생각했다(5:2, 5). 이와 같은 행동의 배경은, 인간의 영만 구원의 대상이고 몸은 아니므로 몸의 어떠한 행동도 영혼의 구원에 영향을 끼치지 못한다는 잘못된 헬라 사상이었다. 영은 이미 구원을 받았고 악한 물질에 속한 육은 결코 구원의 대상이 아니므로, 심각한 성적인 부도덕도 죄가 될 것이 없다고 본 것이다. 그러나 대부분의 교인들은 실제적인 행동으로 이러한 사상을 구체화할 정도로 대범하지는 못했다. 그래서 한 교인이 부친의 아내를 자기 아내로 삼았을 때 고린도 교회의 교인들은 그를 대단하다고 여기며 자랑스러워 했던 것이다. 바울은 이 사람을 추방하라고 했다(5:13).

바울은 불의를 행하는 자가 마지막 날에 하나님의 나라를 유업으로 받지 못할 것이라고 경고했다(6:9). 불의를 행하는 사람들에 포함된 자들 중에 부각된 사람은 성적인 부도덕과 관련된 자들이다(음행하는 자, 간음하는 자, 탐색하는 자, 남색하는 자). 바울은 예수님을 믿기 전에 이와 같은 죄악에 빠졌던 자들이 성령 안에서 씻음과 거룩함과 의롭다 함을 받았다고 밝혔다(6:11). 바울은 음식과 음행의 문제를 거론하면서 그들의 몸은 주님을 위한 것이라고 했다(6:13). 그뿐만 아니라, 신자의 몸은 그리스도의 지체이므로 그 몸을 창녀와 하나가 되어 창녀의 몸이 되게 할 수는 없다고 했다(6:15). 신자는 모든 종류의 죄를 피해야 하지만, 더욱더 힘써 피해야 할 죄는 모든 종류의 성적인 죄악이다(6:18). 그 이유는 신자의 몸이 예수 그리스도께서 피 흘려 사신 것이며, 성령 하나님의 성전이기 때문이다(6:19-20). 그러므로 몸은 하나님께 영광을 돌리는 도구로 사용돼야 한다.

바울의 이와 같은 가르침은 몸이 물질에 속하였다고 하여 천히 여기고 하나님은 물질과는 아무런 관계가 없는 신으로 생각했던 고린도교인들에게 충격적인 말이다. 몸은 이와 같이 그

리스도의 구속의 대상이고, 성령 하나님의 전이다. 그러므로 몸으로 하는 모든 일은 하나님 앞에서 중요하지 않은 일이 하나도 없다. 모든 신자는 그리스도의 재림 때에 있을 마지막 심판날에 그들이 선악 간에 몸으로 행한 일에 대하여 심판을 받을 것이다(고후 5:10). 그러므로 신자는 몸으로 무엇을 행하든지 그것이 하나님께 영광이 되거나 욕이 될 수도 있다는 사실을 깊이 인식하고 거룩한 행동을 해야 한다.

༅ 한 마디 기도

몸으로 하는 모든 행동과 활동이 그리스도 예수 안에서 우리를 구원하시는 하나님 아버지께 영광을 돌리게 하소서.

무엇이든지 하나님의 영광을 위하여

11/15

1 CORINTHIANS

그런즉 너희가 먹든지 마시든지 무엇을 하든지 다 하나님의 영광을 위하여 하라 _고전 10:31

✝ 핵심 이해하기

고린도 교인들에게 먹고 마시는 것은 작은 문제가 아니었다. 고린도에 있는 웅장한 규모의 신전들은 시장에 많은 양의 고기를 공급했다. 물론 신전들이 시장에 공급하는 고기들은 이방 신들에게 드려졌던 것이었다. 바울은 이방인들을 믿다가 주께 돌아온 자들에게, 우상들에게 바쳐졌던 음식을 먹는 것과 관련해 분명한 지침을 줄 필요가 있었다.

바울은 이 문제와 관련하여 대략 세 가지 지

침을 제공한다. 주어진 상황을 잘 반영하는 이 지침들의 핵심 원리는 "지식은 교만하게 하나 사랑은 덕을 세운다"는 것이었다(8:1). 사랑은 덕을 세운다는 원칙으로부터, 자유는 경우에 따라 사랑을 위해서 자발적으로 억제하거나 통제되어야 한다는 행동 원칙이 나온다. 어떤 것에 대한 자유의 행사가 상대방에게 유익과 덕을 끼치는 것이 아니면 사랑을 따라 행하는 것이 아니므로, 그 자유는 자발적으로 억제되어야 한다.

세 가지 지침은 다음과 같다. 첫째, 우상에게 드려졌던 음식들은 아무것도 아닌 것들에게 드려진 것이다. 그러므로 경배와 찬양을 받을 분은 유일하신 주 하나님밖에 없는 것을 확신하는 신자는 아무런 거리낌 없이 이러한 음식들을 먹을 수 있다(8:4-6). 이것은 가정이든, 시장이든, 심지어 신전에서도 제한적으로 가능하다(10:25-26).

둘째, 관련된 진리의 지식이 부족한 연약한 신자가 상처를 받는 일이 발생할 수 있다. 이 경우 첫째 원칙은 억제될 필요가 있다. 예를 들면, 우상이 아무것도 아니라는 것을 아는 신자가 신전(우상의 집)에서 우상들에게 드려졌던 음식을 먹는 것을, 믿음이 연약한 자들이 볼 경우가 있다. 이때 아무런 확신이 없는 형제는 다른 형제가 음식을 먹으니까 자신도 같은 음식을 먹을 수 있다(8:9-12). 이렇게 확신 없이 음식을 먹는 형제는 죄를 범하는 것이 된다. 이러한 상황이 형제에게 발생하면, 성숙한 신자는 우상에게 드려졌던 음식을 먹지 않는 선택을 하는 것이 필요하다. 이것은 사랑을 위해서 자유를 절제하는 것이다(8:13).

셋째, 불신자의 초대를 받아 식사를 할 경우에는 식탁에 제공된 음식은 무엇이든지 거리낌 없이 먹는 것이 사랑의 행동이다(10:27). 그러나 초청한 불신자가 어떤 음식이 신에게 드려졌던 음식이라고 말하면, 그 사람의 양심을 존중해서 그 음식은 먹지 말아야 한다(10:28-29).

31절의 권면은 이와 같은 원리와 원칙을 사용하여 하나님께 영광이 되게 하라는 말이다. 상대방에게 덕과 사랑을 베풀기 위하여 자유를 행사하거나 자유를 통제하는 행동은 하나님께 영광을 돌리는 일이다. 어떤 때는 먹고 마시는 것이 하나님의 영광이 되기도 하고, 어떤 때는 먹고 마시는 것을 절제하는 것이 하나님께 영광이 된다. 이와 같이 하나님께 영광을 돌릴 때 믿지 않는 사람들은 신자의 성숙하고 절제하는 모습을 보고 주께 돌아오게 될 것이다(10:32-33). 이와 같이 행동하는 신자는 사랑과 덕을 베푸는 성숙한 자다.

한 마디 기도

사소한 일도 하나님의 영광과 사람들의 구원을 위해서 행하게 하소서.

사랑의 참 모습

사랑은 오래 참고 사랑은 온유하며 시기하지 아니하며 사랑은 자랑하지 아니하며 교만하지 아니하며
무례히 행치 아니하며 자기의 유익(헬=타 헤아우테스=자기 자신의 것들)을 구하지 아니하며 성내지 아니
하며 악한 것을 생각지 아니하며 불의를 기뻐하지 아니하며 진리와 함께 기뻐하고 모든 것을 참으며
모든 것을 믿으며 모든 것을 바라며 모든 것을 견디느니라 _고전 13:4-7

✝ 핵심 이해하기

고린도 교회에는 성령의 각종 은사가 풍성한 만큼 이로 인한 부작용도 많았다. 특별히 다수의 교인들은 방언의 은사를 가장 우월한 것으로 간주했다. 그 결과 방언의 은사를 받은 사람과 받지 못한 사람들 사이에 긴장과 갈등이 있었다. 방언의 은사를 받지 못한 사람들은 방언의 은사를 받으려고 안달했다. 그들에게 방언은 가장 중요한 은사였다. 바울이 방언의 은사를 의도적으로 맨 나중에 언급한 것은 이러한 상황을 배경으로 한다(12:28, 30). 바울은 그들의 잘못된 시각을 교정하기 위해 14장 전체를 방언과 예언의 바른 관계와 역할에 대하여 쓰는 데 할애했다.

바울은 12-14장에서 각종 은사의 문제를 다루는 가운데 13장에서 가장 중요한 은사, 다시 말해서 모든 은사의 최종적인 목적인 사랑에 대하여 상세하게 설명한다. 은사 문제를 다룸에 있어서 사도 바울의 핵심 주장은, 한 성령 하나님께서 그의 주권적인 뜻에 따라 다양한 은사를 공동체의 동일한 유익을 위해서 주셨다는 것이다(12:4-11). 바울은 12장에서 은사의 다양성과 각종 은사의 통일성(공통적인 목적)을 논하면서 인체의 각 지체의 예를 들어 설명했다. 바울은 마지막 절에서 13-14장의 내용을 예고하는, 중요한 언급을 했다(12:31 "너희는 더 큰 은사를 사모하라 내가 또한 가장 좋은 길을 너희에게 보이리라"). 14장은 방언과 예언에 대한 바른 이해와, 방언보다 더 중요한 예언의 기능에 대하여 다룬다.

13장에 등장하는 사랑은 모든 은사가 지향하고 추구해야 할 목적이다. 여기서 주목할 것은 "사랑을 추구하며 신령한 것들을 사모하라"는 권면이다(13:14). 이것은 12장 31절에서 13장 13절까지를 요약한다. 바울은 13장에서 12장에 언급된 은사들을 열거한다. 이들 중에는 '방언', '예언', '특별한 지식', '산을 옮길 만한 믿음'이 있다(13:1-2). 그 외에도 모든 것을 제공하는 구제와 자신의 몸을 불태우는 것까지 언급되었다(13:3). 이러한 것들은 사랑이 없으면 자신과 다른 사람에게 아무런 유익과 가치가 없다(13:1-3).

더욱이 중요한 것으로 언급된 방언, 예언, 그리고 지식의 은사들에는 그 주어진 목적이 완성될 때 끝나는 날이 있다(13:8-12). 방언과 예언과 특별한 지식의 은사들이 사랑의 동기와 목적으로 하나님의 뜻에 따라 사용된다고 할지라도, 이 은사들이 끝나는 때가 있다. 그러나 사랑은 모든 은사들의 목적이며, 그 모든 것들이 제대로 사용되는가를 확인하는 잣대다. 사랑은 동시에 이 모든 은사들이 사라지고 없어질 때에도 사라지지 않고 유일하게 영원히 남을 것이다.

믿음과 소망은 은사의 범주에 속하지 않기 때문에 언급되지 않았지만, 그 역시 가장 중요한 사랑과 함께 영원히 남을 것이다.

'사랑'이라는 단어는 고린도전서에서 14번 나온다. 이중에 13장에만 9번이 나온다. 바울은 '사랑이 없으면'이란 문구를 3번 사용한다(13:1-3). 바울은 또한 사랑의 특징과 관련하여 사랑을 3번 더 언급한다(13:4). 사랑이란 말 대신에 예수님을 넣어서 문장을 표현한 4-7절은 온전한 사랑이신 예수님의 모습을 잘 보여준다. 그런 의미에서 사랑은 예수님을 닮아가는 인격의 표현이다.

사랑의 적극적인 특징들은 4절의 둘(오래 참다, 온유하다 또는 친절하다)과 6-7절의 다섯(진리와 함께 기뻐하다, 참다, 믿다, 바라다, 견디다)이다. 7절의 네 특징은 사랑의 오래 참음의 구체적인 표현이다. 나머지 부정적인 여덟 가지 특징들은 (1)시기하지 않는다, (2)자랑하지 않는다, (3)교만하지 않는다, (4)무례하게(수치스럽게) 행동하지 않는다, (5)자기의 유익(것들=방식들)을 구(고집)하지 않는다, (6)(부당하게) 성내지 않는다, (7)악한 것을 생각하지 않는다, 그리고 (8)불의를 기뻐하지 않는다는 것이다.

사랑의 모든 특징들은 사람들과의 관계를 어렵게 하거나 해를 끼치지 않는다. 시기하는 사람은 상대방을 인정하지 않는다. 교만한 사람은 자랑하고, 무례한 행동을 하고, 자기의 방식들을 고집하고, 부당하게 화내거나 분풀이를 한다. 불의를 기뻐하는 자는 자신의 욕망을 이루기 위해서 악한 것을 고안하여 행동으로 옮긴다. 이 모든 것들은 사람들과의 관계를 해친다.

반면 사랑은 상대방을 인정하고 칭찬한다. 그러나 자신은 겸손하여 상대방의 말과 방식을 존중한다. 사랑은 참으며 진리와 함께 기뻐한다. 이러한 사랑을 추구하는 개인, 가정, 직장, 교회와 사회는 예수님의 성숙한 모습을 가진 건강한 공동체다. 성령 하나님께서는 이런 사랑을 이루라고 개인과 교회에 각종 은사를 주신 것이다.

∝ 한 마디 기도

성령 하나님께서 은사를 주신 목적대로, 예수 그리스도의 온전한 사랑으로 나아가게 하소서.

2 CORINTHIANS 11/17 자비의 아버지 위로의 하나님

찬송하리로다 그는 우리 주 예수 그리스도의 하나님이시요 자비의 아버지시요 모든 위로의 하나님이시며 우리의 모든 환난 중에서 우리를 위로하사 우리로 하여금 하나님께 받는 위로로써 모든 환난 중에 있는 자들을 능히 위로하게 하시는 이시로다 _고후 1:3-4

✝ 핵심 이해하기

고린도후서는 바울이 고린도 교회에 보낸 넷째 편지로 추정된다. 첫째 서신은 고린도전서를 보내기 이전에 보낸 편지다(고전 5:9). 둘째 서신은 고린도전서다. 셋째는 일명 근심과 눈물로 쓴 엄한 편지다(고후 2:3-4). 바울의 서신들 중에 고린도후서는 바울 자신의 사도직 변호와 자기 자신의 찐한 감정적인 표현들이 넘쳐나는 자서전과 같다. 바울의 사도직 변호와 관련된 내용을 담고 있는 1-9장의 분위기는 화해적이고 부드러우나, 교회 내에 극렬한 소수 반대자들을 다루는 10-13장의 분위기는 엄하고 냉정한 편이다. 바울의 사도직과 관련하여 중요한 증거는 바울이 당한 많은 고난과 그가 가진 연약함이다. 예수 그리스도의 십자가가 하나님의 위장된 연약함과 어리석음인 것과 같이, 바울이 그리스도의 참 사도인 증거는 단지 그가 행한 기적들만 아니라, 그의 고난과 연약함과 시련이었다 (4:7-10; 6:3-10; 11:23-33; 12:5-10).

바울은 예수 그리스도를 전하는 과정에서 엄청난 고난과 시련을 당했다. 물론 하나님께서는 이 모든 어려움 가운데서 그를 건지시고 위로하셨다. 그러므로 바울은 당당하게 하나님을 자비의 아버지, 곧 모든 위로의 하나님으로 소개할 수 있었다(1:3-4). 그는 환란 중에 하나님의 큰 위로를 체험했으므로 환란 가운데 있는 성도들을 능히 위로할 수 있다(1:4). 바울과 그 일행의 고난과 시련은 예수 그리스도의 고난에 동참하는 과정이었다. 하나님께서는 바울의 일행을 그리스도의 고난에만 동참하게 한 것이 아니라, 그리스도로 말미암아 넘치는 위로를 경험하게 하셨다. 그가 당한 모든 고난과 시련은 그로 하여금 자기 자신을 의지하지 않고 오직 죽은 자를 살리는 하나님만 의지하고 바라보게 만들었다(1:8-9).

∝ 한 마디 기도

고난과 환란 중에 하나님으로부터 받은 위로를 고통 중에 있는 자들에게 나눌 수 있게 하소서.

2 CORINTHIANS
11/18

그리스도의 향기를 풍기는 신자

항상 우리를 그리스도 안에서 이기게 하시고 우리로 말미암아 각처에서 그리스도를 아는 냄새를 나타내시는 하나님께 감사하노라 우리는 구원 받는 자들에게나 망하는 자들에게나 하나님 앞에서 그리스도의 향기니 이 사람에게는 사망으로부터 사망에 이르는 냄새요 저 사람에게는 생명으로부터 생명에 이르는 냄새라 누가 이 일을 감당하리요 _고후 2:14-16

✝ 핵심 이해하기

바울은 눈물과 근심으로 쓴 엄중한 편지(일명 세 번째 편지)를 디도를 통해서 고린도로 보냈다. 그는 그의 편지에 대한 고린도 교인들의 반응을 듣고자 하여 더 이상 앉아서 기다리지 못하고 디도를 만나고자 항구 도시 드로아까지 왔다 (2:12). 하지만 바울은 그곳에서 디도를 만나지 못하고 결국 불편한 마음으로 마게도냐로 갔다 (2:13). 바울은 마음이 이렇게 무거운 상황에서 14-16절에서 감사와 감탄의 고백을 하나님 앞에서 한 것이다. 먼저 바울은 그리스도 안에서 항상 승리하게 하시고 각처에서 그리스도를 아는 냄새를 퍼뜨리게 하시는 하나님께 감사한다고 외쳤다(2:14). 바울의 마음은 고린도 교회의 문제로 편하지 않았지만 하나님께서는 드로아에 있는 영혼을 위해서 복음 전도의 문을 열어 주셨다. 하나님께서 바울로 하여금 그리스도 안에서 승리의 행진을 하게 하신 결과는, 각처에서 그리스도를 아는 냄새를 퍼뜨리는 것이었다. 15-16절은 이 냄새에 대한 구체적인 설명이다.

14절의 그리스도를 아는 냄새는 그의 지식의 냄새를 번역한 것으로, 그 정확한 뜻은 그리스도를 알게 하는 냄새를 말한다. 15절은 이 냄새를 그리스도의 향기로 설명한다. 물론 바울의 일행이 풍기는 그리스도의 향기는 이중적이다. 이 향기는 구원을 받고 있는 신자들과 멸망을 받고 있는 불신자들에게도 퍼진다. 16절은 15절에 대한 상세한 설명이다. 16절의 '이 사람'과 '저 사람'은 각각 15절에 언급된 '망하는 자들'과 '구원을 받는 자들'을 가리킨다. 이것을 16절에 대입하여 설명하면, '그리스도의 향기는 망하는 자들에게는 사망에서 사망에 이르는 냄새이나, 구원을 받고 있는 신자들에게는 생명으로부터 생명에 이르는 냄새이다'가 된다.

망하는 자들에게 사망에서 사망에 이르는 냄새란 의미는, 신자들이 불신자 앞에서 신자답게 처신을 할 때 그들이 피우는 그리스도의 향기가, 믿지 않는 자들로 하여금 자신들이 살아있지만 실제는 죽은 것이나 마찬가지라는 인식을 하게 한다는 것이다. 구체적으로 말하면, 믿지 않는 자들은 현재 영적으로 죽어 있으며 영원한 죽음으로 가고 있다는 것이다. 이러한 깨달음을 심각하게 받아들이는 불신자는 결국 예수 그리스도를 믿게 될 것이다. 반면 신자들에게 그리스도의 향기는 그들 속에 있는 예수님의 부활 생명을 확인시켜 주고 그들이 더 풍성한 생명, 곧 영원한 생명을 향해 나가는 자임을 인식하게 한다. 그러므로 그리스도의 향기를 풍기는 신자의 삶은, 불신자는 결국 믿게 하고 믿는 자는 더 잘 믿게 하는 역할을 한다. 바로 이것이 건강하고 성숙한 신자가 살아가는 삶이다.

 한 마디 기도

언제나 어디서나 누구에게나 그리스도의 향기를 풍기는 신자의 삶을 살게 하소서.

그리스도의 영광의 복음의 광채

만일 우리의 복음이 가리었으면 망하는 자들에게 가리어진 것이라 그 중에 이 세상의 신이 믿지 아니하는 자들의 마음(헬=노에마=생각)을 혼미하게 하여 그리스도의 영광의 복음의 광채가 비치지 못하게 함이니 그리스도는 하나님의 형상이니라 우리는 우리를 전파하는 것이 아니라 오직 그리스도 예수의 주 되신 것과 또 예수를 위하여 우리가 너희의 종 된 것을 전파함이라 어두운 데에 빛이 비치라 말씀하셨던 그 하나님께서 예수 그리스도의 얼굴에 있는 하나님의 영광을 아는 빛을 우리 마음(헬=칼디아)에 비추셨느니라 _고후 4:3-6

✝ 핵심 이해하기

바울은 3장의 마지막 부분에서 모든 신자가 성령의 역사로 체험하는 주 예수 그리스도의 영광에 대하여 언급했다(3:18). 새 언약 아래에 있는 모든 신자들이 누리는 영광은, 모세 언약에서 모세만 잠시 동안 누렸던, 사라지는 영광과는 결코 비교가 될 수 없을 정도로 위대하고 놀랍다(4:7-11). 신자는 그리스도의 영광을 한두 번 체험하는 것으로 끝나지 않고, 지속적으로 그리스도의 형상을 닮아가는 영광을 누린다. 바울은 이 주제의 연장선상에서, 여기서 신자가 경험하는 복음의 광채를 다룬다.

바울은 복음의 광채와 관련하여 중요한 몇 가지 사실을 언급한다. 첫째, 복음의 광채는 하나님의 형상이신 예수 그리스도의 영광을 그 내용으로 한다. 4절의 '그리스도의 영광의 복음의 광채'란 표현과 6절의 '예수 그리스도의 얼굴에 있는 하나님의 영광을 아는 빛'은 긴밀하게 연결된다. 이 두 표현은 예수 그리스도께서 하나님의 영광이심을 보여준다.

하나님의 영광은 동시에 예수 그리스도의 영광이다. 그 이유는 예수님께서 하나님의 형상이시기 때문이다. 하나님의 영광을 구체적으로 체험하는 길은 예수 그리스도의 영광을 체험하는 것밖에 없다. 하나님의 영광을 알게 하는 빛이

예수 그리스도의 얼굴에 있다는 사실은 이 점을 분명하게 한다.

둘째, 멸망하는 불신자들은 그리스도의 복음에서 빛나는 하나님의 영광을 볼 수 없다. 이것은 이 세상의 신, 사탄이 그들의 마음(생각)을 혼미하게 만들어 놓았기 때문이다. 이와 같이 복음의 영광은 믿지 아니하는 자들에게 가려졌다.

셋째, 신자가 그리스도 예수 안에서 경험한 하나님의 영광의 빛은 제2의 빛 창조와 같다. 제1의 빛 창조는 하나님께서 어둠 가운데서 빛이 있으라고 하신 것이다(창 1:2-3). 그 하나님께서 예수 그리스도의 복음을 듣고 받아들이도록, 하나님의 영광의 빛을 우리 마음에 비추어 주셨다. 이것이 제2의 빛 창조와 같은 것이다. 신자는 그 결과 예수 그리스도의 얼굴에서 찬란하게 빛나는 하나님의 영광을 지속적으로 보고 경험할 수 있게 되었다. 신자는 영광의 빛 경험을 통해서 예수님의 부활 생명을 영적으로 체험할 뿐만 아니라, 마지막 부활의 날에 육체적으로도 동일하게 체험하게 될 것이다.

넷째, 예수 그리스도의 영광을 계속 체험하게 하는 복음 전파의 핵심은, 예수 그리스도께서 주님이 되신 것과 복음의 증인들이 사람들의 구원을 위해서 사람들의 종이 되었다는 것이

다. 사람들의 종이 되는 것은, 사람들의 구원을 위해서 그리스도의 사랑으로 사람들을 섬기는 자들이 되는 것을 의미한다. 그리스도께서 주님 되심에 대한 마땅한 반응은 믿는 자들이 그의 종이 되는 것이다. 이것의 기준은, 믿는 우리의 구원을 위해서 예수님께서 친히 대속물로 자기 자신을 내어 주신 것이다. 신자는 주 예수 그리스도의 종이므로 사람들을 구원하기 위해서 기꺼이 사람들의 종이 된다. 이와 관련하여 바울

은 "내가 모든 사람에게서 자유로우나 스스로 모든 사람에게 종이 된 것은 더 많은 사람을 얻고자 함이라"고 고백했다(고전 9:19).

∝ 한 마디 기도

우리가 그리스도의 복음을 전할 때, 믿지 않는 자들이 예수 그리스도의 얼굴에 빛나는 하나님의 영광의 광채를 복음 안에서 보게 하소서.

2 CORINTHIANS 11/20 주를 위하여 사는 신자

(헬=갈=왜냐하면) 그리스도의 사랑이 우리를 강권하시는도다 우리가 생각하건대 한 사람이 모든 사람을 대신하여 죽었은즉 모든 사람이 죽은 것이라 그가 모든 사람을 대신하여 죽으심은 살아 있는 자들로 하여금 다시는 그들 자신을 위하여 살지 않고 오직 그들을 대신하여 죽었다가 다시 살아나신 이를 위하여 살게 하려 함이라 _고후 5:14-15

✝ 핵심 이해하기

바울이 고린도 교회를 위하여 한 모든 일은 그리스도의 강권함을 받아 한 것이다. 교회가 바울의 사역을 좋아하는지 싫어하는지의 여부는 이차적인 문제다. 바울은 이러한 이유로 "우리가 미쳤어도 하나님을 위한 것이요 정신이 온전하여도 너희를 위한 것이다"고 말했다(5:13). 바울의 행동의 출처와 동기는 그의 마음을 사로잡는 그리스도의 사랑이다.

14-15절은 바울을 사로잡은 그리스도의 대속적인 사랑의 구체적인 내용과 사랑의 목적을 잘 설명한다. 바울은 먼저 그리스도의 대속적인 죽으심의 의미를 "한 사람이 모든 사람을 대신하여 죽었은즉 모든 사람이 죽은 것이라"고 밝

힌다. 헬라어 문장의 더 정확한 번역은 "한 사람이 모든 사람들을 위하여 죽었다. 그러므로 그 모든 사람들이 죽었다"이다. 이것은 그리스도께서 대신하여 죽은 모든 사람이 그와 함께 죽었다는 뜻이다. 여기서 모든 사람은 아담의 모든 후손이 아니라, 하나님께서 구원하라고 예수님께 맡기신 모든 사람을 가리킨다. 요한복음의 표현을 사용하면, 예수님의 양이다(요 10:14-15). 계시록의 표현을 사용하면, 나라와 종족과 방언과 언어 가운데 택함을 받은 하나님의 백성 전체를 뜻한다(계 7:9-14). 이것은 구원 대상에 유대인만이 아니라 다른 종족들이 모두 포함되어 있음을 보여준다. 이 표현은 한 사람 아담이

범죄하여, 그의 모든 후손이 그 안에서 범죄한 것의 정반대의 진리를 드러낸다(롬 5장).

15절은 그리스도의 대속적인 죽음의 목적을 분명하게 한다. 15절의 '살아있는 자들'(헬=호이 존테스=그 살아 있는 사람들)은 그리스도의 대속적인 죽음에 참여하여 그와 함께 죽은 자들 중에서 예수님의 부활 생명으로 살아나 예수님을 믿는 자들을 가리킨다. 그리스도께서 모든 사람들을 위해서 죽었다가 다시 살아나셨으므로, 원리적으로는 그 모든 사람은 그와 함께 다시 살아난다. 하지만 아직도 믿지 않는, 택함을 받은 사람들은 여전히 영적인 죽음에 머물러 있다. 이들은 아직 예수님의 부활 생명으로 살아나지 않았다. 그러므로 '그 살아있는 자들'은 성령의 중생 역사로 살아나 지금 예수 그리스도를 믿는 자들을 가리킨다. 이렇게 예수님의 새 생명으로 태어난 자들은 과거에 영적으로 죽었을 때와 같이 더 이상 자기 자신을 위하여 살지 않는다. 그 대신에 그들을 위해 죽었다가 다시 살아나신 그리스도를 위하여 산다. 예수님의 생명으로 살아난 사람들이 사는 새 삶은 그리스도의 사랑을 실천하는 삶이다. 현재 예수님의 생명을 가진 신자는 그리스도의 대속적인 죽음을 생각하면 생각할수록 그리스도의 사랑을 알게 되고, 그의 사랑에 붙잡혀 그의 사랑을 실천하는 새로운 삶을 살게 된다.

☧ 한 마디 기도

그리스도의 대속적인 죽음의 결과와 목적을 알고 그리스도의 사랑에 붙잡혀 사랑을 실천하는 삶을 살게 하소서.

갈라디아서 핵심구절
이해하고 기도하기

내 안에 그리스도께서 사시는 삶

내가 그리스도와 함께 십자가에 못 박혔나니 그런즉 이제는 내가 사는 것이 아니요 오직 내 안에 그리스도께서 사시는 것이라 이제 내가 육체 가운데 사는 것은 나를 사랑하사 나를 위하여 자기 자신을 버리신 하나님의 아들을 믿는 믿음 안에서 사는 것이라 _갈 2:20

✝ 핵심 이해하기

바울은 앞에서 자신이 율법을 통해서 율법에 대하여 죽은 것의 목적은 하나님께 대하여 사는 것에 있다고 선언했다(2:19). 바울이 율법에 대하여 결정적으로 죽은 사건은 율법 자체가 아니라 그리스도의 대속적인 십자가 죽음과 부활의 결과다. 이 말의 문맥적인 배경은 "너희도 그리스도의 몸으로 말미암아 율법에 대하여 죽임을 당하였으니 이는 다른 이 곧 죽은 자 가운데서 살아나신 이에게 가서 우리가 하나님을 위하여 열매를 맺게 하려 함이라"는 말씀이다(롬 7:4). 바울은 다메섹 도상에서 부활하신 영광의 주 예수 그리스도께서 그를 만나 주신 바로 그때부터, 자신이 얼마나 심각한 죄인인지 알게 되었

다. 그전에 바울은 나사렛 예수 그리스도가 전혀 필요 없는 사람이었다. 그때 바울은 율법의 의의 관점에서 볼 때 흠이 없는 사람이었다고 확신했다(빌 3:5-6).

바울이 율법에 대하여 죽었다는 것은 율법의 정죄와 저주와 사망에 대하여 죽은 것을 의미한다. 예수님께서 친히 십자가 위에서 그의 백성을 대신하여 율법의 저주와 사망을 받으셨기 때문이다(갈 3:13). 그러므로 이제 신자가 살아야 할 삶은 하나님께 대하여 사는 것이다. 20절은 하나님께 대하여 사는 것의 구체적인 의미를 잘 설명한다. 이 삶은 신자 자신이 주인으로 사는 삶이 아니고, 그리스도께서 친히 신자의 주인으로 사시는 삶이다. 그리스도께서 각 신자 안에서 주인으로 사시는 삶은, 그들을 위해 대신 죽었다가 살아나신 하나님의 아들 그리스도를 믿음으로 사는 것이다.

신자의 새 삶은 육체를 초월하지 않는다. 이것은 오히려 육체 가운데 사는 것이다. 육체의 정욕과 탐심은 이미 십자가에 못 박혔으므로 신자의 육체는 더 이상 죄의 도구가 되지 않는다. 신자의 육체와 각 지체는 의의 도구로 하나님께 드려진다(갈 5:24; 롬 6:12-14). 신자가 이렇게 믿음으로 살아갈 때 그리스도를 닮는 성령의 열매들이 맺혀진다(갈 5:22-23). 자신 안에 그리

스도께서 사시는 것이라고 고백한 바울은 다른 곳에서 "살든지 죽든지 내 몸에서 그리스도가 존귀하게 되게 하려 하나니 이는 내게 사는 것이 그리스도이시기 때문이다"고 했다(빌 1:20-21). 그리스도께서 성령으로 신자 안에서 사실 때 신자의 삶은 그리스도께서 사셨던 삶을 본받아 반영하게 된다. 신자는 이를 위해서 날마다 믿음으로 성령의 능력을 힘입어 살아야 한다.

🙏 한 마디 기도

내가 그리스도와 함께 죽었다가 다시 살아났으니, 그리스도께서 날마다 주인으로 내 안에 사소서.

GALATHIANS 11/22 율법의 저주에서 구원받은 신자

그리스도께서 우리를 위하여 저주를 받은 바 되사(헬=게노메노스 휘펠 헤몬 카타라=우리를 위하여 저주가 되셨으므로) 율법의 저주에서 우리를 속량하셨으니 기록된 바 나무에 달린 자마다 저주 아래에 있는 자라 하였음이라 이는 그리스도 예수 안에서 아브라함의 복이 이방인에게 미치게 하고 또 우리로 하여금 믿음으로 말미암아 성령의 약속을 받게 하려 함이라 _갈 3:13-14

✚ 핵심 이해하기

바울은 앞에서, 믿는 이방인들이 아브라함과 같이 믿음으로 말미암아 의롭다 함을 받았다고 분명하게 밝혔다(3:6-9). 바울은 이어서, 이 사실은 율법에 대한 순종으로 의롭다 함을 결코 받을 수 없음을 전제하는 것이라고 했다(3:10-12).

바울은 이 진리와 관련하여 세 가지 중요한 사실을 지적했다. 첫째, 율법에 순종함으로 구원을 받으려고 하는 자들은 율법의 저주를 벗을 수 없다. 이 주장은 율법 책에 기록된 모든 내

용대로 행하지 않는 자는 저주 아래 있다는 율법 자체의 증거에 근거한다(3:10). 율법 자체는 율법에 부분적인 순종이 아니라, 완전한 순종을 요구한다. 그러나 율법에 완전한 순종을 할 수 있는 자는 없다. 그러므로 율법에 대한 순종의 행위로 의롭다 함을 받을 수 있는 사람은 없다(2:16). 율법에 대한 완전한 순종을 통해 구원을 받으려고 노력하는 자들은 이 엄청난 사실을 무시하는 어리석은 자다. 그들은 믿음의 길을 따르지 아니하므로 결국 율법의 저주에서 벗어날

길이 없다.

둘째, "의인은 믿음으로 살리라"는 하박국 2장 4절의 말씀은 누구도 하나님 앞에서 율법(에 순종함)으로 말미암아 의롭게 될 수 없다는 것을 암시한다(3:11). 의인이 믿음으로 살 것이라는 것은 믿음으로 의롭다 함을 받는다는 것을 전제한다. 왜냐하면 만일 율법에 순종함으로 의인이 된 자가 있다면 그는 계속 율법에 순종하는 삶을 살 것이기 때문이다. 그러나 이것은 현실적으로 불가능하다. 그러므로 이것의 정반대는 믿음으로 의롭다 함을 받는 사람은 동일한 믿음으로 산다는 것이다.

셋째, 셋째 주장은 둘째 주장과 관련되어 있다. 율법은 믿음에서 난 것이 아니다(3:12). 이것은 "율법을 행하는 자는 그 가운데서 살리라"는 레위기 18장 5절에 근거한다. 바울은 로마서에서 구약의 동일한 본문을 인용하여 "율법으로 말미암는 의를 행하는 사람은 그 의로 살리라"고 선언했다(롬 10:5). 이 말씀은 하나님께서 모세를 통해 주신 계명에 순종하는 사람들은 언약의 각종 축복들을 가나안 땅에서 누리게 될 것이란 뜻이다. 언약의 복들을 누리기 위해서 언약적인 율법에 대한 순종이 요구된다는 것과, 율법의 요구에 순종하여 의인으로 인정받는다는 것은 전혀 다르다. 애굽에서 나온 이스라엘 백성은 그들의 의로움 때문에 가나안 땅을 상속받은 것이 아니다. 하나님께서 그들의 조상들과 맺은 언약을 성실하게 지키셨기 때문에 그들이 가나안 땅을 상속받은 것이다. 다시 말해서, 그들은 하나님의 신실하심과 의로우심 때문에 가나안 땅을 상속받았다. 사실 그들은 하나님 앞에서 완악하고 완고한 백성이었다(신 9:4-6).

이와 같은 역사적인 사실은 13-14절의 내용을 바르게 이해 할 수 있는 배경을 제공한다. 율법은 율법에 완전히 순종하면 의롭다 함을 받는다고 가르치지 않는다. 설사 율법이 그렇게 가르친다고 할지라도 누구도 율법에 완전히 순종할 수 없다. 아담은 죄가 없을 때에도 하나님의 법에 완전히 순종하지 못했다. 그러므로 율법에 순종하여 의롭다 함을 받을 수 있는 사람은 없다. 그러므로 누군가는 율법의 저주로부터 유대인과 이방인을 구원해야 한다. 구원할 그분은 구원할 백성의 죄와 불순종으로 인한 율법의 모든 저주를 그 자신이 친히 받아야 한다. 이 자격을 충족시키시는 분은 하나님의 아들 예수 그리스도밖에 없다. 바울은 이미 앞에서 예수 그리스도께서 십자가에 달려 죽으셨다는 사실을 직접 또는 간접적으로 언급했다(1:4; 2:20; 3:1).

바울은 13절에서 그 의미를 분명하게 한다. 바울은 "나무에 달린 자마다 저주 아래 있는 자"라는 신명기 21장 23절을 인용하여 그리스도께서 우리를 위해서 저주가 되셨다고 진술했다. 13절의 "우리를 위하여 저주를 받은바 되사"는 헬라어 분사구를 번역한 것이다. 그 뜻은 "우리를 위하여 저주가 되셨으므로"다. '저주가 되었다'는 말과 '저주를 받았다'는 말은 비슷하지만 같지는 않다. '저주가 되었다'는 표현의 의미가 더 강하고 깊기 때문이다. 그리스도께서 저주가 되었다는 말은 "하나님이 죄를 알지도 못하신 이를 우리를 대신하여 죄로 삼으셨다"는 진술과 연결되어 있다(고후 5:21). 그리스도께서 우리를 대신하여 죄가 되셨으므로 그가 친히 우리를 대신하여 저주가 되시는 것은 당연한 귀결이다. 그 결과 믿는 유대인들과 이방인들은 자신들의 힘과 지혜로 벗어날 수 없었던 율법의 저주로부터 구원을 받는다.

그리스도께서 우리(곧 믿는 유대인들과 이방인들)를 율법의 모든 저주에서 구원하여 내신 목적은 두 가지다(3:14). 아브라함의 복이 그리스도 예수 안에서 믿는 이방인들에게 미치는 것과, 모두가 성령의 약속, 곧 약속된 성령을 받는 것이 그것이다. 이 둘은 서로 분리되지 않고 긴밀하게 연결되어 있다. 아브라함의 복이 이방인들에게 미친 결과 또는 미치게 하는 목적은, 믿는 자 모두가 약속된 성령을 받게 하기 위함이다. 바울은 앞에서 믿음으로 말미암은 자들은 믿음이 있는 아브라함과 함께 복을 받는다고 했다(3:9). 믿는 자들이 아브라함과 함께 받는 복들은 칭의(의로운 신분)와, 아브라함의 자녀의

자격으로 하나님의 자녀 됨과, 약속된 성령을 받는 것이다(3:6-7, 14; 4:6-7). 아브라함과 그의 후손으로 말미암아 땅의 모든 종족이 복을 받으리라고 하신 하나님의 약속은 마침내 그리스도 예수 안에서 성취되었다(3:8, 16=창 12:3). 바울이 이 복들 중에서 힘써 강조한 것은 성령 받음의 복이다(3:2-5; 4:6). 그러므로 모든 신자는 성령의 인도를 받아 하나님의 자녀의 삶을 살아야 한다.

그리스도께서 친히 우리 대신 완전한 저주가 되심으로 믿는 우리가 율법의 모든 저주에서 구원을 받아 아브라함과 함께 언약의 복들을 받아 누리게 하시니 감사합니다.

성령의 9가지 열매

오직 성령의 열매는 사랑과 희락과 화평과 오래 참음과 자비와 양선과 충성과 온유와 절제니 이같은 것을 금지할 법이 없느니라 그리스도 예수의 사람들은 육체와 함께 그 정욕과 탐심을 십자가에 못 박았느니라 만일 우리가 성령으로 살면 또한 성령으로 행할지니(라) _갈 5:22-25

✝ 핵심 이해하기

바른 관점에서 성령의 9가지 열매를 이해하는 데는 다섯 가지 기본적인 인식이 필요하다. 첫째, 하나님께서는 그의 아들 예수 그리스도의 구원 사역에 근거하여 믿는 자를 하나님의 자녀로 입양하셨을 뿐만 아니라, 그들이 자녀의 삶을 살도록 돕기 위해서 성령 하나님을 보내셨다(갈 4:6). 모든 신자가 받은 성령이 하나님의 아들의 성령으로 불리는 것은 하나님의 자녀들로

하여금 그의 아들 예수님의 성품과 행위를 본받게 하기 위함이다.

둘째, 모든 신자는 내주하시는 성령의 인도와 지도를 받아야 할 책임을 가진다. 예수 그리스도를 믿기 전에는 육신에 속하여 죄의 종으로 살았지만, 이제는 성령에 속하여 성령의 인도와 지도를 받아 거룩한 열매를 맺는 하나님의 자녀로 살아야 한다(롬 8:9-14).

셋째, 신자는 육체의 소욕과 성령의 소욕 사이의 대립과 갈등의 관계에 놓여 있다(갈 5:17). 이러한 대립과 긴장은 구원의 시작부터 나타나기 시작하였고, 구원이 완성될 때까지 계속될 것이다. 이것은 구원의 시작과 진행을 알려주면서, 구원이 아직 완성되지 않았음을 동시에 보여준다. 이러한 긴장과 갈등 속에서 중생한 신자는 본성적으로 성령의 소욕을 따라 행하기를 원한다. 17절의 "너희가 원하는 것"은 중생한 신자가 마음 중심으로 실행하기 원하는 거룩한 소원을 가리킨다.

넷째, 신자는 예수님을 믿기 전에 자연스럽게 본능적으로 죄의 종으로 육체의 욕심을 이루며 살았으나, 이제는 이를 거역하고 성령의 소욕을 따라 행해야 한다. 중생한 신자가 육체의 욕심을 이루는 것은 신자의 새로운 신분과 모순된다. 반면 신자가 성령의 소욕을 따라 행하는 것은 그의 새 신분과 일치한다. 신자 속에 여전히 역사하고 있는 육신의 소욕은 사실 예수 그리스도를 영접할 때 이미 십자가에 못 박혔다. 그러므로 이러한 육신의 욕망이 그 속에 살아서 역사하여 육신의 각종 더러운 열매들을 맺는 것은, 예수 그리스도의 생명이 없는 불신자의 삶이다. 불신자의 삶을 사는 명목만 신자인 사람은 구원의 마지막 날에 하나님의 나라를 유업으로 받지는 못할 것이다(5:21).

다섯째, 신자가 성령의 인도와 지도를 받아 살아갈 때, 죄와 죄의 세력을 이기는 성령의 능력으로 하나님의 아들 예수 그리스도의 인격과 성품을 닮는 열매가 맺어진다. 이들 9가지 열매는 하나님 아버지와 그의 아들 예수 그리스도의 성품과 행위를 반영한다. 이것들은 자아와의 관계와 타인과의 관계의 파괴를 가져오는 육신의 행위들(5:19-21)과 반대된다. 그러므로 이것들은 주로 자기 자신과의 바른 관계와 다른 사람들과의 바른 관계와 관련된다. 건강한 자아와의 관계를 바탕으로 하는 건강한 대인 관계와 관련된 9가지 성품들은, 사랑과 희락(기쁨)과 화평(바른 관계)과 오래 참음과 자비와 양선(선함)과 충성(신실함)과 온유와 절제(자기 통제)다. 신자는 성령의 역사로 이러한 성품과 행위를 지속적으로 행함으로써, 예수 그리스도와 하나님 아버지를 계속적으로 닮아가는 성숙한 자녀가 된다(마 5:48; 11:29; 롬 8:29; 고전 11:1; 갈 4:19; 빌 2:3-5).

한 마디 기도

날마다 성령의 인도와 지도를 받아 살아감으로 예수님을 닮아감을 보여주는, 성령의 각종 열매가 맺어지게 하소서.

EPHESIANS 11/24

하나님의 영광을 위한 선택과 예정

찬송하리로다 하나님 곧 우리 주 예수 그리스도의 아버지께서 그리스도 안에서 하늘에 속한 모든 신령한 복을 우리에게 주시되 곧 창세전에 그리스도 안에서 우리를 택하사 우리로 사랑 안에서 그 앞에 거룩하고 흠이 없게 하시려고 그 기쁘신 뜻대로 우리를 예정하사 예수 그리스도로 말미암아 자기의 아들들이 되게 하셨으니 이는 그가 사랑하시는 자 안에서 우리에게 거저 주시는 바 그의 은혜의 영광을 찬송하게 하려는 것이라 _엡 1:3-6

✝ 핵심 이해하기

에베소서 1장 3-14절은 신약 성경에서 가장 긴 문장이다. 3-6절은 하나님께서 창세전에 그의 아들 예수 그리스도 안에서 하신 선택과 예정에 대하여 놀라운 진리를 진술한다. 바울은 먼저, 그리스도 안에서 택하신 백성에게 하늘에 속한 신령한 모든 복을 주신 하나님을 찬양했다(1:3). 하나님께서 주시는 신령한 모든 복은 그리스도 안에서 주어진다. 하늘에 속한 복이라는 것은 그 복의 천상적인 성격을 잘 보여준다. 모든 복이 신령한 것은 그리스도 안에서 구원의 모든 복이 성령의 역사를 통해서 그의 택한 백성에게 주어짐을 암시한다. '신령하다'(헬=프튜마티코스)는 하나님의 영(프뉴마), 성령과 관련되어 있다는 뜻이다.

택함 받은 신자가 받아 누리는 첫 번째 복은 그 앞에서 거룩하고 흠이 없게 하시려고 창세전에 그리스도 안에서 택하심이다(1:4). 5절은 하나님의 선택에 대하여 상세하게 설명한다. 하나님의 동기와 근거는 그의 기쁘신 뜻, 곧 그의 주권적인 뜻이다. 그 선택과 예정의 목적은 예수 그리스도 안에서 택함 받은 자들이 하나님의 아들들이 되는 것이다(1:5). 동일한 선택과 예정의 최종 목적은 하나님의 주권적인 은혜의 영광을 찬양하는 것이다(1:6).

신자들이 하나님의 주권적인 은혜를 받아 예수님을 믿고 그의 거룩하고 흠이 없는 자녀가 되는 것은, 전적으로 그리스도 예수 안에서 값없이 풍성한 은혜를 베풀어 주시는 하나님께 달려 있다. 그래서 바울은 문장 맨 앞에서 하나님을 찬양하였고(1:3), 한 문장에서 두 번이나 더 언급했다(1:6, 12). 하나님의 사랑하시는 아들 예수 그리스도 안에서 값없이 은혜가 주어지는 것은 그의 은혜의 영광을 찬송하게 하기 위한 것이다(1:6). 모든 일을 그의 주권적인 뜻에 따라 행하시는 하나님의 계획에 따라 우리가 예정

을 받아 그의 기업이 된 것은 그의 영광을 찬송하기 위함이다(1:12). 마침내 때가 되어 택함을 받은 자들은 복음의 말씀을 듣고 믿어 약속된 성령으로 인침을 받았다(1:13). 이것 역시 그의 영광을 찬송하게 하기 위함이다(1:14).

 **한 마디 기도**

그리스도 안에서 창세전에 택하셔서 하나님의 자녀가 되게 하신 놀라운 은혜로 인하여 감사와 영광을 하나님께 드립니다.

EPHESIANS

11/25

선한 일을 위해 지음 받은 신자

(헬=갈=왜냐하면) 우리는 그가 만드신 바라 그리스도 예수 안에서 선한 일을 위하여 지으심을 받은 자니 이 일은 하나님이 전에 예비하사 우리로 그 가운데서 행하게 하려 하심이니라 _엡 2:10

✝ 핵심 이해하기

바울은 1장에서 하나님께서 그리스도 예수 안에서 창세전에 그의 주권적인 뜻과 은혜에 따라 행하신 선택과 예정에 대하여 설명했다. 이것은 신자의 구원의 영원한 기초다. 그 결과 때가 되자 예수 그리스도께서 이 땅에 오셔서 구속을 성취하셨다. 이제 신자는 성령의 역사를 힘입어 구원의 복음을 믿게 되었다. 신자가 받는 구원은 하나님께서 창세전에 세우신 그의 주권적인 구원 계획을 그리스도께서 성취하신 결과다. 신자의 구원과 관련된 모든 일로 인하여 영광과 찬양을 받으실 분은 이 모든 것을 그의 주권적인 뜻에 따라 행하시는 하나님 아버지다(1:11-

12). 그리스도 예수의 피로 죄 사함과 하나님 자녀의 신분을 얻은 신자는 성령으로 인침을 받았다(1:13-14).

하나님께서는 죄와 허물로 죽었던 신자들을 살리셨다(2:1, 5). 그 결과 신자들의 영적인 주소는 부활 승천하신 그리스도께서 좌정하여 계시는 하나님의 보좌 우편이다(2:5-6). 이 모든 것은 하나님께서 그리스도 예수 안에서 베푸시는 은혜의 지극히 풍성함을 모든 세대에 나타내시기 위해 행하신 것이다(2:7). 바울은 이어 8-9절에서 놀라운 구원의 근거와 기원에 대하여 요약한다.

8절의 "너희는 그 은혜에 의하여 믿음으로 말미암아 구원을 받았다"는 말은 구원에 대하여 두 가지 중요한 사실을 알려준다. 하나는 구원의 근거는 하나님의 은혜라는 것이고, 또 하나는 구원의 방편이 믿음이라는 것이다. "그 은혜에 의하여"(헬=테 카리티)는 "너희는 은혜로 구원을 받은 것이라"에 언급된 은혜를 가리킨다(2:5). 이 은혜는 하나님의 은혜이면서 동시에 우리를 위해 구속을 성취하신 예수 그리스도의 은혜이다.

예수 그리스도의 십자가와 부활의 구속 사건에 근거하여, 하나님께서 세상을 창조하시기 전에 선택하시고 예정하신 자들의 구원 계획이 성취되었다. 8절의 "이것(헬=투토)은 너희에게서 난 것이 아니요, 하나님의 선물이다"는 말씀에서 '이것'은 그의 은혜에 근거하여 믿음으로 구원받은 사실 전체를 가리킨다. 이 전체가 하나님의 선물이라는 것은 예수 그리스도를 믿는 것 자체도 하나님의 주권적인 선물임을 전제한다. 이러한 이해는 1장에 소개된 하나님의 주권적인 구원 계획과 선택(예정)과 일치한다. 그래서 신자는 구원과 관련하여 어떤 경우에도 그들의 행위를, 설사 그것이 믿음이라고 할지라도 자랑할 수 없다(2:9).

10절은 이 진리에 근거하여 하나님께서 모든 신자를 그리스도 예수 안에서 새로운 피조물로 만드신 목적을 밝힌다. 개역성경의 10절은 헬라어 문장을 풀어서 번역한 것이다. 이것을 다시 번역하면, "우리는 그것들 가운데서 우리가 행하게 하려고 하나님께서 이전에 준비하신 선한 행위들을 위해서 그리스도 예수 안에서 창조된 그의 작품이기 때문이다"가 된다. 하나님께서 이전에 준비하신 선한 행위들은 아담의 타락 이전에 살아야 할 삶과 관련되어 있다. 하나님의 모든 피조물은 하나님의 창조명령대로 되었으므로 하나님 보시기에 선하다(창 1장). 그러므로 하나님의 형상대로 지음을 받은 아담이 하나님의 모든 말씀대로 행하는 것은 선한 행위다. 그러나 아담의 타락으로 인하여 그와 그의 모든 후손은 하나님께서 원래 계획하신 대로 살 수 없게 되었다. 그들은 선한 행위들 가운데서 행하는 삶의 정반대로 살았다. 다시 말해서 그들은 허물과 죄 가운데서 살았다(2:1-2).

하나님께서는 이와 같이 더 이상 죄 가운데서 죄의 종으로 살지 않게 하시고, 새로운 삶, 곧 하나님의 선한 창조의 목적대로 살게 하시려고 신자들을 그리스도 안에서 재창조하셨다. 그러므로 신자를 예수 그리스도의 부활 생명으로 새로 피조물로 중생하게 하신 목적은 그들로 하여금 선한 행위들 가운데서 살게 하시기 위함이다. 신자가 구원과 관련하여 반드시 알아야 할 진리 두 가지가 있다. 신자는 어떤 경우에도 선한 행위들을 행함으로 구원받을 수 없다는 진리다. 이 명백한 진리와 함께 꼭 명심할 또 하나의 진리는, 신자는 선한 행위들을 행하며 살도록 새로운 피조물로 지음을 받았다는 사실이다. 선한 행위들을 하는 신자의 새로운 삶은 4-6장에 구체적으로 나온다.

♾ 한 마디 기도

오직 믿음으로 구원받는 모든 신자는 선한 행위들을 행하기 위하여 그리스도 안에서 창조된 새로운 피조물임을 깊이 인식하고 살게 하소서.

신자의 영적 성숙을 위한 기도

이러므로 내가 하늘과 땅에 있는 각 족속에게 이름을 주신 아버지 앞에 무릎을 꿇고 비노니 그의 영광의 풍성함을 따라 그의 성령으로 말미암아 너희 속사람을 능력으로 강건하게 하시오며 믿음으로 말미암아 그리스도께서 너희 마음에 계시게 하시옵고 너희가 사랑 가운데서 뿌리가 박히고 터가 굳어져서 능히 모든 성도와 함께 지식에 넘치는 그리스도의 사랑을 알고 그 너비와 길이와 높이와 깊이가 어떠함을 깨달아 하나님의 모든 충만하신 것으로 너희에게 충만하게 하시기를 구하노라 _엡 3:14-19

✝ 핵심 이해하기

바울은 앞에서 에베소 교회의 성도들의 성숙을 위해서 기도했다(1:16-19). 기도의 구체적인 내용은 하나님께서 그들에게 지혜와 계시의 영을 주셔서 부르심의 소망이 무엇이며, 성도들을 위한 기업의 영광스러운 풍성함이 무엇이며, 하나님의 얼마나 크신 능력이 역사하여 그들이 예수님을 믿게 되었는지 깨닫는 것이다. 본문 14-19절의 기도는 신자들의 영적인 성숙을 위한 바울의 두 번째 기도다. 바울이 이러한 감격적인 기도를 한 것은 이방인들이 유대인 신자들과 함께 그리스도 안에서 동등한 상속자와 지체와 구원 약속에 동참한 자로 삼으신 하나님의 놀라운 구원의 경륜 때문이다(3:2-6). 바울은 먼저 기도의 대상이신 하나님을 "각 족속에게 이름을 주신 아버지"라고 언급했다(3:14-15). 이 호칭은 하나님께서 믿는 이방인들에게도 그의 자녀라는 신분과 이름을 주신 것을 전제한다(1:5).

에베소 교회의 성도들과 믿는 이방인들의 영적인 성숙을 위한 바울의 기도는 크게 세 가지다. 첫째 기도는 하나님의 영광의 풍성함을 따라 신자의 속사람이 성령의 능력으로 강하게 되는 것이다(3:16). 여기에 언급된 "하나님의 영광의 풍성함"은 신자의 영광스러운 구원의 완성의 때에 주어질 기업의 영광스러운 풍성함을 가리킨다(1:18). 신자의 속사람이 성령의 능력으로 강해지는 것과 신자가 옛 사람을 벗고 새 사람을 계속 입는 것은 거의 같은 의미이다(4:23-24).

둘째 기도는 믿음으로 말미암아 그리스도께서 신자의 마음속에 계시는 것이다(3:17). 이 기도는 바울이 다른 곳에서 그리스도께서 신자 안에 계시다고 한 말씀을 반영한다(롬 8:10; 고후 13:5). 그리스도께서는 당연히 주인으로서 신자의 마음 안에 거하신다.

셋째 기도는 신자들이 하나님의 모든 충만함으로 충만하기 위해서 모든 성도들과 함께 지식을 초월하는 그리스도의 사랑의 4차원(너비와 길이, 높이와 깊이)을 깨닫는 것이다(3:18-19). 이때 신자는 이미 사랑 가운데 뿌리를 내리고 토대가 놓인 상태에서, 그리스도의 사랑의 4차원을 깨닫는다. 이것들은 하나님 앞에서 거룩하고 흠이 없게 되는 것(1:4), 형제들을 서로 용납하는 것(4:2), 진리를 말하는 것(4:15), 교회 공동체가 하나님의 집으로 세워지는 것(4:17), 그리고 신자들이 서로 처신하는 것(5:2)과 모두 관련되어 있다. 이것은 신자가 창세전에 계획된 하나님의 사랑으로 시작하여 그리스도의 사랑으로 나아가고, 또한 그의 사랑으로 온전하게 세워짐을 잘 보여준다. 만일 에베소 교회의 성도들이 바울의 이 기도를 명심했더라면 나중에 첫사랑을 상실하여 책망을 받지 않았을 것이다 (계 2:4).

모든 성도들이 그리스도의 사랑의 너비와 길이, 높이와 깊이를 알고 하나님의 모든 충만함으로 충만하게 하소서.

 한 마디 기도

EPHESIANS

11/27 예수님을 닮아야 할 성도

우리가 다 하나님의 아들을 믿는 것과 아는 일에 하나가 되어 온전한 사람을 이루어 그리스도의 장성한 분량이 충만한 데까지 이르리니 이는 우리가 이제부터 어린 아이가 되지 아니하여 사람의 속임수와 간사한 유혹에 빠져 온갖 교훈의 풍조에 밀려 요동하지 않게 하려 함이라 _엡 4:13-14

✝ 핵심 이해하기

예수 그리스도께서는 교회를 그의 온전한 몸으로 세우시기 위해서 교회에 선물을 주셨다. 그 선물은 다른 것이 아니라, 교회의 다양한 일꾼들이다(사도, 선지자, 복음 전도자, 교사와 목사 등). 이들 중에 특별히 목사와 교사는 오늘날에도 성도들을 가르치는 데 중요한 역할을 한다(4:11-12). 성도들을 가르치는 목적은 성도들을 온전하게 준비시켜 교회 공동체 안에서 각자 섬김의 역할을 하도록 하기 위함이다. 이렇게 각 성도가 온전히 준비되어 섬김의 역할을 감당할 때, 그리스도의 몸이 온전하게 세워진다.

13절은 그리스도의 몸이 세워지는 것이 구체적으로 무엇을 의미하는지 보여준다. 이것은 모든 성도가 개인적으로 또한 교회적으로 하나님의 아들을 믿는 일과 그를 아는 일에 일치되어 온전한 사람이 되는 것이다. 여기서 온전한 사람이란 구체적으로 예수 그리스도를 온전히 닮아가는 것을 말한다. 그리스도의 장성한 분량이

충만한 데까지 도달하는 것은 그리스도의 성품을 온전히 닮는 것을 뜻한다. 하나님의 아들 예수 그리스도는 신자가 성장해서 도달해야 할 영적인 성장의 완전한 기준이다. 예수 그리스도는 하나님의 아들의 온전한 모습을 가지고 계시므로 그가 도달해야 할 더 높은 성장은 없다. 모든 신자는 예수 그리스도를 믿는 자이므로 당연히 그를 더욱더 깊이 알아가야 한다. 그를 믿고 알아감의 목적은 예수님과 같이 되는 것이다.

14절은 모든 신자가 개인적으로 또 공동체적으로 예수 그리스도를 닮아갈 때 일어나는 결과를 보여준다. 그것은 모든 세상적인 가르침의 풍조에 밀려 이리저리 떠다니는 어린아이의 모습을 벗는 것이다. 이러한 가르침의 특징은 사람의 속임수, 곧 기만적인 술수(계략)를 위한 간교함이다. 간교함의 맨 끝에는 온 세상을 기만하고 속이는 사탄이 있다(요 8:44; 고후 11:3; 계 12:9). 이 땅에 살았던 모든 사람 가운데 유일하

422

게 사탄에게 속지 않았던 분은 첫째 아담보다 위대한 마지막 아담 예수 그리스도이시다. 모든 성도들은 하나님의 말씀의 가르침을 받아 그리스도를 닮아 성숙하게 될 때 어린아이의 모습을 벗게 된다.

한 마디 기도

교회에서 하나님의 바른 가르침을 받아 예수님의 온전한 모습을 닮기까지 성장하여, 세상의 각종 풍조에 밀려 떠다니는 어린아이가 되지 않게 하소서.

빌립보서 핵심구절
이해하고 기도하기

가장 높아지신 예수

너희 안에 이 마음을 품으라 곧 그리스도 예수의 마음이니 그는 근본 하나님의 본체시나 하나님과 동등됨을 취할 것으로 여기지 아니하시고 오히려 자기를 비워 종의 형체를 가지사 사람들과 같이 되셨고 사람의 모양으로 나타나사 자기를 낮추시고 죽기까지 복종하셨으니 곧 십자가에 죽으심이라 이러므로 하나님이 그를 지극히 높여 모든 이름 위에 뛰어난 이름을 주사 하늘에 있는 자들과 땅에 있는 자들과 땅 아래에 있는 자들로 모든 무릎을 예수의 이름에 꿇게 하시고 모든 입으로 예수 그리스도를 주라 시인하여 하나님 아버지께 영광을 돌리게 하셨느니라 _빌 2:5-11

✝ 핵심 이해하기

빌립보 교인들은 바울이 로마에 갇힌 사건에 대하여 서로 상반된 이해를 하고 있었다. 어떤 교인은 투기와 분쟁으로 복음을 전했고, 어떤 사람들은 선한 뜻으로 바울의 빈자리를 대신하여 열심히 복음을 전했다(1:15-17). 비록 바울은 그들이 복음을 전파하고 있는 것을 기뻐했지만, 그들이 분열하여 다투고 분쟁하는 것은 기뻐하지 않았다. 그래서 바울은 1-4절에서 믿음의 지체들이 그리스도 예수 안에서 가져야 친밀한 교제에 대해 권고한 것이다. "마음을 같이하여 같은 사랑을 가지고 뜻을 합하여 한 마음을 품으

라"는 바울의 권면(2:2)은, 그가 그들의 일치와 단결을 얼마나 간절하게 원했는지 잘 보여준다. 바울은 모든 성도들이 각자 자기 자신을 낮추고 지체들은 높이라고 권고했다(2:3). 바울은 이어서 각자가 자기의 일에 대하여 책임을 지면서 다른 사람들의 일을 성실하게 돌봐주라고 말했다(2:4). 바울은 이와 같이 그들이 일치와 단합을 이룰 것을 호소하면서, 그 근거로 모든 신자가 본받아야 할 예수 그리스도의 겸손을 제시한 것이다(2:4-11).

바울은 예수 그리스도의 겸손과 관련하여 세

가지 중요한 사실을 지적했다. 이 셋은 순서대로, 이 세상에 오시기 전에 예수님의 신적인 신분(2:6), 이 세상에 오신 예수님께서 자기 자신을 십자가 위에서 죽기까지 가장 낮추심(2:8)과 하나님께서 그를 지극히 높여 모든 이름 위에 뛰어난 이름을 가진 주님으로 세우심(2:9-11)이다.

첫째, 예수님께서는 육신을 입고 세상에 오시기 전에 본질적으로 하나님과 등등하신 분이셨다. 이 말씀은, 예수님께서는 보이지 아니하는 하나님의 형상이시며(골 1:15), 하나님의 영광의 광채와 본체의 형상이시라(히 1:3)는 가르침과 일치한다. 예수님께서 하나님 아버지와 영원히 동등하신 분이신 것은 요한복음 1장만 읽어도 누구나 알 수 있다. 여기서 놀라운 것은 이렇게 하나님과 등등한 영광과 존귀와 위엄을 가지신 예수님께서, 세상에 오실 때에 하나님의 모습을 완전히 감추시고 종의 모습을 가진 사람이 되셨다는 것이다(2:7-8).

둘째, 예수님께서 종의 모습을 가진 사람이 되신 것은 그의 낮아짐의 끝이 아니라, 시작에 불과했다. 그의 낮아짐은 십자가 위에서 죽기까지 하나님께 절대적인 순종과 복종을 하신 것으로 절정에 도달했다. 네 복음서에 기록된 예수님의 사역과 고난 기사는 이 점을 아주 잘 보여준다(막 10:45; 마 26:53-54; 요 12:49-50; 19:28-30).

셋째, 하나님께서 이렇게 자기 자신을 낮추어 십자가 위에서 죽기까지 순종하신 예수님을 모든 피조물들 가운데 가장 높이셨다. 하나님께서 예수님께 모든 이름위에 뛰어난 이름을 주셨다는 것은 그를 하나님의 보좌 우편에 천상 왕으로 즉위시키신 사건을 반영한다(행 2:36; 5:30-31). 바울 서신에서 그리스도에 대한 표준 호칭은 '우리 주 예수 그리스도'다. 이 호칭은 천상 왕으로서 예수님의 지위를 잘 보여준다. 천상 왕 주님으로 세우심을 받은 예수님께서는 그의 모든 원수들이 그의 발등상이 될 때까지 하나님의 우편에서 다스리실 것이다(행 2:35-36; 고전 15:25-27). 사도행전은 예수 그리스도의 천상 왕권이, 지상에서 예수 그리스도의 이름으로 복음을 전파하는 것과 성령의 역사를 통하여 구체적으로 표현됨을 보여준다.

∽ 한 마디 기도

섬기는 자가 가장 큰 자라는 예수님의 교훈이 예수님에게도 적용된 것을 알고 낮은 자리에서 섬기는 자로 순종하며 살게 하소서.

신자의 영광스러운 미래

그러나 우리의 시민권은 하늘에 있는지라 거기로부터 구원하는 자 곧 주 예수 그리스도를 기다리노니 그는 만물을 자기에게 복종하게 하실 수 있는 자의 역사로 우리의 낮은 몸을 자기 영광의 몸의 형체와 같이 변하게 하시리라 _빌 3:20-21

✝ 핵심 이해하기

바울의 새 삶은 다메섹 도상에서 영광의 주 예수 그리스도께 붙잡힘으로 시작되었다. 이 삶은 그리스도의 부활의 권능과 십자가의 고난을 본받아, 날마다 죽은 자 가운데서 부활에 도달하려는 것이다. 이 삶은 예수 그리스도를 아는 것이 가장 가치 있고 영광스러운 지식임을 인정하고, 그리스도를 얻고 그 안에서 발견되려는 열망으로 가득 찬 삶이다. 결국 이 삶은 내가 주인이 아니라, 예수님께서 내 인생과 삶의 주인으로 사시는 삶이다. 바울은 1장에서 자신은 살든지 죽든지 자기 몸에서 그리스도가 존귀하게 되기를 원한다고 하면서 "내게 사는 것이 그리스도다"라고 선언했다(3:20-21). 이것은 그에게 예수 그리스도께 사로잡힌 것을 사로잡으려고 달려가는 삶을 가져왔다(3:12).

바울은 자신을 본받으라고 권고하면서, 빌립보 교인들 가운데 그의 가슴을 몹시 아프게 하는 자들을 경고했다. 예수님을 믿는 빌립보 일부 교인들이 그리스도의 십자가의 원수로 살고 있었던 것이다. 19절은 그 구체적인 내용을 언급한다. 그 삶의 결과는 멸망이요, 그들이 현재 섬기는 신은 배요, 그들이 생각하고 추구하는 것은 땅의 것들이다. 바울과 함께 예수 그리스도를 본받는 신자들은 이러한 세속적인 신자들과 구별되게 산다. 세속적인 신자들은 땅의 것들을 추구함으로써 결국 영광이 아니라, 멸망의

부끄러움을 당할 것이다. 그러나 천상 시민권을 확신하는 신자들은 그곳으로부터 주 예수 그리스도께서 오실 것으로 기다린다. 그들은 바울이 그리스도를 얻고 그 안에서 발견되려고 하는 것과 같이 예수 그리스도를 사모하며 산다.

예수님께서는 재림하실 때에 만물을 자신에게 복종하게 하실 수 있는 하나님의 역사로, 신자의 낮은 몸을 그의 영광의 몸의 형체와 같이 변화시키실 것이다(3:21). '영광의 몸의 형체'는 부활하신 예수님의 몸이 친히 입은 영광을 가리킨다. 변화 산에서 예수님의 얼굴이 영광스럽게 빛나고 그의 옷이 찬란하고 하얗게 빛난 것은 그에게 임할 육체적인 부활의 영광을 예고한 것이었다(마 17:2; 막 9:2-3; 눅 9:29). 죄와 허물로 죽었던 신자의 영은 이미 예수님의 부활 생명으로 살아났다(엡 2:1, 5; 롬 8:10). 하지만 신자의 몸은 여전히 죄를 짓는 몸이요 죽을 몸이다(롬 6:6, 12; 7:24; 8:10-11). 그러나 마지막 원수인 사망이 예수님의 발 앞에 무릎을 꿇을 때에 죽을 몸은 영원히 죽지 않을 몸으로 바뀔 것이다(고전 15:52-54).

영원히 죽지 않을 몸이 가질 영광은 부활하신 예수님의 몸이 이미 소유한 영광이다. 이때 신자의 몸은 부활하신 예수님의 몸과 같이 영광스럽게 될 것이다. 이로써 신자의 전인격은 하나님의 선택의 목적대로 그의 아들 예수 그리스

PHILPPPIANS 11/29

도의 형상을 온전히 닮게 된다(롬 8:29). 믿는 우리는 이와 같이 몸의 영광스러운 부활의 날을 기대하면서 푯대를 향하여 위에서 부르신 부름의 상을 위하여 바울과 같이 달려가야 한다(빌 3:14).

한 마디 기도

부활하신 예수님의 몸과 같이 영광스럽게 될 날을 바라보며 천국 시민에 합당한 삶을 살게 하소서.

COLOSSIANS

골로새서 핵심구절
이해하고 기도하기

COLOSSIANS

11/30

만물의 으뜸이신 하나님의 아들

그는 보이지 아니하는 하나님의 형상이시요 모든 피조물보다 먼저 나신 이시니 만물이 그에게서 창조되되 하늘과 땅에서 보이는 것들과 보이지 않는 것들과 혹은 왕권들이나 주권들이나 통치자들이나 권세들이나 만물이 다 그로 말미암고 그를 위하여 창조되었고 또한 그가 만물보다 먼저 계시고 만물이 그 안에 함께 섰느니라 _골 1:15-17

✝ **핵심 이해하기**

바울이 소아시아의 대도시 에베소에서 약 3년간 사역을 할 때 그의 제자 에바브라가 개척했다(1:7). 골로새서는 바울이 골로새 성도들에 대한 고무적인 소식을 듣고 그들에게 보낸 편지다(1:3-6). 바울은 그들의 믿음과 사랑에 대한 소식을 듣고 감사와 감격으로 그들을 위해 하나님께 계속해서 기도했다. 바울은 이 언급을 하며 그가 한 기도의 내용을 소개했다(1:9-12). 기도의 다섯 가지 내용은 (1)하나님의 뜻을 아는 것으로 충만함, (2)모든 선한 일에 열매를 맺음, (3)하나님을 아는 데 있어서 지속적으로 성장함, (4)하나님께서 공급하시는 힘으로 모든 인내와 오래 참음에 도달함, (5)그들이 빛 가운데

있는 성도의 기업에 참여하게 하신 하나님께 드리는 감사가 그것이다.

13-14절은 하나님 아버지께서 성도들의 구원을 위해서 그의 아들 그리스도 안에서 무엇을 하셨는지 설명한다. 하나님께서는 성도들을 흑암의 권세, 곧 사탄의 권세(나라)에서 건져 그의 사랑하는 아들의 나라로 옮기셨다(1:13). 성도들은 또한 그의 아들 안에서 속량 곧 죄 사함을 받았다(1:14).

15-17절은 13-14절에 언급된 아들과 모든 피조물과의 관계에 대한 설명이다. 여기에 세 가지 중요한 진리가 나온다. 가장 먼저 언급된 첫째 내용은 하나님의 아들과 하나님과의 관계

428

와 모든 피조물에 관한 진리다. 예수님께서는 보이지 아니하는 하나님의 형상이시며 모든 피조물보다 먼저 나신 분이다(헬=프로토토코스=장남 또는 첫째). 이 말은, 하나님께서는 그의 아들의 형상을 본받게 하기 위하여 미리 아신 자들을 예정하셨는데, 그 최종적인 목적은 그의 아들이 모든 형제들 가운데 맏아들(헬=프로토토코스)이 되도록 하기 위함이라는 바울의 이전 진술을 반영한다(롬 8:29).

이 단어 자체는 마치 하나님의 아들 예수님께서 모든 피조물 중에서 가장 먼저 지음을 받은 피조물인 것 같은 인상을 준다. 여호와의 증인은 이렇게 이해한다. 그러나 이 문장이 아들이 하나님의 형상이라는 진술을 설명한다는 사실은 아들 예수님을 하나님께서 지으신 가장 첫 번째 피조물로 이해하는 것을 불가능하게 한다. 그의 아들이 "보이지 아니하는 하나님의 형상이다"라는 말은 아들의 영원한 본질과 신분을 말하기 때문이다.

17절의 "그가 만물보다 먼저 계시는 분이다"라는 진술은 만물의 창조 전부터 그가 계속적으로 존재하셨다는 것을 전제한다. 사실 하나님 아버지는 아버지가 아닌 때가 없으며, 아들 예수님은 아들이 아닌 때가 없었다. 아버지도 그의 아들도 영원히 동시적으로 존재하는 동등한 하나님이시다.

둘째 내용은 모든 만물이 하나님의 아들 안에서와 아들을 통하여 아들을 위하여 창조되었다는 것이다. 만물에는 보이는 것들과 보이지 않는 것들이 모두 포함된다(1:16). 왕권들, 주권들, 통치자들과 권세들이 보이지 않는 것들의 대표적인 예로 언급되었다.

셋째 내용은 영원히 모든 피조물보다 먼저 계시고 그 모든 것들을 창조하신 아들 안에서 그들 모두가 함께 서 있다는 것이다(1:17). 모든 피조물은 지음 받은 때부터 지금까지 하나님의 아들 안에서 서로 연결되어 존재하고 존재의 의미를 가진다.

이 세 내용을 종합하여 말하면, 하나님의 형상 예수 그리스도께서는 모든 피조물의 창조자이시며, 모든 피조물의 지탱자이시며, 모든 피조물의 존재와 활동의 목적과 의미이시다. 모든 피조물의 알파와 오메가가 되신 아들 예수님께서는 그의 몸 된 교회의 머리이시다. 그는 교회를 하나님의 모든 충만함으로 채워, 모든 피조물의 으뜸이 되게 하기를 원하신다(1:18).

☓ 한 마디 기도

모든 성도들이 교회의 머리이신 예수님께서 그의 몸 된 교회를 통하여 모든 피조물의 으뜸이 되길 원하심을 알고 예수님을 온전히 닮아가게 하소서.

위의 것을 추구해야 할 신자

그러므로 너희가 그리스도와 함께 다시 살리심을 받았으면 위의 것을 찾으라 거기는 그리스도께서 하나님 우편에 앉아 계시느니라 위의 것을 생각하고 땅의 것을 생각하지 말라 이는 너희가 죽었고 너희 생명이 그리스도와 함께 하나님 안에 감추어졌음이라 우리 생명이신 그리스도께서 나타나실 그 때에 너희도 그와 함께 영광 중에 나타나리라 _골 3:1-4

✝ 핵심 이해하기

골로새서 전체는 1-2장과 3-4장으로 크게 나뉜다. 1-2장은 하나님께서 그의 아들 예수 그리스도 안에서 베풀어 주신 구원의 내용을 설명한다. 3-4장은 1-2장에 소개된 구원의 선물에 대한 반응으로 신자 하나님 앞에서 살아야 할 삶에 대한 다양한 권고를 담는다. 이 구조는 본 서신과 아주 친밀하게 연결된 에베소서의 1-3장(구원의 내용 설명)과 4-6장(구원의 선물에 반응하는 합당한 삶)의 구조와 같다.

3장 1-4절의 내용은 3-4장의 전체적인 주제를 소개하는 서론이다. 1절의 '그러므로'는 성도들이 1-2장에 제시된 구원의 놀라운 선물을 받았으니 이에 상응하는 삶을 살아야 할 것을 결론적으로 보여준다. 예수 그리스도와 연합된 신자는 그와 함께 죽었다가 다시 살아났다(2:20). 이제 신자는 그리스도 안에서 새로운 삶을 살아야 한다. 그 삶의 내용이 위의 것들을 추구하는(찾는) 것이다(3:1). 이를 위해서는 위의 것들을 계속적으로 생각하고 땅의 것들을 생각하지 않아야 한다. 위의 것들은 승천하여 하나님의 보좌 우편에 좌정하신 그리스도의 성품과 관련되어 있다. 그 구체적인 내용들은 모든 신자가 이미 입고 또 지속적으로 입어야 하는 새사람의 모습이다(3:12-14).

1장에서 바울은 그리스도께서 모든 신자의 성장 목표와 기준임을 밝혔다. 각 신자가 그리스도 예수 안에서 온전한 사람이 되는 것이 성장의 목표를 이루는 것이다(1:28). 온전한 사람이 되는 것은 하나님의 영원한 형상이신 그의 아들 예수님과 같이 되는 것이다. 사실 예수 그리스도는 모든 피조물의 창조자와 그 모든 것들을 지탱하시는 분이며 모든 존재의 목적이시다. 그러므로 모든 신자가 하나님의 아들 예수님과 같이 되는 것은 창조와 재창조의 목적이다(1:16-17; 롬 8:29).

한편 각 신자 속에는 성령의 내주하심을 통하여 영광의 소망이신 그리스도께서 계신다(1:27; 롬 8:9-10). 반면 부활하신 주님의 몸은 하나님의 보좌 우편에 좌정하여 계시며, 신자의 생명은 그리스도와 함께 감추어져 있다(골 3:3). 마침내 그리스도께서 재림하실 때에 모든 신자도 그와 함께 영광 중에 나타날 것이다(3:4). 이 때 영광의 소망이신 그리스도의 모습이 부활한 신자 속에 온전히 이루어질 것이다.

∞ 한 마디 기도

모든 신자가 마지막 날에 그리스도와 함께 영광 중에 나타나기까지 하나님의 보좌 우편에 계신 예수님의 성품을 추구하고 닮아가게 하소서.

데살로니가전후서 핵심구절
이해하고 기도하기

1 THESSALONIANS
12
02

신자 속에 역사하는 하나님의 말씀

이러므로 우리가 하나님께 끊임없이 감사함은 너희가 우리에게 들은 바 하나님의 말씀을 받을 때에 사람의 말로 받지 아니하고 하나님의 말씀으로 받음이니 진실로 그러하도다 이 말씀이 또한 너희 믿는 자 가운데에서 역사하느니라 _살전 2:13

✝ 핵심 이해하기

빌립보에서 투옥되었던 바울과 실라는 석방되면서 곧바로 암비볼리와 아볼로니아를 경유해 데살로니가를 방문하여 유대인의 회당에서 복음을 전했다(행 16:40-17:1). 바울은 유대인들의 시기와 과격한 핍박 때문에 복음을 잠시 동안 전하고 즉시 떠나야 했다(행 17:4-8). 이때 데살로니가 사람들 중에서 맺힌 복음 전파의 열매는 아주 고무적이었다. 데살로니가 교회의 성도들에게는 믿음의 역사와 사랑의 수고와 그리스도의 재림에 대한 소망의 인내가 있었다. 바울은 기도할 때마다 이러한 일들로 인하여 하나님께 감사했다(살전 1:2-3). 바울이 전한 복음의 말씀은 하나님의 능력과 성령과 큰 확신으로

그들에게 임했다. 그 결과 그들은 많은 환란에도 불구하고 성령의 기쁨으로 복음의 말씀을 받아 바울과 주님을 본받는 성도들이 되었을 뿐만 아니라, 다른 지역의 성도들에게도 신앙의 본이 되었다(1:5-7). 바울은 그들에게서 돌아온 디모데를 통하여 이러한 소식을 듣고 그들을 위해 기도할 때마다 하나님께 감사했던 것이다.

13절은 특별히 데살로니가 교회의 근본적인 뿌리가 어디에 있는지를 잘 보여준다. 그들의 본이 되는 신앙의 뿌리는 그들이 사람의 말이 아니라 하나님의 말씀으로 받아들인 복음의 말씀에 있었다. 바울은 이와 관련하여 세 가지를 지적한다.

첫째, 그들은 복음의 말씀을 들을 때 하나님의 말씀으로 받았다. 그들은 복음의 말씀을 단지 듣기만 하지 않고, 하나님의 말씀으로 영접했다. 물론 그들이 복음의 말씀을 듣고 영접한 것은 그 말씀을 통해 성령의 능력과 확신이 나타난 결과였다(1:5). 바울은 언제든지 복음을 전파할 때 사람의 지혜나 능력으로 하지 않고 성령의 능력과 나타남으로 하려고 애썼다(고전 2:4-5, 13).

둘째, 그들이 복음의 말씀을 하나님의 말씀으로 받은 것은 복음을 하나님의 말씀으로 제대로 인식한 것이다. 13절의 "진실로 그러하다"는 표현의 헬라어 문장은 "그것이 진실로 하나님의 말씀인 것과 같이"다. 이 표현은 복음의 말씀이 참으로 하나님의 말씀이라는 사실을 분명하게 한다. 그러므로 복음을 하나님의 말씀으로 받는 것은 하나님의 말씀에 대한 객관적인 진리를 사실 그대로 수용하는 것이다. 바로 이것이 하나님의 말씀에 대한 바른 믿음이며, 동시에 하나님의 말씀을 바로 믿는 것이다.

셋째, 그들이 받아들인 하나님의 말씀은 믿는 그들 속에서 역사한다. 동사 '역사하다'는 헬라어 '에넬게오'를 번역한 것이다. 영어의 에너지(energy)는 이 동사에서 유래되었다. 물론 믿는 신자 속에서 하나님의 말씀이 강력하게 역사하는 것은 예수 그리스도를 닮아 구원에 이르게 하는 것이다.

마게도냐와 아가야 지방의 모든 사람들에게 본이 되었던 그들의 믿음의 역사와 사랑의 수고와 소망의 인내는 모두 성령 하나님께서 그의 말씀을 통해서 하신 역사다. 그들이 받아들인 하나님의 말씀(복음)이 그들 속에서 역사하여 신자의 삶을 살게 되는 것은 예수님께서 말씀하신 씨 뿌리는 자의 비유를 통해 주신 교훈과 일치한다. 옥토에 떨어진 씨가 30배, 60배, 그리고 100배의 열매를 맺은 것은 하나님의 말씀이 맺은 풍성한 결실이다.

◠ 한 마디 기도

하나님의 말씀을 한 귀로 듣고 다른 귀로 흘려보내지 않고 깨닫고 인정하고 전인격적으로 받아 생활 속에서 그 말씀의 강력한 능력을 체험하게 하소서.

1 THESSALONIANS

12/03 거룩한 삶을 위한 기도

하나님 우리 아버지와 우리 주 예수는 우리 길을 너희에게로 갈 수 있게 하시오며 또 주께서 우리가 너희를 사랑함과 같이 너희도 피차간과 모든 사람에 대한 사랑이 더욱 많아 넘치게 하사 너희 마음을 굳건하게 하시고 우리 주 예수께서 그의 모든 성도와 함께 강림하실 때에 하나님 우리 아버지 앞에서 거룩함에 흠이 없게 하시기를 원하노라 _살전 3:11-13

✝ 핵심 이해하기

바울은 유대인들이 불량배를 동원하여 소란과 난동을 일으킴으로 말미암아 데살로니가 교회의 성도들을 떠나 베뢰아로 피신했다. 베뢰아에서도 데살로니가의 유대인들은 사람들을 선동하여 바울을 핍박하게 하였고, 그는 혼자 배를 타고 멀리 아덴까지 피신해야 했다(행 17:13-14). 실라와 디모데는 베뢰아에서 더 머물다가 나중에 아덴에서 그와 합류했다(행 17:16; 18:5). 바울은 나중에 디모데를 데살로니가로 보내 성도들을 위로하고 권면하게 했다(살전 3:1-3). 디모데가 데살로니가에서 바울에게로 돌아와, 교인들이 환란을 잘 극복하면서 신앙생활을 잘 하고 있다고 바울에게 보고할 때, 바울은 큰 위로와 힘을 얻었다(3:6-9). 이 일로 인하여 바울은 기도할 때마다, 데살로니가의 성도들을 방문하여 그들의 믿음을 보완해 주고자 하는 마음이 간절했다(3:10).

11-13절에 기록된 데살로니가 교인들을 위한 바울의 기도는 그들을 향한 소원과 열망을 잘 보여준다. 바울의 기도는 세 가지 내용을 담는다. 첫 번째 기도는 이미 10절에 언급된 것과 같이 하나님 아버지와 주 예수님께서 바울과 그 일행이 그들에게 갈 수 있는 기회를 만들어 달라는 것이다(3:11). 그 다음 기도는 성도들의 영적인 성숙을 위한 기도로, 바울의 일행이 그들을 사랑하는 것과 같이 그들이 주 예수님께서 성도들 사이만 아니라, 모든 사람을 향한 사랑으로 더욱더 넘치게 하여 주시길 위한 것이다(3:12). 데살로니가 교인들이 사랑의 수고를 하고 있으며(1:3) 그에게 믿음과 사랑의 기쁜 소식을 들려주었는데도 바울이 이와 같이 기도한 것은, 그들의 사랑이 더 깊어지고 더 확대되기를 원했기 때문이다.

바울의 세 번째 기도는 주께서 성도들의 마음을 견고하게 하여 그가 재림하시는 날에 하나님 아버지 앞에서 거룩하고 흠이 없게 되기를 위한 것이다(3:13). 바울은 4장에서 성도의 거룩한 삶과 관련하여 하나님께서 우리를 부르신 목적은 부정함이 아니라 거룩하게 하기 위함이라고 분명하게 지적했다(4:3-8). 하나님 앞에서 거룩하고 흠이 없는 것은 하나님께서 그리스도 안에서 그의 백성을 택하시고 예정하신 목적이므로, 데살로니가 교회만 아니라 모든 시대의 모든 성도에게 주는 교훈이다(엡 1:4).

한 마디 기도

지나친 이기주의와 불법으로 인하여 사랑이 식어진 이 시대에, 성도들 사이에 사랑과 모든 사람에 대한 사랑이 더욱더 넘치게 하옵소서.

주의 재림과 멸망의 아들

누가 어떻게 하여도 너희가 미혹되지 말라 먼저 배교하는 일이 있고 저 불법의 사람 곧 멸망의 아들이 나타나기 전에는 그 날이 이르지 아니하리니 그는 대적하는 자라 신이라고 불리는 모든 것과 숭배함을 받는 것에 대항하여 그 위에 자기를 높이고 하나님의 성전에 앉아 자기를 하나님이라고 내세우느니라 _살후 2:3-4

✝ 핵심 이해하기

바울은 데살로니가 교회의 성도들이 주님의 재림과 관련하여 잘못된 생각을 버리고 바른 인식을 가지기를 원했다. 바울은 이미 데살로니가전서에서 주님의 재림 시기와 때에 대하여 모든 성도들이 잘 알고 있는 사실을 상기시켰다(살전 5:1-2). 성도들이 모두 알고 있는 내용은, 주 예수의 재림의 날은 밤에 도둑이 불시에 임하는 것과 같이 예측이 불가능하다는 것(살전 5:1-2)과, 그 날에 준비되지 않은 자는 심판의 해를 받게 된다는 것이다(살전 5:3-4).

바울은 이러한 이전 교훈을 배경 삼아 주님의 재림과 관련하여 이들이 바른 인식과 깨우침을 가지고 살기를 원했다. 바울은 먼저 어떤 계시의 방식이든지 주의 날이 이르렀다고 하는 말에 마음이 흔들리거나 두려워하지 말라고 당부했다. 언급된 계시의 방식은 영이나 말이나 바울이 보냈다고 하는 편지 등이다(2:2). 영은 성령의 계시를, 말은 어떤 사람 또는 선지자의 말을, 각각 가리키는 것 같다. 바울이 보냈다고 하는 편지는 실제로는 그가 쓴 편지가 아니다. 데살로니가 교인들은 이것들이 주님의 재림에 대한 결정적인 정보를 제공한다고 믿지 말아야 한다.

그 대신에 바울이 말한 것은 주의 재림의 개략적인 시기와 관련하여 대대적인 배도의 사건과 불법의 사람, 곧 멸망의 자식의 출현에 관한 것이다(2:3-4). 3-12절의 내용은 바울의 서신들 가운데 가장 이해하기 어려운 부분 중 하나다. 사도 베드로는 나중에 바울의 모든 서신들을 언급하면서 "그 중에 알기 어려운 것이 더러 있으니 무식한 자들과 굳세지 못한 자들이 다른 성경과 같이 그것도 억지로 풀다가 스스로 멸망에 이른다"고 경고했다(벧후 3:16). 먼저 대대적인 배도와 관련된 말씀은 예수님께서 이미 그의 종말 교훈에서 예언하신 것을 반영한다(마 24:10-12). 바울도 나중에 많은 사람들이 믿음에서 떠날 것을 예언했다(딤후 4:1).

'저 불법의 사람, 곧 멸망의 아들'에 대한 정확한 이해와 해석은 아주 어렵다. 불법의 사람을 설명하는 '멸망의 아들'은 예수님께서 배반한 가룟 유다에게 붙였던 칭호다(요 17:12). 단수로 표현된 '저 불법의 사람, 곧 멸망의 아들'은 나중에 요한서신에서 복수로 언급된 '적그리스도들'을 가리키지 않는다(요일 2:18, 22; 4:3; 요이 1:7). 사도 요한이 언급한 적그리스도들은 특별한 의미의 단일 인물 '적그리스도'를 뜻하지 않는다.

4절은 주의 재림의 날 전에 나타날 '멸망의 아들'이 할 주장을 소개한다. 그는 신이라 불리는 모든 것들 대적할 뿐만 아니라, 하나님의 성전에 앉아 자신을 하나님이라고 주장할 것이다. 이 표현 자체는 다니엘서의 "그 왕은 자기 마음대로 행하며 스스로 높여 모든 신보다 크다 하며 비상한 말로 신들의 신을 대적할 것"이란 예언을 상기시킨다(단 11:36). 그는 지금 활동하지 않는다. 그러나 그는 자기 때가 되면 나타나 활동을 할 것이다(2:6-8). 그와 관련하여 확실한 두 가지는 주께서 재림하실 때에 그 멸망의 자식을 멸망시킬 것이란 사실(2:8)과, 사탄의 조정을 받는 그의 활동은 하나님의 통제 아래 있다는 것이다(2:9-11). 특별히 진리를 믿지 않고 불의를 따르는 자들은 그 악한 자의 활동으로 인하여 심판을 받게 될 것이다(2:11-12). 그러므로 모든 시대의 신자에게 필요한 것은 진리의 말씀을 믿고 순종하며 사는 것이다.

한 마디 기도

진리 말씀의 사랑을 받아 진리를 믿고 따르며 행하게 하소서(살후 2:10 참고).

목회서신(디모데전후서 디도서 빌레몬서) 핵심구절
이해하고 기도하기

1 TIMOTHY
12/05

죄인 중에 괴수 바울

미쁘다 모든 사람이 받을 만한 이 말이여 그리스도 예수께서 죄인을 구원하시려고 세상에 임하셨다 하였도다 죄인 중에 내가 괴수니라 _딤전 1:15

✝ **핵심 이해하기**

바울의 13개 서신 가운데 3개 서신은 목회서신이라 불린다. 이 세 목회서신은 바울이 그의 제자 디모데에게 보낸 디모데전서와 디모데후서, 그리고 디도에게 보낸 디도서다. 이들 서신에서 바울은 그가 개척하여 섬겼던 교회에서 그를 대신하여 목회사역을 하고 있는 제자 목회자들이 어떻게 하나님의 교회를 이끌어 가야 하는지에 대하여 목회적인 권면을 한다.

목회서신에서 특별히 강조하는 것은 교회의 안팎에서 출현하는 이단적인 가르침을 대처하기 위해서, 경건의 본보기와 복음 진리의 건전한 교훈으로 무장된 교회 지도자들을 세우는 것이다. 바울은 앞부분에서 자신이 마게도냐로 갈

때 디모데를 에베소에 남겨두어 처리하라고 한 사명을 상기시킨다(1:3-11). 바울은 이어서 비방자요 박해자요 폭행자였던 자신에게 주 예수님께서 긍휼과 은혜를 베풀어 복음 전도자의 직분을 맡기심을 감사한다(1:12-14).

이러한 감사 가운데 바울은 자기 자신을 죄인 중에 괴수로 고백했다(15). 15절의 고백은 바울 자신에게만 아니라, 우리 모두에게 아주 중요한 의미를 가진다. "미쁘다. 모든 사람이 받을 만한 이 말이여"는 "신실하다, 이 말씀이여. 온전히 수용할 가치가 있도다"라는 뜻이다. 이 말씀의 구체적인 내용은 그리스도 예수께서 죄인들을 구원하시려고 세상에 오셨다는 것이다.

이 고백은 예수님께서는 죄인을 구원하시기 위해 오셨다는 예수님 자신의 말씀을 반영한다(마 9:13; 눅 19:10). 이 진리는 사람들이 100% 수용할 가치가 있는 신실한 말씀이다.

바울은 여기서 한 걸음 더 나가서 자신은 죄인 중에 괴수라고 했다. 여기서 주목할 사실은 바울의 고백이 자신의 과거 경건하지 못하고 죄악 된 삶을 염두에 둔 고백이 아니라는 것이다. 13절의 "내가 전에는 비방자요 박해자요 폭행자였으나"란 말은 예수 그리스도께서 그를 만나 구원하시기 전에 있었던 과거의 일을 가리킨다. 그러나 "죄인 중에 내가 괴수니라"는 과거의 사건을 가리키지 않는다. 이런 뜻이었다면 바울은 "죄인 중에 내가 괴수였다"라고 고백했을 것이다. 앞문장과 관계대명사로 연결된 헬라어 문장의 문자적인 번역은 "죄인들 가운데 첫 번째다, 내가"다. 이 고백은 바울 자신이 지금 현재도 죄인들 가운데 첫 번째라는 것이다. 바울은 다메섹 도상에서 영광의 주 예수님께서 만나 주신 이후에 변화되어, 지금까지 20-25년 이상 주님만을 위해 헌신적인 삶을 살아왔다. 이런 바울이 여전히 자기 자신은 구원을 받아야 할 첫 번째 죄인이라고 고백한 것이다.

바울은 과거에 예수 그리스도를 몰랐을 때는, 나사렛 사람 예수 그리스도가 가장 필요 없는 사람이 누구냐고 물으면 바로 자기 자신이라고 당당하게 주장했다(행 26:9; 빌 3:5-6). 그러나 바울은 다메섹 도상에서 영광의 주 예수 그리스도에게 사로잡히면서부터, 자신이야말로 이 세상에서 예수 그리스도를 가장 많이 필요로 하는 죄인이라는 사실을 인식하며 지금까지 살았다. 이 고백은 바울이 누구보다도 그리스도의 얼굴에서 찬란하게 빛나는 하나님의 영광을 가장 깊이 경험해왔기 때문에 가능했다(고후 3:18; 4:4-6). 바울의 고백은 자기 자신이 죄인이란 사실을 깊이 인식하면 인식할수록, 유일한 구원자 예수 그리스도를 얼마나 절박하게 필요로 하는지를 동시에 인식했음을 보여준다. 그래서 바울은 자신의 구원과 관련하여 홀로 하나이신 하나님 아버지께 존귀와 영광을 돌릴 수 있었던 것이다(1:17).

∞ 한 마디 기도

주 예수 그리스도를 알면 알수록 나 자신이 얼마나 절박하게 구주 예수님이 필요한 죄인인지를 알고, 제일 먼저 나를 구원해달라고 외치게 하소서.

경건의 위대한 비밀 예수 그리스도

크도다 경건의 비밀이여, 그렇지 않다 하는 이 없도다 그는 육신으로 나타난 바 되시고 영으로 의롭다 하심을 받으시고 천사들에게 보이시고 만국에서 전파되시고 세상에서 믿은 바 되시고 영광 가운데서 올려지셨느니라 _딤전 3:16

✛ 핵심 이해하기

바울은 디모데에게 속히 가기를 간절하게 원했지만, 가는 것이 지체될 수 있기 때문에 그에게 디모데전서를 보냈다(3:14-15). 이 목회서신의 핵심적인 주제는 그가 하나님의 집에서 어떻게 처신을 해야 하는지와 관련되었다. 디모데가 섬기는 하나님의 집은 살아계신 하나님의 교회요 진리의 기둥과 터다(3:15). 살아계신 하나님의 집과 교회는 진리의 기둥과 터이므로, 그 중심에 계시는 하나님의 영원한 진리이신 예수님을 언급하는 것은 자연스럽다. 바울은 이미 1장에서 죄인의 구원자이시며 신자들 모두에게 인내의 본을 보이신 예수님을 소개했다(1:15-16). 바울은 2장에서 하나님과 사람 사이에 유일한 중보자 그리스도 예수님께서, 하나님께서 구원하기 원하시는 모든 자를 위해서 자기 자신을 대속물로 내어 주셨다고 소개했다(2:4-6). 바울은 3장에서 하나님의 교회를 이끌어가는 일꾼들(장로=감독과 집사)의 자격에 대해 다루었다(3:1-13).

바울은 마침내 16절에서 디모데와 교회의 중대한 일꾼들과 함께 앞서서 추구해야 할 경건의 위대한 비밀 예수 그리스도를 신앙고백의 형식으로 제시한다. '경건의 비밀'이란 말은 경건을 가져오는 계시된 비밀이란 뜻이다. 여기서 비밀은 마침내 하나님께서 정하신 때에 나타나셔서 하나님의 구원 계획을 성취한 예수 그리스도를 가리킨다. "그렇지 않다 하는 이 없도다"란 문장은 헬라어 부사 '호몰로구메노스'를 번역한 것이다. 이것은 '한 입으로 고백하는 것과 같이'란 뜻이다. 이 표현은 결국 교회의 성도 전체가 주 예수 그리스도를 구원자로 고백하고 수용한다는 기본적인 의미를 가진다.

하나님께서 그의 모든 백성에게 요구하시는 경건에 관한 모든 것은 예수님 자신에게 있다. 여기에서 언급된 여섯 가지 내용은 (1)육신으로 나타난바 되었다는 성육신, (2)영으로 의롭다 함을 받으셨다는 예수님 부활의 확증, (3)부활 때에 천사에게 보이심, (4)부활하신 예수님께서 모든 종족에게 선포되심, (5)복음 선포의 결과 사람들이 그를 믿게 됨, 그리고 (6)영광 가운데 올려지셨다는 승천과 높아지심이다. 하나님의 모든 백성이 고백하는 경건의 비밀, 즉 예수 그리스도의 성육신부터 그의 승천과 높아지심까지 모든 것이 여기에 언급되었다. 이중에 설명을 필요로 하는 것은 둘째와 여섯 째 내용이다. "영으로 의롭다 함을 받으셨다"는 말은 예수님께서 성령 안에서 의롭다 함을 받으셨다는 말이다. 이것은 성령의 역사로 말미암은 예수님의 부활이 예수님께서 무죄하셨을 뿐만 아니라, 그가 그의 백성을 위해 하신 희생과 순종을 하나님께서 모두 받으셨음을 확증한다.

"영광 가운데 올려 지셨다"는 말은 부활하신

예수님의 승천과 높아지심을 가리킨다. 그런데 이것은 열거된 내용들의 자연스러운 순서와 맞지 않는다. 이것의 자연스러운 순서는 '천사들에게 보이심'과 '만국에서 전파되심' 사이이다.

그러나 이 순서를 따르지 않고 맨 끝에 언급된 이유는 두 가지다. 그 하나는 이 내용이 첫 번째, 두 번째 내용과 짝을 이룬다는 것이다. 첫 두 내용은 예수 그리스도의 낮아지심과 부활을 통한 예수님의 확증과 변호라면, 여섯째 내용은 낮아지셨던 그리스도께서 부활하여 영광스럽게 되심과 높아지심을 보여준다. 그러므로 앞의 두 내용과 이 내용은 완전한 짝을 이룬다. 다른 하나는, 영광 가운데 높아지신 부활하신 예수님의 승귀(높아지심)는 그의 재림 때에 온 세상에

분명하게 드러날 것이기 때문이다. 그러므로 예수님의 승귀는 미래적인 절정을 가진다. 바로 이것은 앞에 언급된 다섯 가지가 과거와 현재적인 면을 가지고 있는 것과 구별된다. 가장 중요한 것은 영광 중에서 부활 승천하신 예수님께서 재림하실 때에, 온 세상이 그가 들어가신 부활의 영광과 하나님의 보좌 우편으로 높아지신 정도가 얼마나 위대한지를 실감하게 될 것이라는 사실이다(빌 2:10-11).

∞ 한 마디 기도

경건의 영원한 비밀이신 예수 그리스도를 더욱더 깊이 알고 그와 같이 되게 하소서.

큰 유익을 가져오는 경건

1 TIMOTHY
12
07

그러나 자족하는 마음이 있으면 경건은 큰 이익이 되느니라 우리가 세상에 아무 것도 가지고 온 것이 없으매 또한 아무 것도 가지고 가지 못하리니 우리가 먹을 것과 입을 것이 있은즉 족한 줄로 알 것이니라 _딤전 6:6-8

✝ 핵심 이해하기

바울은 앞에서 경건을 이익을 취하는 방도로 생각하는 자들은 마음이 부패하고 진리를 버렸다고 지적했다(6:5). 이들은 바울이 앞서 지적한 다른 교훈을 하는 자들이다(6:3). '다른 교훈'이란 표현은 우리 주 예수 그리스도의 건전한 말씀과 경건과 일치하는 가르침과는 상이한 가르침을 말한다. 다른 가르침은 경건을 이득을 취하기 위한 수단과 방법으로 생각한다. 바울은 이러한 잘못된 가르침을 배격하고 예수 그리스

도의 건전한 말씀, 곧 경건을 가져오는 교훈을 제공한다. 6-8절의 내용이 그 교훈이다.

바울은 먼저 주 예수님께서 주신 경건에 관한 바른 교훈을 언급한다(6:6). 그 내용은 자(=만)족함이 있는 경건은 그 자체가 큰 이익이라는 것이다. 5절의 '이익의 방도'와 6절의 '이익'은 동일한 헬라어(=포리스모스)를 번역한 것이다. 잘못된 가르침에서 경건은 이익을 얻기 위한 수단과 방법으로 전락하나, 예수님의 바르고

건전한 가르침에서 자족함을 겸비한 경건은 그 자체가 큰 이익이다. 따라서 진정한 경건은 자족함이나 만족함 이외의 어떤 다른 것을 추구하지 않는다.

7절은 6장의 주장에 대한 근거를 제시한다. 사람들은 태어날 때 빈손으로 왔으며 또한 갈(죽을) 때에도 빈손으로 간다. 이것은 전도서의 "그가 모태에서 벌거벗고 나왔은즉 그가 나온 대로 돌아가고 수고하여 얻은 것을 아무것도 자기 손에 가지고 가지 못하리라"는 말씀을 반영한다(전 5:15). 욥은 고난중에 전도서의 진리를 몸소 고백했다(1:21). 인간의 모든 삶은 빈손으로 태어남과 빈손으로 세상을 떠남 사이에 위치한다. 이 두 빈손 사이에 위치한 인간의 모든 삶에서, 어떠한 처신과 행동을 하느냐는 인생관과 가치관에 따라 다르다. 하나님께서 그의 백성에게 권고하시는 삶은 그가 그들에게 주신 것으로 만족하는 삶이다.

8절은 자족 또는 만족의 대상을 언급한다. 만족의 대상은 우리 모두가 먹을 것과 입을 것을 가지고 있다는 것이다. 먹을 것과 입을 것이 얼마나 많이 있느냐보다 먹고 마실 것들이 있다는 사실 자체가 중요하다. 자신의 현재를 빈손으로 태어났을 때와 죽어 빈손으로 떠날 때와 비교해 보면, 모든 사람은 부요하다. 먹을 것과 입을 것을 주신 분은 하나님이시다. 바울 자신은 언제나 어디서나 어떤 형편과 처지에 있든지, 주 예수 그리스도 안에서 만족하고 자족하는 삶의 비결을 배워 실천했다(빌 4:11-13). 예수님께서는 더 많이 가져야 만족함과 행복을 누릴 수 있다고 생각한 어리석은 부자의 비유를 통해서 탐욕과 정욕을 만족시키려고 하는 신앙과 경건이 헛됨을 지적하셨다(눅 12:13-21). 탐욕과 정욕의 21세기에 사는 우리 모두는 자족함과 만족함이 구비된 경건을 추구하는 데 힘써야 할 것이다.

∝ 한 마디 기도

탐욕과 정욕 때문에 더 가지지 못해 몸부림치는 것이 아니라, 하나님 안에서 만족과 기쁨을 누리게 하는 경건을 이루게 하소서.

주님과 연합한 자의 영광스러운 미래

2 TIMOTHY
12
08

미쁘다 이 말이여 우리가 주와 함께 죽었으면 또한 함께 살 것이요 참으면 또한 함께 왕 노릇 할 것이요 우리가 주를 부인하면 주도 우리를 부인하실 것이라 우리는 미쁨이 없을지라도 주는 항상 미쁘시니 (이는) 자기를 부인하실 수 없으시리라(없으시기 때문이다) _딤후 2:11-13

✝ 핵심 이해하기

디모데후서는 바울이 두 번째로 로마당국에 체포되어 임박한 죽음을 앞두고 쓴 마지막 서신이다(4:17-18). 바울은 디모데에게 하나님의 능력을 따라 복음과 함께 고난을 받으라고 당당하게 권고했다(1:8). 이어서 바울은 디모데에게 예수 그리스도의 좋은 병사로 그와 함께 고난을 받으라고 권고하면서, 병사와 경주자와 농부의 예를 들어 끝까지 인내하며 승리할 것을 당부했다(2:3-7). 계속해서 바울은 다윗의 씨로 죽었다가 다시 살아나신 예수 그리스도를 기억할 것을 당부하고, 자신이 지금까지 죄인처럼 매이는 데까지 고난을 받았으나 하나님의 말씀은 결코 매이는 일이 없음을 증언했다(2:8-9). 마지막으로 바울은 자신이 모든 고난을 잘 참은 것은, 택함을 받은 하나님의 백성이 그리스도 안에 있는 구원을 영원한 영광과 함께 받기 위함이라고 밝혔다(2:10).

11-13절은 이러한 맥락에서 그리스도와 연합한 신자의 고난과 영광을 언급한다. 11절은 "미쁘다, 이 말이여"로 시작한다. 이 말은 구체적으로 11-12절에 언급된 두 가지 내용을 가리킨다. 두 내용은 우리가 주와 함께 죽으면 그와 함께 다시 산다는 것과, 우리가 참으면 또한 그와 함께 왕 노릇 할 것이란 말씀이다. 이 말씀은 모든 신자가 연합하는 예수 그리스도의 죽음과 부활이 복음을 위한 고난의 과정에서 신자들에게도 일어날 수 있다는 것을 교훈한다. 예수 그리스도께서는 십자가의 죽음으로 끝나지 않았고 부활로 영광의 절정에 도달하셨다. 바울은 디모데에게 이것을 기억하라고 권고한 것이다. 이 기억은 신자들이 그리스도의 고난에 동참할 때 그의 부활에도 동참하게 될 것이라는 확신을 준다.

12절의 "참으면 또한 함께 왕 노릇 할 것"이라는 말씀에서 '참으면'은 복음의 전도자로, 그리스도의 좋은 군사로 살아가는 과정에서 고난을 받을 때 인내하는 믿음 가운데 머물러 있는 것을 의미한다. 이런 의미에서 참는 것은 예수 그리스도를 부인하는 것의 정반대다. 바울은 이미 자신은 모든 고난을 참았다고 고백했다(2:10). 바울은 나중에 "나는 선한 싸움을 싸우고 나의 달려갈 길을 마치고 믿음을 지켰다"고 고백했다(4:7). 반면 고난과 핍박의 현장에서 우리 주 예수 그리스도를 부인하면 주 예수님께서도 우리를 부인하실 것이다(2:12). 이 말씀은 예수님께서 그의 제자들에게 친히 하신 교훈을 반영한다. 예수님께서는 "누구든지 사람 앞에서 나를 부인하면 나도 하늘에 계신 내 아버지 앞에서 그를 부인하리라"고 하셨다(마 10:33). 바울은 디모데에게 끝까지 참고 인내하면서 복음의 증인과 그리스도의 좋은 군사로 고난을 받으라고 교훈할 때, 주님의 한결같은 신실하심을 마지막으로 강조한다(2:13). "우리는 미쁨이 없을지라도"란 조건절의 문장은 실현될 가능성이 있는 조건을 의미한다. 사실 바울의 제자들 중에 일부는 주 예수님을 버렸다(4:10). 우리도 고난과 핍박의 상황에서 주님을 부인할 가능성은 늘 존재한다. 우리가 믿음이 없어 주 예수님을 버리는 일이 실제적으로 일어나도 주 예수님께서는 여전히 언약적인 신실함을 지키신다. 그 이유는, 주 예수님께서는 친히 자기 자신을 부인하실 수 없기 때문이다. 그러므로 고난과 핍박 때문에 이렇게 신실하신 주님을 부인하는 것은 있을 수 없다. 우리에게 남은 유일한 선택은 끝까지 인내로 믿음을 지키며 사는 것이다.

◌ 한 마디 기도

복음의 증인과 그리스도의 좋은 군사로 고난을 달게 받게 하시고, 끝까지 인내하는 믿음으로 살게 하여 주소서.

사람을 온전하게 만드는 성경

모든 성경은 하나님의 감동으로 된 것으로(되었으며) 교훈과 책망과 바르게 함과 의로 교육하기에 유익하니 이는 하나님의 사람으로 온전케 하며 모든 선한 일을 행할 능력을 갖추게 하려 함이라

_딤후 3:16-17

✝ 핵심 이해하기

바울은 엄숙한 마음으로 디모데가 지금까지 알고 몸소 체험한 성경의 놀라운 유익에 대하여 말했다. 이러한 권면의 배경은 주님의 재림이 다가오면 다가올수록 사람들의 인격과 행위가 자기중심적이고 관계 파괴적인 모습으로 변질된다는 것이다(3:1-3). 사람들은 하나님을 사랑하는 대신에 자기와 돈과 쾌락을 사랑한다(3:2, 4). 일부 신자들은 경건의 모양을 가지나 경건의 능력을 부인한다(3:5). 바로 이러한 사람들이 디모데가 목회하고 있는 교회에도 이미 있었다(3:6-9). 이러한 상황에서 유일한 대안은 디모데가 지금까지 알고 체험한 것과 같이, 성경의 4대 교훈으로 빚어져 모든 선을 행할 수 있는 능력을 구비하는 것이다.

모든 성경이 하나님의 감동으로 되었다는 말씀은 구약 성경 전체가 성령 하나님의 영감으로 되었다는 것을 가리킨다. 만일 이 사실을 지적하는 디모데후서가 성령 하나님의 영감으로 된 하나님의 말씀이 아니면, 이 증거는 절대적인 가치가 없다. 그러므로 이 말씀은 결과적으로 구약과 신약의 성경 전체를 가리킨다. 66권의 성경이 하나님의 정확하고 아무런 오류가 없는 완전한 말씀인 것은, 그 모든 것에 성령 하나님의 감동이 있었기 때문이다.

성경은 하나님의 절대적인 권위를 가지고 있으므로 성경 말씀을 받아들이는 자에게 네 가지

유익을 가져다준다. 이 넷은 교훈과 책망과 바르게 함(교정)과 의로 교육함(훈련함)이다. 교훈과 책망과 바르게 함(교정)은 인생이 하나님 앞에서 가진 의무에 대한 교훈과 관련된다. 반면 의로 교육함(훈련함)은 이 세 교훈을 삶의 현장에서 실천하는 훈련과 관련된다. 성경은 삶의 이론적인 교육이면서 동시에 가장 신뢰할 만한 실천서(실천지침)인 것이다.

17절은 신자가 성경의 유익한 교훈을 통하여 결국 어떤 사람이 될 수 있는지를 보여준다. '하나님의 사람'이란 표현은 원래 구약 성경에서 제한적으로 선지자들에게만 사용되었다. 반면 신약 성경에서 신자 모두는 하나님의 성령을 받아 일반적인 의미에서 선지자가 되었다. 그러므로 모든 신자는 하나님의 사람인 것이다(행 2:17-18; 고전 12:13). 하나님의 사람은 그의 말씀의 종합적이고 총체적인 교육을 받을 때에 온전하게 빚어져 모든 선을 행할 수 있게 구비된다. '모든 선한 일'은 성경의 모든 교훈과 일치되는 행동과 삶을 가리킨다. 이렇게 구비된 하나님의 사람은 성경의 교훈을 받아 하나님에 대하여 믿어야 할 것을 믿고 하나님께서 요구하는 일을 행할 것이다. 그는 성경의 책망을 받아 삐뚤어지고 죄악 된 행동을 버릴 것이다. 그가 성경의 교정을 받을 때, 성경의 기준에 미달되는 그의 행동과 삶이 성경의 기준에 맞게 수정되고

교정될 것이다. 신자는 이러한 교훈과 책망과 교정을 머리로만 받는 것이 아니라, 삶의 구체적인 현장에서 실천적으로 체험한다.

우리는 여기서 모든 선한 행위를 할 수 있도록 능력을 구비시키는 성경의 총체적인 교육의 목적과, 하나님께서 모든 신자를 그리스도 예수 안에서 새로운 피조물로 만드신 목적이 일치하는 것에 주목할 필요가 있다(엡 2:10 "우리는 그가 만드신 바라 그리스도 예수 안에서 선한 일을 위하여 지으심을 받은 자니 이 일은 하나님이 전에 예비하사 우리로 그 가운데서 행하게 하려 하심이니라"). 모든 신자를 그리스도 예수 안에서 온전한 사람으로 만들기 위한 교회의 교육 목적도 성경 교육과 구원의 목적과 일치한다(엡 4:13 "우리가 다 하나님의 아들을 믿는 것과 아는 일에 하나가 되어 온전한 사람을 이루어 그리스도의 장성한 분량이 충만한 데까지 이르리니").

∝ 한 마디 기도

사람들의 인성 파괴가 사회적으로 심각한 이 시대에 모든 신자가 하나님의 말씀의 네 가지 훈련을 제대로 받아, 하나님께서 기뻐하시는 모든 선한 행위를 할 수 있는 능력을 구비한 하나님의 온전한 사람이 되게 하소서.

TITUS

12/10 하나님께서 은혜로 주신 구원

우리 구주 하나님의 자비와 사람 사랑하심이 나타날 때에 우리를 구원하시되 우리가 행한 바 의로운 행위로 말미암지 아니하고 오직 그의 긍휼하심을 따라 중생의 씻음과 성령의 새롭게 하심으로 하셨나니 우리 구주 예수 그리스도로 말미암아 우리에게 그 성령을 풍성히 부어 주사 우리로 그의 은혜를 힘입어 의롭다 하심을 얻어 영생의 소망을 따라 상속자가 되게 하려 하심이라 _딛 3:4-7

✝ **핵심 이해하기**

디도서는 바울이 디모데에게 보낸 두 서신과 함께 목회서신으로 불린다. 디모데가 에베소에 남아서 목회를 했던 것과 같이 바울의 제자 디도는 그레데에 남아서 목회를 했다. 디도서는 바울이 그레데 교회에서 목회하는 디도에게 당부한 목회 지침과 교훈이다. 바울이 디도서에서 강조하는 것은 그리스도 예수 안에서 하나님의 전적인 은혜로 구원을 받은 성도들은 믿지 않는 그레데 사람들과 구별되게 살아야 한다는 것이다. 이것은 성도들이 선한 일에 열심을 품는 거룩한 백성으로 사는 것이다(1:16; 2:14; 3:1, 8). 바울은 신자의 거룩한 삶을 다양하게 표현했다. 이것은 한편으로는 불경건함과 세상 정욕을 다 버리고 신중함과 의로움과 경건함으로 사는 것이다(2:12). 다른 편으로는 선한 일을 열심히 하는 하나님의 백성이 되는 것이다(2:14).

믿는 그레데 인들은 과거에 "어리석은 자요 순종하지 아니한 자요 속은 자요 여러 가지 정욕과 행락에 종 노릇한 자요 악독과 투기를 일삼은 자요 가증스러운 자요 피차 미워한 자"

(3:3)들이었다. 하나님께서 이러한 그들을 구원하신 것은 그들로 하여금 힘써 선한 일을 하게 하기 위함이었다(3:8). 4-7절의 교훈은 과거의 삶(3:3)과 새로운 삶(3:8) 사이에 의도적으로 배치되었다. 하나님께서 베푸시는 구원의 은혜는 더럽고 부끄러운 과거의 삶에서 떠나 깨끗하고 영광스러운 새 삶을 살게 한다.

4절의 "우리 구주 하나님의 자비와 사람 사랑하심이 나타났다"는 것은 앞에 언급된 "모든 사람에게 구원을 주시는 하나님의 은혜가 나타났다"는 말을 다시 진술한 것이다(2:11). 구주 하나님의 구원의 은혜를 구체적으로 가져다주신 분은 자기 자신을 십자가 위에서 대속물로 내주신 예수 그리스도이시다(2:14). 6절의 '우리 구주 예수 그리스도'는 이러한 사실을 전제한다.

5-7절은 하나님께서 그리스도 예수 안에서 베풀어 주신 구원에 대한 중요한 내용들을 언급한다.

첫째, 하나님께서 우리를 구원하신 것은 "우리가 행한 의로운 행위들로 말미암지 않는다." 바울은 이 진술을 문장의 맨 앞에 놓아 이 사실을 강조한다. 이것의 헬라어 문장을 다시 번역하면, "우리가 친히 행한 의 가운데 있는 행위들로 말미암지 않고 그 자신의 긍휼을 따라서 그가 우리를 구원하셨다"가 된다. 이것은 우리의 구원이 우리들이 친히 행한 의로운 행위들로 말미암은 것이 아니고, 하나님의 자비와 사람 사랑하심의 결과와 열매임을 보여준다(3:4). 5절의 "오직 그의 긍휼하심을 따라"는 4절의 "우리 구주 하나님의 자비와 사람 사랑하심"을 가리킨다.

둘째, 하나님께서 우리를 구원하신 것은 오직 그의 긍휼하심을 따른 것이다.

셋째, 하나님께서 우리를 구원하신 것은 중생의 씻음과 성령의 새롭게 하심을 통해서다(3:5). 중생의 씻음과 성령의 새롭게 하심은 서로 긴밀하게 연결된다. 중생의 씻음도 새롭게 하심도 모두 하나님께서 신자들에게 풍성하게 부어 주신 성령의 역사로 말미암는다(3:6). 중생의 씻음은 새 생명의 탄생을 가져오는 단회적인 사건이다. 이것은 성령의 새롭게 하심의 시작이다. 바울이 중생의 씻음을 언급한 것은, 믿는 그레데 인들이 중생의 결과로 과거의 더럽고 부정한 삶에서 깨끗하게 되었음을 강조하기 위함이다(1:15; 3:3). 그러나 중생의 씻음으로 시작된 성령의 새롭게 하심은 신자의 삶 속에서 계속되어야 한다. 이를 위해서 신자는 성령의 계속적인 인도와 지도를 받아야 한다(갈 5:16, 25). 바울은 고린도후서에서 "우리의 속사람은 날로 새로워지고 있다"고 고백했다(고후 4:16). 이와 비슷하게 다른 곳에서, 바울은 신자가 이미 입은 새 사람은 그를 창조하신 형상을 닮도록 계속 새로워진다고 밝혔다(골 3:10).

넷째, 하나님께서 우리를 구원하신 목적은 우리가 영생의 소망을 가진 상속자들이 되는 것에 있다(3:7). 우리가 "그의 은혜로 의롭다 함을 받았다"는 것은 우리의 의로운 행위가 구원의 근거가 되지 않는 것과 관련된다. 이 말씀은 우리의 의가 아니라, 예수님의 의 때문에 구원을 받았음을 재차 확인시켜준다. 신자들은 이렇게 의롭다 함을 받아 영생의 소망을 가진 상속자들이 되었다. 영생의 소망을 가졌다는 것은 이미 의롭다 함을 받은 신자들이 아직 영생을 소유한 자들이 아님을 의미한다. 영생의 소망은 예수 그리스도께서 영광 중에 재림하실 때 실현될 것이다. 신자는 이때 비로소 영생을 영원히 소유하게 될 것이다. 신자는 그때에 비로소 영생을 상속한 자들이 될 것이다. 하나님께서는 이 목적을 위해서 믿는 우리를 오직 그의 은혜로 예수님의 십자가 구속 사건에 근거하여 구원하셨다. 그러므로 믿는 우리는 영생의 소망을 가진 상속자들의 복된 신분에 맞게 하나님께서 기뻐하시는 선한 일을 힘써 행하는 자로 살아야 한다(3:8).

유익한 사람이 된 오네시모

갇힌 중에서 낳은 아들 오네시모를 위하여 네게 간구하노라 그가 전에는 네게 무익하였으나 이제는 나와 네게 유익하므로 네게 그를 돌려 보내노니 그는 내 심복이라 그를 내게 머물러 있게 하여 내 복음을 위하여 갇힌 중에서 네 대신 나를 섬기게 하고자 하나 다만 네 승낙이 없이는 내가 아무 것도 하기를 원하지 아니하노니 이는 너의 선한 일이 억지 같이 되지 아니하고 자의로 되게 하려 함이라
_몬 1:10–14

✝ 핵심 이해하기

빌레몬서는 바울이 1차로 로마에 투옥되어 있을 때에 골로새에 있는 빌레몬의 집에서 모이는 가정교회에 보낸 개인적인 서신이다. 서신 자체는 가정교회에 보내졌으나(1:1-3), 편지의 핵심 내용은 바울이 갇힌 중에 복음으로 낳은 영적인 아들 오네시모를 위해서 빌레몬에게 당부하는 것이다. 바울은 빌레몬에게 오네시모를 돌려보내니 그를 종 이상으로, 다시 말해서 주 안에서 사랑받는 형제로 받아달라고 간청했다(1:16). 오네시모는 빌레몬을 떠날 때에 그에게 재정적인 해를 끼친 것으로 보인다(1:10, 15, 18). 오네시모가 어떻게 바울이 투옥되어 있는 곳까지 오게 되었는지는 알 수 없다.

중요한 것은 주인 빌레몬에게 무익했을 뿐만 아니라, 심지어 해까지 끼친 그가 바울을 만나 예수 그리스도를 믿음으로 유익한 사람이 되었다는 것이다(1:11). 오네시모는 바울에게 너무나 귀중한 존재가 되었다. 바울은 심지어 그를 자기 자신의 심복(헬=스프랑크나=창자 또는 심장)이라고 까지 했다(1:12). 따라서 빌레몬이 오네시모를 영접하는 것은 바울 자신을 영접하는 것과 같다(1:17). 바울은 '마음'으로 번역된 동일한 단어 '심복'(헬=스프랑크나=창자 또는 심장)을 사용하여(1:20) 오네시모를 받아주는 것이 자신의 마음(심복=심장)을 평안하게 하는 것이라고 했다.

바울은 오네시모는 갇혀 있는 자신의 복음 사역을 위하여 빌레몬을 대신하여 그를 섬길 수 있는, 필요한 사람임을 먼저 상기시켰다(1:13). 하지만 바울 자신은 빌레몬의 승낙이 없이는 아무것도 하길 원하지 않았다. 그래서 바울이 오네시모를 그에게 보내는 것이다. 14절의 "너희 선한 일이 억지 같이 되지 아니하고 자의로 되게 하려함이라"는 말은 오네시모를 그에게 돌려보내는 바울의 더 깊은 뜻을 보여준다. 바울의 진심은 빌레몬이 오네시모를 받아줄 뿐만 아니라, 그를 다시 보내 바울을 섬기게 하는 것이었다. 바울은 오네시모가 그에게 갚을 빚이 있으면 자신이 친히 갚아줄 것이라고 하면서, 빌레몬 자신이 바울에게 빚진 사실을 군이 말하지 않겠다고 했다(1:18-19).

바울은 마지막으로 자신은 빌레몬이 순종할 것을 확신하여 그의 가정교회 앞으로 보내는 편지를 썼으며, 자신이 말한 것 이상으로 빌레몬이 행할 줄을 안다는 말로 편지를 마무리했다

(1:2). 빌레몬과 온 가정교회의 식구들이 이 편지를 함께 읽었을 때에, 그들은 분명 깊은 감동을 느끼고 바울이 기대했던 것과 같이 기쁨으로 행하였을 것이다. 오네시모를 위해 사랑의 권면을 하는 바울도, 주인에게 돌아가 관계를 회복하려는 오네시모도, 이 감동적인 서신을 받는 빌레몬과 그의 가정교회도, 예수 그리스도의 복음이 사람을 얼마나 아름답고 멋지게 바꾸는지를 몸소 확인했을 것이다. 우리는 예수 그리스도의 복음이 오늘도 쓸모없는 사람을 모두에게 유익한 사람으로 바꾸고 있다는 사실을 명심해야 할 것이다.

☧ 한 마디 기도

주께서 구원의 복음으로 쓸모없는 사람을 유익한 사람으로 바꾸는 것을 주의 백성 모두가 체험하게 하소서.

히브리서 핵심구절
이해하고 기도하기

아들을 통하여 말씀하신 하나님

옛적에 선지자들을 통하여 여러 부분과 여러 모양으로 우리 조상들에게 말씀하신 하나님이 이 모든 날 마지막에는 아들을 통하여 우리에게 말씀하셨으니 이 아들을 만유의 상속자로 세우시고 또 그로 말미암아 모든 세계를 지으셨느니라 이는 하나님의 영광의 광채시요 그 본체의 형상이시라 그의 능력의 말씀으로 만물을 붙드시며 죄를 정결하게 하는 일을 하시고 높은 곳에 계신 지극히 크신 이의 우편에 앉으셨느니라 _히 1:1-3

✝ 핵심 이해하기

히브리서의 저자가 누구인지는 오직 하나님만이 아신다. 히브리서는 아무런 서론과 인사말 없이 하나님의 아들 예수 그리스도에 대한 언급으로 시작하고, 신약 성경의 서신들과 같이 문안 인사로 끝난다(13:22-25). 저자는 어쩌면 예수 복음의 진리에서 떠나 유대교의 품으로 되돌아가려는 유혹을 받고 있는 유대인 신자들에게, 하나님의 아들 예수 그리스도가 얼마나 위대하고 크신 분인지, 서론 없이 본론부터 말하고 싶었던 것 같다.

히브리서의 핵심 주제는 하나님의 보좌 우편에 좌정하신 영원하신 대제사장 예수 그리스도

이시다. 영원한 대제사장 예수 그리스도께서는 구약 성경의 모든 성막 제도와 희생 제도와 제사장 제도를 완성하신, 영원히 불변하는 유일한 구원자이시다(1:3; 7:24-25; 8:1; 13:8, 12-13). 믿는 유대인들은 온갖 유혹과 시련을 물리치고 끝까지 예수 그리스도를 붙잡고 그를 바라보며 그에게로 달려가는 경주의 삶을 살아야 한다.

1-3절은 하나님의 아들 예수 그리스도에 대한 세 가지 놀라운 진술을 담고 있다.

첫째, 구약 성경과 신약 성경은 모두 하나님의 말씀으로 연결된다. 하나님께서는 구약에서 여러 선지자들을 통해서 다양하게 말씀하셨다

(1:1). 하지만 하나님께서 말씀하심의 절정은 종말의 시대인 신약에서 그의 아들 예수 그리스도를 통하여 주신 말씀에 있다(1:2). 이것은 구약에서 시작된 하나님의 말씀이 마지막 시대에 신약에서 그의 아들 예수 그리스도를 통하여 그 절정에 도달했음을 분명하게 보여준다. 구약 성경은 하나님의 아들 메시아의 오심을 약속했고, 신약 성경은 그의 아들 메시아가 마침내 오셔서 하나님의 구원 약속을 성취했음을 보여주기 때문이다.

둘째, 하나님께서 그의 아들을 통하여 구원의 재창조와 창조의 사역을 하셨다. 하나님께서 그의 아들을 만물의 상속자로 세우셨다는 것은 예수님의 십자가와 부활의 구속 사건을 전제한다. 하나님께서 자기 아들을 만물의 상속자로 세웠다는 말씀의 뜻은, 3-4절에서 그가 죄를 정결하게 하는 일을 완수하고 그의 보좌 우편에 좌정하셨다는 것과 천사들보다 탁월하고 아름다운 이름을 기업으로 얻었다는 표현을 통하여 구체적으로 설명된다. 하나님께서 그의 아들을 통하여 모든 세계를 지으셨다는 언급은, 구속자로 오셔서 구속을 성취하신 하나님의 아들이 창조의 사역에 동참하셨음을 분명하게 한다.

셋째, 죄를 정결하게 하는 구속의 사역을 성취하시고 하나님의 지극히 높은 보좌 우편에 앉으신 아들은 하나님의 영광의 광채이시며 그의 본체의 형상이시다. 이 표현은 하나님의 아들이 하나님과 같이 영광과 본질이 동일한 하나님이심을 보여준다. 하나님과 동등하신 아들 하나님은 그가 친히 능력의 말씀으로 하나님 아버지와 함께 만든 모든 피조물을 붙들고 계신다(1:3). 그러므로 하나님의 아들을 믿는 자는 만물의 창조자요, 만물의 섭리자요, 죄를 정결케 하는 구속을 성취하고 부활하신 구원자요, 만물의 상속자요, 지극히 높으신 하나님의 보좌 우편에서 통치하시는 왕과 영원한 대제사장을 믿는 것이다. 따라서 어떤 경우에도 믿는 유대인 독자들이 이렇게 위대한 예수 그리스도를 떠나는 일이 있을 수 없다. 오늘의 신자도 마찬가지다.

∝ 한 마디 기도

우리가 믿는 하나님의 아들 예수님께서 얼마나 놀랍고 위대한 분이신지 깊이 깨닫고, 예수 그리스도를 굳게 붙잡고 그를 바라보며 살아가게 하소서.

영혼을 종합 진단하는 하나님의 말씀

그러므로 우리가 저 안식에 들어가기를 힘쓸지니 이는 누구든지 저 순종하지 아니하는 본에 빠지지 않게 하려 함이라 하나님의 말씀은 살아 있고 활력이 있어 좌우에 날선 어떤 검보다도 예리하여 혼과 영과 및 관절과 골수를 찔러 쪼개기까지 하며 또 마음의 생각과 뜻을 판단하나니 지으신 것이 하나도 그 앞에 나타나지 않음이 없고 우리의 결산을 받으실 이의 눈 앞에 만물이 벌거벗은 것 같이(=것으로) 드러나느니라 그러므로 우리에게 큰 대제사장이 계시니 승천하신 이 곧 하나님의 아들 예수시라 우리가 믿는 도리를 굳게 잡을지어다 _히 4:11-14

✛ 핵심 이해하기

11-14절의 배경은 하나님께서 주신 말씀에 제대로 반응하지 못한 구약의 이스라엘 백성의 불신앙과 불순종을 본받지 말라는 것이다. 이것은 사실 3-4장의 핵심적인 주제다(3:7-8, 15; 4:6-7). 애굽에서 나온 이스라엘 백성의 상당수는 불신으로 하나님의 말씀을 배척하였다. 그들은 그 결과 가나안 땅에 들어가지 못하고 결국 하나님의 진노로 광야에서 죽고 말았다(3:16-19). 그러므로 하나님의 신약 백성은 그들이 간 불신앙의 전철을 밟지 말고 말씀 순종의 길로 가야, 하나님께서 약속하신 그의 안식에 들어가게 될 것이다(4:3-6). 이스라엘 백성이 가나안 땅에 들어간 때로부터 많은 시간이 지난 후에도 다윗은 하나님의 안식과 관련하여 중요한 말을 했다. 이것은 가나안 땅에 들어간 이스라엘 백성도 여전히 하나님의 안식에 들어가지 못했음을 전제한다. 다윗은 이러한 전제하에 하나님의 백성이 그의 음성을 들을 때 마음을 강퍅하게 하지 말라고 권고한 것이다(4:7-8). 그러므로 저자는 결론적으로 "그러므로 우리가 저 안식에 들어가기를 힘쓸지니"라고 권면한 것이다(4:11). 이 중대한 배경을 놓치면 12-13절의 참 뜻을 파악하기 어렵다. 12-13절의 교훈은 하나님께서 그의 백성에게 약속하신 그의 안식에 들어가는 구체적인 방법으로 주신 것이다. 구약에서 하나님의 백성은 그의 말씀에 불신으로 잘못 반응하여 그의 안식에 들어가지 못했다. 그러므로 신약에서 하나님의 백성은 그의 말씀에 믿음으로 바르게 반응하여 그의 안식에 들어가야 할 것이다.

하나님께서 살아계신 것과 같이 그의 말씀 역시 살아있다. 그의 말씀의 살아있는 능력은 사람의 전인격을 정확하게 진단하고 진찰한다. '영과 혼과 관절과 골수'란 표현은 사람이 이 네 가지 구성요소로 이루어졌음을 보여주기 위함이 아니다. 이 표현은 하나님의 말씀이 사람의 전인격을 하나도 빠뜨리지 않고 완벽하게 파헤쳐 정확하게 진단하고 판단함을 보여준다. 그래서 저자는 마지막으로 하나님의 말씀이 "마음의 생각과 뜻을 판단한다"고 말한 것이다.

13절은 하나님의 말씀의 종합 진단을 받은 결과와 이에 대한 우리의 반응이 무엇인지를 잘 보여준다. "지은 것이 하나도 그 앞에 나타나지 않음이 없다"는 표현 자체는 하나님께서 지으신 모든 피조물이, 그의 말씀 앞에 하나도 숨김 없이 그 실체와 실상이 드러난다는 의미를 가진다. 그러나 본문에서의 초점은 하나님의 말씀의 종합 진단을 받은 그의 백성에 있다. 따라서 이 표현은 하나님 말씀의 종합 진단을 받은 각 사람의 모든 실상이 정확하게 하나님 앞에 드러남을 보여준다. 하나님 말씀의 종합 진단의 결과는 무엇인가? 그것은 하나님의 눈앞에 만물, 곧 각 사람의 모든 실(=진)상이 벌거벗은 것으로 폭로되는 것이다. "벌거벗은 것 같이 드러난다"는 번역은 원문의 뜻을 약화시킨다. 헬라어 본문의 뜻은 "벌거벗은 것으로 목조임을 당한다"(헬=테트라켈리스메나)이다. 여기에 사용된 헬라어 동사 '목조이다'(트라켈리조)는 명사 '목'(트라켈로스)에서 유래된 단어다. 하나님 말씀의 정확한 종합 진단의 결과로 우리의 죄가 하나도 숨김없이 그대로 드러나는 것은, 은유적으로 영적으로 벌거벗은 상태로 우리가 하나님의 말씀에 의하여 목조임을 당하고 있는 것과 같다.

이러한 영적인 상황에서 우리가 할 수 있는 유일한 반응은 무엇인가? 그것은 하나님께 우리를 불쌍히 여겨 달라고 고백하는 것밖에 없다. 바로 이러한 의미를 가진 것이 '우리의 결산을 받으실 이'란 표현이다. 관련된 헬라어 문장의 뜻은 "우리는 그 앞에 드릴 말씀이 있다"이다. 이것은 예를 들어 말하면, 종합 진단서를 가지고 건강의 심각한 상태를 설명하는 의사에게 건강 진단을 받은 환자가 건강을 회복하여 살 길을 가르쳐 달라고 간청하는 것과 같다. 14절과 16절은 하나님 말씀을 통해 종합 진단을 받은 우리에게, 그 진단서를 들고 담대히 대제사장 예수께 나아가 믿음으로 그를 굳게 잡으라고 권고한다. 우리가 이와 같이 할 때 긍휼과 은혜가 풍성하신 대제사장 예수님의 도우심을 받아 우리의 인격과 사상과 행위의 치료를 받음으로써, 우리는 하나님의 말씀과 하나 되어 더욱더 순종의 사람으로 빚어지는 것이다. 이러한 성도가 하나님께서 약속하신 그의 영원한 안식에 들어가는 것이다. 신약 성도는 이와 같이 지속적으로 하나님 말씀의 종합 진단을 받고, 대제사장 예수님의 은혜의 보좌로 나가서 치유를 받아 하나님의 영원한 안식에 들어갈 준비를 한다.

✆ 한 마디 기도

모든 신자가 정기적으로 하나님 말씀의 종합진단을 받고 대제사장 예수님께 담대하게 나와, 때를 따라 돕는 은혜를 받아 전인격의 치유를 경험하게 하소서.

HEBREWS 12/14 사후에 있을 심판과 재림 때의 구원

한번 죽는 것은 사람에게 정해진 것이요 그 후에는 심판이 있으리니 이와 같이 그리스도도 많은 사람의 죄를 담당하시려고 단번에 드리신 바 되셨고 구원에 이르게 하기 위하여 죄와 상관 없이 자기를 바라는 자들에게 두 번째 나타나시리라 _히 9:27-28

✚ 핵심 이해하기

새 언약의 중보자 대제사장 예수 그리스도께서　　　는 오직 자기 자신의 피로 영원한 속죄를 이루시고 천상 성소에 들어가셨다(9:12). 그 결과 그리스도를 믿는 자들은 그의 대속적인 피로 양심에 깨끗함을 받아 살아계신 하나님을 섬길 수 있게 되었다(9:14). 예수님께서 세상의 끝에 나타나신 것은 자기 자신을 단번에 대속 제물로 드려 죄의 문제를 완전히 해결하시기 위함이었다(9:25-26). 예수님께서는 단번에 자기 자신을 제물로 드리심으로 첫째 언약이 결코 해결할 수 없었던 죄의 문제를 근본적으로 해결하셨다(10:3-4, 11-12). 예수님의 피 흘리심으로 말미암아 죄 사함이 이루어졌으므로, 죄를 위해 드릴 대속적인 희생 제사는 더 이상 필요가 없다(10:16-18).

27-28절은 이러한 관점에서 그리스도의 대속과 대속의 결과를 요약한다. 모든 사람은 예외 없이 죄로 인하여 육체적인 죽음을 반드시 거쳐야 한다. 모든 사람은 또한 죽은 후에 그 앞에서 심판을 받게 되어 있다(9:27). 이것은 죄가 전혀 없는 예수 그리스도를 제외한 아담의 모든 후손에게 해당된다. 사람들은 육체적인 죽음 후에 먼저 개별적인 심판을 받는다. 그리고 마지막 부활과 심판의 날에는 공개적인 심판을 받는다. 인간은 누구도 이러한 개별적인 심판과 마지막 날의 공개적인 최종 심판을 피할 길이 없다. 저자가 이러한 암울한 사실만을 강조하기 위해서 이 내용을 언급한 것은 아니다. 저자가 이 사실을 언급한 최종적인 목적은 예수 그리스도의 대속적인 죽음으로 죄 문제가 해결되었다는 것을 강조하기 위함이다. 죄가 없어서 개인적으로는 죽어야 할 이유가 전혀 없으신 예수 그리스도의 죽으심은, 많은 사람들의 죄를 해결하기 위한 대속적인 죽음이었다.

그리스도께서는 죄로 인하여 마땅히 죽어야 할 사람들을 대신하여 죽으셨다. 그의 택한 백성이 죄 때문에 받아야 할 심판을 예수 그리스도께서 친히 그들을 대신하여 받으신 것이다. 그러므로 예수 그리스도를 믿는 자들에게 죄로 인하여 받아야 할 심판은 더 이상 없다. 그들에게 유일하게 남은 것은, 마지막 재림의 날에 그들의 구원이 완성되는 것이다.

28절은 예수 그리스도께서 "구원에 이르게 하기 위하여 죄와 상관없이 자기를 바라는 자들에게 두 번째로 나타나시리라"고 밝힌다. '죄와 상관없이'란 표현은 예수 그리스도의 재림의 목적은 초림의 목적과 근본적으로 다름을 보여준다. 초림의 목적은 죄를 담당하기 위한 것이었으나, 그의 재림의 목적은 죄를 담당하기 위한 것이 아니다. 그의 재림의 목적은 '구원에 이르게 하기 위함'이다. 이것은 그리스도의 재림의 목적이 그를 믿고 기다리는 자들의 구원을 최종적으로 완성하는 것임을 보여준다. 이 말씀은 그리스도께서 자기 자신의 피로 단번에 속죄를 이루신 자기 백성의 구원을 끝까지 책임지고 계심을 분명하게 한다.

예수 그리스도를 믿는 자들은 구원을 받을 상속자들이다(2:14). 예수 그리스도는 구원의 창시자이실 뿐만 아니라(2:10), 영원한 구원의 근원이시다(5:9). 하나님의 보좌 우편에서 대제사장으로 중보하시는 예수 그리스도께서는 그를 믿는 자들을 온전히 구원하실 수 있는 분이다(7:25). 이 모든 내용은 마지막 재림의 날에 예수 그리스도께서 그를 믿는 자들의 구원을 완성하실 때 모두 사실로 분명하게 드러날 것이다. 예수 그리스도는 어제나 오늘이나 영원토록 불변하는 유일한 구원자이시다(13:8).

 한 마디 기도

인간의 죄와 심판의 문제를 근본적으로 해결하시고 영원히 구원하실 있는 분은 하나님의 아들 예수 그리스도밖에 없는 것을 모든 사람이 알게 하소서.

HEBREWS

12/15 믿음의 정의와 역할

믿음은 바라는 것들의 실상이요 보이지 않는 것들의 증거니 선진들이 이로써 증거를 얻었느니라 믿음으로 모든 세계가 하나님의 말씀으로 지어진 줄을 우리가 아나니 보이는 것은 나타난 것으로 말미암아 된 것이 아니니라 _히 11:1-3

✝ 핵심 이해하기

히브리어 11장은 믿음으로 산 구약 성도들의 증거와 간증이라고 해도 지나친 말이 아니다. 구약 성경에서 신앙의 선배들은 가장 먼저 언급된 아벨로부터 맨 마지막에 언급된 기생 라합에 이르기까지, 보이지 않는 것들을 바라고 산 믿음의 사람들이다. 그들이 바라보았던 보이지 않는 것들은 구약의 구원 약속을 성취한 신약 시대에 모두 다 이루어졌다(11:39-40). 그들의 믿음은 그들이 바라는 것들의 실상, 곧 본질이요, 보이지 않는 것들이 성취된 것을 증언한다. 믿음은 눈앞에 보이는 것들을 보고 따라가는 것이 아니라, 보이지 않는 것을 마치 그들의 눈앞에 있는 것과 같이 보고 확신하며, 이에 따라 사는 것이다.

구약 성경에서 믿음의 선배들이 믿고 바라보았던 보이지 않았던 것들은 그들 당대의 일들이 아니라, 먼 미래의 일들이었다. 그렇지만 예수 그리스도께서 오셔서 구약의 구원 약속을 모두 성취함으로 말미암아 이 모든 것들은 역사적인 사실이 되었다. 그래서 저자는 믿음이 바라는

것들의 실상(헬=휘포스타시스=본질)이요 보이지 않는 것들의 증거(헬=에렝코스=증거와 확신)라는 이유와 근거로 구약 성도들이 믿음을 따라 행하고 산 삶을 제시한 것이다. 그 일부 예를 들어보자.

노아는 아직 일어나지 않은 대홍수에 대하여 경고를 받았다. 노아가 이때 그것이 그대로 이루어질 줄 믿고 순종한 결과, 대홍수가 올 때 그의 온 가족이 구원을 받았다. 노아가 믿고 순종한 대로 모든 것이 다 이루어졌다(11:7).

아브라함과 요셉과 모세의 경우도 마찬가지다. 아브라함은 이삭을 제단에 드릴 때에 하나님께서 그를 능히 다시 살리실 줄을 믿었다(11:19). 요셉은 임종할 때 이스라엘 백성의 출애굽을 예언하고, 이에 따라 자신의 장례를 출애굽의 때까지 연기했다(11:22). 모세는 애굽의 모든 보화보다는, 하나님의 백성과 고난을 받고 그리스도를 위하여 고난 받는 것을 더 가치 있는 것으로 택했다(11:24-25). 이는 모세가 보이지 아니하는 하나님께서 상 주심을 바라보았기

때문이다(11:26). 이들이 이와 같이 보이지 않는 것들을 바라보고 믿음으로 행동을 한 것은 사람들의 눈에 어리석은 것이었으나, 모든 것이 그들이 믿고 행동한 대로 성취되었다. 그 결과 그들은 신약의 시대에 진정 믿음의 사람으로 인정과 칭송을 받게 되었다. 신약의 성도들은 믿음의 본격적인 시대 이전에 믿음으로 살았던 구약의 신앙 선배들을 본받아, 믿음의 본격적인 시대에 그들의 믿음을 능가하는 믿음을 가지고 살아야 한다.

3절은 하나님의 말씀으로 모든 것이 창조된 것과 관련하여 믿음의 정의와 그 역사적인 예를 설명한다. 3a절의 "믿음으로 모든 세계가 하나님의 말씀을 지어진 것을 우리가 안다"와 3b절의 "보이는 것은 나타난 것으로 말미암아 된 것이 아니다"는 원인과 결과의 관계를 보여준다. 우리는 믿음으로 보이는 모든 세계가 하나님의 말씀, 곧 보이지 아니하는 하나님의 말씀으로 되어졌다고 이해한다. 우리는 이러한 이해에 근거하여 보이는 것들, 곧 가시적인 모든 세계가 나타난 것들, 곧 보이는 것들로 말미암아 존재하게 된 것이 아님을 확신한다. 하나님의 창조는 유에서 유의 창조가 아니라, 무에서 유의 창조인 것이다. 보이지 아니하는 하나님의 말씀은 존재하지 아니하는 것들의 존재를 탄생시켰다. 신자는 이 사실을 믿음으로 이해하고 수용한다.

이와 비슷하게 믿음은 보이지 아니하는 하나님의 약속을 받아들여 그가 약속하신 대로 모든 것이 성취될 것을 그대로 믿고 행동한다. 이 점에서 하나님의 창조 명령과 창조의 실행이 하나이듯이, 하나님의 약속과 약속에 대한 믿음과 약속의 성취와 실현이 본질적으로 하나인 것이다. 하나님의 창조 명령이 단 한 번도 실패로 끝나지 아니한 것과 같이, 보이지 않는 하나님의 약속의 말씀을 믿고 행동하는 것은 결코 실패로 끝나지 않는다. 하나님께서 모든 세계를 그의 말씀으로 창조하신 사실도 믿음의 정의와 기능을 이해하는 데 중요한 역할을 한다. 우리가 믿음으로 모든 세계가 하나님의 말씀으로 창조된 것을 이해하는 것과, 믿음으로 하나님께서 하신 약속의 말씀이 그대로 성취될 것을 믿고 이에 근거하여 행동하는 것은 본질적으로 동일한 성격의 믿음이다. 모든 세계가 하나님의 말씀으로 창조된 것을 믿는다면, 하나님께서 약속하신 그대로 모든 것이 될 것을 확신하고 믿고 행동하게 될 것이다.

한 마디 기도

모든 것이 하나님의 말씀으로 창조된 것을 믿는 것과 같이, 모든 것이 하나님의 말씀대로 성취될 것으로 지금 믿고, 이에 따라 순종하며 살게 하소서.

야고보서 핵심구절
이해하고 기도하기

JAMES

JAMES
12/16

말씀을 듣고 행하는 신자

그러므로 모든 더러운 것과 넘치는 악을 내버리고 너희 영혼을 능히 구원할 바 마음에 심어(=겨)진 말씀을 온유함으로 받으라 너희는 말씀을 행하는 자가 되고 듣기만 하여 자신을 속이는 자가 되지 말라 _약 1:21-22

✝ 핵심 이해하기

야고보서의 저자는 예수님의 친동생이다. 저자는 놀랍게도 자기 자신을 하나님과 주 예수 그리스도의 종으로 소개한다(1:1). 야고보서의 내용은 한편으로 구약의 잠언과 같다. 야고보서의 핵심 교훈은 예수님께서 주신 산상수훈의 교훈을 여러 곳에서 반영한다. 특별히 하나님의 말씀을 듣고 실천하는 것을 강조하는 것은 산상수훈의 결론과 일치한다(마 7:24-27). 1:19-27의 내용은 하나님의 말씀을 듣고 실천하는 것을 강조한다.

저자는 먼저 말씀을 듣는 것은 신속하게 하고, 말하는 것과 성내는 것은 더디 할 것을 권면한다(1:19). 20절은 왜 성내는 일을 느리게 해야

하는지에 대한 설명이다. 그것은 성을 내는 것이 하나님의 의를 이루지 못하기 때문이다. 21절의 "그러므로 모든 더러운 것과 넘치는 악을 내버리라"는 권면은 성내어 죄를 짓게 만드는 원인들을 버리라는 명령이다. 반면 "영혼을 구원할 능력을 가지고 있는 심겨진 말씀을 온유함으로 받으라"는 권고는 신속하게 들은 말씀에 대한 바른 반응을 요구한다. '심겨진 말씀'이란 표현은 성령 하나님께서 진리의 말씀으로 죄와 허물로 죽었던 사람들을 중생시킨 결과를 가리킨다(1:18).

진리의 말씀으로 살아난 영혼은 하나님의 말씀을 수용할 수 있는 상태로 바뀐다. 그래서

454

사람들은 자연스럽게 하나님의 말씀을 받아들이게 되고, 받아들인 말씀은 믿는 신자 속에서 하나님의 능력으로 역사하기 시작한다(살전 2:13). 22절은 하나님의 말씀을 듣는 것으로 만족하지 말고 말씀을 행하는 자가 될 것을 권면한다. 하나님의 말씀을 듣고 마음에 심겨진 말씀을 받아들였으면 그 다음 단계는 그 말씀을 실행하는 것이기 때문이다.

"듣기만 하여 자신을 속이는 자가 되지 말라"는 말씀은 앞부분의 "말씀을 행하는 자가 되라"와 함께 짝을 이룬다. 이것의 정확한 번역은 "너희는 말씀을 행하는 자들이 되고 자기 자신을 속이면서 듣기만 하는 자가 되지 말라"이다. 말씀을 듣는 것으로 끝나는 사람은 자기 자신을 속이는 자다. 그런 사람은 말씀을 듣는 것만으로 만족하기 때문에 자기 자신을 속이는 것이다. 23-24절은 거울의 예를 들어 자기 자신을 속이는 것이 무엇인지 설명한다. 자기 자신을 속이는 자는 거울 앞에 서서 자기 얼굴을 보고 나서 곧장 자기의 본 모습을 잊어버리는 사람과 동일하다. 누구든지 하나님의 말씀의 거울 앞에 설 때에는 자신의 영적인 민낯이 드러난다. 그러나 이 사실을 망각하고 하나님 앞에서 고치려고 하지 않으면, 결국은 자신의 어그러진 모습을 잊어버리고 마치 자신이 아무런 문제가 없는 것과 같이 자기 자신을 속이는 자로 살게 된다.

∝ 한 마디 기도

하나님의 말씀을 듣고 받는 것으로 끝내지 않고, 몸소 그 말씀을 실천하는 데까지 나아가게 하소서.

JAMES
12/17

행함이 없는 죽은 믿음

내 형제들아 만일 사람이 믿음이 있노라 하고 행함이 없으면 무슨 유익이 있으리요 그 믿음이 능히 자기를 구원하겠느냐 만일 형제나 자매가 헐벗고 일용할 양식이 없는데 너희 중에 누구든지 그에게 이르되 평안히 가라, 덥게 하라, 배부르게 하라 하며 그 몸에 쓸 것을 주지 아니하면 무슨 유익이 있으리요 이와 같이 행함이 없는 믿음은 그 자체가 죽은 것이라 _약 2:14-17

✝ 핵심 이해하기

하나님의 말씀을 듣고 행하지 않는 자는 결국 자기 자신을 속이는 자이다(1:22). 그러나 자유롭게 하는 온전한 율법, 곧 복음의 거울을 주목해서 보는 자는 듣고 실천하는 참으로 복된 자다(1:25). 2장은 실천의 중요성을 강조하는 1장 교훈의 연장선상에서 주어진 구체적인 가르침이다. 1-13절은 외모를 보고 사람을 차별하지 말라는 교훈으로 시작하여, 자유의 율법대로 심판을 받을 자처럼 말하고 행동하라고 권면하는 것으로 끝난다. 14-26절의 교훈은 1-13절의 차별대우하지 말라는 교훈(곧 사랑의 소극적인 실천)을 넘어서, 도움을 필요로 하는 형제들에게 실제적인 도움을 제공하라는 사랑의 적극적인 실천을 권면한다. 여기서 인식해야 할 중요한 사실은 형제자매들에 대한 사랑의 적극적인 실천이 구원하는 믿음의 구체적인 표현과 행위라는 것이다. 14-17절은 사랑의 구체적인 실천이 없는 믿음은 구원할 수 없는 믿음이라는 사실을 분명하게 한다.

14절은 행함이 없는 믿음에 대한 질문과 답을 제시한다. 관련된 질문은 어떤 사람이 믿음이 있다고 주장하는데, 행함이 없다면 무슨 유익이 있느냐는 것이다. 이에 대한 답은 "그 믿음이 능히 자기를 구원하겠느냐?"는 질문 자체에 들어 있다. 물론 그런 믿음은 사람을 구원할 수 없다는 것이다. 따라서 사랑의 실천이 없는 믿음은 구원하는 데 아무런 유익이 없다.

15-16절은 믿음이 실천해야 할 사랑의 구체적인 예를 제시한다. 형제나 자매가 옷을 제대로 입지 못해 춥고 일용할 양식이 없는데, 당장 필요한 것을 제공하지 않고 말로만 따뜻하게 입어라, 배부르게 먹으라고 하면 아무런 유익이 없다. 이러한 말은 일차적으로 실제적인 도움을 필요로 하는 지체들에게 전혀 유익을 주지 못한다. 이런 말을 하는 사람의 믿음에도 전혀 유익

이 없다. 실천이 없는 믿음은 그 자체가 죽은 것이다. 이 말은 구원하는 믿음이 처음부터 그 사람에게 없었다는 의미를 가진다.

18-26절은 행동하는 믿음의 구체적인 증거로 아브라함의 믿음(2:21-23)과 이스라엘 정탐꾼을 보호한 기생 라합의 믿음(2:25)을 제시한다. 마지막 결론은, 동일하게 행함이 없는 믿음은 죽었다는 것이다(2:26). 야고보서의 이러한 믿음은 바울이 갈라디아에서 분명하게 선언한 '사랑으로 역사하는 믿음'과 거의 같다고 볼 수 있다(갈 5:6). 이것은 오직 믿음으로 의롭다 함을 받는다는 바울의 교훈과 대립되지 않는다. 바울이 반대한 것은 믿음의 행위가 아니라 율법의 행위였기 때문이다. 바울에게 율법의 행위란 율법에 대한 순종으로 의롭다 함을 받으려는 모든 노력을 가리킨다.

한 마디 기도

사랑과 순종의 실천을 하는 믿음을 가지고 살게 하소서.

베드로전후서 핵심구절
이해하고 기도하기

1 PETER

12/18

모든 행실에 거룩한 자

너희가 순종하는 자식처럼 전에 알지 못할 때에 따르던 너희 사욕을 본받지 말고 오직 너희를 부르신 거룩한 이처럼 너희도 모든 행실에 거룩한 자가 되라 기록되었으되 내가 거룩하니 너희도 거룩할지어다 하셨느니라 _벧전 1:14-16

✝ **핵심 이해하기**

베드로전서는 사도 베드로가 소아시아의 여러 지역에 흩어져 나그네의 삶을 사는 성도들에게 보낸 서신이다(1:1). 사도 베드로가 그들에게 서신을 써 보낸 목적은, 그들이 믿음으로 각처에서 당하는 고난을 바르게 이해하도록 하고, 은혜에 굳게 서서 살게 하려는 것이었다(5:9-10).

사도 베드로가 독자들에게 가장 먼저 언급한 것은 하나님께서는 예수 그리스도를 죽은 자 가운데서 살리심으로 말미암아 구원의 산 소망을 믿는 자들에게 약속하셨다는 것이다(1:3). 모든 신자는 이 소망이 성취될 때 영원히 썩지 않고 쇠하지 아니하는 기업을 물려받게 될 것이다. 신자는 이러한 구원의 완성을 위하여 믿음을 통

해서 하나님의 능력으로 완전한 보호를 받고 있다(1:4). 신자는 마지막 날에 예수 그리스도께서 나타나실 때 완전한 구원을 받아 칭찬과 영광과 존귀를 얻게 될 것이다(1:7). 구약의 선지자들은 이러한 구원을 가져올 메시아가 받을 고난과 영광에 대하여 예언하였다(1:10-11). 따라서 신자는 이와 같은 구원의 현재적인 은혜와 그 미래적인 영광을 내다보고 이에 합당한 삶을 살아야 한다. 이러한 맥락에서 14-17절은 신자가 예수 그리스도의 재림을 기대하면서 살아야 할 거룩한 삶에 대하여 권고한다. 먼저 사도 베드로는 모든 신자가 피해야 할 과거의 삶을 말한다. 피해야 할 과거의 삶은 욕심을 따라 살았던

불순종의 삶이다. 신자는 과거에 불순종과 진노의 자식이었다(엡 2:2-3). 그러나 그들은 이제 구원의 은혜로 말미암아 순종하는 자식이 되었다(1:14). 그들이 하나님을 모를 때 따랐던 각종 정욕은 현재 믿지 않는 자들이 추구하는 삶이다(4:2-3).

신자가 살아야 할 새 삶은 모든 면에서 하나님을 닮아가는 거룩한 삶이다. 거룩함의 기준은 모든 신자를 부르신 거룩하신 하나님이다(1:15). 모든 행실에 있어서 거룩한 자가 되라는 권고는 거룩하신 하나님을 본받아 그가 요구하시는 구별된 행동을 하라는 말씀이다. 하나님의 거룩한 임재와 명령을 의식한 모든 행동은 거룩하다. 그러나 이를 무시하고 욕심에 따르는 행동은 모두 부정하고 더럽다.

"내가 거룩하니 너희도 거룩하라"는 명령은 하나님께서 원래 구약 이스라엘 백성에게 주신 것이다(레 11:44-45; 19:2; 20:7-8). 하나님께서

이러한 명령을 동일하게 믿는 이방인들에게 주신 것은 그들도 구약의 하나님 백성과 동일하게 그의 구별된 백성이 되었기 때문이다. 과거에는 긍휼을 받지 못했던 이방인들이 구원의 은혜를 입어 하나님의 백성이 된 것은 놀라운 신분의 변화다. 더 나가서, 이방인들을 불러 그의 자녀로 삼으신 거룩하신 하나님은 친히 그들의 아버지가 되신다. 그러므로 그의 자녀들이 거룩한 두려움으로 그를 경외하는 것은 당연하다. 거룩하신 아버지께서는 마지막 심판 날에 그들의 각 행위를 엄격하게 심판하실 것이다. 이러한 사실은 하나님 아버지 앞에서 거룩한 삶을 촉구한다(벧후 3:11-12).

∝ 한 마디 기도

우리를 거룩한 자녀로 삼으신 거룩하신 하나님 아버지의 임재를 의식하여 믿지 않는 자들과 구별되는 삶을 살게 하소서.

입어야 할 고난의 갑옷

1 PETER 12/19

그리스도께서 이미 육체의 고난을 받으셨으니 너희도 같은 마음으로 갑옷을 삼으라 이는 육체의 고난을 받은 자는 죄를 그쳤음이니 그 후로는 다시 사람의 정욕을 따르지 않고 하나님의 뜻을 따라 육체의 남은 때를 살게 하려 함이라 (왜냐하면) 너희가 음란과 정욕과 술취함과 방탕과 향락과 무법한 우상 숭배를 하여 이방인의 뜻을 따라 행한 것은 지나간 때로 족하도다(족하기 때문이다) _벧전 4:1-3

✝ 핵심 이해하기

사도 베드로는 그리스도께서 고난을 받으실 때 가지셨던 자세를 고난 받는 신자들이 가질 것을 권고한다. 1절의 배경은 3장 13-18절의 교훈이다. 그리스도께서 단번에 죄 문제를 해결하기

위하여 죽으신 것은 불의한 자를 대신한 것이다(3:18). 그의 대속적인 죽음의 목적은 그의 백성이 하나님의 임재 앞에서 구별되게 사는 것이다.

"육체의 고난을 받은 자는 죄를 그쳤다"는 진술은 비록 죄인들을 대신하여 죽었다가 다시 살아나셨으나 한 번도 죄를 범하지 아니하신 예수 그리스도를 가리킬 수 없다. 이것은 특정인이 아니라, 보편적으로 누구에게나 적용되는 일반적인 진리다. 사람들은 일반적으로 고난을 받게 되면 자신의 삶을 돌아보며 죄에서 떠나 삶의 우선순위를 바르게 한다. 신자들은 예수 그리스도의 대속적인 죽음으로 죄에 대하여 죽었고, 그의 부활로 하나님께 대하여 살아났다(롬 6:6-11). 그러므로 그리스도와 연합한 신자가 각종 고난을 거룩한 삶을 위한 도구로 삼는 것은 당연하다. 사도 베드로는 앞에서 신자가 선을 행함으로 고난 받는 것이 하나님의 뜻이므로, 악행으로 고난을 받는 것보다 낫다고 밝혔다(3:16-17). 신자의 고난은 그리스도의 고난에 동참하는 것이므로 기뻐하고 즐거워해야 할 복된 일이다(4:13-14). 신자는 악을 행하는 일로 고난을 받는 일이 없도록 힘써야 한다(4:15).

2절은 고난을 받는 신자가 죄를 버리는 목적이 무엇인지 설명한다. 그것은 육체의 남은 때를 과거와 같이 더 이상 사람의 죄악 된 정욕대로 살지 않고 하나님의 뜻에 따라 사는 것이다. 여기서 하나님의 뜻은 구체적으로 고난과 관련된 것들이다. 선을 행함으로 어리석은 사람들의 무식한 말을 잠잠하게 하는 것이 하나님의 뜻이다(2:15). 선을 행함으로 고난을 받고 참는 것은 하나님 앞에서 아름다운 일이다(2:20). 이뿐만 아니라, 선을 행함으로 고난을 받는 것이 하나님의 뜻이다(3:17). 하나님의 뜻대로 고난을 받는 자들은 고난 중에 계속해서 선을 행함으로 자기 영혼을 신실하신 창조주 하나님께 맡겨야

한다(4:19).

3절은 왜 신자가 과거의 정욕적인 삶을 더 이상 살지 않고 하나님의 뜻을 따라 살아야 하는지를 설명한다. 그 이유는 그들이 과거에 온갖 죄에 빠져서 산 것으로 족하기 때문이다. 그들은 과거에 음란과 정욕과 술 취함과 방탕과 향락과 역겹고 가증한 우상숭배에 빠져 살았다. 이것들은 믿지 않는 이방인들이 현재 살고 있는 삶이다. 믿지 않는 자들은 믿는 자들이 이러한 죄악에서 떠난 것을 이상하게 생각하며 비난하고 비방한다(4:4). 사람들은 산자와 죽은 자를 심판하실 주님 앞에서 그들의 죄악을 고백하게 될 것이다(4:5).

신자는 예수 그리스도의 대속적인 죽음으로 영혼의 목자와 감독자이신 하나님께 돌아왔다(2:24-25). 이렇게 하나님께 돌아온 신자가 아직도 하나님께 돌아오지 않은 불신자의 삶을 사는 것은 있을 수 없다. 그 대신에 하나님께로 돌아온 자는 예수님의 대속적인 죽음의 은혜를 힘입어 죄에 대하여는 죽고 의에 대하여는 사는 새로운 삶을 계속적으로 살아야 하는 것이다(2:24). 이러한 삶의 결국은 예수 그리스도의 재림 때에 구원이 완성되어 영원한 칭찬과 영광과 존귀를 얻어 누리는 것이다(1:7; 5:10).

∾ 한 마디 기도

모든 신자가 그리스도의 고난에 동참하는 선행과 의로운 삶을 통해서 더욱더 세상과 구별되게 하소서.

하나님의 성품에 참여하는 삶

이로써 그 보배롭고 지극히 큰 약속을 우리에게 주사 이 약속으로 말미암아 너희가 정욕 때문에 세상에서 썩어질 것을 피하여 신성한 성품에 참여하는 자가 되게 하려 하셨느니라 그러므로 너희가 더욱 힘써 너희 믿음에 덕을, 덕에 지식을, 지식에 절제를, 절제에 인내를, 인내에 경건을, 경건에 형제 우애를, 형제 우애에 사랑을 더하라 _벧후 1:4-7

✝ 핵심 이해하기

베드로후서는 사도 베드로가 자신이 주님으로부터 받은 육신의 장막을 떠나 주께로 갈 날이 얼마 남지 않았다는 사실을 깨닫고 나서, 곰곰이 생각하는 가운데 남겨 준 유언과 같은 교훈이다(1:12-15). 핵심 교훈은, 하나님께서는 예수 그리스도의 십자가와 부활 사건에 근거하여 생명과 경건에 필요한 모든 선물을 값없이 은혜로 주셨으므로, 신자는 하나님의 거룩한 성품에 참여하는 경건한 삶을 살아야 한다는 것이다(1:2-4). 하나님께서 그리스도 안에서 주신 풍성한 은혜와 하나님께서 과거에 행하신 세 가지 심판(범죄한 천사들, 노아의 홍수, 소돔과 고모라의 멸망)의 역사와 마지막 날의 우주적인 심판은 마지막 시대를 사는 하나님의 백성 모두에게 거룩한 행실과 경건함을 구비한 하나님의 자녀로 살 것을 촉구한다.

4절은 하나님께서 보배롭고 지극히 큰 약속을 주신 구체적인 목적을 밝힌다. 그 목적은 하나님의 자녀들이 이 세상의 썩어지는 정욕을 피하고 하나님의 성품(거룩함)에 참여하는 것이다. 5-7절의 교훈은 신자가 하나님의 성품에 참여하는 구체적인 방법을 제시한다. 5절의 '더욱 힘써'란 말의 헬라어 본뜻은 모든 노력 또는 진지함을 다하라는 것이다. 이것은 할 수 있는 한 최선의 노력을 다 할 것을 촉구한다. 이러한 노력으로 힘써 할 일은 믿음의 기초 위에 각종 덕을 더하는 것이다. 언급된 덕성들은 덕과 지식과 절제와 인내와 경건과 형제 우애와 사랑이다. 꼭 기억해야 할 것은 믿음은 단지 출발점이 아니라, 이 모든 덕성들의 근본적인 기초라는 것이다.

가장 먼저 언급된 덕은 포괄적으로 하나님을 닮은 성품을 말한다(벧전 2:9). 이것은 신성한 성품, 곧 하나님의 거룩한 성품에 참여하는 것을 의미한다(벧후 1:4). 하나님을 닮은 성품의 구체적인 내용은 지식과 절제와 인내와 경건과 형제 우애와 사랑이라고 할 수 있다. 믿음은 지식(앎)을 추구하여 하나님과 자신과 다른 피조물들을 알도록 힘쓰게 한다. 이렇게 얻어진 지식에 대한 반응과 적용은 절제, 곧 자기통제다. 자기통제는 이러한 것들에 대한 하나님의 지식으로 자기 자신을 통제하고 다스리는 것이다.

자기통제는 인내의 단계로 성숙하게 되어야 한다. 이것은 자기통제를 한두 번 하는 것으로 끝나지 않고 지속적으로 해야 함을 말한다. 자기통제의 반복적인 행동과 습관을 통하여 결국 자기통제가 자신의 인격이 되게 하는 것이다. 이와 같은 인내는 결국 하나님과 관련해서는 하나님을 경외하여 죄에서 피하고 그가 기뻐하는 선을 행하는 경건으로 표현되고, 사람들과 관련해서는 형제 우애와 사랑으로 표현된다. 형제 우애는 공동체 안에 속한 지체들을 사랑하는 것을 말하고, 사랑은 그 외의 사람들을 사랑하는 것을 말한다. 사랑의 절정은 사랑해야 할 이유와 가치가 전혀 없는 원수를 사랑하는 것이다.

이와 같은 하나님을 닮은 성품의 형성은 믿음의 지속적인 성장을 통하여 이루어진다. 이 모든 것은 우리 주 예수 그리스도를 더욱더 부지런하게 알고 체험하게 만들고, 그 결과 열매를 맺게 만든다(1:8). 믿음의 절정은 하나님의 아들 예수 그리스도를 닮는 것이므로 그가 완전하게 소유한 하나님 아버지의 성품을 더욱 닮으면 닮을수록, 신자 속에 예수 그리스도의 모습이 더욱더 나타나는 것은 당연한 결과다.

∝ 한 마디 기도

신자 모두가 믿음의 지속적인 성장으로, 하나님의 거룩한 성품을 더욱더 닮아가는 성숙한 인격자가 되게 하소서.

요한서신(요한일이삼서) 핵심구절
이해하고 기도하기

빛 가운데 계신 예수님과의 사귐

만일 우리가 하나님과 사귐이 있다 하고 어둠에 행하면 거짓말을 하고 진리를 행하지 아니함이거니와 그가 빛 가운데 계신 것 같이 우리도 빛 가운데 행하면 우리가 서로 사귐이 있고 그 아들 예수의 피가 우리를 모든 죄에서 깨끗하게 하실 것이요 만일 우리가 죄가 없다고 말하면 스스로 속이고 또 진리가 우리 속에 있지 아니할 것이요 만일 우리가 우리 죄를 자백하면 그는 미쁘시고 의로우사 우리 죄를 사하시며 우리를 모든 불의에서 깨끗하게 하실 것이요 _요일 1:6-9

✝ 핵심 이해하기

요한일서의 저술 목적은 신자들과 예수 그리스도 사이에 사귐을 깊게 하고, 사귐의 기쁨을 충만하게 하는 데 있다(1:3-4). 기쁨이 충만한 교제의 중심에는 죄를 피하고 주 예수님께서 주신 계명대로 서로를 사랑하는 것이 있다(2:1-2; 3:4-6, 23; 4:7). 사도 요한의 서신을 받은 가정교회는 최근에 예수 그리스도에 대한 이해의 차이로 인하여 심각한 다툼과 분열을 겪었다. 결국 최근에 교회를 떠난 자들은, 예수 그리스도는 참 사람이 아니고 십자가 위에서 죽은 하나님의 아들이 아니며, 그의 가르침은 중요하지 않다고 생각했던 자들이었다(2:19; 4:3). 성경은 예수님을 참 하나님과 참 사람으로 제시한다. 그러므로 이들은 하나님의 아들 그리스도를 부인하는 자들이다(2:22-23). 이러한 상황에서 요한은 성육신하신, 하나님의 말씀이신 예수 그리스도와의 지속적인 사귐은 예수님의 지상적인 가르침에 근거해야 한다고 권고한다. 가정교회를 떠난 자들은 그들이 성령의 인도를 받고 있으므로 예수님의 지상적인 교훈은 중요하지 않다고 보았다. 반면 저자 요한은, 성령의 인도와 교훈은 예수 그리스도의 지상적인 교훈과 긴밀하게 연결되어 있음을 강조한다. 저자는 그래서 예수 그리스도의 가르침 속에 머물라고 힘주어 권고하

462

는 것이다(2:24). 이러한 관점에서 예수 그리스도를 중심으로 한 하나님과의 사귐에 관한 첫 교훈(1:5-10)은 아주 중요한 역할을 한다.

5절은 신자가 예수 그리스도와의 사귐에서 체험하는 하나님이 어떤 분이신지 분명하게 밝힌다. 하나님께서는 조금의 어둠도 없으신 완전한 빛이시다. 6-10절은 완전한 빛이신 하나님과의 사귐이 가져오는 필연적인 열매와 결과를 설명한다. 6절은 먼저 하나님과의 거짓된 사귐에 대하여 말한다. 신자가 하나님과 사귄다고 주장하면서 어둠 가운데 행하는 것은 거짓말을 하는 것이고 진리를 실천하는 것이 아니다. 이 말은 전혀 어둠이 없고 온전한 빛이신 하나님과의 사귐은 빛 가운데서 진리를 말하고 진리를 실천하는 것을 요구함을 전제한다.

요한일서에서 하나님의 빛은 생명과 생명의 자연스러운 표현인 진리와 사랑을 가져온다. 그러므로 절대적인 빛이신 하나님과 사귀면서 어둠 가운데 행하며 생명과 정반대되는 사망의 표현인 거짓말과 미움을 실천하는 것은, 그 사람이 하나님과의 사귐이 없다는 것을 보여주는 것이다. 빛이신 하나님과의 사귐의 정도에 따라 그의 빛이 신자의 삶 속에서 진리와 진리의 구체적인 실천인 사랑을 통해서 나타나기 때문이다. 7절은 하나님과의 참된 사귐에 대하여 설명한다. 하나님께서 빛 가운데 계신 것과 같이 신자가 (하나님의) 빛 가운데서 행하면 신자들 사이에 참된 사귐이 이루어지고, 그 결과 하나님의 아들 예수 그리스도의 피가 신자들을 모든 죄에서 깨끗하게 하시는 것을 체험하게 된다. 이 말씀은 빛 되신 하나님과 사귈 때에 어둠 가운데 있었던 죄가 드러나게 되어 그 죄를 예수

님 앞에 고백하게 되는 것을 전제한다. 바로 그때에 각 신자는 고백한 모든 죄에서 씻김을 받는다. 9절의 "만일 우리가 우리 죄를 자백하면 그는 미쁘시고 의로우사 우리 죄를 사하시며 우리를 모든 불의에서 깨끗하게 하실 것이요"는 이 진리를 더욱 분명하게 구체적으로 밝힌다.

8절과 10절은 6절에 언급된 하나님과의 거짓된 사귐에 대한 상세한 설명이다. 8절의 "만일 우리가 죄가 없다고 말하면"이란 진술은 문맥의 흐름에서 이해되어야 한다. 이 조건적인 진술은 "우리가 하나님과 사귐이 있다고 말하면서 죄가 없다고 주장하면"이란 뜻이다. 이것은 자기를 기만하는 것으로 하나님의 진리가 우리 속에 없다는 증거다. 10절 역시 비슷한 맥락에서 8절의 내용보다 한 걸음 더 나아간다. 우리가 하나님과 사귐이 있다고 하면서 우리가 죄를 범하지 아니했다고 말하는 것은 하나님을 거짓말쟁이로 만든다. 이것은 결정적으로 하나님의 말씀이 우리 속에 없다는 증거다. 그러므로 완전한 빛이신 하나님과의 참된 사귐은 하나님의 진리의 빛을 중심으로 하며, 진리의 빛을 중심으로 하기 때문에 한편으로 죄의 폭로와 죄의 고백을, 다른 한편으로 예수 그리스도의 피로 죄의 씻음을 가져온다. 완전한 빛 되신 하나님과의 사귐이 깊어지면 깊어질수록, 숨겨졌던 죄를 깨닫고 고백하여 그리스도의 피로 깨끗하게 되는 결실이 있다.

◇ 한 마디 기도

그리스도 예수 안에서 하나님과의 참된 사귐 속으로 들어가 더욱더 죄를 깨닫고 고백하여, 예수님의 피로 정결함을 받아 빛 가운데서 살게 하소서.

하나님의 사랑과 서로 사랑

사랑하는 자들아(헬=아가페토이=사랑을 입은 자들아) 우리가 서로 사랑하자 사랑은 하나님께 속한 것이니(헬=에크 투 쎄우=하나님으로부터) 사랑하는 자마다 하나님으로부터 나서 하나님을 알고(알기 때문이고) 사랑하지 아니하는 자는 하나님을 알지 못하나니 이는 하나님은 사랑이심이라(이시기 때문이라) 하나님의 사랑이 우리에게 이렇게 나타난 바 되었으니 하나님이 자기의 독생자를 세상에 보내심은 그로 말미암아 우리를 살리려 하심이라 _요일 4:7-9

✝ 핵심 이해하기

요한일서는 하나님의 신자 사랑에 대한 반응과 결실로서 서로의 사랑을 강조한다. 예수님께서 제자들에게 주신 새 계명의 핵심은 서로 사랑하는 것이다(2:7-8). 서로 사랑해야 한다는 것은 독자들이 처음부터 들은 소식이다(3:11). 주 예수님께서 주신 핵심 교훈은 예수 그리스도의 이름을 믿고 그의 계명대로 서로 사랑하는 것이다(3:23; 4:21). 4장 7-21절의 핵심 주제는 하나님의 우선적인 신자 사랑과 신자 상호간의 서로 사랑이다.

7-8절은 사랑을 하나님과 연결시키며 서로의 사랑을 권면한다. 신자가 서로 사랑해야 하는 세 가지 근본적인 이유가 있다. 세 이유는 모두 하나님과 관련되어 있다. 서로를 사랑해야 하는 첫 번째 이유는 사랑은 하나님으로부터 말미암는다는 것이기 때문이다(4:7a).

여기서 파생되는 두 번째 이유는 (서로) 사랑하는 자마다 하나님으로부터 중생하여 하나님을 (체험적으로) 안다는 것이다(7b). (서로) 사랑하는 자마다 중생의 결과로 하나님을 알고 있는 것이 사실이라면, 이것의 반대는 (서로) 사랑하지 않는 자마다 중생하지 아니했으므로 하나님을 알지 못하는 것이 분명하다(4:8).

세 번째 이유는 첫째와 둘째 이유보다 더 근본적이다. 사실 셋째 이유는 이 둘의 뿌리다. 이것은 하나님은 사랑이시라는 것이다. 하나님은 본질적으로 사랑이시므로 하나님을 아는 것은 그의 사랑을 체험하는 것이다. 따라서 하나님의 사랑 체험은 그 사랑에 대한 반응으로 서로 서로를 사랑하는 것으로 표현되어야 한다.

9-10절은 역사 속에서 구체적으로 나타난 하나님의 사랑에 대한 설명이다. 하나님의 사랑은 역사 속에서 하나님께서 자기 백성을 살리기 위해서 그의 독특한 아들 예수 그리스도를 세상에 보내신 것, 그의 백성의 죄를 해결하기 위해서 자기 아들을 화목 제물로 보내신 사건으로 구체화되었다. 이 목적에 따라 하나님의 아들 예수 그리스도께서는 십자가 위에서 자기 목숨을 내주셨다(3:16). 그러므로 하나님의 이와 같은 대속적인 사랑에 대한 반응은 신자가 서로를 사랑하는 것이다(4:11). 사랑이신 하나님께서 그의 아들 예수 그리스도를 화목 제물로 세상에 보내신 것과, 예수님의 대속적인 죽음과 복음의 말씀으로 신자가 중생한 것은 누구도 부인할 수 없는 명백한 사실이다.

하나님의 이와 같은 사랑에 대한 반응은 무엇인가? 그것은 신자가 하나님의 사랑을 받았으니 서로를 사랑하는 것이다. 신자는 하나님의 사랑을 지속적으로 받은 그의 자녀다. 신자는 그의 사랑을 받으면 받을수록 서로를 사랑해야 한다. 이것은 하나님 아버지의 사랑에 대한 당연한 반응과 감사다. 신자가 이렇게 서로를 사랑할 때, 신자를 향한 하나님의 사랑은 신자 속에서 온전하게 된다(4:12). 신자는 서로의 사랑을 실천할 때 하나님과의 상호 내주 안에 거한다(4:16).

민음의 지체들이 서로 사랑하는 것은 결과적으로 하나님을 사랑하는 것이다. 형제자매의 사랑으로 표현되지 않는 사랑은 어떤 경우에도 하나님을 사랑하는 것으로 인정되지 않는다. 서로 사랑하라는 교훈의 결론은 "보는 바 그 형제를 사랑하지 아니하는 자는 보지 못하는 바 하나님을 사랑할 수 없다"이다(4:20).

∝ 한 마디 기도

서로 사랑함으로 사랑이신 하나님 아버지를 사랑함을 증명하게 하소서.

2 JOHN 12/23 계명 가운데 행하는 신자

너의 자녀들 중에 우리가 아버지께 받은 계명대로 진리를(헬=엔=안에서) 행하는 자를 내가 보니 심히 기쁘도다 부녀여, 내가 이제 네게 구하노니 서로 사랑하자 이는 새 계명 같이 네게 쓰는 것이 아니요 처음부터 우리가 가진 것이라 또 사랑은 이것이니 우리가 그 계명을 따라 행하는 것이요 계명은 이것이니 너희가 처음부터 들은 바와 같이 그 가운데서 행하라 하심이라 _요이 1:4-6

✝ 핵심 이해하기

저자는 자신을 장로라고 소개한다. 그는 진리를 아는 모든 사람들이 사랑하는 택함을 받는 부녀와 그의 자녀들에게 편지한다고 밝힌다(1:1). 요한2서는 부녀와 그의 자녀들, 곧 가정교회의 성도들이 마치 요한1서의 핵심적인 교훈을 받은 것과 같이 서로의 사랑을 실천하는 자로 나온다. 4절의 "우리가 아버지께 받은 계명대로 진리 가운데 행하는 자들"이란 표현은 그들이 서로 사랑의 새 계명을 실천하고 있음을 암시한다(1:5-6). 서로를 사랑하자는 계명이 "새 계명이 아니요 그들이 처음부터 가진 것"이라는 언급(5)은 요한1서의 "내가 새 계명을 너희에게 쓰는 것이 아니라 너희가 처음부터 가진 옛 계명

이니"(2:7)와, "우리가 서로 사랑할지니 이는 너희가 처음부터 들은 소식이라"는 말씀(3:11)을 반영한다. 6절은 반복적인 표현을 통하여 동일한 진리를 강조한다. 사랑은 그의 계명들을 따라 행하는 것이다. 그의 계명들은 처음에 예수님을 믿을 때부터 들어왔던 말씀이다. 계명들을 따라 행하는 것은 계명 가운데 행하는 것이다.

계명의 핵심은 서로 사랑하라는 계명이다. 그러므로 "아버지께 받은 계명대로 진리를(가운데) 행하는 자들"이라는 표현은 그들이 서로 사랑하라는 계명을 실천하고 있음을 뜻한다. 저자 장로는 이러한 사실을 알고 매우 기뻐했다(1:4). 저자는 서로의 사랑이 그에게 주는 기쁨을 그들

에게 알려주고, 서로를 사랑하는 그들의 기쁨이 충만하게 하려고 이 서신을 가정교회에 보낸 것이다. 사랑이 식어진 시대에 교회가 먼저 서로의 사랑을 회복하여 각 성도들에게 기쁨이 되고, 이 기쁨이 더 많은 사람들을 서로 사랑하게

하는 기적이 필요하다.

주님께서 주신 계명대로 서로를 사랑하여 하나님 아버지와 온 교회의 기쁨이 되게 하소서.

모두에게 인정받은 데메드리오

사랑하는 자여 악한 것을 본받지 말고 선한 것을 본받으라 선을 행하는 자는 하나님께 속하고(헬=에크=from) 악을 행하는 자는 하나님을 뵈옵지 못하였느니라 데메드리오는 뭇 사람에게도, 진리에서도 증거를 받았으매 우리도 증언하노니 너는 우리의 증언이 참된 줄을 아느니라 _요삼 1:11-12

✝ 핵심 이해하기

장로인 저자는 가이오가 진리 안에서 행한다는 소식을 듣고 요한2서에서와 같이 큰 기쁨으로 그에게 편지를 보냈다(1:1-3). 가이오는 가정교회를 맡아서 목양을 책임지는 지도자였을 것이다. 저자가 '내 자녀들'이라고 부르는 성도들은 가이오가 목양하는 가정교회에 속한 자들이었다(1:4). 1세기 당시에는 각 가정교회를 방문하여 하나님의 말씀을 가르치거나 그 지역에서 전도나 선교를 하는 방문교사들이나 선교사들이 많았다. 당시는 숙박업이 발달하지 않았으므로 가정교회들은 그들에게 숙식을 기쁨으로 제공했다.

요한3서에서 추론할 수 있는 가정교회는 최소한 2개 정도다. 가이오가 이끌고 있는 가정교회와 교만하고 거만한 디오드레베가 이끌고 있는 가정교회가 그것이다. 이 두 교회 모두 장로 요한의 목회적인 지도 아래 있었다. 가이오와 그의 가정교회는 방문 전도자들을 잘 영접하

고 대접하였다(1:5-6). 오직 주님의 이름 때문에 그곳에 온 전도자들은 믿지 않는 이방인들의 도움을 전혀 받지 않았다(1:7). 그러므로 가정교회가 이들을 돕는 것은 믿음의 표현으로 당연한 일이다(1:5, 8). 그러나 다른 가정교회를 이끌고 있는 디오드레베는 저자 장로 요한이 보낸 방문 전도자들을 영접하지 아니할 뿐만 아니라, 그들을 영접하는 성도들을 가정교회에서 추방하는 일까지 했다(1:9-10). 11-12절은 이러한 상황을 배경으로 한다.

11절은 5절과 같이 '사랑하는 자여'로 시작한다. 11절은 가정교회의 성도 전체에게 주는 권면이다. 가정교회의 모든 성도는 악한 것이 아니라, 선한 것을 본받아야 한다. 그 이유는 선을 행하는 자는 하나님으로부터 나온 자이나, 악을 행하는 자는 하나님을 지금까지 경험한 적이 없는 자이기 때문이다. 그들이 본받지 말아야 할 악한 것의 구체적인 내용은 가정교회의

성도들이 잘 알고 있는 디오드레베의 거만하고 무례한 행동이다. 반면 본받아야 할 선한 행동은 가이오와 그의 가정교회 성도들이 순회 전도자들을 영접하고 환대한 일이다.

12절은 모든 성도가 본받아야 할 데메드리오를 소개한다. 그는 3중 증거를 받은 인물이다. 요한3서는 그가 가정교회의 지도자인지, 가정교회의 성도 중의 하나인지 밝히지 않는다. 분명 그들 모두는 그가 누구인지 잘 알았을 것이다. 그러나 중요한 것은 그가 모든 사람들에게와 진리 자체와 저자 장로와 그의 일행으로부터 증거를 받았다는 것이다. 그는 분명 진리 안에서 행하는, 본받아야 할 신자였다. 초대교회나 오늘날의 교회에나 신앙과 행위가 일치하는 목회자와 성도가 있기도 하고, 그렇지 않는 목회자와 성도들이 있기도 하다. 우리는 하나님의 사랑을 받은 자로서 마땅히 진리를 따라 행하는 신자들을 본받아야 한다.

한 마디 기도

복음의 진리를 따라 행하는 목회자와 성도를 본받게 하소서.

유다서 핵심구절
이해하고 기도하기

JUDE 12/25

거룩한 믿음 위에 자신을 세우는 삶

사랑하는 자들아 너희는(헬=휘메이스 데 아가페토이=그러나 너희들, 사랑을 입은 자들아) 너희의 지극히 거룩한 믿음 위에 자신을 세우며 성령으로 기도하며 하나님의 사랑 안에서 자신을 지키며 영생에 이르도록 우리 주 예수 그리스도의 긍휼을 기다리라 _유 1:20-21

✝ 핵심 이해하기

유다서의 저자는 자신을 예수 그리스도의 종과 야고보의 형제로 소개하는 예수님의 친동생이다(1:1). 예수님의 네 동생 가운데 야고보가 가장 먼저 나오고, 유다는 세 번째 또는 나중에 나온다(마 13:55; 막 6:3). 예수님의 동생들은 한 사람도 그를 믿지 않았다(요 7:3-5). 부활하신 예수님께서 친히 야고보에게 나타나신 이후에 그들은 모두 예수님을 하나님의 아들 그리스도로 믿게 되었다(고전 15:7).

유다서의 핵심 주제는 믿음의 도를 위해 힘써 싸우라는 권면이다(1:3). 저자는 이를 위해서 먼저 하나님의 은혜를 탐욕의 성취 도구로 전락시키는 불경건한 삶을 경고한다(1:4).

저자는 이어서 과거의 역사에서 하나님께서 행하신 심판의 큰 사건 세 가지를 언급한다. 하나님께서 애굽에서 나온 백성 중에 믿지 않는 자들을 멸망시키신 사건(1:5), 범죄한 천사들을 영원한 결박으로 흑암에 가두신 사건(1:6), 그리고 소돔과 고모라를 심판하신 사건(1:7)이 그것이다. 이어서 8-16절은 과거의 심판 교훈을 무시하고, 현재 하나님의 주권과 권위를 무시하며, 불경건한 탐욕을 따라 살고 있는 자들의 실상을 보여준다.

성도들에게 주는 마지막 훈계와 권면(1:17-23)은 이와 같이 악하고 경건치 않은 자들을 본받지 말고 거룩한 믿음 위에 자신을 세워 갈 것을 촉구한다. 헬라어 문장에서 20절의 첫 문구는 '너희는 그러나'(헬=훼메이스 데)다. 현재 신자들을 둘러싸고 있는 자들은 성령이 없는 자들이다. 그들은 원망하고 불평하며 정욕을 따라 행하여 분열을 일으켰다. 그들에게 성령이 없는 것은 그들이 중생한 신자가 아니라는 결정적인 증거다. 성령을 받은 중생한 신자들은 이러한 자들과 당연히 구별되어야 한다. 하나님의 사랑을 받은 백성이 해야 할 일은 하나님께서 하시는 일에 대한 반응이다. 1절이 하나님께서 그들을 위해 하신 일을 묘사한다면, 20절은 이에 대한 반응으로 그들이 해야 할 일을 묘사한다. 하나님께서 그들을 위해 하신 일은, 그들을 불러 하나님 아버지 안에서 사랑을 받게 하시고 예수 그리스도를 위하여 보호를 받게 하신 것이다(1:1).

하나님의 사랑을 받은 신자는 이에 대한 반응으로 거룩한 믿음 위에 자신을 세우고, 성령으로 기도하며, 하나님의 사랑 안에서 자신을 지켜야 한다(1:20-21). 이와 같이 행하는 것은 성도들에게 주어진 믿음의 도를 위해 싸우는 것이다. 20-21절에 사용된 네 동사(위에 세우다, 기도하다, 지키다, 그리고 기다리다) 중 핵심 동사는 명령태로 사용된 '지키다'(헬=텔레오)이다. 이것은 신자가 하나님의 사랑 안에서 자기 자신을 지키는 것이 명령의 핵심임을 보여준다. 나머지 세 행동(위에 세우다, 기도하다, 기다리다)은 하나님의 사랑 안에서 자기 자신을 지키는 수단(위에 세우다, 기도하다)과 동기(기다리다)다. 이것은 신자 자신을 위한 것이다. 22-23절의 내용들은 하나님의 사랑 안에서 자기 자신을 지키는 신자가 사람들의 구원을 위해 할 일을 설명한다. 이것은 하나님의 사랑 안에서 자기를 거룩하게 지키는 신자만이 사람들을 멸망에서 구원할 수 있음을 보여준다.

 한 마디 기도

하나님께서 불경건한 사람들을 심판하신 과거 사건과 마지막 날에 있을 불경건한 자의 심판을 의식하면서, 하나님의 사랑 안에서 자기 자신을 거룩하게 지키게 하소서.

요한계시록 핵심구절
이해하고 기도하기

읽고 듣고 지키는 자의 복

이 예언의 말씀을 읽는 자와 듣는 자와 그 가운데에 기록한 것을 지키는 자는 복이 있나니 때가 가까 움이라(22:7 "보라 내가 속히 오리니 이 두루마리의 예언의 말씀을 지키는 자는 복이 있으리라") _계 1:3

✝ 핵심 이해하기

성경의 첫 책 창세기와 마지막 책은 시작과 끝 부분에서 복을 언급한다. 창세기는 하나님께서 주시는 복에 대한 언급으로 시작하여(창 1:28) 그가 야곱의 12 아들들에게 주실 복을 언급하는 것으로 끝난다(창 49:28). 계시록도 "이 예언의 말씀을 읽고 듣고 지키는 자가 복이 있다"는 말씀으로 시작하고(1:3) "이 두루마리의 예언의 말씀을 지키는 자는 복이 있다"는 약속으로 끝난다(22:7). 하나님 앞에서 복된 사람들은 계시록에서 네 번 언급된다. 복된 사람들은 주 안에서 죽은 자들(14:13), 깨어 자기 옷을 지켜 벌거벗고 다니지 않는 자(16:15), 어린양의 혼인잔치에 청함을 받는 자(19:9), 그리고 첫째 부활에

참여하는 자들이다(20:6). 물론 자기 두루마리를 빠는 자들도 복이 있다(22:14).

이와 같이 복을 주시겠다는 약속은 하나님께서 그의 모든 말씀, 곧 성경 전체를 그의 백성에게 주신 목적이 그의 풍성한 복을 주시기 위한 것임을 보여준다. 성경 전체는 하나님의 말씀에 순종하는 것은 하나님 앞에서 언약의 복을 누리는 방편이지만, 그의 말씀에 불순종하는 것은 언약적인 저주를 받는 길임을 보여준다.

어느 시대든지 하나님의 백성은 언약의 주께 순종해야 했지만 순종을 할 수 있는 의지와 능력이 없었다. 그 결과 하나님의 백성은 그의 진노와 심판을 받을 수밖에 없었다. 이것은 아담

의 모든 후손들이 처한 운명이다. 하나님께서는 아담의 후손들을 이와 같은 비참한 운명에서 구원하시기 위하여 그의 아들을 보내셨다.

하나님께서는 그의 아들 예수 그리스도를 보내어 자기 백성이 받아야 할 진노와 저주를 대신 받게 하심으로 언약의 모든 저주를 제거하셨다. 예수님께서는 자기 백성을 대신하여 그의 모든 율법에 순종하여 언약의 모든 복을 받을 수 있게 하셨다. 그러므로 모든 인간은 언약의 모든 저주를 피하기 위해서도 하나님의 아들 예수 그리스도를 믿어야 하며, 언약의 모든 복을 받아 누리기 위해서도 예수 그리스도를 믿어야 한다. 구약 시대의 사람들은 오실 구원자 메시아를 믿어야 했고, 신약 시대의 모든 백성은 이미 2천 년 전에 오셔서 구약의 모든 구원 약속을 성취하신 구원자 메시아 예수 그리스도를 믿어야 한다. 하나님께서는 천지창조 이후에 그의 아들 예수 그리스도의 이름 외에는 구원을 가져다 줄 다른 이름을 주신 적이 없기 때문이다(행 4:11-12).

3절의 '이 예언의 말씀'은 계시록 전체를 가리킨다. 계시록 전체는 예수 그리스도의 계시이며 동시에 하나님께서 그의 아들 예수님께 주신 것임을 기억할 필요가 있다(1:1). 이것은 '반드시 속히 일어날 일들'과 관련되어 있다는 점에서 예언의 말씀이다. 이 말씀은 또한 하나님의 말씀과 예수 그리스도의 증거로 나누어진다(1:2). 예언의 말씀을 읽고 듣고 그것을 지키는 자가 받는 복은 구조적으로 2-3장에서 일곱 교회에게 주신 말씀에 그대로 반영된다. 각 교회에게 주신 편지는 동일하게 '편지하라'는 명령과 '가라사대'로 시작되는 예수님의 말씀과 그

의 말씀을 지키는 자들에게 주실 복에 대한 진술과 맨 마지막으로 "귀 있는 자는 성령께서 교회들에게 하시는 말씀을 들을지어다"라는 권면과 주실 복에 대한 약속으로 끝난다.

성경의 마지막 책은 읽고 듣고 지키는 것을 강조한다. 이것은 하나님께서 약속하신 것들이 최종적으로 성취될 마지막 때가 가까웠기 때문이다. 성경은 처음부터 그의 말씀을 듣고 순종할 때 복을 주실 것이라고 강조해왔다(창 18:18-19; 22:16-18; 26:3-5; 출 19:5-6; 신 30:8-10; 수 1:7-8; 왕상 2:2-3; 시 1:2; 렘 17:7-8). 하지만 임박한 마지막 때를 강조하면서 그의 말씀을 읽고 듣고 지키면 복이 있을 것이라는 권면은 계시록이 유일하다.

하나님께서 성경 전체에서 말씀하신 것이 최종적으로 성취되어 그의 거룩한 백성이 새 하늘과 새 땅을 영원한 기업으로 받아 누리는 날이 임박한 것을 의식하면, 그의 백성의 마음 가운데 그의 말씀을 읽고 듣고 지키고자 하는 열망은 더욱더 강하게 일어날 것이다.

한 마디 기도

계시록을 읽고 듣고 깨달아 지키며 살게 하소서.

세속주의에 빠진 라오디게아 교회

네가 이같이 미지근하여 뜨겁지도 아니하고 차지도 아니하니 내 입에서 너를 토하여 버리리라 네가
말하기를 나는 부자라 부요하여 부족한 것이 없다 하나 네 곤고한 것과 가련한 것과 가난한 것과 눈
먼 것과 벌거벗은 것을 알지 못하는도다 내가 너를 권하노니 내게서 불로 연단한 금을 사서 부요하게
하고 흰 옷을 사서 입어 벌거벗은 수치를 보이지 않게 하고 안약을 사서 눈에 발라 보게 하라

_계 3:16-18

✝ 핵심 이해하기

예수님께서는 라오디게아 교회에 자기 자신을
아멘과 충성되고 참된 증인과 창조의 근본으로
나타내셨다(3:14). 라오디게아 교회는 세상적
인 부요에 눈이 멀어 자신의 영적인 실상이 얼
마나 비참한지를 알지 못했다. 놀랍게도 라오디
게아 교인들의 시각과 예수님의 시각은 완전히
정반대였다. 라오디게아 교인들은 세상적인 부
요로 말미암아 자기만족에 빠져 자신들의 부요
를 자랑스럽게 말했다. 그들의 세상적인 자랑은
"나는 부자라 부요하여 부족한 것이 없다"는 말
에 잘 나타났다. 헬라어 문장을 다시 번역하면,
"나는 부자다. 나는 부를 축적하였다. (이제) 나
는 아무것도 부족한 것이 없다"가 된다. 그들의
이와 같은 자랑은 예수님께서 정죄하신 어리석
은 부자의 자랑과 다르지 않다(눅 12:19 "내가 내
영혼에게 이르되 영혼아 여러 해 쓸 물건을 많이 쌓
아 두었으니 평안히 쉬고 먹고 마시고 즐거워하자 하
리라").

그러나 예수님의 예리하고 정확한 눈에, 라
오디게아 교인들은 상상을 초월하는 가난하고
비참한 자였다. 주 예수님께서는 "네 곤고한 것
과 가련한 것과 가난한 것과 눈 먼 것과 벌거벗
은 것을 알지 못하는도다"라고 말씀하셨다. 이
말씀의 원문은 그들의 영적인 빈곤함과 가련함
을 가장 극렬하고 적나라하게 드러낸다. 예수님

께서는 "너는 (바로) 네가 그 곤고하고 가련하고
가난하고 눈멀고 벌거벗은 자라는 것을 알지 못
하고 있다"고 하셨다. 예수님께서 보실 때 라오
디게아 교인들은 그저 불쌍하고 가련한 자가 아
니라, 최악으로 불쌍하고 가련한 자였다. 세상
에서 부와 행복의 절정에 있다고 자랑하던 교인
들이 실제로는 불행과 빈곤과 가련함의 최악에
놓여 있었던 것이다. 라오디게아 교인들이 예수
님의 눈으로 자신들의 실상을 보았다면 자랑할
것이 아니라, 철저하게 회개하였을 것이다.

예수님께서는 라오디게아 교인들의 비참한
영적인 실상을 해결하는 구체적인 방안을 제시
하셨다.(3:18) 라오디게아 교인들의 세 가지 근
본적인 문제는 최악의 빈곤(곤고한 것과 가련한
것과 가난한 것)과 영적인 맹인 됨과 벌거벗음의
수치였다. 이 세 가지 문제를 해결하려면 주님
으로부터 불로 연단한 금과 흰 옷과 안약을 사
야 한다. 불로 연단된 금을 사는 것은 그들이 처
한 최악의 빈곤문제를 해결할 것이다. 그들이
예수님에게서 흰 옷을 사서 입는 것은 그들의
영적인 벌거벗음의 수치를 해결할 것이다. 그들
이 예수님으로부터 안약을 사서 눈에 바르는 것
은 영적인 눈멀음의 문제를 해결할 것이다.

오직 주 예수님만이 이 세 가지 문제를 해결
하실 분이다. 불로 연단된 금은 어떠한 시련과

고난에도 좌절하지 않고 오직 주 예수님만 바라보고 의지하는 진정한 믿음을 가리킨다(벧전 1:7). 흰 옷은 일부 사데 교인들이 입고 있는 옷이며 동시에 이기는 자들에게 약속된 옷이다(3:4-5). 이 옷은 신자의 거룩한 행실과 관련된다. 신자의 죄악 된 행실은 어린양 예수 그리스도의 피로 씻는 회개를 통하여 깨끗하게 된다(7:14; 22:14). 이렇게 예수님의 피로 깨끗하게 된 옷이 흰 옷이다(7:14). 신자는 예수 그리스도의 의의 옷을 입는 자이므로 의의 신분에 어울리는 의로운 행위를 해야 한다(갈 3:27; 롬 13:12-14). 이것은 신자가 오직 믿음으로 의로운 행동을 할 수 있음을 보여준다. 눈에 발라 밝히 보게 하는 안약은 모든 것을 정확하게 보시는 예수님의 시각으로 보는 것을 뜻한다. 이 안약은 신자의 마음을 비추는 예수님의 말씀을 가리킨다(마 6:22-23; 눅 11:34-36).

각 교회에 나타나신 주 예수님께서는 각 교회의 실상을 정확하게 알고 계셨다. 각 교회는 예수님의 말씀을 그대로 받아들이고 그것을 자신들의 시각과 안목으로 삼을 때에, 각자의 영적인 실상을 보고 그의 보좌 앞에 엎드려 회개하며 은혜를 간청할 것이다. 라오디게아 교회는 볼 눈이 없으니 영적으로 벌거벗은 줄을 몰랐다. 그래서 그들은 자신들이 부를 축적하여 부자가 되어 부족한 것이 아무것도 없다고 자랑했던 것이다.

성경에서 참된 경건은 모든 것을 가져서 부족한 것이 전혀 없다고 말하지 않는다. 그 대신에 참된 경건은 창조의 근본이신 예수님께서 나의 목자이시므로 부족한 것이 전혀 없다고 고백한다(시 23:1; 눅 12:15; 빌 4:12-13; 딤전 6:6-8). 현대인들은 부와 풍요에 속아 자신이 영적으로 얼마나 빈곤하고 비참한지 모른다. 극한 탐욕의 시대에 사는 신자들은 예수님께서 라오디게아 교회에 하신 말씀을 곱씹어 보아야 할 것이다.

한 마디 기도

세속주의와 맘몬이즘의 유혹과 미혹에서 주의 백성들과 교회를 건져 주소서.

셀 수 없는 무리의 찬양

REVELATION
12
28

이 일 후에 내가 보니 각 나라와 족속과 백성과 방언에서 아무도 능히 셀 수 없는 큰 무리가 나와 흰 옷을 입고 손에 종려 가지를 들고 보좌 앞과 어린 양 앞에 서서 큰 소리로 외쳐 이르되 구원하심이 보좌에 앉으신 우리 하나님과 어린 양에게 있도다 하니 _계 7:9-10

✝ 핵심 이해하기

1-8절은 이스라엘의 12지파 중에서 인침을 받은 하나님 백성의 총수를 보여준다. 본 단락은 주제적으로 6장 17절의 "그들의 진노의 큰 날이 이르렀으니 누가 능히 서리요?"란 질문에 대한 대답이다. 누구도 보좌에 앉으신 하나님과 그의 어린양의 진노를 피할 길이 없다(6:15-

16). 그러나 하나님의 은혜로 택함을 받고 그의 인침을 받은 이스라엘 백성의 열두 지파의 144,000명은 진노의 큰 심판 날에 하나님과 그의 어린양 앞에 능히 설 것이다. 열두 지파의 숫자 144,000명은 각 지파에서 12,000명씩 인침을 받은 자들의 숫자를 모두 합친 것이다. 저자는 먼저 종합적으로 144,000명을 언급하고, 이어서 유다 지파의 12,000명으로 시작하여 베냐민 지파의 12,000명을 언급한다. 그 후 곧바로 연결된 내용은 각 나라와 족속과 백성과 방언으로부터 나온 셀 수 없는 큰 무리가 하나님과 어린양 앞에서 찬양하는 장면이다(7:9-17).

어떤 사람들은 이스라엘 각 지파에서 인침을 받은 144,000명은 혈통적인 이스라엘 백성의 구원을, 9절의 셀 수 없는 큰 무리는 이방의 모든 족속과 종족으로부터 구원받은 백성을 각각 가리키는 것으로 이해한다. 다른 사람들은 이 큰 무리를 앞에 기록된 인침 받은 144,000명의 환상을 구체적으로 설명하는 것으로 해석한다. 이중에 144,000명과 큰 무리를 동일시하는 견해가 타당하다. 만일 셀 수 없는 큰 무리와 144,000명이 전혀 다른 무리라면, 하나님과 어린양 앞에서 큰 무리의 찬양과 경배는 있는데 144,000명의 찬양과 경배는 어디에 있는가?

북 왕국 이스라엘은 앗수르 제국에 의하여 주전 721년에 멸망을 당하여 앗수르의 각 지역으로 흩어졌다. 이후에 이스라엘 백성은 문자적으로 더 이상 12지파가 아니었다. 그래도 하나님의 백성은 언제나 12지파의 개념으로 표현되었다. 12사도는 상징적으로 12지파를 계승한다. 그러므로 하나님의 백성은 구약의 12지파로 시작하여 신약의 12사도에서 그 절정에 도달한다. 구약 성경과 신약 성경의 모든 백성은 유일한 구원자 하나님의 어린양 예수 그리스도 안에서 하나로 연결된다. 더욱이 누구도 그 숫자를 셀 수 없다는 것은 사람들의 시각에서 144,000명을 본 것이다. 하나님께서는 택하신 자기 백성의 숫자를 모두 알고 계신다(눅 10:20; 빌 4:3; 딤후 2:19). 하나님께서 보실 때에 그의 백성은 상징적으로 144,000명이다. 그러나 동일한 144,000명은 사람이 볼 때 누구도 셀 수 없는 큰 무리다.

하나님께서는 족장들에게 그들의 후손이 하늘의 별과 같이, 땅의 티끌 또는 바다의 모래 같이 많을 것이라고 약속하셨다(창 13:16; 22:17; 28:14). 하나님께서는 이 엄청난 숫자도 세실 수 있으나 아브라함도 그 누구도 이 숫자를 셀 수 없다. 바로 이들이 어린양의 피로 구속함을 받아 흰 옷을 입고 하나님과 어린양 앞에서 찬양과 경배를 올려드리는 것이다(7:9-12). 하나님의 모든 백성은 원칙적으로 언제나 어느 시대나 큰 환란에서 나오는 자들이요(7:14), 땅에서 구속함을 받은 자들이요(14:3), 그들을 유혹하고 협박하는 음녀와 짐승을 이긴 자들이다(14:4; 15:2).

∽ 한 마디 기도

세상의 각 나라와 족속과 방언 가운데서 수를 헤아릴 수 없는 백성이 나와 하나님과 어린양을 경배하도록, 모든 신자와 모든 교회가 전도와 선교를 멈추지 않게 하소서.

깨어 자기 옷을 지키는 자의 복

보라 내가 도둑 같이 오리니 누구든지 깨어 자기 옷을 지켜 벌거벗고 다니지 아니하며 자기의 부끄러움을 보이지 아니하는 자는 복이 있도다 _계 16:15

✛ 핵심 이해하기

주께서 환상 가운데 주신 권면과 약속의 말씀(16:16)은 여섯째 대접 재앙(16:12-16)과 마지막 재앙, 곧 일곱 째 대접 재앙(17장) 사이에 위치한다. 14절의 '큰 날에 있을 전쟁'은 16절에서 '아마겟돈' 전쟁으로 묘사된다. 이 전쟁은 마지막 날의 마지막 전쟁으로, 이때 큰 성 바벨론을 비롯하여 온 세상 나라의 성들이 모두 하나님의 최종적인 심판을 받게 된다(16:19). 이 심판에 대한 상세하게 확대된 환상이 17-18장이 다루는 큰 음녀 바벨론의 심판이다.

주 예수님께서 도둑같이 오시겠다는 표현은 그의 재림의 날을 누구도 예측하여 알 수 없다는 기본적인 뜻을 가진다(3:2-3; 마 24:42; 살전 5:2; 벧후 3:10). "깨어 자기 옷을 지켜 벌거벗고 다니지 아니하며 자기의 부끄러움을 보이지 아니하는 자는 복이 있다"는 말씀은 성도들이 라오디게아 교회의 영적인 상태에서 벗어난 것을 전제한다(3:18 "흰옷을 사서 입어 벌거벗은 수치를 보이지 않게 하고"). 사데 교회의 일부 성도는 자기들의 옷을 더럽히지 않고 지키고 있었다(3:4). 옷을 지켜 벌거벗고 다니지 아니하는 것은, 하나님께서 은혜로 제공하신 예수 그리스도의 의로운 신분에 상응하는 처신과 행위를 하는 것을 의미한다.

중생한 모든 신자는 신분적으로 예수 그리스도를 옷 입었다(갈 3:27 "세례를 받은 자는 그리스도로 옷 입었느니라"). 모든 신자는 예수 그리스도를 옷 입었으므로 이에 걸맞게 그의 성품과 행위를 본받아 살아야 한다(롬 13:14 "오직 주 예수 그리스도로 옷 입고 정욕을 위하여 육신의 일을 도모하지 말라"). 예수님께서 말씀하신 혼인잔치의 비유에서 혼인 만찬석에 예복을 입지 않고 참석한 사람은 임금의 명령에 따라 그 자리에서 추방을 당했다(마 22:11-13).

신자가 자신의 의로운 신분에 걸맞게 사는 것은 두 가지 측면을 가진다. 하나는 소극적인 측면이다. 이것은 실수로 죄를 범할 때 진심으로 회개하여 자신의 옷을 어린양의 피로 씻는 것이다(22:14 "자기 두루마기를 빠는 자들은 복이 있으니"). 다른 하나는 신자가 능동적으로 깨어 자신의 옷을 지키는 것이다. 이것은 신자가 성령의 인도를 받아 의와 거룩함의 길로 가는 것을 의미한다(22:11 "의로운 자는 그대로 의를 행하고 거룩한 자는 그대로 거룩하게 하라"). 이러한 신자들은 마지막 날에 그들의 의로운 신분과 행위를 최종적으로 확증하는 흰 옷을 제공받게 될 것이다(7:13; 19:8 빛나고 깨끗한 세마포 옷).

✆ 한 마디 기도

주 예수님께서 재림하시는 그날까지 주께서 입혀 주신 의의 신분에 합당한 삶을 살게 하소서.

깨끗한 세마포 옷을 입은 신부

우리가 즐거워하고 크게 기뻐하며 그에게 영광을 돌리세 어린 양의 혼인 기약이 이르렀고 그의 아내가 자신을 준비하였으므로 그에게 빛나고 깨끗한 세마포 옷을 입도록 허락하셨으니 이 세마포 옷은 성도들의 옳은 행실이로다 하더라 _계 19:7-8

✝ 핵심 이해하기

계시록 17-18장은 마지막 대접 재앙의 구체적인 내용으로 큰 음녀 바벨론의 심판을 다룬다. 이와 정반대로 19장 1-10절은 어린양의 혼인 잔치에 참여하는 신부와 관련된 내용을 다룬다. 하나님의 공의롭고 엄중한 심판을 받는 큰 음녀 바벨론의 장식과 화려함은 온 세상 사람을 유혹하고 미혹하고도 남을 정도로 현란하고 화려했다. 하지만 하나님의 천상 안목으로 보면 큰 음녀의 여왕과 같은 화려한 복장과 치장은, 사람들을 미혹하여 사탄과 그의 악한 세력들을 섬기게 하는 속임수와 기만술이었다. 선지자들과 경건한 성도들은 큰 음녀의 유혹과 미혹을 피하다가 결국 음녀의 손에 죽임을 당하기까지 했다(18:24; 19:2).

이에 비하면 어린양의 신부의 복장과 치장은 너무나 단순하다. 이것은 단순하게 빛나고 깨끗한 세마포 옷이다(19:8). 물론 계시록 21장의 새 예루살렘 성의 묘사는 신부의 상세한 모습이다(21:9-21). 어린양의 신부에게 수여되는 세마포 옷은 성도들의 옳은 행실을 상징한다. 빛나고 깨끗한 세마포는 또한 천사들이 입은 옷과 비슷하다(15:6; 19:14). 이 세마포 옷이 빛나고 깨끗하다는 사실에 주목할 필요가 있다. 이 모습은 하나님 앞에서 가증하고 부정한 것의 대명사였던 음녀의 모습과 정반대다. 음녀는 세상 사람들이 최고라고 생각하는 것들로만 자기 자신

을 화려하고 영광스럽게 단장하였다. 음녀의 단장은 세상 사람들의 눈에만 영광스럽게 보였다. 그러나 하나님의 눈에는 음녀와 관련된 모든 것이 가장 가증스럽고 부정했다. 음녀의 손에 있는 금잔은 가증한 물건들과 음행의 더러운 것들이 가득 찼다(17:4). 음녀의 이마에 쓰인 비밀의 이름은 하나님의 눈에 "큰 바벨론, 땅의 음녀들과 가증한 것들의 어머니"였다.

음녀가 세상 왕들과 사람들에게 제공했던 것들은 잠시만 빛나는 것들이었다(18:14). 단어 '빛나다'(헬=람프로스)는 성도들에게 수여된 세마포가 '빛나는' 것과 같은 단어다. 하지만 성도들의 세마포만 영원 영원히 빛난다. 또한 깨끗하다는 묘사 역시 큰 음녀 바벨론의 부정하고 더러움과 정반대가 된다. 사탄의 삼위일체를 상징하는 세 영은 모두 더러운 영이었다(16:13). 큰 음녀 바벨론은 더러움과 부정함의 극치이므로 가증한 것들의 어머니로 불렸다(18:5).

그러나 어린양의 신부에게 수여된 옷은 깨끗한 세마포다. 22장의 '수정 같이 맑은(헬=람프로스=빛나는) 생명수'와 '광명한(람프로스) 새벽별'에도 세마포를 수식하는 '빛나다'와 동일한 단어가 사용되었다(22:1, 16). 신부의 빛나는 세마포는 하나님의 영광이 새 하늘과 새 땅에서 찬란하게 비춰고 어린양이 그 등불이 되시기 때문에, 해와 달의 비춤이 필요가 없는 것과 일치된

다(21:23; 22:5). 또한 세마포의 '깨끗함'은 새 하늘과 새 땅에서의 '정금'(정결한 금)과 '맑은(정결한) 유리"와 일치된다(21:18; 22:21). 성도들의 의로운 행실을 상징하는 빛나고 깨끗한 세마포는 "의인들은 자기 아버지의 나라에서 해와 같이 빛나리라"는 예수님의 약속이 최종적으로 성취됨을 보여준다(마 13:43).

∞ 한 마디 기도

마지막 날에 빛나고 깨끗한 세마포의 선물을 받을 때까지 성령의 인도와 능력으로 성도의 거룩하고 의로운 삶을 살게 하소서.

보좌에서 흘러나오는 생명수의 강

또 그가 수정 같이 맑은 생명수의 강을 내게 보이니 하나님과 및 어린 양의 보좌로부터 나와서 길 가운데로 흐르더라 강 좌우에 생명나무가 있어 열두 가지 열매를 맺되 달마다 그 열매를 맺고 그 나무 잎사귀들은 만국을 치료하기 위하여 있더라(관련구절: 겔 47장) _계 22:1-2

✝ 핵심 이해하기

생명수는 계시록에서 하나님의 백성에게 약속된 구원의 핵심 선물이다. 보좌에 계신 어린양은 그의 백성을 생명수의 샘물로 인도하겠다고 약속하셨다(7:17). 보좌에 앉으신 하나님께서도 친히 "나는 알파와 오메가요 처음과 마지막이라 내가 생명수 샘물을 목마른 자에게 값없이 주리라"고 말씀하셨다(21:6).

마지막 장에서 성령과 어린양의 신부는 사람들에게 "목마른 자도 올 것이요 또 원하는 자는 값없이 생명수를 받으라"고 초청한다(22:17). 강 좌우에 있는 생명나무들은 매달마다 12 종류의 열매를 맺는다(22:1).

생명수의 강은 하나님과 어린양의 보좌로부터 흘러나온다(22:1). 보좌로부터 흘러나오는 생명수의 강 이미지의 배경은 에스겔 47장의 성전 환상이다. 에스겔은 환상 가운데 성전의 문지방 밑에서 물이 흘러나오는 것을 보았다(겔 47:1). 이 물은 계속적으로 불어나 누구도 헤엄쳐 건널 수 없는 강이 되었다(겔 47:5). 강 좌우편에는 아주 많은 나무들이 있었다(겔 47:7). 생명의 강 환상은 "강 좌우 가에는 각종 먹을 과실나무가 자라서 그 잎이 시들지 아니하며 열매가 끊이지 아니하고 달마다 새 열매를 맺으리니 그 물이 성소를 통하여 나옴이라 그 열매는 먹을 만하고 그 잎사귀는 약 재료가 되리라"는 약속으로 끝난다(겔 47:12).

계시록 본문은 에스겔 47장의 성전 환상의 최종적인 성취를 보여준다. 전능하신 하나님과 어린양은 새 하늘과 새 땅에서 친히 성전이시다(21:22). 그러므로 하나님과 어린양의 보좌에서 흘러나오는 생명수의 강은 성전 하나님과 어린양으로부터 나오는 것이다. 에스겔 47장에서는 각종 과실나무가 달마다 새 열매를 맺는다. 계시록 22장에서는 생명나무가 매달마다 12 종류의 열매를 맺는다(22:2).

생명나무가 매월 12 종류의 과일을 맺는 것은 하나님 백성의 상징적인 숫자 144(12개월×12종류)를 암시한다. 숫자 144는 이스라엘의 12지파를 상징하는 새 예루살렘 성의 12 문과, 12사도를 상징하는 성곽의 12 기초를 곱한 숫자다(21:12-14). 이 숫자는 또한 성곽의 규모 144규빗과 동일하다(21:17). 이것은 또한 이스라엘 12지파에서 인침을 받은 숫자 144,000명(12지파×12,000명)을 상기시킨다. 이러한 사실들은 생명나무가 하나님의 모든 백성과 연결되어 있음을 보여준다.

또한 중요한 사실은 계시록 22장의 생명의 강과 생명나무의 환상은 창세기 2장의 내용을 상기시킨다는 점이다. 강이 에덴에서 흘러나와 에덴동산을 적시고 그곳에서부터 네 강의 근원이 되었다(창 2:10-14). 또한 에덴동산의 중앙에는 두 종류의 나무, 곧 생명의 나무와 선악을 알게(구별하게) 하는 나무가 있었다(창 2:9). 물론 그 외에도 에덴동산에는 각종 열매를 맺는 많은 나무들이 있었다(창 2:16).

아담과 하와가 타락 이전에 생명나무의 열매를 먹었는지 확실하게 알 수 없다. 그러나 그들이 타락 후에 생명나무의 열매를 따먹으려고 한 것은 분명하다(창 3:22). 하나님께서는 그들이 이 생명나무를 접근하지 못하게 천사들을 세워 한동안 막으시다가, 나중에는 생명나무를 제거하셨다(창 3:24). 그때부터 생명나무는 타락한 인류의 꿈과 소망이 되었다. 그 흔적이 잠언에 나온다(잠 3:18; 11:30; 13:12; 15:4). 하나님께서는 마침내 이기는 그의 백성에게 생명나무의 열매를 먹게 하겠다고 약속하셨다(계 3:22).

새 하늘과 새 땅에는 놀랍게도 오직 생명나무만 있다. 새 하늘과 새 땅 어디에도 선악을 알게 하는 나무는 더 이상 없다. 이것은 하나님의 모든 백성이 또 다시 타락 이전의 아담의 상태로 돌아가지 않을 것이기 때문이다. 그 대신에 모든 백성은 새 하늘과 새 땅에서 생명나무의 열매만을 영원히 누리게 될 것이다. 그때에 하나님의 창조적인 이상은 모두 최종적으로 실현되고 성취될 것이다.

하나님과 어린양의 보좌에서 흘러나오는 물이 생명을 풍성하게 하는 강이 될 것이다. 그 강물 좌우에 심긴 각종 생명나무가 매월 12 종류의 열매를 맺는 것은 하나님의 백성이 하나님과 어린양으로부터 계속적으로 성령의 생명수를 공급받아 생명의 풍성한 열매를 맺을 것을 예고한다. 이것은 하나님의 백성이 새 하늘과 새 땅에서 그가 기뻐하시는 각종 열매를 영원히 계속해서 맺을 것임을 상징한다.

사도 바울은 모든 성도들이 마침내 예수님의 부활 생명으로 부활하게 될 때에 신령한 몸과 신령한 사람이 될 것이라고 말했다(고전 15:44-46). 이때 모든 신자는 몸의 영광스러운 부활로 신령한 몸, 곧 예수님과 같이 언제나 성령으로 충만한 몸으로 변형되어, 성령의 지혜와 능력으로 하나님께서 기뻐하시는 열매를 맺게 될 것이다. 생명수의 강물을 공급받는 생명나무가 매달 12 종류의 열매를 맺는 것은 이 놀라운 사실을 암시한다. 모든 신자는 이날을 바라보며 이 땅에서 성령의 도우심을 받아 하나님의 나라의 열매를 맺으며 살아야 할 것이다(마 21:43; 요 15:16; 롬 6:22; 갈 6:8; 골 1:6; 빌 1:11).

하나님의 모든 백성이 생수의 넘쳐흐르는 강물이신 성령으로 충만하여 하나님 나라의 열매를 맺는 백성으로 살게 하소서.